공인중개사법및중개실무

- 홍길성 교수 경영학박사(감정평가사) / 성대경영행정대학원 교수 / 감정평가학회장 역임
- 정신교 교수 법학박사 / 목포해양대 교수 / 한국부동산학회 분과위원장
- 김상현 교수 법학박사 / 건대 · 한북대 교수 / 한국부동산학회 학술위원 / 한국지식재단 연구위원
- 유원상 교수 부동산학박사 / 한양대학교 교수 / 한국부동산학회 분과위원장
- 양영준 교수 부동산학박사 / 제주대부동산학 교수 / 한국부동산학회 지역학회장
- 김동현 교수 부동산학박사 / 이학박사 / 청암대 교수 / 자산정보연구소장 / 한국부동산학회 학술위원
- 조광행 교수 경제학박사 / 열린사이버대 교수 / 한국부동산학회 부학회장
- 김성은 교수 법학박사 / 고려대 · 창신대부동산학과 교수 / 고려대법학연구원 연구위원
- 방경식 교수 행정학박사(부동산) / 주택산업연구원연구실장 · 한국부동산학회 수석부학회장 역임
- 윤황지 교수 법학박사 / 건국대 · 강남대부동산학과 전교수 / 한국부동산학회 자문위원
- 박기원 연구위원 부동산학전공 / 건대행정대학원 / 한국부동산학회이사 역임. 연구위원
- 장재원 교수 국민대법무대학원 중개실무연구 / 단국대 강사 / 한국지식재단 연구교수

부동산공법

- 송명규 교수 환경토지정책박사 / 단국대부동산학과 교수 / 한국부동산학회 부학회장
- 윤중선 교수 공학박사 / 강남대부동산건축공학부 교수 / 한국부동산학회 부학회장
- 정태용 교수 서울대법학전공. 아주대 로스쿨 교수 / 법제처 행정심판관리국장 역임
- 김행종 교수 행정학박사 / 세명대 교수 / LH토지연수석연구원 역임 / 한국부동산학회 지역학회장
- 김진수 교수 행정학박사 / 건국대행정대학원 교수 / 한국부동산학회 부학회장 / 한국지식재단 자문위원
- 이옥동 교수 경영학박사(부동산) / 성결대도시계획부동산학부 교수 / 한국부동산학회 부학회장
- 홍성지 교수 행정학박사 / 백석대부동산학 교수 / 한국지식재단 연구위원
- 김동환 교수 부동산학박사 / 서울사이버대부동산학과 교수 / 한국부동산학회 학술위원
- 백연기 교수 한국부동산학회 공법연구위원 겸 연구교수 / 인하대강사
- 이윤상 연구위원 도시계획학박사 / LH연구원 연구위원 / 한국부동산학회 학술위원
- 이춘호 교수 공학박사 / 강남대부동산건축공학부 교수 / 한국부동산학회 학술위원
- 이기우 교수 법학박사 / 호남대학교대학원장 역임 / 한국부동산법학회장 역임
- 김용민 교수 법학박사 / 강남대부동산학과 전교수 / 한국부동산학회 지역학회장 역임
- 진정수 연구위원 행정학박사(부동산학) / 국토연구원 전연구위원
- 조정환 교수 법학박사 / 건국대 · 대진대법무대학원장 · 한국부동산학회 부학회장 역임
- 김재덕 교수 법학박사 / 건국대부동산학과 교수 · LA캠퍼스총장 역임/한국지식재단 자문위원

부동산공시법

- 조재영 교수 법학박사 / 한양대학교 교수 / 한국부동산학회 부학회장
- 최승영 교수 법학박사 / 목포대지적부동산학과 교수 / 한국부동산학회 학술위원
- 천 영 교수 법학박사 / 감정평가사 / 건국대부동산대학원 교수 / 한국부동산학회 부학회장
- 이승섭 교수 서울대법학전공. 충남대로스쿨 교수 / 대전 · 인천지방법원판사역임/한국지식재단 전문위원
- 주명식 교수 민사집행실무연구회장 / 사법연수원 교수 / 대법원법정국장 역임
- 정삼석 교수 도시계획학박사 / 창신대부동산대학원 교수 / 한국지식재단 연구위원
- 이진경 교수 공학박사 / 감사원평가연구원 · SH연구원팀장 / 상지대교수 / 한국부동산학회 학술위원
- 이기우 교수 법학박사 / 호남대 교수 · 대학원장 · 한국부동산법학회장 · 한국부동산학회 자문위원 역임
- 송현승 교수 부동산학박사 / 평택대학교 교수 / 한국부동산학회 학술이사
- 윤창구 교수 경영학박사 / 인천대경영대학원부동산학과 교수 / 한국감정원연수원장 역임
- 임이택 교수 경영학박사 / 목포대지적부동산학과 교수 · 대학원장 · 교수협회장 · 한국부동산회장 역임
- 오현진 교수 법학박사(부동산학) / 청주대지적학과 교수 · 사회과학대학장 · 한국부동산학회 부학회장 역임
- 박준석 변호사 건국대 / 수원지방법원/군판사역임
- 조형래 변호사 한국부동산학회 학술위원
- 손기선 연구원 부동산공시전문 / 한국지식재단 연구원 / 한국부동산학회 연구원
- 임석회 연구위원 지리학박사 / 대한감정평가협회 연구위원

부동산세법

- 이찬호 교수 경영학박사(회계학) / 부동산학박사 / 부산대학교 교수 / 한국부동산학회 지역학회장
- 김용구 교수 부동산학박사 / 건국대학교 부동산대학원강사 / 단국대학교 겸임교수
- 장 건 교수 법학박사 / 김포대부동산경영학과 교수 / 한국부동산학회 학술위원 / 한국지식재단 연구위원
- 황재성 교수 기획재정부 재산세과장 역임 / 세무대학교 교수
- 안상인 교수 경영학박사(회계학) / 창신대부동산학과 전교수 / 한국지식재단 연구위원
- 이옥동 교수 경영학박사(부동산) / 성결대도시계획부동산학 교수 / 한국부동산학회 부학회장
- 최정일 교수 경영학박사(재무, 금융) / 성결대학교 교수 / 한국부동산학회 분과위원장
- 양해식 교수 세무대학세법전공 / 국세청 전재직 / 중부대학겸임교수
- 송진영 교수 세무사시험출제위원 / 한국지식재단 연구교수
- 김재운 교수 부동산전공 / 남서울대부동산학과 전교수 / 한국부동산학회 윤리위원
- 김정완 연구원 법학박사(수) / 한국부동산학회 연구원 / 한국지식재단 연구원
- 오맹렬 연구원 법무전문 / 한국지식재단 연구원 / 한국부동산학회 연구원
- 김병준 교수 경영학박사(금융) / 강남대실버산업학과 교수 / 한국부동산학회 학술위원
- 나병삼 교수 행정학박사(부동산학) / 명지전대부동산경영과 전교수
- 박상학 연구위원 경제박사(금융/부동산) / LH토지주택연구원 연구위원 / 한국부동산학회 분과위원장

그 밖에 시험출제위원 활동중인 교수그룹 등은 참여생략

알고 보니 경록이다

우리나라 부동산전문교육의 본산 경록 1957

한방에 합격은
경록이다

제1회 시험부터 수많은 합격자를 배출한 전문성 - 경록

별☆이☆일☆곱☆개

경록 부동산학·부동산교육 최초 독자개척 고객과 함께, 68주년 기념

1957

2025 100% PASS PROJECT

경록 공인중개사 문제집

④ 2차 **부동산공법**

1회 시험부터 수많은 합격자를 배출한 독보적 정통교재

No.1 SINCE1957

알고 보니
경록이다

우리나라 부동산전문교육의 본산 경록 1957

머리말

매년 99% 문제가 경록 교재에서!!

경록 교재는 공인중개사사 시험 통계작성 이후 27년간 매년 99% 문제가 출제되는 독보적 정답률을 기록한 유일한 교재입니다. 경록은 우리나라 부동산 교육의 본산이며 경록교재는 우리나라 부동산교육의 정통한 역사를 이끌어가는 오리지널 교재입니다.

이 교재는 우리나라 부동산교육의 본산인 경록의 68년간 축적된 전문성을 기반으로 130여 명의 역대 최대 '시험출제위원 부동산학 대학교수그룹'이 제작, 해마다 완성도를 높여가며 시험을 리드하는 교재입니다.

특히 경록의 온라인과정 전문기획인강은 언택트시대를 리드하는 뉴 트렌드가 되었습니다. 업계 최초로 1998년부터 〈경록 + MBN TV 족집게강좌〉 8년, 현재까지 28년차 검증된 99%족집게 강좌입니다.
일반 학원의 6개월에 1회 수강과정을 경록에서는 1개월마다 2회 반복완성이 가능합니다.

경록의 전문성이 곧 합격의 지름길로 이끌어 드립니다. 성공은 경록과 함께 시작됩니다.

여러분의 건투를 빕니다.

지속가능한 직업
공인중개사

▎공인중개사란

🔍 공인중개사?
공인중개사법령에 의한 공인중개사자격을 취득한 자를 말한다(「공인중개사법」 제2조 제2항).

🔍 중개업?
중개업은 다른 사람의 의뢰에 의하여 일정한 보수를 받고 중개대상물에 대한 거래당사자 간의 매매, 교환, 임대차 그 밖의 권리의 득실변경에 관한 행위의 알선을 업으로 하는 것이다(「공인중개사법」 제2조 제1호, 제3호 참조).

🔍 중개대상물?

| 토지 | 건축물 그 밖의 토지의 정착물 | 입목 |
| 광업재단 | 공장재단 | 분양권 | 입주권 |

(대판 2000.6.19. 2000도837 등 참조)

▎개업 공인중개사 업역
(「공인중개사법」 제14조 참조)

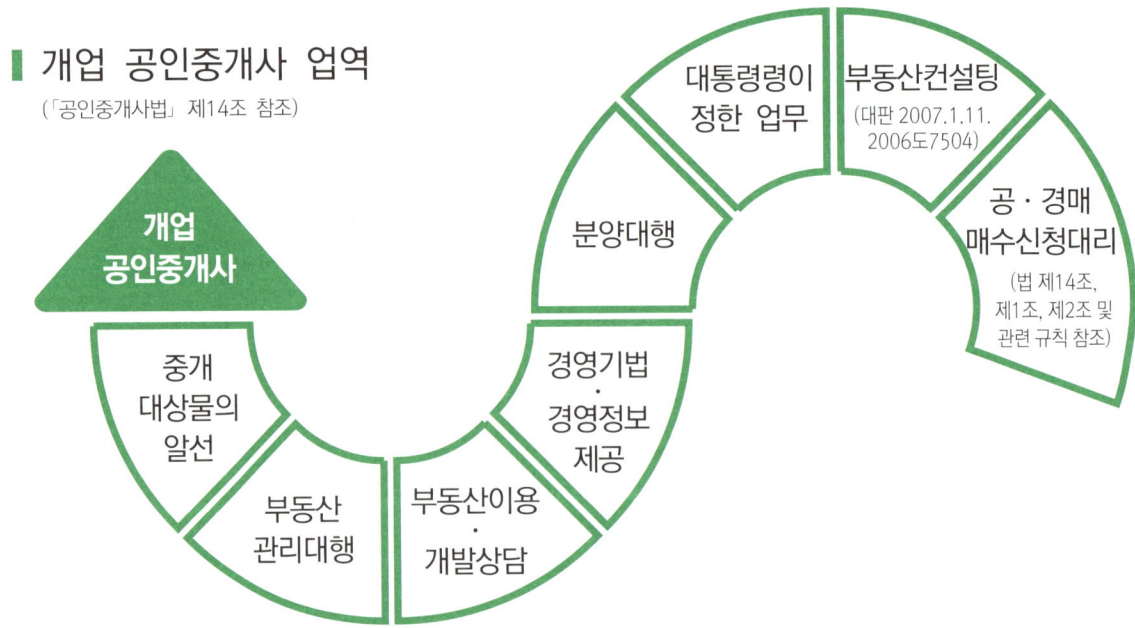

개업(창업)

중개업의 개업은 공인중개사시험에 합격한 후 소정의 교육을 받고, 개설코자 하는 사무소 소재지 시·군·구청에 "사무소" 개설 등록을 하면 된다.

개인중개사무소, 합동중개사무소, 법인중개사무소를 개설하여 영위할 수 있다.

세상에는 수많은 직업이 있으나 돈이 되고, 시장 규모가 크고, 경제성이 높고, 일반 진입이 용이한 직업은 거의 없다.

100세가 되어도 건강하면 경제활동이 가능하고, 시장규모가 크고, 높은 경제성이 있고, 일반 진입이 가능한 직업은 공인중개사뿐이다.

법정취업

- **개인중개사무소, 합동중개사무소, 법인공인중개사무소의 소속공인중개사로 취업**
  11만 4천여 개(법인 포함) 중개업체의 소속 공인중개사, 법인의 사원 또는 임원으로 취업 (2021현재)

- **특수 중개법인 취업** (「공인중개사법」 제9조 참조)
  - 지역농업협동조합 : 농지의 매매·교환·임대차 업무
  - 산림조합 : 임야, 입목의 매매·교환 업무
  - 산업단지관리기관 : "산단" 내 공장용지·건축물의 매매·임대차 업무
  - 자산관리공사 : 금융회사 부실자산 등 비업무용 부동산의 매매 업무

일반취업(가산점 등)

공인중개사 수요는 경제성장과 함께 폭발적으로 증가한다.

국내외 부동산투자회사, 부동산투자신탁회사, LH토지주택공사, SH공사 등 각 지자체공사, 금융기관, 보험기관 등에서 유자격자를 내부적으로 보직 고려나 승급 시 가산점을 부여한다.

일반기업, 공무원 등에서 보직 참고, 승급 등의 업무소양을 가늠하는 전문자격 및 직능향상 기능을 한다.

탁월한 선택

경록의 선택은 탁월한 선택입니다. 우리나라 부동산교육의 본산으로서 65년 전통과 축적된 전문성, 그리고 국내 최대 전문가 그룹이 서포트합니다.

부동산학을 독자연구 정립하고, 최초로 한국부동산학회를 설립하였으며 대학원에 최초로 독립학과를 설립 교육하고, 공인중개사 제도를 주창, 시험시행 전부터 교육해 시험을 리드한 역사적 전통과 축적을 이룬 기관은 경록뿐입니다(설립자 김영진 박사 1957~현재).

공인중개사 시험

■ **시험일정** : 매년 1회 1, 2차 동시 시행

시험 시행기관 등	인터넷 시험접수	시험일자	응시자격
• 법률근거 : 공인중개사법 • 주무부 : 국토교통부 • 시행기관 : 한국산업인력공단	• 매년 8월 둘째 주 5일간 • 특별추가 접수기간 : 별도 공지 일정은 변경될 수 있음	매년 10월 마지막 토요일	학력, 연령, 내·외국인 제한 없이 누구나 가능 (법에 의한 응시자격 결격사유에 해당하는 자는 제외)

※ 큐넷(http://www.q-net.or.kr) 참조, 이상의 일정 등은 변경될 수 있습니다.

■ **시험과목 및 시험방법**

구 분	시험과목	시험방법	문항 수	시험시간	휴대

1차 시험
1교시
(2과목)
	■ 부동산학개론
	  (부동산감정평가론 포함)
	■ 민법 및 민사특별법 중
	  부동산중개에 관련되는 규정
		객관식
		5지선다형
			과목당
			40문항
			(1번~80번)
				100분
				(9:30~11:10)
					계산기

2차 시험 1교시 (2과목)	■ 공인중개사의 업무 및 부동산거래신고 등 에 관한 법령·중개실무 ■ 부동산공법 중 부동산중개에 관련되는 규정		과목당 40문항 (1번~80번)	100분 (13:00~14:40)	

2차 시험
2교시
(1과목)
	■ 부동산공시에 관한 법령(「부동산등기법」,
	  「공간정보의 구축 및 관리등에 관한 법률」)
	  및 부동산 관련 세법
			40문항
			(1번~40번)
				50분
				(15:30~16:20)	

※ 답안작성 시 법령이 필요한 경우는 시험시행일 현재 시행되고 있는 법령을 기준으로 작성

주의사항
1. 수험자는 반드시 입실시간까지 입실하여야 함(시험시작 이후 입실 불가)
2. 개인별 좌석배치도는 입실시간 20분 전에 해당 교실 칠판에 별도 부착함
3. 위 시험시간은 일반응시자 기준이며, 장애인 등 장애유형에 따라 편의제공 및 시험시간 연장가능
   (장애 유형별 편의제공 및 시험시간 연장 등 세부내용은 큐넷 공인중개사 홈페이지 공지사항 참조)

합격기준

구분	합격결정기준
1차 시험	매 과목 100점을 만점으로 하여 매 과목 40점 이상, 전 과목 평균 60점 이상 득점한 자
2차 시험	

시험과목 및 출제비율

구 분	시험과목	출제범위	출제비율
1차 시험 (2과목)	부동산학개론 (부동산감정평가론 포함)	부동산학개론	85% 내외
		부동산감정평가론	15% 내외
	민법 및 민사특별법 중 부동산중개에 관련되는 규정	민법(총칙 중 법률행위, 질권을 제외한 물권법, 계약법 중 총칙·매매·교환·임대차)	85% 내외
		민사특별법(주택임대차보호법, 집합건물의 소유 및 관리에 관한 법률, 가등기담보 등에 관한 법률, 부동산 실권리자명의 등기에 관한 법률, 상가건물 임대차보호법)	15% 내외
2차 시험 (3과목)	공인중개사의 업무 및 부동산거래신고 등에 관한 법령·중개실무	공인중개사법, 부동산거래신고 등에 관한 법률	70% 내외
		중개실무	30% 내외
	부동산공법 중 부동산중개에 관련되는 규정	국토의 계획 및 이용에 관한 법률	30% 내외
		도시개발법, 도시 및 주거환경정비법	30% 내외
		주택법, 건축법, 농지법	40% 내외
	부동산공시에 관한 법령 (「부동산등기법」, 「공간정보의 구축 및 관리등에 관한 법률」) 및 부동산 관련 세법	부동산등기법	30% 내외
		공간정보의 구축 및 관리 등에 관한 법률 (제2장 제4절 및 제3장)	30% 내외
		부동산 관련 세법(상속세, 증여세, 법인세, 부가가치세 제외)	40% 내외

차 례

부동산공법

1 국토의 계획 및 이용에 관한 법률　4
2 도시개발법　119
3 도시 및 주거환경정비법　215
4 건축법　313
5 주택법　418
6 농지법　507

부동산공법

출제비율

농지법 5%

주택법
17.5%

건축법
17.5%

도시 및
주거환경
정비법
15%

도시개발법
15%

국토의 계획 및
이용에 관한
법률
30%

CHAPTER별 출제비중

구 분	26회	27회	28회	29회	30회	31회	32회	33회	34회	35회	계	비율(%)
제1장 국토의 계획 및 이용에 관한 법률	12	12	12	12	12	12	12	12	12	12	120	30.0
제2장 도시개발법	6	6	6	6	6	6	6	6	6	6	60	15.0
제3장 도시 및 주거환경 정비법	6	6	6	6	6	6	6	6	6	6	60	15.0
제4장 건축법	7	7	7	7	7	7	7	7	7	7	70	17.5
제5장 주택법	7	7	7	7	7	7	7	7	7	7	70	17.5
제6장 농지법	2	2	2	2	2	2	2	2	2	2	20	5.0
소 계	40	40	40	40	40	40	40	40	40	40	400	100.0

CHAPTER 01

국토의 계획 및 이용에 관한 법률

학습포인트

- 「국토의 계획 및 이용에 관한 법률」은 토지의 이용에 관한 기본법이다. 이 법을 제대로 이해한다면 부동산공법의 절반 이상을 정복했다고 자부해도 될 만큼 핵심이 되는 법률이다.
- 「국토의 계획 및 이용에 관한 법률」에서는 매년 12문제 출제되고 있는데, 모든 분야에서 고르게 출제되고 있다.

CHAPTER 학습 & 출제되는 키워드

- ☑ 도시·군기본계획
- ☑ 도시·군관리계획
- ☑ 공간재구조화계획
- ☑ 광역도시계획
- ☑ 도시·군관리계획의 입안권자
- ☑ 도시·군관리계획 입안의 제안
- ☑ 도시·군관리계획의 결정권자
- ☑ 용도지역
- ☑ 용도지구
- ☑ 용도구역
- ☑ 시가화조정구역
- ☑ 도시·군계획시설부지의 매수 청구
- ☑ 개발행위허가의 제한
- ☑ 개발밀도관리구역
- ☑ 기반시설부담구역
- ☑ 용도지역별 건축제한
- ☑ 용도지역에서의 건폐율제한
- ☑ 용도지역에서의 용적률제한

CHAPTER 학습 & 출제되는 질문

- ☑ 국토의 계획 및 이용에 관한 법령상의 용어에 관한 설명으로 틀린 것은?
- ☑ 지구단위계획구역으로 지정하는 등의 도시·군관리계획을 입안하는 경우 환경성 검토를 하여야 하는 경우는?
- ☑ 공유수면(바다로 한정함)매립지의 용도지역 지정에 관한 설명으로 틀린 것은?
- ☑ 도시·군계획시설부지의 매수청구에 관한 설명 중 옳은 것은?
- ☑ 지구단위계획의 내용에 반드시 포함되어야 하는 사항이 아닌 것은?
- ☑ 개발행위허가에 관한 설명으로 틀린 것은?
- ☑ 기반시설부담구역의 지정대상이 될 수 없는 지역은?
- ☑ 용도지역에서의 용적률 최대한도의 범위가 다르게 규정되어 있는 것은?
- ☑ 도시·군계획시설사업의 시행에 관한 설명으로 틀린 것은?

제1장 국토의 계획 및 이용에 관한 법률(기본)

기본 출제예상문제

01 ★★ 다음 중 국토의 계획 및 이용에 관한 법령에 근거해서 이루어지는 것은? `15회 출제`

① 투기과열지구의 지정
② 시범도시의 지정
③ 농업진흥지역의 지정
④ 도시개발사업의 시행
⑤ 도시·주거환경기본계획의 수립

해설 국토의 계획 및 이용에 관한 법령
① 투기과열지구는 「주택법」에 의해 지정된다.
③ 농업진흥지역의 지정은 「농지법」에 의해 지정된다.
④ 도시개발사업의 시행은 「도시개발법」에 따라 시행된다.
⑤ 도시·주거환경기본계획은 「도시 및 주거환경정비법」에 의해 수립된다.

02 국토의 계획 및 이용에 관한 법령상 도시·군관리계획으로 결정하여야 하는 사항이 아닌 것은? `23회 출제`

① 개발밀도관리구역의 지정
② 시가화조정구역의 지정
③ 지구단위계획구역의 지정
④ 용도지역의 지정
⑤ 용도지구의 변경

해설 도시·군관리계획
개발밀도관리구역의 지정은 도시·군관리계획으로 결정하여야 하는 사항이 아니다.

03 국토의 계획 및 이용에 관한 법령상의 용어에 대한 설명 중 틀린 것은?

① 도시·군기본계획이란 특별시·광역시·특별자치시·특별자치도·시 또는 군의 관할 구역 및 생활권에 대하여 기본적인 공간구조와 장기발전방향을 제시하는 종합계획으로서 도시·군관리계획 수립의 지침이 되는 계획을 말한다.
② 지구단위계획이란 도시·군계획 수립 대상지역의 일부에 대하여 토지 이용을 합리화하고 그 기능을 증진시키며 미관을 개선하고 양호한 환경을 확보하며, 그 지역을 체계적·계획적으로 관리하기 위하여 수립하는 도시·군관리계획을 말한다.
③ 도시·군계획시설이란 공공시설 중 도시·군관리계획으로 결정된 시설을 말한다.
④ 도시·군계획시설사업이란 도시·군계획시설을 설치·정비 또는 개량하는 사업을 말한다.
⑤ 공동구란 전기·가스·수도 등의 공급설비, 통신시설, 하수도시설 등 지하매설물을 공동 수용함으로써 미관의 개선, 도로구조의보전 및 교통의 원활한 소통을 위하여 지하에 설치하는 시설물을 말한다.

정답 01. ② 02. ① 03. ③

해설 국토의 계획 및 이용에 관한 법령상의 용어 및 내용
③ 도시·군계획시설이란 기반시설 중 도시·군관리계획으로 결정된 시설을 말한다.

04 ★★★ 국토의 계획 및 이용에 관한 법령상 기반시설인 광장 중 시행령으로 세분되는 광장이 아닌 것은?

① 지상광장 ② 교통광장 ③ 일반광장
④ 경관광장 ⑤ 건축물부설광장

해설 기반시설 중 시행령으로 세분되는 기반시설
1) **도로**: 일반도로·자동차전용도로·보행자전용도로·보행자우선도로·자전거전용도로·고가도로·지하도로
2) **자동차정류장**: 여객자동차터미널·물류터미널·공영차고지·공동차고지·화물자동차휴게소·복합환승센터, 환승센터
3) **광장**: 교통광장·일반광장·경관광장·지하광장·건축물부설광장

05 「국토의 계획 및 이용에 관한 법률」상 기반시설의 종류와 그 해당 시설의 연결로 틀린 것은? [28회 개작]

① 교통시설 — 차량검사 및 면허시설 ② 유통·공급시설 — 방송·통신시설
③ 방재시설 — 하천 ④ 공간시설 — 장사시설
⑤ 환경기초시설 — 폐차장

해설 기반시설의 종류
장사시설은 보건위생시설로 구분된다. 공간시설에는 광장, 공원, 녹지, 유원지, 공공공지가 있다.

06 국토의 계획 및 이용에 관한 법령상 기반시설의 종류와 그 해당시설의 연결로 틀린 것은? [26회 출제]

① 교통시설 – 폐차장 ② 공간시설 – 유원지
③ 환경기초시설 – 하수도 ④ 방재시설 – 저수지
⑤ 공공·문화체육시설 – 청소년수련시설

해설 기반시설의 종류
폐차장은 환경기초시설에 해당한다.

정답 04. ① 05. ④ 06. ①

제1장 국토의 계획 및 이용에 관한 법률(기본)

07 국토의 계획 및 이용에 관한 법령상의 용어에 관한 설명으로 틀린 것은? **21회 출제**

① 도시·군계획은 도시·군기본계획과 도시·군관리계획으로 구분한다.
② 용도지역·용도지구의 지정 또는 변경에 관한 계획은 도시·군관리계획으로 결정한다.
③ 지구단위계획은 도시·군관리계획으로 결정한다.
④ 도시·군관리계획을 시행하기 위한 「도시개발법」에 따른 도시개발사업은 도시·군계획사업에 포함된다.
⑤ 기반시설은 도시·군계획시설 중 도시·군관리계획으로 결정된 시설을 말한다.

해설 용어의 뜻
도시·군계획시설이란 기반시설 중 도시·군관리계획으로 결정된 시설을 말한다.

08 국토의 계획 및 이용에 관한 법령상 용어에 관한 설명으로 옳은 것은? **20회 출제**

① "도시·군계획"은 광역도시계획과 도시·군관리계획으로 구분한다.
② "공공시설"은 기반시설 중 도시·군관리계획으로 결정된 시설을 말한다.
③ "도시·군기본계획"은 시·군·구의 관할구역에 대하여 기본적인 공간구조를 제시하는 계획이다.
④ "광역도시계획"은 광역계획권의 장기발전방향을 제시하는 계획이다.
⑤ "용도구역"은 용도지역의 행위제한을 강화하기 위하여 시장·군수가 도시·군관리계획으로 결정하는 지역이다.

해설 용어의 뜻
① 도시·군계획은 도시·군기본계획과 도시·군관리계획으로 구분한다.
② 공공시설은 도로·공원·철도·수도 그 밖에 대통령령으로 정하는 공공용 시설이고, 도시·군계획시설은 기반시설 중 도시·군관리계획으로 결정된 시설이다.
③ 도시·군기본계획은 특별시·광역시·시·특별자치시·특별자치도 또는 군의 관할 구역 및 생활권에 대하여 기본적인 공간구조와 장기발전방향을 제시하는 종합계획으로서 도시·군관리계획 수립의 지침이 되는 계획이다.
⑤ 용도구역은 토지의 이용 및 건축물의 용도·건폐율·용적률·높이 등에 대한 용도지역 및 용도지구의 제한을 강화하거나 완화해서 따로 정함으로써 시가지의 무질서한 확산방지, 계획적이고 단계적인 토지이용의 도모, 혁신적이고 복합적인 토지활용의 촉진, 토지이용의 종합적 조정·관리 등을 위해 도시·군관리계획으로 결정하는 지역을 말한다.

정답   07. ⑤   08. ④

부동산공법

09 국토의 계획 및 이용에 관한 법령상 광역계획권과 광역시설에 관한 설명으로 틀린 것은? [28회 출제]

① 국토교통부장관은 인접한 둘 이상의 특별시·광역시·특별자치시의 관할구역 전부 또는 일부를 광역계획권으로 지정할 수 있다.
② 광역시설의 설치 및 관리는 공동구의 설치에 관한 규정에 따른다.
③ 장사시설, 도축장은 광역시설이 될 수 있다.
④ 관계 특별시장·광역시장·특별자치시장·특별자치도지사는 협약을 체결하거나 협의회 등을 구성하여 광역시설을 설치·관리할 수 있다.
⑤ 국가계획으로 설치하는 광역시설은 그 광역시설의 설치·관리를 사업목적 또는 사업종목으로 하여 다른 법률에 따라 설립된 법인이 설치·관리할 수 있다.

해설 광역계획권과 광역시설
광역시설의 설치 및 관리는 도시·군계획시설의 예에 따른다.

10 국토의 계획 및 이용에 관한 법령상 광역계획권에 관한 설명으로 옳은 것은? [33회 출제]

① 광역계획권이 둘 이상의 도의 관할 구역에 걸쳐 있는 경우, 해당 도지사들은 공동으로 광역계획권을 지정하여야 한다.
② 광역계획권이 하나의 도의 관할 구역에 속하여 있는 경우, 도지사는 국토교통부장관과 공동으로 광역계획권을 지정 또는 변경하여야 한다.
③ 도지사가 광역계획권을 지정하려면 관계 중앙행정기관의 장의 의견을 들은 후 중앙도시계획위원회의 심의를 거쳐야 한다.
④ 국토교통부장관이 광역계획권을 변경하려면 관계 시·도지사, 시장 또는 군수의 의견을 들은 후 지방도시계획위원회의 심의를 거쳐야 한다.
⑤ 중앙행정기관의 장, 시·도지사, 시장 또는 군수는 국토교통부장관이나 도지사에게 광역계획권의 지정 또는 변경을 요청할 수 있다.

해설 광역계획권
① 광역계획권이 둘 이상의 시·도의 관할구역에 걸쳐 있는 경우, 국토교통부장관이 광역계획권을 지정하여야 한다.
② 광역계획권이 도의 관할 구역에 속하여 있는 경우, 도지사가 광역계획권을 지정하여야 한다.
③ 도지사가 광역계획권을 지정하려면 관계 중앙행정기관의 장, 관계 시·도지사, 시장 또는 군수의 의견을 들은 후 지방도시계획위원회의 심의를 거쳐야 한다.
④ 국토교통부장관이 광역계획권을 지정 또는 변경하려면 관계 시·도지사, 시장 또는 군수의 의견을 들은 후 중앙도시계획위원회의 심의를 거쳐야 한다.

정답 09. ② 10. ⑤

제1장 국토의 계획 및 이용에 관한 법률(기본)

11 국토의 계획 및 이용에 관한 법령상 광역도시계획에 관한 설명으로 틀린 것은? 〔26회 출제〕

① 동일 지역에 대하여 수립된 광역도시계획의 내용과 도시·군기본계획의 내용이 다를 때에는 광역도시계획의 내용이 우선한다.
② 광역계획권은 광역시장이 지정할 수 있다.
③ 도지사는 시장 또는 군수가 협의를 거쳐 요청하는 경우에는 단독으로 광역도시계획을 수립할 수 있다.
④ 광역도시계획을 수립하려면 광역도시계획의 수립권자는 미리 공청회를 열어야 한다.
⑤ 국토교통부장관이 조정의 신청을 받아 광역도시계획의 내용을 조정하는 경우 중앙도시계획위원회의 심의를 거쳐야 한다.

> **해설** 광역도시계획
> ■ 광역계획권은 다음의 구분에 따라 국토교통부장관 또는 도지사가 지정한다.
>   1) 광역계획권이 둘 이상의 시·도의 관할구역에 걸쳐 있는 경우: 국토교통부장관
>   2) 광역계획권이 도의 관할구역에 속해 있는 경우: 도지사

12 국토의 계획 및 이용에 관한 법령상 광역도시계획에 관한 설명으로 틀린 것은? 〔31회 출제〕

① 도지사는 시장 또는 군수가 협의를 거쳐 요청하는 경우에는 단독으로 광역도시계획을 수립할 수 있다.
② 광역도시계획의 수립기준은 국토교통부장관이 정한다.
③ 광역도시계획의 수립을 위한 공청회는 광역계획권 단위로 개최하되, 필요한 경우에는 광역계획권을 수개의 지역으로 구분하여 개최할 수 있다.
④ 국토교통부장관은 광역도시계획을 수립하였을 때에는 직접 그 내용을 공고하고 일반이 열람할 수 있도록 하여야 한다.
⑤ 광역도시계획을 공동으로 수립하는 시·도지사는 그 내용에 관하여 서로 협의가 되지 아니하면 공동이나 단독으로 국토교통부장관에게 조정을 신청할 수 있다.

> **해설** 광역도시계획
> 국토교통부장관은 광역도시계획을 수립하였을 때에는 관계 중앙행정기관의 장과 시·도지사에게 관계서류를 송부해야 한다. 관계서류를 송부받은 시·도지사는 이를 그 지방자치단체의 공보에 공고하고, 30일 이상 일반이 열람할 수 있게 해야 한다.

정답 11. ② 12. ④

부동산공법

13 국토의 계획 및 이용에 관한 법령상 광역도시계획 등에 관한 설명으로 틀린 것은? (단, 조례는 고려하지 않음) `28회 출제`

① 국토교통부장관은 광역계획권을 지정하려면 관계 시·도지사, 시장 또는 군수의 의견을 들은 후 중앙도시계획위원회의 심의를 거쳐야 한다.
② 시·도지사, 시장 또는 군수는 광역도시계획을 변경하려면 미리 관계 시·도, 시 또는 군의 의회와 관계 시장 또는 군수의 의견을 들어야 한다.
③ 국토교통부장관은 시·도지사가 요청하는 경우에도 시·도지사와 공동으로 광역도시계획을 수립할 수 없다.
④ 시장 또는 군수는 광역도시계획을 수립하려면 도지사의 승인을 받아야 한다.
⑤ 시장 또는 군수는 광역도시계획을 변경하려면 미리 공청회를 열어야 한다.

해설 광역도시계획
국토교통부장관은 시·도지사의 요청이 있는 경우에는 관할 시·도지사와 공동으로 광역도시계획을 수립할 수 있다.

14 국토의 계획 및 이용에 관한 법령상 광역도시계획에 관한 설명으로 틀린 것은? `29회 출제`

① 중앙행정기관의 장, 시·도지사, 시장 또는 군수는 국토교통부장관이나 도지사에게 광역계획권의 변경을 요청할 수 있다.
② 둘 이상의 특별시·광역시·특별자치시·특별자치도·시 또는 군의 공간구조 및 기능을 상호 연계시키고 환경을 보전하며 광역시설을 체계적으로 정비하기 위하여 필요한 경우에는 광역계획권을 지정할 수 있다.
③ 국가계획과 관련된 광역도시계획의 수립이 필요한 경우 광역도시계획의 수립권자는 국토교통부장관이다.
④ 광역계획권이 둘 이상의 시·도의 관할구역에 걸쳐 있는 경우에는 관할 시·도지사가 공동으로 광역계획권을 지정하여야 한다.
⑤ 국토교통부장관, 시·도지사, 시장 또는 군수는 광역도시계획을 수립하려면 미리 공청회를 열어 주민과 관계 전문가 등으로부터 의견을 들어야 한다.

해설 광역도시계획
광역계획권이 둘 이상의 시·도의 관할구역에 걸쳐 있는 경우에는 국토교통부장관이 광역계획권을 지정하여야 한다.

정답 13. ③ 14. ④

제1장 국토의 계획 및 이용에 관한 법률(기본)

15 ★ 국토의 계획 및 이용에 관한 법령상 광역도시계획에 관한 설명으로 틀린 것은? `32회 출제`

① 광역도시계획의 수립기준은 국토교통부장관이 정한다.
② 광역계획권이 같은 도의 관할 구역에 속하여 있는 경우 관할 도지사가 광역도시계획을 수립하여야 한다.
③ 시·도지사, 시장 또는 군수는 광역도시계획을 수립하거나 변경하려면 미리 관계 시·도, 시 또는 군의 의회와 관계 시장 또는 군수의 의견을 들어야 한다.
④ 시장 또는 군수가 기초조사정보체계를 구축한 경우에는 등록된 정보의 현황을 5년마다 확인하고 변동사항을 반영하여야 한다.
⑤ 광역계획권을 지정한 날부터 3년이 지날 때까지 관할 시장 또는 군수로부터 광역도시계획의 승인 신청이 없는 경우 관할 도지사가 광역도시계획을 수립하여야 한다.

[해설] 광역도시계획
광역계획권이 같은 도의 관할 구역에 속하여 있는 경우 관할 시장 또는 군수가 공동으로 광역도시계획을 수립하여야 한다.

16 국토의 계획 및 이용에 관한 법령상 광역도시계획에 관한 설명으로 옳은 것은? `27회 출제`

① 국토교통부장관이 광역계획권을 지정하려면 관계 지방도시계획위원회의 심의를 거쳐야 한다.
② 도지사가 시장 또는 군수의 요청으로 관할 시장 또는 군수와 공동으로 광역도시계획을 수립하는 경우에는 국토교통부장관의 승인을 받지 않고 광역도시계획을 수립할 수 있다.
③ 중앙행정기관의 장은 국토교통부장관에게 광역계획권의 변경을 요청할 수 없다.
④ 시장 또는 군수가 광역도시계획을 수립하거나 변경하려면 국토교통부장관의 승인을 받아야 한다.
⑤ 광역계획권은 인접한 둘 이상의 특별시·광역시·시 또는 군의 관할구역 단위로 지정하여야 하며, 그 관할구역의 일부만을 광역계획권에 포함시킬 수는 없다.

[해설] 광역도시계획
① 국토교통부장관이 광역계획권을 지정하려면 관계 중앙도시계획위원회의 심의를 거쳐야 한다.
③ 중앙행정기관의 장은 국토교통부장관에게 광역계획권의 변경을 요청할 수 있다.
④ 시장 또는 군수가 광역도시계획을 수립하거나 변경하려면 도지사의 승인을 받아야 한다.
⑤ 광역계획권은 인접한 둘 이상의 특별시·광역시·특별자치시·특별자치도·시 또는 군의 관할구역 단위로 지정하여야 하며, 그 관할구역의 일부를 광역계획권에 포함시킬 수 있다.

정답 15. ② 16. ②

부동산공법

17 국토의 계획 및 이용에 관한 법령상 도시·군기본계획에 관한 설명으로 옳은 것은? `24회 출제`

① 시장·군수는 관할구역에 대해서만 도시·군기본계획을 수립할 수 있으며, 인접한 시 또는 군의 관할구역을 포함하여 계획을 수립할 수 없다.
② 도시·군기본계획의 내용이 광역도시계획의 내용과 다를 때에는 국토교통부장관이 결정하는 바에 따른다.
③ 「수도권정비계획법」에 의한 수도권에 속하지 아니하고 광역시와 경계를 같이하지 아니한 인구 7만명의 군은 도시·군기본계획을 수립하지 아니할 수 있다.
④ 도시·군기본계획을 변경하는 경우에는 공청회를 개최하지 아니할 수 있다.
⑤ 광역시장이 도시·군기본계획을 수립하려면 국토교통부장관의 승인을 받아야 한다.

해설 도시·군기본계획
① 시장·군수는 인접한 시 또는 군의 관할구역의 전부 또는 일부를 포함하여 도시·군기본계획을 수립할 수 있다.
② 도시·군기본계획의 내용이 광역도시계획의 내용과 다를 때에는 광역도시계획의 내용이 우선한다.
④ 도시·군기본계획을 변경하는 경우에도 공청회를 개최하여야 한다.
⑤ 특별시장·광역시장·특별자치시장 또는 특별자치도지사는 도시·군기본계획을 수립하거나 변경하려면 관계 행정기관의 장(국토부장관을 포함)과 협의한 후 지방도시계획위원회의 심의를 거쳐야 한다.

18 국토의 계획 및 이용에 관한 법령상 도시·군기본계획에 관한 설명으로 옳은 것은? `20회 출제`

① 도시·군기본계획의 수립시 주민의 의견은 들어야 되나 관계전문가로부터 의견을 들을 필요는 없다.
② 시장·군수는 인접한 시·군의 시장·군수와 협의를 거쳐 그 인접 시·군의 관할구역 전부를 포함하는 도시·군기본계획을 수립할 수 있다.
③ 「수도권정비계획법」에 의한 수도권의 시로서 인구 10만명 이하인 시는 도시·군기본계획을 수립하지 아니할 수 있다.
④ 도시·군기본계획의 내용과 국가계획의 내용이 다를 때에는 도시·군기본계획의 내용이 우선한다.
⑤ 광역도시계획의 내용과 도시·군기본계획의 내용이 다를 때에는 도시·군기본계획의 내용이 우선한다.

해설 도시·군기본계획
① 관계 전문가로부터도 의견을 들어야 한다.
③ 수도권에 속하지 아니하고 광역시와 경계를 같이하지 아니하는 시 또는 군으로서 인구 10만 이하인 시 또는 군이 도시·군기본계획을 수립하지 아니할 수 있다.
④ 국가계획의 내용이 우선한다.
⑤ 광역도시계획의 내용이 우선한다.

정답 17. ③ 18. ②

제1장 국토의 계획 및 이용에 관한 법률(기본)

19 ★★ 다음은 도시·군기본계획에 관한 설명이다. 올바른 것은?

① 생활권계획이 수립 또는 승인된 때에는 해당 계획이 수립된 생활권에 대해서는 도시·군기본계획이 수립 또는 변경된 것으로 본다.
② 국토교통부장관이나 도지사가 도시·군기본계획을 수립하는 경우도 있다.
③ 국가계획의 내용이 도시·군기본계획과 다른 때에는 도시·군기본계획의 내용이 우선한다.
④ 도시·군기본계획은 해당 특별시·광역시·특별자치시·특별자치도·시 또는 군만 대상으로 해야 한다.
⑤ 수도권 시·군의 경우에는 도시·군기본계획을 수립하지 않을 수 있다.

> **해설** 도시·군기본계획의 수립
> ② 도시·군기본계획의 수립권자는 특별시장·광역시장·특별자치시장·특별자치도지사·시장 또는 군수이다.
> ③ 국가계획의 내용이 도시·군기본계획과 다른 때에는 국가계획의 내용이 우선한다.
> ④ 도시·군기본계획은 해당 특별시·광역시·특별자치시·특별자치도·시 또는 군의 관할 구역 및 생활권을 대상으로 하되, 필요한 경우에는 인접한 특별시·광역시·시 또는 군의 전부 또는 일부를 포함해서 도시·군기본계획을 수립할 수 있다.
> ⑤ 수도권 밖에 있는 인구 10만 이하의 시·군으로서 광역시와 경계를 같이 하지 않는 시·군에 대해서는 도시·군기본계획을 수립하지 않을 수 있다.

20 ★ 다음은 도시·군기본계획과 생활권계획에 관한 설명이다. 올바른 것은?

① 도시·군기본계획은 인구 10만명 이상의 도시에 대해 수립한다.
② 도시·군기본계획은 도시·군관리계획결정고시 후 2년 이내에 수립해야 한다.
③ 국토교통부장관은 특별시장·광역시장·특별자치시장·특별자치도지사·시장 또는 군수의 의견을 들은 후 도시·군기본계획을 변경할 수 있다.
④ 국토교통부장관이 도시·군기본계획을 수립하는 경우도 있다.
⑤ 생활권계획이 수립 또는 승인된 때에는 해당 계획이 수립된 생활권에 대해서는 도시·군기본계획이 수립 또는 변경된 것으로 본다.

> **해설** 도시·군기본계획의 수립(대판 2002.10.11. 2000두8226)
> ① 도시·군기본계획은 인구와 관계없이 특별시·광역시·특별자치시·특별자치도·시 또는 군의 관할 구역 및 생활권에 대하여 수립한다. 다만, 수도권에 속하지 않고 광역시와 경계를 같이하지 않은 시 또는 군으로서 인구 10만 이하의 시·군과 관할구역 전부에 대해 광역도시계획이 수립되어 있는 시 또는 군으로서 그 광역도시계획에 도시·군기본계획의 내용이 모두 포함되어 있는 시 또는 군의 경우에는 도시·군기본계획을 수립하지 않아도 된다.
> ② 도시·군기본계획을 수립해야 하는 시한은 정해져 있지 않다.
> ③ 도시·군기본계획의 변경 역시 관할 특별시장·광역시장·특별자치시장·특별자치도지사·시장 또는 군수의 권한이다. 국토교통부장관은 도시·군기본계획이 국가계획 및 광역도시계획에 부합하지 않는다고 판단하는 경우에는 특별시장·광역시장·특별자치시장·특별자치도지사·시장 또는 군수에게 기한을 정해 도시·군기본계획의 조정을 요구할 수 있으나, 직접 도시·군기본계획을 변경하지는 못한다.
> ④ 도시·군기본계획은 관할 특별시장·광역시장·특별자치시장·특별자치도지사·시장 또는 군수가 수립한다.

정답   19. ①   20. ⑤

부동산공법

21 국토의 계획 및 이용에 관한 법령상 도시·군관리계획을 입안할 때 환경성 검토를 실시하지 않아도 되는 경우에 해당하는 것만을 모두 고른 것은? **24회 출제**

> ㉠ 개발제한구역 안에 기반시설을 설치하는 경우
> ㉡ 「도시개발법」에 따른 도시개발사업의 경우
> ㉢ 해당 지구단위계획구역 안의 나대지 면적이 구역면적의 2%에 미달하는 경우

① ㉠　　② ㉢　　③ ㉠, ㉡　　④ ㉡, ㉢　　⑤ ㉠, ㉡, ㉢

해설 도시·군관리계획 입안을 위한 기초조사

■ 환경성 검토를 실시하지 아니할 수 있는 요건
1) 해당 지구단위계획구역이 도심지(상업지역과 상업지역에 연접한 지역을 말한다)에 위치하는 경우
2) 해당 지구단위계획구역 안의 나대지면적이 구역면적의 2%에 미달하는 경우
3) 해당 지구단위계획구역 또는 도시·군계획시설부지가 다른 법률에 따라 지역·지구 등으로 지정되거나 개발계획이 수립된 경우
4) 해당 지구단위계획구역의 지정목적이 해당 구역을 정비 또는 관리하고자 하는 경우로서 지구단위계획의 내용에 너비 12m 이상 도로의 설치계획이 없는 경우
5) 기존의 용도지구를 폐지하고 지구단위계획을 수립 또는 변경하여 그 용도지구에 따른 건축물이나 그 밖의 시설의 용도·종류 및 규모 등의 제한을 그대로 대체하려는 경우
6) 해당 도시·군계획시설의 결정을 해제하려는 경우
7) 전략환경영향평가 대상인 도시관리계획을 입안하는 경우

22 국토의 계획 및 이용에 관한 법령상 도시·군관리계획에 관한 설명으로 틀린 것은? **24회 출제**

① 주민은 기반시설의 설치에 관한 사항에 대하여 도시·군관리계획의 입안권자에게 그 입안을 제안할 수 있다.
② 시가화조정구역의 지정에 관한 도시·군관리계획 결정이 있는 경우에는 결정 당시 이미 허가를 받아 사업을 하고 있는 자라도 허가를 다시 받아야 한다.
③ 국가계획과 관련되어 국토교통부장관이 입안한 도시·군관리계획은 국토교통부장관이 결정한다.
④ 공원·녹지·유원지 등의 공간시설의 설치에 관한 계획은 도시·군관리계획에 속한다.
⑤ 도시지역의 축소에 따른 용도지역의 변경을 내용으로 하는 도시·군관리계획을 입안하는 경우에는 주민의 의견청취를 생략할 수 있다.

해설 도시·군관리계획

시가화조정구역 또는 수산자원보호구역의 지정에 관한 도시·군관리계획결정이 있는 경우에는 그 고시가 있은 날부터 3월 이내에 그 사업 또는 공사의 내용을 관할 특별시장·광역시장·특별자치시장·특별자치도지사·시장 또는 군수에게 신고하고 그 사업 또는 공사를 계속할 수 있다.

정답　21. ②　22. ②

23. 다음은 「국토의 계획 및 이용에 관한 법률」의 국가계획에 관한 설명이다. 틀린 것은?

① 국가계획은 중앙행정기관이 법률에 따라 수립하거나 국가의 정책적인 목적을 이루기 위해 수립하는 계획 중 도시·군기본계획으로 정하거나 도시·군관리계획으로 결정해야 할 사항이 포함된 계획을 말한다.
② 국가계획을 수립하는 중앙행정기관의 장은 미리 지방자치단체의 장의 의견을 듣고 충분히 협의해야 한다.
③ 광역도시계획 또는 도시·군계획의 내용이 국가계획의 내용과 다를 때에는 국가계획의 내용이 우선한다.
④ 국가계획과 관련된 도시·군관리계획의 경우에는 국토교통부장관이 직접 입안할 수 있다.
⑤ 국가계획의 내용은 기존의 도시·군계획의 내용과 부합되어야 한다.

해설 국가계획
광역도시계획 및 도시·군계획은 국가계획에 부합되어야 한다.

24. 다음은 도시·군관리계획 입안의 제안에 관한 설명이다. 틀린 것은?

① 주민은 시가화조정구역의 변경에 대하여 입안권자에게 도시·군관리계획의 입안을 제안할 수 있다.
② 도시·군계획시설입체복합구역의 지정 및 변경과 도시·군계획시설입체복합구역의 건축제한·건폐율·용적률·높이 등에 관한 사항에 대하여 도시·군관리계획의 입안을 제안할 수 있다.
③ 지구단위계획구역의 지정 및 변경에 관한 도시·군관리계획을 제안할 수 있다.
④ 산업·유통개발진흥지구의 지정 및 변경에 관한 도시·군관리계획을 제안할 수 있다.
⑤ 도시·군관리계획의 입안을 제안하려는 자는 기반시설의 설치에 관한 사항에 대한 제안의 경우 대상 토지 면적의 4/5 이상 토지소유자의 동의를 받아야 한다.

해설 도시·군관리계획 입안의 제안
주민은 시가화조정구역의 변경에 대하여 입안권자에게 도시·군관리계획의 입안을 제안할 수 없다.

정답 23. ⑤ 24. ①

부동산공법

25 국토의 계획 및 이용에 관한 법령상 주민이 도시·군관리계획의 입안을 제안하는 경우에 관한 설명으로 틀린 것은? `30회 출제`

① 도시·군관리계획의 입안을 제안하는 자는 제안자와 협의하여 제안된 도시·군관리계획의 입안 및 결정에 필요한 비용의 전부 또는 일부를 제안자에게 부담시킬 수 있다.
② 제안서에는 도시·군관리계획도서뿐만 아니라 계획설명서도 첨부하여야 한다.
③ 도시·군관리계획의 입안을 제안받은 자는 그 처리결과를 제안자에게 알려야 한다.
④ 산업·유통개발진흥지구의 지정 및 변경에 관한 사항은 입안제안의 대상에 해당하지 않는다.
⑤ 도시·군관리계획의 입안을 제안하려는 자가 토지소유자의 동의를 받아야 하는 경우 국·공유지는 동의 대상토지 면적에서 제외된다.

해설 도시·군관리계획의 입안 제안
산업·유통개발진흥지구의 지정 및 변경에 관한 사항은 입안제안의 대상에 해당한다.

26 국토의 계획 및 이용에 관한 법령상 도시·군관리계획의 입안에 관한 설명으로 틀린 것은? `21회 출제`

① 주민은 개발제한구역의 변경에 대하여 입안권자에게 도시·군관리계획의 입안을 제안할 수 있다.
② 입안권자가 용도지역의 지정에 관한 도시·군관리계획을 입안하려면 해당 지방의회의 의견을 들어야 한다.
③ 도시·군관리계획의 입안을 제안받은 입안권자는 부득이한 사정이 있는 경우를 제외하고는 제안일부터 45일 이내에 그 제안의 반영여부를 제안자에게 통보하여야 한다.
④ 도시·군관리계획의 입안을 제안받은 입안권자는 제안자와 협의하여 제안된 도시·군관리계획의 입안 등에 필요한 비용의 전부 또는 일부를 제안자에게 부담시킬 수 있다.
⑤ 국가계획과 관련된 경우에는 국토교통부장관이 직접 도시·군관리계획을 입안할 수 있다.

해설 도시·군관리계획의 입안
■ 주민(이해관계자를 포함함)은 다음의 사항에 대하여만 입안권자에게 도시·군관리계획의 입안을 제안할 수 있다.
1) 기반시설의 설치·정비 또는 개량에 관한 사항
2) 지구단위계획구역의 지정 및 변경과 지구단위계획의 수립 및 변경에 관한 사항
3) 개발진흥지구 중 산업·유통개발진흥지구의 지정 및 변경에 관한 사항
4) 용도지구 중 지구단위계획으로 대체하기 위한 용도지구의 지정 및 변경에 관한 사항
5) 도시·군계획시설입체복합구역의 지정 및 변경과 도시·군계획시설입체복합구역의 건축제한·건폐율·용적률·높이 등에 관한 사항

정답   25. ④   26. ①

제1장 국토의 계획 및 이용에 관한 법률(기본)

27 국토의 계획 및 이용에 관한 법령상 도시·군관리계획에 관한 설명이다. 틀린 것은?
★★

① 도시·군관리계획은 관할 특별시장·광역시장·특별자치시장·특별자치도지사·시장 또는 군수가 입안하는 것이 원칙이나, 때로는 국토교통부장관이나 주민도 입안할 수 있다.
② 도시·군관리계획의 입안을 제안하려는 자는 도시·군계획시설입체복합구역의 지정 및 변경과 도시·군계획시설입체복합구역의 건축제한 등에 관한 사항에 대한 제안의 경우 대상 토지 면적의 4/5 이상 토지소유자의 동의를 받아야 한다.
③ 모든 도시·군관리계획이 반드시 도시계획위원회의 심의를 거쳐 결정 또는 변경결정되는 것은 아니다.
④ 도시·군관리계획결정권자가 도시·군관리계획을 결정하고자 하는 때에는 미리 지방의회의 의견을 들을 필요는 없다.
⑤ 도시·군관리계획 입안권자는 기초조사의 내용에 환경성 검토, 토지적성평가와 재해취약성 분석을 포함해야 한다.

해설 도시·군관리계획
① 주민은 도시·군관리계획의 입안을 제안할 수 있을 뿐 직접 도시·군관리계획을 입안하지는 못한다.
③ 도시·군관리계획의 경미한 변경은 도시계획위원회의 심의를 거치지 않아도 된다.
④ 지방의회의 의견청취는 도시·군관리계획의 입안절차이지 결정절차는 아니다.
⑤ 도시·군관리계획으로 입안하려는 지역이 도심지에 위치하거나, 개발이 끝나 나대지가 없는 경우에는 기초조사, 환경성 검토, 토지적성평가 또는 재해취약성 분석을 실시하지 않을 수 있다.

28 국토의 계획 및 이용에 관한 법령상 도시·군관리계획에 관한 설명으로 틀린 것은? **32회 출제**

① 국토교통부장관은 국가계획과 관련된 경우 직접 도시·군관리계획을 입안할 수 있다.
② 주민은 산업·유통개발진흥지구의 지정에 관한 사항에 대하여 도시·군관리계획의 입안권자에게 도시·군관리계획의 입안을 제안할 수 있다.
③ 도시·군관리계획으로 입안하려는 지구단위계획구역이 상업지역에 위치하는 경우에는 재해취약성분석을 하지 아니할 수 있다.
④ 도시·군관리계획 결정의 효력은 지형도면을 고시한 다음 날부터 발생한다.
⑤ 인접한 특별시·광역시·특별자치시·특별자치도·시 또는 군의 관한 구역에 대한 도시·군관리계획은 관계특별시장·광역시장·특별자치시장·특별자치도지사·시장 또는 군수가 협의하여 공동으로 입안하거나 입안할 자를 정한다.

해설 도시·군관리계획
도시·군관리계획 결정의 효력은 지형도면을 고시한 날부터 발생한다.

정답 27. ① 28. ④

부동산공법

29 「국토의 계획 및 이용에 관한 법률」상 도시·군관리계획의 결정에 관한 설명으로 틀린 것은? `31회 출제`

① 시장 또는 군수가 입안한 지구단위계획구역의 지정·변경에 관한 도시·군관리계획은 시장 또는 군수가 직접 결정한다.
② 개발제한구역의 지정에 관한 도시·군관리계획은 국토교통부장관이 결정한다.
③ 시·도지사가 지구단위계획을 결정하려면 「건축법」에 따라 시·도에 두는 건축위원회와 도시계획위원회가 공동으로 하는 심의를 거쳐야 한다.
④ 국토교통부장관은 관계 중앙행정기관의 장의 요청이 없어도 국가안전보장상 기밀을 지켜야 할 필요가 있다고 인정되면 중앙도시계획위원회의 심의를 거치지 않고 도시·군관리계획을 결정할 수 있다.
⑤ 도시·군관리계획 결정의 효력은 지형도면을 고시한 날부터 발생한다.

해설 도시·군관리계획의 결정
국토교통부장관은 관계 중앙행정기관의 장이 요청한 때에 한하여 국가안전보장상 기밀을 지켜야 할 필요가 있다고 인정되면 중앙도시계획위원회의 심의를 거치지 않고 도시·군관리계획을 결정할 수 있다.

30 국토의 계획 및 이용에 관한 법령상 도시·군관리계획 등에 관한 설명으로 옳은 것은? `28회 출제`

① 시가화조정구역의 지정에 관한 도시·군관리계획 결정 당시 승인받은 사업이나 공사에 이미 착수한 자는 신고 없이 그 사업이나 공사를 계속할 수 있다.
② 국가계획과 연계하여 시가화조정구역의 지정이 필요한 경우 국토교통부장관이 직접 그 지정을 도시·군관리계획으로 결정할 수 있다.
③ 도시·군관리계획의 입안을 제안받은 자는 도시·군관리계획의 입안 및 결정에 필요한 비용을 제안자에게 부담시킬 수 없다.
④ 수산자원보호구역의 지정에 관한 도시·군관리계획은 국토교통부장관이 결정한다.
⑤ 도시·군관리계획 결정은 지형도면을 고시한 날의 다음날부터 효력이 발생한다.

해설 도시·군관리계획
① 시가화조정구역 또는 수산자원보호구역의 지정에 관한 도시·군관리계획결정이 있는 경우에는 그 고시가 있은 날부터 3개월 이내에 그 사업이나 공사의 내용을 관할 특별시장·광역시장·특별자치시장·특별자치도지사·시장 또는 군수에게 신고하고 그 사업이나 공사를 계속할 수 있다.
③ 도시·군관리계획 입안권자는 제안자와 협의해서 제안된 도시·군관리계획의 입안 및 결정에 필요한 비용의 전부 또는 일부를 제안자에게 부담시킬 수 있다.
④ 수산자원보호구역의 지정에 관한 도시·군관리계획은 해양수산부장관이 결정한다.
⑤ 도시·군관리계획 결정은 지형도면을 고시한 날부터 효력이 발생한다.

정답 28. ④ 30. ②

제1장 국토의 계획 및 이용에 관한 법률(기본)

31 국토의 계획 및 이용에 관한 법령상 도시·군관리계획에 관한 설명으로 틀린 것은? **26회 출제**

① 도시·군관리계획 결정의 효력은 지형도면을 고시한 날의 다음날부터 발생한다.
② 용도지구의 지정은 도시·군관리계획으로 결정한다.
③ 주민은 기반시설의 설치·정비 또는 개량에 관한 사항에 대하여 입안권자에게 도시·군관리계획의 입안을 제안할 수 있다.
④ 도시·군관리계획은 광역도시계획과 도시·군기본계획에 부합되어야 한다.
⑤ 도시·군관리계획을 조속히 입안하여야 할 필요가 있다고 인정되면 도시·군기본계획을 수립할 때에 도시·군관리계획을 함께 입안할 수 있다.

> **해설** 도시·군관리계획
> 도시·군관리계획 결정의 효력은 지형도면을 고시한 날부터 발생한다(법 제31조 제1항).

32 다음은 지형도면의 작성과 고시에 관한 설명이다. 올바른 것은?

① 지형도면의 작성기준 및 방법과 고시방법 및 절차 등에 관해서는 「토지이용규제 기본법」 제8조 제2항 및 제6항부터 제9항까지의 규정에 따른다.
② 수산자원보호구역의 경우에는 국토교통부장관이 직접 지형도면을 작성할 수 있다.
③ 대도시 시장이 지형도면을 작성하면 도지사의 승인을 받아야 한다.
④ 국토교통부장관, 시·도지사가 직접 지형도면을 작성하거나 지형도면을 승인한 경우에는 이를 고시할 필요가 없다.
⑤ 지형도면의 승인신청을 받은 도지사는 그 지형도면과 결정·고시된 도시·군관리계획을 대조해서 착오가 없다고 인정되는 때에는 45일 안에 그 지형도면을 승인해야 한다.

> **해설** 지형도면의 작성과 고시
> ② 수산자원보호구역의 경우에는 해양수산부장관이 직접 지형도면을 작성할 수 있다.
> ③ 시장(대도시 시장은 제외) 또는 군수가 지형도면을 작성하면 도지사의 승인을 받아야 한다.
> ④ 국토교통부장관, 시·도지사, 시장 또는 군수는 직접 지형도면을 작성하거나 지형도면을 승인한 경우에는 이를 고시하여야 한다.
> ⑤ 착오가 없다고 인정되는 때에는 30일 안에 그 지형도면을 승인해야 한다.

정답   31. ①   32. ①

부동산공법

33. 광역도시계획, 도시·군기본계획 및 도시·군관리계획에 관한 설명으로 옳은 것은? [15회 추가]

① 광역도시계획은 광역계획권의 지정목적 달성에 필요한 장기발전방향을 제시하는 계획이다.
② 도시·군기본계획은 해당 지역의 특성을 고려한 장기계획으로서 종합계획이며 비법정계획이다.
③ 도시·군기본계획과 광역도시계획은 장기계획으로 5년마다 타당성을 검토해야 한다.
④ 모든 시·군은 도시·군기본계획을 수립해야 한다.
⑤ 도시·군기본계획에 부합하지 않는 도시·군관리계획은 당연 무효이다.

해설 광역도시계획, 도시·군기본계획 및 도시·군관리계획

② 도시·군기본계획은 법정계획이다.
③ 타당성 검토는 도시·군기본계획에만 해당된다.
④ 수도권에 속하지 않거나 광역시와 경계를 하지 않는 인구 10만 이하의 시·군과 도시·군기본계획으로 정해야 할 사항이 모두 광역도시계획으로 정해져 있는 시·군의 경우에는 도시·군기본계획을 수립하지 않아도 된다.
⑤ 도시·군관리계획은 도시·군기본계획에 부합되어야 하므로 도시·군기본계획에 부합되지 않는 도시·군관리계획은 도시·군기본계획에 부합되도록 변경해야 하지만, 도시·군기본계획에 부합되지 않는다는 이유만으로는 도시·군관리계획이 당연히 무효로 되지 않는다.

34. 국토의 계획 및 이용에 관한 법령상 공간재구조화계획에 관한 설명으로 틀린 것은?

① 공간재구조화계획에는 도시혁신구역 및 복합용도구역 내의 도시·군기본계획 변경 및 도시·군관리계획 결정·변경에 관한 사항을 포함하여야 한다.
② 공간재구조화계획이란 토지의 이용 및 건축물의 용도·건폐율·용적률·높이 등을 강화하는 용도지역의 효율적이고 계획적 관리를 위하여 수립하는 계획을 말한다.
③ 공간재구조화계획의 입안을 제안하려는 자는 도시혁신구역 또는 복합용도구역의 지정을 제안하는 경우 대상 토지면적의 2/3 이상 토지소유자의 동의를 받아야 한다.
④ 공간재구조화계획의 입안범위와 기준, 공간재구조화계획도서 및 계획설명서의 작성기준·작성방법 등은 국토교통부장관이 정한다.
⑤ 공간재구조화계획의 입안과 관련하여 도시·군관리계획 입안을 준용한다.

해설 공간재구조화계획

공간재구조화계획이란 토지의 이용 및 건축물이나 그 밖의 시설의 용도·건폐율·용적률·높이 등을 완화하는 용도구역의 효율적이고 계획적 관리를 위하여 수립하는 계획을 말한다.

정답 33. ① 34. ②

35. 국토의 계획 및 이용에 관한 법령상 용도지역 중 도시지역에 해당하지 않는 것은? [28회 출제]

① 계획관리지역
② 자연녹지지역
③ 근린상업지역
④ 전용공업지역
⑤ 생산녹지지역

해설 용도지역

계획관리지역은 도시지역이 아니다. 도시지역은 주거지역·상업지역·공업지역 및 녹지지역으로 구분해서 지정한다.

36. 다음은 도시지역에 관한 설명이다. 올바른 것은? ★

① 도시지역은 특별시·광역시·시 또는 읍의 행정구역과 일치한다.
② 도시지역의 토지 중에는 용도지구 또는 용도구역으로 지정되지 않은 토지도 있다.
③ 도시지역에는 「도로법」에 의한 접도구역제가 적용된다.
④ 도시지역의 토지는 주거지역·상업지역·공업지역 또는 녹지지역의 어느 하나의 용도지역에 해당된다.
⑤ 도시지역에는 「산림자원의 조성 및 관리에 관한 법률」과 「농지법」이 적용되지 않는다.

해설 도시지역

① 도시지역은 반드시 행정구역과 일치되지 않는다.
② 용도지역은 국토 전체를 대상으로 서로 중복되지 않게 지정되는데 반해, 용도지구와 용도구역은 일부 지역을 대상으로 필요에 따라 지정된다.
③ 도시지역에서는 접도구역제가 적용되지 않는다.
④ 도시지역 중에도 제때에 용도지역이 세분되지 못하거나, 도시화가 아직 진행되지 않아 용도지역의 지정이 보류된 지역이 생기기도 한다.
⑤ 도시지역의 산림에 대해서는 「산림자원의 조성 및 관리에 관한 법률」이, 농지에 대해서는 「농지법」이 적용된다.

37. 국토의 계획 및 이용에 관한 법령상 도시지역으로 결정·고시된 것으로 볼 수 있는 경우는? [20회 출제]

① 「산업입지 및 개발에 관한 법률」에 따라 농공단지로 지정·고시된 지역
② 취락지구로서 「도시개발법」에 따라 도시개발구역으로 지정·고시된 지역
③ 「어촌·어항법」에 따른 어항구역으로서 농림지역에 연접한 공유수면으로 지정·고시된 지역
④ 「항만법」에 따른 항만구역으로서 계획관리지역에 연접한 공유수면으로 지정·고시된 지역
⑤ 「택지개발촉진법」에 따라 택지개발지구로 지정·고시된 지역

정답 35. ① 36. ② 37. ⑤

해설 도시지역으로 의제
① 「산업입지 및 개발에 관한 법률」에 따라 국가산업단지·일반산업단지 및 도시첨단산업단지로 지정·고시된 지역
② 「도시개발법」에 따라 도시개발구역이 지정·고시된 경우 해당 도시개발구역은 도시지역과 지구단위계획구역으로 결정·고시된 것으로 본다. 다만, 「국토계획법」에 따른 취락지구로 지정된 지역인 경우에는 그러하지 아니하다.
③ 「어촌·어항법」에 따른 어항구역으로서 도시지역에 연접된 공유수면으로 지정·고시된 지역
④ 「항만법」에 따른 항만구역으로서 도시지역에 연접된 공유수면으로 지정·고시된 지역

38 ★★ 국토의 계획 및 이용에 관한 법령에서 정하고 있는 용도지역에 관한 설명 중 옳은 것은? [16회 출제]

① 용도지역의 지정 또는 변경은 도시·군기본계획으로 결정·고시한다.
② 용도지역은 크게 도시지역, 준도시지역, 농림지역 및 자연환경보전지역으로 구분된다.
③ 자연환경보전지역은 자연환경·수자원·해안·생태계·상수원 및 국가유산의 보전과 수산자원의 보호·육성 등을 위해 필요한 지역이다.
④ 도시지역은 주거지역, 상업지역, 공업지역, 녹지지역 및 보전지역으로 구분된다.
⑤ 주거지역 중 준주거지역은 주택의 층수에 따라 제1종, 제2종 및 제3종으로 세분된다.

해설 용도지역
① 도시·군기본계획이 아닌 도시·군관리계획이어야 한다.
② 준도시지역이 아닌 관리지역이어야 한다.
④ 도시지역에는 보전지역이 없다.
⑤ 준주거지역이 아닌 일반주거지역이어야 한다.

39 국토의 계획 및 이용에 관한 법령상 용도지역에 관한 설명으로 틀린 것은? [26회 출제]

① 도시지역의 축소에 따른 용도지역의 변경을 도시·군관리계획으로 입안하는 경우에는 주민 및 지방의회의 의견청취 절차를 생략할 수 있다.
② 「택지개발촉진법」에 따른 택지개발지구로 지정·고시되었다가 택지개발사업의 완료로 지구 지정이 해제되면 그 지역은 지구 지정 이전의 용도지역으로 환원된 것으로 본다.
③ 관리지역에서 「농지법」에 따른 농업진흥지역으로 지정·고시된 지역은 「국토의 계획 및 이용에 관한 법률」에 따른 농림지역으로 결정·고시된 것으로 본다.
④ 용도지역을 다시 세부 용도지역으로 나누어 지정하려면 도시·군관리계획으로 결정하여야 한다.
⑤ 도시지역이 세부 용도지역으로 지정되지 아니한 경우에는 용도지역의 용적률 규정을 적용할 때에 보전녹지지역에 관한 규정을 적용한다.

정답 38. ③ 39. ②

해설 용도지역
개발사업의 완료로 해제되는 경우는 환원되지 않는다(법 제42조 제4항).

40 국토의 계획 및 이용에 관한 법령상 용도구역의 지정에 관한 설명으로 틀린 것은?
① 국토교통부장관은 개발제한구역의 지정을 도시·군관리계획으로 결정할 수 있다.
② 국토교통부장관은 도시자연공원구역의 지정을 도시·군관리계획으로 결정할 수 있다.
③ 도시자연공원구역의 지정에 관하여 필요한 사항은 따로 법률로 정한다.
④ 국토교통부장관은 국가계획과 연계하여 필요한 시가화조정구역의 지정을 도시·군관리계획으로 결정할 수 있다.
⑤ 해양수산부장관은 직접 또는 관계 행정기관의 장의 요청을 받아 수산자원보호구역의 지정을 도시·군관리계획으로 결정할 수 있다.

해설 용도구역의 지정
도시자연공원구역은 특별시장·광역시장·특별자치시장·도지사·특별자치도지사(이하 "시·도지사"라 함) 또는 대도시 시장이 지정한다.

41 ★ 다음은 용도지역에 관한 설명이다. 틀린 것은?
① 도시지역 중에는 다시 용도지역으로 세분·지정되지 않은 구역도 있을 수 있다.
② 용도지역은 도시·군관리계획결정으로 세분·지정할 수 있다.
③ 용도지역은 서로 중복해서 지정하지 않는다.
④ 용도지역에 용도지구를 중복해서 지정될 수 있다.
⑤ 용도지역의 지정목적에 따라 건축행위 외의 토지이용행위도 규제대상으로 하고 있다.

해설 용도지역
용도지역 안에서는 그 지정목적에 따라 건축물의 용도·건폐율·용적률 및 높이 등을 규제하고 있다. 건축행위 외의 토지이용행위도 규제대상으로 하고 있는 것은 용도구역이다.

42 ★ 다음은 공장을 설치하기 위해 도시지역 중 일반공업지역과 이웃하고 있는 바다를 매립한 경우 그 매립지가 속하게 될 용도지역에 관한 설명이다. 올바른 것은?
① 매립공사에 대한 준공인가와 동시에 일반공업지역으로 지정된 것으로 보되, 이를 고시해야 한다.
② 매립공사에 대한 준공인가와 동시에 도시지역으로 지정된 것으로 보며, 이를 고시하지 않는다.
③ 매립공사에 대한 준공인가와 동시에 공업지역으로 지정된 것으로 보되, 이를 고시해야 한다.
④ 매립공사에 대한 준공인가와 동시에 공업지역으로 지정된 것으로 보며, 이를 고시하지 않는다.
⑤ 매립공사에 대한 준공인가와 동시에 일반공업지역으로 지정된 것으로 보며, 이를 고시하지 않는다.

정답 40. ② 41. ⑤ 42. ①

해설 용도지역

바다의 매립목적이 이웃하고 있는 용도지역(도시지역, 관리지역, 농림지역, 자연환경보전지역)과 동일한 경우 그 매립지는 매립공사에 대한 준공인가와 동시에 이웃하고 있는 용도지역과 동일한 용도지역(도시지역, 관리지역, 농림지역, 자연환경보전지역. 다만, 용도지역이 도시지역에 해당하는 경우에는 세분하여 지정된 용도지역을 말한다)으로 지정된 것으로 본다. 이 경우 이를 공보에 고시해야 한다.

43. 국토의 계획 및 이용에 관한 법령상 용도지역에 관한 설명으로 옳은 것은? (단, 조례는 고려하지 않음) **24회 개작**

① 저층주택 중심의 편리한 주거환경을 조성하기 위하여 필요한 지역은 제2종 전용주거지역으로 지정한다.
② 환경을 저해하지 아니하는 공업의 배치를 위하여 필요한 지역은 준공업지역으로 지정한다.
③ 공유수면의 매립구역이 둘 이상의 용도지역에 걸쳐 있는 경우에는 걸친 부분의 면적이 가장 큰 용도지역과 같은 용도지역으로 지정된 것으로 본다.
④ 도시지역에 대해 세부 용도지역이 지정되지 아니한 경우 건폐율에 대해서는 자연녹지지역에 관한 규정을 적용한다.
⑤ 하나의 대지가 녹지지역과 그 밖의 다른 용도지역에 걸쳐 있으면서, 녹지지역의 건축물이 고도지구에 걸쳐 있는 경우에는 그 건축물 및 대지의 전부에 대하여 고도지구에 관한 규정을 적용한다.

해설 용도지역

① 저층주택 중심의 편리한 주거환경을 조성하기 위하여 필요한 지역은 제1종 일반주거지역으로 지정한다.
② 환경을 저해하지 아니하는 공업의 배치를 위하여 필요한 지역은 일반공업지역으로 지정한다.
③ 공유수면의 매립구역이 둘 이상의 용도지역에 걸쳐 있는 경우에는 도시·군관리계획결정으로 지정하여야 한다.
④ 도시지역에 대해 세부 용도지역이 지정되지 아니한 경우 건폐율에 대해서는 보전녹지지역에 관한 규정을 적용한다.

44. ★ 국토의 계획 및 이용에 관한 법령상 용도지구에 관한 설명이다. ( )에 들어갈 내용으로 옳은 것은? **34회 출제**

○ 집단취락지구 : (ㄱ) 안의 취락을 정비하기 위하여 필요한 지구
○ 복합개발진흥지구 : 주거기능, (ㄴ)기능, 유통·물류기능 및 관광·휴양기능 중 2 이상의 기능을 중심으로 개발·정비할 필요가 있는 지구

① ㄱ: 개발제한구역, ㄴ: 공업
② ㄱ: 자연취락지구, ㄴ: 상업
③ ㄱ: 개발제한구역, ㄴ: 상업
④ ㄱ: 관리지역, ㄴ: 공업
⑤ ㄱ: 관리지역, ㄴ: 교통

43. ⑤   44. ①

제1장 국토의 계획 및 이용에 관한 법률(기본)

> **해설** 용도지구의 지정
> ○ 집단취락지구 : 개발제한구역 안의 취락을 정비하기 위하여 필요한 지구
> ○ 복합개발진흥지구 : 주거기능, 공업기능, 유통물류기능 및 관광휴양기능 중 2 이상의 기능을 중심으로 개발·정비할 필요가 있는 지구

45 국토의 계획 및 이용에 관한 법령상 세분된 용도지구의 정의로 틀린 것은? **25회 개작**

① 시가지경관지구 : 지역 내 주거지, 중심지 등 시가지의 경관을 보호 또는 유지하거나 형성하기 위하여 필요한 지구
② 자연경관지구 : 산지·구릉지 등 자연경관을 보호하거나 유지하기 위해 필요한 지구
③ 자연방재지구 : 건축물·인구가 밀집되어 있는 지역으로서 시설 개선 등을 통하여 재해 예방이 필요한 지구
④ 주거개발진흥지구 : 주거기능을 중심으로 개발·정비할 필요가 있는 지구
⑤ 복합개발진흥지구 : 주거기능, 공업기능, 유통·물류기능 및 관광·휴양기능 중 2 이상의 기능을 중심으로 개발·정비할 필요가 있는 지구

> **해설** 용도지구의 정의
> ③의 건축물·인구가 밀집되어 있는 지역으로서 시설 개선 등을 통하여 재해 예방이 필요한 지구는 시가지방재지구의 정의이다.

46 국토의 계획 및 이용에 관한 법령상 용도지역 및 용도지구의 세분이 바르게 연결된 것은? (시·도 또는 대도시의 도시·군계획조례로 세분하는 경우는 제외함)

① 전용주거지역 — 제1종 전용주거지역, 제2종 전용주거지역, 제3종 전용주거지역
② 녹지지역 — 보전녹지지역, 생산녹지지역, 자연녹지지역
③ 보호지구 — 문화재보호지구, 중요시설물보호지구, 환경보호지구
④ 경관지구 — 시가지경관지구, 역사문화경관지구, 일반경관지구
⑤ 상업지역 — 전용상업지역, 일반상업지역, 준상업지역

> **해설** 용도지역 및 용도지구의 세분
> ① 전용주거지역은 제1종 전용주거지역 및 제2종 전용주거지역으로 세분된다.
> ③ 보호지구는 역사문화환경보호지구, 중요시설물보호지구 및 생태계보호지구로 세분된다.
> ④ 경관지구는 자연경관지구, 특화경관지구 및 시가지경관지구로 세분된다.
> ⑤ 상업지역은 중심상업지역, 일반상업지역, 근린상업지역 및 유통상업지역으로 세분된다.

정답 45. ③ 46. ②

47. 다음은 용도지구와 그 지정목적을 연결한 것이다. 틀린 것은?

① 방화지구 — 화재의 위험을 예방하기 위해 필요한 지구
② 시가지경관지구 — 지역 내 주거지, 중심지 등 시가지의 경관을 보호 또는 유지하거나 형성하기 위하여 필요한 지구
③ 고도지구 — 토지이용을 고도화하고 경관을 보호하기 위해 건축물높이의 최저한도를 정할 필요가 있는 지구
④ 복합용도지구 — 지역의 토지이용 상황, 개발 수요 및 주변 여건 등을 고려하여 효율적이고 복합적인 토지이용을 도모하기 위하여 특정시설의 입지를 완화할 필요가 있는 지구
⑤ 특정용도제한지구 — 주거 및 교육 환경 보호나 청소년 보호 등의 목적으로 오염물질 배출시설, 청소년 유해시설 등 특정시설의 입지를 제한할 필요가 있는 지구

해설 용도지구

고도지구는 쾌적한 환경 조성 및 토지의 효율적 이용을 위하여 건축물 높이의 최고한도를 규제할 필요가 있는 지구이다.

48. 국토의 계획 및 이용에 관한 법령상 용도지역·용도지구·용도구역에 관한 설명으로 옳은 것은? (단, 조례는 고려하지 않음) [33회 출제]

① 대도시 시장은 유통상업지역에 복합용도지구를 지정할 수 있다.
② 대도시 시장은 재해의 반복 발생이 우려되는 지역에 대해서는 특정용도제한지구를 지정하여야 한다.
③ 용도지역 안에서의 건축물의 용도·종류 및 규모의 제한에 대한 규정은 도시·군계획시설에 대해서도 적용된다.
④ 공유수면의 매립 목적이 그 매립구역과 이웃하고 있는 용도지역의 내용과 다른 경우 그 매립준공구역은 이와 이웃하고 있는 용도지역으로 지정된 것으로 본다.
⑤ 「택지개발촉진법」에 따른 택지개발지구로 지정·고시된 지역은 「국토의 계획 및 이용에 관한 법률」에 따른 도시지역으로 결정·고시된 것으로 본다.

해설 용도지역·용도지구·용도구역

① 시·도지사 또는 대도시 시장은 일반주거지역·일반공업지역·계획관리지역에 복합용도지구를 지정할 수 있다.
② 대도시 시장은 재해의 반복 발생이 우려되는 지역에 대해서는 방재지구를 지정하여야 한다.
③ 도시·군계획시설에 대해서는 용도지역 및 용도지구에서의 건축제한에 관한 규정을 적용하지 않는다.
④ 공유수면의 매립 목적이 그 매립구역과 이웃하고 있는 용도지역의 내용과 동일한 경우 그 매립준공구역은 이와 이웃하고 있는 용도지역으로 지정된 것으로 본다.

정답 47. ③ 48. ⑤

제1장 국토의 계획 및 이용에 관한 법률(기본)

49. 국토의 계획 및 이용에 관한 법령상 시가화조정구역에 관한 설명으로 옳은 것은? `32회 출제`

① 시가화조정구역은 도시지역과 그 주변지역의 무질서한 시가화를 방지하고 계획적·단계적인 개발을 도모하기 위하여 시·도지사가 도시·군기본계획으로 결정하여 지정하는 용도구역이다.
② 시가화유보기간은 5년 이상 20년 이내의 기간이다.
③ 시가화유보기간이 끝나면 국토교통부장관 또는 시·도지사는 이를 고시하여야 하고, 시가화조정구역 지정 결정은 그 고시일 다음 날부터 그 효력을 잃는다.
④ 공익상 그 구역 안에서의 사업시행이 불가피한 것으로서 주민의 요청에 의하여 시·도지사가 시가화조정구역의 지정목적달성에 지장이 없다고 인정한 도시·군계획사업은 시가화조정구역에서 시행할 수 있다.
⑤ 시가화조정구역에서 입목의 벌채, 조림, 육림 행위는 허가 없이 할 수 있다.

해설 시가화조정구역
① 시가화조정구역은 도시지역과 그 주변지역의 무질서한 시가화를 방지하고 계획적·단계적인 개발을 도모하기 위하여 국토교통부장관 또는 시·도지사가 도시·군관리계획으로 결정하여 지정하는 용도구역이다.
③ 시가화유보기간이 끝나면 국토교통부장관 또는 시·도지사는 이를 고시하여야 하고, 시가화조정구역 지정 결정은 시가화유보기간이 만료된 날의 다음 날부터 그 효력을 잃는다.
④ 공익상 그 구역 안에서의 사업시행이 불가피한 것으로서 관계 중앙행정기관의 장의 요청에 따라 국토교통부장관이 시가화조정구역의 지정목적달성에 지장이 없다고 인정한 도시·군계획사업만 시가화조정구역에서 시행할 수 있다.
⑤ 시가화조정구역에서 도시·군계획사업에 의하는 경우를 제외하고는 입목의 벌채, 조림, 육림 행위는 허가를 받아 이를 할 수 있다.

50. 국토의 계획 및 이용에 관한 법령상 복합용도구역에 관한 설명이다. 틀린 것은?

① 복합용도구역에서의 건폐율과 용적률은 용도지역별 건폐율과 용적률의 최대한도의 범위에서 복합용도계획으로 정한다.
② 공간재구조화계획 결정권자는 산업구조 또는 경제활동의 변화로 복합적 토지이용이 필요한 지역을 복합용도구역으로 지정할 수 있다.
③ 복합용도구역의 지정 및 변경과 복합용도계획은 공간재구조화계획으로 결정한다.
④ 복합용도구역에서의 건축 등에 관하여 다른 특별한 규정이 없는 한 지구단위계획구역 규정을 준용한다.
⑤ 공간재구조화계획 결정권자는 도시·군기본계획에 따른 도심·부도심 또는 생활권의 중심지역을 복합용도구역으로 지정할 수 있다.

정답 49. ② 50. ⑤

해설 **복합용도구역**

도시·군기본계획에 따른 도심·부도심 또는 생활권의 중심지역은 도시혁신구역을 지정할 수 있는 대상지역이다.

51. 다음은 기반시설의 설치에 관한 설명이다. 틀린 것은?

① 기반시설은 도시·군관리계획결정으로 설치하는 것이 원칙이다.
② 국토교통부장관이 지정·고시하는 기반시설은 도시·군관리계획결정 없이 설치할 수 있다.
③ 공동구가 설치된 경우 도로의 굴착이 필요한 전기공급시설은 공동구에 설치해야 한다.
④ 도시·군계획시설의 설치에 관해서는 용도지역 안에서의 행위제한이 적용되지 않는다.
⑤ 환경오염이 심하게 발생하는 광역시설을 다른 지방자치단체의 관할구역에 설치하는 경우에는 환경오염방지, 주민편익증진 등을 위한 조치를 해야 한다.

해설 **기반시설의 설치**

도시·군계획시설결정 없이 설치할 수 있는 기반시설은 「국토의 계획 및 이용에 관한 법률 시행령」에 구체적으로 열거되어 있다.

52. 국토의 계획 및 이용에 관한 법령상 도시지역에서 기반시설을 설치하는 경우 도시·군관리계획으로 결정하여야 하는 것은? [25회 출제]

① 전세버스운송사업용 여객자동차터미널
② 광장 중 건축물부설광장
③ 변전소
④ 대지면적이 400m²인 도축장
⑤ 폐기물처리 및 재활용시설 중 재활용시설

해설 **기반시설의 설치**

①, ②, ④, ⑤는 도시·군관리계획 결정 없이 설치할 수 있는 기반시설이다. 전기공급설비 중 발전소·변전소 등은 도시·군관리계획으로 설치해야 한다.

53. 국토의 계획 및 이용에 관한 법령상 공동구에 관한 설명으로 틀린 것은? [25회 개작]

① 사업시행자는 공동구의 설치공사를 완료한 때에는 지체없이 공동구에 수용할 수 있는 시설의 종류와 공동구 설치위치를 일간신문에 공시하여야 한다.
② 공동구 점용예정자는 공동구에 수용될 시설을 공동구에 수용함으로써 용도가 폐지된 종래의 시설은 사업시행자가 지정하는 기간 내에 철거하여야 하고, 도로는 원상으로 회복하여야 한다.
③ 사업시행자는 공동구의 설치가 포함되는 개발사업의 실시계획인가등이 있은 후 지체 없이 공동구 점용예정자에게 부담금의 납부를 통지하여야 한다.
④ 공동구관리자가 공동구의 안전 및 유지관리계획을 변경하려면 미리 관계 행정기관의 장과 협의한 후 공동구협의회의 심의를 거쳐야 한다.
⑤ 공동구관리자는 1년에 1회 이상 공동구의 안전점검을 실시하여야 한다.

정답 51. ② 52. ③ 53. ①

해설 공동구의 설치

사업시행자는 공동구의 설치공사를 완료한 때에는 지체없이 공동구에 수용할 수 있는 시설의 종류와 공동구 설치위치 등을 공동구 점용예정자에게 개별적으로 통지하여야 한다.

54. 국토의 계획 및 이용에 관한 법령상 도시·군계획시설에 관한 설명으로 옳은 것은? [28회 출제]

① 도시·군계획시설결정의 고시일부터 5년 이내에 도시·군계획시설사업이 시행되지 아니하는 경우 그 도시·군계획시설의 부지 중 지목이 대(垈)인 토지의 소유자는 그 토지의 매수를 청구할 수 있다.
② 도시개발구역의 규모가 150만㎡인 경우 해당 구역의 개발사업시행자는 공동구를 설치하여야 한다.
③ 공동구가 설치된 경우 하수도관은 공동구협의회의 심의를 거쳐 공동구에 수용할 수 있다.
④ 공동구관리자는 매년 해당 공동구의 안전 및 유지관리계획을 수립·시행하여야 한다.
⑤ 도시·군계획시설결정은 고시일부터 10년 이내에 도시·군계획시설사업이 시행되지 아니하는 경우 그 고시일부터 10년이 되는 날의 다음날에 그 효력을 잃는다.

해설 도시·군계획시설

① 도시·군계획시설결정의 고시일부터 10년 이내에 도시·군계획시설사업이 시행되지 아니하는 경우 그 도시·군계획시설의 부지 중 지목이 대(垈)인 토지의 소유자는 그 토지의 매수를 청구할 수 있다.
② 도시개발구역의 규모가 200만㎡ 초과인 경우 해당 구역의 개발사업시행자는 공동구를 설치하여야 한다.
④ 공동구관리자는 5년마다 해당 공동구의 안전 및 유지관리계획을 수립·시행하여야 한다.
⑤ 도시·군계획시설결정은 고시일부터 20년이 지날 때까지 도시·군계획시설사업이 시행되지 아니하는 경우 그 고시일부터 20년이 되는 날의 다음날에 그 효력을 잃는다.

55. 국토의 계획 및 이용에 관한 법령상 매수의무자인 지방자치단체가 매수청구를 받은 장기미집행 도시·군계획시설 부지 중 지목이 대(垈)인 토지를 매수할 때에 관한 설명으로 틀린 것은? [25회 출제]

① 토지소유자가 원하면 도시·군계획시설채권을 발행하여 매수대금을 지급할 수 있다.
② 도시·군계획시설채권의 상환기간은 10년 이내에 정해진다.
③ 매수청구된 토지의 매수가격·매수절차 등에 관하여「국토의 계획 및 이용에 관한 법률」에 특별한 규정이 있는 경우 외에는「공익사업을 위한 토지 등의 취득 및 보상에 관한 법률」을 준용한다.
④ 비업무용 토지로서 매수대금이 2천만원을 초과하는 경우 매수의무자는 그 초과하는 금액에 대해서 도시·군계획시설채권을 발행하여 지급할 수 있다.
⑤ 매수의무자가 매수하기로 결정한 토지는 매수 결정을 알린 날부터 2년 이내에 매수하여야 한다.

정답 54. ③ 55. ④

부동산공법

> **해설** 도시·군계획시설부지의 매수청구
> 부재부동산소유자의 토지 또는 비업무용 토지로서 매수대금이 3천만원을 초과하는 경우 매수의무자는 그 초과하는 금액에 대해서 도시·군계획시설채권을 발행하여 지급할 수 있다.

56 甲소유의 토지는 A광역시 B구에 소재한 지목이 대(垈)인 토지로서 한국토지주택공사를 사업시행자로 하는 도시·군계획시설 부지이다. 甲의 토지에 대해 국토의 계획 및 이용에 관한 법령상 도시·군계획시설 부지의 매수청구권이 인정되는 경우, 이에 관한 설명으로 옳은 것은? (단, 도시·군계획시설의 설치의무자는 사업시행자이며, 조례는 고려하지 않음) **27회 출제**

① 甲의 토지의 매수의무자는 B구청장이다.
② 甲이 매수청구를 할 수 있는 대상은 토지이며, 그 토지에 있는 건축물은 포함되지 않는다.
③ 甲이 원하는 경우 매수의무자는 도시·군계획시설채권을 발행하여 그 대금을 지급할 수 있다.
④ 매수의무자는 매수청구를 받은 날부터 6개월 이내에 매수여부를 결정하여 甲과 A광역시장에게 알려야 한다.
⑤ 매수청구에 대해 매수의무자가 매수하지 아니하기로 결정한 경우 甲은 자신의 토지에 2층의 다세대주택을 건축할 수 있다.

> **해설** 도시·군계획시설 부지의 매수청구
> ① 甲의 토지의 매수의무자는 한국토지주택공사이다.
> ② 甲이 매수청구를 할 수 있는 대상은 토지이며, 그 토지에 있는 건축물 및 정착물도 포함된다.
> ③ 매수의무자가 지방자치단체인 경우에 도시·군계획시설채권을 발행해서 지급할 수 있다.
> ⑤ 매수청구에 대해 매수의무자가 매수하지 아니하기로 결정한 경우 다세대주택은 공동주택으로서 건축할 수 없다.

57 국토의 계획 및 이용에 관한 법령상 도시·군계획시설부지의 매수청구에 관한 설명 중 옳은 것은?

① 매수청구할 수 있는 토지의 지목은 대(垈)에 한정된다.
② 도시·군계획시설결정의 고시일부터 10년 이내에 그 도시·군계획시설사업이 시행되지 않으면 그 사업의 실시계획인가가 행해진 경우에도 매수청구할 수 있다.
③ 매수의무자는 매수청구가 있은 날부터 3개월 이내에 매수여부를 결정·통지해야 한다.
④ 매수하기로 결정한 토지는 매수결정을 통지한 날부터 1년 이내에 매수해야 한다.
⑤ 매수청구를 받은 토지의 매수대금은 도시·군계획시설 채권으로 지급할 수 없다.

정답 56. ④ 57. ①

해설 도시·군계획시설부지의 매수청구

② 실시계획인가가 있는 경우에는 매수청구를 할 수 없다. 만일 실시계획인가가 있은 후 장기간 도시·군계획시설사업이 시행되지 않으면 먼저 실시계획인가를 취소해야 매수청구를 할 수 있다.
③ 매수의무자가 매수 여부를 통지해야 하는 기간은 매수청구일부터 6개월이다.
④ 매수의무기간은 매수결정을 통지한 날부터 2년이다.
⑤ 토지소유자가 원하는 경우와 부재부동산소유자의 토지이거나 비업무용 토지로서 매수대금이 3,000만원을 초과하는 경우에는 매수대금을 도시·군계획시설채권으로 지급할 수 있다.

58 다음 중 지구단위계획구역으로 지정할 수 있는 지역이 <u>아닌</u> 것은?

① 관광특구 ② 산업단지 ③ 정비구역
④ 공원구역 ⑤ 녹지지역에서 주거지역으로 변경되는 지역

해설 지구단위계획구역의 지정

공원은 지구단위계획구역으로 지정할 수 있는 지역이 아니다. 공원에서 해제되는 구역이 지구단위계획구역으로 지정할 수 있는 지역이다.

59 국토의 계획 및 이용에 관한 법령상 지구단위계획구역의 지정에 관한 설명으로 옳은 것은? (단, 조례는 고려하지 않음)   **34회 출제**

① 「산업입지 및 개발에 관한 법률」에 따른 준산업단지에 대하여는 지구단위계획구역을 지정할 수 없다.
② 도시지역 내 복합적인 토지 이용을 증진시킬 필요가 있는 지역으로서 지구단위계획구역을 지정할 수 있는 지역에 일반공업지역은 해당하지 않는다.
③ 「택지개발촉진법」에 따라 지정된 택지개발지구에서 시행되는 사업이 끝난 후 5년이 지나면 해당 지역은 지구단위계획구역으로 지정하여야 한다.
④ 도시지역 외의 지역을 지구단위계획구역으로 지정하려면 지정하려는 구역 면적의 3분의 2 이상이 계획관리지역이어야 한다.
⑤ 농림지역에 위치한 산업·유통개발진흥지구는 지구단위계획구역으로 지정할 수 있는 대상지역에 포함되지 않는다.

해설 지구단위계획구역의 지정

① 「산업입지 및 개발에 관한 법률」에 따른 준산업단지에 대하여는 지구단위계획구역을 지정할 수 있다.
② 도시지역 내 복합적인 토지 이용을 증진시킬 필요가 있는 지역으로서 지구단위계획구역을 지정할 수 있는 지역에는 일반주거지역, 준주거지역, 준공업지역 및 상업지역만 해당한다.
③ 「택지개발촉진법」에 따라 지정된 택지개발지구에서 시행되는 사업이 끝난 후 10년이 지나면 해당 지역은 지구단위계획구역으로 지정하여야 한다.
④ 도시지역 외의 지역을 지구단위계획구역으로 지정하려면 지정하려는 구역 면적의 50/100 이상이 계획관리지역이어야 한다.
⑤ 농림지역에 위치한 산업·유통개발진흥지구는 지구단위계획구역으로 지정할 수 있는 대상지역에 포함된다.

정답 58. ④ 59. ②

부동산공법

60 ★★ 다음 중 지구단위계획의 내용이 <u>아닌</u> 것은?

① 도시의 공간구조
② 기반시설의 배치와 규모
③ 보행안전 등을 고려한 교통처리계획
④ 환경관리계획
⑤ 건축물의 배치·형태·색채 또는 건축선에 관한 계획

[해설] 지구단위계획
도시의 공간구조는 도시 전체에 관한 사항이므로 국지적 계획인 지구단위계획으로 정할 사항이 아니라 도시·군기본계획에 포함되어야 할 사항이다.

61 다음 중 지구단위계획에 반드시 포함되어야 하는 사항이 <u>아닌</u> 것은?

① 용도지역 또는 용도지구의 세분 또는 변경
② 건축물의 용도제한
③ 건축물의 건폐율 또는 용적률
④ 건축물의 높이의 최고한도 또는 최저한도
⑤ 기반시설의 배치와 규모

[해설] 지구단위계획에 반드시 포함되어야 하는 사항
지구단위계획에는 ②, ③, ④, ⑤가 반드시 포함되어야 한다. 용도지역 또는 용도지구의 세분 또는 변경은 필요에 따라 지구단위계획에서 정하는 사항이다.

62 다음은 지구단위계획으로 세분 또는 변경할 수 있는 용도지역 및 용도지구이다. 틀린 것은?

① 주거지역   ② 녹지지역   ③ 경관지구   ④ 고도지구   ⑤ 개발진흥지구

[해설] 지구단위계획으로 세분 또는 변경할 수 있는 용도지역 및 용도지구
지구단위계획으로 세분하거나 변경할 수 있는 용도지역은 주거지역·상업지역·공업지역 및 녹지지역이고, 지구단위계획으로 세분하거나 변경할 수 있는 용도지구는 경관지구·방재지구·보호지구·취락지구·개발진흥지구 등이다.

63 ★ 지구단위계획구역의 지정에 관한 도시·군관리계획결정의 고시일부터 ( ) 이내에 그 지구단위계획구역에 관한 지구단위계획이 결정·고시되지 않는 경우에는 그 ( )이 되는 날의 다음날에 그 지구단위계획구역의 지정에 관한 도시·군관리계획결정은 그 효력을 상실한다. ( )에 알맞은 것들은?

① 1년, 2년   ② 3년, 5년   ③ 2년, 5년   ④ 3년, 3년   ⑤ 1년, 3년

정답 60. ① 61. ① 62. ④ 63. ④

해설 지구단위계획구역의 지정

지구단위계획구역의 지정에 관한 도시·군관리계획결정의 고시일부터 3년 이내에 그 구역에 관한 지구단위계획이 결정·고시되지 않으면 그 3년이 되는 날의 다음날에 그 지구단위계획구역의 지정에 관한 도시·군관리계획결정은 효력을 상실한다.

64 [27회 출제] 국토의 계획 및 이용에 관한 법령상 지구단위계획에 관한 설명으로 틀린 것은?

① 지구단위계획은 도시·군관리계획으로 결정한다.
② 2개의 노선이 교차하는 대중교통 결절지로부터 2km 이내에 위치한 지역은 지구단위계획구역으로 지정하여야 한다.
③ 시·도지사는「도시개발법」에 따라 지정된 도시개발구역의 전부 또는 일부에 대하여 지구단위계획구역을 지정할 수 있다.
④ 지구단위계획의 수립기준은 국토교통부장관이 정한다.
⑤ 「택지개발촉진법」에 따라 지정된 택지개발지구에서 시행되는 사업이 끝난 후 10년이 지난 지역으로서 관계 법률에 따른 토지이용과 건축에 관한 계획이 수립되어 있지 않은 지역은 지구단위계획구역으로 지정하여야 한다.

해설 지구단위계획

일반주거지역, 준주거지역, 준공업지역 및 상업지역에서 낙후된 도심 기능을 회복하거나 도시균형발전을 위한 중심지 육성이 필요한 경우로서 3개 이상의 노선이 교차하는 대중교통 결절지로부터 1km 이내에 위치한 지역은 지구단위계획구역으로 지정할 수 있다.

65 [25회 출제] 국토의 계획 및 이용에 관한 법령상 지구단위계획 및 지구단위계획구역에 관한 설명으로 틀린 것은?

① 주민은 도시·군관리계획의 입안권자에 지구단위계획의 변경에 관한 도시·군관리계획의 입안을 제안할 수 있다.
② 개발제한구역에서 해제되는 구역 중 계획적인 개발 또는 관리가 필요한 지역은 지구단위계획구역으로 지정될 수 있다.
③ 시장 또는 군수가 입안한 지구단위계획의 수립·변경에 관한 도시·군관리계획은 해당 시장 또는 군수가 직접 결정한다.
④ 지구단위계획의 수립기준은 시·도지사가 국토교통부장관과 협의하여 정한다.
⑤ 도시지역 외의 지역으로 용도지구를 폐지하고 그 용도지구에서의 행위제한 등을 지구단위계획으로 대체하려는 지역은 지구단위계획구역으로 지정될 수 있다.

해설 지구단위계획 및 지구단위계획구역

지구단위계획의 수립기준은 국토교통부장관이 정한다.

정답 64. ② 65. ④

66 국토의 계획 및 이용에 관한 법령상 지구단위계획구역에 관한 설명으로 옳은 것은? `24회 출제`

① 도시지역이 아니더라도 지정될 수 있다.
② 「주택법」에 따라 대지조성사업지구로 지정된 지역의 전부에 대하여 지구단위계획구역을 지정할 수는 없다.
③ 지구단위계획구역의 결정은 도시·군관리계획으로 하여야 하나, 지구단위계획의 결정은 그러하지 아니하다.
④ 「도시개발법」에 따라 지정된 20만m²의 도시개발구역에서 개발사업이 끝난 후 10년이 지난 지역은 지구단위계획구역으로 지정하여야 한다.
⑤ 도시지역 내에 지정하는 지구단위계획구역에 대해서는 당해 지역에 적용되는 건폐율의 200퍼센트 이내에서 건폐율을 완화하여 적용할 수 있다.

> **해설** 지구단위계획구역
> ② 대지조성사업지구로 지정된 지역의 전부 또는 일부에 대하여 지구단위계획구역을 지정할 수 있다.
> ③ 지구단위계획구역 및 지구단위계획은 도시·군관리계획으로 결정한다.
> ④ 정비구역과 택지개발지구에서 시행되는 사업이 끝난 후 10년이 지난 지역은 지구단위계획구역으로 지정하여야 한다.
> ⑤ 당해 지역에 적용되는 건폐율의 150% 이내에서 건폐율을 완화하여 적용할 수 있다.

67 다음은 지구단위계획에 관한 설명이다. 틀린 것은?

① 지구단위계획구역 내 준주거지역에서 건축물을 건축하려는 자가 그 대지의 일부를 공공시설등의 부지로 제공하는 경우에는 지구단위계획으로 용적률의 140% 이내의 범위에서 용적률을 완화하여 적용할 수 있다.
② 주민이 입안을 제안한 지구단위계획에 관한 도시·군관리계획결정의 고시일부터 5년 이내에 이 법 또는 다른 법률에 따라 허가·인가·승인 등을 받아 사업이나 공사에 착수하지 아니하면 그 5년이 된 날의 다음날에 그 지구단위계획에 관한 도시·군관리계획결정은 효력을 잃는다.
③ 도시지역 내 지구단위계획구역에서 차 없는 거리를 조성하는 경우에는 지구단위계획으로 주차장설치기준을 100%까지 완화할 수 있다.
④ 지구단위계획구역 내 준주거지역에서 「빈집 및 소규모주택 정비에 관한 특례법」에 따른 소규모재개발사업을 시행하는 경우에는 지구단위계획으로 용적률의 140% 이내의 범위에서 용적률을 완화하여 적용할 수 있다.
⑤ 지구단위계획구역 내 준주거지역에서는 지구단위계획으로 「건축법」에 따른 채광 등의 확보를 위한 건축물의 높이 제한을 150% 이내의 범위에서 완화하여 적용할 수 있다.

정답 66. ① 67. ⑤

제1장 국토의 계획 및 이용에 관한 법률(기본)

해설 지구단위계획

채광 등의 확보를 위한 건축물의 높이 제한을 200% 이내의 범위에서 완화하여 적용할 수 있다.

68 다음은 지구단위계획구역에서 완화해서 적용할 수 있는 사항이다. 틀린 것은?

① 대지 안의 공지
② 건축물의 높이제한
③ 용도지역 안에서의 건폐율
④ 용도지역 안에서의 용적률
⑤ 부설주차장의 설치기준

해설 지구단위계획구역에서 완화·적용할 수 있는 사항

현재 지구단위계획구역에서 완화·적용할 수 있는 사항은 「국토의 계획 및 이용에 관한 법률」 제76조(용도지역 및 용도지구 안에서의 건축제한), 동법 제77조(건폐율제한), 동법 제78조(용적률제한), 「건축법」 제42조(대지의 조경), 제43조(공개공지 등의 확보), 제44조(대지와 도로의 관계), 제60조(건축물의 높이제한), 「주차장법」 제19조(부설주차장 설치), 제19조의2(부설주차장 설치계획서)이다. 대지의 공지는 완화대상이 아니다.

69 다음 중 개발행위허가를 받아야 하는 행위는?

① 경작을 위한 토지의 형질변경
② 도시지역에 있는 산림에서의 임도의 설치
③ 입목의 벌채
④ 건축물이 있는 대지의 분할
⑤ 관리지역에서 울타리 밖에 1개월 이상 물건의 적치

해설 개발행위허가

①, ③, ④는 개발행위에 해당하지 않는다. ②에 대해서는 「산림자원의 조성 및 관리에 관한 법률」이 적용된다.

70 국토의 계획 및 이용에 관한 법령상 ( )에 알맞은 것은? **26회 출제**

> 도시지역 내 지구단위계획구역의 지정이 한옥마을의 보존을 목적으로 하는 경우 지구단위계획으로 「주차장법」 제19조 제3항에 의한 주차장 설치기준을 ( )퍼센트까지 완화하여 적용할 수 있다.

① 20 ② 30 ③ 50 ④ 80 ⑤ 100

해설 지구단위계획구역에서의 건축

- 지구단위계획구역의 지정목적이 다음에 해당하는 경우에는 지구단위계획으로 주차장 설치기준을 100%까지 완화하여 적용할 수 있다.
  1) 한옥마을을 보존하고자 하는 경우
  2) 차 없는 거리를 조성하고자 하는 경우(지구단위계획으로 보행자전용도로를 지정하거나 차량의 출입을 금지한 경우를 포함함)
  3) 원활한 교통소통 또는 보행환경조성을 위해 도로에서 대지로의 차량통행이 제한되는 차량진입금지구간을 지정한 경우

정답 68. ① 69. ⑤ 70. ⑤

부동산공법

71 다음은 개발행위허가를 받지 않아도 되는 경미한 행위이다. 틀린 것은?

① 재해복구 또는 재난수습을 위한 응급조치
② 건축신고에 의한 건축물의 신축 및 이를 위한 토지형질변경
③ 조성이 완료된 대지에서의 건축물의 설치를 위한 토지의 굴착
④ 토지의 일부가 도시·군계획시설로 결정됨에 따른 토지의 분할
⑤ 채취면적이 25m² 이하이고 채취량이 50m³ 이하인 토석채취

> **해설** 개발행위허가를 받지 않아도 되는 경미한 행위
> 도시·군계획시설부지에서 건축신고를 하고 설치할 수 있는 건축물의 증·개축과 이를 위한 토지형질변경은 허가를 받지 않고도 할 수 있는 경미한 행위에 속하지만, 건축신고를 하고 설치할 수 있는 건축물의 신축과 이를 위한 토지형질변경은 허가대상이다.

72 ★★ 다음은 토지의 형질변경에 관한 개발행위허가를 할 수 있는 규모이다. 틀린 것은?

① 주거지역 : 10,000m² 미만
② 상업지역 : 10,000m² 미만
③ 공업지역 : 30,000m² 미만
④ 관리지역 : 5,000m² 미만
⑤ 자연환경보전지역 : 5,000m² 미만

> **해설** 개발행위허가
> 관리지역 안에서의 토지형질변경면적은 30,000m² 미만이어야 한다.

73 국토의 계획 및 이용에 관한 법령상 개발행위의 허가에 관한 설명으로 틀린 것은? **25회 출제**

① 개발행위허가를 받은 사업면적을 5퍼센트 범위 안에서 확대 또는 축소하는 경우에는 변경허가를 받지 않아도 된다.
② 허가권자가 개발행위허가를 하면서 환경오염방지 등의 조치를 할 것을 조건으로 붙이려는 때에는 미리 개발행위허가를 신청한 자의 의견을 들어야 한다.
③ 개발행위허가의 신청 내용이 성장관리계획의 내용에 어긋나는 경우에는 개발행위허가를 하여서는 아니 된다.
④ 자연녹지지역에서는 도시계획위원회의 심의를 통하여 개발행위허가의 기준을 강화 또는 완화하여 적용할 수 있다.
⑤ 건축물 건축에 대해 개발행위허가를 받은 자가 건축을 완료하고 그 건축물에 대해 「건축법」상 사용승인을 받은 경우에는 따로 준공검사를 받지 않아도 된다.

> **해설** 개발행위의 허가
> 개발행위허가를 받은 사업면적을 5% 범위 안에서 축소하는 경우에 변경허가를 받지 않아도 된다. 확대하는 경우에는 변경허가를 받아야 한다.

정답 71. ② 72. ④ 73. ①

제1장 국토의 계획 및 이용에 관한 법률(기본)

74 다음은 개발행위로서의 토지형질변경에 관한 설명이다. 틀린 것은?

① 토지형질변경행위가 도시·군계획사업에 지장을 주는 경우에는 그 시행자의 의견을 들어 허가할 수 있다.
② 토지형질변경허가를 하는 경우에는 위해방지·환경오염방지 등을 위해 이행보증금을 예치하게 할 수 있다.
③ 공유수면을 매립하는 행위도 토지형질변경에 해당된다.
④ 개발행위허가를 받은 토지형질변경에 의해 설치한 공공시설은 관리청에 무상으로 귀속된다.
⑤ 토지형질변경에 관한 개발행위허가의 내용에 공공시설의 귀속에 관한 사항이 포함되어 있는 경우에는 그 관리청과 협의한 후 허가해야 한다.

해설 토지형질변경
토지형질변경행위가 도시·군계획사업에 지장을 주는 경우에는 허가하면 안 된다. 그래서 토지형질변경행위가 도시·군계획사업에 지장을 준다고 인정되는 경우에는 미리 그 도시·군계획사업시행자의 의견을 듣도록 하고 있다.

75 국토의 계획 및 이용에 관한 법령상 개발행위허가에 관한 설명으로 옳은 것은? **23회 출제**

① 허가받은 개발행위의 사업기간을 연장하려는 경우에는 변경에 대한 허가를 받아야 한다.
② 경작을 위한 경우라도 전·답 사이의 지목변경을 수반하는 토지의 형질변경은 허가를 받아야 한다.
③ 허가가 필요한 개발행위라도 용도지역이 지정되지 아니한 지역에서는 허가를 받지 않아도 된다.
④ 허가관청이 조건을 붙여 개발행위를 허가하는 것은 허용되지 않는다.
⑤ 개발행위허가의 대상인 토지가 2 이상의 용도지역에 걸치는 경우 개발행위허가의 규모를 적용할 때는 가장 큰 규모의 용도지역에 대한 규정을 적용한다.

해설 개발행위허가
② 경작을 위한 토지의 형질변경은 개발행위허가의 대상이 아니다.
③ 허가를 받아야 한다.
④ 기반시설의 설치 등 조건을 붙여 개발행위허가를 할 수 있다.
⑤ 개발행위허가의 대상인 토지가 2 이상의 용도지역에 걸치는 경우에는 각각의 용도지역에 위치하는 토지부분에 대하여 각각의 용도지역의 개발행위의 규모에 관한 규정을 적용한다.

정답 74. ① 75. ①

부동산공법

76 다음은 개발행위허가에 관한 설명이다. 틀린 것은?

① 개발행위허가를 할 때에는 미리 도시·군계획사업시행자의 의견을 들어야 한다.
② 건축허가를 받으면 개발행위허가를 받은 것으로 본다.
③ 개발행위허가를 할 때에는 공공시설의 설치, 환경오염방지 등의 조치를 할 것을 조건으로 할 수 있다.
④ 관계법령의 개정이나 도시·군관리계획의 변경에 따라 불가피하게 개발행위허가사항을 변경하는 경우에는 변경허가를 받지 않아도 된다.
⑤ 허가받은 내용과 달리 개발행위를 하는 자가 원상회복명령에 불응하는 때에는 계고절차를 생략하고 대집행에 의해 원상회복할 수 있다.

해설 개발행위허가
원상회복을 대집행하는 경우에는 「행정대집행법」이 준용되므로 계고절차를 밟아야 한다.

77 국토의 계획 및 이용에 관한 법령상 개발행위허가에 관한 설명으로 틀린 것은? **22회 출제**

① 「도시개발법」에 따른 도시개발사업에 의해 건축물을 건축하는 경우에는 허가를 필요로 하지 않는다.
② 허가권자가 개발행위허가에 조건을 붙이려는 때에는 미리 개발행위허가를 신청한 자의 의견을 들어야 한다.
③ 토석의 채취에 대하여 개발행위허가를 받은 자가 개발행위를 마치면 준공검사를 받아야 한다.
④ 지구단위계획구역으로 지정된 지역으로서 도시관리계획상 특히 필요하다고 인정하는 지역에 대해서는 최장 5년의 기간 동안 개발행위허가를 제한할 수 있다.
⑤ 환경오염방지, 위해방지 등을 위하여 필요한 경우 지방자치단체가 시행하는 개발행위에 대해서 이행보증금을 예치하게 할 수 있다.

해설 개발행위허가
⑤ 국가, 지방자치단체, 공공기관, 공공단체가 시행하는 개발행위의 경우에는 이행보증금을 예치하지 않아도 된다.

정답 76. ⑤ 77. ⑤

78. 국토의 계획 및 이용에 관한 법령상 개발행위허가에 관한 설명으로 옳은 것은? (단, 조례는 고려하지 않음)

33회 출제

① 「사방사업법」에 따른 사방사업을 위한 개발행위를 허가하려면 지방도시계획위원회의 심의를 거쳐야 한다.
② 토지의 일부가 도시·군계획시설로 지형도면고시가 된 당해 토지의 분할은 개발행위허가를 받아야 한다.
③ 국토교통부장관은 개발행위로 인하여 주변의 환경이 크게 오염될 우려가 있는 지역에서 개발행위허가를 제한하고자 하는 경우 중앙도시계획위원회의 심의를 거쳐야 한다.
④ 시·도지사는 기반시설부담구역으로 지정된 지역에 대해서는 10년간 개발행위허가를 제한할 수 있다.
⑤ 토지분할을 위한 개발행위허가를 받은 자는 그 개발행위를 마치면 시·도지사의 준공검사를 받아야 한다.

해설 │ 개발행위허가
① 「사방사업법」에 따른 사방사업을 위한 개발행위를 허가하는 경우 지방도시계획위원회의 심의를 거치지 않는다.
② 토지의 일부가 도시·군계획시설로 지형도면고시가 된 당해 토지의 분할은 개발행위허가를 받지 않아도 된다.
④ 시·도지사는 기반시설부담구역으로 지정된 지역에 대해서는 5년간 개발행위허가를 제한할 수 있다.
⑤ 토지분할을 위한 개발행위허가를 받은 자는 그 개발행위를 마치면 준공검사를 받지 않는다.

79. 다음은 개발밀도관리구역에 관한 설명이다. 틀린 것은?

① 개발밀도관리구역은 개발로 인해 기반시설이 부족할 것으로 예상되지만 더 이상 기반시설의 설치가 곤란한 지역에 대해 지정한다.
② 개발밀도관리구역을 지정할 때에는 도로·수도공급설비·하수도·학교 등의 기반시설의 현황을 감안해야 한다.
③ 개발밀도관리구역은 경계선이 분명하게 구분되도록 지정해야 한다.
④ 개발밀도관리구역 안에서는 건폐율 또는 용적률제한이 강화된다.
⑤ 개발밀도관리구역 안에서 개발행위를 하는 때에는 기반시설부담계획에 따라 기반시설 설치비를 납부해야 한다.

해설 │ 개발밀도관리구역
⑤는 기반시설부담구역의 내용이다.

정답 78. ③   79. ⑤

부동산공법

80 다음은 개발밀도관리구역의 지정기준이다. 틀린 것은? **14회 출제**

① 그 지역의 도로서비스 수준이 매우 낮아 차량통행이 현저하게 지체되는 지역
② 그 지역의 도로율이 국토교통부령이 정하는 용도지역별 도로율에 20% 이상 미달하는 지역
③ 향후 2년 이내에 그 지역의 하수발생량이 하수시설의 시설용량을 초과할 것으로 예상되는 지역
④ 향후 2년 이내에 그 지역의 수도에 대한 수요량이 수도시설의 시설용량을 초과할 것으로 예상되는 지역
⑤ 향후 2년 이내에 그 지역의 학생수가 학교 수용능력의 30% 이상을 초과할 것으로 예상되는 지역

해설 개발밀도관리구역의 지정기준
"30% 이상"이 아닌 "20% 이상"이어야 한다.

81 국토의 계획 및 이용에 관한 법령상 기반시설부담구역 등에 관한 설명으로 옳은 것은? **25회 개작**

① 기반시설부담구역은 개발밀도관리구역과 중첩하여 지정될 수 있다.
② 「고등교육법」에 따른 대학은 기반시설부담구역에 설치가 필요한 기반시설에 해당한다.
③ 기반시설설치비용은 현금, 신용카드 또는 직불카드로 납부하도록 하되, 부과대상 토지 및 이와 비슷한 토지로 하는 납부를 인정할 수 있다.
④ 기반시설부담구역으로 지정된 지역에 대해 개발행위허가를 제한하였다가 이를 연장하기 위해서는 중앙도시계획위원회의 심의를 거쳐야 한다.
⑤ 기반시설부담구역의 지정고시일부터 2년이 되는 날까지 기반시설설치계획을 수립하지 아니하면 그 2년이 되는 날의 다음날에 구역의 지정은 해제된 것으로 본다.

해설 기반시설부담구역 등
① 기반시설부담구역은 개발밀도관리구역이 아닌 지역에 지정해야 한다.
② 학교 중 대학은 제외한다.
④ 기반시설부담구역으로 지정된 지역에 대해서는 중앙도시계획위원회나 지방도시계획위원회의 심의를 거치지 아니하고 한 차례만 2년 이내의 기간 동안 개발행위허가의 제한을 연장할 수 있다.
⑤ 기반시설부담구역의 지정고시일부터 1년이 되는 날까지 기반시설설치계획을 수립하지 아니하면 그 1년이 되는 날의 다음날에 구역의 지정은 해제된 것으로 본다.

정답   80. ⑤   81. ③

제1장 국토의 계획 및 이용에 관한 법률(기본)

82 국토의 계획 및 이용에 관한 법령상 광역시의 기반시설부담구역에 관한 설명으로 틀린 것은? `30회 출제`

① 기반시설부담구역이 지정되면 광역시장은 대통령령으로 정하는 바에 따라 기반시설설치계획을 수립하여야 하며, 이를 도시·군관리계획에 반영하여야 한다.
② 기반시설부담구역의 지정은 해당 광역시에 설치된 지방도시계획위원회의 심의대상이다.
③ 광역시장은 「국토의 계획 및 이용에 관한 법률」의 개정으로 인하여 행위제한이 완화되는 지역에 대하여는 이를 기반시설부담구역으로 지정할 수 없다.
④ 지구단위계획을 수립한 경우에는 기반시설설치계획을 수립한 것으로 본다.
⑤ 기반시설부담구역의 지정고시일부터 1년이 되는 날까지 광역시장이 기반시설설치계획을 수립하지 아니하면 그 1년이 되는 날의 다음날에 기반시설부담구역의 지정은 해제된 것으로 본다.

해설 기반시설부담구역
광역시장은 「국토의 계획 및 이용에 관한 법률」의 개정으로 인하여 행위제한이 완화되는 지역에 대하여는 이를 기반시설부담구역으로 지정해야 한다.

83 국토의 계획 및 이용에 관한 법령상 개발행위에 따른 기반시설의 설치에 관한 설명으로 틀린 것은? `33회 출제`

① 개발밀도관리구역에서는 해당 용도지역에 적용되는 용적률의 최대한도의 50퍼센트 범위에서 강화하여 적용한다.
② 기반시설의 설치가 필요하다고 인정하는 지역으로서, 해당 지역의 전년도 개발행위허가 건수가 전전년도 개발행위허가 건수보다 20퍼센트 이상 증가한 지역에 대하여는 기반시설부담구역으로 지정하여야 한다.
③ 기반시설부담구역이 지정되면 기반시설설치계획을 수립하여야 하며, 이를 도시·군관리계획에 반영하여야 한다.
④ 기반시설설치계획은 기반시설부담구역의 지정고시일부터 3년이 되는 날까지 수립하여야 한다.
⑤ 기반시설설치비용의 관리 및 운용을 위하여 기반시설부담구역별로 특별회계를 설치하여야 한다.

해설 개발행위에 따른 기반시설의 설치
기반시설부담구역의 지정고시일부터 1년이 되는 날까지 기반시설설치계획을 수립하지 않으면 그 1년이 되는 날의 다음 날에 기반시설부담구역의 지정은 해제된 것으로 본다.

정답 82. ③ 83. ④

부동산공법

84 국토의 계획 및 이용에 관한 법령상 개발밀도관리구역 및 기반시설부담구역에 관한 설명으로 틀린 것은? `24회 출제`

① 주거지역에서의 개발행위로 기반시설의 용량이 부족할 것으로 예상되는 지역 중 기반시설의 설치가 곤란한 지역으로서, 향후 2년 이내에 당해 지역의 학생수가 학교수용능력을 20퍼센트 이상 초과할 것으로 예상되는 지역은 개발밀도관리구역으로 지정될 수 있다.
② 개발밀도관리구역에서는 당해 용도지역에 적용되는 용적률의 최대한도의 50퍼센트 범위에서 용적률을 강화하여 적용한다.
③ 기반시설설치비용은 현금으로 납부하여야 하며, 부과대상 토지 및 이와 비슷한 토지로 납부할 수 없다.
④ 기반시설부담구역은 개발밀도관리구역 외의 지역에서 지정된다.
⑤ 기반시설의 설치가 필요하다고 인정하는 지역으로서 해당지역의 전년도 개발행위허가 건수가 전전년도 개발행위허가 건수보다 20퍼센트 이상 증가한 지역은 기반시설부담구역으로 지정하여야 한다.

해설 개발밀도관리구역 및 기반시설부담구역
기반시설설치비용은 현금, 신용카드 또는 직불카드로 납부하도록 하되, 부과대상 토지 및 이와 비슷한 토지로 하는 납부(물납)를 인정할 수 있다.

85 국토의 계획 및 이용에 관한 법령상 개발밀도관리구역 및 기반시설부담구역에 관한 설명으로 옳은 것은? `29회 출제`

① 개발밀도관리구역에서는 당해 용도지역에 적용되는 건폐율 또는 용적률을 강화 또는 완화하여 적용할 수 있다.
② 군수가 개발밀도관리구역을 지정하려면 지방도시계획위원회의 심의를 거쳐 도지사의 승인을 받아야 한다.
③ 주거·상업지역에서의 개발행위로 기반시설의 수용능력이 부족할 것으로 예상되는 지역 중 기반시설의 설치가 곤란한 지역은 기반시설부담구역으로 지정할 수 있다.
④ 시장은 기반시설부담구역을 지정하면 기반시설설치계획을 수립하여야 하며, 이를 도시관리계획에 반영하여야 한다.
⑤ 기반시설부담구역에서 개발행위를 허가받고자 하는 자에게는 기반시설설치비용을 부과하여야 한다.

정답 84. ③ 85. ④

[해설] **개발밀도관리구역 및 기반시설부담구역**
① 개발밀도관리구역에서는 당해 용도지역에 적용되는 건폐율 또는 용적률을 강화하여 적용한다.
② 도지사의 승인을 받지 아니한다.
③ 주거지역·상업지역 또는 공업지역에서의 개발행위로 기반시설의 수용능력이 부족할 것으로 예상되는 지역 중 기반시설의 설치가 곤란한 지역을 개발밀도관리구역으로 지정할 수 있다.
⑤ 기반시설부담구역에서 기반시설설치비용의 부과대상행위는 200m²를 초과하는 건축물의 신축·증축행위이다.

86. 국토의 계획 및 이용에 관한 법령상 성장관리계획에 관한 설명으로 옳은 것만을 모두 고른 것은? [31회 개작]

> ㉠ 기반시설의 배치와 규모에 관한 사항은 성장관리계획에 포함되지 않을 수 있다.
> ㉡ 녹지지역, 관리지역, 농림지역 및 자연환경보전지역 중 주변지역과 연계하여 체계적인 관리가 필요한 지역의 전부 또는 일부에 대하여 성장관리계획구역을 지정할 수 있다.
> ㉢ 계획관리지역에서 경관계획을 포함하는 성장관리계획을 수립한 경우에는 50퍼센트 이하의 범위에서 조례로 건폐율을 정할 수 있다.

① ㉠
② ㉡
③ ㉠, ㉢
④ ㉡, ㉢
⑤ ㉠, ㉡, ㉢

[해설] **성장관리계획**
㉠ 기반시설의 배치와 규모에 관한 사항은 성장관리계획에 포함하여 수립하여야 한다.

87. 국토의 계획 및 이용에 관한 법령상 성장관리계획에 관한 설명으로 옳은 것은? (단, 조례, 기타 강화·완화조건은 고려하지 않음) [31회 출제]

① 시장 또는 군수는 공업지역 중 향후 시가화가 예상되는 지역의 전부 또는 일부에 대하여 성장관리계획구역을 지정할 수 있다.
② 성장관리계획구역 내 생산녹지지역에서는 30퍼센트 이하의 범위에서 성장관리계획으로 정하는 바에 따라 건폐율을 완화하여 적용할 수 있다.
③ 성장관리계획구역 내 보전관리지역에서는 125퍼센트 이하의 범위에서 성장관리계획으로 정하는 바에 따라 용적률을 완화하여 적용할 수 있다.
④ 시장 또는 군수는 성장관리계획구역을 지정할 때에는 도시·군관리계획의 결정으로 하여야 한다.
⑤ 시장 또는 군수는 성장관리계획구역을 지정하려면 성장관리계획구역안을 7일간 일반이 열람할 수 있도록 해야 한다.

정답   86. ④   87. ②

해설 성장관리계획

① 시장 또는 군수는 녹지지역, 관리지역, 농림지역 및 자연환경보전지역 중 향후 시가화가 예상되는 지역 등의 전부 또는 일부에 대하여 성장관리계획구역을 지정할 수 있다.
③ 성장관리계획구역 내 계획관리지역에서는 125퍼센트 이하의 범위에서 성장관리계획으로 정하는 바에 따라 용적률을 완화하여 적용할 수 있다.
④ 성장관리계획구역을 지정할 때에는 도시·군관리계획의 결정으로 지정하지 않는다.
⑤ 특별시장·광역시장·특별자치시장·특별자치도지사·시장 또는 군수는 성장관리계획구역을 지정하려면 성장관리계획구역안을 14일 이상 일반이 열람할 수 있도록 해야 한다.

88. 국토의 계획 및 이용에 관한 법령상 기반시설부담구역에서 기반시설설치비용의 산정에 사용되는 건축물별 기반시설유발계수가 높은 것부터 나열한 것은? [23회 출제]

㉠ 제2종 근린생활시설
㉡ 종교시설
㉢ 판매시설
㉣ 위락시설

① ㉡ → ㉢ → ㉠ → ㉣
② ㉢ → ㉠ → ㉣ → ㉡
③ ㉣ → ㉠ → ㉡ → ㉢
④ ㉣ → ㉡ → ㉢ → ㉠
⑤ ㉣ → ㉢ → ㉡ → ㉠

해설 건축물별 기반시설유발계수
㉠ 제2종 근린생활시설 : 1.6
㉡ 종교시설 : 1.4
㉢ 판매시설 : 1.3
㉣ 위락시설 : 2.1

89. 국토의 계획 및 이용에 관한 법령상 준주거지역 안에서 건축할 수 있는 건축물은? [24회 출제]

① 고물상
② 격리병원
③ 일반숙박시설
④ 체육관으로서 관람실의 바닥면적이 1천m² 미만인 것
⑤ 단란주점으로서 같은 건축물에 해당 용도로 쓰는 바닥면적의 합계가 150m² 미만인 것

해설 용도지역별 건축제한
체육관으로서 관람실의 바닥면적이 1천m² 미만인 것은 운동시설로서 준주거지역 안에서 건축할 수 있다.

90. 다음 중 중심상업지역 안에 건축할 수 없는 것은?

① 아파트
② 기숙사
③ 노유자시설
④ 주유소
⑤ 자원순환관련시설

해설 중심상업지역
자원순환관련시설은 중심상업지역에 건축할 수 없다.

정답 88. ③ 89. ④ 90. ⑤

제1장 국토의 계획 및 이용에 관한 법률(기본)

91 다음 중 전용공업지역 안에 건축할 수 <u>없는</u> 것은?

① 직업훈련시설 　　② 자동차관련시설 　　③ 위험물저장 및 처리시설
④ 통신용시설 　　⑤ 업무시설

> **해설** 전용공업지역
> 전용공업지역 안에는 업무시설을 건축할 수 없다.

92 다음 중 준공업지역 안에 건축할 수 <u>없는</u> 것은?

① 제1종 근린생활시설 　　② 공업계 전문대학 　　③ 철도시설
④ 위락시설 　　⑤ 업무시설

> **해설** 준공업지역
> 준공업지역 안에는 위락시설을 건축할 수 없다.

93 다음 중 자연녹지지역 안에 건축할 수 <u>없는</u> 것은?

① 업무시설 　　② 제2종 근린생활시설 　　③ 운동시설
④ 폐차장 　　⑤ 위험물제조소

> **해설** 자연녹지지역
> 자연녹지지역 안에는 업무시설을 건축할 수 없다.

94 다음 중 보전관리지역 안에 건축할 수 <u>없는</u> 것은?

① 초등학교 　　② 의료시설 　　③ 종교집회장
④ 관광휴게시설 　　⑤ 위험물저장 및 처리시설

> **해설** 보전관리지역
> 보전관리지역 안에서는 ①은 대통령령에 의해 건축이 허용되고, ②, ③, ⑤는 조례가 정하는 바에 따라 건축할 수 있다.

95 다음 중 농림지역 안에 건축할 수 있는 것은?

① 발전소 　　② 중·고등학교 　　③ 가축시설
④ 일반음식점 　　⑤ 운동시설

> **해설** 농림지역
> 농림지역 안에는 발전소를 설치할 수 있다.

정답　91. ⑤　92. ④　93. ①　94. ④　95. ①

부동산공법

96 국토의 계획 및 이용에 관한 법령상 자연환경보전지역 안에서 건축할 수 있는 건축물은? (다만, 도시·군계획조례로 규정한 사항은 제외) `19회 출제`

① 교정 및 군사시설
② 의료시설
③ 종교시설
④ 묘지관련시설
⑤ 교육연구시설 중 초등학교

> **해설** 자연환경보전지역
> 「국토의 계획 및 이용에 관한 법률 시행령」에서 자연환경보전지역 안에 설치할 수 있도록 직접 규정하고 있는 건축물은 단독주택(농어가주택에 한함)과 초등학교이다.

97 다음의 용도지역 및 용도지구 중 건축할 수 있는 건축물의 층수를 4층 이하로 정하고 있는 지역이 <u>아닌</u> 지역은?

① 제1종 일반주거지역
② 제2종 일반주거지역
③ 보전녹지지역
④ 자연취락지구
⑤ 생산관리지역

> **해설** 용도지역 및 용도지구
> 제1종 일반주거지역, 녹지지역, 관리지역 및 자연취락지구 안에서는 4층 이하의 건축물만 건축할 수 있다.

98 다음은 도시지역에 대해 적용이 배제되는 법률이다. 올바른 것은?

① 「도로법」의 도로점용허가에 관한 규정
② 「도로법」의 접도구역에 관한 규정
③ 「농지법」의 농지소유제한에 관한 규정
④ 「산지관리법」의 산지전용허가에 관한 규정
⑤ 「산림자원의 조성 및 관리에 관한 법률」의 산림형질변경에 관한 규정

> **해설** 도시지역 안에서 적용이 배제되는 법률
> 도시지역 안에서 적용이 배제되는 법률은 「도로법」의 접도구역에 관한 규정, 「농지법」의 농지취득자격증명에 관한 규정이다.

99 다음은 자연환경보전지역 안에서의 건축제한에 관한 설명이다. 틀린 것은?

① 자연공원에 대해서는 「자연공원법」을 적용한다.
② 상수원보호구역에 대해서는 「수도법」을 적용한다.
③ 해양보호구역에 대해서는 「수산자원관리법」을 적용한다.
④ 지정문화유산에 대해서는 「문화유산의 보존 및 활용에 관한 법률」을 적용한다.
⑤ 천연기념물에 대해서는 「자연유산의 보존 및 활용에 관한 법률」을 적용한다.

정답 96. ⑤ 97. ② 98. ② 99. ③

해설 자연환경보전지역 안에서의 건축제한
해양보호구역인 경우에는 「해양생태계의 보전 및 관리에 관한 법률」이 정하는 바에 따른다..

100 다음 중 자연취락지구에 건축할 수 없는 것은?
① 휴게음식점 ② 위험물저장 및 처리시설 ③ 단란주점
④ 일반음식점 ⑤ 자원순환 관련시설

해설 자연취락지구
자연취락지구 안에서는 제2종 근린생활시설 중 단란주점의 건축이 금지된다.

101 다음은 용도지역별 건폐율의 최대한도이다. 틀린 것은?
★
① 제1종 전용주거지역 : 50% 이하 ② 유통상업지역 : 80% 이하
③ 준공업지역 : 70% 이하 ④ 계획관리지역 : 20% 이하
⑤ 자연환경보전지역 : 20% 이하

해설 건폐율의 최대한도
계획관리지역의 건폐율의 최대한도는 40% 이하이다.

102 국토의 계획 및 이용에 관한 법령상 도시·군계획조례로 정할 수 있는 건폐율의 최대한도가 다음 중 가장 큰 지역은? **29회 출제**

① 자연환경보전지역에 있는 「자연공원법」에 따른 자연공원
② 계획관리지역에 있는 「산업입지 및 개발에 관한 법률」에 따른 농공단지
③ 수산자원보호구역
④ 도시지역 외의 지역에 지정된 개발진흥지구
⑤ 자연녹지지역에 지정된 개발진흥지구

해설 건폐율의 최대한도
① 「자연공원법」에 따른 자연공원 : 60% 이하
② 「산업입지 및 개발에 관한 법률」에 따른 농공단지 : 70% 이하
③ 수산자원보호구역 : 40% 이하
④ 도시지역 외의 지역에 지정된 개발진흥지구 : 40% 이하. 다만, 계획관리지역에 따른 산업·유통개발진흥지구가 지정된 경우에는 60% 이하로 한다.
⑤ 자연녹지지역에 지정된 개발진흥지구 : 30% 이하

정답 100. ③   101. ④   102. ②

부동산공법

103 국토의 계획 및 이용에 관한 법령상 건폐율의 최대한도가 큰 용도지역부터 나열한 것은? (단, 조례는 고려하지 않음) **25회 출제**

㉠ 제2종 전용주거지역	㉡ 제1종 일반주거지역
㉢ 준공업지역	㉣ 계획관리지역

① ㉠ → ㉡ → ㉣ → ㉢
② ㉡ → ㉠ → ㉢ → ㉣
③ ㉡ → ㉢ → ㉣ → ㉠
④ ㉢ → ㉠ → ㉣ → ㉡
⑤ ㉢ → ㉡ → ㉠ → ㉣

해설 용도지역별 건폐율의 최대한도
- ㉠ 제2종 전용주거지역 : 50% 이하
- ㉡ 제1종 일반주거지역 : 60% 이하
- ㉢ 준공업지역 : 70% 이하
- ㉣ 계획관리지역 : 40% 이하

104 다음은 용도지역별 용적률의 최대한도이다. 틀린 것은?
★★
① 제1종 전용주거지역 : 50% 이상 100% 이하
② 준주거지역 : 200% 이상 500% 이하
③ 일반상업지역 : 300% 이상 1,100% 이하
④ 근린상업지역 : 200% 이상 900% 이하
⑤ 농림지역 : 50% 이상 80% 이하

해설 용적률의 최대한도
일반상업지역의 용적률은 200% 이상 1,300% 이하의 범위 안에서 조례로 정한다.

105 국토의 계획 및 이용에 관한 법령상 용적률의 최대한도가 낮은 지역부터 높은 지역까지 순서대로 나열한 것은? (단, 조례 등 기타 강화·완화조건은 고려하지 않음) **28회 출제**

㉠ 준주거지역	㉡ 준공업지역	㉢ 일반공업지역	㉣ 제3종 일반주거지역

① ㉠ → ㉡ → ㉢ → ㉣
② ㉠ → ㉣ → ㉢ → ㉡
③ ㉡ → ㉢ → ㉣ → ㉠
④ ㉢ → ㉣ → ㉠ → ㉡
⑤ ㉣ → ㉢ → ㉡ → ㉠

해설 용적률의 최대한도
- ㉠ 준주거지역 : 200% 이상 500% 이하
- ㉡ 준공업지역 : 150% 이상 400% 이하
- ㉢ 일반공업지역 : 150% 이상 350% 이하
- ㉣ 제3종 일반주거지역 : 100% 이상 300% 이하

정답 103. ⑤   104. ③   105. ⑤

제1장 국토의 계획 및 이용에 관한 법률(기본)

106 국토의 계획 및 이용에 관한 법령상 용적률의 최대한도가 높은 지역부터 낮은 지역 순으로 나열한 것은? (다만, 도시·군계획조례는 고려하지 않음) `21회 출제`

| ㉠ 중심상업지역 | ㉡ 일반상업지역 | ㉢ 근린상업지역 | ㉣ 유통상업지역 |

① ㉠ → ㉡ → ㉢ → ㉣
② ㉠ → ㉡ → ㉣ → ㉢
③ ㉠ → ㉣ → ㉡ → ㉢
④ ㉣ → ㉠ → ㉡ → ㉢
⑤ ㉣ → ㉠ → ㉢ → ㉡

해설 용적률의 최대한도
㉠ 중심상업지역 200% 이상, 1,500% 이하
㉡ 일반상업지역 200% 이상, 1,300% 이하
㉢ 근린상업지역 200% 이상, 900% 이하
㉣ 유통상업지역 200% 이상, 1,100% 이하

107 국토의 계획 및 이용에 관한 법령상 용도지구별 건축제한에 관한 설명으로 옳은 것을 모두 고른 것은? (단, 건축물은 도시·군계획시설이 아님) `23회 개작`

㉠ 경관지구 안에서의 건축물의 건폐율·용적률·높이·최대너비·색채 및 대지 안의 조경 등에 관하여는 도시계획위원회가 정한다.
㉡ 집단취락지구 안에서의 건축제한에 관하여는 개발제한구역의 지정 및 관리에 관한 특별조치법령이 정하는 바에 의한다.
㉢ 고도지구 안에서 건축물을 신축하는 경우 도시·군관리계획으로 정하는 높이를 초과하여 건축할 수 없다.
㉣ 자연취락지구 안에서는 5층 이하의 범위에서 관광휴게시설을 건축할 수 있다.

① ㉠, ㉡ ② ㉠, ㉢ ③ ㉠, ㉣ ④ ㉡, ㉢ ⑤ ㉢, ㉣

해설 용도지구별 건축제한
㉠ 경관지구 안에서의 건축물의 건폐율·용적률·높이·최대너비·색채 및 대지안의 조경 등에 관하여는 그 지구의 경관의 보전·관리·형성에 필요한 범위안에서 도시·군계획조례로 정한다.
㉣ 자연취락지구 안에서는 건축물의 층수는 4층 이하이어야 한다. 관광휴게시설을 건축할 수 없다.

정답 106. ② 107. ④

부동산공법

108 국토의 계획 및 이용에 관한 법령상 용도지역 및 용도구역에서의 행위제한에 관한 설명으로 옳은 것은? `22회 출제`

① 도시지역, 관리지역, 농림지역 또는 자연환경보전지역으로 용도가 지정되지 아니한 지역에 대하여는 도시지역에 관한 규정을 적용한다.
② 도시지역이 세부 용도지역으로 지정되지 아니한 경우에는 생산녹지지역에 관한 규정을 적용한다.
③ 관리지역이 세부 용도지역으로 지정되지 아니한 경우에는 보전관리지역에 관한 규정을 적용한다.
④ 시가화조정구역에서의 도시계획사업은 「도시개발법」에 의한 민간제안 도시개발사업만 시행할 수 있다.
⑤ 시가화조정구역에서는 도시계획사업에 의한 행위가 아닌 경우 모든 개발행위를 허가할 수 없다.

해설 용도지역 및 용도구역에서의 행위제한
① 도시지역, 관리지역, 농림지역 또는 자연환경보전지역으로 용도가 지정되지 아니한 지역에 대하여는 자연환경보전지역에 관한 규정을 적용한다.
② 도시지역이 세부 용도지역으로 지정되지 아니한 경우에는 보전녹지지역에 관한 규정을 적용한다.
④ 시가화조정구역에서의 도시계획사업은 국방상 또는 공익상 시가화조정구역에서의 사업시행이 불가피한 것으로서 관계 중앙행정기관의 장의 요청에 의하여 국토교통부장관이 시가화조정구역의 지정목적달성에 지장이 없다고 인정하는 도시계획사업만 시행할 수 있다.
⑤ 시가화조정구역에서는 도시계획사업의 경우 외에는 국토계획법령에서 허용하는 행위에 한정하여 특별시장·광역시장·특별자치시장·특별자치도지사·시장 또는 군수의 허가를 받아 그 행위를 할 수 있다.

109 다음은 단계별 집행계획에 관한 설명이다. 틀린 것은? ★

① 단계별 집행계획은 원칙적으로 특별시장·광역시장·특별자치시장·특별자치도지사·시장 또는 군수가 수립한다.
② 도지사가 직접 입안한 도시·군관리계획인 경우에는 도지사가 단계별 집행계획을 수립해서 시장 또는 군수에게 이를 송부할 수 있다.
③ 단계별 집행계획은 원칙적으로 도시·군계획시설결정의 고시일부터 3개월 이내에 수립해야 한다.
④ 단계별 집행계획에는 재원조달계획·보상계획 등이 포함되어야 한다.
⑤ 단계별 집행계획의 공고는 그 집행계획을 수립한 자가 행한다.

해설 단계별 집행계획
단계별 집행계획의 공고는 모두 특별시장·광역시장·특별자치시장·특별자치도지사·시장 또는 군수가 행한다.

정답 108. ③ 109. ⑤

110 다음은 도시·군계획시설사업에 관한 설명이다. 틀린 것은?

★★★
① 행정청이 아닌 자도 시행자로 지정되면 도시·군계획시설사업을 시행할 수 있다.
② 도시·군계획시설사업의 시행자로 지정받은 자는 실시계획인가를 받아야 한다.
③ 토지수용이 허용되는 도시·군계획시설사업에는 제한이 없다.
④ 도시·군계획시설사업의 실시계획의 고시가 있는 때에는 「공익사업을 위한 토지 등의 취득 및 보상에 관한 법률」에 따른 사업인정 및 그 고시가 있는 것으로 본다.
⑤ 도시·군계획시설사업을 위한 토지수용에 있어서는 「공익사업을 위한 토지 등의 취득 및 보상에 관한 법률」에 의한 재결신청기간이 적용된다.

해설 도시·군계획시설사업
「공익사업을 위한 토지 등의 취득 및 보상에 관한 법률」에 의하면 사업인정 및 그 고시 후 1년 이내에 재결신청을 해야 하지만, 「국토의 계획 및 이용에 관한 법률」에서는 도시·군계획시설사업의 실시계획에 정해진 시행기간 이내에 재결을 신청하면 되도록 하고 있다.

111 국토의 계획 및 이용에 관한 법령상 도시·군계획시설사업의 시행 등에 관한 설명으로 틀린 것은? 〔28회 출제〕

① 지방자치단체가 직접 시행하는 경우에는 이행보증금을 예치하여야 한다.
② 광역시장이 단계별 집행계획을 수립하고자 하는 때에는 미리 관계 행정기관의 장과 협의하여야 하며, 해당 지방의회의 의견을 들어야 한다.
③ 둘 이상의 시 또는 군의 관할구역에 걸쳐 시행되는 도시·군계획시설사업이 광역도시계획과 관련된 경우 도지사는 관계 시장 또는 군수의 의견을 들어 직접 시행할 수 있다.
④ 시행자는 도시·군계획시설사업을 효율적으로 추진하기 위하여 필요하다고 인정되면 사업시행대상지역을 둘 이상으로 분할하여 시행할 수 있다.
⑤ 행정청인 시행자는 이해관계인의 주소 또는 거소(居所)가 불분명하여 서류를 송달할 수 없는 경우 그 서류의 송달을 갈음하여 그 내용을 공시할 수 있다.

해설 도시·군계획시설사업
■ 다음의 자가 시행하는 도시·군계획시설사업의 경우에는 이행보증금을 예치하지 않아도 된다.
 1) 국가, 지방자치단체
 2) 공공기관 중 공기업과 위탁집행형 준정부기관
 3) 지방공사 및 지방공단

정답 110. ⑤ 111. ①

부동산공법

112. 국토의 계획 및 이용에 관한 법령상 도시·군계획시설사업의 시행에 관한 설명으로 틀린 것은?

21회 출제

① 「국토의 계획 및 이용에 관한 법률」 또는 다른 법률에 특별한 규정이 있는 경우 외에는 특별시장·광역시장·특별자치시장·특별자치도지사·시장 또는 군수가 관할구역의 도시·군계획시설사업을 시행한다.
② 시행자는 사업시행을 위하여 특히 필요하다고 인정되면 도시·군계획시설에 인접한 건축물을 일시 사용할 수 있다.
③ 국토교통부장관이 지정한 시행자는 도시·군계획시설사업 실시계획에 대해 국토교통부장관의 인가를 받아야 한다.
④ 사업의 준공예정일을 변경하는 실시계획 변경인가를 하는 경우에는 공고 및 열람을 하지 아니할 수 있다.
⑤ 사업구역경계의 변경이 있더라도 건축물의 연면적 10% 미만을 변경하는 경우에는 실시계획 변경인가를 받을 필요가 없다.

> **해설** 도시·군계획시설사업의 시행자
> 사업구역경계의 변경이 없는 범위에서 행하는 건축물의 연면적 10% 미만을 변경하는 경우에 실시계획 변경인가를 받지 않아도 된다.

113. 국토의 계획 및 이용에 관한 법령상 도시·군계획시설사업에 관한 설명으로 틀린 것은?

27회 출제

★★

① 도시·군관리계획으로 결정된 하천의 정비사업은 도시·군계획시설사업에 해당한다.
② 한국토지주택공사가 도시·군계획시설사업의 시행자로 지정받으려면 사업 대상 토지면적의 3분의 2 이상의 토지소유자의 동의를 얻어야 한다.
③ 도시·군계획시설사업의 시행자는 도시·군계획시설사업에 필요한 토지나 건축물을 수용할 수 있다.
④ 행정청인 도시·군계획시설사업의 시행자가 도시·군계획시설사업에 의하여 새로 공공시설을 설치한 경우 새로 설치된 공공시설은 그 시설을 관리할 관리청에 무상으로 귀속된다.
⑤ 도시·군계획시설결정의 고시일부터 20년이 지날 때까지 그 시설의 설치에 관한 도시·군계획시설사업이 시행되지 아니하는 경우, 그 도시·군계획시설결정은 그 고시일부터 20년이 되는 날의 다음날에 효력을 잃는다.

> **해설** 도시·군계획시설사업
> 한국토지주택공사가 도시·군계획시설사업의 시행자로 지정받으려면 사업 대상 토지면적의 3분의 2 이상의 토지소유자의 동의를 요하지 않는다. 공공시행자가 아닌 민간시행자가 도시·군계획시설사업의 시행자로 지정받으려면 도시·군계획시설사업의 대상인 토지(국·공유지는 제외) 면적의 2/3 이상에 해당하는 토지를 소유하고 토지소유자 총수의 1/2 이상에 해당하는 자의 동의를 받아야 한다.

정답   112. ⑤   113. ②

114. 국토의 계획 및 이용에 관한 법령상 도시·군계획시설사업에 관한 설명 중 틀린 것은?

① 도시·군계획시설사업은 도시·군계획시설을 설치·정비 또는 개량하는 사업을 말한다.
② 시행자는 도시·군계획시설사업의 효율적 추진을 위해 필요하다고 인정하는 때에는 사업시행대상지역을 2 이상으로 분할해서 시행할 수 있다.
③ 시행자는 도시·군계획시설사업에 필요한 토지·건축물 또는 그 토지에 정착된 물건을 수용 또는 사용할 수 있다.
④ 도시·군계획시설에 대한 도시·군관리계획결정의 고시가 있은 때에는「공익사업을 위한 토지 등의 취득 및 보상에 관한 법률」에 의한 사업인정 및 그 고시가 있은 것으로 본다.
⑤ 실시계획인가권자는 시행자에게 기반시설에 필요한 용지확보 등의 조치를 할 것을 조건으로 실시계획을 인가할 수 있다.

해설 도시·군계획시설사업

「공익사업을 위한 토지 등의 취득 및 보상에 관한 법률」에 의한 사업인정을 받으려면 동법에 규정된 공익사업에 해당되어야 하고, 토지수용의 필요성이 인정되어야 한다. 그런데「국토의 계획 및 이용에 관한 법률」에서는 도시·군계획시설사업의 실시계획을 고시한 경우에는「공익사업을 위한 토지 등의 취득 및 보상에 관한 법률」에 따른 사업인정 및 그 고시가 의제되도록 하고 있다. 이 결과 도시·군계획시설사업의 경우에는 실시계획의 고시가「공익사업을 위한 토지 등의 취득 및 보상에 관한 법률」에 의한 공익사업에 해당하는지 여부와 토지수용의 필요가 있는지 여부를 별도로 검토하는 과정을 거치지 않고 바로 토지수용권을 부여받게 된다.

115. 국토와 계획 및 이용에 관한 법령상 도시·군계획시설사업의 시행에 관한 설명으로 옳은 것은? [34회 출제]

①「도시 및 주거환경정비법」에 따라 도시·군관리계획의 결정이 의제되는 경우에는 해당 도시·군계획시설결정의 고시일부터 3개월 이내에 도시·군계획시설에 대하여 단계별 집행계획을 수립하여야 한다.
② 5년 이내에 시행하는 도시·군계획시설사업은 단계별 집행계획 중 제1단계 집행계획에 포함되어야 한다.
③ 한국토지주택공사가 도시·군계획시설사업의 시행자로 지정을 받으려면 토지소유자 총수의 3분의 2 이상에 해당하는 자의 동의를 얻어야 한다.
④ 국토교통부장관은 국가계획과 관련되거나 그 밖에 특히 필요하다고 인정되는 경우에는 관계 특별시장·광역시장·특별자치시장·특별자치도지사·시장 또는 군수의 의견을 들어 직접 도시·군계획시설사업을 시행할 수 있다.
⑤ 사업시행자는 도시·군계획시설사업 대상시설을 둘 이상으로 분할하여 도시·군계획시설사업을 시행하여서는 아니 된다.

정답 114. ④ 115. ④

해설 도시·군계획시설사업의 시행
① 「도시 및 주거환경정비법」에 따라 도시·군관리계획의 결정이 의제되는 경우에는 해당 도시·군계획시설결정의 고시일부터 2년 이내에 단계별 집행계획을 수립할 수 있다.
② 3년 이내에 시행하는 도시·군계획시설사업은 단계별 집행계획 중 제1단계 집행계획에 포함되어야 한다.
③ 한국토지주택공사가 도시·군계획시설사업의 시행자로 지정을 받으려면 토지소유자의 동의를 받지 않아도 된다.
⑤ 사업시행자는 도시·군계획시설사업 대상시설을 둘 이상으로 분할하여 도시·군계획시설사업을 시행할 수 있다.

116. 다음은 도시·군계획시설사업의 시행에 따른 공공시설의 귀속에 관한 설명이다. 틀린 것은?
★★
① 새로운 공공시설은 모두 관리청에 무상으로 귀속된다.
② 시행자가 행정청이 아닌 경우 종래의 공공시설은 새로운 공공시설의 설치비용의 범위 안에서 시행자에게 무상으로 양도할 수 있다.
③ 종래의 공공시설과 새로운 공공시설간에는 기능의 대체성이 있어야 공공시설의 귀속이 이루어진다.
④ 종래의 공공시설에 대해서는 별도의 용도폐지절차를 밟지 않아도 된다.
⑤ 공공시설의 귀속은 등기를 하지 않더라도 물권변동의 효력이 발생한다.

해설 공공시설의 귀속
시행자가 행정청이 아닌 경우에는 기능의 대체성이 없어도 된다.

24회 개작

117. 국토의 계획 및 이용에 관한 법령상 도시·군계획시설에 관한 설명으로 옳은 것은?
★
① 도시지역에서 장사시설·종합의료시설·폐차장 등의 기반시설을 설치하고자 하는 경우에는 미리 도시·군관리계획으로 결정하여야 한다.
② 도시·군계획시설결정의 고시일부터 10년 이내에 도시·군계획시설사업에 관한 실시계획의 인가만 있고 사업이 시행되지 아니하는 경우에는 그 시설부지의 매수청구권이 인정된다.
③ 지방의회로부터 장기미집행시설의 해제권고를 받은 시장·군수는 도지사가 결정한 도시·군관리계획의 해제를 도시·군관리계획으로 결정할 수 있다.
④ 시행한 도시·군계획시설사업으로 그 도에 속하지 않는 군이 현저히 이익을 받는 경우, 해당 도지사와 군수 간의 비용부담에 관한 협의가 성립되지 아니하는 때에는 행정안전부장관이 결정하는 바에 따른다.
⑤ 도시·군계획시설사업이 둘 이상의 지방자치단체의 관할구역에 걸쳐 시행되는 경우, 사업시행자에 대한 협의가 성립되지 아니하는 때에는 사업면적이 가장 큰 지방자치단체가 사업시행자가 된다.

정답 116. ③   117. ④

> **해설** 도시·군계획시설
① 도시지역에서 장사시설·종합의료시설·폐차장 등의 기반시설을 설치하고자 하는 경우에는 도시·군관리계획 결정없이 설치할 수 있다.
② 실시계획의 인가나 그에 상당하는 절차가 진행된 경우에는 그 시설부지의 매수청구권이 인정되지 아니한다.
③ 시장·군수는 도지사가 결정한 도시·군관리계획의 해제를 도시·군관리계획으로 결정할 수 없다. 도지사가 결정한 도시·군관리계획의 해제가 필요한 경우에는 도지사에게 그 결정을 신청하여야 한다.
⑤ 도시·군계획시설사업이 둘 이상의 지방자치단체의 관할구역에 걸쳐 시행되는 경우, 사업시행자에 대한 협의가 성립되지 아니하는 때에는 도시·군계획시설사업을 시행하려는 구역이 같은 도의 관할구역에 속하는 경우에는 관할 도지사가 시행자를 지정하고, 둘 이상의 시·도의 관할구역에 걸치는 경우에는 국토교통부장관이 시행자를 지정한다.

118 다음은 시범도시에 관한 설명이다. 틀린 것은?

① 시범도시는 국토교통부장관이 중앙도시계획위원회의 심의를 거쳐 지정·공고한다.
② 관계 중앙행정기관의 장과 지방자치단체의 장은 국토교통부장관에게 시범도시의 지정을 요청할 수 있다.
③ 국토교통부장관은 시범도시를 공모할 수 있다.
④ 도시의 일부에 대해 시범지구 또는 시범단지로도 지정할 수 있다.
⑤ 시범도시는 경관·생태·정보통신·과학·문화·관광 등 분야별로 지정한다.

> **해설** 시범도시
시장·군수 또는 구청장은 시범도시의 지정을 요청할 수 있는 자가 아니다. 관계 중앙행정기관의 장이나 시·도지사(특별시장·광역시장·특별자치시장·도지사·특별자치도지사)가 시범도시의 지정을 요청할 수 있다.

119 다음은 도시계획위원회에 관한 설명이다. 틀린 것은?

① 도시·군계획에 관한 조사·연구도 중앙도시계획위원회의 기능에 해당된다.
② 도시·군계획조례의 제정도 시·도도시계획위원회의 기능에 해당된다.
③ 개발행위에 대한 심의도 시·도도시계획위원회의 기능에 해당된다.
④ 중앙도시계획위원회에 분과위원회를 둘 수 있다.
⑤ 중앙도시계획위원회는 위원장 및 부위원장 각 1명을 포함한 25명 이상 30명 이하의 위원으로 구성한다.

> **해설** 도시계획위원회
도시·군계획조례의 제정은 지방의회의 기능이다.

정답 118. ② 119. ②

부동산공법

120. 다음은 타인토지의 출입으로 인한 손실보상에 관한 설명이다. 틀린 것은?

① 타인토지의 출입으로 인한 손실보상의 근거는 법률에 규정되어 있다.
② 보상액은 손실을 보상할 자와 손실을 입은 자가 협의해서 정한다.
③ 협의가 성립되지 않는 경우에는 관할 토지수용위원회에 재결을 신청할 수 있다.
④ 관할 토지수용위원회의 재결에 이의가 있는 자는 중앙토지수용위원회에 이의신청을 할 수 있다.
⑤ 이의신청에 대한 중앙토지수용위원회의 재결에 대해 불복이 있는 때에는 재결서를 받은 날부터 30일 이내에 행정소송을 제기할 수 있다.

해설 타인토지의 출입으로 인한 손실보상

재결에 대해는「공익사업을 위한 토지 등의 취득 및 보상에 관한 법률」이 준용되는데, 동법에는 이의재결(이의신청에 대한 재결)에 대한 제소기간이 "재결서를 받은 날부터 60일 이내"로 규정되어 있다.

121. 국토의 계획 및 이용에 관한 법령상 도시·군계획수립시 기초조사를 위해 행하는 타인 토지에의 출입 등에 관한 설명으로 옳은 것은? [15회 추가]

① 측량을 위해 필요한 때에는 소유자 등의 동의 없이 나무·흙 등의 장애물을 제거할 수 있다.
② 도시·군계획시설사업의 시행자가 행정청인 경우에는 그 출입을 위해 시장·군수 등 허가권자의 허가를 요하지 않는다.
③ 일출 전이라도 소유자 등의 승낙없이 담장으로 둘러싸인 타인의 토지에 출입할 수 있다.
④ 타인의 토지에 출입하고자 하는 자는 출입하고자 하는 날의 하루 전까지 토지의 소유자 등에게 통지해야 한다.
⑤ 적법한 절차에 의한 출입으로 손실이 발생하였을 경우 그 보상책임은 타인의 토지에 출입한 자가 진다.

해설 도시·군계획수립시 기초조사를 위해 행하는 타인 토지에의 출입

① 장애물을 제거하고자 할 때에는 원칙적으로 소유자 등의 동의를 받아야 한다.
③ 일출 전에 담장으로 둘러싸인 토지에 출입하고자 할 때에는 미리 점유자의 승낙을 받아야 한다.
④ 출입통지를 해야 하는 시기는 출입하고자 하는 날의 7일 전까지이다.
⑤ 손실보상책임은 출입하는 자가 속하는 지방자치단체 또는 시행자가 진다.

정답 120. ⑤ 121. ②

제1장 국토의 계획 및 이용에 관한 법률(기본)

122 국토의 계획 및 이용에 관한 법령상 비용부담 등에 관한 설명으로 틀린 것은? `21회 개작`

① 행정청이 아닌 자가 도시·군계획시설사업을 시행하는 경우 그에 관한 비용은 원칙적으로 그 자가 부담한다.
② 시장이나 군수는 그가 시행한 도시·군계획시설사업으로 현저히 이익을 받는 다른 지방자치단체가 있어도 도시·군계획시설사업에 든 비용의 일부를 그 지방자치단체에 부담시킬 수 없다.
③ 행정청이 아닌 자가 도시·군계획시설사업을 시행하는 경우 당해 사업비용의 일부를 국가 또는 지방자치단체가 보조하거나 융자할 수 있다.
④ 기반시설부담구역에서 200m²(기존 건축물의 연면적을 포함함)를 초과하는 숙박시설을 증축하는 행위는 기반시설설치비용의 부과대상이다.
⑤ 타인 소유의 토지를 임차하여, 기반시설설치비용이 부과되는 건축행위를 하는 경우에는 그 건축행위자가 설치비용을 납부하여야 한다.

해설 비용부담
시장이나 군수는 그가 시행한 도시·군계획시설사업으로 현저히 이익을 받는 다른 지방자치단체가 있으면 대통령령으로 정하는 바에 따라 그 도시·군계획시설사업에 든 비용의 일부를 그 이익을 받는 다른 지방자치단체와 협의하여 그 지방자치단체에 부담시킬 수 있다.

123 국토의 계획 및 이용에 관한 법령에 의해 처분을 할 때에 미리 청문을 실시해야 하는 경우가 아닌 것은?

① 도시·군기본계획 승인의 취소
② 행정청이 아닌 도시·군계획시설사업시행자 지정의 취소
③ 실시계획인가의 취소
④ 시·도지사는 실시계획인가의 취소 처분을 하려는 때에는 청문을 실시해야 한다.
⑤ 개발행위허가의 취소

해설 미리 청문을 실시해야 하는 경우
도시·군기본계획승인은 개인에 대한 처분이 아니므로 청문대상이 될 수 없다.

정답 122. ② 123. ①

124. 국토의 계획 및 이용에 관한 법령상 벌금의 부과대상으로 규정되어 있지 <u>않은</u> 것은? [20회 출제]

① 도시·군관리계획의 결정 없이 기반시설을 설치한 자
② 공동구에 수용해야 하는 시설을 공동구에 수용하지 않은 자
③ 부정한 방법으로 개발행위허가를 받고 개발행위에 착수하지 아니한 자
④ 기반시설설치비용을 경감하게 할 목적으로 거짓 자료를 제출한 자
⑤ 지구단위계획에 맞지 아니하게 건축물의 용도를 변경한 자

> **해설** 벌 칙
> ① 도시·군관리계획의 결정 없이 기반시설을 설치한 자는 2년 이하의 징역 또는 2천만원 이하의 벌금에 처한다.
> ② 공동구에 수용해야 하는 시설을 공동구에 수용하지 않은 자 2년 이하의 징역 또는 2천만원 이하의 벌금에 처한다.
> ③ 부정한 방법으로 개발행위허가를 받아 개발행위를 한 자를 3년 이하의 징역 또는 3천만원 이하의 벌금에 처한다. 개발행위에 착수하지 아니한 자는 부과대상이 아니다.
> ④ 기반시설설치비용을 경감하게 할 목적으로 거짓 자료를 제출한 자는 3년 이하의 징역 또는 경감하고자 한 기반시설설치비용의 3배 이하에 상당하는 벌금에 처한다.
> ⑤ 지구단위계획에 맞지 아니하게 건축물의 용도를 변경한 자는 2년 이하의 징역 또는 2천만원 이하의 벌금에 처한다.

정답 124. ③

제1장 국토의 계획 및 이용에 관한 법률(응용)

응용 출제예상문제

01 다음 중 국토의 계획 및 이용에 관한 법령에 규정되어 있는 사항이 <u>아닌</u> 것은?

① 조정대상지역의 지정
② 기반시설부담구역의 지정
③ 복합용도구역의 지정
④ 도시혁신구역의 지정
⑤ 시가화조정구역 안에서의 행위제한

> **해설** 국토의 계획 및 이용에 관한 법령
> 조정대상지역의 지정은 「주택법」에 의해 지정된다.

---

02 국토의 계획 및 이용에 관한 법령상 도시·군관리계획으로 결정하여야 하는 사항만을 모두 고른 것은? **26회 출제**

| ㉠ 도시자연공원구역의 지정 | ㉡ 개발밀도관리구역의 지정 |
| ㉢ 도시개발사업에 관한 계획 | ㉣ 기반시설의 정비에 관한 계획 |

① ㉡
② ㉢, ㉣
③ ㉠, ㉡, ㉢
④ ㉠, ㉡, ㉣
⑤ ㉠, ㉢, ㉣

> **해설** 도시·군관리계획
> ㉡ 개발밀도관리구역의 지정은 도시·군관리계획으로 결정하여야 할 사항이 아니다.

---

03 국토의 계획 및 이용에 관한 법령상 기반시설인 자동차정류장을 세분할 경우 이에 해당하지 <u>않는</u> 것은? **27회 출제**

① 물류터미널
② 공영차고지
③ 복합환승센터
④ 화물자동차 휴게소
⑤ 교통광장

> **해설** 기반시설
> 교통광장은 광장을 세분한 것이다. 자동차정류장은 여객자동차터미널, 물류터미널, 공영차고지, 공동차고지, 화물자동차 휴게소, 복합환승센터, 환승센터로 세분할 수 있다.

정답 01. ① 02. ⑤ 03. ⑤

04. 국토의 계획 및 이용에 관한 법령상 주민의 의견청취 절차가 요구되지 않는 것은? 〔23회 출제〕

① 시범도시사업계획의 수립
② 단계별 집행계획의 수립
③ 기반시설부담구역의 지정
④ 기반시설부담계획의 수립
⑤ 광역도시계획의 수립

해설 주민의 의견청취
단계별 집행계획은 관계 행정기관의 장과 협의하여 수립한다. 주민의 의견청취 절차는 요구되지 않는다.

05. 국토의 계획 및 이용에 관한 법령상 도시·군계획 등에 관한 설명 중 옳은 것은? 〔17회 출제〕

① 도시·군기본계획은 광역도시계획수립의 지침이 되는 계획이다.
② 광역도시계획은 특별시 또는 광역시의 장기발전방향을 제시하는 계획이다.
③ 도시·군기본계획은 모든 시·군에서 수립해야 한다.
④ 도시·군관리계획은 특별시·광역시·특별자치시·특별자치도·시 또는 군의 개발·정비 및 보전을 목적으로 수립하는 계획이다.
⑤ 지구단위계획은 도시·군계획 수립대상지역 전부에 대해 토지이용의 합리화 등을 목적으로 수립하는 도시·군관리계획이다.

해설 도시·군계획
① 도시·군기본계획은 도시·군관리계획수립의 지침이 되는 계획을 말한다.
② 광역도시계획은 광역계획권의 장기발전방향을 제시하는 계획을 말한다.
③ 도시·군기본계획은 특별시·광역시·특별자치시·특별자치도·시 및 군의 관할 구역 및 생활권에 대하여 수립하되, 시·군의 경우에는 시·군의 위치, 인구의 규모, 인구감소율 등을 감안해서 도시·군기본계획을 수립하지 않을 수 있는 예외가 인정된다.
⑤ 지구단위계획은 도시·군계획수립 대상지역 안의 일부에 대해 수립한다.

06. 다음은 광역계획권 및 광역도시계획에 관한 설명이다. 올바른 것은? ★★★

① 광역계획권은 시·도지사가 지정한다.
② 광역계획권은 도시지역을 대상으로 도시·군관리계획의 결정에 의한다.
③ 광역도시계획의 수립기준은 국토교통부장관이 정한다.
④ 광역계획권이 지정된 날부터 3년 이내에 광역도시계획이 수립되지 않으면 그 광역계획권의 지정은 실효된다.
⑤ 광역도시계획에는 가구(街區) 및 획지의 규모와 조성계획이 포함되어야 한다.

정답 04. ② 05. ④ 06. ③

제1장 국토의 계획 및 이용에 관한 법률(응용)

해설 광역계획권 및 광역도시계획
① 광역계획권은 국토교통부장관이나 도지사가 지정한다.
② 광역계획권의 지정대상은 도시지역에 한정되지 않으며, 광역계획권의 지정 또한 도시·군관리계획에 의하지 않는다.
④ 광역도시계획을 수립해야 하는 시한은 없으며, 광역도시계획의 수립지연에 따른 실효제도도 없다.
⑤ 가구 및 획지에 관한 사항은 지구단위계획에 포함되어야 할 사항이다.

07 다음은 광역도시계획에 관한 설명이다. 올바른 것은? ★
① 광역계획권이 지정된 후 3년이 지나도록 광역도시계획이 수립되지 않으면 광역계획권 지정의 효력은 상실된다.
② 광역도시계획은 일반국민에게 구속력을 가지지 않는다.
③ 광역계획권이 2 이상의 시·도에 걸쳐 있는 경우에는 국토교통부장관이 광역도시계획을 수립한다.
④ 광역계획권이 2 이상의 시 또는 군에 걸쳐 있는 경우에는 도지사가 광역도시계획을 수립한다.
⑤ 모든 광역도시계획은 국토교통부장관의 승인을 받아야 한다.

해설 광역도시계획
① 광역계획권지정의 실효제도는 없다. 광역계획권이 지정된 후 3년이 지나도록 시·도지사가 광역도시계획의 승인을 신청하지 않으면 국토교통부장관이 직접 광역도시계획을 수립한다.
③ 광역계획권이 2 이상의 시·도에 걸쳐 있는 경우에는 관할 시·도지사가 공동으로 광역도시계획을 수립한다.
④ 광역계획권이 같은 도의 관할구역에 속하여 있는 경우 시장 또는 군수가 공동으로 수립하고, 광역계획권이 2 이상의 시·도에 걸치는 경우에는 관할 시·도지사가 공동으로 수립한다.
⑤ 시장 또는 군수가 광역도시계획을 수립한 경우에는 도지사의 승인을 받아야 한다.

08 다음은 광역도시계획에 관한 설명이다. 틀린 것은?
① 광역도시계획은 10년 단위로 수립해야 한다.
② 시·도지사가 광역도시계획을 수립하는 경우에는 국토교통부장관의 승인을 받아야 한다.
③ 광역계획권이 같은 도의 관할구역에 속하는 경우에는 시장 또는 군수가 광역도시계획을 수립해야 한다.
④ 광역도시계획을 시·도지사가 공동으로 수립하는 경우 그 내용에 관해 서로 협의가 이루어지지 않는 경우에는 공동 또는 단독으로 국토교통부장관에게 조정을 신청할 수 있다.
⑤ 광역도시계획에 관한 기초조사로 인해 손실을 받은 자가 있는 경우에는 그 행위자가 속한 행정청이 그 손실을 보상해야 한다.

정답 07. ② 08. ①

해설 **광역도시계획**
광역도시계획의 계획기간은 따로 정해져 있지 않다.

09 다음은 도시·군기본계획에 대한 설명이다. 틀린 것은?

① 도시·군기본계획은 원칙적으로 특별시·광역시·특별자치시·특별자치도·시 또는 군의 행정구역별로 수립한다.
② 도시·군기본계획 입안일 5년 이내에 토지적성평가를 실시한 경우 등 대통령령으로 정하는 경우에는 토지적성평가 또는 재해취약성분석을 하지 아니할 수 있다.
③ 국가계획의 내용이 도시·군기본계획의 내용과 다른 때에는 국가계획의 내용이 우선한다.
④ 승인권자는 도시·군기본계획을 승인하고자 하는 때에는 도시계획위원회의 심의를 거쳐야 한다.
⑤ 승인권자는 도시·군기본계획을 승인한 때에는 이를 공고한 후 그 내용을 시·도지사에게 통지해야 한다.

해설 **도시·군기본계획**
도지사가 도시·군기본계획을 승인한 때에는 이를 시장 또는 군수에게 송부하게 되는데, 시장 또는 군수는 지체없이 이를 공고하고 30일 이상 일반에게 공람시켜야 한다.

10 다음은 도시·군기본계획에 관한 설명이다. 올바른 것은?
★★★
① 도시·군기본계획은 10년을 단위로 하는 장기도시개발의 방향 및 도시·군관리계획입안의 지침이 되는 계획이다.
② 도시·군관리계획이 도시·군기본계획의 내용과 다르게 입안된 경우 이 도시·군관리계획은 무효이다.
③ 시지역에 대해서는 반드시 도시·군기본계획을 수립해야 한다.
④ 도시·군기본계획은 국토교통부장관이 관계 중앙행정기관의 장과 협의한 후 중앙도시계획위원회의 심의를 거쳐 결정한다.
⑤ 특별시장·광역시장·특별자치시장·특별자치도지사·시장 또는 군수는 기존의 도시·군기본계획에 대해 5년마다 타당성을 검토해서 그 결과를 도시·군기본계획에 반영해야 한다.

해설 **도시·군기본계획**
① 도시·군기본계획의 수립기간은 정해져 있지 않다.
② 도시·군기본계획은 도시·군관리계획입안의 지침이기는 하지만 직접적인 구속력을 가지지 못하는 유도적 계획에 불과하므로 도시·군관리계획이 도시·군기본계획의 내용과 달리 입안되더라도 이로 인해 도시·군관리계획의 효력에는 영향을 미치지 않는다.
③ 시중에서도 도시·군기본계획을 수립하지 않는 경우도 있다.
④ 국토교통부장관은 수립권자도 승인권자도 아니다.

정답   09. ⑤   10. ⑤

11 ★★ 도시·군기본계획에 대한 설명 중 틀린 것은?

15회 출제

① 광역도시계획이 수립되어 있는 시·군의 도시·군기본계획은 광역도시계획에 부합되도록 수립되어야 한다.
② 계획의 안정성과 연속성을 위해 인구 및 토지이용특성 등을 종합적으로 고려해서 구체적이고 상세하게 수립해야 한다.
③ 도시·군기본계획의 수립 또는 변경에 앞서 실시되는 공청회에는 주민 및 관계전문가 등이 참석해서 의견을 제시할 수 있다.
④ 시장 또는 군수가 도시·군기본계획을 수립 또는 변경하고자 하는 때에는 미리 그 시 또는 군의 의회의견을 들어야 한다.
⑤ 특별시장·광역시장·특별자치시장·특별자치도지사·시장 또는 군수는 5년마다 관할 구역의 도시·군기본계획에 대해 타당성을 전반적으로 재검토해야 한다.

해설 도시·군기본계획
도시·군기본계획은 도시개발에 관한 장기구상이므로 개괄적·추상적인 내용으로 작성하게 된다. 만일 도시·군기본계획을 구체적이고 상세하게 정하는 경우에는 여건의 변화에 따라 수정하는 것이 불가피하므로 계획의 안정성과 연속성을 지니지 못하게 된다.

12 국토의 계획 및 이용에 관한 법령상 도시·군기본계획에 관한 설명으로 틀린 것은?

31회 출제

① 시장 또는 군수는 인접한 시 또는 군의 관할 구역을 포함하여 도시·군기본계획을 수립하려면 미리 그 시장 또는 군수와 협의하여야 한다.
② 도시·군기본계획 입안일부터 5년 이내에 토지적성평가를 실시한 경우에는 토지적성평가를 하지 아니할 수 있다.
③ 시장 또는 군수는 도시·군기본계획을 수립하려면 미리 그 시 또는 군 의회의 의견을 들어야 한다.
④ 시장 또는 군수는 도시·군기본계획을 변경하려면 도지사와 협의한 후 지방도시계획위원회의 심의를 거쳐야 한다.
⑤ 시장 또는 군수는 5년마다 관할 구역의 도시·군기본계획에 대하여 타당성을 전반적으로 재검토하여 정비하여야 한다.

해설 도시·군기본계획
시장 또는 군수가 도시·군기본계획을 수립 또는 변경하는 때에는 도지사의 승인을 받아야 한다. 도지사는 도시·군기본계획을 승인하려는 때에는 관계 행정기관의 장(국토교통부장관을 포함함)과 협의한 후 지방도시계획위원회의 심의를 거쳐야 한다.

정답 11. ② 12. ④

부동산공법

13 ★ 국토의 계획 및 이용에 관한 법령상 도시·군기본계획에 관한 설명으로 틀린 것은? [19회 개작]

① 도시·군기본계획은 도시·군관리계획 수립의 지침이 된다.
② 도시·군기본계획의 수립기준 등은 대통령령으로 정하는 바에 따라 특별시장·광역시장·특별자치시장·도지사 또는 특별자치도지사가 정한다.
③ 특별시장·광역시장·특별자치시장·특별자치도지사·시장 또는 군수가 도시·군기본계획을 수립하는 때에는 미리 당해 특별시·광역시·특별자치시·특별자치도·시 또는 군 의회의 의견을 들어야 한다.
④ 시장 또는 군수는 도시·군기본계획을 수립 또는 변경하는 때에는 도지사의 승인을 받아야 한다.
⑤ 특별시장·광역시장·특별자치시장·특별자치도지사·시장 또는 군수는 5년마다 관할구역의 도시·군기본계획에 대하여 타당성을 전반적으로 재검토하여 이를 정비하여야 한다.

해설 도시·군기본계획
도시·군기본계획의 수립기준은 국토교통부장관이 정한다.

14 국토의 계획 및 이용에 관한 법령상 도시·군기본계획에 관한 설명으로 옳은 것은? [22회 개작]

① 특별시장·광역시장·특별자치시장 또는 특별자치도지사는 도시·군기본계획을 수립하거나 변경하려면 국토교통부장관의 승인을 받아야 한다.
② 광역도시계획이 수립되어 있는 지역에 대하여 수립하는 도시·군기본계획의 내용이 광역도시계획의 내용과 다를 때에는 광역도시계획의 내용이 우선한다.
③ 이해관계자를 포함한 주민은 지구단위계획구역의 지정 및 변경에 관한 사항에 대하여 도시·군기본계획의 입안을 제안할 수 있다.
④ 특별시장·광역시장·특별자치시장·특별자치도지사·시장 또는 군수는 도시·군기본계획을 수립할 때 주민의 의견청취를 위한 공청회는 생략할 수 있다.
⑤ 특별시장·광역시장·특별자치시장·특별자치도지사·시장 또는 군수는 10년마다 관할구역의 도시·군기본계획에 대하여 타당성을 전반적으로 재검토하여 정비하여야 한다.

해설 도시·군기본계획
① 특별시장·광역시장·특별자치시장 또는 특별자치도지사는 도시·군기본계획을 수립하거나 변경하려면 관계 행정기관의 장(국토교통부장관을 포함)과 협의한 후 지방도시계획위원회의 심의를 거쳐 확정한다. 국토교통부장관의 승인 규정은 삭제되었다.
③ 이해관계자를 포함한 주민은 지구단위계획구역의 지정 및 변경에 관한 사항에 대하여 도시기본계획이 아닌 도시·군관리계획의 입안을 제안할 수 있다.
④ 도시기본계획을 수립할 때 주민의 의견청취를 위한 공청회는 생략할 수 없다.
⑤ 10년이 아닌 5년마다 관할구역의 도시·군기본계획에 대하여 타당성을 전반적으로 재검토하여 정비하여야 한다.

정답 13. ② 14. ②

15. 다음 중 도시·군관리계획의 내용이 아닌 것은?

① 「도시개발법」에 의한 유통단지조성사업에 관한 계획
② 농림지역에의 산업·유통개발진흥지구의 지정에 관한 계획
③ 개발밀도관리구역의 지정에 관한 계획
④ 화장장의 설치에 관한 계획
⑤ 계획관리지역에 아파트를 건설하기 위해 지구단위계획구역을 지정하기 위한 계획

해설 도시·군관리계획의 내용

개발밀도관리구역의 지정에 관한 계획은 도시·군관리계획에 해당하지 않는다.
①항은 도시개발사업에 관한 계획, ②항은 용도지구의 지정에 관한 계획, ④항은 기반시설의 설치에 관한 계획, ⑤항은 지구단위계획구역의 지정에 관한 계획에 해당된다.

도시·군관리계획의 내용

1) 용도지역·용도지구의 지정 또는 변경에 관한 계획
2) 개발제한구역·도시자연공원구역·시가화조정구역·수산자원보호구역의 지정 또는 변경에 관한 계획
3) 기반시설의 설치·정비 또는 개량에 관한 계획
4) 도시개발사업이나 정비사업에 관한 계획
5) 지구단위계획구역의 지정 또는 변경에 관한 계획과 지구단위계획
6) 도시혁신구역의 지정 또는 변경에 관한 계획과 도시혁신계획
7) 복합용도구역의 지정 또는 변경에 관한 계획과 복합용도계획
8) 도시·군계획시설입체복합구역의 지정 또는 변경에 관한 계획

16. 국토의 계획 및 이용에 관한 법령상 도시·군관리계획의 수립 등에 관한 설명으로 틀린 것은?

① 도시·군관리계획은 국토교통부장관(수산자원보호구역의 경우에는 해양수산부장관)·특별시장·광역시장·특별자치시장·특별자치도지사·도지사·시장 또는 군수가 입안한다.
② 주민은 도시·군관리계획도서와 계획설명서를 첨부하여 기반시설의 설치에 관한 도시·군관리계획의 입안을 제안할 수 있다.
③ 도시·군관리계획의 입안을 위한 절차로서 주민의 의견청취에 관하여 필요한 사항은 대통령령으로 정하는 기준에 따라 당해 지방자치단체의 조례로 정한다.
④ 시가화조정구역의 지정에 관한 도시·군관리계획결정 당시 이미 사업에 착수한 자는 당해 도시·군관리계획결정에 관계없이 그 고시가 된 날부터 1개월 이내에 국토교통부장관에게 신고하고 그 사업을 계속할 수 있다.
⑤ 도지사가 지구단위계획을 결정하는 때에는 도에 두는 건축위원회와 도시계획위원회가 공동으로 하는 심의를 거쳐야 한다.

해설 도시·군관리계획의 수립

시가화조정구역 지정 당시 이미 사업에 착수한 자는 결정고시일부터 3개월 이내에 특별시장·광역시장·특별자치시장·특별자치도지사·시장 또는 군수에게 신고하고 그 사업을 계속할 수 있다.

정답 15. ③ 16. ④

부동산공법

17 다음은 도시·군관리계획에 관한 설명이다. 틀린 것은?

① 도시·군관리계획은 특별시·광역시·특별자치시·특별자치도·시 또는 군의 전부 또는 일부를 대상으로 해서 수립한다.
② 기반시설의 설치·정비 또는 개량에 관한 사항에 대한 도시·군관리계획의 입안을 제안하려는 자는 대상 토지면적의 2/3 이상 토지소유자의 동의를 받아야 한다.
③ 군지역에 대한 도시·군관리계획의 명칭은 군관리계획으로 한다.
④ 도시·군관리계획을 변경할 때에도 원칙적으로 도시계획위원회의 심의를 거쳐야 한다.
⑤ 국토교통부장관, 시·도지사, 시장 또는 군수는 직접 지형도면을 작성하거나 지형도면을 승인한 경우에는 이를 고시하여야 한다.

> **해설** 도시·군관리계획
> 대상 표지면적의 4/5 이상 토지소유자의 동의를 받아야 한다.

18 다음은 도시·군관리계획에 관한 설명이다. 틀린 것은?

① 도시·군기본계획은 도시·군관리계획입안의 지침이 된다.
② 도시·군기본계획이 수립되어야만 도시·군관리계획을 결정할 수 있다.
③ 도시·군관리계획 입안권자는 기초조사의 내용에 환경성 검토, 토지적성평가와 재해취약성분석을 포함해야 한다.
④ 시장 또는 군수가 입안한 지구단위계획구역의 지정변경과 지구단위계획의 수립변경에 관한 도시·군관리계획은 해당 시장 또는 군수가 직접 결정한다.
⑤ 수산자원보호구역의 지정 및 변경에 관한 도시·군관리계획은 해양수산부장관이 결정한다.

> **해설** 도시·군관리계획
> 일부 시·군의 경우에는 도시·군기본계획이 수립되지 않는데, 이러한 지역에 대해서도 도시·군관리계획을 입안·결정할 수 있다.

19 다음은 주민이 도시·군관리계획입안권자에게 도시·군관리계획의 입안을 제안하는 경우에 관한 설명이다. 틀린 것은? [13회 출제]

① 지구단위계획구역의 지정 및 변경과 지구단위계획의 수립 및 변경에 관한 사항을 제안할 수 있다.
② 제안자는 그 도시·군관리계획의 입안 및 결정에 필요한 비용의 전부를 부담해야 한다.
③ 도시·군계획시설의 설치·정비 및 개량에 관한 사항을 제안할 수 있다.
④ 도시·군관리계획입안의 제안을 받은 특별시장·광역시장·특별자치시장·특별자치도지사·도지사·시장 또는 군수는 제안일부터 원칙적으로 45일 이내에 도시·군관리계획 입안에의 반영 여부를 제안자에게 통보해야 한다.
⑤ 제안서에는 도시·군관리계획도서와 계획설명서를 첨부해야 한다.

정답   17. ②   18. ②   19. ②

해설 **주민이 도시·군관리계획입안을 제안한 경우**

도시·군관리계획의 입안 및 결정에 필요한 비용은 원칙적으로 특별시장·광역시장·특별자치시장·특별자치도지사·시장 또는 군수가 부담하지만, 주민이 도시·군관리계획입안을 제안한 경우에는 특별시장·광역시장·특별자치시장·특별자치도지사·시장 또는 군수는 제안자와 협의해서 제안된 도시·군관리계획의 입안 및 결정에 필요한 비용의 전부 또는 일부를 제안자에게 부담시킬 수 있다.

20 다음은 토지적성평가에 관한 설명이다. 틀린 것은?

① 도시·군관리계획을 입안하기 위한 기초조사에는 토지적성평가가 포함된다.
② 토지적성평가는 토지의 토양·입지·활용가능성 등에 대한 평가를 말한다.
③ 녹지지역에 도시·군관리계획을 입안하는 경우에는 토지적성평가를 생략할 수 있다.
④ 도시·군관리계획 입안일부터 5년 이내에 토지적성평가를 실시한 경우에는 토지적성평가를 생략할 수 있다.
⑤ 농림지역에 도시·군관리계획을 입안하는 경우에는 토지적성평가를 실시해야 한다.

해설 **토지적성평가**

주거지역·상업지역 또는 공업지역에 도시·군관리계획을 입안하는 경우에는 토지적성평가를 생략할 수 있다.

21 다음은 도시·군관리계획의 입안에 있어서의 주민의견청취절차에 관한 설명이다. 틀린 것은?

① 주민의견을 도시·군관리계획안에 반영시키고자 하는 경우 그 내용이 중요한 사항인 때에는 다시 공고·열람해야 한다.
② 주민의견청취를 위한 공고를 할 때에는 도시·군관리계획안의 내용과 관련도면을 모두 제시해야 한다.
③ 주민의견청취절차는 도시·군관리계획입안의 필요절차이다.
④ 도시·군관리계획결정을 신청할 때에는 제출된 주민의견의 요지를 첨부해야 한다.
⑤ 주민의견청취절차는 도시·군관리계획입안에 대한 통제수단으로서의 의의를 가진다.

해설 **도시·군관리계획의 입안에 있어서의 주민의견청취절차**

주민의견청취를 위한 공고를 할 때에는 도시·군관리계획안의 주요 내용을 제시하고 상세한 내용과 관련도면은 공람장소에서 열람할 수 있게 하면 된다.

정답 20. ③ 21. ②

부동산공법

22. 국토의 계획 및 이용에 관한 법령상 도시·군관리계획에 관한 설명 중 틀린 것은?

① 주민은 도시·군계획시설입체복합구역의 지정 및 변경과 도시·군계획시설입체복합구역의 건축제한·건폐율·용적률·높이 등에 관한 사항에 대해 도시·군관리계획의 입안을 제안할 수 있다.
② 도시·군관리계획이 도시·군기본계획과 함께 입안될 수는 없다.
③ 시·도지사가 도시·군관리계획을 결정하고자 하는 때에는 관계행정기관의 장과 미리 협의해야 한다.
④ 특별시장·광역시장·특별자치시장·특별자치도지사·시장 또는 군수는 5년마다 관할구역의 도시·군관리계획에 대해 그 타당성을 전반적으로 재검토해서 이를 정비해야 한다.
⑤ 도시·군관리계획 결정의 효력은 지형도면을 고시한 날부터 발생한다.

> **해설** 도시·군관리계획
> 도시·군관리계획을 조속히 입안해야 할 필요가 있는 경우에는 광역도시계획 또는 도시·군기본계획을 수립할 때에 도시·군관리계획을 함께 입안할 수 있다.

23. 다음은 도시·군관리계획결정에 관한 설명이다. 틀린 것은? ★

① 도시·군관리계획결정은 도시·군기본계획에 적합해야 한다.
② 도시·군관리계획결정의 내용이 도시·군기본계획에 어긋나는 경우에도 도시·군관리계획결정의 효력에는 영향을 미치지 않는다.
③ 도시·군관리계획결정은 처분에 해당된다.
④ 도시·군관리계획결정에 대해서는 행정쟁송을 제기할 수 있다.
⑤ 도시·군관리계획결정에 불복하는 이의신청에 대해 결정을 할 때에는 도시계획위원회의 심의를 거쳐야 한다.

> **해설** 도시·군관리계획결정
> ② 도시·군기본계획은 도시·군관리계획입안의 지침이기는 하지만 직접적인 구속력을 가지지 못하는 유도적 계획에 불과하므로 도시·군관리계획이 도시·군기본계획의 내용과 달리 입안되더라도 이로 인해 도시·군관리계획의 효력에 어떠한 영향을 미치지 않는다.
> ⑤ 도시·군관리계획결정에 불복하는 이의신청은 「행정심판법」에 의한 행정심판에 해당되므로 행정심판위원회에서 처리하게 된다.

정답 22. ② 23. ⑤

24. 국토의 계획 및 이용에 관한 법령상 지형도면과 관련된 설명 중 틀린 것은? [17회 개작]

① 시장(대도시 시장은 제외) 또는 군수가 지형도면을 작성한 경우(지구단위계획구역의 지정·변경과 지구단위계획의 수립·변경에 관한 도시·군관리계획인 경우는 제외)에는 도지사의 승인을 받아야 한다.
② 지형도면의 승인 신청을 받은 도지사는 그 지형도면과 결정·고시된 도시·군관리계획을 대조하여 착오가 없다고 인정되면 30일 이내에 그 지형도면을 승인하여야 한다.
③ 국토교통부장관이나 도지사는 도시·군관리계획을 직접 입안한 경우에는 관계 특별시장·광역시장·특별자치시장·특별자치도지사·시장 또는 군수의 의견을 들어 직접 지형도면을 작성할 수 있다.
④ 고시된 지형도면을 열람하고자 하는 자는 지형도면의 고시일부터 30일 이내에 이를 신청해야 한다.
⑤ 국토교통부장관, 시·도지사, 시장 또는 군수는 직접 지형도면을 작성하거나 지형도면을 승인한 경우에는 이를 고시하여야 한다.

해설 지형도면
지형도면의 열람은 제한되지 않는다.

25. 행정계획의 성질 등에 관한 설명으로 틀린 것은? [15회 추가]

① 행정계획은 특정한 행정목표를 달성하기 위해 서로 관련되는 행정수단을 종합·조정함으로써 장래의 일정한 시점에 있어서 일정한 질서를 실현하기 위한 활동기준으로 이해된다.
② 행정계획을 입안·결정함에 있어서는 비교적 광범위한 형성의 자유가 인정된다.
③ 행정계획을 입안·결정함에 있어서는 그 계획에 관련되는 자들의 이익을 정당하게 비교·교량해야 한다.
④ 행정계획을 입안·결정함에 있어서 이익형량을 행하였다면 설령 객관성·정당성이 결여되었다 하더라도 그 행정계획 결정이 위법한 것은 아니다.
⑤ 도시·군관리계획의 입안에 있어 해당 도시·군관리계획안의 내용에 관한 공고 및 공람 절차를 생략한 도시·군관리계획 결정은 위법하다.

해설 행정계획의 성질
행정계획을 입안·결정함에 있어서는 그 계획에 관련되는 자들의 이익을 정당하게 비교·교량해야 한다. 이익형량을 하지 않은 경우, 이익형량의 고려대상에 마땅히 포함시켜야 할 사항을 누락한 경우, 그리고 이익형량을 했으나 정당성 및 객관성이 결여된 경우에는 그 행정계획은 재량권을 일탈·남용한 것으로서 위법하다.

정답 24. ④ 25. ④

부동산공법

26 국토의 계획 및 이용에 관한 법령상 도시·군관리계획의 수립절차 등에 관한 설명으로 옳은 것은? **23회 출제**

① 입안권자가 용도지역·용도지구 또는 용도구역의 지정에 관한 도시·군관리계획을 입안하려면 해당 지방의회의 의견을 들어야 한다.
② 시장 또는 군수는 10년마다 관할구역의 도시·군관리계획에 대하여 그 타당성을 전반적으로 재검토하여 정비하여야 한다.
③ 도시·군관리계획 결정은 고시가 된 다음날부터 그 효력이 발생한다.
④ 주민으로부터 도시·군관리계획의 입안을 제안받은 자는 제안된 도시·군관리계획의 입안 및 결정에 필요한 비용의 전부를 제안자에게 부담시켜야 한다.
⑤ 도시·군관리계획결정이 실효되면 관보에 실효일자 및 실효사유의 내용을 고시하고, 이해관계인에게 서면으로 통지하여야 한다.

> **해설** 도시·군관리계획의 수립절차
> ② 특별시장·광역시장·특별자치시장·특별자치도지사·시장 또는 군수는 5년마다 도시·군관리계획에 대하여 그 타당성을 전반적으로 재검토하여 정비하여야 한다.
> ③ 도시·군관리계획 결정의 효력은 지형도면을 고시한 날부터 발생한다.
> ④ 도시·군관리계획의 입안을 제안받은 자는 제안자와 협의하여 제안된 도시·군관리계획의 입안 및 결정에 필요한 비용의 전부 또는 일부를 제안자에게 부담시킬 수 있다.
> ⑤ 도시·군관리계획결정이 실효되면 관보에 실효일자 및 실효사유의 내용을 고시하고, 이해관계인에게 서면으로 통지하는 절차는 요하지 않는다.

27 다음은 국토교통부장관이 직접 할 수 있는 사항이다. 틀린 것은?

① 도시·군기본계획의 수립
② 도시·군관리계획의 입안
③ 지형도면의 작성
④ 단계별 집행계획의 작성
⑤ 도시·군계획시설사업의 시행

> **해설** 도시·군기본계획
> 도시·군기본계획은 특별시장·광역시장·특별자치시장·특별자치도지사·시장 또는 군수만 수립할 수 있다.

정답 26. ① 27. ①

제1장 국토의 계획 및 이용에 관한 법률(응용)

28 국토의 계획 및 이용에 관한 법령상 도시·군계획시설결정의 실효 등에 관한 설명으로 옳은 것은? 〔23회 출제〕

① 도시·군계획시설결정이 고시된 도시·군계획시설에 대하여 고시일부터 10년이 지날 때까지 그 시설의 설치에 관한 사업이 시행되지 아니하는 경우 그 결정은 효력을 잃는다.
② 지방의회는 도시·군계획시설결정 고시일부터 10년이 지날 때까지 해당 시설의 설치에 관한 사업이 시행되지 아니하는 경우에는 그 현황과 단계별 집행계획을 수립하여야 한다.
③ 장기미집행 도시·군계획시설결정의 해제를 권고받은 시장 또는 군수는 그 시설의 해제를 위한 도시·군관리계획의 결정을 국토교통부장관에게 신청하여야 한다.
④ 장기미집행 도시·군계획시설결정의 해제를 신청받은 도지사는 특별한 사유가 없으면 신청을 받은 날부터 1년 이내에 해당 도시·군계획시설의 해제를 위한 도시·군관리계획결정을 하여야 한다.
⑤ 시장 또는 군수는 도시·군계획시설결정이 효력을 잃으면 지체없이 그 사실을 고시하여야 한다.

해설 도시·군계획시설결정의 실효
① 10년이 아닌 20년이 지날 때까지 그 시설의 설치에 관한 도시·군계획시설사업이 시행되지 아니하는 경우 그 도시·군계획시설결정은 그 고시일부터 20년이 되는 날의 다음날에 그 효력을 상실한다.
② 지방자치단체의 장은 도시·군계획시설결정이 고시된 도시·군계획시설을 설치할 필요성이 없어진 경우 또는 그 고시일부터 10년이 지날 때까지 해당 시설의 설치에 관한 도시·군계획시설사업이 시행되지 아니하는 경우에는 그 현황과 단계별 집행계획을 해당 지방의회에 보고하여야 한다.
③ 장기미집행 도시·군계획시설결정의 해제를 권고받은 시장 또는 군수는 그 시설의 해제를 위한 도시·군관리계획의 결정을 도지사에게 신청하여야 한다.
⑤ 시·도지사 또는 대도시 시장이 도시·군계획시설결정이 효력을 잃으면 지체없이 그 사실을 고시하여야 한다.

29 국토의 계획 및 이용에 관한 법령상 공간재구조화계획에 관한 설명이다. 틀린 것은?
★★
① 주민은 복합용도구역 지정을 위하여 공간재구조화계획 입안권자에게 공간재구조화계획의 입안을 제안할 수 있다.
② 기초조사, 환경성 검토, 토지적성평가 또는 재해취약성 분석은 공간재구조화계획 입안일부터 5년 이내 기초조사를 실시한 경우 등 대통령령으로 정하는 바에 따라 생략할 수 있다.
③ 공간재구조화계획 입안권자는 제안자 또는 제3자와 협의하여 제안된 공간재구조화계획의 입안 및 결정에 필요한 비용의 전부 또는 일부를 제안자 또는 제3자에게 부담시킬 수 있다.
④ 공간재구조화계획 결정의 효력은 지형도면을 고시한 다음 날부터 발생한다.
⑤ 공간재구조화계획은 시·도지사가 직접 또는 시장·군수의 신청에 따라 결정한다.

정답 28. ④ 29. ④

해설 공간재구조화계획

공간재구조화계획 결정의 효력은 지형도면을 고시한 날부터 발생한다. 다만, 지형도면이 필요없는 경우에는 공간재구조화계획 결정·고시한 날부터 효력이 발생한다.

30. 다음은 용도지역에 관한 설명이다. 틀린 것은?

① 다른 법률에 의해 구역 등을 지정하는 때에는 용도지역·용도지구 및 용도구역의 지정 목적에 적합해야 한다.
② 다른 법률에 의해 1km² 이상의 구역 등을 지정하고자 하는 때에는 국토교통부장관과 협의하거나 그의 승인을 받아야 한다.
③ 국토교통부장관이 구역 등의 지정에 관해 협의하거나 승인을 하고자 하는 때에는 중앙도시계획위원회의 심의를 거쳐야 한다.
④ 용도지역·용도지구 및 용도구역의 지정이 의제되는 계획을 허가하는 때에는 미리 국토교통부장관과 협의하거나 그 승인을 받아야 한다.
⑤ 용도지역·용도지구 및 용도구역의 지정이 의제되는 계획에 관해서는 도시계획위원회의 심의를 거쳐야 한다.

해설 용도지역

용도지역·용도지구 및 용도구역의 지정이 의제되는 계획을 허가하는 때에는 국토교통부장관과 협의하거나 그 승인을 받을 필요는 없고, 도시계획위원회의 심의를 거치면 된다.

31. 다음은 용도지역에 관한 설명이다. 틀린 것은? ★★

① 도시지역은 도시·군관리계획에 의해 그 지역의 건설·정비·개량 등을 시행할 지역을 말한다.
② 도시지역의 인구와 산업을 수용하기 위해 도시지역에 준해 체계적으로 관리하기 위한 지역은 관리지역으로 지정한다.
③ 도시지역에 속하지 않는 농업진흥지역·보전산지 등으로서 농림업의 진흥과 산림의 보전을 위해 필요한 지역은 농림지역으로 지정한다.
④ 관리지역은 농림업의 진흥, 자연환경 또는 산림의 보전을 위해 농림지역 또는 자연환경보전지역에 준해서 관리가 필요한 지역은 관리지역으로 지정한다.
⑤ 자연환경보전지역은 자연환경·수자원·해안·생태계·상수원 및 「국가유산기본법」에 따른 국가유산의 보전과 수산자원의 보호·육성 등을 위해 필요한 지역을 말한다.

해설 용도지역

도시지역은 인구와 산업이 밀집되어 있거나 밀집이 예상되어 그 지역에 대해 체계적인 개발·정비·관리·보전 등이 필요한 지역을 말한다. 도시·군관리계획은 도시지역 외의 용도지역에 대해서도 수립된다.

정답 30. ④ 31. ①

32 다음은 용도지역에 관한 설명이다. 틀린 것은?

① 도시지역은 주거지역·상업지역·공업지역 및 녹지지역으로 구분해서 지정한다.
② 주거지역은 전용주거지역·일반주거지역 및 준주거지역으로 세분할 수 있다.
③ 전용주거지역은 제1종 전용주거지역·제2종 전용주거지역 및 제3종 전용주거지역으로 세분할 수 있다.
④ 관리지역은 보전관리지역·생산관리지역 및 계획관리지역으로 구분해서 지정한다.
⑤ 농림지역 및 자연환경보전지역은 다시 용도지역으로 세분되지 않는다.

해설 용도지역의 세분
전용주거지역은 제1종 전용주거지역 및 제2종 전용주거지역으로 세분할 수 있다.

33 국토의 계획 및 이용에 관한 법령상 용도지역에 관한 설명으로 틀린 것은? **15회 추가**

① 도시지역 안에서의 용도지역은 주거지역·상업지역·공업지역·녹지지역으로 구분해서 지정한다.
② 주거지역에 도시·군관리계획을 입안하는 경우 토지적성평가를 실시하지 않을 수 있다.
③ 관리지역 안에서 「농지법」에 의한 농업진흥지역으로 지정·고시된 지역은 농림지역으로 결정·고시된 것으로 본다.
④ 용도지역은 중복되게 지정할 수 있으나 용도지구는 중복되게 지정할 수 없다.
⑤ 도시지역·관리지역 등의 용도지역으로 용도가 지정되지 않은 지역 안에서의 용적률의 최대한도는 자연환경보전지역 안에서의 관련규정을 적용한다.

해설 용도지역
용도지역은 중복지정할 수 없으나, 용도지구는 중복지정할 수 있다.

34 다음은 도시지역에 관한 설명이다. 올바른 것은?

① 도시지역은 도시·군관리계획이 적용되는 지역을 말한다.
② 산업단지로 지정된 지역은 도시지역으로 지정된 것으로 본다.
③ 도시지역 안에서도 농지취득자격증명을 받아야 하는 경우가 있다.
④ 도시지역 안에서는 「도로법」이 적용되지 않는다.
⑤ 용도지구는 도시지역 안에서만 지정해야 한다.

해설 도시지역
① 도시·군관리계획은 모든 지역에 대해 적용될 수 있다.
② 모든 산업단지가 아니라 예를 들어 농공단지로 지정되었다고 해서 도시지역으로 간주되지는 않는다.
③ 녹지지역 안에 있는 농지로서 도시·군계획시설사업에 필요하지 않은 농지를 매매하는 경우에는 농지취득자격증명을 발급받아야 한다.
④ 「도로법」 중 도시지역 안에서 적용되지 않는 것은 접도구역에 관한 규정에 한한다.
⑤ 용도지구를 지정할 수 있는 지역이 도시지역에 한정되는 것은 아니다.

정답 32. ③ 33. ④ 34. ③

부동산공법

35 국토의 계획 및 이용에 관한 법령상 용도지역에 관한 설명으로 **틀린** 것은? [19회 출제]

① 도시지역·관리지역·농림지역 또는 자연환경보전지역으로 용도가 지정되지 아니한 지역에 대하여는 건폐율 규정을 적용함에 있어서 자연환경보전지역에 관한 규정을 적용한다.
② 관리지역이 세부용도지역으로 지정되지 아니한 경우 용적률에 대하여는 계획관리지역에 관한 규정을 적용한다.
③ 관리지역 안에서 「농지법」에 의한 농업진흥지역으로 지정·고시된 지역은 「국토의 계획 및 이용에 관한 법률」에 의한 농림지역으로 결정·고시된 것으로 본다.
④ 공유수면의 매립목적이 당해 매립구역과 이웃하고 있는 용도지역의 내용과 다른 경우 그 매립구역이 속할 용도지역은 도시·군관리계획결정으로 지정하여야 한다.
⑤ 「택지개발촉진법」에 의한 택지개발지구로 지정·고시된 지역은 「국토의 계획 및 이용에 관한 법률」에 의한 도시지역으로 결정·고시된 것으로 본다.

해설 용도지역
세부용도지역으로 지정되지 않은 관리지역에 대하여 용적률을 적용할 때에는 보전관리지역에 관한 규정을 적용한다.

36 국토의 계획 및 이용에 관한 법령상 공유수면(바다로 한정함)매립지의 용도지역 지정에 관한 설명으로 **틀린** 것은? [20회 출제]

① 용도지역이란 도시지역, 관리지역, 농림지역, 자연환경보전지역을 말한다. 다만, 용도지역이 도시지역에 해당하는 경우에는 세분하여 지정된 용도지역을 말한다.
② 매립목적이 그 매립구역과 이웃하고 있는 용도지역의 내용과 같은 경우 그 매립준공구역은 이웃 용도지역으로 도시·군관리계획을 입안·결정하여야 한다.
③ 매립목적이 그 매립구역과 이웃하고 있는 용도지역의 내용과 다른 경우 그 매립구역이 속할 용도지역은 도시·군관리계획 결정으로 지정하여야 한다.
④ 매립구역이 둘 이상의 용도지역에 걸쳐 있는 경우 그 매립구역이 속할 용도지역은 도시·군관리계획 결정으로 지정하여야 한다.
⑤ 매립구역이 둘 이상의 용도지역과 이웃하고 있는 경우 그 매립구역이 속할 용도지역은 도시·군관리계획 결정으로 지정하여야 한다.

해설 공유수면매립지에 관한 용도지역의 지정 특례
공유수면(바다만 해당함)의 매립목적이 그 매립구역과 이웃하고 있는 용도지역의 내용과 같으면 도시·군관리계획의 입안 및 결정절차 없이 그 매립준공구역은 그 매립의 준공인가일부터 이와 이웃하고 있는 용도지역으로 지정된 것으로 본다.

정답 35. ② 36. ②

37. 다음은 용도지역지정을 위한 도시·군관리계획결정의 예외이다. 올바른 것은?

① 「산업입지 및 개발에 관한 법률」에 따른 일반산업단지로 지정·고시된 지역은 공업지역으로 결정·고시된 것으로 본다.
② 「전원개발촉진법」에 따른 전원개발사업예정구역으로 지정·고시된 지역은 공업지역으로 결정·고시된 것으로 본다.
③ 「어촌·어항법」에 따른 어항구역으로서 도시지역에 연접한 공유수면은 생태계보호지구로 결정·고시된 것으로 본다.
④ 관리지역 안에서 농업진흥지역으로 지정·고시된 지역은 농림지역으로 결정·고시된 것으로 본다.
⑤ 관리지역 안의 산림 중 보전산지로 지정·고시된 지역은 농림지역으로 결정·고시된 것으로 본다.

해설 용도지역지정을 위한 도시·군관리계획결정의 예외
①, ②, ③ 도시지역으로 결정·고시된 것으로 보며, 세분된 용도지역은 다시 정해야 한다.
⑤ 관리지역 안의 산림 중 보전산지로 지정·고시된 지역은 그 고시가 구분하는 바에 의해 농림지역으로 되기도 하고, 자연환경보전지역으로 되기도 한다.

38. 다음은 용도지구에 관한 설명이다. 틀린 것은?

① 용도지구의 지정 및 해제는 도시·군관리계획에 의한다.
② 용도지역 또는 용도구역으로 지정된 토지에 대해 용도지구를 지정할 수 있다.
③ 용도지구는 용도지역 및 용도구역에 비해 소규모인 지역의 특성을 고려해서 지정한다.
④ 일부 용도지구는 세분·지정할 수 있다.
⑤ 다른 용도지구와 중복해서 지정할 수 없다.

해설 용도지구
용도지구간의 중복지정은 허용된다.

39. 다음은 용도지역 및 용도지구에 관한 설명이다. 틀린 것은?

① 상업지역은 중심상업지역·일반상업지역·근린상업지역 및 유통상업지역으로 세분할 수 있다.
② 일반주거지역은 제1종 내지 제3종 일반주거지역으로 세분할 수 있다.
③ 방재지구는 시가지방재지구·자연방재지구로 세분할 수 있다.
④ 경관지구는 제1종 내지 제5종 경관지구로 세분할 수 있다.
⑤ 공업지역은 전용공업지역·일반공업지역·준공업지역으로 세분할 수 있다.

해설 용도지역 및 용도지구
경관지구는 자연경관지구·특화경관지구·시가지경관지구로 세분할 수 있다.

정답 37. ④ 38. ⑤ 39. ④

40 국토의 계획 및 이용에 관한 법령상 시가화조정구역의 지정에 관한 설명 중 틀린 것은?

① 시가화조정구역의 지정에 대한 도시·군관리계획의 결정권자는 시·도지사, 국토교통부장관이다.
② 시가화조정구역은 도시지역과 그 주변지역의 무질서한 시가화방지와 계획적·단계적인 개발을 도모하기 위해 지정한다.
③ 시가화유보기간은 5년 이상 20년 이내이다.
④ 시가화조정구역의 지정에 관한 도시·군관리계획의 결정은 시가화유보기간이 만료된 날의 다음날부터 그 효력을 상실한다.
⑤ 시가화조정구역의 지정에 관한 도시·군관리계획결정의 실효(失效)에 대해서는 별도의 고시를 요하지 않는다.

해설 시가화조정구역의 지정
시가화조정구역의 지정에 관한 도시·군관리계획결정이 실효되면 시·도지사, 국토교통부장관은 그 사실을 고시해야 한다. 다만, 이 실효고시는 이미 효력이 상실되었음을 알리는 사실의 통지에 불과하며, 실효고시 여부는 도시·군관리계획결정의 실효에 영향을 미치지 않는다.

41 국토의 계획 및 이용에 관한 법령상 용도지역·용도지구·용도구역에 관한 설명 중 옳은 것은?　**17회 출제**

① 용도지역은 서로 중복되게 지정할 수 있다.
② 중심상업지역에는 방화지구가 지정될 수 없다.
③ 관리지역 안에서 「농지법」에 의한 농업진흥지역으로 지정·고시된 지역은 자연환경보전지역으로 결정·고시된 것으로 본다.
④ 토지적성평가 등에 의해 세부용도지역으로 지정되지 않은 관리지역에서는 건축물의 건축 또는 공작물의 설치가 금지된다.
⑤ 시가화조정구역의 지정에 의해 시가화를 유보할 수 있는 기간은 5년 이상 20년 이내이다.

해설 용도지역·용도지구·용도구역
① 용도지역은 서로 중복되게 지정되지 않는다.
② 특정 용도지구를 지정할 수 있는 용도지역이 한정되어 있지는 않다.
③ 관리지역 안에서 농업진흥지역으로 지정·고시된 지역은 농림지역으로 결정·고시된 것으로 본다.
④ 관리지역이 세부용도지역으로 지정되지 않은 경우에는 보전관리지역에 관한 규정을 적용한다.

정답　40. ⑤　41. ⑤

제1장 국토의 계획 및 이용에 관한 법률(응용)

42 ★★ 국토의 계획 및 이용에 관한 법령상 용도구역의 지정에 관한 설명으로 옳은 것은? 〔24회 출제〕

① 국토교통부장관은 개발제한구역의 지정을 도시·군기본계획으로 결정할 수 있다.
② 도시혁신구역의 지정을 도시·군관리계획으로 결정한다.
③ 시·도지사는 도시자연공원구역에서 해제되는 구역 중 계획적인 개발이 필요한 지역의 전부 또는 일부에 대하여 지구단위계획구역을 도시·군관리계획으로 지정할 수 있다.
④ 시·도지사는 수산자원보호구역의 변경을 도시·군기본계획으로 결정할 수 있다.
⑤ 국토교통부장관은 시가화조정구역의 변경을 광역도시계획으로 결정할 수 있다.

해설 용도구역의 지정

① 국토교통부장관은 개발제한구역의 지정을 도시·군관리계획으로 결정할 수 있다.
② 도시혁신구역의 지정 및 변경과 도시혁신계획은 공간재구조화계획으로 결정한다.
④ 해양수산부장관이 수산자원보호구역의 변경을 도시·군관리계획으로 결정할 수 있다.
⑤ 시·도지사는 시가화조정구역의 지정 또는 변경을 도시·군관리계획으로 결정할 수 있다. 다만, 국가계획과 연계하여 시가화조정구역의 지정 또는 변경이 필요한 경우에는 국토교통부장관이 직접 시가화조정구역의 지정 또는 변경을 도시·군관리계획으로 결정할 수 있다.

43 국토의 계획 및 이용에 관한 법령상 용도지역·용도지구·용도구역에 관한 설명으로 틀린 것은? 〔21회 출제〕

① 용도지역과 용도지구는 중첩하여 지정될 수 있다.
② 녹지지역과 관리지역은 중첩하여 지정될 수 없다.
③ 관리지역이 세부 용도지역으로 지정되지 아니한 경우에 용적률과 건폐율은 생산관리지역에 관한 규정을 적용한다.
④ 시·도지사 또는 대도시 시장은 도시자연공원구역을 도시·군관리계획 결정으로 지정할 수 있다.
⑤ 해양수산부장관은 수산자원보호구역을 도시·군관리계획 결정으로 지정할 수 있다.

해설 용도지역·용도지구·용도구역

관리지역이 세부 용도지역으로 지정되지 아니한 경우에 용적률과 건폐율은 보전관리지역에 관한 규정을 적용한다.

44 국토의 계획 및 이용에 관한 법령상 용도지역·용도지구·용도구역에 관한 설명으로 틀린 것은? 〔28회 출제〕

① 국토교통부장관이 용도지역을 지정하는 경우에는 도시·군관리계획으로 결정한다.
② 시·도지사는 도시자연공원구역의 변경을 도시·군관리계획으로 결정할 수 있다.
③ 시·도지사는 법률에서 정하고 있는 용도지구 외에 새로운 용도지구를 신설할 수 없다.
④ 집단취락지구란 개발제한구역안의 취락을 정비하기 위하여 필요한 지구를 말한다.
⑤ 방재지구의 지정을 도시·군관리계획으로 결정하는 경우 도시·군관리계획의 내용에는 해당 방재지구의 재해저감대책을 포함하여야 한다.

정답 42. ③ 43. ③ 44. ③

> **해설** 용도지역·용도지구·용도구역
> 시·도지사나 대도시 시장은 지역여건상 필요한 때에는 도시·군계획조례로 용도지구의 명칭 및 지정목적, 건축 그 밖의 행위의 금지 및 제한에 관한 사항 등을 정해서 용도지구의 지정 또는 변경을 도시·군관리계획으로 결정할 수 있다.

45 ★★ 다음은 용도지역·용도지구 및 용도구역에 관한 설명이다. 틀린 것은?

① 일부 용도지역과 용도지구는 세분해서 지정할 수 있다.
② 개발제한구역은 국토교통부장관이 도시·군관리계획으로 지정한다.
③ 시가화조정구역은 시·도지사, 국토교통부장관이 도시·군관리계획으로 지정한다.
④ 개발제한구역 안에는 취락지구를 지정할 수 없다.
⑤ 국토의 계획 및 이용에 관한 법령에 규정된 용도지역 외의 용도지역은 지정할 수 없다.

> **해설** 용도지역·용도지구 및 용도구역
> 취락지구는 녹지지역·관리지역·농림지역·자연환경보전지역 및 개발제한구역 안에 지정할 수 있는데, 취락지구 중 개발제한구역 안에 지정하는 것이 집단취락지구이다.

46 국토의 계획 및 이용에 관한 법령상 도시혁신구역에 관한 설명으로 옳은 것을 모두 고른 것은?

> ㉠ 공간재구조화계획 결정권자는 도시·군기본계획에 따른 도심·부도심 또는 생활권의 중심지역을 도시혁신구역으로 지정할 수 있다.
> ㉡ 도시혁신구역으로 지정된 지역은 「건축법」에 따른 특별건축구역으로 지정된 것으로 본다.
> ㉢ 도시혁신계획이란 창의적이고 혁신적인 도시공간의 개발을 목적으로 도시혁신구역에서의 토지의 이용 및 건축물의 용도·건폐율·용적률·높이 등의 제한에 관한 사항을 따로 정하기 위하여 도시·군관리계획으로 결정하는 국가계획을 말한다.

① ㉠ ② ㉠, ㉡ ③ ㉠, ㉢
④ ㉡, ㉢ ⑤ ㉠, ㉡, ㉢

> **해설** 도시혁신구역
> ㉢ 도시혁신계획이란 창의적이고 혁신적인 도시공간의 개발을 목적으로 도시혁신구역에서의 토지의 이용 및 건축물의 용도·건폐율·용적률·높이 등의 제한에 관한 사항을 따로 정하기 위하여 공간재구조화계획으로 결정하는 도시·군관리계획을 말한다.

정답 45. ④ 46. ②

47 ★ 국토의 계획 및 이용에 관한 법령상 도시·군계획시설에 대한 설명 중 틀린 것은? [16회 출제]

① 도시지역에서 설치하고자 하는 기반시설로서 「도시공원 및 녹지 등에 관한 법률」의 규정에 의해 점용허가대상이 되는 공원 안의 기반시설은 도시·군관리계획으로 결정하지 않고도 설치할 수 있다.
② 공동구가 설치된 경우에는 그 공동구에 수용되어야 할 시설이 빠짐없이 공동구에 수용되도록 해야 한다.
③ 관계 특별시장·광역시장·특별자치시장·특별자치도지사·시장 또는 군수는 협약을 체결하거나 협의회 등을 구성해서 광역시설을 설치·관리할 수 있다.
④ 도시·군계획시설결정이 고시된 도시·군계획시설에 대해 그 고시일부터 20년이 경과될 때까지 사업이 시행되지 않는 경우 그 고시일부터 20년이 되는 날에 그 효력을 상실한다.
⑤ 도시·군계획시설은 교통시설·공간시설 등 기반시설 중 도시·군관리계획으로 결정된 시설을 말한다.

해설 도시·군계획시설
④ 도시·군계획시설결정이 실효되는 날은 "고시일부터 20년이 되는 날의 다음날"이다.

48 국토의 계획 및 이용에 관한 법령상 도시·군계획시설에 관한 설명으로 옳은 것은? [26회 출제]

① 도시지역에서 사회복지시설을 설치하려면 미리 도시·군관리계획으로 결정하여야 한다.
② 도시·군계획시설 부지에 대한 매수청구의 대상은 지목이 대(垈)인 토지에 한정되며, 그 토지에 있는 건축물은 포함되지 않는다.
③ 용도지역 안에서의 건축물의 용도·종류 및 규모의 제한에 대한 규정은 도시·군계획시설에 대해서도 적용된다.
④ 도시·군계획시설 부지에서 도시·군관리계획을 입안하는 경우에는 그 계획의 입안을 위한 토지적성평가를 실시하지 아니할 수 있다.
⑤ 도시·군계획시설사업의 시행자가 행정청인 경우, 시행자의 처분에 대해서는 행정심판을 제기할 수 없다.

해설 도시·군계획시설
① 도시지역에서 사회복지시설을 설치하는 경우 도시·군관리계획결정 없이 설치할 수 있다.
② 그 토지에 있는 건축물 및 정착물을 포함한다.
③ 도시·군계획시설에 대해서는 용도지역 및 용도지구에서의 건축물의 용도·종류 및 규모의 제한에 대한 규정을 적용하지 않는다.
⑤ 도시·군계획시설사업의 시행자가 행정청인 경우, 시행자의 처분에 대해서는 「행정심판법」에 따라 행정심판을 청구할 수 있다.

정답 47. ④ 48. ④

부동산공법

49 국토의 계획 및 이용에 관한 법령상 도시·군계획시설에 관한 설명으로 옳은 것은? `29회 출제`

① 「도시개발법」에 따른 도시개발구역이 200만 제곱미터를 초과하는 경우 해당 구역에서 개발사업을 시행하는 자는 공동구를 설치하여야 한다.
② 공동구관리자는 10년마다 해당 공동구의 안전 및 유지관리계획을 수립·시행하여야 한다.
③ 도시·군계획시설 부지의 매수청구 시 매수의무자가 매수하지 아니하기로 결정한 날로부터 1년이 경과하면 토지소유자는 해당 용도지역에서 허용되는 건축물을 건축할 수 있다.
④ 도시·군계획시설 부지로 되어 있는 토지의 소유자는 도시·군계획시설결정의 실효시까지 그 토지의 도시·군계획시설결정 해제를 위한 도시·군관리계획 입안을 신청할 수 없다.
⑤ 도시·군계획시설에 대해서 시설결정이 고시된 날부터 10년이 지날 때까지 도시·군계획시설사업이 시행되지 아니한 경우 그 도시·군계획시설의 결정은 효력을 잃는다.

해설 도시·군계획시설
② 공동구관리자는 5년마다 해당 공동구의 안전 및 유지관리계획을 수립·시행하여야 한다.
③ 도시·군계획시설 부지의 매수청구 시 매수의무자가 매수하지 않기로 결정하거나 매수결정을 통지한 날부터 2년이 경과될 때까지 토지를 매수하지 않는 경우 토지소유자는 개발행위허가를 받아 그 토지에 다음의 시설을 설치할 수 있다.
  (1) 3층 이하의 단독주택(다중주택·다가구주택 및 공관은 제외)
  (2) 3층 이하의 제1종 근린생활시설
  (3) 3층 이하의 제2종 근린생활시설(단란주점·안마시술소·노래연습장 및 다중생활시설은 제외)
  (4) 공작물
④ 도시·군계획시설 부지로 되어 있는 토지의 소유자는 도시·군계획시설결정의 실효시까지 그 토지의 도시·군계획시설결정 해제를 위한 도시·군관리계획 입안을 신청할 수 있다.
⑤ 도시·군계획시설에 대해서 시설결정이 고시된 날부터 20년이 지날 때까지 도시·군계획시설사업이 시행되지 아니한 경우 그 도시·군계획시설결정은 그 고시일부터 20년이 되는 날의 다음날에 그 효력을 잃는다.

50 ★★ 국토의 계획 및 이용에 관한 법령상 도시·군계획시설부지의 매수청구에 관한 설명으로 틀린 것은? [단, 토지는 지목이 대(垈)이며, 조례는 고려하지 않음] `26회 출제`

① 매수의무자가 매수하기로 결정한 토지는 매수결정을 알린 날부터 3년 이내에 매수하여야 한다.
② 지방자치단체가 매수의무자인 경우에는 토지소유자가 원하는 경우에 채권을 발행하여 매수대금을 지급할 수 있다.
③ 도시·군계획시설채권의 상환기간은 10년 이내로 한다.
④ 매수청구를 한 토지의 소유자는 매수의무자가 매수하지 아니하기로 결정한 경우에는 개발행위허가를 받아서 공작물을 설치할 수 있다.
⑤ 해당 도시·군계획시설사업의 시행자가 정하여진 경우에는 그 시행자에게 토지의 매수를 청구할 수 있다.

정답   49. ①   50. ①

제1장 국토의 계획 및 이용에 관한 법률(응용)

> **해설** 도시·군계획시설부지의 매수청구
> 매수의무자가 매수하기로 결정한 토지는 매수결정을 알린 날부터 2년 이내에 매수하여야 한다.

51. 국토의 계획 및 이용에 관한 법령상 장기미집행 도시·군계획시설부지인 토지에 대한 매수청구에 관한 설명으로 틀린 것은? [21회 출제]

① 해당 부지 중 지목(地目)이 대(垈)인 토지의 소유자는 매수의무자에게 그 토지의 매수를 청구할 수 있다.
② 매수의무자는 매수청구를 받은 날부터 6개월 이내에 매수 여부를 결정하여 통지하여야 한다.
③ 매수의무자가 매수하지 아니하기로 결정한 경우 매수청구자는 개발행위허가를 받아 4층의 다세대주택을 건축할 수 있다.
④ 매수의무자가 매수하기로 결정한 토지는 매수결정을 알린 날부터 2년 이내에 매수하여야 한다.
⑤ 지방자치단체인 매수의무자는 토지소유자가 원하는 경우 토지매수대금을 도시·군계획시설채권을 발행하여 지급할 수 있다.

> **해설** 도시·군계획시설부지의 매수청구
> - 매수거부·매수지연 시 매수청구를 한 토지의 소유자는 개발행위허가를 받아 해당 토지에 다음의 시설을 설치할 수 있다.
>   1) 3층 이하의 단독주택(다중주택·다가구주택 및 공관은 제외)
>   2) 3층 이하의 제1종 근린생활시설 및 제2종 근린생활시설(단란주점, 안마시술소, 노래연습장 및 다중생활시설은 제외)
>   3) 공작물

52. ★★ 「국토의 계획 및 이용에 관한 법률」에서 규정하는 도시·군계획시설부지의 매수청구에 대해 가장 옳은 것은? [15회 출제]

① 도시·군계획시설결정의 고시일부터 5년 이내에 그 도시·군계획시설사업이 시행되지 않은 토지의 소유자가 매수청구시 매수의무자는 그 토지를 매수해야 한다.
② 매수의무자는 특별시장·광역시장·특별자치시장·특별자치도지사·시장 또는 군수로 한정된다.
③ 매수의무자가 매수청구토지를 매수하는 때에는 현금이나 도시·군계획시설채권 중 임의로 선택해서 지급할 수 있다.
④ 매수의무자는 매수청구가 있은 날부터 6월 이내에 매수여부를 결정해야 하며 매수하기로 결정한 토지는 매수결정을 통지한 날부터 3년 이내에 매수해야 한다.
⑤ 매수청구토지를 매수하지 않기로 결정한 경우 매수청구토지의 소유자는 개발행위허가를 받아 3층 이하의 단독주택이나 제1종 근린생활시설 등을 설치할 수 있다.

정답 51. ③ 52. ⑤

해설 도시·군계획시설부지의 매수청구

① "5년"이 아닌 "10년"이어야 한다.
② 그 도시·군계획시설사업의 시행자 또는 법률에 의해 그 도시·군계획시설을 설치·관리할 의무가 있는 자가 매수의무자로 되는 경우가 있다.
③ 도시·군계획시설채권으로 지급할 수 있는 경우는 토지소유자가 원하는 경우, 부재지주의 부동산인 경우 그리고 비업무용 토지인 경우에 한한다.
④ 매수의무기간은 "3년"이 아닌 "2년"이어야 한다.

53. 국토의 계획 및 이용에 관한 법령상 도시·군계획시설사업이 시행되지 않은 도시·군계획시설에 관한 설명 중 옳은 것은? [17회 출제]

① 건축물·정착물이 있는 토지의 지목이 대(垈)가 아니라 하더라도 법령에서 정한 기한까지 도시·군계획시설사업이 시행되지 않은 경우 매수청구를 할 수 있다.
② 도시·군계획시설부지의 매수의무자는 매수결정을 통지한 날부터 2년 이내에 토지를 매수해야 한다.
③ 도시·군계획시설부지의 매수의무자가 채권으로 매수대금을 지급하는 경우에는 그 상환기간은 7년 이내로 한다.
④ 매수의무자가 매수하지 않기로 결정한 경우에는 허가없이 건축물을 건축할 수 있다.
⑤ 도시·군계획시설의 결정·고시일부터 10년이 경과될 때까지 그 사업이 시행되지 않은 경우 그 고시일부터 10년이 되는 날의 다음날에 도시·군계획시설결정의 효력을 상실한다.

해설 도시·군계획시설사업이 시행되지 않은 도시·군계획시설

① 매수청구대상은 지목이 대(垈)인 토지에 한한다.
③ 도시·군계획시설채권의 상환기간은 10년 이내로 한다.
④ 매수를 거부당하는 경우 토지소유자는 개발행위허가를 받아 그 토지에 3층 이하의 단독주택, 3층 이하의 제1종 근린생활시설 및 제2종 근린생활시설(단란주점, 안마시술소, 노래연습장 및 다중생활시설은 제외), 공작물을 설치할 수 있다.
⑤ 도시·군계획시설결정고시일부터 20년이 경과될 때까지 그 도시·군계획시설사업이 시행되지 않는 경우에는 그 다음날에 그 효력을 상실한다.

54. 다음은 지구단위계획구역으로 지정해야 하는 구역 또는 지구이다. 틀린 것은? (면적은 모두 30만㎡ 이상으로 함) ★★★

① 사업완료 후 10년이 지난 택지개발지구
② 사업완료 후 10년이 지난 정비구역
③ 공원에서 해제되는 지역으로서 체계적인 개발 또는 관리가 필요한 지역
④ 녹지지역에서 다른 용도지역으로 변경되는 지역으로서 체계적인 개발 또는 관리가 필요한 지역
⑤ 시가화조정구역에서 해제되는 지역으로서 체계적인 개발 또는 관리가 필요한 지역

정답 53. ② 54. ④

해설 **지구단위계획구역**
④ "다른 용도지역"이 아니라 "주거지역·상업지역 또는 공업지역"이어야 한다. 관리지역·농림지역 또는 자연환경보전지역으로 변경되는 경우에는 지정대상에 해당되지 않는다.

55 도시지역 내 주거·상업업무 등의 기능을 결합하는 등 복합적인 토지이용을 증진시킬 필요가 있는 지역을 지구단위계획구역으로 지정할 수 있다. 이러한 지역에 해당하지 않는 곳은?

① 양호한 기반시설을 갖추고 있어 대중교통의 이용이 용이한 지역
② 역세권의 체계적·계획적 개발이 필요한 지역
③ 3개 이상의 노선이 교차하는 대중교통 결절지(結節地)로부터 1km 이내에 위치한 지역
④ 「도시재정비 촉진을 위한 특별법」에 따른 고밀복합형 재정비촉진지구로 지정된 지역
⑤ 「도시개발법」에 따른 도시개발구역

해설 **지구단위계획구역**
「도시개발법」에 따라 도시개발구역은 지구단위계획구역으로 지정하기 위하여 도시지역 내 주거·상업·업무 등의 기능을 결합하는 등 복합적인 토지 이용을 증진시킬 필요가 있는 지역으로서 대통령령으로 정하는 요건에 해당하는 지역일 필요가 없다.

56 국토의 계획 및 이용에 관한 법령상 지구단위계획의 내용에 반드시 포함되어야 하는 사항이 아닌 것은? `21회 출제`

① 건축선에 관한 계획
② 건축물의 건폐율 또는 용적률
③ 기반시설의 배치와 규모
④ 건축물의 용도제한
⑤ 건축물 높이의 최고한도 또는 최저한도

해설 **지구단위계획의 내용**
건축선에 관한 계획은 지구단위계획의 필수사항이 아니다.

57 국토의 계획 및 이용에 관한 법령상 지구단위계획에 관한 설명으로 옳은 것은? `20회 출제`

① 취락지구에는 지구단위계획구역을 지정할 수 없다.
② 택지개발사업이 끝난 후 5년이 지난 지역에서는 지구단위계획을 수립하여야 한다.
③ 목욕장을 불허하고 있는 지구단위계획구역에서는 일반상업지역이라 하더라도 목욕장을 건축할 수 없다.
④ 지구단위계획에 의해 제2종 일반주거지역을 준주거지역으로 변경할 수 없다.
⑤ 도시개발사업에서 실시계획을 작성하면 지구단위계획이 결정·고시된 것으로 본다.

정답 55. ⑤ 56. ① 57. ③

해설 **지구단위계획**
① 취락지구에 지구단위계획구역을 지정할 수 있다.
② 택지개발사업이 끝난 후 10년이 지난 지역에는 지구단위계획구역을 지정하여야 한다.
④ 지구단위계획에 의해 주거지역을 변경할 수 있다.
⑤ 실시계획을 고시한 경우 그 고시된 내용 중 도시·군관리계획(지구단위계획을 포함)으로 결정해야 하는 사항은 도시·군관리계획이 결정되어 고시된 것으로 본다.

58 국토의 계획 및 이용에 관한 법령상 지구단위계획 등에 관한 설명으로 틀린 것은? [28회 출제]

① 도시지역 외의 지역도 지구단위계획구역으로 지정될 수 있다.
② 「관광진흥법」에 따라 지정된 관광특구에 대하여 지구단위계획구역을 지정할 수 있다.
③ 건축물의 형태·색채에 관한 계획도 지구단위계획의 내용으로 포함될 수 있다.
④ 지구단위계획으로 차량진입금지구간을 지정한 경우 「주차장법」에 따른 주차장 설치기준을 최대 80%까지 완화하여 적용할 수 있다.
⑤ 주민은 시장 또는 군수에게 지구단위계획구역의 지정에 관한 사항에 대하여 도시·군관리계획의 입안을 제안할 수 있다.

해설 **지구단위계획**
「주차장법」에 따른 주차장 설치기준을 최대 100%까지 완화하여 적용할 수 있다.

59 국토의 계획 및 이용에 관한 법령상 지구단위계획에 대한 설명 중 옳은 것은? [17회 개작]

① 시장·군수 또는 구청장은 지구단위계획구역에 대한 지정권자이다.
② 택지개발사업이 완료된 지역은 20년이 경과되어야 지구단위계획구역으로 지정할 수 있다.
③ 개발제한구역에서 계획적인 개발 또는 관리가 필요한 지역의 전부 또는 일부에 대해 지구단위계획구역을 지정할 수 있다.
④ 녹지지역에서 주거지역으로 변경되는 지역은 지구단위계획을 수립해야 한다.
⑤ 지구단위계획에는 기반시설의 배치와 규모, 그리고 건축제한에 관한 사항이 포함되어야 한다.

해설 **지구단위계획**
① 지구단위계획구역은 국토교통부장관, 특별시장·광역시장·특별자치시장·특별자치도지사·도지사, 시장 또는 군수가 지정한다.
② 택지개발지구에서 택지개발사업이 완료된 후 10년이 지난 지역은 지구단위계획구역으로 지정해야 한다.
③ 개발제한구역에서 해제되는 구역을 지구단위계획구역을 지정할 수 있다.
④ 녹지지역에서 주거지역·상업지역 또는 공업지역으로 변경되는 지역은 지구단위계획구역으로 지정할 수 있다.

정답 58. ④ 59. ⑤

제1장 국토의 계획 및 이용에 관한 법률(응용)

60 국토의 계획 및 이용에 관한 법령상 일반상업지역 내의 지구단위계획구역에서 건폐율이 60%이고 대지면적이 400m²인 부지에 건축물을 건축하려는 자가 그 부지 중 100m²를 공공시설의 부지로 제공하는 경우 지구단위계획으로 완화하여 적용할 수 있는 건폐율의 최대한도(%)는 얼마인가? (단, 조례는 고려하지 않으며, 건축주가 용도폐지되는 공공시설을 무상양수 받은 경우가 아님) **27회 출제**

① 60 ② 65 ③ 70 ④ 75 ⑤ 80

해설 지구단위계획구역에서의 건축기준의 완화
완화할 수 있는 건폐율 산정방법은 "해당 용도지역에 적용되는 건폐율 × {1 + (공공시설 등의 부지로 제공하는 면적 ÷ 원래의 대지면적)} 이내"이다. 따라서 60% × {1 + (100m² ÷ 400m²)}는 75%이다.

61 국토의 계획 및 이용에 관한 법령상 개발행위허가를 요하는 것은? (다만, 도시·군계획 조례로 규정한 사항은 제외)

① 경작을 위한 토지의 형질변경
② 도시·군계획사업에 의한 개발행위
③ 재해복구 또는 재난수습을 위한 응급조치
④ 토지의 형질변경을 목적으로 하지 않는 토석의 채취
⑤ 조성이 완료된 기존 대지에서의 건축물 그 밖의 공작물의 설치를 위한 토지의 굴착

해설 개발행위허가
토지의 형질변경을 목적으로 하지 않는 토석의 채취도 개발행위허가의 대상이 된다.

62 ★★ 「국토의 계획 및 이용에 관한 법률」에서 원칙적으로 허가를 요하는 개발행위는? **15회 출제**

① 농림지역 안에서 양식업을 하기 위하여 비닐하우스 안에 설치하는 양식장 용도의 비닐하우스 설치
② 「건축법」상 허가 또는 신고대상에 해당하지 않는 건축물의 건축
③ 지목변경없이 비포장으로 높이 45cm와 깊이 45cm의 절토 및 성토
④ 조성이 완료된 기존 대지에서 건축물 그 밖의 공작물의 설치를 취한 토지의 굴착
⑤ 행정재산 중 용도폐지되는 부분의 토지 분할

해설 허가를 요하는 개발행위
농림지역 안에서 농림어업용 비닐하우스를 설치하는 경우에는 개발행위허가를 받지 않아도 되지만, 그 비닐하우스가 「양식산업발전법」에 따른 양식업을 하기 위하여 비닐하우스 안에 설치하는 양식장으로 쓰이는 경우에는 개발행위허가를 받아야 한다.

정답 60. ④ 61. ④ 62. ①

부동산공법

63 국토의 계획 및 이용에 관한 법령상 개발행위허가에 관한 설명으로 옳은 것은? `20회 출제`

① 허가권자는 허가내용과 다르게 형질변경을 한 자에게 그 토지의 원상회복을 명할 수 없다.
② 경작을 위해 토지의 형질변경을 하는 경우에는 허가를 받아야 한다.
③ 도시·군계획사업으로 공유수면을 매립하는 경우에는 허가를 받아야 한다.
④ 도시·군계획사업에 의하지 않은 개발행위로서 주거지역 내 면적 9,000㎡의 토지형질변경을 하는 경우에는 허가를 요하지 아니한다.
⑤ 지구단위계획이 수립된 지역에서는 토석채취량이 3만㎥ 이상이라 하더라도 도시계획위원회의 심의를 거치지 아니하고 허가를 받을 수 있다.

해설 개발행위허가
① 허가권자는 원상회복을 명할 수 있다.
② 경작을 위한 토지의 형질변경을 하는 경우에는 허가대상이 아니다.
③ 도시·군계획사업에 의하지 아니하고 공유수면을 매립하는 경우에는 허가를 받아야 한다.
④ 개발행위허가를 받아야 한다.

64 국토의 계획 및 이용에 관한 법령상 개발행위허가에 관한 설명으로 틀린 것은? (단, 조례는 고려하지 않음) `26회 출제`

① 토지분할에 대해 개발행위허가를 받은 자가 그 개발행위를 마치면 관할 행정청의 준공검사를 받아야 한다.
② 건축물의 건축에 대해 개발행위허가를 받은 후 건축물 연면적을 5퍼센트 범위 안에서 확대하려면 변경허가를 받아야 한다.
③ 개발행위허가를 하는 경우 미리 허가신청자의 의견을 들어 경관 등에 관한 조치를 할 것을 조건으로 허가할 수 있다.
④ 도시·군관리계획의 시행을 위한 「도시개발법」에 따른 도시개발사업에 의해 건축물을 건축하는 경우에는 개발행위허가를 받지 않아도 된다.
⑤ 토지의 일부를 공공용지로 하기 위해 토지를 분할하는 경우에는 개발행위허가를 받지 않아도 된다.

해설 개발행위허가
■ 다음의 행위에 관한 개발행위허가를 받은 자는 그 개발행위를 마치면 특별시장·광역시장·특별자치시장·특별자치도지사·시장 또는 군수의 준공검사를 받아야 한다(법 제62조 제1항).
  1) 건축물의 건축 또는 공작물의 설치   2) 토지형질변경   3) 토석채취

정답   63. ⑤   64. ①

65 ★★ 다음 중 개발행위를 하고자 하는 경우 원칙적으로 허가를 받지 않아도 되는 경우는? 〔14회 출제〕

① 도시·군계획사업에 의한 개발행위
② 「건축법」에 의한 건축물의 건축
③ 절토·성토·정지·포장 등의 방법으로 토지의 형상을 변경하는 행위와 공유수면의 매립
④ 인공을 가해 제작한 시설물의 설치
⑤ 녹지지역·관리지역 또는 자연환경보전지역 안에서 건축물의 울타리 안에 위치하지 않는 토지에 물건을 1월 이상 쌓아 놓는 행위

해설 개발행위허가의 대상
도시·군계획사업에 의한 개발행위는 개발행위허가의 대상이 아니다.

66 ★★ 다음은 개발행위허가를 받을 수 있는 토지형질변경의 규모이다. 틀린 것은?

① 상업지역 : 1만m² 미만
② 생산녹지지역 : 1만m² 미만
③ 관리지역 : 3만m² 미만
④ 농림지역 : 5,000m² 미만
⑤ 자연환경보전지역 : 5,000m² 미만

해설 개발행위허가
농림지역 안에서 개발행위허가를 받을 수 있는 토지형질변경의 규모는 3만m² 미만이다.

67 다음은 토지형질변경에 관한 설명이다. 틀린 것은?

① 건축물의 건축이나 공작물의 설치를 목적으로 하는 대규모 토지형질변경을 허가하고자 하는 경우에는 미리 도시계획위원회의 심의를 거쳐야 한다.
② 도시·군계획시설사업의 실시계획인가를 받은 경우에는 토지형질변경에 관한 개발행위허가를 받은 것으로 본다.
③ 녹지지역에서 건축물의 건축이나 공작물의 설치를 목적으로 허가기준면적 미만으로 토지형질변경을 하는 경우에도 원칙적으로 도시계획위원회의 심의를 거쳐야 한다.
④ 위해방지·환경오염방지 등을 위해 토지형질변경에 관한 개발행위허가를 받는 자로 하여금 이행보증금을 예치하게 할 수 있다.
⑤ 토지형질변경에 관한 개발행위허가를 받은 자가 그 공사를 완료한 때에는 준공검사를 받아야 한다.

해설 토지형질변경
도시·군계획시설사업의 실시계획인가를 받은 경우에는 아예 개발행위허가제가 적용되지 않는다.

정답 65. ① 66. ④ 67. ②

부동산공법

68. 다음은 토지분할제한에 관한 설명이다. 틀린 것은?

① 건축물이 없는 토지를 일정면적 미만으로 분할하고자 할 때에는 「국토의 계획 및 이용에 관한 법률」에 의해 개발행위허가를 받아야 한다.
② 건축물이 있는 대지는 「건축법」에 의해 일정면적 미만으로의 분할이 금지된다.
③ 「국토의 계획 및 이용에 관한 법률」에 의한 토지분할제한과 「건축법」에 의한 토지분할제한은 도시지역에 한해 적용된다.
④ 「건축법」에 의한 분할제한면적은 「국토의 계획 및 이용에 관한 법률」에 의해 토지분할에 대한 개발행위허가를 할 때의 기준이 된다.
⑤ 너비 5m 이하로 이미 분할된 토지를 「건축법」에 따른 분할제한면적 이상으로의 분할은 개발행위허가를 받지 아니하여도 된다.

해설 토지분할제한
「국토의 계획 및 이용에 관한 법률」에 의한 토지분할제한은 모든 용도지역에 적용된다. 「건축법」에 의한 토지분할제한은 도시지역은 물론 동·읍의 지역에 대해서도 적용된다.

69. 국토의 계획 및 이용에 관한 법령상 개발행위허가에 대한 설명 중 틀린 것은? 〔16회 출제〕

① 도시·군계획사업에 의하는 경우라도 일정규모 이상의 건축물을 건축하는 때에는 개발행위허가를 받아야 한다.
② 재해복구 또는 재난수습을 위한 응급조치는 개발행위허가를 받지 않고 이를 할 수 있다.
③ 경작을 위해 절토·성토 등의 방법으로 토지를 형질변경하고자 하는 경우에는 개발행위허가를 받지 않는다.
④ 개발행위허가권자는 대통령령으로 정하는 바에 따라 그 개발행위에 따른 기반시설의 설치를 조건으로 개발행위허가를 할 수 있다.
⑤ 개발행위허가권자는 개발행위허가를 받지 않고 개발행위를 하거나 허가내용과 다르게 개발행위를 하는 자에 대해서는 그 토지의 원상회복을 명할 수 있다.

해설 개발행위허가
도시·군계획사업에 의해 개발행위를 하는 경우에는 개발행위허가대상이 아니다.

정답 68. ③ 69. ①

70 국토의 계획 및 이용에 관한 법령상 개발행위의 허가에 관한 설명으로 옳은 것은? `24회 출제`

① 전·답 사이의 지목변경을 수반하는 경작을 위한 토지의 형질변경은 개발행위허가의 대상이 아니다.
② 개발행위허가를 받은 사업면적을 5퍼센트 범위 안에서 축소하거나 확장하는 경우에는 별도의 변경허가를 받을 필요가 없다.
③ 개발행위를 허가하는 경우에는 조건을 붙일 수 없다.
④ 개발행위로 인하여 주변의 국가유산 등이 크게 손상될 우려가 있는 지역에 대해서는 최대 5년까지 개발행위허가를 제한할 수 있다.
⑤ 행정청이 아닌 자가 개발행위허가를 받아 새로 공공시설을 설치한 경우, 종래의 공공시설은 개발행위허가를 받은 자에게 전부 무상으로 귀속된다.

해설 개발행위의 허가
② 개발행위허가를 받은 사업면적을 5% 이내에서 축소하는 경우에는 변경허가를 받을 필요가 없다.
③ 개발행위를 허가하는 경우에 조건을 붙일 수 있다.
④ 개발행위로 인하여 주변의 국가유산 등이 크게 손상될 우려가 있는 지역에 대해서는 1회 3년 이내의 기간동안 개발행위허가를 제한할 수 있다.
⑤ 행정청이 아닌 자가 개발행위허가를 받아 새로 공공시설을 설치한 경우 종래의 공공시설은 새로이 설치한 공공시설의 설치비용에 상당하는 범위 안에서 개발행위허가를 받은 자에게 무상으로 이를 양도할 수 있다.

71 국토의 계획 및 이용에 관한 법령상 개발행위허가에 관한 설명으로 옳은 것은? (단, 다른 법령은 고려하지 않음). `30회 출제`

① 재해복구를 위한 응급조치로서 공작물의 설치를 하려는 자는 도시·군계획사업에 의한 행위가 아닌 한 개발행위허가를 받아야 한다.
② 국가나 지방자치단체가 시행하는 개발행위에도 이행보증금을 예치하게 하여야 한다.
③ 환경오염 방지조치를 할 것을 조건으로 개발행위허가를 하려는 경우에는 미리 개발행위허가를 신청한 자의 의견을 들어야 한다.
④ 개발행위허가를 받은 자가 행정청인 경우 그가 기존의 공공시설에 대체되는 공공시설을 설치하면 기존의 공공시설은 대체되는 공공시설의 설치비용에 상당하는 범위 안에서 개발행위허가를 받은 자에게 무상으로 양도될 수 있다.
⑤ 개발행위허가를 받은 자가 행정청이 아닌 경우 개발행위로 용도가 폐지되는 공공시설은 개발행위허가를 받은 자에게 전부 무상으로 귀속된다.

정답 70. ① 71. ③

해설 **개발행위허가**
① 재해복구를 위한 응급조치로서 공작물의 설치를 하려는 자는 도시·군계획사업에 의한 행위가 아닌 한 개발행위허가를 받지 않아도 된다. 이 경우 조치 후 1개월 이내에 특별시장·광역시장·특별자치시장·특별자치도지사·시장 또는 군수에게 신고해야 한다.
② 국가나 지방자치단체가 시행하는 개발행위의 경우에는 이행보증금을 예치하지 않아도 된다.
④ 개발행위허가를 받은 자가 행정청인 경우 개발행위허가를 받은 자가 새로 공공시설을 설치하거나 기존의 공공시설에 대체되는 공공시설을 설치한 때에는 새로 설치된 공공시설은 그 시설을 관리할 관리청에 무상으로 귀속되고, 종래의 공공시설은 개발행위허가를 받은 자에게 무상으로 귀속된다.
⑤ 개발행위허가를 받은 자가 행정청이 아닌 경우 개발행위허가를 받은 자가 새로 설치한 공공시설은 그 시설을 관리할 관리청에 무상으로 귀속되고, 개발행위로 인해 용도가 폐지되는 공공시설은 「국유재산법」 및 「공유재산 및 물품 관리법」에 불구하고 새로 설치한 공공시설의 설치비용에 상당하는 범위에서 개발행위허가를 받은 자에게 무상으로 양도할 수 있다.

72 국토의 계획 및 이용에 관한 법령상 개발행위허가의 제한에 관한 설명 중 옳은 것은?

① 제한하고자 하는 자가 국토교통부장관인 경우에는 관할 시장·군수의 의견청취를 요하지 않는다.
② 제한하고자 하는 자가 국토교통부장관인 경우에는 중앙도시계획위원회의 심의를 거치지 않는다.
③ 제한기간을 연장하는 경우 2회에 한해 3년 이내로 연장이 가능하다.
④ 지구단위계획구역으로 지정된 지역은 제한기간의 연장이 가능하다.
⑤ 녹지지역으로 수목이 집단적으로 생육하고 있어 보전할 필요가 있는 지역은 제한기간의 연장이 가능하다.

해설 **개발행위허가의 제한**
①, ② 국토교통부장관이 개발행위허가제한구역을 지정하고자 하는 때에는 미리 관할 시장 또는 군수의 의견을 들어야 하며, 중앙도시계획위원회의 심의를 거쳐야 한다.
③ 개발행위허가제한구역의 지정기간 연장은 1회에 한해 2년 이내 가능하다.
⑤ 녹지지역으로 수목이 집단적으로 생육되고 있어 보전할 필요가 있는 지역은 개발행위허가 제한기간의 연장이 허용되지 않는다.

정답 72. ④

제1장 국토의 계획 및 이용에 관한 법률(응용)

73 국토의 계획 및 이용에 관한 법령에 의할 때 도시·군관리계획상 특히 필요한 경우 최장 5년간 개발행위허가를 제한할 수 있는 지역을 모두 고른 것은? `21회 출제`

> ㉠ 녹지지역이나 계획관리지역으로서 수목이 집단적으로 자라고 있거나 조수류 등이 집단적으로 서식하고 있는 지역 또는 우량 농지 등으로 보전할 필요가 있는 지역
> ㉡ 개발행위로 인하여 주변의 환경·경관·미관·국가유산 등이 크게 오염되거나 손상될 우려가 있는 지역
> ㉢ 도시·군관리계획을 수립하고 있는 지역으로서 그 도시·군관리계획이 결정될 경우 용도지역·용도지구 또는 용도구역의 변경이 예상되고 그에 따라 개발행위허가의 기준이 크게 달라질 것으로 예상되는 지역
> ㉣ 지구단위계획구역으로 지정된 지역
> ㉤ 기반시설부담구역으로 지정된 지역

① ㉠, ㉡, ㉢
② ㉠, ㉡, ㉤
③ ㉡, ㉢, ㉣
④ ㉡, ㉢, ㉤
⑤ ㉢, ㉣, ㉤

해설 개발행위허가의 제한
㉠과 ㉡의 지역은 1회에 한하여 3년 이내의 기간 동안 개발행위허가를 제한할 수 있다. 다만, ㉢, ㉣, ㉤의 지역은 1회에 한하여 2년 이내의 기간 동안 개발행위허가의 제한을 연장할 수 있다.

74 국토의 계획 및 이용에 관한 법령상 개발행위허가를 받은 자가 행정청인 경우 개발행위에 따른 공공시설의 귀속에 관한 설명으로 옳은 것은? (단, 다른 법률은 고려하지 않음) `33회 출제`

① 개발행위허가를 받은 자가 새로 공공시설을 설치한 경우, 새로 설치된 공공시설은 그 시설을 관리할 관리청에 무상으로 귀속된다.
② 개발행위로 용도가 폐지되는 공공시설은 새로 설치한 공공시설의 설치비용에 상당하는 범위에서 개발행위허가를 받은 자에게 무상으로 양도할 수 있다.
③ 공공시설의 관리청이 불분명한 경우 하천에 대하여는 국토교통부장관을 관리청으로 본다.
④ 관리청에 귀속되거나 개발행위허가를 받은 자에게 양도될 공공시설은 준공검사를 받음으로써 관리청과 개발행위허가를 받은 자에게 각각 귀속되거나 양도된 것으로 본다.
⑤ 개발행위허가를 받은 자는 국토교통부장관의 허가를 받아 그에게 귀속된 공공시설의 처분으로 인한 수익금을 도시·군계획사업 외의 목적에 사용할 수 있다.

정답 73. ⑤ 74. ①

해설 **공공시설의 귀속**
② 개발행위허가를 받은 자가 행정청인 경우 종래의 공공시설은 개발행위허가를 받은 자에게 무상으로 귀속된다.
③ 공공시설의 관리청이 불분명한 경우 하천에 대하여는 환경부장관을 관리청으로 본다.
④ 개발행위가 끝나 준공검사를 마친 때에는 해당 시설의 관리청에 공공시설의 종류와 토지의 세목을 통지해야 한다. 이 경우 공공시설은 통지를 한 날에 그 시설을 관리할 관리청과 개발행위허가를 받은 자에게 각각 귀속된 것으로 본다.
⑤ 개발행위허가를 받은 자가 행정청인 경우 개발행위허가를 받은 자는 그에게 귀속된 공공시설의 처분으로 인한 수익금을 도시·군계획사업 외의 목적에 사용하여서는 아니 된다.

75 ★★ 다음은 개발밀도관리구역에 관한 설명이다. **틀린** 것은?

① 개발밀도관리구역은 개발로 인해 기반시설이 부족할 것으로 예상되는 지역이다.
② 개발밀도관리구역은 기반시설의 추가설치가 곤란한 지역이다.
③ 개발밀도관리구역은 주거지역·상업지역 및 공업지역을 대상으로 지정한다.
④ 개발밀도관리구역은 건폐율 또는 용적률을 완화·적용하기 위해 지정한다.
⑤ 개발밀도관리구역은 특별시장·광역시장·특별자치시장·특별자치도지사·시장 또는 군수가 지정한다.

해설 **개발밀도관리구역**
개발밀도관리구역은 개발로 인하여 기반시설이 부족할 것으로 예상되나 기반시설을 설치하기 곤란한 지역을 대상으로 건폐율이나 용적률을 강화하여 적용하기 위하여 지정하는 구역을 말한다.

76 국토의 계획 및 이용에 관한 법령상 개발밀도관리구역에 관한 설명 중 옳은 것은? [17회 출제]

① 개발밀도관리구역 안에서는 그 용도지역에 적용되는 용적률의 최대한도의 50% 범위 안에서 용적률을 강화해서 적용한다.
② 개발밀도관리구역에 대해서는 기반시설의 변화가 있는 경우 이를 즉시 검토해서 그 구역의 해제 등 필요한 조치를 취해야 한다.
③ 개발밀도관리구역의 명칭 변경에 대해서는 지방도시계획위원회의 심의를 요하지 않는다.
④ 공업지역에서의 개발행위로 인해 기반시설의 수용능력이 부족할 것으로 예상되는 지역 중 기반시설의 설치가 곤란한 지역은 개발밀도관리구역으로 지정될 수 없다.
⑤ 개발밀도관리구역의 지정권자는 국토교통부장관이다.

정답 75. ④ 76. ①

제1장 국토의 계획 및 이용에 관한 법률(응용)

해설 개발밀도관리구역
② 개발밀도관리구역 안의 기반시설의 변화를 주기적으로 검토해야 한다.
③ 개발밀도관리구역을 지정 또는 변경하고자 하는 경우에는 지방도시계획위원회의 심의를 거쳐야 한다.
④ 개발밀도관리구역은 기반시설의 용량이 부족할 것으로 예상되는 지역 중 기반시설의 설치가 곤란한 지역에 대해 지정한다.
⑤ 개발밀도관리구역은 특별시장·광역시장·특별자치시장·특별자치도지사·시장 또는 군수가 지정한다.

77 국토의 계획 및 이용에 관한 법령상 기반시설부담구역으로 지정하여야 하는 지역이 <u>아닌</u> 것은? `22회 출제`

① 법령의 개정으로 인하여 행위제한이 완화되거나 해제되는 지역
② 법령에 따라 지정된 용도지역 등이 변경되어 행위제한이 완화되는 지역
③ 개발행위로 인하여 기반시설의 수용능력이 부족할 것이 예상되는 지역 중 기반시설의 설치가 곤란한 지역
④ 기반시설의 설치가 필요하다고 인정하는 지역으로서 해당 지역의 전년도 개발행위허가 건수가 전전년도 개발행위허가 건수보다 20% 이상 증가한 지역
⑤ 기반시설의 설치가 필요하다고 인정하는 지역으로서 해당 지역의 전년도 인구증가율이 그 지역이 속하는 특별시·광역시·특별자치시·특별자치도·시 또는 군(광역시의 관할구역에 있는 군은 제외)의 전년도 인구증가율보다 20% 이상 높은 지역서는 「상법」상 외국회사 규정에 따른 영업소의 등기를 증명할 수 있는 서류를 첨부해야 한다.

해설 기반시설부담구역의 지정
③의 지역은 특별시장·광역시장·특별자치시장·특별자치도지사·시장 또는 군수가 지방도시계획위원회의 심의를 거쳐 개발밀도관리구역으로 지정할 수 있는 지역이다.

78 국토의 계획 및 이용에 관한 법령상 기반시설부담구역에 관한 설명으로 <u>틀린</u> 것은? `27회 출제`

① 법령의 개정으로 인하여 행위제한이 완화되는 지역에 대해서는 기반시설부담구역으로 지정하여야 한다.
② 녹지와 폐기물처리 및 재활용시설은 기반시설부담구역에 설치가 필요한 기반시설에 해당한다.
③ 동일한 지역에 대해 기반시설부담구역과 개발밀도관리구역을 중복하여 지정할 수 있다.
④ 기반시설부담구역 내에서 「주택법」에 따른 리모델링을 하는 건축물은 기반시설설치비용의 부과대상이 아니다.
⑤ 기존 건축물을 철거하고 신축하는 건축행위가 기반시설 설치비용의 부과대상이 되는 경우에는 기존 건축물의 건축연면적을 초과하는 건축행위만 부과대상으로 한다.

정답   77. ③   78. ③

해설 기반시설부담구역

기반시설부담구역과 개발밀도관리구역을 중복하여 지정할 수 없다. 기반시설부담구역은 개발밀도관리구역이 아닌 지역으로서 개발로 인해 기반시설의 설치가 필요한 지역을 대상으로 지정할 수 있다.

79 국토의 계획 및 이용에 관한 법령상 기반시설부담구역에서의 기반시설 설치비용에 관한 설명으로 틀린 것은? `28회 출제`

① 기반시설설치비용 산정시 기반시설을 설치하는 데 필요한 용지비용도 산입된다.
② 기반시설설치비용 납부시 물납이 인정될 수 있다.
③ 기반시설설치비용의 관리 및 운용을 위하여 기반시설부담구역별로 특별회계가 설치되어야 한다.
④ 의료시설과 교육연구시설의 기반시설유발계수는 같다.
⑤ 기반시설설치비용을 부과받은 납부의무자는 납부기일의 연기 또는 분할납부가 인정되지 않는 한 사용승인(준공검사 등 사용승인이 의제되는 경우에는 그 준공검사) 신청시까지 기반시설설치비용을 내야 한다.

해설 기반시설부담구역

의료시설의 기반시설유발계수는 0.9이고 교육연구시설의 기반시설유발계수는 0.7이다.

80 국토의 계획 및 이용에 관한 법령상 건축물별 기반시설유발계수가 다음 중 가장 높은 것은?

① 제1종 근린생활시설   ② 공동주택   ③ 의료시설   `25회 출제`
④ 업무시설   ⑤ 숙박시설

해설 건축물별 기반시설유발계수
① 제1종 근린생활시설 : 1.3   ② 공동주택 : 0.7
③ 의료시설 : 0.9   ④ 업무시설 : 0.7
⑤ 숙박시설 : 1.0

81 다음은 기반시설설치비용의 부과·징수에 관한 사항이다. 틀린 것은?

① 기반시설설치비용은 기존 건축물의 연면적을 포함해서 200m²를 초과하는 건축물을 신·증축하는 경우에 부과한다.
② 기반시설설치비용을 산정할 때에는 기반시설 표준시설비용, 용지비용, 연면적 등을 기준으로 한다.
③ 기반시설설치비용을 산정하는 경우 민간개발사업자가 부담하는 부담률은 원칙적으로 20%로 한다.
④ 납부의무자가 직접 기반시설을 설치하거나 그 용지를 확보한 경우에는 그 비용을 공제한다.
⑤ 기반시설설치비용은 건축허가를 받은 후 2개월 이내에 납부해야 한다.

정답   79. ④   80. ①   81. ⑤

해설 **기반시설설치비용의 부과·징수**
기반시설설치비용은 건축허가를 받은 후 2개월 이내에 부과하며, 사용승인을 신청하기 전까지 납부해야 한다.

82 다음은 용도지역 안에서의 건축제한에 대한 설명이다. 틀린 것은?

① 건축물의 용도를 변경하는 경우 변경 후의 건축물은 용도지역 안에서의 건축제한에 적합해야 한다.
② 부속건축물에 대해서는 주된 건축물에 대한 건축제한을 적용한다.
③ 도시·군계획시설에 대해서는 용도지역 안에서의 건축제한에 관한 규정을 적용하지 않는다.
④ 보전관리지역에 대해 자연환경보전에 필요한 환경부장관이 「자연환경보전법」에 의해 건축제한을 할 수 있다.
⑤ 기존 건축물이 도로의 설치로 인해 건축제한 규정에 부적합하게 된 경우 재축, 증축 또는 개축이 허용된다.

해설 **용도지역 안에서의 건축제한**
증축 또는 개축하고자 하는 부분이 건축제한 규정에 적합하게 된 경우에 증축 또는 개축을 할 수 있다.

83 다음은 용도지역 및 용도지구 안에서의 건축제한에 대한 예외를 설명한 것이다. 올바른 것은?

① 농공단지 안에서의 건축제한에 관해서는 「산업입지 및 개발에 관한 법률」이 정하는 바에 의한다.
② 상수원보호구역 안에서의 건축제한에 관해서는 「수도법」을 적용한다.
③ 자연공원 안에서의 건축제한에 관해서는 「자연공원법」을 적용한다.
④ 농업진흥지역 안에서의 건축제한에 관해서는 「농지법」을 적용한다.
⑤ 보전산지 안에서의 건축제한에 관해서는 「산지관리법」을 적용한다.

해설 **용도지역 및 용도지구**
②, ③ 「수도법」에 따른 상수원보호구역과 「자연공원법」에 따른 공원구역이 자연환경보전지역에 속해 있는 경우에 관한 설명이다.
④, ⑤ 농업진흥지역과 보전산지가 농림지역에 속해 있는 경우에 관한 설명이다.

정답 82. ⑤ 83. ①

84. 국토의 계획 및 이용에 관한 법령상 용도지역·용도지구·용도구역 안에서의 행위제한에 대한 설명 중 옳은 것은?

① 도시지역이 세부용도지역으로 지정되지 않은 경우 그에 대한 건축제한은 보전녹지지역에 관한 규정을 적용한다.
② 고도지구 안에서는 도시계획위원회의 자문을 거쳐 그 고도지구에서 정한 높이를 초과하는 건축물을 건축할 수 있다.
③ 면적이 900m²인 하나의 대지가 300m²는 준주거지역, 600m²는 준공업지역에 걸쳐 있는 경우 그 대지에는 준주거지역의 대지에 관한 규정이 적용된다.
④ 시가화조정구역 안에서도 공익시설·공공시설은 허가없이 설치할 수 있다.
⑤ 도시·군계획조례의 개정에 의해 기존의 건축물이 용적률 기준에 부적합하게 된 경우에는 건축법령상의 재축을 할 수 없다.

해설 용도지역·용도지구·용도구역 안에서의 행위
② 고도지구 안에서는 도시·군관리계획으로 정하는 높이를 초과하는 건축물을 건축할 수 없다.
③ 용도지역에 걸치는 부분 중 가장 작은 부분의 규모가 330m² 이하인 경우에는 전체 대지의 건폐율 및 용적률의 경우에는 면적에 따라 가중평균한 비율이 적용되고, 나머지 건축제한에 관하여는 그 대지 중 가장 넓은 면적이 속하는 용도지역(여기에서는 준공업지역)에 관한 규정을 적용한다.
④ 시가화조정구역 안에서 도시·군계획사업에 의하지 않고 공익시설 또는 공공시설을 설치하고자 하는 경우에는 허가를 받아야 한다.
⑤ 도시·군계획조례의 개정으로 인해 기존 건축물이 용적률기준에 부적합하게 된 경우에는 재축을 할 수 있다.

85. 다음은 하나의 대지가 2 이상의 용도지역에 걸친 경우의 건축제한에 관한 설명이다. 틀린 것은?

① 각 용도지역에 걸치는 부분 중 가장 작은 부분의 규모가 면적이 330m² 이하인 경우에는 전체 대지의 건폐율 및 용적률은 각 부분이 전체 대지 면적에서 차지하는 비율을 고려하여 각 용도지역별 건폐율 및 용적률을 그 대지 중 가장 작은 부분이 속하는 용도지역에 관한 규정을 적용한다.
② 각 용도지역에 걸치는 부분 중 가장 작은 부분의 규모가 면적이 330m² 이하인 경우에는 전체 대지의 건폐율 및 용적률을 제외한 건축 제한 등에 관한 사항은 그 대지 중 가장 넓은 면적이 속하는 용도지역에 관한 규정을 적용한다.
③ 건축물이 고도지구에 걸쳐 있는 경우에는 그 건축물 및 대지의 전부에 대하여 고도지구의 건축물 및 대지에 관한 규정을 적용한다.
④ 하나의 대지가 녹지지역과 그 밖의 용도지역·용도지구 또는 용도구역에 걸쳐 있는 경우에는 각각의 용도지역·용도지구 또는 용도구역의 건축물 및 토지에 관한 규정을 적용한다.
⑤ 하나의 건축물이 방화지구와 그 밖의 용도지역·용도지구 또는 용도구역에 걸쳐 있는 경우에 그 전부에 대하여 방화지구의 건축물에 관한 규정을 적용한다.

정답 84. ① 85. ①

> **해설** 하나의 대지가 2 이상의 용도지역에 걸친 경우
> 각 용도지역에 걸치는 부분 중 가장 작은 부분의 규모가 면적이 330m² 이하인 경우에는 전체 대지의 건폐율 및 용적률은 각 부분이 전체 대지 면적에서 차지하는 비율을 고려하여 각 용도지역별 건폐율 및 용적률을 가중평균한 값을 적용한다.

86 ★ 국토의 계획 및 이용에 관한 법령상 용도지역의 세분 중 '편리한 주거환경을 조성하기 위하여 필요한 지역'에 건축할 수 있는 건축물이 <u>아닌</u> 것은? (단, 건축물은 4층 이하이고, 조례는 고려하지 않음) **[27회 출제]**

① 동물미용실 　② 기숙사 　③ 고등학교 　④ 양수장 　⑤ 단독주택

> **해설** 용도지역별 건축제한
> 편리한 주거환경을 조성하기 위하여 필요한 지역은 일반주거지역으로 일반주거지역에서는 동물미용실은 건축할 수 없는 건축물이다.

87 ★★ 면적 2,000m²인 하나의 대지가 생산관리지역에 1,000m², 보전관리지역에 700m², 자연환경보전지역에 300m² 걸쳐 있다. 생산관리지역 및 보전관리지역의 용적률은 50%, 자연환경보전지역의 용적률은 80%이다. 이 대지에 적용되는 용적률은?

① 각 대지부분이 속한 용도지역에 관한 용적률이 각각 적용된다.
② 대지 전체에 대해 생산관리지역에 관한 용적률 50%가 적용된다.
③ 자연환경보전지역에 속한 대지부분에 대해 용적률 50%가 적용된다.
④ 대지 전체에 대해 가중평균한 용적률 54.5%가 적용된다.
⑤ 도시·군계획조례가 정하는 바에 의한다.

> **해설** 대지부분에서의 행위제한
> 하나의 대지가 2 이상의 용도지역에 걸쳐 있는 경우 가장 작은 부분의 규모가 330m² 이하인 때에는 전체 대지에 적용되는 건폐율 및 용적률은 면적에 따라 가중평균한 비율에 의한다. 문제의 경우 용적률은 다음과 같다.
> $$\frac{(1,000m^2 \times 0.5) + (700m^2 \times 0.5) + (300m^2 \times 0.8)}{2,000m^2} = 54.5(\%)$$

 88 ★ 전용공업지역·일반공업지역 및 준공업지역의 어느 곳에도 건축할 수 <u>없는</u> 것은?

① 위락시설　② 병원　③ 장례시설
④ 종교시설　⑤ 동물관련시설

> **해설** 전용공업지역·일반공업지역 및 준공업지역
> ②는 전용공업지역·일반공업지역 및 준공업지역에, ③과 ④는 일반공업지역 및 준공업지역에, ⑤는 준공업지역에 건축할 수 있다.

정답　86. ①　87. ④　88. ①

부동산공법

89 다음은 보전관리지역 안에서 도시·군계획조례가 정하는 바에 의해 건축이 허용되는 건축물이다. 틀린 것은?

① 제1종 근린생활시설 중 휴게음식점　② 종교집회장
③ 묘지관련시설　　　　　　　　　　　④ 위험물저장 및 처리시설
⑤ 의료시설

> **해설** 보전관리지역
> 보전관리지역 안에서는 도시·군계획조례가 정하는 바에 의해 제1종 근린생활시설 중 휴게음식점을 제외한 건축물의 건축이 허용된다.

90 다음은 생산관리지역 안에서 도시·군계획조례가 정하는 바에 의해 건축이 허용되는 건축물이다. 틀린 것은?

① 연립주택　　② 일반음식점　　③ 도정공장
④ 축 사　　　⑤ 자원순환 관련시설

> **해설** 생산관리지역
> 생산관리지역 안에서는 도시·군계획조례가 정하는 바에 의해 제2종 근린생활시설 중 일반음식점·휴게음식점·제조소·수리점·세탁소 및 단란주점을 제외한 건축물의 건축이 허용된다.

91 ★ 다음 중 계획관리지역 안에서 건축할 수 있는 건축물은?

① 학 교　② 아파트　③ 단란주점　④ 위락시설　⑤ 업무시설

> **해설** 계획관리지역
> ②~⑤ 계획관리지역 안에 건축할 수 없는 건축물이다.

92 다음은 자연환경보전지역 안에서 건축할 수 있는 건축물이다. 틀린 것은? (도시·군계획조례가 정하는 바에 따라 건축이 허용되는 건축물을 포함함)

① 묘지관련시설　　② 다세대주택　　③ 종교집회장
④ 발전소　　　　　⑤ 초등학교

> **해설** 자연환경보전지역
> 자연환경보전지역 안에서는 공동주택의 건축이 허용되지 않는다.

93 ★ 다음 중 숙박시설의 건축이 금지되는 용도지역은?

① 자연녹지지역　　② 계획관리지역　　③ 유통상업지역
④ 준공업지역　　　⑤ 농림지역

정답　89. ①　90. ②　91. ①　92. ②　93. ⑤

해설 숙박시설의 건축이 금지되는 지역

숙박시설은 준주거지역, 상업지역, 준공업지역, 자연녹지지역 및 계획관리지역에만 건축할 수 있는데 준주거지역, 자연녹지지역 및 계획관리지역의 경우에는 극히 예외적인 경우에 한해 건축할 수 있다.

94. 다음 중 아파트의 건축이 금지되는 용도지역은? ★★

① 준주거지역 ② 제2종 전용주거지역 ③ 제1종 일반주거지역
④ 제3종 일반주거지역 ⑤ 근린상업지역

해설 아파트의 건축이 금지되는 지역

제1종 전용주거지역, 제1종 일반주거지역, 유통상업지역, 전용공업지역, 일반공업지역, 녹지지역, 관리지역, 농림지역, 그리고 자연환경보전지역 안에서는 아파트를 건축할 수 없다.

95. 각 건축물이 허용되는 용도지역과 바르게 연결된 것은? ★★ [15회 출제]

┌───┐
│ ㉠ 독서실 : 제2종 전용주거지역   ㉡ 장례시설 : 계획관리지역   │
│ ㉢ 유흥주점 : 준공업지역   ㉣ 목욕장 : 제1종 일반주거지역 │
└───┘

① ㉠, ㉢   ② ㉡, ㉣   ③ ㉠, ㉡, ㉢
④ ㉠, ㉡, ㉣   ⑤ ㉡, ㉢, ㉣

해설 용도지역

㉠ 제2종 전용주거지역 안에 설치할 수 있는 제2종 근린생활시설은 종교집회장에 한한다.
㉢ 준공업지역 안에는 위락시설을 설치할 수 없다.

96. 국토의 계획 및 이용에 관한 법령상 도시·군계획조례에 의하여도 일반음식점(건축법령상 용도별 구분에 의함)의 건축을 허용할 수 없는 용도지역은? [23회 개작]

① 제2종 전용주거지역 ② 제1종 일반주거지역 ③ 자연녹지지역
④ 일반공업지역 ⑤ 전용공업지역

해설 용도지역

제2종 전용주거지역이란 공동주택 중심의 양호한 주거환경을 보호하기 위하여 필요한 지역으로 제2종 근린생활시설인 일반음식점을 건축할 수 없다.

97. 다음의 토지 중 다세대주택을 건축하기 위해 토지를 매입하려는 자에게 중개하면 안 되는 토지는 어느 것인가?

① 제2종 전용주거지역 안의 토지   ② 준주거지역 안의 토지
③ 일반상업지역 안의 토지   ④ 준공업지역 안의 토지
⑤ 보전관리지역 안의 토지

정답 94. ③ 95. ② 96. ① 97. ⑤

해설 용도지역

보전관리지역 안에서는 모든 공동주택의 건축이 금지된다.

98. 다음은 보전녹지지역 안의 건축제한에 관한 설명이다. 틀린 것은?

① 건축물의 층수는 4층 이하이어야 한다.
② 공동주택 중 다세대주택은 그 지역에 거주하는 농·어민을 위한 주택에 한해 건축할 수 있다.
③ 도시·군계획조례가 정하는 바에 따라 건축이 허용되는 제1종 근린생활시설은 바닥면적의 합계가 500㎡ 이하여야 한다.
④ 도시·군계획조례가 정하는 바에 따라 종교집회장을 건축할 수 있다.
⑤ 도시·군계획조례가 정하는 바에 따라 중학교 및 고등학교를 건축할 수 있다.

해설 보전녹지지역 안의 건축제한

보전녹지지역 안에는 공동주택을 건축할 수 없다.

99. 도시지역에서 농지취득자격증명제가 적용되는지 여부에 관해 가장 정확하게 설명한 것은?

① 도시지역 안에서는 「농지법」이 적용되지 않는다.
② 녹지지역에 한해 농지취득자격증명제가 적용된다.
③ 녹지지역 안의 농지로서 도시·군계획시설사업에 필요하지 않은 농지에 한해 농지취득자격증명제가 적용된다.
④ 생산녹지지역에 한해 농지취득자격증명제가 적용된다.
⑤ 생산녹지지역 안의 농지로서 도시·군계획시설사업에 필요하지 않은 농지에 한해 농지취득자격증명제가 적용된다.

해설 도시지역에서 농지취득자격증명제가 적용되는지 여부

도시지역에서는 농지취득자격증명의 발급규정을 적용하지 않는다. 다만, 녹지지역 안의 농지로서 도시·군계획시설사업에 필요하지 않은 농지에 대해서는 농지취득자격증명제가 적용된다.

정답 98. ② 99. ③

제1장 국토의 계획 및 이용에 관한 법률(응용)

100 다음은 계획관리지역 안에서의 휴게음식점·일반음식점 또는 숙박시설을 설치하는 경우에 관한 설명이다. 틀린 것은?

① 계획관리지역 안에서 휴게음식점·일반음식점 또는 숙박시설을 설치할 수 없는 지역은 도시·군계획조례로 정한다.
② 계획관리지역 안에서 휴게음식점·일반음식점 또는 숙박시설을 설치할 수 없는 지역을 정하는 기준은 「국토의 계획 및 이용에 관한 법률 시행규칙」에 규정되어 있다.
③ 계획관리지역 안에서 휴게음식점·일반음식점 또는 숙박시설을 도시·군계획조례로 정하는 지역에 설치하는 것은 지역 여건 등을 고려하여 도시·군계획조례로 정하는 바에 따라 건축할 수 없다.
④ 계획관리지역 안에서는 4층을 초과하는 모든 건축물을 건축할 수 없다.
⑤ 계획관리지역 안에서는 물·용제류 등 액체성 물질을 사용하지 않고 제품의 성분이 용해·용출되지 않는 고체성 화학제품제조시설을 건축할 수 없다.

해설 계획관리지역
계획관리지역에서는 화학제품제조시설(석유정제시설을 포함한다)을 건축할 수 없다. 다만, 물·용제류 등 액체성 물질을 사용하지 않고 제품의 성분이 용해·용출되지 않는 고체성 화학제품제조시설은 제외한다.

101 다음은 용도지구 안에서의 건축제한에 관한 설명이다. 맞는 것은?

① 특정용도제한지구 안에서는 주거기능 및 교육환경을 훼손하거나 청소년 정서에 유해하다고 인정하여 도시·군계획조례가 정하는 건축물을 건축할 수 없다.
② 고도지구 안에서는 도시·군계획조례로 정하는 높이를 초과하는 건축물을 건축할 수 없다.
③ 자연취락지구에서의 건축제한에 대해서는 개발제한구역의 지정 및 관리에 관한 특별조치법령이 정하는 바에 따른다.
④ 경관지구 안에서의 건축제한에 관해서는 도시·군관리계획이 정하는 바에 의한다.
⑤ 방화지구에서는 풍수해, 산사태, 지반붕괴, 지진 그 밖에 재해예방에 장애가 된다고 인정해서 도시·군계획조례로 정하는 건축물을 건축할 수 없다.

해설 용도지구 안에서의 건축제한
② 고도지구 안에서는 도시·군관리계획으로 정하는 높이를 초과하는 건축물을 건축할 수 없다.
③ 집단취락지구안에서의 건축제한에 관하여는 개발제한구역의 지정 및 관리에 관한 특별조치법령이 정하는 바에 의한다.
④ 경관지구 안에서의 건축제한은 도시·군계획조례로 정한다.
⑤ 방화지구가 아닌 방재지구에서의 건축제한에 관한 설명이다.

정답 100. ⑤ 101. ①

102. 국토의 계획 및 이용에 관한 법령상 자연취락지구 안에 건축할 수 있는 건축물에 해당하지 않는 것은? (단, 4층 이하의 건축물에 한하고, 조례는 고려하지 않음) 〔25회 출제〕

① 단독주택
② 노래연습장
③ 축산업용 창고
④ 방송국
⑤ 정신병원

해설 자연취락지구의 건축제한
의료시설 중 정신병원은 자연취락지구 안에서 건축할 수 없다.

103. 다음은 일반상업지역 안에서의 건폐율제한에 관한 설명이다. 틀린 것은?
★★
① 「국토의 계획 및 이용에 관한 법률 시행령」에는 건폐율의 최대한도가 80%로 되어 있다.
② 실제로 적용되는 건폐율은 80%의 범위 안에서 도시·군계획조례로 정한다.
③ 도시·군계획조례로 건폐율을 정하는 때에는 구역별로 달리 정하면 안 된다.
④ 토지이용의 과밀화를 방지하기 위해 필요한 경우에는 건폐율을 도시·군계획조례로 32%까지 낮추어 정할 수 있다.
⑤ 방화지구 안에 있는 건축물로서 주요구조부가 내화구조로 되어 있는 건축물에 대해서는 건폐율을 80% 이상, 90% 이하의 범위 안에서 도시·군계획조례로 정할 수 있다.

해설 일반상업지역 안에서의 건폐율제한
③ 용도지역 안의 건폐율은 도시·군계획조례로 구역별로 세분해서 정할 수 있다.
④ 건폐율의 최대한도의 40%(80 × 0.4 = 32%)까지 낮출 수 있다.

104. 다음은 건폐율제한에 관한 설명이다. 올바른 것은?
★★★
① 건폐율은 건축면적에 대한 대지면적의 비율을 말한다.
② 지구단위계획구역 안에서는 그 용도지역에 적용되는 건폐율보다 낮추어 적용하여야 한다.
③ 수산자원보호구역 안에서의 건폐율제한에 관해서는 자연환경보전지역 안에서의 건폐율제한에 의한다.
④ 도시지역 내의 지역에 지정된 개발진흥지구 안에서의 건폐율의 최대한도는 40%의 범위 안에서 도시·군계획조례로 정한다.
⑤ 도시지역이 세부용도지역으로 세분되지 않은 경우 그 지역 안에서의 건폐율의 최대한도는 20%이다.

정답 102. ⑤ 103. ③ 104. ⑤

제1장 국토의 계획 및 이용에 관한 법률(응용)

해설 건폐율제한

① (×) "건축면적에 대한 대지면적의 비율"이 아닌 "대지면적에 대한 건축면적의 비율"이어야 한다.
② (×) 지구단위계획구역 안에서는 그 용도지역에 적용되는 건폐율보다 높여서 적용할 수 있다.
③ (×) 수산자원보호구역 안에서의 건폐율의 최대한도는 40%의 범위 안에서 도시·군계획조례로 정한다.
④ (×) 건폐율의 최대한도를 40%의 범위 안에서 도시·군계획조례로 정하는 것은 도시지역 외의 지역에 지정된 개발진흥지구이고, 자연녹지지역에 지정된 개발진흥지구는 30% 이하의 범위 안에서 도시·군계획조례로 정한다.
⑤ (○) 도시지역이 세부용도지역으로 세분되지 않은 경우 그 지역 안에서의 건폐율의 최대한도는 보전녹지지역 안에서의 건폐율의 최대한도(20%)와 같다.

105 ★ 국토의 계획 및 이용에 관한 법령에서 정한 용도지역별 건폐율의 최대한도가 높은 지역부터 낮은 지역순으로 나열한 것은? 〔16회 출제〕

㉠ 일반상업지역　　　　　　　　㉡ 근린상업지역
㉢ 제2종 일반주거지역　　　　　 ㉣ 제3종 일반주거지역

① ㉠ → ㉡ → ㉢ → ㉣　　② ㉠ → ㉡ → ㉣ → ㉢　　③ ㉡ → ㉠ → ㉢ → ㉣
④ ㉢ → ㉣ → ㉠ → ㉡　　⑤ ㉣ → ㉢ → ㉡ → ㉠

해설 용도지역별 건폐율

건폐율의 최대한도는 ㉠ 일반상업지역(80%), ㉡ 근린상업지역(70%), ㉢ 제2종 일반주거지역(60%), ㉣ 제3종 일반주거지역(50%)이다.

106 ★★ 국토의 계획 및 이용에 관한 법령에서 원칙적으로 정한 용도지역별 용적률의 최대한도가 높은 지역부터 낮은 지역으로 올바르게 나열한 것은? 〔14회 출제〕

① 일반공업지역, 준주거지역, 제2종 일반주거지역, 농림지역, 자연녹지지역
② 일반공업지역, 제2종 일반주거지역, 준주거지역, 농림지역, 자연녹지지역
③ 준주거지역, 일반공업지역, 제2종 일반주거지역, 자연녹지지역, 농림지역
④ 일반공업지역, 준주거지역, 제2종 일반주거지역, 자연녹지지역, 농림지역
⑤ 준주거지역, 제2종 일반주거지역, 일반공업지역, 농림지역, 자연녹지지역

해설 용도지역별 용적률

용적률의 최대한도는 준주거지역(200% 이상 500% 이하), 일반공업지역(150% 이상 350% 이하), 제2종 일반주거지역(100% 이상 250% 이하), 자연녹지지역(50% 이상 100% 이하), 농림지역(50% 이상 80% 이하)의 순이다.

정답　105. ①　106. ③

부동산공법

107. 국토의 계획 및 이용에 관한 법령상 용도지역 안에서 용적률 최대한도의 범위가 다르게 규정되어 있는 것은? (특별시·광역시·특별자치시·특별자치도·시 또는 군의 도시·군계획조례는 별도로 고려하지 않음)

① 보전관리지역
② 생산관리지역
③ 계획관리지역
④ 농림지역
⑤ 자연환경보전지역

해설 용도지역 안에서 용적률 최대한도
보전관리지역, 생산관리지역, 농림지역, 자연환경보전지역의 용적률 최대한도는 50% 이상 80% 이하이고, 계획관리지역의 용적률 최대한도는 50% 이상 100% 이하이다.

108. 다음은 국토의 계획 및 이용에 관한 법령상 용적률제한에 관한 설명이다. 틀린 것은?

① 용적률은 대지면적에 대한 연면적의 비율을 말한다.
② 이 법 및 「건축법」 등 다른 법률에 따른 용적률의 완화에 관한 규정은 이 법 및 다른 법률에도 불구하고 지구단위계획구역 외의 지역은 해당 용도지역별 용적률 최대한도의 120% 이하의 범위에서 중첩하여 적용할 수 있다.
③ 「자연공원법」에 따른 자연공원에서의 용적률제한에 관해서는 자연환경보전지역에서의 용적률제한에 의한다.
④ 도시지역이 아닌 개발진흥지구에서의 용적률의 최대한도는 100%의 범위에서 도시·군계획조례로 정한다.
⑤ 상업지역에서 건축물을 건축하고자 하는 자가 그 대지의 일부를 공공시설부지로 제공하는 경우에는 해당 건축물에 대한 용적률은 기준용적률의 200% 이하의 범위 안에서 대지면적의 제공비율에 따라 도시·군계획조례가 정하는 비율로 할 수 있다.

해설 용적률 제한
자연공원에서의 용적률의 최대한도는 100%의 범위에서 도시·군계획조례로 정한다.

109. 하나의 대지 면적이 500m²인 대지에 건축물을 건축하고자 하는 경우 국토의 계획 및 이용에 관한 법령상 지상에 건축할 수 있는 건물의 최대 연면적은? (주차장 면적은 제외함. 다만, 그 대지의 40%는 제1종 전용주거지역, 60%는 자연녹지지역에 걸쳐 있으며, 조례상 제1종 전용주거지역의 용적률은 80% 이하, 자연녹지지역의 용적률은 50% 이하이다. 그 외의 조건은 고려하지 않음) **16회 개작**

① 150m² ② 160m² ③ 250m² ④ 310m² ⑤ 400m²

정답 107. ③ 108. ③ 109. ④

> **해설** 건물의 최대 연면적 계산
> 하나의 대지가 녹지지역과 그 밖의 용도지역에 걸쳐 있는 경우에는 각각의 용도지역의 건축제한을 적용한다. 따라서 자연녹지지역에 속하는 300m²의 경우에는 50%의 용적률이 적용되므로 최대 연면적은 $\frac{300 \times 50}{100}$ = 150m²가 되고, 제1종 전용주거지역에 속하는 200m²의 경우에는 80%의 용적률이 적용되므로 최대 연면적은 $\frac{200 \times 80}{100}$ = 160m²가 된다. 따라서 이 대지에 건축할 수 있는 건축물의 최대 연면적은 150 + 160 = 310m²가 된다.

110 다음은 제1종 전용주거지역에 관한 건축제한이다. 틀린 것은?

① 제1종 근린생활시설은 규모에 관계없이 모두 설치할 수 있다.
② 일반공업지역보다 건축물이 있는 대지의 분할제한이 강화되어 있다.
③ 일조(日照) 등의 확보를 위한 높이제한이 적용된다.
④ 생산녹지지역과 용적률제한이 동일한 수준으로 되어 있다.
⑤ 준공업지역보다 건폐율제한이 강화되어 있다.

> **해설** 제1종 전용주거지역에 관한 건축제한
> 제1종 전용주거지역 안에서는 제1종 근린생활시설도 바닥면적의 합계가 1,000m² 미만인 경우에 한해 설치할 수 있다.

111 다음은 제1종 일반주거지역에 관한 건축제한이다. 틀린 것은?

★★ ① 건폐율은 60% 이하이다.
② 용적률은 100% 이상 200% 이하이다.
③ 경관·교통·방화 및 위생상 지장이 없다고 인정되는 경우에는 도로에 일정부분 이상 접한 대지에 대해서는 용적률을 완화해서 적용할 수 있다.
④ 원칙적으로 4층 이하의 건축물(단지형 연립주택 및 단지형 다세대주택은 5층 이하)을 건축할 수 있다.
⑤ 제1종 근린생활시설은 규모에 관계없이 설치할 수 있다.

> **해설** 제1종 일반주거지역에 관한 건축제한
> ③과 같이 용적률을 완화할 수 있는 지역은 준주거지역·중심상업지역·일반상업지역·근린상업지역 및 공업지역이다.

정답 110. ① 111. ③

112 다음은 유통상업지역에 관한 설명이다. 틀린 것은?

① 도시·군계획조례가 정하는 바에 따라 의료시설 중 병원의 건축이 허용된다.
② 단독주택 및 공동주택을 설치하지 못한다.
③ 건폐율은 80% 이하에서 조례로 정한다.
④ 용적률은 200% 이상 1,100% 이하에서 조례로 정한다.
⑤ 건축물이 있는 대지의 분할제한면적은 150m²이다.

> **해설** 유통상업지역
> 의료시설은 유통상업지역 안에서 건축할 수 없는 건축물이다.

113 다음은 보전녹지지역 안에서의 건축제한에 관한 설명이다. 틀린 것은?

① 용적률을 가장 낮게 정할 수 있는 지역이다.
② 건폐율을 가장 낮게 정할 수 있는 지역이다.
③ 단독주택도 건축조례가 정하는 경우에 한해 건축이 허용된다.
④ 제1종 근린생활시설은 바닥면적의 합계가 500m² 미만인 것에 한해 건축할 수 있다.
⑤ 판매시설 중 농·임·축·수산업용 판매시설의 설치는 허용된다.

> **해설** 보전녹지지역 안에서의 건축제한
> ⑤ 보전녹지지역 안에서는 판매시설 및 운수시설의 설치가 금지된다.

114 다음은 생산녹지지역 안에서의 건축제한에 관한 설명이다. 올바른 것은?

① 아파트·연립주택 및 다세대주택을 건축할 수 있다.
② 제1종 근린생활시설은 연면적의 합계가 1,000m² 이상이면 건축할 수 없다.
③ 초등학교는 조례가 정하는 경우에 한해 건축할 수 있다.
④ 건폐율제한이 자연녹지지역보다 강화되어 있다.
⑤ 용적률제한이 보전녹지지역보다 완화되어 있다.

> **해설** 생산녹지지역 안에서의 건축제한
> ① 생산녹지지역 안에서는 아파트를 건축할 수 없다.
> ② 제1종 근린생활시설은 규모에 관계없이 건축할 수 있다.
> ③ 초등학교는 「국토의 계획 및 이용에 관한 법률 시행령」에서 직접 건축을 허용하고 있다.
> ④ 건폐율의 최대한도는 생산녹지지역과 자연녹지지역이 동일하다.
> ⑤ 생산녹지지역의 용적률은 50% 이상 100% 이하이고, 보전녹지지역의 용적률은 50% 이상 80% 이하이다.

정답   112. ①   113. ⑤   114. ⑤

제1장 국토의 계획 및 이용에 관한 법률(응용)

115 단독주택을 건축할 목적으로 토지를 매입하고자 하는 자에게 중개하면 안 되는 토지는?

① 전용주거지역 안의 토지
② 생산녹지지역 안의 토지
③ 유통상업지역 안의 토지
④ 근린상업지역 안의 토지
⑤ 준주거지역 안의 토지

해설 단독주택의 건축
유통상업지역 안에서는 단독주택의 건축이 금지된다.

116 국토의 계획 및 이용에 관한 법령상 아파트를 건축할 수 있는 용도지역은? **22회 출제**

① 제1종 전용주거지역
② 제1종 일반주거지역
③ 유통상업지역
④ 준주거지역
⑤ 일반공업지역

해설 용도지역
준주거지역이란 주거기능을 위주로 이를 지원하는 일부 상업기능 및 업무기능을 보완하기 위해 필요한 지역으로 아파트를 건축할 수 있다.

117 ★★ 국토의 계획 및 이용에 관한 법령상 용도지역 및 용도지구 안에서의 건축물의 건축제한 등이 개별법률에 따르는 경우가 있다. 각 경우와 그 근거법률의 연결이 옳은 것을 모두 고른 것은? **16회 개작**

> ㉠ 농공단지 : 「산업집적활성화 및 공장설립에 관한 법률」
> ㉡ 농림지역 중 농업진흥지역 : 「농지법」
> ㉢ 보전산지 : 「초지법」
> ㉣ 자연환경보전지역 중 상수원보호구역 : 「수도법」
> ㉤ 지정문화유산 : 「관광진흥법」
> ㉥ 자연환경보전지역 중 천연기념물 : 「자연유산의 보존 및 활용에 관한 법률」

① ㉠, ㉢, ㉤
② ㉠, ㉣, ㉤
③ ㉡, ㉢, ㉤
④ ㉡, ㉣, ㉥
⑤ ㉢, ㉣, ㉥

해설 용도지역·용도지구 안에서의 건축물의 건축제한과 근거법률
㉠ 농공단지 안에서의 건축제한에 대해서는 「산업입지 및 개발에 관한 법률」이 정하는 바에 따른다.
㉢ 농림지역 중 보전산지 안에서의 건축제한에 대해서는 「산지관리법」이, 농림지역 중 초지 안에서의 건축제한에 대해서는 「초지법」이 정하는 바에 따른다.
㉤ 자연환경보전지역 중 지정문화유산과 그 보호구역 안에서의 건축제한에 대해서는 「문화유산의 보존 및 활용에 관한 법률」이 정하는 바에 따른다.

정답 115. ③ 116. ④ 117. ④

부동산공법

118 甲은 도시지역 내에 지정된 지구단위계획구역에서 제3종 일반주거지역인 자신의 대지에 건축물을 건축하려고 하는바, 그 대지 중 일부를 학교의 부지로 제공하였다. 국토의 계획 및 이용에 관한 법령상 다음 조건에서 지구단위계획을 통해 완화되는 용적률을 적용할 경우 甲에게 허용될 수 있는 건축물의 최대 연면적은? (단, 지역·지구의 변경은 없는 것으로 하며, 기타 용적률에 영향을 주는 다른 조건은 고려하지 않음) **24회 출제**

- 甲의 대지면적 : 1,000㎡
- 학교 부지 제공면적 : 200㎡
- 제3종 일반주거지역의 현재 용적률 : 300%
- 학교 제공부지의 용적률은 현재 용도지역과 동일함

① 3,200㎡ ② 3,300㎡ ③ 3,600㎡
④ 3,900㎡ ⑤ 4,200㎡

해설 공공시설부지의 제공에 따른 건축기준의 완화

완화할 수 있는 용적률 계산식 : 해당 용도지역에 적용되는 용적률 + [1.5 × (공공시설등의 부지로 제공하는 면적 × 공공시설등 제공부지의 용적률) ÷ 공공시설등의 부지 제공 후의 대지면적] 이내. 설문을 계산식에 적용하면 300% + [1.5 × (200㎡ × 300%) ÷ 800㎡]가 된다. 따라서 완화할 수 있는 용적률은 300% + 112.5% = 412.5%이므로 건축물의 최대 연면적은 412.5% × 800㎡ = 3,300㎡이다.

119 K시에 소재하고 있는 甲의 대지는 제2종 일반주거지역과 생산녹지지역에 걸쳐 있으면서, 그 총면적은 1,000㎡이다. 이 경우 제2종 일반주거지역에 속한 부분에 건축 가능한 최대 연면적이 1,200㎡일 때, 甲의 대지 위에 건축할 수 있는 건물의 최대 연면적은? (단, K시의 도시·군계획조례상 생산녹지지역의 용적률은 50%, 제2종 일반주거지역의 용적률은 200%, 기타 건축제한은 고려하지 아니함) **19회 출제**

① 1,200㎡ ② 1,400㎡ ③ 1,500㎡
④ 1,600㎡ ⑤ 1,800㎡

해설 둘 이상의 용도지역에 걸치는 대지

용적률 = 연면적 / 대지면적이다. 제2종 일반주거지역에 속한 부분에 건축할 수 있는 최대 연면적이 1,200㎡이고, 용적률이 200%이므로 제2종 일반주거지역에 속한 부분의 면적은 600㎡가 된다. 생산녹지지역에 속한 부분은 400㎡인데, 용적률이 50%이므로 생산녹지지역에 속한 부분에 건축할 수 있는 최대연면적은 200㎡가 된다. 따라서 甲 대지 전체에 건축할 수 있는 최대 연면적은 1,400㎡이다.

정답 118. ② 119. ②

제1장 국토의 계획 및 이용에 관한 법률(응용)

120 A시에 소재하고 있는 甲의 대지는 1,200m²로 그림과 같이 준주거지역과 일반상업지역에 걸쳐 있으면서, 도로변에 띠 모양으로 지정된 일반상업지역은 경관지구로 지정되어 있다. 甲이 대지 위에 하나의 건축물을 건축하고자 할 때, 건축할 수 있는 건축물의 최대 연면적은? (단, A시의 도시계획조례상 일반상업지역 용적률은 800%, 건폐율은 80%이며, 준주거지역 용적률은 500%, 건폐율은 60%이고, 이외의 기타 건축제한은 고려하지 않음) **22회 개작**

준주거지역 800m²
일반상업지역, 경관지구 400m²
도로

① 7,200m²　② 6,000m²　③ 4,800m²　④ 4,000m²　⑤ 3,600m²

해설 하나의 대지가 둘 이상의 용도지역 등에 걸치는 경우

하나의 대지가 둘 이상의 용도지역에 걸치는 경우 그 최소부분이 330m² 이하(도로변에 띠 모양으로 지정된 상업지역에 걸쳐 있는 필지의 경우에는 660m² 이하)인 때에는 각 부분의 건폐율이나 용적률을 가중평균한 비율이 대지 전체의 건폐율이나 용적률이 된다.

문제의 경우 가중평균한 용적률은 $\frac{(400㎡ \times 800\% + 800㎡ \times 500\%)}{1,200㎡}$ = 600%가 된다. 따라서 최대 연면적은 7,200m²이다.

[참고]

이 문제의 경우 가중평균한 건폐율은 $\frac{(400㎡ \times 0.8 + 800㎡ \times 0.6)}{1,200㎡} = \frac{2}{3}$가 된다. 약 67%이다.

121 국토의 계획 및 이용에 관한 법령상 관리지역에 관한 설명 중 틀린 것은?

① 관리지역은 도시지역의 인구와 산업을 수용하기 위해 도시지역에 준해 체계적으로 관리하거나 농림업의 진흥, 자연환경 또는 산림의 보전을 위해 농림지역 또는 자연환경보전지역에 준해 관리가 필요한 용도지역이다.
② 국토환경보전을 위해 필요한 경우 보전관리지역은 자연환경보전지역과 중복해서 지정할 수 있다.
③ 관리지역 안의 취락을 정비하기 위해 취락지구로 지정할 수 있다.
④ 관리지역에서 창고를 건축하는 경우 특별시·광역시·시 또는 군의 조례가 정하는 높이로 규모 등을 제한할 수 있다.
⑤ 관리지역 안에서 「농지법」에 의한 농업진흥지역으로 지정·고시된 지역은 농림지역으로 결정·고시된 것으로 본다.

정답　120. ①　121. ②

해설 관리지역

용도지역끼리는 중복지정되지 않는다.

122 다음은 시가화조정구역에 관한 설명이다. 틀린 것은?

★★
① 시가화조정구역은 도시지역과 그 주변지역의 무질서한 시가화를 방지하기 위해 지정한다.
② 시가화유보기간은 시가화조정구역 안의 인구동태·토지이용상황 및 산업발전상황을 고려해서 정한다.
③ 국가계획과 연계해서 시가화조정구역의 지정 또는 변경이 필요한 경우에는 국토교통부장관이 직접 시가화조정구역의 지정 또는 변경을 도시·군관리계획으로 결정할 수 있다.
④ 시가화조정구역의 지정에 관한 도시·군관리계획의 결정은 시가화유보기간이 만료된 날부터 그 효력을 잃는다.
⑤ 시가화조정구역에 있는 산림에서의 입목의 벌채·조림·육림에 대한 허가기준에 대해서는 「산림자원의 조성 및 관리에 관한 법률」에 따른다.

해설 시가화조정구역

시가화조정구역의 지정에 관한 도시·군관리계획의 결정은 시가화유보기간이 만료된 날의 다음 날부터 그 효력을 잃는다.

123 다음은 시가화조정구역에 관한 설명이다. 틀린 것은?

★★
① 도시지역과 그 주변지역의 계획적·단계적인 개발을 위해 일정기간 시가화를 유보한 지역이다.
② 시가화조정구역의 지정기간은 20년 이상으로서 도시·군관리계획으로 정한다.
③ 특별시장·광역시장·특별자치시장·특별자치도지사·시장 또는 군수는 행위허가를 하는 때에는 그 행위가 도시·군계획사업의 시행에 지장을 주는지 여부에 관해 그 시행자의 의견을 들어야 한다.
④ 시가화조정구역 안에서 예외적으로 도시·군계획사업의 시행이 허용되는 경우가 있다.
⑤ 시가화조정구역에서의 행위허가의 기준에 관해서는 개발행위허가기준을 준용한다.

해설 시가화조정구역

시가화유보기간은 5년 이상, 20년 이내의 범위 안에서 도시·군관리계획으로 정한다. 시가화조정구역 안에서는 일부 토지이용행위에 한해 그것도 특별시장·광역시장·특별자치시장·특별자치도지사·시장 또는 군수의 허가를 받아서 행할 수 있다.

정답 122. ④ 123. ②

124 다음은 단계별 집행계획에 관한 설명이다. 틀린 것은?

★★
① 단계별 집행계획은 특별시장·광역시장·특별자치시장·특별자치도지사·시장 또는 군수가 수립하되, 국토교통부장관과 도지사도 자신이 입안한 도시·군관리계획에 대해 단계별 집행계획을 수립할 수 있다.
② 3년 후에 시행하는 도시·군계획시설사업은 제2단계 집행계획에 포함된다.
③ 매년 제2단계 집행계획에 포함된 도시·군계획시설사업을 검토해서 3년 이내에 시행될 사업을 제1단계 집행계획에 포함시킬 수 있다.
④ 제2단계 집행계획에 포함된 도시·군계획시설의 부지에 대해서는 개발행위허가기준에 관계없이 건축물을 건축할 수 있다.
⑤ 단계별 집행계획은 그 지방자치단체의 공보와 인터넷 홈페이지에 게재하는 방법으로 공고해야 한다.

해설 단계별 집행계획
도시·군계획시설부지에 대해 개발행위허가에 관한 규정이 완화적용되는 경우는 도시·군계획시설결정의 고시일부터 2년이 경과되도록 도시·군계획시설사업이 시행되지 않는 경우이다.

125 다음은 단계별 집행계획의 수립에 대한 설명이다. 틀린 것은? [13회 출제]

★★
① 단계별 집행계획이 수립되면 그 지방자치단체가 발행하는 공보와 인터넷 홈페이지에 게재하는 방법으로 지체없이 공고해야 한다.
② 도시·군계획시설결정의 효력이 발생한 날부터 2년 이내에 재원조달계획과 보상계획 등을 포함해서 수립해야 하나 지방재정이 불확실한 경우에는 그렇지 않다.
③ 매년 제2단계 집행계획을 검토해서 3년 이내에 도시·군계획시설사업을 시행할 도시·군계획시설을 선정해서 이를 제1단계 집행계획에 포함시킬 수 있다.
④ 3년 이내에 시행하는 도시·군계획시설사업은 제1단계 집행계획에, 3년 후에 시행하는 도시·군계획시설사업은 제2단계 집행계획으로 구분한다.
⑤ 관계 행정기관의 장과 협의는 계획을 수립하기 전에 미리 해야 한다.

해설 단계별 집행계획의 수립
단계별 집행계획은 도시·군계획시설결정의 고시일부터 3개월 이내에 재원조달계획·보상계획 등을 포함하는 단계별 집행계획을 수립해야 한다. 다만, 「도시 및 주거환경정비법」, 「도시재정비촉진을 위한 특별법」, 「도시재생 활성화 및 지원에 관한 특별법」에 따라 도시·군관리계획의 결정이 의제되는 경우에는 해당 도시·군계획시설결정의 고시일부터 2년 이내에 단계별 집행계획을 수립할 수 있다.

정답 124. ④ 125. ②

부동산공법

126. 국토의 계획 및 이용에 관한 법령상 도시·군계획시설사업에 관한 설명으로 틀린 것은? [32회 출제]

① 도시·군계획시설은 기반시설 중 도시·군관리계획으로 결정된 시설이다.
② 도시·군계획시설사업이 같은 도의 관할 구역에 속하는 둘 이상의 시 또는 군에 걸쳐 시행되는 경우에는 국토교통부장관이 시행자를 정한다.
③ 한국토지주택공사는 도시·군계획시설사업 대상 토지소유자 동의 요건을 갖추지 않아도 도시·군계획시설사업의 시행자로 지정을 받을 수 있다.
④ 도시·군계획시설사업 실시계획에는 사업의 착수예정일 및 준공예정일도 포함되어야 한다.
⑤ 도시·군계획시설사업 실시계획 인가 내용과 다르게 도시·군계획시설사업을 하여 토지의 원상회복 명령을 받은 자가 원상회복을 하지 아니하면 「행정대집행법」에 따른 행정대집행에 따라 원상회복을 할 수 있다.

해설 도시·군계획시설사업
도시·군계획시설사업이 같은 도의 관할 구역에 속하는 둘 이상의 시 또는 군에 걸쳐 시행되는 경우에는 시장 또는 군수가 서로 협의해서 시행자를 정한다. 협의가 성립되지 않는 경우 도지사가 시행자를 지정한다.

127. 다음은 도시·군계획시설사업을 시행하기 위해 토지 등을 수용하는 경우에 관한 설명이다. 올바른 것은? ★★★

① 행정청인 시행자만이 도시·군계획시설사업을 시행하기 위해서 토지 등을 수용할 수 있다.
② 도시·군계획시설사업의 고시가 있은 경우에는 「공익사업을 위한 토지 등의 취득 및 보상에 관한 법률」에 따른 사업인정 및 그 고시가 있은 것으로 본다.
③ 도시·군계획시설사업의 시행을 위해 필요하다고 인정할 때에는 그 도시·군계획시설에 인접한 토지 등을 수용 또는 사용할 수 있다.
④ 도시·군계획시설사업을 시행하기 위한 재결신청은 모두 중앙토지수용위원회의 관할이다.
⑤ 토지 등을 수용하는 경우 도시·군계획시설사업의 시행기간이 지나면 재결신청을 할 수 없다.

정답 126. ② 127. ⑤

해설 도시·군계획시설사업을 시행하기 위해 토지 등을 수용하는 경우(법 제95조, 제96조)
① 실시계획인가를 받으면 행정청이 아닌 시행자도 토지 등을 수용할 수 있다.
② 실시계획의 고시가 있은 때에는 「공익사업을 위한 토지 등의 취득 및 보상에 관한 법률」에 의한 사업인정 및 그 고시가 있는 것으로 본다.
③ 도시·군계획시설에 인접한 토지·건축물 또는 물건에 대해서는 일시사용만 허용된다.
④ 도시·군계획시설사업을 시행하기 위한 재결신청의 관할은 그 사업의 내용에 따라 지방토지수용위원회 또는 중앙토지수용위원회의 관할로 정해진다.

128 다음은 도시·군계획시설사업의 시행에 관한 설명이다. 틀린 것은?

★★
① 시행자가 도시·군계획시설사업에 필요한 토지를 수용하는 경우에는 「공익사업을 위한 토지 등의 취득 및 보상에 관한 법률」을 준용한다.
② 도시·군계획시설사업도 「공익사업을 위한 토지 등의 취득 및 보상에 관한 법률」의 공익사업에 해당되는 경우에 한해 토지를 수용할 수 있다.
③ 행정청이 아닌 시행자는 관할 특별시장·광역시장·시장 또는 군수의 허가를 받아 타인의 토지에 출입할 수 있다.
④ 시행자는 도시·군계획시설에 인접한 토지를 사용할 수 있다.
⑤ 도시·군계획시설결정의 고시일부터 10년 이후에 실시계획을 작성하거나 인가 받은 도시·군계획시설사업의 시행자가 실시계획 고시일부터 5년 이내에 「공익사업을 위한 토지 등의 취득 및 보상에 관한 법률」에 따른 재결신청을 하지 아니한 경우에는 실시계획 고시일부터 5년이 지난 다음 날에 그 실시계획은 효력을 잃는다.

해설 도시·군계획시설사업의 시행
도시·군계획시설사업은 「공익사업을 위한 토지 등의 취득 및 보상에 관한 법률」의 공익사업에 해당되는지 여부에 관계없이 토지를 수용할 수 있다.

129 다음은 도시·군계획시설사업의 시행에 관한 설명이다. 올바른 것은?

★★
① 기반시설은 반드시 도시·군계획시설결정을 한 후에 설치해야 한다.
② 영리법인도 일정한 절차를 거치면 도시·군계획시설사업을 시행할 수 있다.
③ 도시·군계획시설결정이 있은 날부터 2년 이내에 단계별 집행계획이 수립되지 않으면 그 도시·군계획시설결정은 실효된다.
④ 실시계획인가에서 정한 기간 내에 토지수용을 위한 재결신청을 하지 않으면 그 기간의 만료로써 실시계획의 효력이 상실된다.
⑤ 행정청이 아닌 시행자의 처분에 대해서는 특별시장·광역시장 또는 도지사에게 행정심판을 제기해야 한다.

정답 128. ② 129. ②

해설 **도시·군계획시설사업의 시행**
① 도시·군계획시설결정없이 설치할 수 있는 기반시설도 있다.
③ 단계별 집행계획의 수립 여부는 도시·군계획시설결정의 효력에 영향을 미치지 않는다.
④ 실시계획인가에서 정한 기간 내에 토지수용을 위한 재결신청을 하지 않으면 수용을 할 수 없게 되지만, 그렇다고 해서 실시계획 자체의 효력이 상실되는 것은 아니다.
⑤ 행정청이 아닌 시행자의 처분에 대해서는 그 자를 시행자로 지정한 자에게 행정심판을 제기해야 한다.

130 국토의 계획 및 이용에 관한 법령상 도시·군계획시설사업(이하 "사업")에 관한 설명으로 틀린 것은?

23회 출제

① 같은 도의 관할구역에 속하는 둘 이상의 시·군에 걸쳐 시행되는 사업의 시행자를 정함에 있어 관계 시장·군수 간 협의가 성립되지 않는 경우에는 관할 도지사가 시행자를 지정한다.
② 도지사는 광역도시계획과 관련되는 경우 관계 시장 또는 군수의 의견을 들어 직접 사업을 시행할 수 있다.
③ 시행자는 사업을 효율적으로 추진하기 위하여 필요하다고 인정되면 사업시행대상지역을 분할하여 사업을 시행할 수 있다.
④ 도시·군관리계획결정을 고시한 경우 사업에 필요한 국공유지는 그 도시·군관리계획으로 정해진 목적 외의 목적으로 양도할 수 없다.
⑤ 한국토지주택공사가 사업의 시행자로 지정을 받으려면 사업대상인 사유토지의 소유자 총수의 2분의 1 이상의 동의를 받아야 한다.

해설 **도시·군계획시설사업**
국가, 지방자치단체, 공공기관이 아닌 민간시행자가 도시·군계획시설사업의 시행자로 지정받으려면 도시·군계획시설사업의 대상인 토지(국·공유지는 제외)면적의 2/3 이상에 해당하는 토지를 소유하고 토지소유자 총수의 1/2 이상에 해당하는 자의 동의를 얻어야 한다.

131 다음은 도시·군계획시설사업의 시행자가 종래의 공공시설에 대체되는 새로운 공공시설을 설치한 경우에 관한 설명이다. 틀린 것은?

① 새로이 설치한 공공시설은 그 시설을 관리할 국가 또는 지방자치단체에 무상으로 귀속된다.
② 용도가 폐지되는 종래의 공공시설이 시행자에게 귀속되기 위해서는 새로이 설치한 공공시설과의 대체성이 인정되어야 한다.
③ 시행자가 행정청이 아닌 경우에는 용도가 폐지되는 공공시설은 새로이 설치한 공공시설의 설치비용에 상당하는 범위 안에서 시행자에게 무상으로 양도할 수 있다.
④ 공공시설의 귀속에 관한 사항이 포함된 실시계획을 인가할 때에는 미리 그 관리청의 의견을 들어야 한다.
⑤ 공공시설의 귀속은 법률의 규정에 의한 소유권변동이므로 등기를 하지 않더라도 물권변동의 효력이 발생한다.

정답   130. ⑤   131. ②

> **해설** 새로운 공공시설의 설치
> 시행자가 행정청인 경우에는 용도가 폐지되는 공공시설과 새로 설치하는 공공시설간에 대체성이 있어야 하지만, 시행자가 행정청이 아닌 경우에는 용도가 폐지되는 공공시설과 새로 설치하는 공공시설간의 대체성이 인정되지 않더라도 종래의 공공시설이 시행자에게 귀속된다.

132 다음은 시범도시사업의 시행에 관한 설명이다. 틀린 것은? ★

① 특별시장·광역시장·특별자치시장·특별자치도지사·시장·군수 또는 구청장은 시범도시사업의 효율적인 시행을 위해 시범도시사업계획을 수립해서 고시해야 한다.
② 시범도시사업계획에는 시범도시의 지정 및 지원에 관한 사항이 포함된다.
③ 시범도시사업계획을 수립할 때에는 미리 주민의 의견을 들어야 한다.
④ 관할 특별시장·광역시장·특별자치시장·특별자치도지사·시장·군수 또는 구청장은 매년 시범도시사업계획의 추진실적을 작성해야 한다.
⑤ 국토교통부장관, 관계 중앙행정기관의 장, 특별시장·광역시장 또는 도지사는 시범도시사업의 시행에 소요되는 비용의 일부를 보조 또는 융자할 수 있다.

> **해설** 시범도시사업의 시행
> 시범도시사업계획은 시범도시가 지정되고 난 후에 수립한다. 시범도시의 지정 및 지원에 관한 사항은 시범도시를 지정할 때에 정하는 사항이므로 시범도시사업계획에 담기에 부적합하다.

17회 출제

133 국토의 계획 및 이용에 관한 법령상 도시계획위원회에 관한 설명 중 틀린 것은?

① 국토교통부장관이 도시·군관리계획을 결정하고자 하는 때에는 중앙도시계획위원회의 심의를 거쳐야 한다.
② 지구단위계획을 수립한 지역 안에서의 개발행위는 지방도시계획위원회의 심의를 거쳐 허가해야 한다.
③ 시장 또는 군수는 지구단위계획구역으로 지정되어 지구단위계획을 수립하고 있는 지역으로서 도시·군관리계획상 특히 필요하다고 인정되는 지역에 대해 지방도시계획위원회의 심의를 거쳐 개발행위허가를 제한할 수 있다.
④ 개발밀도관리구역을 지정하고자 하는 경우 지방도시계획위원회의 심의를 거쳐야 한다.
⑤ 지방도시계획위원회의 위원이 당사자 등의 대리인으로 관여하는 경우 심의에서 제척된다.

> **해설** 도시계획위원회
> 지구단위계획이 수립된 지역 안에서의 개발행위는 중앙도시계획위원회 및 지방도시계획위원회의 심의를 거치지 않는다.

정답 132. ② 133. ②

134. 다음은 도시·군관리계획에 관한 조사·측량을 위한 장애물의 변경 또는 제거에 관한 설명이다. 틀린 것은?

① 장애물을 변경 또는 제거에 관해서는 그 소유자·점유자 또는 관리인의 동의를 받아야 한다.
② 장애물을 변경 또는 제거하는 때에는 미리 그 소유자·점유자 또는 관리인에게 통지해야 한다.
③ 토지점유자가 정당한 사유 없이 장애물의 변경 또는 제거를 방해하는 때에는 처벌을 받는다.
④ 장애물의 변경 또는 제거로 인한 손실에 대해서는 민사소송절차에 의해 보상을 청구할 수 있다.
⑤ 장애물의 변경 또는 제거는 강학상의 사업제한(事業制限)에 해당된다.

해설 조사·측량을 위한 장애물의 변경 또는 제거
④ 장애물의 변경 또는 제거로 인한 손실에 대해서는 당사자의 협의에 따라 보상한다. 협의가 이루어지지 않는 경우에는 관할 토지수용위원회에 재결을 신청해야 하며, 관할 토지수용위원회의 재결에 불복하는 경우에는 다시 중앙토지수용위원회에 이의신청을 해야 한다. 이의신청에 관한 중앙토지수용위원회의 재결에 대해 불복하는 경우에는 행정소송을 제기해야 한다.
⑤ 장애물의 변경 또는 제거는 부담제한 중 수인부담에 해당되는데, 학자에 따라서는 이를 사업제한으로 분류하기도 한다.

135. 국토의 계획 및 이용에 관한 법령상 도시·군계획시설사업에 관한 측량을 위해 행하는 토지에의 출입 등에 관한 설명 중 옳은 것은? **17회 출제**

① 행정청인 도시·군계획시설사업의 시행자는 상급행정청의 승인을 받아 타인의 토지에 출입할 수 있다.
② 타인의 토지를 일시 사용하고자 하는 자는 토지를 사용하고자 하는 날의 7일 전까지 그 토지의 소유자·점유자 또는 관리인에게 통지해야 한다.
③ 타인의 토지에 출입하고자 하는 자는 그 권한을 표시하는 증표와 허가증을 지니고 이를 관계인에게 내보여야 한다.
④ 타인의 토지에의 출입으로 손실이 발생한 경우 그 행위자가 직접 그 손실을 보상해야 한다.
⑤ 허가를 받지 않고 타인의 토지에 출입한 자에 대해서는 1년 이하의 징역 또는 1,000만원 이하의 벌금에 처한다.

해설 도시·군계획시설사업에 관한 측량을 위해 행하는 토지에의 출입
① 행정청인 도시·군계획시설사업의 시행자는 허가를 받지 않고 타인의 토지에 출입할 수 있다.
② 사용하고자 하는 날의 3일 전까지 토지의 소유자·점유자 또는 관리인에게 통지해야 한다.
④ 타인토지에의 출입으로 인한 손실은 그 행위자가 속하는 행정청 또는 도시·군계획사업시행자가 보상한다.
⑤ 허가를 받지 않고 타인토지에 출입한 자는 1,000만원 이하의 과태료에 처한다.

정답 134. ④   135. ③

제1장 국토의 계획 및 이용에 관한 법률(응용)

136 甲은 행정청이 아닌 자로서 도시계획시설사업을 시행하는 자이다. 국토의 계획 및 이용에 관한 법령상 甲의 사업비용에 관한 설명으로 옳은 것은? 〔22회 출제〕

① 국가 또는 지방자치단체는 법령에서 정한 소요비용의 3분의 1 이하의 범위 안에서 甲의 사업비용을 보조 또는 융자할 수 있다.
② 甲이 현저한 이익을 받는 지방자치단체에게 비용을 부담하게 하는 경우 당해 사업의 설계비도 소요비용에 포함된다.
③ 甲의 사업이 다른 공공시설의 정비를 주된 내용으로 하는 경우에는 甲은 자신의 사업으로 현저한 이익을 받은 공공시설의 관리자에게 그 사업에 든 비용의 2분의 1까지 부담시킬 수 있다.
④ 국가 또는 지방자치단체는 甲의 도시계획시설사업에 소요되는 조사·측량비를 보조할 수 있다.
⑤ 甲은 자신의 사업으로 현저한 이익을 받는 지방자치단체에게 그 사업에 든 비용의 일부를 부담시킬 수 있다.

해설 도시계획시설사업의 사업비용
② 설계비는 소요비용에서 제외된다.
③ 행정청인 도시계획시설사업시행자의 경우에 그 사업에 든 비용의 2분의 1까지 부담시킬 수 있다.
④ 조사·측량비, 설계비 및 관리비를 제외한 공사비와 감정비를 포함한 보상비를 보조할 수 있다.
⑤ 국토교통부장관이나 시·도지사가 시행자인 경우 지방자치단체에게 그 사업에 든 비용의 일부를 부담시킬 수 있다.

137 국토의 계획 및 이용에 관한 법령상 처분에 앞서 청문을 해야 하는 경우만을 모두 고른 것은? 〔20회 출제〕

㉠ 개발행위허가의 취소
㉡ 도시·군기본계획 승인의 취소
㉢ 실시계획인가의 취소
㉣ 지구단위계획구역 지정의 취소
㉤ 도시·군계획시설사업 실시계획 인가의 취소

① ㉠, ㉡, ㉢
② ㉠, ㉢, ㉤
③ ㉠, ㉣, ㉤
④ ㉡, ㉢, ㉣
⑤ ㉡, ㉣, ㉤

해설 청문
■ 국토교통부장관, 시·도지사, 시장·군수 또는 구청장은 다음의 어느 하나에 해당하는 처분을 하려면 청문을 실시하여야 한다.
1) 개발행위허가의 취소
2) 행정청이 아닌 도시·군계획시설사업의 시행자 지정의 취소
3) 실시계획인가의 취소

정답 136. ① 137. ②

부동산공법

138 국토의 계획 및 이용에 관한 법령상 과태료부과 대상에 해당되지 <u>않는</u> 것은? `19회 출제`

① 공동구에 수용하여야 하는 시설을 공동구에 수용하지 아니한 경우
② 정당한 사유 없이 광역도시계획에 관한 기초조사를 방해한 경우
③ 도시·군계획시설사업의 시행자가 감독상 필요한 보고를 허위로 한 경우
④ 개발행위허가를 받은 자가 소속공무원의 그 개발행위에 관한 업무상황의 검사를 거부한 경우
⑤ 공동구의 설치비용을 부담하지 아니한 자가 허가를 받지 않고 공동구를 사용하는 경우

해설 과태료부과 대상
공동구에 수용해야 하는 시설을 공동구에 수용하지 않은 경우에는 형사처벌(2년 이하의 징역 또는 2,000만원 이하의 벌금)을 받게 된다.

정답 138. ①

CHAPTER 02 도시개발법

학습포인트

- 「도시개발법」은 종전의 토지구획정리사업과 신도시개발사업에 관한 규정을 통합한 것이다.
- 「도시개발법」 중 환지방식에 관한 부분은 환지처분에 관해 일반법으로서의 지위를 가지므로 확실히 이해해 두어야 한다.

CHAPTER 학습 & 출제되는 키워드

- ☑ 도시개발사업의 시행방식
- ☑ 도시개발구역의 지정요건
- ☑ 도시개발구역지정의 해제
- ☑ 토지 등의 수용 또는 사용
- ☑ 토지상환채권의 발행
- ☑ 토지부담률
- ☑ 환지처분
- ☑ 임대료 등의 증감청구

- ☑ 시행자가 될 수 있는 자
- ☑ 개발계획
- ☑ 시행자의 변경
- ☑ 원형지의 공급과 개발
- ☑ 조성토지 등의 공급
- ☑ 환지계획인가
- ☑ 청산금
- ☑ 권리의 포기 등

- ☑ 도시개발조합
- ☑ 도시개발구역지정의 효과
- ☑ 실시계획의 인가
- ☑ 원형지 매각의 제한
- ☑ 환지계획
- ☑ 환지예정지의 지정
- ☑ 감가보상금
- ☑ 도시개발채권

CHAPTER 학습 & 출제되는 질문

- ☑ 도시개발사업의 시행자로 지정받을 수 없는 자는?
- ☑ 조합설립인가 신청을 위한 동의에 관한 설명으로 틀린 것은?
- ☑ 국토교통부장관이 도시개발구역을 지정할 수 있는 경우가 아닌 것은?
- ☑ 도시개발구역을 지정한 후에 개발계획에 포함시킬 수 있는 사항은?
- ☑ 환지 방식의 도시개발사업에 대한 개발계획의 수립·변경을 위한 동의자 수 산정방법으로 옳은 것은?
- ☑ 토지상환채권에 관한 설명으로 옳은 것은?
- ☑ 수용 또는 사용방식에 의한 도시개발사업으로 조성된 토지 등을 수의계약의 방법으로 공급할 수 없는 경우는?
- ☑ 도시개발사업에 필요한 비용에 관한 설명으로 틀린 것은?

기본 출제예상문제

01 다음은 도시개발구역의 분할 및 결합에 관한 설명이다. 틀린 것은?

① 도시개발구역 지정권자는 도시개발사업의 효율적인 추진과 도시의 경관 보호 등을 위해 필요한 경우에는 도시개발구역을 둘 이상의 사업시행지구로 분할해서 지정할 수 있다.
② 도시개발구역의 분할은 분할 후 각 사업시행지구의 면적이 각각 1만㎡ 이상인 경우로 한다.
③ 도시개발구역 지정권자는 도시개발사업의 효율적인 추진과 도시의 경관 보호 등을 위해 필요한 경우에는 서로 떨어진 둘 이상의 지역을 결합해서 하나의 도시개발구역으로 지정할 수 있다.
④ 도시개발구역의 결합은 동일 또는 연접한 특별시·광역시·도·특별자치도인 경우에 한한다.
⑤ 관계 법령에 따라 토지이용이 제한되는 지역으로서 면적이 1만㎡ 미만인 지역이 도시개발구역에 하나 이상 포함된 경우에는 도시개발구역의 결합이 허용된다.

> **해설** 도시개발구역의 분할 및 결합
> 관계 법령에 따라 토지이용이 제한되는 지역으로서 면적이 1만㎡ 이상인 지역이 도시개발구역에 하나 이상 포함된 경우에 도시개발구역의 결합이 허용된다.

02 다음은 도시개발사업의 시행방식에 관한 설명이다. 틀린 것은?
★★
① 시행자는 사업의 용이성·규모 등을 고려하여 필요하면 국토교통부장관이 정하는 기준에 따라 도시개발사업의 시행방식을 정할 수 있다.
② 사업의 전부를 환지방식으로 시행하는 경우 국가 또는 지방자치단체를 시행자로 지정하여야 한다.
③ 수용 또는 사용하는 방식과 환지방식을 혼용하는 혼용방식은 분할혼용방식과 미분할 혼용방식으로 구분된다.
④ 계획적이고 체계적인 도시개발 등 집단적인 조성과 공급이 필요한 경우에 수용 또는 사용하는 방식으로 시행하는 것이 원칙이다.
⑤ 시행방식을 변경하고자 할 때에는 개발계획을 변경해야 한다.

> **해설** 도시개발사업의 시행방식
> 사업의 전부를 환지방식으로 시행하는 경우에는 토지소유자 또는 그 조합을 시행자로 지정해야 한다.

정답   01. ⑤   02. ②

제2장 도시개발법(기본)

03 도시개발법령상 도시개발사업의 시행방식에 관한 설명으로 옳은 것은? **30회 출제**

① 분할 혼용방식은 수용 또는 사용방식이 적용되는 지역과 환지방식이 적용되는 지역을 사업시행지구별로 분할하여 시행하는 방식이다.
② 계획적이고 체계적인 도시개발 등 집단적인 조성과 공급이 필요한 경우에는 환지방식으로 정하여야 하며, 다른 시행방식에 의할 수 없다.
③ 도시개발구역지정 이후에는 도시개발사업의 시행방식을 변경할 수 없다.
④ 시행자는 도시개발사업의 시행방식을 토지등을 수용 또는 사용하는 방식, 환지방식 또는 이를 혼용하는 방식 중에서 정하는 국토교통부장관의 허가를 받아야 한다.
⑤ 지방자치단체가 도시개발사업의 전부를 환지방식으로 시행하려고 할 때에는 도시개발사업에 관한 규약을 정하여야 한다.

해설 도시개발사업의 시행방식
② 계획이고 체계적인 도시개발 등 집단적인 조성과 공급이 필요한 경우에는 수용 또는 사용방식으로 정하여야 한다.
③ 도시개발구역지정 이후에도 도시개발사업의 시행방식을 변경할 수 있다.
④ 시행자는 도시개발사업의 시행방식을 토지등을 수용 또는 사용하는 방식, 환지방식 또는 이를 혼용하는 방식으로 시행할 수 있다.
⑤ 지방자치단체가 도시개발사업의 전부를 환지방식으로 시행하려고 할 때에는 도시개발사업에 관한 시행규정을 정하여야 한다.

04 다음은 순환개발방식의 도시개발사업에 관한 설명이다. 틀린 것은?

① 시행자는 도시개발구역의 내외에 새로 건설하는 주택 또는 이미 건설되어 있는 주택에 그 도시개발사업의 시행으로 철거되는 주택의 세입자 또는 소유자를 임시로 거주하게 하는 등의 방식으로 그 도시개발구역을 순차적으로 개발할 수 있다.
② 주택의 세입자 및 소유자는 주민 등의 의견을 듣기 위하여 공람한 날 또는 공청회의 개최에 관한 사항을 공고한 날 이전부터 도시개발구역의 주택에 실제로 거주하는 자에 한정한다.
③ 시행자는 순환개발방식으로 도시개발사업을 시행하는 경우에는 「주택법」의 주택공급에 관한 규정에 불구하고 순환용 주택을 임시거주시설로 사용하거나 임대할 수 있다.
④ 순환용 주택에 거주하는 자가 도시개발사업이 완료된 후에도 순환용 주택에 계속 거주하기를 희망하는 때에는 이를 분양하거나 계속 임대할 수 있다.
⑤ 임대용 순환용 주택을 임차하려는 사람은 「민간임대주택에 관한 특별법」에 따른 민간임대주택 또는 「공공주택 특별법」에 따른 공공임대주택의 입주자 자격요건을 구비하지 않아도 된다.

정답   03. ①   04. ⑤

해설 순환용 주택의 임대
임대용 순환용 주택을 임차하려는 사람은 「민간임대주택에 관한 특별법」에 따른 민간임대주택 또는 「공공주택 특별법」에 따른 공공임대주택의 입주자 자격요건을 갖추어야 한다.

05 다음 중 도시개발사업의 시행자가 될 수 없는 자는? ★★

① 국 가
② 지방자치단체
③ 한국토지주택공사
④ 도시개발구역 안에 있는 토지의 소유자
⑤ 도시개발구역에 거주하는 주민의 조합

해설 도시개발사업의 시행자
⑤ 주민의 조합이 아닌 토지소유자의 조합이어야 한다.

06 다음은 시행자지정을 위한 동의에 관한 설명이다. 틀린 것은?

① 토지소유권을 공유하는 경우에는 다른 공유자의 동의를 받은 대표 공유자 1명만을 해당 토지소유자로 본다.
② 집합건물의 경우에는 다른 구분소유자의 동의를 받은 대표 구분소유자 1명만을 해당 토지소유자로 본다.
③ 주민의견청취를 위한 공람·공고일 후에 집합건물의 구분소유권을 분할하게 되어 토지소유자의 수가 증가하게 된 경우에는 공람·공고일 전의 토지소유자의 수를 기준으로 산정하고, 증가된 토지소유자의 수는 토지소유자 총수에 추가 산입하지 않는다.
④ 도시개발구역의 지정이 제안되기 전에 동의를 철회한 사람은 동의자 수에서 제외한다.
⑤ 도시개발구역의 지정이 제안된 후부터 도시개발구역이 지정되기 전까지 토지소유자가 변경된 경우에는 기존 토지소유자의 동의서를 기준으로 한다.

해설 동의자의 수 산정방법
집합건물의 구분소유자는 각각을 토지소유자로 본다.

07 다음은 도시개발사업의 시행자 지정 및 변경에 관한 설명이다. 틀린 것은?

① 도시개발사업의 시행자로 지정받으려는 자는 도시개발구역 지정권자에게 시행자지정을 신청해야 한다.
② 시행자의 지정이 취소된 경우에는 시행자를 변경할 수 있다.
③ 도시개발사업에 관한 실시계획의 인가를 받은 후 2년 이내에 사업을 착수하지 않는 경우에는 시행자를 변경할 수 있다.
④ 실시계획의 인가가 취소된 경우에는 시행자를 변경할 수 있다.
⑤ 도시개발조합이 조합설립인가일부터 1년 이내에 실시계획인가를 신청하지 않은 경우에는 시행자를 변경할 수 있다.

정답   05. ⑤   06. ②   07. ⑤

해설 시행자의 지정 및 변경

도시개발조합이 도시개발구역지정의 고시일부터 1년 안에 실시계획인가를 신청하지 않은 경우에는 시행자를 변경할 수 있다.

08 도시개발법령상 도시개발구역 지정권자가 도시개발사업시행자를 변경할 수 있는 경우가 아닌 것은? [22회 출제]

① 행정처분으로 시행자의 지정이 취소된 경우
② 시행자가 도시개발사업에 관한 실시계획의 인가를 받은 후 2년 이내에 사업을 착수하지 아니한 경우
③ 도시개발구역의 전부를 환지방식으로 시행하는 시행자가 도시개발구역 지정의 고시일로부터 6개월 이내에 실시계획 인가를 신청하지 아니한 경우
④ 시행자의 부도·파산으로 도시개발사업의 목적을 달성하기 어렵다고 인정되는 경우
⑤ 행정처분으로 실시계획의 인가가 취소된 경우

해설 도시개발사업시행자의 변경

도시개발구역 전부를 환지방식으로 시행하기 위해 시행자로 지정된 토지소유자 또는 조합이 도시개발구역 지정의 고시일부터 1년 이내(지정권자가 실시계획의 인가신청기간의 연장이 불가피하다고 인정하여 6월의 범위에서 연장한 경우에는 그 연장된 기간)에 도시개발사업에 관한 실시계획의 인가를 신청하지 아니하는 경우 시행자를 변경할 수 있다.

09 다음은 도시개발사업시행자의 도시개발사업에 관한 업무의 위탁 또는 신탁에 관한 설명이다. 틀린 것은?

① 시행자는 지방공사와 협약을 체결해서 기반시설의 건설에 관한 업무를 위탁해서 시행할 수 있다.
② 시행자는 국가와 협약을 체결해서 주민이주대책사업을 위탁할 수 있다.
③ 시행자는 한국토지주택공사와 협약을 체결해서 도시개발사업을 위한 토지매수업무를 위탁할 수 있다.
④ 조합은 도시개발구역 지정권자의 승인을 받아 시행자 자격이 있는 신탁업자와의 계약을 통해 도시개발사업을 시행할 수 있다.
⑤ 시행자가 신탁계약을 체결한 경우에는 그 계약을 체결한 날부터 1개월 이내에 도시개발구역 지정권자에게 그 사실을 통보해야 한다.

해설 도시개발사업 업무의 위탁

국가가 도시개발사업의 시행자로부터 위탁받을 수 있는 업무는 기반시설의 건설과 공유수면의 매립에 관한 업무이다.

정답 08. ③ 09. ②

부동산공법

10 도시개발법령상 도시개발사업을 위하여 설립하는 조합에 관한 설명으로 옳은 것은? 〔29회 출제〕

① 조합을 설립하려면 도시개발구역의 토지소유자 7명 이상이 국토교통부장관에게 조합 설립의 인가를 받아야 한다.
② 조합이 인가받은 사항 중 주된 사무소의 소재지를 변경하려는 경우 변경인가를 받아야 한다.
③ 조합 설립의 인가를 신청하려면 해당 도시개발구역의 토지면적의 2분의 1 이상에 해당하는 토지소유자와 그 구역의 토지소유자 총수의 3분의 2 이상의 동의를 받아야 한다.
④ 금고 이상의 형을 선고받고 그 집행이 끝나지 아니한 자는 조합원이 될 수 없다.
⑤ 의결권을 가진 조합원의 수가 100인인 조합은 총회의 권한을 대행하게 하기 위하여 대의원회를 둘 수 있다.

> **해설** 도시개발조합
> ① 조합을 설립하려면 도시개발구역의 토지소유자 7명 이상이 지정권자에게 조합설립의 인가를 받아야 한다.
> ② 조합이 인가받은 사항 중 주된 사무소의 소재지를 변경하려는 경우 변경신고를 하여야 한다.
> ③ 조합 설립의 인가를 신청하려면 해당 도시개발구역의 토지면적의 2/3 이상에 해당하는 토지소유자와 그 구역의 토지소유자 총수의 1/2 이상의 동의를 받아야 한다.
> ④ 금고 이상의 형을 선고받고 그 집행이 끝나지 아니한 자는 조합의 임원이 될 수 없다.

11 ★★ 다음은 도시개발조합에 관한 설명이다. 올바른 것은?

① 조합은 도시개발구역에 있는 토지소유자 20명 이상이 설립한다.
② 조합은 도시개발구역의 전부 또는 일부를 환지방식으로 시행하는 도시개발사업의 시행자가 될 수 있다.
③ 조합은 설립인가를 받은 후 주된 사무소의 소재지에 등기한 때에 비로소 성립된다.
④ 조합에 관해서는 「민법」 중 조합에 관한 규정을 준용한다.
⑤ 조합이 도시개발사업 외의 다른 업무를 행한 때에는 형사처벌을 받게 된다.

> **해설** 도시개발조합
> ① "20명"이 아닌 "7명"이어야 한다.
> ② 조합은 도시개발구역의 전부를 환지방식으로 시행하는 도시개발사업의 시행자가 될 수 있다.
> ④ 「민법」상의 조합은 계약관계를 말한다. 따라서 도시개발조합에 관해서는 「민법」상의 조합에 관한 규정이 적용 또는 준용되지 않는다.
> ⑤ 도시개발조합이 도시개발사업 외의 다른 업무를 행한 때에는 과태료처분을 받게 된다.

정답   10. ⑤   11. ③

제2장 도시개발법(기본)

12 도시개발법령상 도시개발사업 조합에 관한 설명으로 틀린 것은? [27회 출제]

① 조합은 도시개발사업의 전부를 환지방식으로 시행하는 경우 사업시행자가 될 수 있다.
② 조합을 설립하려면 도시개발구역의 토지소유자 7명 이상이 정관을 작성하여 지정권자에게 조합설립의 인가를 받아야 한다.
③ 조합이 작성하는 정관에는 도시개발구역의 면적이 포함되어야 한다.
④ 조합설립의 인가를 신청하려면 국공유지를 제외한 해당 도시개발구역의 토지면적의 3분의 2 이상에 해당하는 토지소유자와 그 구역의 토지소유자 총수의 2분의 1 이상의 동의를 받아야 한다.
⑤ 조합의 이사는 그 조합의 조합장을 겸할 수 없다.

해설 도시개발사업 조합
조합설립의 인가를 신청하려면 국공유지를 포함한 해당 도시개발구역의 토지면적의 2/3 이상에 해당하는 토지소유자와 그 구역의 토지소유자 총수의 1/2 이상의 동의를 받아야 한다(법 제13조 제3항).

13 도시개발법령상 도시개발사업조합에 관한 설명으로 틀린 것은? [33회 출제]

① 조합은 그 주된 사무소의 소재지에서 등기를 하면 성립한다.
② 주된 사무소의 소재지를 변경하려면 지정권자로부터 변경인가를 받아야 한다.
③ 조합 설립의 인가를 신청하려면 해당 도시개발구역의 토지면적의 3분의 2 이상에 해당하는 토지 소유자와 그 구역의 토지 소유자 총수의 2분의 1 이상의 동의를 받아야 한다.
④ 조합의 조합원은 도시개발구역의 토지 소유자로 한다.
⑤ 조합의 설립인가를 받은 조합의 대표자는 설립인가를 받은 날부터 30일 이내에 주된 사무소의 소재지에서 설립등기를 하여야 한다.

해설 도시개발사업조합
주된 사무소의 소재지를 변경하려면 지정권자에게 신고하여야 한다.

14 다음은 도시개발조합의 정관에 포함되어야 할 사항이다. 틀린 것은?

① 조합의 명칭
② 임원의 자격·수·임기·직무 및 선임방법
③ 비용부담에 관한 사항
④ 조합원의 제명·탈퇴 및 교체에 관한 사항
⑤ 보류지 및 체비지의 관리·처분에 관한 사항

정답   12. ④   13. ②   14. ④

해설 **도시개발조합의 정관**

도시개발구역에 있는 토지의 소유자는 조합원이 된다. 조합원이 토지의 소유권을 상실한 경우에는 조합원의 자격을 잃게 된다. 그러므로 도시개발조합의 경우 조합원의 제명·탈퇴 및 교체에 관한 사항을 굳이 정관에 규정할 필요가 없다.

15 다음은 조합원의 의결권에 대한 설명이다. 틀린 것은?

① 조합원은 보유토지의 면적에 관계없이 평등한 의결권을 가진다.
② 조합원이 해당 도시개발구역에 있는 다른 조합원의 토지의 소유권을 이전받은 경우에는 다른 조합원의 의결권은 소멸한다.
③ 집합건물의 구분소유자는 각각 의결권을 가진다.
④ 주민의견청취를 위한 공람·공고일 후에 집합건물의 구분소유권을 분할하여 구분소유권을 취득한 자는 의결권이 없다.
⑤ 공유토지의 경우에는 공유자의 동의를 받은 대표공유자 1명만 의결권을 가진다.

해설 **조합원의 의결권**

다른 조합원으로부터 해당 도시개발구역에 그가 가지고 있는 토지소유권 전부를 이전받은 조합원은 정관으로 정하는 바에 따라 본래의 의결권과는 별도로 그 토지소유권을 이전한 조합원의 의결권을 승계할 수 있다.

16 도시개발법령상 도시개발조합에 대한 설명 중 옳은 것은?

① 조합원은 도시개발구역 안에 소재한 토지 또는 건축물의 소유자와 그 지상권자로 한다.
② 조합원의 수가 100명 이상인 조합은 총회의 권한을 대행하게 하기 위해 대의원회를 두어야 한다.
③ 개발계획의 수립 및 변경은 대의원회가 총회의 권한을 대행할 수 없고 총회의 의결을 거쳐야 한다.
④ 조합의 설립시에는 토지등소유자 4/5 이상의 동의를 받아야 한다.
⑤ 도시개발구역 안에 거주하는 주민들의 주민대표회의는 조합임원의 선임에 대한 승인권한을 갖는다.

해설 **도시개발조합**

① 조합원은 도시개발구역의 토지소유자로 한다.
② 대의원회는 조합원이 50명 이상인 경우에 둘 수 있다.
④ 조합의 설립에는 토지면적의 2/3 이상에 해당하는 토지소유자의 동의와 토지소유자 총수의 1/2 이상의 동의가 필요하다.
⑤ 주민대표회의는 「도시 및 주거환경 정비법」상의 제도이다.

정답 15. ② 16. ③

제2장 도시개발법(기본)

17 도시개발법령상 도시개발사업조합의 조합원에 관한 설명으로 옳은 것은? `25회 출제`

① 조합원은 도시개발구역 내의 토지의 소유자 및 저당권자로 한다.
② 의결권이 없는 조합원도 조합의 임원이 될 수 있다.
③ 조합원으로 된 자가 금고 이상의 형의 선고를 받은 경우에는 그 사유가 발생한 다음날부터 조합원의 자격을 상실한다.
④ 조합원은 도시개발구역 내에 보유한 토지면적에 비례하여 의결권을 가진다.
⑤ 조합원이 정관에 따라 부과된 부과금을 체납하는 경우 조합은 특별자치도지사·시장·군수 또는 구청장에게 그 징수를 위탁할 수 있다.

해설 도시개발사업조합의 조합원
① 조합원은 도시개발구역에 있는 토지의 소유자로 한다.
② 의결권이 없는 조합원은 조합의 임원이 될 수 없다.
③ 조합임원의 결격사유이다.
④ 조합원은 도시개발구역 내에 보유한 토지면적에 관계없이 평등한 의결권을 가진다.

18 도시개발법령상 도시개발사업 조합에 관한 설명으로 옳은 것을 모두 고른 것은? `34회 출제`

> ㄱ. 금고 이상의 형을 선고받고 그 형의 집행유예기간 중에 있는 자는 조합의 임원이 될 수 없다.
> ㄴ. 조합이 조합 설립의 인가를 받은 사항 중 공고방법을 변경하려는 경우 지정권자로부터 변경인가를 받아야 한다.
> ㄷ. 조합장 또는 이사의 자기를 위한 조합과의 계약이나 소송에 관하여는 대의원회가 조합을 대표한다.
> ㄹ. 의결권을 가진 조합원의 수가 50인 이상인 조합은 총회의 권한을 대행하게 하기 위하여 대의원회를 둘 수 있으며, 대의원회에 두는 대의원의 수는 의결권을 가진 조합원 총수의 100분의 10 이상으로 한다.

① ㄱ, ㄷ
② ㄱ, ㄹ
③ ㄴ, ㄷ
④ ㄱ, ㄴ, ㄹ
⑤ ㄴ, ㄷ, ㄹ

해설 도시개발조합
ㄴ. 조합이 조합 설립의 인가를 받은 사항 중 공고방법을 변경하려는 경우 지정권자에게 변경신고를 한다.
ㄷ. 조합장 또는 이사의 자기를 위한 조합과의 계약이나 소송에 관하여는 감사가 조합을 대표한다.

정답   17. ⑤   18. ②

19. 다음은 도시개발조합의 임원에 관한 설명이다. 틀린 것은?

① 조합의 임원으로 조합장 1명과 이사 및 감사를 둔다.
② 조합장과 이사는 의결권을 가진 조합원이어야 하며, 정관으로 정하는 바에 따라 총회에서 선임한다.
③ 감사는 정관이 정하는 바에 따라 공인회계사 등 해당 분야의 전문가 중에서 총회에서 선임한다.
④ 조합의 임원이 결격사유에 해당하게 된 때에는 그 다음날부터 임원의 자격을 상실한다.
⑤ 조합장이나 이사의 자기를 위한 조합과의 계약이나 소송에 관해서는 감사가 조합을 대표한다.

해설 도시개발조합의 임원
감사도 조합원 중에서 선임한다.

20. 다음은 도시개발사업에 관한 설명이다. 틀린 것은? ★★

① 도시개발구역 안의 토지를 수용 또는 사용하는 방식과 환지를 하는 방식을 혼용할 수 있다.
② 사업시행방식은 실시계획에 의해 정해진다.
③ 토지소유자·조합 등은 신탁업자와 신탁계약을 체결해서 도시개발사업을 시행할 수 있다.
④ 시행자는 공공시설의 건설과 공유수면의 매립에 관한 업무를 국가·지방자치단체 또는 공공기관에 위탁해서 시행할 수 있다.
⑤ 시행자는 도시개발사업을 위한 기초조사, 토지매수업무, 손실보상업무, 주민이주대책사업 등을 지방자치단체나 공공기관에 위탁할 수 있다.

해설 도시개발사업
도시개발사업의 시행방식은 개발계획에 의해 정해진다.

21. 도시개발법령상 도시개발구역의 지정에 관한 설명으로 옳은 것은? (단, 특례는 고려하지 않음) [30회 출제]

① 대도시 시장은 직접 도시개발구역을 지정할 수 없고, 도지사에게 그 지정을 요청하여야 한다.
② 도시개발사업이 필요하다고 인정되는 지역이 둘 이상의 도의 행정구역에 걸치는 경우에는 해당 면적이 더 넓은 행정구역의 도지사가 도시개발구역을 지정하여야 한다.
③ 천재지변으로 인하여 도시개발사업을 긴급하게 할 필요가 있는 경우 국토교통부장관이 도시개발구역을 지정할 수 있다.
④ 도시개발구역의 총 면적이 1만m² 미만인 경우 둘 이상의 사업시행지구로 분할하여 지정할 수 있다.
⑤ 자연녹지지역에서 도시개발구역을 지정한 이후 도시개발사업의 계획을 수립하는 것은 허용되지 아니한다.

정답 19. ③ 20. ② 21. ③

제2장 도시개발법(기본)

해설 도시개발구역의 지정

① 대도시 시장은 직접 도시개발구역을 지정할 수 있다.
② 도시개발사업이 필요하다고 인정되는 지역이 둘 이상의 시·도나 대도시의 행정구역에 걸치는 경우에는 관계 시·도지사나 대도시시장이 협의해서 도시개발구역을 지정할 자를 정한다.
④ 분할한 후 각 사업시행지구의 면적이 각각 1만㎡ 이상인 경우 둘 이상의 사업시행지구로 분할하여 도시개발구역을 지정할 수 있다.
⑤ 자연녹지지역에서 도시개발구역을 지정한 이후 도시개발사업의 계획을 수립하는 것은 허용된다.

22 도시개발법령상 도시개발구역의 지정에 관한 설명으로 틀린 것은? [25회 출제]

① 서울특별시와 광역시를 제외한 인구 50만 이상의 대도시의 시장은 도시개발구역을 지정할 수 있다.
② 자연녹지지역에서 도시개발구역으로 지정할 수 있는 규모는 3만㎡ 이상이어야 한다.
③ 계획관리지역에 도시개발구역을 지정할 때에는 도시개발구역을 지정한 후에 개발계획을 수립할 수 있다.
④ 지정권자가 도시개발사업을 환지방식으로 시행하려고 개발계획을 수립하는 경우 사업시행자가 지방자치단체이면 토지소유자의 동의를 받을 필요가 없다.
⑤ 군수가 도시개발구역의 지정을 요청하려는 경우 주민이나 관계전문가 등으로부터 의견을 들어야 한다.

해설 도시개발구역의 지정요건

자연녹지지역에서 도시개발구역으로 지정할 수 있는 규모는 1만㎡ 이상이어야 한다.

23 도시개발법령상 도시개발구역의 지정을 제안할 수 있는 자가 아닌 것은? [23회 출제]

① 도시개발조합   ② 한국수자원공사   ③ 한국농어촌공사
④ 한국관광공사   ⑤ 「지방공기업법」에 따라 설립된 지방공사

해설 도시개발구역지정의 제안자

도시개발사업의 시행자가 될 수 있는 자(국가·지방자치단체 및 도시개발조합은 제외한다)는 특별자치도지사·시장·군수 또는 구청장에게 도시개발구역의 지정을 제안할 수 있다.

정답   22. ②   23. ①

부동산공법

24 도시개발법령상 도시개발구역으로 지정할 수 있는 대상지역 및 규모에 관하여 ( )에 들어갈 숫자를 바르게 나열한 것은? [29회 출제]

- 주거지역 및 상업지역 : (㉠)만m² 이상
- 공업지역 : (㉡)만m² 이상
- 자연녹지지역 : (㉢)만m² 이상
- 도시개발구역 지정면적의 100분의 30 이하인 생산녹지지역 : (㉣)만m² 이상

① ㉠ : 1 ㉡ : 1 ㉢ : 1 ㉣ : 3
② ㉠ : 1 ㉡ : 3 ㉢ : 1 ㉣ : 1
③ ㉠ : 1 ㉡ : 3 ㉢ : 3 ㉣ : 1
④ ㉠ : 3 ㉡ : 1 ㉢ : 3 ㉣ : 3
⑤ ㉠ : 3 ㉡ : 3 ㉢ : 1 ㉣ : 1

해설 도시개발구역의 규모
① 주거지역, 상업지역, 자연녹지지역 : 1만m² 이상
② 공업지역 : 3만m² 이상
③ 생산녹지지역(생산녹지지역이 도시개발구역 지정면적의 30% 이하인 경우에 한함) : 1만m² 이상
④ 도시지역에서 둘 이상의 용도지역에 걸치는 경우 : 다음의 면적이 1만m² 이상일 것 이 경우 생산녹지지역은 전체면적의 30% 이내여야 한다.
  ㉠ 주거지역·상업지역·생산녹지지역 및 자연녹지지역의 면적
  ㉡ 공업지역에 속하는 면적의 1/3

25 도시개발법령상 도시개발구역으로 지정 가능한 경우는? [17회 개작]

① 광역도시계획 및 도시·군기본계획이 수립되지 않은 지역의 2만m²의 주거지역
② 광역도시계획 및 도시·군기본계획이 수립된 지역의 1만m²의 공업지역
③ 국토교통부장관이 국가균형발전을 위해 필요하다고 인정한 100만m²의 자연환경보전지역
④ 특별시장·광역시장 또는 도지사가 계획적인 도시개발이 필요하다고 인정하는 5만m²의 계획관리지역
⑤ 시장·군수 또는 구청장이 계획적인 도시개발이 필요하다고 인정하는 5,000m²의 자연녹지지역

해설 도시개발구역의 지정 규모
② 공업지역은 3만m² 이상이어야 한다.
③ 도시개발구역은 원칙적으로 광역도시계획 및 도시·군기본계획에 의해 개발이 가능한 용도로 지정된 지역에 한해 지정해야 하며, 광역도시계획 및 도시·군기본계획이 수립되지 않은 지역의 경우에는 자연녹지지역 및 계획관리지역에 한해 도시개발구역을 지정할 수 있다. 자연환경보전지역은 대부분의 건축행위가 제한되어 개발이 가능한 지역이 아니므로 도시개발구역으로 지정할 수 없다.
④ 도시지역이 아닌 경우에는 30만m² 이상이어야 한다(예외적으로 10만m² 이상).
⑤ 자연녹지지역의 경우에는 1만m² 이상이어야 한다.

정답 24. ② 25. ①

26 도시개발법령상 국토교통부장관이 도시개발구역을 지정할 수 있는 경우가 <u>아닌</u> 것은?　　26회 출제

① 국가가 도시개발사업을 실시할 필요가 있는 경우
② 산업통상자원부장관이 10만m² 규모로 도시개발구역의 지정을 요청하는 경우
③ 지방공사의 장이 30만m² 규모로 도시개발구역의 지정을 요청하는 경우
④ 한국토지주택공사 사장이 30만m² 규모로 국가계획과 밀접한 관련이 있는 도시개발구역의 지정을 제안하는 경우
⑤ 천재지변으로 인하여 도시개발사업을 긴급하게 할 필요가 있는 경우

> **해설** 도시개발구역의 지정
> ■ 국토교통부장관이 도시개발구역을 지정할 수 있는 경우
>   1) 국가가 도시개발사업을 실시할 필요가 있는 경우
>   2) 관계 중앙행정기관의 장이 요청하는 경우
>   3) 공공기관의 장 또는 정부출연기관의 장이 30만m² 규모 이상으로서 국가계획과 밀접한 관련이 있는 도시개발구역의 지정을 제안하는 경우
>   4) 협의가 성립하지 아니하는 경우
>   5) 천재지변, 그 밖의 사유로 인하여 도시개발사업을 긴급하게 할 필요가 있는 경우

27 도시개발법령상 둘 이상의 지역을 결합해서 하나의 도시개발구역으로 지정할 수 있는 경우가 <u>아닌</u> 것은?

① 순환개발방식으로 도시개발사업을 시행하는 10,000m²의 지역이 도시개발구역에 포함된 경우
② 총 사업비가 600억원인 도시·군계획시설사업의 시행이 필요한 20,000m²의 지역이 도시개발구역에 둘 이상 포함된 경우
③ 군사시설 보호를 위해 「군사기지 및 군사시설 보호법」에 따라 토지이용이 제한되는 5,000m²의 지역이 도시개발구역에 포함된 경우
④ 도시경관을 관리하거나 보호하기 위하여 관계 법령에 따라 토지이용이 제한되는 10,000m²의 지역이 도시개발구역에 포함된 경우
⑤ 도시개발구역 지정권자가 도시개발사업의 효율적인 시행을 위해 결합개발이 필요하다고 인정한 20,000m²의 지역이 도시개발구역에 포함된 경우

> **해설** 결합도시개발구역으로 지정할 수 있는 경우
> 서로 떨어진 둘 이상의 지역을 결합하여 하나의 도시개발구역으로 지정할 수 있는 경우는 토지이용이 제한되는 지역, 방재지구, 순환개발방식으로 시행하는 지역 등의 면적이 1만m² 이상이어야 한다.

정답　26. ③　27. ③

부동산공법

28 도시개발법령상 국토교통부장관이 도시개발구역을 지정할 수 있는 경우에 해당하지 않는 것은? [33회 출제]

① 국가가 도시개발사업을 실시할 필요가 있는 경우
② 관계 중앙행정기관의 장이 요청하는 경우
③ 한국토지주택공사 사장이 20만 제곱미터의 규모로 국가계획과 밀접한 관련이 있는 도시개발구역의 지정을 제안하는 경우
④ 천재지변, 그 밖의 사유로 인하여 도시개발사업을 긴급하게 할 필요가 있는 경우
⑤ 도시개발사업이 필요하다고 인정되는 지역이 둘 이상의 도의 행정구역에 걸치는 경우에 도시개발구역을 지정할 자에 관하여 관계 도지사 간에 협의가 성립되지 아니하는 경우

해설 도시개발구역의 지정
시행자가 될 수 있는 공공기관 또는 정부출연기관의 장이 30만㎡ 이상으로서 국가계획과 밀접한 관련이 있는 도시개발구역의 지정을 제안하는 경우

29 ★★ 광역도시계획 및 도시·군기본계획이 수립되어 있지 않은 경우 도시개발구역으로 지정할 수 있는 지역은?

① 계획관리지역 ② 생산녹지지역 ③ 생산관리지역
④ 자연환경보전지역 ⑤ 보전녹지지역

해설 도시개발구역의 지정
광역도시계획 및 도시·군기본계획이 수립되어 있지 않은 경우에는 자연녹지지역 및 계획관리구역에 한해 도시개발구역을 지정할 수 있다.

30 다음은 「도시개발법」에 의한 개발계획안 공모에 관한 설명이다. 옳은 것은?

① 도시개발구역 지정권자는 개발계획을 수립하고자 할 때에는 개발계획안을 공모할 수 있다.
② 개발계획안의 응모자는 시행자의 자격요건을 갖추어야 한다.
③ 도시개발구역 지정권자는 선정된 개발계획안의 응모자가 시행자 지정을 신청한 경우에는 해당 응모자를 시행자로 지정해야 한다.
④ 도시개발구역을 지정한 후에 개발계획안을 공모하는 경우에는 응모기간을 60일 이상으로 해야 한다.
⑤ 응모자가 둘 이상인 경우에는 도시계획위원회가 이를 심사한다.

정답 28. ③ 29. ① 30. ①

해설 **개발계획안의 공모**
① 개발계획안의 공모는 창의적·효율적인 도시개발사업을 추진하기 위하여 필요한 경우에 할 수 있다.
②, ③ 선정된 개발계획안의 응모자가 시행자의 자격 요건을 갖춘 자인 경우에는 해당 응모자를 우선해서 시행자로 지정할 수 있다.
④ 도시개발구역을 지정한 후에 개발계획안을 공모하는 경우에는 응모기간을 90일 이상으로 해야 한다.
⑤ 도시개발구역 지정권자는 응모자가 둘 이상인 경우에는 공모심의위원회를 구성해서 제안된 개발계획안을 심사하게 할 수 있다.

31 다음은 「도시개발법」에 의한 개발계획의 내용이다. 틀린 것은?
① 체비지 또는 보류지의 명세
② 세입자 등의 주거 및 생활 안전 대책
③ 초고속정보통신망계획
④ 토지이용계획
⑤ 저탄소 녹색도시 조성을 위한 계획

해설 **개발계획의 내용**
체비지 또는 보류지의 명세는 환지계획에 포함될 사항이다.

32 ★★ 다음은 「도시개발법」에 의한 개발계획에 관한 설명이다. 틀린 것은?
① 개발계획은 도시개발사업의 시행자가 수립한다.
② 개발계획은 도시·군기본계획 및 광역도시계획에 부합되어야 한다.
③ 도시개발사업이 환지방식인 경우에는 개발계획에 대해 대상지역의 토지소유자의 동의를 받아야 한다.
④ 도시개발구역을 지구로 분할해서 도시개발사업을 시행하는 경우에는 개발계획에 지구 분할에 관한 사항이 포함되어야 한다.
⑤ 수용을 하는 경우에는 개발계획에 그 대상이 되는 물건 및 권리의 세목이 포함되어야 한다.

해설 **개발계획**
개발계획은 당해 도시개발구역의 지정권자가 수립한다.

33 도시개발법령상 도시개발구역을 지정한 후에 개발계획을 수립할 수 있는 경우가 아닌 것은? 〔26회 출제〕
① 개발계획을 공모하는 경우
② 자연녹지지역에 도시개발구역을 지정할 때
③ 도시지역 외의 지역에 도시개발구역을 지정할 때
④ 국토교통부장관이 국가균형발전을 위하여 관계 중앙행정기관의 장과 협의하여 상업지역에 도시개발구역을 지정할 때
⑤ 해당 도시개발구역에 포함되는 주거지역이 전체 도시개발구역 지정 면적의 100분의 40인 지역을 도시개발구역으로 지정할 때

정답 31. ① 32. ① 33. ⑤

해설 개발계획의 수립

해당 도시개발구역에 포함되는 주거지역·상업지역 및 공업지역의 면적의 합계가 전체 도시개발구역 지정면적의 30% 이하인 지역의 경우 도시개발구역을 지정한 후에 개발계획을 수립할 수 있다.

34 도시개발법령상 도시개발구역으로 지정·고시된 이후에 개발계획을 수립할 수 있는 지역에 해당하지 않는 것은? `22회 출제`

① 자연녹지지역
② 해당 도시개발구역에 포함되는 주거지역의 면적이 전체 도시개발구역 지정면적의 50/100 이상인 지역
③ 농림지역
④ 보전관리지역
⑤ 생산녹지지역(도시개발구역 지정면적의 30/100 이하인 경우)

해설 개발계획의 수립

해당 도시개발구역에 포함되는 주거지역·상업지역·공업지역의 면적의 합계가 전체 도시개발구역 지정면적의 30/100 이하인 지역이어야 한다.

35 다음은 환지방식으로 시행하는 도시개발사업에 대한 개발계획을 수립 또는 변경할 때에 토지소유자의 동의를 받아야 하는 경우이다. 틀린 것은?

① 너비가 12m 이상인 도로를 신설하는 경우
② 사업시행지구를 분할하거나 분할된 사업시행지구를 통합하는 경우
③ 기반시설을 제외한 도시개발구역의 용적률이 종전보다 5/100 이상 증가하는 경우
④ 기반시설의 설치에 필요한 비용이 종전보다 5/100 이상 증가하는 경우
⑤ 도시개발조합이 도시개발사업의 전부를 환지방식으로 시행하는 데 대해 총회에서 토지면적의 2/3 이상에 해당하는 토지소유자의 찬성으로 의결한 개발계획을 제출한 경우

해설 개발계획의 변경

도시개발구역 지정권자가 도시개발사업의 전부를 환지방식으로 시행하려고 개발계획을 수립하거나 변경할 때에 조합 총회에서 토지면적의 2/3 이상에 해당하는 조합원과 조합원 총수의 1/2 이상의 찬성으로 수립 또는 변경을 의결한 개발계획을 지정권자에게 제출한 경우에는 토지소유자의 동의를 받은 것으로 본다.

36 다음은 도시개발구역의 지정에 관한 설명이다. 올바른 것은?

① 시장·군수 또는 구청장의 요청에 의해 도시개발구역을 지정할 때에는 공청회를 개최하지 않아도 된다.
② 도시개발구역을 지정할 때에는 중앙도시계획위원회의 심의를 거쳐야 한다.
③ 개발계획을 변경할 때에는 토지소유자의 동의를 받아야 한다.
④ 수용대상토지의 명세는 도시개발구역을 지정할 때에 함께 고시해야 한다.
⑤ 도시개발사업의 시행자·시행기간 및 시행방식은 도시개발구역을 지정한 후 따로 개발계획에 포함시킬 수 있다.

정답 34. ② 35. ⑤ 36. ①

해설 도시개발구역의 지정

② 국토교통부장관이 도시개발구역을 지정할 때에는 중앙도시계획위원회의 심의를 거치고, 시·도지사나 대도시시장이 도시개발구역을 지정할 때에는 지방도시계획위원회의 심의를 거치게 된다.
③ 개발계획을 변경할 때 토지소유자의 동의를 받아야 하는 경우는 환지방식으로 사업을 시행하는 경우의 개발계획에 한한다.
④ 수용대상토지의 명세는 도시개발구역을 지정한 후 따로 고시할 수 있다.
⑤ 도시개발사업의 시행자·시행기간 및 시행방식은 도시개발구역을 지정할 때에 수립하는 개발계획에 포함되어야 한다.

37 다음은 도시개발구역의 지정 또는 변경지정을 위한 주민의견청취에 관한 설명이다. 틀린 것은?

① 도시개발구역을 지정하는 경우는 물론, 도시개발구역의 지정을 요청하려고 하는 경우에도 주민의 의견을 들어야 한다.
② 주민의견청취를 하고자 할 때에는 도시개발구역의 지정 및 개발계획의 개요, 시행자 및 도시개발사업의 시행방식, 공람기간 등을 공고해야 한다.
③ 주민의견청취를 위한 공고는 전국 또는 해당 지방을 주된 보급지역으로 하는 일간신문과 해당 시·군 또는 구의 인터넷 홈페이지에 해야 한다.
④ 사업시행방식을 변경하는 경우에는 주민의견청취를 하여야 한다.
⑤ 공고내용에 관해 의견이 있는 자는 공람기간 내에 의견서를 제출할 수 있으며, 공고를 한 자는 이를 도시개발구역의 지정에 반영해야 한다.

해설 도시개발구역 지정을 위한 주민의견청취

공람기간 내에 제출된 의견을 검토하여 제출된 의견이 타당하다고 인정되면 이를 공고내용에 반영하고, 그렇지 않으면 공고내용에 반영하지 않는다. 어쨌든 검토결과를 공람기간이 끝난 날부터 30일 이내에 그 의견을 제출한 자에게 통보해야 한다.

38 다음은 도시개발구역 지정을 위한 공청회에 대한 설명이다. 올바른 것은?

① 도시개발사업을 시행하려는 구역의 면적이 100만m² 이상인 경우에는 반드시 공청회를 개최하여야 한다.
② 100만m² 미만인 도시개발구역을 100만m² 이상으로 확장하는 경우 추가되는 면적이 100만m² 미만이면 공청회를 개최하지 않아도 된다.
③ 공청회를 개최하려면 공청회 사항을 전국 또는 해당 지방을 주된 보급지역으로 하는 일간신문과 인터넷 홈페이지에 공청회 개최 예정일 7일 전까지 1회 이상 공고해야 한다.
④ 주민의견청취를 위한 공람공고를 할 때에 공청회사항을 미리 공고했더라도, 실제로 공청회를 개최할 때에는 이를 다시 공고해야 한다.
⑤ 개최자의 책임질 수 없는 사유로 2회에 걸쳐 공청회가 개최되지 못하거나 정상적으로 진행되지 못한 경우에도 공청회를 생략할 수 없다.

정답 37. ⑤ 38. ①

해설 도시개발구역 지정을 위한 공청회

② 공청회를 실시해야 하는 도시개발구역의 면적 100만m² 이상에는 도시개발계획의 변경 후의 면적이 100만m² 이상인 경우를 포함한다.
③ 공청회를 개최하려면 공청회 사항을 전국 또는 해당 지방을 주된 보급지역으로 하는 일간신문과 인터넷 홈페이지에 공청회 개최 예정일 14일 전까지 1회 이상 공고해야 한다.
④ 주민의견청취를 위한 공람공고를 할 때에 공청회사항을 미리 공고한 경우에는 공청회 개최공고를 생략할 수 있다.
⑤ 공청회가 개최자의 책임질 수 없는 사유로 2회에 걸쳐 개최되지 못하거나, 개최는 되었으나 정상적으로 진행되지 못한 경우에는 공청회를 생략할 수 있다.

39. 다음은 도시개발구역의 지정 또는 변경이나 개발계획의 수립 또는 변경에 관한 도시계획위원회의 심의에 관한 설명이다. 틀린 것은?

① 도시개발구역 지정권자는 도시개발구역을 지정하거나 개발계획을 수립하려면 관계 행정기관의 장과 협의한 후 도시계획위원회의 심의를 거쳐야 한다.
② 지구단위계획에 따라 도시개발사업을 시행하기 위하여 도시개발구역을 지정하는 경우에는 도시계획위원회의 심의를 거치지 않는다.
③ 도시개발구역 지정권자는 지정하려는 도시개발구역 면적이 100만m² 이상인 경우에는 국토교통부장관과 협의해야 한다.
④ 단순히 환지방식을 적용하는 지역의 면적을 변경하는 경우에는 도시계획위원회의 심의를 거치지 않아도 된다.
⑤ 「도시교통정비촉진법」에 따른 교통영향평가서 검토 결과를 반영하는 개발계획의 변경은 도시계획위원회의 심의를 거치지 않아도 된다.

해설 도시계획위원회의 심의사항
환지방식을 적용하는 지역의 면적변경이 일정 규모 이상이면 도시계획위원회의 심의사항에 해당된다.

정답 39. ④

40. 도시개발법령상 도시개발구역 지정의 해제에 관한 규정 내용이다. ( )에 들어갈 숫자를 바르게 나열한 것은? [31회 출제]

> 도시개발구역을 지정한 후 개발계획을 수립하는 경우에는 아래에 규정된 날의 다음 날에 도시개발구역의 지정이 해제된 것으로 본다.
> - 도시개발구역이 지정·고시된 날부터 (㉠)년이 되는 날까지 개발계획을 수립·고시하지 아니하 는 경우에는 그 (㉠)년이 되는 날. 다만, 도시개발구역의 면적이 330만제곱미터 이상인 경우에는 5년으로 한다.
> - 개발계획을 수립·고시한 날부터 (㉡)년이 되는 날까지 실시계획 인가를 신청하지 아니하는 경우에는 그 (㉡)년이 되는 날. 다만, 도시개발구역 의 면적이 330만제곱미터 이상인 경우에는 (㉢)년으로 한다.

① ㉠ 2 ㉡ 3 ㉢ 3
② ㉠ 2 ㉡ 3 ㉢ 5
③ ㉠ 3 ㉡ 2 ㉢ 3
④ ㉠ 3 ㉡ 2 ㉢ 5
⑤ ㉠ 3 ㉡ 3 ㉢ 5

해설 도시개발구역 지정의 해제

도시개발구역을 지정한 후 개발계획을 수립하는 경우에는 아래에 규정된 날의 다음 날에 도시개발구역의 지정이 해제된 것으로 본다.
- 도시개발구역이 지정·고시된 날부터 2년이 되는 날까지 개발계획을 수립·고시하지 아니하 는 경우에는 그 2년이 되는 날. 다만, 도시개발구역의 면적이 330만제곱미터 이상인 경우에는 5년으로 한다.
- 개발계획을 수립·고시한 날부터 3년이 되는 날까지 실시계획 인가를 신청하지 아니하는 경우에는 그 3년이 되는 날. 다만, 도시개발구역 의 면적이 330만제곱미터 이상인 경우에는 5년으로 한다.

41. 다음은 도시개발구역의 지정이 해제된 것으로 보는 경우에 관한 설명이다. 틀린 것은? (개발계획은 도시개발구역을 지정할 때에 수립했음) [16회 출제]

① 도시개발구역이 지정·고시일부터 3년이 되는 날까지 실시계획인가를 신청하지 않는 경우에는 그 도시개발구역지정은 3년이 되는 다음날 해제된 것으로 본다.
② 수용 또는 사용의 방식에 의한 도시개발사업인 경우에는 공사완료공고일의 다음날에 도시개발구역지정이 해제된 것으로 본다.
③ 환지방식에 의한 도시개발사업인 경우에는 환지처분공고일의 다음날에 도시개발구역 지정이 해제된 것으로 본다.
④ 도시개발구역지정의 해제가 의제된 경우에는 이를 관보 또는 공보에 고시해야 한다.
⑤ 도시개발구역지정이 해제된 것으로 보는 경우 종전에 도시개발구역지정·고시에 의해 변경이 의제된 지역·구역 등은 당초의 지역·구역 등으로 환원된 것으로 본다.

정답 40. ② 41. ⑤

해설 도시개발구역의 지정이 해제된 것으로 보는 경우

⑤ 실시계획인가를 신청하지 않아 도시개발구역지정의 해제가 의제되는 경우에는 당초의 용도지역으로 환원되지만, 공사완료로 도시개발구역지정의 해제가 의제되는 경우에는 당초의 용도지역으로 환원되지 않는다.

42 다음 중 도시개발구역 안에서의 행위제한의 대상이 아닌 것은?

① 토지의 합병
② 물건을 쌓아놓는 행위
③ 죽목의 벌채
④ 토지의 형질변경
⑤ 공작물의 설치

해설 도시개발구역 안에서의 행위제한의 대상

① "토지의 합병"이 아닌 "토지의 분할"이어야 한다.

43 도시개발법령상 도시개발구역 안에서 특별시장·광역시장·특별자치도지사·시장 또는 군수의 허가를 받아야 하는 행위는? (국토의 계획 및 이용에 관한 법령상 개발행위허가의 대상이 아님을 전제함)

① 농림수산물의 생산에 직접 이용되는 것으로서 비닐하우스의 설치
② 경작을 위한 토지의 형질변경
③ 도시개발구역의 개발에 지장을 주지 않고 자연경관을 손상하지 않는 범위 안에서의 토석의 채취
④ 도시개발구역에 남겨두기로 결정된 대지에서 물건을 쌓아놓는 행위
⑤ 토지의 분할

해설 허가를 받아야 하는 행위

토지의 분할은 허가대상이다.

44 다음은 도시개발구역에 있는 국·공유재산의 처분에 관한 설명이다. 틀린 것은?

① 도시개발구역에 있는 국가나 지방자치단체 소유의 토지로서 도시개발사업에 필요한 토지는 해당 개발계획으로 정해지지 않은 목적으로 처분할 수 없다.
② 국·공유재산을 수의계약으로 처분하고자 하는 경우 그 재산의 용도폐지 또는 처분에 관해서는 도시개발구역 지정권자가 미리 관계 행정기관의 장과 협의해야 한다.
③ 도시개발사업의 시행자가 수도권 밖으로 이전하는 법인에 대해서는 수의계약으로 임대할 수 있다.
④ 국·공유지를 임대하는 경우 임대기간을 「국유재산법」과 「공유재산 및 물품 관리법」에 불구하고 20년 이내로 할 수 있다.
⑤ 국·공유지를 임대한 경우 그 국·공유지에 영구시설물을 축조하는 것은 허용되지 않는다.

정답 42. ① 43. ⑤ 44. ⑤

제2장 도시개발법(기본)

> **해설** 국·공유재산의 처분
> 국가나 지방자치단체가 소유하는 토지를 임대하는 경우에는 「국유재산법」과 「공유재산 및 물품 관리법」에 불구하고 그 토지 위에 공장이나 그 밖의 영구시설물을 축조하게 할 수 있다. 이 경우 그 시설물의 종류 등을 고려하여 임대 기간이 끝나는 때에 이를 국가 또는 지방자치단체에 기부하거나 원상으로 회복하여 반환하는 것을 조건으로 토지를 임대할 수 있다.

28회 출제

45 도시개발법령상 도시개발구역 지정권자가 시행자를 변경할 수 있는 경우가 아닌 것은?

① 도시개발사업에 관한 실시계획의 인가를 받은 후 2년 이내에 사업을 착수하지 아니하는 경우
② 행정처분으로 사업시행자의 지정이 취소된 경우
③ 사업시행자가 도시개발구역 지정의 고시일부터 6개월 이내에 실시계획의 인가를 신청하지 아니하는 경우
④ 사업시행자의 부도로 도시개발사업의 목적을 달성하기 어렵다고 인정되는 경우
⑤ 행정처분으로 실시계획의 인가가 취소된 경우

> **해설** 도시개발사업시행자의 변경사유
> 사업시행자가 도시개발구역 지정의 고시일부터 1년 이내에 실시계획의 인가를 신청하지 아니하는 경우

46 ★★ 다음은 도시개발사업의 실시계획에 관한 설명이다. 틀린 것은?

① 실시계획에는 지구단위계획이 포함되어야 한다.
② 도시개발구역지정권자가 시행자인 경우에는 실시계획에 관한 인가절차가 필요 없다.
③ 조합이 실시계획인가를 신청할 때에는 토지면적의 2/3 이상에 해당하는 토지소유자의 동의와 토지소유자 총수의 1/2 이상에 해당하는 토지소유자의 동의를 받아야 한다.
④ 실시계획고시가 있으면 건축허가가 있은 것으로 본다.
⑤ 실시계획인가에 의해 「공익사업을 위한 토지 등의 취득 및 보상에 관한 법률」에 의한 사업인정이 의제되지 않는다.

> **해설** 도시개발사업의 실시계획
> ③ 조합설립에 필요한 동의요건이다. 실시계획인가를 신청할 때에는 토지소유자의 동의가 필요없다.
> ⑤ 도시개발사업의 경우에는 도시·군계획시설사업과는 달리 실시계획인가에 의해 사업인정을 의제하지 않고, 수용대상토지 등의 세목고시를 사업인정고시로 의제하고 있다. 이는 실시계획을 작성하기 전이라도 수용할 수 있도록 수용시기를 앞당기려는 것이다.

정답 45. ③ 46. ③

부동산공법

47 다음은 도시개발사업의 실시계획에 관한 설명이다. 틀린 것은?

① 시장 또는 군수가 도시개발사업의 시행자인 경우에는 실시계획에 관해 도시개발구역 지정권자의 인가를 받지 않아도 된다.
② 도시개발사업시행면적의 10%가 줄어든 경우에는 실시계획의 변경인가를 받지 않아도 된다.
③ 도시개발사업의 사업비가 20% 증가된 경우에는 실시계획의 변경인가를 받아야 한다.
④ 관계 행정기관 간에 이견이 있는 경우에는 협의회를 구성하여 운영할 수 있으며, 이 경우 협의회 개최 7일 전까지 관계 행정기관의 장에게 그 사실을 통보해야 한다.
⑤ 실시계획 인가 시 다른 법률에 따른 인·허가 의제사항이 있을 경우에는 관계 행정기관의 장과 협의해야 하며 20일 이내에 관계 행정기관의 장이 의견을 제출하지 않으면 협의한 것으로 본다.

해설 실시계획
실시계획인가를 받지 않아도 되는 경우는 도시개발구역 지정권자가 시행자인 경우이다.

48 도시개발법령상 도시개발사업의 실시계획에 관한 설명으로 틀린 것은? **23회 출제**

① 시행자는 지구단위계획이 포함된 실시계획을 작성하여야 한다.
② 시행자는 사업시행면적을 100분의 10의 범위에서 감소시키고자 하는 경우 인가받은 실시계획에 관하여 변경인가를 받아야 한다.
③ 지정권자가 실시계획을 작성하거나 인가하는 경우 시·도지사가 지정권자이면 시장(대도시 시장은 제외)·군수 또는 구청장의 의견을 미리 들어야 한다.
④ 실시계획에는 사업시행에 필요한 설계 도서, 자금 계획, 시행 기간, 그 밖에 대통령령으로 정하는 사항과 서류를 명시하거나 첨부하여야 한다.
⑤ 실시계획을 고시한 경우 그 고시된 내용 중 「국토의 계획 및 이용에 관한 법률」에 따라 도시·군관리계획(지구단위계획을 포함)으로 결정하여야 하는 사항은 같은 법에 따른 도시·군관리계획이 결정되어 고시된 것으로 본다.

해설 도시개발사업의 실시계획
사업시행면적을 100분의 10의 범위에서 감소시키는 경미한 경우는 변경인가를 받지 않아도 된다.

정답 47. ① 48. ②

제2장 도시개발법(기본)

49 다음은 도시개발사업에 따른 순환용 주택의 공급에 관한 설명이다. 틀린 것은?

① 순환개발방식으로 도시개발사업을 시행하는 경우에는 순환용 주택을 임시거주시설로 사용하거나 임대할 수 있다.
② 임대용 순환용 주택을 임차하려는 사람은 「민간임대주택에 관한 특별법」에 따른 민간임대주택 또는 「공공주택 특별법」에 따른 공공임대주택의 입주자자격요건을 갖추어야 한다.
③ 순환용 주택에 계속 거주하는 자가 이주대책 대상자인 경우에는 이주대책을 수립한 것으로 본다.
④ 순환용 주택에 입주할 수 있는 철거대상 주택의 세입자 또는 소유자는 도시개발구역 지정고시 이전에 해당 주택에 실제로 거주하는 자에 한한다.
⑤ 환지대상자가 순환용 주택에 계속 거주하기를 희망하는 경우에는 종전 토지 중 주택에 부속되는 토지에 대해서 금전으로 청산하고 환지대상에서 제외할 수 있다.

해설 순환용 주택의 공급
순환용 주택에 입주할 수 있는 철거대상 주택의 세입자 또는 소유자는 주민 등의 의견을 듣기 위한 공람일이나 공청회의 개최에 관한 사항을 공고한 날 이전부터 도시개발구역의 주택에 실제로 거주하는 자에 한한다.

50 다음은 도시개발사업의 시행에 필요한 토지 등의 수용에 관한 설명이다. 틀린 것은?

① 시행자는 도시개발사업의 시행에 필요한 토지 등을 수용할 수 있다.
② 도시개발사업의 시행에 필요한 토지 등의 수용에 관해서는 「공익사업을 위한 토지 등의 취득 및 보상에 관한 법률」을 준용한다.
③ 토지소유자인 시행자가 토지 등을 수용하고자 할 때에는 일정수 이상의 토지소유자 및 지상권자의 동의를 받아야 한다.
④ 수용대상토지 등의 세목을 고시한 경우에는 그 고시가 있는 때에 사업인정고시가 있은 것으로 본다.
⑤ 재결신청은 실시계획에서 정한 사업시행기간 종료일까지 하면 된다.

해설 토지 등의 수용
"실시계획"이 아닌 "개발계획"이어야 한다.

정답 49. ④   50. ⑤

부동산공법

50 도시개발법령상 토지등의 수용 또는 사용의 방식에 따른 사업 시행에 관한 설명으로 옳은 것은? [32회 출제]

① 도시개발사업을 시행하는 지방자치단체는 도시개발구역 지정 이후 그 시행방식을 혼용방식에서 수용 또는 사용방식으로 변경할 수 있다.
② 도시개발사업을 시행하는 정부출연기관이 그 사업에 필요한 토지를 수용하려면 사업대상 토지면적의 3분의 2 이상에 해당하는 토지를 소유하고 토지 소유자 총수의 2분의 1 이상에 해당하는 자의 동의를 받아야 한다.
③ 도시개발사업을 시행하는 공공기관은 토지상환채권을 발행할 수 없다.
④ 원형지를 공급받아 개발하는 지방공사는 원형지에 대한 공사완료 공고일부터 5년이 지난 시점이라면 해당 원형지를 매각할 수 있다.
⑤ 원형지가 공공택지 용도인 경우 원형지개발자의 선정은 추첨의 방법으로 할 수 있다.

해설 수용 또는 사용의 방식에 따른 사업시행
① 도시개발사업을 시행하는 지방자치단체는 도시개발구역 지정 이후 그 시행방식을 혼용방식에서 수용 또는 사용방식으로 변경할 수 없다.
② 도시개발사업을 시행하는 정부출연기관 등 공공사업시행자는 사업에 필요한 토지를 수용할 경우 사업대상 토지면적의 3분의 2 이상에 해당하는 토지를 소유하고 토지 소유자 총수의 2분의 1 이상에 해당하는 자의 동의를 받지 않는다.
③ 도시개발사업을 시행하는 공공기관은 토지상환채권을 발행할 수 있다.
⑤ 원형지가 공공택지 용도인 경우 원형지개발자의 선정은 수의계약의 방법으로 한다.

51 다음은 도시개발사업에서 임대주택 건설용지 조성계획 또는 임대주택 건설계획을 수립하지 않아도 되는 경우이다. 틀린 것은?

① 도시개발구역 전부를 환지방식으로 시행하는 때에는 도시개발구역 면적이 30만m² 미만이거나 임대주택 수용예정인구가 5,000명 이하인 경우
② 도시개발구역 전부를 환지방식으로 시행하는 경우가 아닌 때에는 도시개발구역 면적이 50만m² 미만이거나 임대주택 수용예정인구가 1만명 이하인 경우
③ 수도권과 광역시 지역을 제외한 지역에서 도시개발사업으로 건설·공급되는 주거전용면적 60m² 이하 공동주택의 수용예정인구가 도시개발구역 전체 수용예정인구의 40/100 이상인 경우
④ 수도권과 광역시 지역에서 도시개발사업으로 건설·공급되는 주거전용면적 60m² 이하 공동주택의 수용예정인구가 도시개발구역 전체 수용예정인구의 50/100 이상인 경우
⑤ 계획된 임대주택이 50세대 미만인 경우

정답 50. ④ 51. ②

> **해설** 임대주택의 건설
>
> 도시개발구역 전부를 환지방식으로 시행하는 경우가 아니면 도시개발구역 면적이 10만㎡ 이상이거나 임대주택 수용예정인구가 3,000명을 초과하는 경우에는 임대주택 건설용지 조성계획 또는 임대주택 건설계획을 수립하여야 한다. 즉 도시개발구역 전부를 환지방식으로 시행하는 경우에 비해 임대주택건설의무가 강화되어 있다.

52 다음은 도시개발사업에서의 임대주택의 공급 등에 관한 설명이다. 틀린 것은?

① 임대주택 건설용지 또는 임대주택의 인수 방법, 시기 및 하자 보수 등에 필요한 사항은 시행자와 임대주택 건설용지 또는 임대주택을 인수할 자가 협의하여 결정한다.
② 도시개발구역 지정권자는 임대주택 건설용지 등의 인수 등에 대한 협의가 이루어지지 아니한 경우에는 필요한 권고 등을 할 수 있다.
③ 해당 도시개발사업으로 철거되는 주택의 소유자는 임대주택 공급 대상자에 포함된다.
④ 임대주택 공급 1순위자는 도시개발구역 지정을 위한 공람 공고일 이전부터 보상계획 공고일 또는 환지계획 공고일까지 해당 도시개발구역에 거주하는 세입자이다.
⑤ 임대주택을 공급한 이후 잔여세대 또는 임대주택 입주자의 퇴거로 발생한 공가(空家)세대의 입주자 선정에 대해서는 시행자가 「민간임대주택에 관한 특별법」과 「공공주택 특별법」에 불구하고 그 기준을 따로 정할 수 있다.

> **해설** 임대주택의 건설
>
> 임대주택을 공급한 이후 잔여세대 또는 임대주택 입주자의 퇴거로 발생한 공가(空家)세대의 입주자 선정에 대해서는 「민간임대주택에 관한 특별법」 또는 「공공주택 특별법」에 따른다.

53 다음은 도시개발사업에 관한 공사의 감리에 관한 설명이다. 틀린 것은?

① 도시개발구역 지정권자는 실시계획을 인가한 때에는 건설엔지니어링사업자를 도시개발사업의 공사에 대한 감리를 할 자로 지정하고 지도·감독해야 한다.
② 시행자가 국가 또는 지방자치단체인 경우에는 감리자를 지정하지 않아도 된다.
③ 감리자는 업무를 수행할 때 위반사항을 발견하면 지체없이 시공자와 시행자에게 위반사항을 시정할 것을 알리고 7일 이내에 지정권자에게 그 내용을 보고해야 한다.
④ 시공자와 시행자는 시정통지를 받은 경우 특별한 사유가 없으면 해당 공사를 중지하고 위반사항을 시정한 후 감리자의 확인을 받아야 한다.
⑤ 시공자와 시행자는 감리자의 시정통지에 이의가 있으면 도시개발구역 지정권자에게 서면으로 이의신청을 할 수 있다. 이 경우 이의신청에 대한 결정이 있을 때까지 공사를 계속할 수 있다.

정답 52. ⑤ 53. ⑤

해설 도시개발사업을 위한 공사의 감리
② 시행자가 「건설기술진흥법」의 발주청인 경우에는 감리자를 지정하지 않아도 된다. 여기의 "발주청"은 국가, 지방자치단체, 공기업·준정부기관, 지방공사·지방공단 그 밖에 대통령령으로 정하는 기관의 장을 말한다.
⑤ 시공자와 시행자는 감리자의 시정통지에 이의가 있으면 즉시 공사를 중지하고 지정권자에게 서면으로 이의신청을 할 수 있다.

54. 다음은 「도시개발법」에 의한 토지상환채권에 관한 설명이다. 올바른 것은? ★★★

① 토지상환채권은 토지 등의 매수대금의 전부를 도시개발사업으로 조성되는 토지로 상환하는 채권이다.
② 시행자는 부재지주의 소유토지에 대해서는 매수대금의 전부를 토지상환채권으로 지급할 수 있다.
③ 토지상환채권의 발행규모는 도시개발사업으로 조성되어 분양되는 토지의 2/3를 초과하지 않아야 한다.
④ 토지상환채권은 기명식 증권으로 발행한다.
⑤ 토지상환채권을 양도하는 경우에는 시행자의 승인을 받아야 한다.

해설 토지상환채권
① 토지상환채권은 토지 등 매수대금의 일부를 도시개발사업으로 조성되는 토지 또는 건축물로 상환하는 채권이다.
② 토지소유자가 원하는 경우에 한해 토지매수대금의 일부를 토지상환채권으로 지급할 수 있다.
③ 토지상환채권의 발행규모는 도시개발사업으로 조성되어 분양되는 토지와 건축물의 1/2을 초과하지 않아야 한다.
⑤ 토지상환채권을 양도하는 경우 시행자의 승인을 받을 필요는 없다. 다만, 양도사실을 토지상환채권원부에 기재해야 제3자에게 대항할 수 있다.

정답 54. ④

55. 도시개발법령상 수용 또는 사용의 방식에 따른 사업시행에 관한 설명으로 옳은 것은? [27회 출제]

① 시행자가 아닌 지정권자는 도시개발사업에 필요한 토지 등을 수용할 수 있다.
② 도시개발사업을 위한 토지의 수용에 관하여 특별한 규정이 없으면 「도시 및 주거환경정비법」에 따른다.
③ 수용의 대상이 되는 토지의 세부목록을 고시한 경우에는 「공익사업을 위한 토지 등의 취득 및 보상에 관한 법률」에 따른 사업인정 및 그 고시가 있었던 것으로 본다.
④ 국가에 공급될 수 있는 원형지 면적은 도시개발구역 전체 토지면적의 3분의 2까지로 한다.
⑤ 시행자가 토지상환채권을 발행할 경우, 그 발행규모는 토지상환채권으로 상환할 토지·건축물이 도시개발사업으로 조성되는 분양토지 또는 분양건축물 면적의 3분의 2를 초과하지 않아야 한다.

해설 수용 또는 사용의 방식에 따른 사업시행
① 시행자가 도시개발사업에 필요한 토지 등을 수용할 수 있다.
② 도시개발사업을 위한 토지의 수용에 관하여 특별한 규정이 없으면 「공익사업을 위한 토지 등의 취득 및 보상에 관한 법률」에 따른다.
④ 국가에 공급될 수 있는 원형지 면적은 도시개발구역 전체 토지면적의 1/3 이내로 한정한다.
⑤ 시행자가 토지상환채권을 발행할 경우, 그 발행규모는 토지상환채권으로 상환할 토지·건축물이 도시개발사업으로 조성되는 분양토지 또는 분양건축물 면적의 1/2을 초과하지 않아야 한다.

56. 도시개발법령상 「지방공기업법」에 따라 설립된 지방공사가 단독으로 토지상환채권을 발행하는 경우에 관한 설명으로 옳은 것은? [33회 출제]

① 「은행법」에 따른 은행으로부터 지급보증을 받은 경우에만 토지상환채권을 발행할 수 있다.
② 토지상환채권의 발행규모는 그 토지상환채권으로 상환할 토지·건축물이 해당 도시개발사업으로 조성되는 분양토지 또는 분양건축물 면적의 2분의 1을 초과하지 아니하도록 하여야 한다.
③ 토지상환채권은 이전할 수 없다.
④ 토지가격의 추산방법은 토지상환채권의 발행계획에 포함되지 않는다.
⑤ 토지등의 매수 대금 일부의 지급을 위하여 토지상환채권을 발행할 수 없다.

정답 55. ③ 56. ②

부동산공법

> **해설** 토지상환채권
> ① 국가, 지방자치단체, 공공기관, 정부출연기관 또는 지방공사가 아닌 시행자가 토지상환채권을 발행하는 때에는 「은행법」에 따른 은행, 「보험업법」에 따른 보험회사 및 「건설산업기본법」에 따른 공제조합의 지급보증을 받아야 한다.
> ③ 토지상환채권은 이전할 수 있다.
> ④ 토지가격의 추산방법은 토지상환채권의 발행계획에 포함된다.
> ⑤ 토지등의 매수 대금 일부의 지급을 위하여 토지상환채권을 발행할 수 있다.

57 도시개발법령상 원형지의 공급과 개발에 관한 설명으로 틀린 것은? [25회 출제]

① 원형지를 공장 부지로 직접 사용하는 자는 원형지개발자가 될 수 있다.
② 원형지는 도시개발구역 전체 토지 면적의 3분의 1 이내의 면적만으로만 공급될 수 있다.
③ 원형지 공급 승인신청서에는 원형지 사용조건에 관한 서류가 첨부되어야 한다.
④ 원형지 공급가격은 개발계획이 반영된 원형지의 감정가격으로 한다.
⑤ 지방자치단체가 원형지개발자인 경우 원형지 공사완료 공고일부터 5년이 경과하기 전에도 원형지를 매각할 수 있다.

> **해설** 원형지의 공급과 개발
> 원형지 공급가격은 개발계획이 반영된 원형지의 감정가격에 시행자가 원형지에 설치한 기반시설 등의 공사비를 더한 금액을 기준으로 시행자와 원형지개발자가 협의하여 결정한다.

58 도시개발법령상 원형지의 공급과 개발에 관한 설명으로 옳은 것은? [34회 출제]

① 원형지를 공장 부지로 직접 사용하는 원형지개발자의 선정은 경쟁입찰의 방식으로 하며, 경쟁입찰이 2회 이상 유찰된 경우에는 수의계약의 방법으로 할 수 있다.
② 지정권자는 원형지의 공급을 승인할 때 용적률 등 개발밀도에 관한 이행조건을 붙일 수 없다.
③ 원형지 공급가격은 원형지의 감정가격과 원형지에 설치한 기반시설 공사비의 합산 금액을 기준으로 시·도의 조례로 정한다.
④ 원형지개발자인 지방자치단체는 10년의 범위에서 대통령령으로 정하는 기간 안에는 원형지를 매각할 수 없다.
⑤ 원형지개발자가 공급받은 토지의 전부를 시행자의 동의 없이 제3자에게 매각하는 경우 시행자는 원형지개발자에 대한 시정요구 없이 원형지 공급계약을 해제할 수 있다.

정답 57. ④ 58. ①

해설 원형지의 공급과 개발
② 지정권자는 원형지의 공급을 승인할 때 용적률 등 개발밀도에 관한 이행조건을 붙일 수 있다.
③ 원형지 공급가격은 원형지의 감정가격에 시행자가 원형지에 설치한 기반시설 등의 공사비를 더한 금액을 기준으로 시행자와 원형지개발자가 협의해서 결정한다.
④ 원형지개발자인 국가 및 지방자치단체는 원형지를 매각할 수 있다.
⑤ 원형지개발자가 공급받은 토지의 전부 일부를 시행자의 동의 없이 제3자에게 매각하는 경우 시행자는 원형지개발자에게 2회 이상 시정을 요구해야 하고, 원형지개발자가 시정을 하지 않는 경우에는 원형지 공급계약을 해제할 수 있다.

59 다음은 「도시개발법」에 의한 원형지 공급에 관한 설명이다. 옳은 것은?

① 시행자는 필요한 경우 미리 도시개발구역 지정권자의 승인을 받아 도시개발구역 전체 토지 면적의 1/2 이내로 원형지로 공급해서 개발하게 할 수 있다.
② 시행자는 원형지 공급을 위해 지정권자에게 승인신청을 할 때에는 원형지개발자에 관한 사항이 포함된 원형지공급계획을 함께 제출해야 한다.
③ 원형지를 공장부지로 직접 사용하는 자는 경쟁입찰의 방식으로 선정하며, 1회 이상 유찰된 경우에는 수의계약의 방법으로 선정할 수 있다.
④ 원형지를 임대주택용지로 사용하는 경우에는 공사완료공고일부터 10년 또는 공급계약일부터 5년이 지나지 않았더라도 원형지를 매각할 수 있다.
⑤ 시행자는 시행자의 동의 없이 공급받은 토지의 일부를 제3자에게 매각하는 경우에는 원형지공급계약이 해제할 수 있으나 토지의 전부를 매각한 경우에는 해제해야 한다.

해설 원형지 공급과 개발
① 시행자는 필요한 경우 미리 도시개발구역 지정권자의 승인을 받아 도시개발구역 전체 토지 면적의 1/3 이내로 원형지로 공급해서 개발하게 할 수 있다.
③ 원형지를 공장부지로 직접사용하는 자는 경쟁입찰의 방식으로 선정하며, 2회 이상 유찰된 경우에는 수의계약의 방법으로 선정할 수 있다.
④ 원형지를 임대주택용지로 사용하는 경우에는 공사완료공고일부터 5년 또는 공급계약일부터 10년이 지나지 않았더라도 미리 지정권자의 승인을 받아 원형지를 매각할 수 있다.
⑤ 시행자는 시행자의 동의 없이 공급받은 토지의 전부 또는 일부를 제3자에게 매각하는 경우에는 원형지공급계약을 해제할 수 있다.

정답 59. ②

부동산공법

60 도시개발법령상 준공검사 등에 관한 설명으로 틀린 것은? [27회 출제]
① 도시개발사업의 준공검사 전에는 체비지를 사용할 수 없다.
② 지정권자는 효율적인 준공검사를 위하여 필요하면 관계행정기관 등에 의뢰하여 준공검사를 할 수 있다.
③ 지정권자가 아닌 시행자는 도시개발사업에 관한 공사가 전부 끝나기 전이라도 공사가 끝난 부분에 관하여 준공검사를 받을 수 있다.
④ 지정권자가 아닌 시행자가 도시개발사업의 공사를 끝낸 때에는 공사완료 보고서를 작성하여 지정권자의 준공검사를 받아야 한다.
⑤ 지정권자가 시행자인 경우 그 시행자는 도시개발사업의 공사를 완료한 때에는 공사완료 공고를 하여야 한다.

해설 준공검사 등
준공검사 전에 체비지를 사용할 수 있다.

61 ★ 다음은 도시개발사업에 의해 조성된 토지를 수의계약의 방법으로 공급할 수 있는 경우이다. 틀린 것은?
① 토지상환채권을 보유한 자에게 공급하는 경우
② 실시계획에 따라 존치하는 시설물의 유지관리에 필요한 최소한의 토지를 공급하는 경우
③ 협의에 의해 토지의 전부를 시행자에게 양도한 자에게 공급하는 경우
④ 학교용지·공공청사용지 등 공공시설용지를 그 시설을 설치할 수 있는 자에게 공급하는 경우
⑤ 330m² 이하의 단독주택용지로 공급하는 경우

해설 수의계약방법에 의한 공급
⑤ 추첨의 방법으로 공급할 수 있는 경우이다.

62 도시개발법령상 조성토지의 공급에 관한 설명으로 틀린 것은? [22회 개작]
① 도시개발사업시행자는「국토의 계획 및 이용에 관한 법률」에 따른 기반시설의 원활한 설치를 위하여 필요하면 공급대상자의 자격을 제한할 수 있다.
② 단독주택용지로서 330m² 이하인 조성토지는 추첨의 방법으로 분양할 수 있다.
③ 일반에게 분양할 수 없는 공공용지를 지방자치단체에게 공급하는 경우에는 수의계약의 방법에 의할 수 있다.
④ 수의계약의 방법으로 조성토지를 공급하기로 하였으나 공급신청량이 공급 계획에서 계획된 면적을 초과하는 경우에는 경쟁입찰의 방법에 의한다.
⑤ 폐기물처리시설을 설치하기 위해 공급하는 조성토지의 가격은「감정평가 및 감정평가사에 관한 법률」에 따른 감정평가법인등이 감정평가한 가격 이하로 정할 수 있다.

정답   60. ①   61. ⑤   62. ④

> **해설** 조성토지의 공급
> 조성토지의 공급 신청량이 지정권자에게 제출한 조성 토지 등의 공급 계획에서 계획된 면적을 초과하는 경우에는 추첨의 방법에 따른다.

63. 도시개발법령상 조성토지등의 공급에 관한 설명으로 옳은 것은? [26회 출제]

① 지정권자가 아닌 시행자가 조성토지등을 공급하려고 할 때에는 조성토지등의 공급계획을 작성하여 지정권자의 승인을 받아야 한다.
② 조성토지등을 공급하려고 할 때 「주택법」에 따른 공공택지의 공급은 추첨의 방법으로 분양할 수 없다.
③ 조성토지등의 가격평가는 「감정평가 및 감정평가사에 관한 법률」에 따른 감정평가법인등이 평가한 금액을 산술평균한 금액으로 한다.
④ 공공청사용지를 지방자치단체에게 공급하는 경우에는 수의계약의 방법으로 할 수 없다.
⑤ 토지상환채권에 의하여 토지를 상환하는 경우에는 수의계약의 방법으로 할 수 없다.

> **해설** 조성토지등의 공급
> ① 시행자(도시개발구역 지정권자인 시행자는 제외)는 조성토지 등을 공급하는 때에는 조성토지 등의 공급계획을 작성 또는 변경해서 도시개발구역 지정권자에게 제출해야 한다.
> ② 조성토지등을 공급하려고 할 때 「주택법」에 따른 공공택지의 공급은 추첨의 방법으로 분양할 수 있다.
> ④ 공공청사용지를 지방자치단체에게 공급하는 경우에는 수의계약의 방법으로 할 수 있다.
> ⑤ 토지상환채권에 의하여 토지를 상환하는 경우에는 수의계약의 방법으로 할 수 있다.

64. 도시개발법령상 조성토지의 공급에 관한 설명으로 틀린 것은?

① 시행자는 그가 개발한 조성토지를 실시계획에서 정한 용도에 따라 공급해야 한다.
② 민간참여자가 직접 건축물을 건축하여 사용하거나 공급하려고 계획한 토지는 전체 조성토지 중 해당 민간참여자의 출자 지분 범위 내에서만 조성토지등의 공급 계획에 포함할 수 있다.
③ 국민주택규모 이하의 주택건설용지는 추첨의 방법으로 공급할 수 있다.
④ 학교부지로 토지를 공급하는 경우에는 감정평가법인등이 감정평가한 가격 이하로 정할 수 있다.
⑤ 시행자는 조성토지 등을 공급하려고 할 때에는 조성토지 등의 공급계획을 작성하여야 하며, 지정권자가 아닌 시행자는 작성한 조성토지등의 공급 계획에 대하여 국토교통부장관의 승인을 받아야 한다.

> **해설** 조성토지의 공급
> 지정권자가 아닌 시행자는 작성한 조성토지등의 공급 계획에 대하여 지정권자의 승인을 받아야 한다.

정답 63. ③ 64. ⑤

65. 다음은 도시개발법령상 따른 공공시설의 귀속에 관한 설명이다. 틀린 것은?

① 새로운 공공시설은 모두 관리청에 무상으로 귀속된다.
② 시행자가 행정청이 아닌 경우에는 용도가 폐지되는 공공시설은 새로이 설치한 공공시설의 설치비용에 상당하는 범위 안에서 시행자에게 무상으로 양도할 수 있다.
③ 시행자가 행정청인 경우에는 종래의 공공시설은 모두 시행자에게 무상으로 귀속된다.
④ 종래의 공공시설에 대해서는 별도의 용도폐지절차를 밟지 않아도 된다.
⑤ 공공시설의 귀속은 등기를 하지 않더라도 물권변동의 효력이 발생한다.

해설 도시개발사업에 따른 공공시설의 귀속
시행자가 공공기관 또는 지방공사인 경우에는 행정청이 아니지만 행정청인 시행자와 마찬가지로 종래의 공공시설이 모두 시행자에게 귀속된다.

66. 도시개발법령상 환지의 방식에 관한 내용이다. ( )에 들어갈 내용을 옳게 연결한 것은? [27회 출제]

(㉠) : 환지 전 토지에 대한 권리를 도시개발사업으로 조성되는 토지에 이전하는 방식
(㉡) : 환지 전 토지나 건축물(무허가 건축물은 제외)에 대한 권리를 도시개발사업으로 건설되는 구분건축물에 이전하는 방

① ㉠ : 평면환지 ㉡ : 입체환지
② ㉠ : 평가환지 ㉡ : 입체환지
③ ㉠ : 입체환지 ㉡ : 평면환지
④ ㉠ : 평면환지 ㉡ : 유동환지
⑤ ㉠ : 유동환지 ㉡ : 평면환지

해설 환지방식의 내용
1) **평면환지** : 환지 전 토지에 대한 권리를 도시개발사업으로 조성되는 토지에 이전하는 방식
2) **입체환지** : 환지 전 토지나 건축물(무허가 건축물은 제외)에 대한 권리를 도시개발사업으로 건설되는 구분건축물에 이전하는 방식

67. 도시개발법령상 도시개발사업시행자가 환지방식으로 사업을 시행하려는 경우 환지계획에 포함되어야 할 사항이 아닌 것은? [23회 출제]

① 환지설계
② 필지별로 된 환지명세
③ 필지별과 권리별로 된 청산대상 토지명세
④ 체비지 또는 보류지를 정한 경우 그 명세
⑤ 청산금의 결정

해설 환지계획
청산금은 원칙적으로 환지처분을 하는 때에 결정한다. 그러나 청산금 그 자체는 환지계획의 내용은 아니다.

정답 65. ② 66. ① 67. ⑤

68 다음은 환지계획에서 정해야 할 사항이다. 틀린 것은?

① 평균부담률 및 비례율과 그 계산서(면적식으로 환지설계를 하는 경우)
② 건축계획(입체환지를 하는 경우)
③ 토지평가협의회의 심의 결과
④ 수입·지출계획서
⑤ 체비지명세

해설 환지계획
평균부담률 및 비례율과 그 계산서는 평가식으로 환지설계를 하는 경우에 한한다.

69 ★★ 다음은 환지계획에 관한 설명이다. 틀린 것은?

① 환지계획은 종전의 토지와 환지의 위치·지목·면적·토질·수리·이용 상황·환경 등을 종합적으로 고려해서 합리적으로 정해야 한다.
② 환지계획에는 필지별 환지명세가 포함되어야 한다.
③ 환지계획안에 대해서는 공람·공고를 통해 이해관계인의 의견을 들어야 한다.
④ 행정청이 아닌 시행자는 환지계획에 대해 특별자치도지사·시장·군수 또는 구청장의 인가를 받아야 한다.
⑤ 환지계획은 관보 또는 공보에 고시함으로써 확정된다.

해설 환지계획
환지계획의 경우에는 고시·공고 등의 절차가 없다.

70 다음은 도시개발법령상의 환지계획에 관한 설명이다. 틀린 것은?

① 시행자는 도시개발사업의 전부 또는 일부를 환지방식으로 시행하는 경우에는 환지계획구역별로 환지계획을 작성해야 한다.
② 환지계획에는 환지예정지의 지정에 관한 사항이 포함되어야 한다.
③ 행정청이 아닌 시행자가 환지계획을 작성한 때에는 특별자치도지사·시장·군수 또는 구청장의 인가를 받아야 한다.
④ 환지계획을 변경하는 경우에는 원칙적으로 당초의 방식 및 기준에 따라야 한다.
⑤ 종전 토지의 합필 또는 분필로 인해 환지계획을 변경하는 경우에는 변경인가를 받지 않아도 된다.

해설 환지계획
환지예정지의 지정은 환지계획의 내용을 반영하는 것이므로 환지계획에 따로 환지예정지에 관한 사항을 정할 필요가 없다.

정답 68. ① 69. ⑤ 70. ②

부동산공법

71 다음은 환지계획에 관한 설명이다. 틀린 것은?
★★★
① 토지소유자의 신청 또는 동의가 있을 때에는 환지계획에서 환지를 정하지 않을 수 있다.
② 증환지·감환지 또는 입체환지를 할 수 있는 경우는 시행자가 행정청인 경우에 한한다.
③ 과소토지의 구체적인 범위는 규약·정관 또는 시행규정이 정하는 바에 의한다.
④ 공공시설용지에 대해서는 환지계획의 기준을 적용하지 않을 수 있다.
⑤ 도시개발사업에 필요한 경비에 충당하기 위해 일정한 토지를 체비지로 지정할 수 있다.

해설 환지계획
행정청이 아닌 시행자도 증환지·감환지 또는 입체환지를 할 수 있다.

72 도시개발법령상 환지계획에 관한 설명으로 틀린 것은? **19회 출제**
① 필지별로 된 환지명세는 환지계획에 포함되어야 한다.
② 환지계획 작성에 따른 환지계획의 기준 등에 관하여 필요한 사항은 시행자가 정한다.
③ 토지평가협의회의 구성 및 운영 등에 필요한 사항은 해당 규약·정관 또는 시행규정으로 정한다.
④ 행정청이 아닌 시행자가 환지계획을 작성한 경우에는 특별자치도지사·시장·군수 또는 자치구청장의 인가를 받아야 한다.
⑤ 시행자는 환지방식이 적용되는 도시개발구역에 있는 조성토지 등의 가격을 평가할 때에는 감정평가법인등의 평가를 거친 후 토지평가협의회의 심의를 거쳐 결정한다.

해설 환지계획
환지계획의 기준 등에 필요한 사항은 국토교통부령으로 정한다.

73 도시개발법령상 환지 설계를 평가식으로 하는 경우 다음 조건에서 비례율은? (단, 제시된 조건 이외의 사항은 고려하지 않음) **24회 출제**

- 도시개발사업으로 조성되는 토지·건축물의 평가액 합계 : 80억원
- 환지 전 토지·건축물의 평가액 합계 : 40억원
- 총사업비 : 20억원

① 100% ② 125% ③ 150%
④ 200% ⑤ 250%

해설 평가식 환지설계시 비례율
- 비례율 계산식 : {[도시개발사업으로 조성되는 토지·건축물의 평가액 합계 − 총사업비] / 환지 전 토지·건축물의 평가액 합계} × 100
  설문을 계산식에 적용하면 {[80억원 − 20억원] / 40억원} × 100
- 따라서 비례율은 150%이다.

정답 71. ② 72. ② 73. ③

74. 다음은 도시개발법령상의 환지계획에 관한 설명이다. 틀린 것은?

① 환지계획을 작성할 때에는 실시계획 인가 사항, 환지계획구역의 시가화 정도, 토지의 실제 이용현황과 경제적 가치 등을 종합적으로 고려해야 한다.
② 토지소유자의 동의가 있는 때에는 그 토지의 전부 또는 일부에 대해 환지를 정하지 않을 수 있다.
③ 시행자는 환지예정지를 지정하기 전에 사용하는 토지를 환지를 정하지 않을 토지에서 제외할 수 있다.
④ 청산대상토지명세를 작성할 때에는 환지대상에서 제외하는 토지에 대해서도 권리면적을 정해야 한다.
⑤ 환지계획상 도시개발법령에 규정된 과소토지의 면적기준으로는 환지하기가 곤란한 경우에는 조례로 과소토지의 기준이 되는 면적을 따로 정할 수 있다.

해설 환지계획
"조례"가 아닌 "규약·정관 또는 시행규정"이어야 한다.

75. 다음은 시행자가 환지를 정하지 않을 토지에서 제외할 수 있는 토지이다. 틀린 것은?

① 환지계획 인가에 따라 환지를 지정받기로 결정된 토지
② 종전과 같은 위치에 종전과 같은 용도로 환지를 계획하는 토지
③ 토지소유자가 환지 제외를 신청한 토지의 면적 또는 평가액이 모두 합해서 구역 전체의 토지 면적 또는 평가액의 15/100 미만이 되는 경우로서 환지를 정하지 않을 경우 사업시행이 곤란하다고 판단되는 토지
④ 환지예정지를 지정하기 전에 사용하는 토지
⑤ 도시개발구역의 지정에 관한 의견청취를 위한 공람일 또는 공고일 이후에 토지의 양수계약을 체결한 토지(양수일부터 3년이 지난 경우는 제외)

해설 환지를 정하지 않는 토지
토지소유자가 환지 제외를 신청한 토지의 면적 또는 평가액이 모두 합해서 구역 전체의 토지면적 또는 평가액의 15/100 이상이 되는 경우로서 환지를 하지 않으면 사업시행이 곤란하다고 판단되는 경우에는 그 토지를 환지를 지정하는 토지로 할 수 있다.

정답 74. ⑤ 75. ③

부동산공법

76 도시개발구역지정에 관한 의견청취를 위한 공람일의 다음날(기준일) 이후에 토지 또는 건축물이 다음에 해당하게 된 경우에는 시행자가 금전으로 청산 또는 보상하거나 환지지정을 제한할 수 있다. 틀린 것은?

① 기준일 이후에 1필지의 토지가 여러 개의 필지로 분할되는 경우
② 기준일 이후에 지목을 변경하는 경우
③ 기준일 이후에 단독주택 또는 다가구주택이 다세대주택으로 전환되는 경우
④ 하나의 대지범위 안에 속하는 동일인 소유의 토지와 주택 등 건축물을 기준일 이후에 토지와 주택 등 건축물로 각각 분리해서 소유하는 경우
⑤ 기준일 이후에 나대지에 건축물을 새로 건축하거나 기존 건축물을 철거하고 다세대주택 등 구분소유권의 대상이 되는 건물을 건축해서 토지 또는 건축물의 소유자가 증가되는 경우

> **해설** 환지지정의 제한
> 금전으로 청산 또는 보상하거나 환지지정을 제한할 수 있는 경우는 ①, ③, ④, ⑤인데, 이는 토지 또는 건축물의 소유자가 많이 늘어나는 경우이다.

77 도시개발법령상 환지방식의 사업시행에 관한 설명으로 옳은 것은? (단, 사업시행자는 행정청이 아님) **25회 출제**

① 사업시행자가 환지계획을 작성한 경우에는 특별자치도지사, 시·도지사의 인가를 받아야 한다.
② 환지로 지정된 토지나 건축물을 금전으로 청산하는 내용으로 환지계획을 변경하는 경우에는 변경인가를 받아야 한다.
③ 토지소유자의 환지 제외 신청이 있더라도 해당 토지에 관한 임차권자등이 동의하지 않는 경우에는 해당 토지를 환지에서 제외할 수 없다.
④ 환지예정지의 지정이 있으면 종전의 토지에 대한 임차권등은 종전의 토지에 대해서는 물론 환지예정지에 대해서도 소멸된다.
⑤ 환지계획에서 환지를 정하지 아니한 종전의 토지에 있던 권리는 환지처분이 공고된 날의 다음날이 끝나는 때에 소멸한다.

> **해설** 환지방식의 사업시행
> ① 행정청이 아닌 시행자가 환지계획을 작성한 경우에는 특별자치도지사·시장·군수 또는 자치구청장의 인가를 받아야 한다.
> ② 환지로 지정된 토지나 건축물을 금전으로 청산하는 내용으로 환지계획을 변경하는 경우에는 변경인가를 받지 않아도 된다.
> ④ 환지예정지가 지정되면 종전의 토지의 소유자와 임차권자등은 환지예정지 지정의 효력발생일부터 환지처분이 공고되는 날까지 환지 예정지나 해당 부분에 대하여 종전과 같은 내용의 권리를 행사할 수 있으며 종전의 토지는 사용하거나 수익할 수 없다.
> ⑤ 환지계획에서 환지를 정하지 아니한 종전의 토지에 있던 권리는 그 환지처분이 공고된 날이 끝나는 때에 소멸한다.

정답 76. ② 77. ③

제2장 도시개발법(기본)

78 다음은 도시개발법령상의 입체환지로 건설된 주택의 공급에 관한 설명이다. 틀린 것은?

① 1세대 또는 1명이 하나 이상의 주택 또는 토지를 소유한 경우에는 1주택을 공급함이 원칙이다.
② 같은 세대에 속하지 않는 2명 이상이 1주택 또는 1토지를 공유한 경우에는 1주택만 공급함이 원칙이다.
③ 과밀억제권역에 위치하지 않는 도시개발구역의 토지소유자가 2주택 이상을 소유한 경우에는 2주택까지의 수만큼 공급할 수 있다.
④ 종전 토지의 총권리가액이 입체환지로 공급하는 공동주택 중 가장 작은 규모의 공동주택의 공급예정가격 이상인 경우에는 주택을 소유하지 않은 토지소유자에게 주택을 공급할 수 있다.
⑤ 근로자 숙소나 기숙사의 용도로 주택을 소유하고 있는 토지소유자에게는 소유한 주택의 수만큼 공급할 수 있다.

해설 입체환지에 따른 주택공급
과밀억제권역에 위치하지 않는 도시개발구역의 토지소유자에게는 소유한 주택의 수만큼 공급할 수 있다.

79 도시개발법령상 환지방식에 의한 사업시행에 관한 설명으로 틀린 것은? **24회 출제**

① 시행자는 규약으로 정하는 목적을 위하여 일정한 토지를 환지로 정하지 아니하고 보류지로 정할 수 있다.
② 시행자는 도시개발사업의 시행을 위하여 필요하면 도시개발구역의 토지에 대하여 환지 예정지를 지정할 수 있다.
③ 시행자는 체비지의 용도로 환지 예정지가 지정된 경우에는 도시개발사업에 드는 비용을 충당하기 위하여 이를 처분할 수 있다.
④ 군수는 「주택법」에 따른 공동주택의 건설을 촉진하기 위하여 필요하다고 인정하면 체비지 중 일부를 같은 지역에 집단으로 정하게 할 수 있다.
⑤ 체비지는 환지계획에서 정한 자가 환지처분이 공고된 날에 해당 소유권을 취득한다.

해설 환지방식에 의한 사업
체비지는 시행자가 환지처분이 공고된 날의 다음날에 해당 소유권을 취득한다. 다만, 이미 처분된 체비지는 그 체비지를 매입한 자가 소유권이전등기를 마친 때에 소유권을 취득한다(법 제42조 제5항).

정답 78. ③ 79. ⑤

부동산공법

80 다음은 환지방식에 의한 도시개발사업에 관한 설명이다. 틀린 것은?

① 환지설계는 면적식을 원칙으로 한다.
② 공사완료를 위한 확정측량 결과에 따라 환지계획을 변경하는 경우에는 변경인가를 받지 않아도 된다.
③ 과소토지 여부의 판단은 권리면적을 기준으로 한다.
④ 입체환지에서는 토지 또는 건축물의 소유자에게 건축물의 일부와 그 건축물이 있는 토지의 공유지분을 부여할 수 있다.
⑤ 부득이한 경우를 제외하고는 사업시행 중에 토지소유자에게 부담을 주는 내용으로 토지부담률을 변경하면 안 된다.

해설 환지계획
환지설계는 평가식을 원칙으로 한다.

81 다음은 환지방식으로 시행하는 도시개발사업에 관한 설명이다. 올바른 것은?

① 토지소유자나 임차권자 등은 공람기간에 시행자에게 의견서를 제출할 수 있으며, 시행자는 이를 환지계획에 반영해야 한다.
② 행정청이 아닌 시행자가 환지계획을 정하려는 경우에는 토지소유자와 임차권자 등에게 환지계획의 기준 및 내용 등을 알리고 관계서류의 사본을 14일 이상 일반인에게 공람시켜야 한다.
③ 행정청인 시행자가 환지계획인가를 신청하려는 경우에는 토지소유자와 임차권자 등에게 환지계획의 기준 및 내용 등을 알리고 관계서류의 사본을 14일 이상 일반인에게 공람시켜야 한다.
④ 환지계획인가를 신청할 때에는 공람기간 안에 제출된 의견서를 첨부해야 한다.
⑤ 시행자는 제출된 의견에 대하여 공람 기일이 종료된 날부터 30일 이내에 그 의견을 제출한 자에게 환지계획에의 반영여부에 관한 검토 결과를 통보하여야 한다.

해설 환지계획안의 공람
① 시행자는 공람기간 동안 제출된 의견을 환지계획에 반영할 의무를 지지 않는다. 의견이 타당하다고 인정되는 경우에 한해 이를 환지계획에 반영하면 된다.
②, ③ 행정청이 아닌 시행자가 환지계획의 인가를 신청하려고 하거나 행정청인 시행자가 환지계획을 정하려고 하는 경우에는 토지소유자와 해당 토지에 대하여 임차권, 지상권, 그 밖에 사용하거나 수익할 권리(이하 "임차권등"이라 한다)를 가진 자(이하 "임차권자등"이라 한다)에게 환지계획의 기준 및 내용 등을 알리고 관계서류의 사본을 14일 이상 일반인에게 공람시켜야 한다.
⑤ 시행자는 제출된 의견에 대하여 공람 기일이 종료된 날부터 60일 이내에 그 의견을 제출한 자에게 환지계획에의 반영여부에 관한 검토 결과를 통보하여야 한다.

정답 80. ① 81. ④

제2장 도시개발법(기본)

82 도시개발법령상 환지방식에 의한 사업 시행에 관한 설명으로 틀린 것은? `31회 출제`

① 지정권자는 도시개발사업을 환지 방식으로 시행하려고 개발계획을 수립할 때에 시행자가 지방자치단체이면 토지소유자의 동의를 받을 필요가 없다.
② 시행자는 체비지의 용도로 환지 예정지가 지정된 경우에는 도시개발사업에 드는 비용을 충당하기 위하여 이를 처분할 수 있다.
③ 도시개발구역의 토지에 대한 지역권은 도시개발사업의 시행으로 행사할 이익이 없어지면 환지처분이 공고된 날이 끝나는 때에 소멸한다.
④ 지방자치단체가 도시개발사업의 전부를 환지 방식으로 시행하려고 할 때에는 도시개발사업의 시행규정을 작성하여야 한다.
⑤ 행정청이 아닌 시행자가 인가받은 환지 계획의 내용 중 종전 토지의 합필 또는 분필로 환지명세가 변경되는 경우에는 변경인가를 받아야 한다.

해설 환지방식에 의한 사업 시행
환지 계획의 내용 중 종전 토지의 합필 또는 분필로 환지명세가 변경되는 경우에는 변경인가를 받지 않아도 된다.

83 도시개발법령상 환지방식에 의한 도시개발사업의 시행에 관한 설명으로 옳은 것은? `30회 출제`

① 시행자는 준공검사를 받은 후 60일 이내에 지정권자에게 환지처분을 신청하여야 한다.
② 도시개발구역이 2 이상의 환지계획구역으로 구분되는 경우에도 사업비와 보류지는 도시개발구역 전체를 대상으로 책정하여야 하며, 환지계획구역별로는 책정할 수 없다.
③ 도시개발구역에 있는 조성토지등의 가격은 개별공시지가로 한다.
④ 환지예정지가 지정되어도 종전 토지의 임차권자는 환지처분 공고일까지 종전 토지를 사용·수익할 수 있다.
⑤ 환지계획에는 필지별로 된 환지명세와 필지별로 권리별로 된 청산대상토지명세가 포함되어야 한다.

해설 환지방식에 의한 도시개발사업
① 시행자는 준공검사를 받은 때에는 60일 이내에 환지처분을 해야 한다.
② 도시개발구역이 2 이상의 환지계획구역으로 구분되는 경우에는 환지계획구역별로 사업비 및 보류지를 책정해야 한다.
③ 도시개발구역에 있는 조성토지등의 가격은 감정가격으로 한다.
④ 환지예정지가 지정되어도 종전 토지의 임차권자는 환지처분 공고일까지 종전 토지를 사용·수익할 수 없다.

정답 82. ⑤ 83. ⑤

84. 다음은 환지방식의 도시개발사업에 관한 설명이다. 틀린 것은?

① 시행자는 환지예정지를 지정하거나 종전 토지의 사용 또는 수익을 정지시키는 경우에는 도시개발구역에 있는 건축물이나 장애물을 이전하거나 제거할 수 있다.
② 시행자가 기반시설의 변경 또는 폐지에 관한 공사를 시행하는 경우에도 도시개발구역에 있는 건축물이나 장애물을 이전하거나 제거할 수 있다.
③ 시행자가 장애물 등을 이전 또는 제거하려고 하는 경우에는 그 소유자나 점유자에게 미리 알려야 한다.
④ 주거용 건축물을 이전하거나 철거하는 경우에는 늦어도 2개월 전에 알려야 한다.
⑤ 장애물의 이전 또는 제거에 따른 손실을 보상받고자 하는 때에는 토지수용위원회에 재결을 신청해야 한다.

해설 장애물의 제거
장애물의 이전 또는 제거에 따른 손실의 보상은 당사자 간의 협의에 의한다. 협의가 성립되지 않으면 당사자의 일방이 토지수용위원회에 재결을 신청할 수 있다.

85. 도시개발법령상 다음 조건에서 환지계획구역의 평균 토지부담률은? [22회 출제]

- 환지계획구역 면적 : 120만m²
- 보류지 면적 : 60만m²
- 체비지 면적 : 30만m²
- 시행자에게 무상귀속되는 공공시설 면적 : 20만m²
- 청산대상토지면적 : 10만m²

① 10% ② 25% ③ 40% ④ 50% ⑤ 60%

해설 평균 토지부담률
평균 토지부담률은 보류지면적(60만m²)에서 시행자에게 무상귀속되는 공공시설 면적(20만m²)을 뺀 값(40만m²)을 환지계획구역면적(120만m²)에서 시행자에게 무상귀속되는 공공시설 면적(20만m²)을 뺀 값(100만m²)으로 나눈 값(40%)을 말한다.

86. 도시개발법령상 체비지에 관한 설명으로 틀린 것은? [19회 출제]

① 시행자는 도시개발사업에 필요한 경비 충당을 위해 보류지 중 일부를 체비지로 정할 수 있다.
② 시행자는 도시개발사업에 드는 비용을 충당하기 위해 체비지 용도로 지정된 환지예정지를 사용·수익하게 하거나 처분할 수 있다.
③ 이미 처분된 체비지는 그 체비지를 매입한 자가 소유권이전등기를 마친 때에 소유권을 취득한다.
④ 지정권자는 도시개발사업의 조성토지 등(체비지는 제외)이 그 사용으로 인하여 사업시행에 지장이 없는 경우에는 준공 전에 사용허가를 할 수 있다.
⑤ 시행자는 준공 전에는 지정권자의 사용허가를 받지 아니하고는 조성토지인 체비지를 사용할 수 없다.

정답 84. ⑤ 85. ③ 86. ⑤

해설 **체비지**(법 제44조)
⑤ 체비지의 사용은 지정권자의 사용허가대상이 아니다.

87. 다음은 도시개발사업에 필요한 장애물 등의 이전 및 제거에 관한 설명이다. 틀린 것은?

① 시행자는 환지예정지를 지정하는 경우 필요한 때에는 도시개발구역에 있는 토석·울타리 등의 장애물을 이전하거나 제거할 수 있다.
② 시행자는 장애물 등을 이전하거나 제거하고자 하는 때에는 그 사실을 관보나 그 지역 일간신문에 공고해야 한다.
③ 장애물 등의 이전 및 제거로 인해 손실을 받은 자가 있는 때에는 시행자가 그 손실을 보상해야 한다.
④ 압류나 가압류에 의해 보상금의 지급이 금지된 때에는 공탁소에 보상금을 공탁할 수 있다.
⑤ 토지수용위원회의 손실보상금에 대한 재결에 불복하는 경우에는 「공익사업을 위한 토지 등의 취득 및 보상에 관한 법률」에 따라 이의신청을 할 수 있다.

해설 **장애물 등의 이전 및 제거**
시행자는 장애물 등을 이전하거나 제거하고자 하는 때에는 그 소유자나 점유자에게 미리 알리고, 관보나 일간신문에의 공고는 소유자나 점유자를 알 수 없는 때에 한다.

88. 도시개발법령상 청산금제도에 관한 설명으로 틀린 것은? [23회 출제]

① 환지를 정하거나 그 대상에서 제외한 경우 그 과부족분은 금전으로 청산하여야 한다.
② 과소 토지여서 환지대상에서 제외한 토지에 대하여는 청산금을 교부하는 때에 청산금을 결정할 수 있다.
③ 토지 면적의 규모를 조정할 특별한 필요가 있어 환지를 정하지 아니하는 토지에 대하여는 환지처분 전이라도 청산금을 교부할 수 있다.
④ 청산금은 이자를 붙이더라도 분할교부할 수 없다.
⑤ 청산금을 받을 권리나 징수할 권리를 5년간 행사하지 아니하면 시효로 소멸한다.

해설 **청산금제도**
청산금은 이자를 붙여 분할징수하거나 분할교부할 수 있다.

정답 87. ② 88. ④

89. 도시개발법령상 환지방식으로 도시개발사업을 시행하는 경우 환지처분에 관한 설명으로 틀린 것은? [28회 출제]

① 시행자는 도시개발사업에 관한 공사를 끝낸 경우에는 지체없이 관보 또는 공보에 이를 공고하여야 한다.
② 지정권자가 시행자인 경우 법 제51조에 따른 공사완료 공고가 있는 때에는 60일 이내에 환지처분을 하여야 한다.
③ 환지계획에 따라 입체환지처분을 받은 자는 환지처분이 공고된 날의 다음날에 환지계획으로 정하는 바에 따라 건축물의 일부와 해당 건축물이 있는 토지의 공유지분을 취득한다.
④ 체비지로 정해지지 않은 보류지는 환지계획에서 정한 자가 환지처분이 공고된 날의 다음날에 해당 소유권을 취득한다.
⑤ 도시개발사업의 시행으로 행사할 이익이 없어진 지역권은 환지처분이 공고된 날의 다음날이 끝나는 때에 소멸한다.

해설 환지처분
도시개발사업의 시행으로 행사할 이익이 없어진 지역권은 환지처분이 공고된 날이 끝나는 때에 소멸한다.

90. 도시개발법령상 환지처분에 관한 설명으로 틀린 것은? [19회 출제]

① 시행자는 환지방식의 도시개발사업 공사를 끝낸 때에는 지체없이 공사완료 공고를 관보 또는 공보에 하여야 한다.
② 공사완료 공고를 한 때에는 공사설계서·관련도면 등을 14일 이상 일반에게 공람시켜야 한다.
③ 지정권자인 시행자는 국토교통부장관의 준공검사를 받은 후 60일 이내에 환지처분을 하여야 한다.
④ 환지처분의 공고에는 사업비의 정산내역도 포함되어야 한다.
⑤ 환지계획에서 정해진 환지는 그 환지처분의 공고가 있은 날의 다음날부터 종전의 토지로 본다.

해설 환지처분
지정권자인 시행자는 공사완료가 있은 후 60일 안에 환지처분을 하여야 한다.

정답 89. ⑤ 90. ③

91. 도시개발법령상 환지처분의 효과에 관한 설명으로 틀린 것은?

① 환지계획에서 정하여진 환지는 그 환지처분이 공고된 날의 다음날부터 종전의 토지로 본다.
② 환지처분은 행정상 처분으로서 종전의 토지에 전속(專屬)하는 것에 관하여 영향을 미친다.
③ 도시개발구역의 토지에 대한 지역권은 도시개발사업의 시행으로 행사할 이익이 없어진 경우 환지처분이 공고된 날이 끝나는 때에 소멸한다.
④ 보류지는 환지계획에서 정한 자가 환지처분이 공고된 날의 다음날에 해당 소유권을 취득한다.
⑤ 청산금은 환지처분이 공고된 날의 다음날에 확정된다.

해설 환지처분의 효과
환지처분은 행정상 또는 재판상의 처분으로서 종전의 토지에 전속하는 것에 관해서는 영향을 미치지 않는다.

92. 다음은 「도시개발법」에 의한 환지처분에 관한 설명이다. 틀린 것은?

① 환지계획에 정해진 환지는 그 환지처분의 공고가 있는 날의 다음날부터 종전의 토지로 본다.
② 환지계획에서 환지를 정하지 않은 종전의 토지에 존재하던 권리는 그 환지처분이 공고된 날이 끝나는 때에 소멸한다.
③ 이미 처분된 체비지의 경우 환지처분의 공고가 있는 날의 다음날에 당해 체비지를 매입한 자가 소유권을 취득한다.
④ 체비지가 아닌 보류지는 환지계획에서 정한 자가 환지처분의 공고가 있는 날의 다음날에 소유권을 취득한다.
⑤ 청산금은 환지처분의 공고가 있는 날의 다음날에 확정된다.

해설 환지처분
체비지는 환지처분공고가 있는 날의 다음날에 시행자가 소유권을 취득하지만, 이미 체비지가 처분된 경우에는 체비지를 매입한 자는 소유권이전등기를 마친 때에 체비지를 취득하게 된다.

정답 91. ② 92. ③

93 도시개발법령상 환지처분에 관한 설명으로 틀린 것은? [33회 출제]

① 도시개발구역의 토지 소유자나 이해관계인은 환지 방식에 의한 도시개발사업 공사 관계 서류의 공람 기간에 시행자에게 의견서를 제출할 수 있다.
② 환지를 정하거나 그 대상에서 제외한 경우 그 과부족분(過不足分)은 금전으로 청산하여야 한다.
③ 시행자는 지정권자에 의한 준공검사를 받은 경우에는 90일 이내에 환지처분을 하여야 한다.
④ 시행자가 환지처분을 하려는 경우에는 환지 계획에서 정한 사항을 토지 소유자에게 알리고 관보 또는 공보에 의해 이를 공고하여야 한다.
⑤ 환지 계획에서 정하여진 환지는 그 환지처분이 공고된 날의 다음 날부터 종전의 토지로 본다.

해설 환지처분
시행자는 지정권자에 의한 준공검사를 받은 경우에는 60일 이내에 환지처분을 하여야 한다.

94 다음은 청산에 관한 설명이다. 틀린 것은?

① 종전의 토지와 환지의 위치·지목·면적 등을 종합적으로 고려해서 정한다.
② 환지에 따른 과부족을 청산한다.
③ 금전으로 청산한다.
④ 청산금은 환지계획을 정할 때에 결정해야 한다.
⑤ 청산에 필요한 토지 등의 가격은 토지평가협의회의 심의를 거쳐서 결정한다.

해설 청산
청산금은 환지처분시에 결정해야 한다. 다만, 환지대상에서 제외한 토지에 대해서는 청산금교부시에 결정할 수 있다.

95 다음은 감가보상금에 관한 설명이다. 올바른 것은?

① 감환지에 대한 보상이다.
② 증환지를 받은 자로부터 징수한다.
③ 사업시행으로 인해 토지가액의 총액이 감소한 때에 지급한다.
④ 보류지의 매각대금이다.
⑤ 환지예정지 지정으로 사용·수익이 정지된 자에게 지급한다.

해설 감가보상금
감가보상금은 행정청인 시행자가 토지가액총액이 사업시행 전보다 사업시행 후에 감소된 경우 그 차액을 토지소유자에게 지급하는 것이다.

정답 93. ③ 94. ④ 95. ③

제2장 도시개발법(기본)

96 도시개발법령상 도시개발사업에 필요한 비용에 관한 설명으로 틀린 것은? 〔19회 출제〕

① 원칙적으로 시행자가 부담한다.
② 이익을 받는 다른 지방자치단체가 비용의 일부를 부담할 수도 있다.
③ 이익을 받는 다른 공공시설관리자가 비용의 일부를 부담할 수도 있다.
④ 전부환지방식으로 도시개발사업을 시행하는 경우에는 전기시설공급자와 지중선로설치요청자가 각각 2분의 1의 비율로 부담한다.
⑤ 시행자가 행정청인 경우에는 그 비용의 전부를 국고에서 보조하거나 융자할 수 있다.

> **해설** 도시개발사업에 필요한 비용
> 전부환지방식의 도시개발사업인 경우에는 전기시설공급자가 2/3, 지중선로설치요청자가 1/3을 부담한다.

97 도시개발구역 바깥에 설치하는 기반시설의 설치비용은 누가 부담하는가?

① 비용부담계획에 포함된 기반시설의 경우에는 시행자에게 설치비용을 부담시킬 수 있다.
② 도시개발구역 바깥에 설치하는 것이므로 도시개발구역지정권자가 부담한다.
③ 비용부담계획에 포함되지 않은 기반시설을 추가로 설치하는 경우에는 시행자가 설치비용을 부담한다.
④ 시행자는 도시개발구역 바깥에 설치하는 기반시설의 설치비용은 부담하지 않는다.
⑤ 도시개발구역 바깥에는 「도시개발법」이 적용되지 않으므로 「도시개발법」에는 도시개발구역 바깥에 설치하는 기반시설설치비용에 관한 규정이 없다.

> **해설** 도시개발구역 바깥에 설치하는 기반시설의 설치비용
> 비용부담계획에 포함된 기반시설의 경우에는 시행자에게 설치비용을 부담시킬 수 있다. 비용부담계획에 포함되지 않은 기반시설을 추가로 설치하는 경우에는 그 원인을 제공한 자에게 설치비용을 부담시킬 수 있다.

98 다음 중 도시개발특별회계의 재원이 아닌 것은?

① 교통유발부담금의 일부
② 「도시개발법」 위반에 대한 과태료
③ 개발부담금의 일부
④ 개발행위허가에 따른 공공시설의 귀속에 의한 수익금
⑤ 재산세 도시지역분으로 부과·징수된 재산세 징수액의 일부

> **해설** 도시개발특별회계의 재원
> 교통유발부담금은 도시개발특별회계의 재원이 아니다.

정답 96. ④ 97. ① 98. ①

부동산공법

99 도시개발법령상 도시개발채권에 관한 설명으로 옳은 것은? [29회 출제]

★★
① 도시개발채권의 매입의무자가 아닌 자가 착오로 도시개발채권을 매입한 경우에는 도시개발 채권을 중도에 상환할 수 있다.
② 시·도지사는 도시개발채권을 발행하려는 경우 채권의 발행총액에 대하여 국토교통부장관의 승인을 받아야 한다.
③ 도시개발채권의 상환은 3년부터 10년까지의 범위에서 지방자치단체의 조례로 정한다.
④ 도시개발채권의 소멸시효는 상환일부터 기산하여 원금은 3년, 이자는 2년으로 한다.
⑤ 도시개발채권 매입필증을 제출받는 자는 매입필증을 3년간 보관하여야 한다.

> **해설** 도시개발채권
> ② 시·도지사는 도시개발채권을 발행하려는 경우 채권의 발행총액에 대하여 행정안전부장관의 승인을 받아야 한다.
> ③ 도시개발채권의 상환은 5년부터 10년까지의 범위에서 지방자치단체의 조례로 정한다.
> ④ 도시개발채권의 소멸시효는 상환일부터 기산하여 원금은 5년, 이자는 2년으로 한다.
> ⑤ 도시개발채권 매입필증을 제출받는 자는 매입필증을 5년간 보관하여야 한다.

100 도시개발법령상 도시개발채권에 관한 설명으로 옳은 것은? [21회 출제]

① 도시개발조합은 토지등의 매수대금의 일부를 지급하기 위하여 사업시행으로 조성된 토지·건축물로 상환하는 도시개발채권을 발행할 수 있다.
② 도시개발채권을 발행하는 경우 발행총액에 대하여 국토교통부장관의 승인을 받아야 한다.
③ 도시개발채권의 소멸시효는 상환일부터 기산하여 원금은 5년, 이자는 3년으로 한다.
④ 도시개발채권의 상환은 5년부터 10년까지의 범위에서 기획재정부장관이 따로 정하여 고시한다.
⑤ 「국토의 계획 및 이용에 관한 법률」에 따른 개발행위허가로서의 토지형질변경허가를 받은 자는 도시개발채권을 매입하여야 한다.

> **해설** 도시개발채권
> ① 도시개발조합이 아닌 시·도지사가 도시개발사업 또는 도시·군계획시설사업에 필요한 자금을 조달하기 위하여 시·도의 조례가 정하는 바에 따라 도시개발채권을 발행할 수 있다.
> ② 행정안전부장관의 승인을 받아야 한다.
> ③ 도시개발채권의 소멸시효는 상환일부터 기산하여 원금은 5년, 이자는 2년으로 한다.
> ④ 도시개발채권의 상환은 5년부터 10년의 범위 안에서 조례로 정한다.

정답 99. ① 100. ⑤

제2장 도시개발법(기본)

101 도시개발법령상 토지상환채권 및 도시개발채권에 관한 설명으로 옳은 것은? [24회 개작]

① 도시개발조합은 도시·군계획시설사업에 필요한 자금을 조달하기 위하여 도시개발채권을 발행할 수 있다.
② 토지상환채권은 질권의 목적으로 할 수 없다.
③ 도시개발채권은 무기명으로 발행할 수 없다.
④ 도시개발채권을 발행하는 경우 상환방법 및 절차에 대하여 행정안전부장관의 승인을 받아야 한다.
⑤ 도시개발채권의 소멸시효는 상환일부터 기산하여 원금은 3년, 이자는 2년으로 한다.

해설 토지상환채권 및 도시개발채권
① 시·도지사가 도시개발사업 또는 도시·군계획시설사업에 필요한 자금을 조달하기 위하여 시·도의 조례가 정하는 바에 따라 도시개발채권을 발행할 수 있다.
② 토지상환채권은 질권의 목적으로 할 수 있다.
③ 도시개발채권은 「주식·사채 등의 전자등록에 관한 법률」에 따라 전자등록하여 발행하거나 무기명으로 발행할 수 있다.
⑤ 도시개발채권의 소멸시효는 상환일부터 기산하여 원금은 5년, 이자는 2년으로 한다.

102 다음 중 도시개발사업의 지정 대상 및 규모, 개발계획의 내용, 시행자지정요건 및 도시개발채권의 매입기준을 완화하여 적용할 수 있는 경우가 아닌 것은?

① 임대주택 200세대를 공급하는 임대주택 공급계획에서 영세한 세입자나 토지소유자를 위해 1/2를 초과해서 임대주택을 공급하는 경우
② 서로 떨어진 둘 이상의 지역을 결합해서 하나의 도시개발사업으로 시행하는 경우
③ 역세권 등 대중교통 이용이 용이한 지역에 도시개발구역을 지정하는 경우로서 도심내 소형주택의 공급확대, 토지의 고도이용과 건축물의 복합개발을 촉진할 필요가 있는 경우
④ 공공주택 건설을 위한 용지 등을 감정가격 이하로 공급하는 경우
⑤ 개발계획을 수립할 때에 저탄소 녹색도시계획을 같이 수립해서 시행하는 경우

해설 적용기준완화 특례
임대주택의 공급계획에서 1/2을 초과해서 임대주택을 공급하는 경우는 임대주택을 300세대 이상 공급하는 경우에 한하여 적용기준완화의 특례가 적용된다.

정답 101. ④ 102. ①

부동산공법

103 다음 중 형사처벌을 받게 되는 경우는?

① 공급계획을 제출하지 않고 조성토지 등을 공급한 자
② 도시개발사업의 업무 및 회계에 대한 검사를 거부·방해 또는 기피한 자
③ 환지처분을 통지하지 않은 자
④ 도시개발사업에 관한 자료를 제출하지 않거나 허위의 자료를 제출한 자
⑤ 환지 또는 환지예정지에 관한 표지를 훼손한 자

해설 형사처벌
① 2년 이하의 징역 또는 2,000만원 이하의 벌금
②, ③, ④, ⑤ 과태료에 해당

정답 103. ①

제2장 도시개발법(응용)

응용 출제예상문제

01 도시개발법령상 도시개발사업의 시행방식과 관련된 설명 중 옳은 것은 모두 몇 개인가? **16회 출제**

> ㉠ 도시개발사업은 수용 또는 사용하는 방식이나 환지방식 또는 이를 혼용하는 방식으로 시행할 수 있다.
> ㉡ 수용 또는 사용방식은 도시개발사업을 시행하는 지역의 지가가 인근의 다른 지역에 비해 현저히 높은 경우에 시행하는 방식이다.
> ㉢ 수용 또는 사용방식은 대지로서의 효용증진과 공공시설의 정비를 위해 지목 또는 형질의 변경이나 공공시설의 설치·변경이 필요한 경우에 시행하는 방식이다.
> ㉣ 당해 도시의 주택건설에 필요한 택지 등의 집단적인 조성이 필요한 경우에 환지방식으로 시행하는 것을 원칙으로 한다.
> ㉤ 수용 또는 사용하는 방식과 환지방식을 혼용해 시행하는 경우에 각각의 방식이 적용되는 구역으로 구분해 사업시행지구로 분할해 시행할 수 있다.

① 1개　　② 2개　　③ 3개　　④ 4개　　⑤ 5개

해설 도시개발사업의 시행
㉡ 시행대상지역의 지가가 인근의 다른 지역에 비해 현저히 높은 경우에는 수용에 따른 보상액이 많아지게 되므로 수용 또는 사용방식에 의하지 않고 환지방식에 의하게 된다.
㉢ 환지방식이 대지로서의 효용증진과 공공시설의 정비를 위해 토지의 교환·분할·합병, 그 밖의 구획변경, 지목 또는 형질의 변경이나 공공시설의 설치·변경이 필요한 경우에 시행하는 방식이다.
㉣ 수용 또는 사용방식에 의하는 전형적인 경우이다.

17회 출제

02 도시개발법령상 자연녹지지역 취락지구 3만m²에 대해 토지소유자가 조합을 설립해 환지방식으로 도시개발사업을 시행하고자 할 때, 이와 관련한 설명 중 틀린 것은?

① 시장·군수·구청장이 도시개발구역 지정을 요청할 수 있으며, 시·도지사나 대도시시장이 도시개발구역을 지정할 수 있다.
② 개발계획을 수립하는 때에는 사업대상 토지면적의 2/3 이상에 해당하는 토지소유자와 토지소유자 총수의 1/2 이상의 동의를 받아야 한다.
③ 도시개발구역 지정절차로서 주민 등의 의견을 수렴하기 위해 공람을 실시해야 하고, 필요시 공청회를 개최할 수 있다.
④ 도시개발구역을 지정한 후에 개발계획을 수립할 수 있다.
⑤ 도시개발구역이 지정·고시된 경우 당해 도시개발구역은 지구단위계획구역으로 결정·고시된 것으로 본다.

정답　01. ②　02. ⑤

해설 도시개발사업의 시행

도시개발구역이 지정·고시된 경우 그 도시개발구역은 도시지역과 지구단위계획구역으로 결정·고시된 것으로 본다. 다만, 취락지구로 지정된 지역인 경우에는 그러하지 아니하다.

03 다음은 도시개발사업의 시행방식 변경에 관한 설명이다. 틀린 것은?

① 시행자가 국가 또는 지방자치단체인 경우에는 수용 또는 사용 방식이나 혼용방식에서 전부 환지방식으로 변경할 수 있다.
② 시행자가 국가 또는 지방자치단체인 경우에는 수용 또는 사용 방식에서 혼용방식으로 변경하는 것이 허용되지 않는다.
③ 전부 환지방식에서 수용·사용 방식이나 혼용방식으로 변경하는 것은 허용되지 않는다.
④ 시행자가 토지소유자인 경우에는 수용 또는 사용방식에서 혼용방식으로 변경하는 것만 허용된다.
⑤ 시행자가 도시개발조합인 경우에는 시행방식의 변경이 허용되지 않는다.

해설 도시개발사업의 시행방식

시행자가 국가 또는 지방자치단체인 경우에는 수용 또는 사용 방식에서 혼용방식으로 변경하는 것이 허용된다.

04 다음은 도시개발사업에서 세입자 등을 위한 임대주택 건설용지의 공급 등에 관한 설명이다. 틀린 것은?

① 시행자는 도시개발사업에 따른 세입자등의 주거안정 등을 위하여 주거 및 생활실태 조사와 주택수요 조사 결과를 고려하여 임대주택 건설용지를 조성·공급하거나 임대주택을 건설·공급해야 한다.
② 국가·지방자치단체·공공기관·정부출연기관 또는 지방공사 중 주택의 건설, 공급, 임대를 할 수 있는 자는 시행자가 요청하는 경우 도시개발사업의 시행으로 공급되는 임대주택 건설용지나 임대주택을 인수해야 한다.
③ 시행자는 임대주택 건설용지를 조성·공급하거나 임대주택을 건설·공급할 때에는 도시개발사업의 방식과 해당 지역의 임대주택 재고상황 등을 고려하여 임대주택 건설용지 조성계획 또는 임대주택 건설계획을 수립해야 한다.
④ 시행자와 임대주택 건설용지를 공급받거나 인수한 자가 도시개발구역에서 임대주택을 건설·공급하는 경우에 임차인의 자격, 선정방법, 임대보증금, 임대료 등에 관하여는 「민간임대주택에 관한 특별법」, 「공공주택 특별법」에 불구하고 그 기준을 따로 정할 수 있다.
⑤ 임차인의 자격, 선정방법, 임대보증금, 임대료 등에 관한 기준을 따로 정하는 경우 행정청이 아닌 시행자는 미리 도시개발구역 지정권자의 승인을 받아야 한다.

정답   03. ②   04. ⑤

제2장 도시개발법(응용)

> **해설** 임대주택의 건설
> 임차인의 자격, 선정방법, 임대보증금, 임대료 등에 관한 기준을 따로 정하는 경우 행정청이 아닌 시행자는 미리 시장·군수 또는 구청장의 승인을 받아야 한다.

05 다음 중 도시개발사업의 시행자로 지정받을 수 <u>없는</u> 자는?   `13회 출제`

① 「지방공기업법」에 의해 설립된 지방공사
② 「부동산개발업의 관리 및 육성에 관한 법률」에 따라 등록한 부동산개발업자로서 대통령령으로 정하는 요건에 해당하는 자
③ 도시개발구역 안의 거주자들이 도시개발사업을 위해 설립한 조합
④ 「건설산업기본법」에 의한 토목공사업 또는 토목건축공사업의 면허를 받는 등 개발계획에 적합하게 도시개발사업을 시행할 능력이 있다고 인정되는 자로서 대통령령이 정하는 요건에 해당하는 자
⑤ 「수도권정비계획법」에 의한 과밀억제권역에서 수도권 외의 지역으로 이전하는 법인 중 과밀억제권역 안의 사업기간 등 대통령령이 정하는 요건에 해당하는 법인

> **해설** 도시개발사업의 시행자
> 도시개발구역 안의 토지소유자가 도시개발사업을 위해 설립한 조합(도시개발사업의 전부를 환지방식으로 시행하는 경우에 한함)

06 다음은 도시개발사업의 시행자에 관한 설명이다. 틀린 것은?

① 도시개발사업의 시행자가 되기 위해서는 도시개발구역지정권자로부터 시행자지정을 받아야 한다.
② 사업의 전부를 환지방식에 의하는 경우에는 토지소유자 또는 그 조합을 시행자로 지정해야 한다.
③ 조합이 도시개발구역지정권자에게 조합설립 및 사업시행에 관한 인가를 받은 때에는 시행자로 지정된 것으로 본다.
④ 시행자자격이 있는 자가 공동으로 설립한 법인도 시행자지정을 받으면 도시개발사업을 시행할 수 있다.
⑤ 국가·지방자치단체·공공기관·지방공기업 또는 민관합동법인이 도시개발사업의 일부를 환지방식으로 도시개발사업을 시행하는 경우에는 시행규정을 작성해야 한다.

> **해설** 도시개발사업의 시행자
> 조합이 도시개발사업을 시행하고자 하는 경우에는 먼저 설립인가를 받아 조합을 설립한 후 시행자지정을 받아야 한다.

정답   05. ③   06. ③

07. 도시개발법령상 도시개발사업의 시행을 위한 조합과 관련된 설명으로 틀린 것은?

① 조합설립을 위한 정관에는 토지 등 가액평가에 관한 사항이 포함되어야 한다.
② 조합원은 도시개발구역 안의 토지소유자로 한다.
③ 조합의 임원이 한정치산자로 된 경우 그 다음날부터 임원자격을 상실한다.
④ 조합은 법인으로 한다.
⑤ 조합은 지정권자로부터 설립 또는 변경인가를 받은 때 법인격을 취득한다.

해설 도시개발조합
도시개발조합은 주된 사무소의 소재지에 설립등기를 한 때에 성립한다.

08. 다음은 도시개발조합에 대한 설명이다. 올바른 것은?

① 조합의 도시개발사업에 대한 행정심판은 인정되지 않는다.
② 도시개발구역의 주민은 도시개발조합의 조합원이 된다.
③ 도시개발조합은 사단으로서의 성격을 가지므로 「민법」상의 사단법인에 관한 규정이 준용된다.
④ 도시개발조합의 설립은 설립등기 없이도 가능하다.
⑤ 미성년자도 조합의 임원이 될 수 있다.

해설 도시개발조합
① 조합의 처분에 대해서도 행정쟁송이 인정된다.
② 도시개발조합의 조합원은 주민이 아닌 토지소유자이어야 한다.
④ 도시개발조합은 설립등기를 함으로써 성립된다.
⑤ 미성년자는 도시개발조합의 임원이 될 수 없다.

09. 다음은 도시개발조합에 관한 설명이다. 올바른 것은?

① 도시개발구역 안에 거주하는 자 7명 이상이 설립한다.
② 조합원은 보유토지의 면적에 비례해서 의결권을 가진다.
③ 조합의 법적 성격은 「민법」상의 재단법인에 해당된다.
④ 조합원이 부과금을 연체하는 경우에는 조합이 이를 직접 강제징수하지 못한다.
⑤ 조합의 처분은 행정심판의 대상이 아니다.

정답 07. ⑤ 08. ③ 09. ④

해설 도시개발조합
① 도시개발구역의 토지소유자 7명 이상이 설립한다.
② 조합원은 보유토지의 면적에 관계없이 평등한 의결권을 갖는다.
③ 조합의 법적 성격은 「민법」상의 사단법인과 유사하다.
④ 조합이 직접 부과금을 강제징수하지는 못한다. 조합은 시장·군수·구청장에게 부과금의 징수를 위탁할 수 있으며, 시장·군수·구청장이 부과금을 강제징수할 수 있다.
⑤ 조합이 시행자로서 한 처분은 행정심판의 대상이 된다.

10 도시개발법령상 도시개발조합에 관한 설명으로 틀린 것은? **21회 출제**

① 조합을 설립하려면 도시개발구역의 토지소유자 7명 이상이 정관을 작성하여 지정권자에게 조합설립의 인가를 받아야 한다.
② 조합설립인가를 받은 후 정관기재사항인 주된 사무소의 소재지를 변경하려는 경우에는 지정권자의 변경인가를 받아야 한다.
③ 조합의 임원은 그 조합의 다른 임원을 겸할 수 없다.
④ 조합에 대해 「도시개발법」에서 규정한 것 이외에는 「민법」 중 사단법인에 관한 규정을 준용한다.
⑤ 조합인 시행자가 행한 처분에 대하여 행정심판을 제기할 수 있다.

해설 도시개발조합
주된 사무소 소재지의 변경과 공고방법의 변경은 지정권자에게 신고하면 된다.

11 도시개발법령상 조합의 임원에 관한 설명으로 틀린 것은? **24회 출제**

① 이사는 의결권을 가진 조합원이어야 한다.
② 이사는 그 조합의 조합장을 겸할 수 없다.
③ 감사의 선임은 총회의 의결을 거쳐야 한다.
④ 조합장은 총회·대의원회 또는 이사회의 의장이 된다.
⑤ 자기를 위한 조합과의 계약에 관하여는 조합장이 조합을 대표한다.

해설 조합의 임원
조합장 또는 이사의 자기를 위한 조합과의 계약이나 소송에 관하여는 감사가 조합을 대표한다.

정답 10. ② 11. ⑤

부동산공법

12 도시개발법령상 도시개발조합에 관한 설명으로 옳은 것은? [31회 출제]

① 도시개발구역의 토지 소유자가 미성년자인 경우에는 조합의 조합원이 될 수 없다.
② 조합원은 보유토지의 면적과 관계없는 평등한 의결권을 가지므로, 공유 토지의 경우 공유자별로 의결권이 있다.
③ 조합은 도시개발사업 전부를 환지 방식으로 시행하는 경우에 도시개발사업의 시행자가 될 수 있다.
④ 조합 설립의 인가를 신청하려면 해당 도시개발구역의 토지면적의 2분의 1 이상에 해당하는 토지 소유자와 그 구역의 토지 소유자 총수의 3분의 2 이상의 동의를 받아야 한다.
⑤ 토지 소유자가 조합 설립인가 신청에 동의하였다면 이후 조합 설립인가의 신청 전에 그 동의를 철회하였더라도 그 토지 소유자는 동의자 수에 포함된다.

해설 도시개발조합
① 도시개발구역의 토지 소유자가 미성년자인 경우에는 조합의 조합원이 될 수 있다. 미성년자는 조합의 임원이 될 수 없다.
② 조합원은 보유토지의 면적과 관계없는 평등한 의결권을 갖는다. 공유토지는 공유자의 동의를 받은 대표공유자 1명만 의결권이 있다.
④ 조합 설립의 인가를 신청하려면 해당 도시개발구역의 토지면적의 3분의 2 이상에 해당하는 토지 소유자와 그 구역의 토지 소유자 총수의 2분의 1 이상의 동의를 받아야 한다.
⑤ 동의를 철회한 자는 동의자 수에서 제외된다.

13 ★ 다음 중 도시개발조합의 설립인가신청에 필요한 토지소유자의 동의는?

① 토지면적의 2/3 이상에 해당하는 토지소유자의 동의
② 토지소유자 총수의 1/2 이상에 해당하는 토지소유자의 동의
③ 토지면적의 4/5 이상에 해당하는 토지소유자의 동의
④ 토지면적의 2/3 이상에 해당하는 토지소유자의 동의와 토지소유자 총수의 1/2 이상에 해당하는 토지소유자의 동의
⑤ 토지면적의 2/3 이상에 해당하는 토지소유자의 동의와 토지소유자 총수의 2/3 이상에 해당하는 토지소유자의 동의

해설 도시개발조합의 설립인가신청
① 도시개발구역지정을 제안할 때의 요건
④ 환지방식에 의한 개발계획을 수립하는 때와 조합설립인가를 신청하는 때의 동의요건이다.

정답 12. ③ 13. ④

14. 다음은 「도시개발법」상의 토지소유자의 동의에 관한 설명이다. 틀린 것은?

① 도시개발구역의 지정이 제안되기 전에 동의를 철회하는 사람이 있는 경우 : 그 사람은 동의자 수에서 제외한다.
② 도시개발구역의 토지면적을 계산할 때에 국·공유지도 포함해서 산정한다.
③ 토지 소유권을 여러 명이 공유하는 경우 : 다른 공유자의 동의를 받은 대표 공유자 1명만을 해당 토지소유자로 본다.
④ 동의서 및 동의철회서에는 신분을 증명할 수 있는 서류를 첨부해야 한다.
⑤ 도시개발구역의 지정이 제안된 후부터 개발계획이 수립되기 전까지의 사이에 토지소유자가 변경된 경우 : 변경된 토지소유자의 동의서를 기준으로 한다.

해설 동의자 수의 산정방법
기존 토지소유자의 동의서를 기준으로 한다.

15. 도시개발법령상 조합설립인가 신청을 위한 동의에 관한 설명으로 틀린 것은? 20회 출제

① 조합설립인가를 신청하려면 해당 도시개발구역의 토지면적의 2/3 이상에 해당하는 토지소유자와 그 구역의 토지소유자의 총수의 1/2 이상의 동의를 받아야 한다.
② 동의자 수 산정방법에서 토지소유권을 공유하는 자가 「집합건물의 소유 및 관리에 관한 법률」에 따른 구분소유자인 경우 그들 각각을 토지소유자 1명으로 본다.
③ 조합설립인가를 신청하기 위해 동의를 한 토지소유자는 조합설립인가 전에 그 동의 의사를 철회할 수 없다.
④ 조합설립인가를 신청하기 위한 토지면적의 산정에는 국·공유지가 포함된다.
⑤ 국·공유지를 제외한 전체 사유 토지면적 및 토지소유자에 대하여 법에 따른 동의요건 이상으로 동의 받은 후에 그 토지면적 및 토지소유자의 수가 법적 동의요건에 미달된 경우에는 국·공유지관리청의 동의를 받아야 한다.

해설 조합설립인가에 관한 동의
조합설립인가를 신청하기 위해 동의를 한 토지소유자는 조합설립인가 전에 그 동의의사를 철회할 수 있다.

정답 14. ⑤ 15. ③

부동산공법

16 ★★

「도시개발법」상 도시개발구역 안의 토지소유현황이 다음과 같다. 도시개발사업을 위해 조합설립인가를 신청하고자 하는 때에 동의요건을 갖추기 위해 필요한 최소한의 토지소유자의 수는 몇 명인가?

15회 출제

소유자명	소유필지 수	소유면적(m²)	소유자명	소유필지 수	소유면적(m²)
김○○	2	2000	윤○○	1	1000
이○○	2	2000	유○○	1	1000
박○○	2	2000	장○○	1	1000
최○○	2	2000	강○○	1	1000
정○○	2	2000	국토교통부	2	1000
황○○	1	2000	서울시	1	1000
신○○	1	1000	합계	20필지	20,000m²
엄○○	1	1000			

① 5명 ② 6명 ③ 7명 ④ 8명 ⑤ 9명

해설 조합설립인가 신청

조합설립인가를 신청할 때에는 도시개발구역 안의 토지면적의 2/3 이상에 해당하는 토지소유자와 그 구역 안의 토지소유자 총수의 1/2 이상의 동의를 받아야 한다. 토지소유자 총수(14인)의 1/2 이상의 동의요건은 7인으로 충분하지만, 토지면적(20,000m²)의 2/3 이상(13,333m² 이상)의 동의요건은 적어도 8인(면적이 넓은 필지부터 시작해서 김·이·박·최·정·황·신·엄)의 동의를 받아야 충족된다.

17

도시개발법령상 도시개발조합에 관한 설명으로 옳은 것은?

22회 출제

① 조합설립의 인가를 신청하려면 해당 도시개발구역의 토지면적의 3분의 2 이상에 해당하는 토지소유자의 동의 또는 그 구역의 토지소유자 총수의 2분의 1 이상의 동의를 받아야 한다.
② 조합설립인가에 동의한 자로부터 토지를 취득한 자는 조합설립인가 신청 전에 동의를 철회할 수 없다.
③ 조합원은 보유토지의 면적에 비례하여 의결권을 갖는다.
④ 대의원회는 개발계획의 변경에 관한 총회의 권한을 대행할 수 있다.
⑤ 조합의 감사는 의결권을 가진 조합원이어야 한다.

해설 도시개발조합

① 조합설립의 인가를 신청하려면 해당 도시개발구역의 토지면적의 3분의 2 이상에 해당하는 토지소유자와 그 구역의 토지소유자 총수의 2분의 1 이상의 동의를 받아야 한다.
② 조합설립인가에 동의한 자로부터 토지를 취득한 자는 조합설립인가 신청 전에 동의를 철회할 수 있다.
③ 조합원은 보유토지의 면적과 관계없이 평등한 의결권을 갖는다.
④ 대의원회는 개발계획의 수립 및 변경, 정관의 변경, 조합임원의 선임, 조합의 합병 또는 해산에 관한 총회의 권한은 대행할 수 없다.

정답 16. ④ 17. ⑤

제2장 도시개발법(응용)

18 도시개발법령상 도시개발사업의 시행에 관한 설명으로 틀린 것은? `25회 출제`

① 도시개발사업의 시행자는 도시개발구역의 지정권자가 지정한다.
② 사업시행자는 도시개발사업의 일부인 도로, 공원 등 공공시설의 건설을 지방공사에 위탁하여 시행할 수 있다.
③ 조합을 설립하려면 도시개발구역의 토지소유자 7명 이상이 정관을 작성하여 지정권자에게 조합설립의 인가를 받아야 한다.
④ 조합설립 인가신청을 위한 동의자 수 산정에 있어 도시개발구역의 토지면적은 국공유지를 제외하고 산정한다.
⑤ 사업시행자가 도시개발사업에 관한 실시계획의 인가를 받은 후 2년 이내에 사업을 착수하지 아니하는 경우 지정권자는 시행자를 변경할 수 있다.

해설 도시개발사업의 시행
조합설립 인가신청을 위한 동의자 수 산정에 있어 도시개발구역의 토지면적은 국공유지를 포함해서 산정한다.

19 ★★ 다음은 도시개발구역으로 지정할 수 있는 규모이다. 틀린 것은?

① 주거지역 : 1만m² 이상 ② 상업지역 : 1만m² 이상 ③ 공업지역 : 3만m² 이상
④ 자연녹지지역 : 1만m² 이상 ⑤ 도시지역이 아닌 지역 : 10만m² 이상

해설 도시개발구역으로 지정할 수 있는 규모
도시지역이 아닌 지역을 도시개발구역으로 지정하고자 할 때에는 30만m² 이상이어야 한다.

20 ★★★ 「도시개발법」상 원칙적으로 도시개발구역을 국토교통부장관이 지정할 수 있는 경우가 아닌 것은? `15회 출제`

① 문화체육관광부장관이 요청하는 경우
② 인접한 시·도간에 협의가 성립되지 않은 경우
③ 지방공사의 장이 100만m² 이상의 규모로 제안하는 경우
④ 국가가 도시개발사업을 실시할 필요가 있는 경우
⑤ 천재·지변의 사유로 긴급한 도시개발사업이 필요한 경우

해설 도시개발구역의 지정
"공공기관의 장 또는 정부출연기관의 장"이 "30만m²" 이상의 규모로 국가계획과 밀접한 관련이 있는 도시개발구역의 지정을 제안하는 경우이다.

정답 18. ④ 19. ⑤ 20. ③

부동산공법

21 도시개발법령상 도시개발구역의 지정에 관한 설명으로 옳은 것은? [24회 출제]

① 서로 떨어진 둘 이상의 지역은 결합하여 하나의 도시개발구역으로 지정될 수 없다.
② 국가가 도시개발사업의 시행자인 경우 환지방식의 사업에 대한 개발계획을 수립하려면 토지소유자의 동의를 받아야 한다.
③ 광역시장이 개발계획을 변경하는 경우 군수 또는 구청장은 광역시장으로부터 송부받은 관계서류를 일반인에게 공람시키지 않아도 된다.
④ 도시개발구역의 지정은 도시개발사업의 공사 완료의 공고일에 해제된 것으로 본다.
⑤ 도시개발사업의 공사 완료로 도시개발구역의 지정이 해제의제된 경우에는 도시개발구역의 용도지역은 해당 도시개발구역 지정 전의 용도지역으로 환원되거나 폐지된 것으로 보지 아니한다.

> **해설** 도시개발구역의 지정
> ① 서로 떨어진 둘 이상의 지역은 결합하여 하나의 도시개발구역으로 지정될 수 있다.
> ② 국가 또는 지방자치단체가 도시개발사업의 시행자인 경우 환지방식의 사업에 대한 개발계획을 수립하는 경우에는 토지소유자의 동의를 받을 필요가 없다.
> ③ 광역시장이 개발계획을 변경하는 경우 군수 또는 구청장은 광역시장으로부터 송부받은 관계서류를 일반인에게 공람시켜야 한다.
> ④ 도시개발구역의 지정은 도시개발사업의 공사 완료의 공고일의 다음날에 해제된 것으로 본다.

22 다음은 도시개발구역의 지정 등에 관한 설명이다. 틀린 것은?
★★★

① 도시개발구역은 원칙적으로 시·도지사나 대도시 시장이 지정한다.
② 그 면적이 330만m² 이상인 도시개발구역에 관한 개발계획을 수립함에 있어서는 복합기능을 갖는 도시가 되도록 해야 한다.
③ 지정대상구역 안의 토지소유자는 토지면적의 2/3 이상에 해당하는 토지소유자와 토지소유자 총수의 1/2 이상의 동의를 받아 도시개발구역의 지정을 요청할 수 있다.
④ 도시개발사업이 필요하다고 인정되는 지역이 2 이상의 시·도 또는 대도시의 행정구역에 걸치는 경우에는 관계 특별시장·광역시장 또는 도지사나 대도시장이 협의해서 도시개발구역을 지정할 자를 정한다.
⑤ 도시개발구역을 지정하면서 개발계획을 수립한 경우 도시개발구역의 지정·고시일부터 3년이 되는 날까지 실시계획인가를 신청하지 않는 경우에는 그 다음날에 도시개발구역의 지정은 해제된 것으로 본다.

> **해설** 도시개발구역의 지정
> ③ 시장·군수 또는 구청장은 도시개발구역의 지정을 요청하고, 토지소유자는 도시개발구역의 지정을 제안한다. 토지소유자가 도시개발구역의 지정을 제안하는 경우에는 대상구역 토지면적 2/3 이상에 해당하는 토지소유자의 동의를 받아야 한다.

정답 21. ⑤ 22. ③

23. 도시개발법령상 도시개발구역의 지정과 개발계획에 관한 설명으로 틀린 것은?

① 지정권자는 도시개발사업의 효율적 추진을 위하여 필요하다고 인정하는 경우 서로 떨어진 둘 이상의 지역을 결합하여 하나의 도시개발구역으로 지정할 수 있다.
② 도시개발구역을 둘 이상의 사업시행지구로 분할하는 경우 분할 후 사업시행지구의 면적은 각각 1만㎡ 이상이어야 한다.
③ 세입자의 주거 및 생활 안정 대책에 관한 사항은 도시개발구역을 지정한 후에 개발계획의 내용으로 포함시킬 수 있다.
④ 지정권자는 도시개발사업을 환지방식으로 시행하려고 개발계획을 수립할 때 시행자가 지방자치단체인 경우 토지소유자의 동의를 받아야 한다.
⑤ 도시·군기본계획이 수립되어 있는 지역에 대하여 개발계획을 수립하려면 개발계획의 내용이 해당 도시·군기본계획에 들어맞도록 하여야 한다.

해설 도시개발구역의 지정과 개발계획

도시개발구역 지정권자는 환지방식으로 시행하는 도시개발사업에 대한 개발계획을 수립하고자 하는 때(시행자가 국가 또는 지방자치단체인 경우는 제외)에는 환지방식이 적용되는 지역의 토지면적의 2/3 이상에 해당하는 토지소유자와 그 지역의 토지소유자 총수의 1/2 이상의 동의를 받아야 한다.

24. 다음의 자가 도시개발구역의 지정을 제안하고자 하는 경우에는 대상지역의 토지면적 2/3 이상의 토지소유자의 동의를 받아야 한다. 틀린 것은?

① 토지소유자
② 수도권 밖으로 이전하는 법인
③ 「주택법」에 의한 등록사업자
④ 건설사업자
⑤ 도시개발사업을 목적으로 공공기관과 지방공사가 각각 50%씩 투자해서 설립한 법인

해설 도시개발구역의 지정

국가·지방자치단체·공공기관 또는 지방공사가 50%를 초과해서 투자해서 설립한 법인인 경우에는 토지소유자의 동의를 받지 않고 도시개발구역의 지정을 제안할 수 있다.

25. 도시개발법령상 도시개발사업의 일부를 환지방식으로 시행하기 위하여 개발계획을 변경할 때 토지소유자의 동의가 필요한 경우는? (단, 시행자는 한국토지주택공사이며, 다른 조건은 고려하지 않음)

① 너비가 10m인 도로를 폐지하는 경우
② 도로를 제외한 기반시설의 면적이 종전보다 100분의 4 증가하는 경우
③ 기반시설을 제외한 도시개발구역의 용적률이 종전보다 100분의 4 증가하는 경우
④ 사업시행지구를 분할하거나 분할된 사업시행지구를 통합하는 경우
⑤ 수용예정인구가 종전보다 100분의 5 증가하여 2천6백명이 되는 경우

정답 23. ④ 24. ⑤ 25. ④

해설 환지방식에 대한 토지소유자의 동의
- 환지방식으로 시행하기 위하여 개발계획을 변경하는 경우 토지소유자의 동의가 필요한 경우
  ① 너비가 12m 이상인 도로를 신설 또는 폐지하는 경우
  ② 도로를 제외한 기반시설의 면적이 종전보다 100분의 10 이상 증가하는 경우
  ③ 기반시설을 제외한 도시개발구역의 용적률이 종전보다 100분의 5 이상 증가하는 경우
  ⑤ 수용예정인구가 종전보다 100분의 10 이상 증가감하는 경우(변경 이후 수용예정인구가 3천명 미만인 경우는 제외한다)

26. 「도시개발법」상의 도시개발사업에 관한 사항 중 틀린 것은? [15회 개작]

① 도시개발사업이란 도시개발구역 안에서 주거·상업·산업·유통·정보통신·생태·문화·보건 및 복지 등의 기능이 있는 단지 또는 시가지를 조성하기 위해 시행하는 사업이다.
② 도시개발구역은 원칙적으로 시·도지사나 대도시시장이 지정한다.
③ 자연녹지지역 및 도시지역 외의 지역에 도시개발구역을 지정하고자 할 때에는 도시개발구역 지정 후에 개발계획을 수립할 수 있다.
④ 330만㎡ 미만 규모의 도시개발구역을 지정·고시한 날부터 2년이 되는 날까지 개발계획을 수립·고시하지 않는 경우에는 그 2년이 되는 날에 도시개발구역의 지정이 해제된 것으로 본다.
⑤ 조합설립의 인가를 신청하고자 하는 때에는 도시개발구역 안의 토지면적 2/3 이상에 해당하는 토지소유자와 그 구역 안의 토지소유자 총수의 1/2 이상의 동의를 받아야 한다.

해설 도시개발사업
"2년이 되는 날"이 아닌 "2년이 되는 날의 다음날"이어야 한다.

27. 다음은 「도시개발법」에 의한 개발계획에 포함되어야 할 사항이다. 틀린 것은?

① 도시개발사업의 시행자·시행기간 및 시행방식에 관한 사항
② 인구수용계획
③ 재원조달계획
④ 수용의 대상이 되는 물건의 명세(수용방식으로 시행하는 경우에 한함)
⑤ 환지계획 및 환지예정지 지정에 관한 사항(환지방식으로 시행하는 경우에 한함)

해설 개발계획
⑤ 규약·정관 또는 시행규정에 정할 사항이다.

정답 26. ④ 27. ⑤

28. 다음은 개발계획에 관한 설명이다. 틀린 것은?

① 개발계획은 도시개발사업에 관한 계획이다.
② 개발계획은 원칙적으로 도시개발구역을 지정하는 때에 수립해야 한다.
③ 일부사항은 도시개발구역을 지정한 후에 개발계획에 포함시킬 수 있다.
④ 개발계획은 광역도시계획 또는 도시·군기본계획에 적합해야 한다.
⑤ 개발계획을 수립하는 때에는 토지소유자의 동의를 받아야 한다.

해설 개발계획
개발계획을 수립하는 때에 토지소유자의 동의를 받아야 하는 것은 사업시행방식이 환지방식인 경우이다.

29. 도시개발법령상 도시개발구역을 지정한 후에 개발계획에 포함시킬 수 있는 사항은? [21회 개작]

① 교통처리계획
② 토지이용계획
③ 도시개발구역 밖의 지역에 기반시설을 설치하여야 하는 경우 그 시설의 설치에 필요한 비용의 부담계획
④ 존치하는 기존 건축물 및 공작물 등에 관한 계획
⑤ 초고속정보통신망계획

해설 개발계획
도시개발구역을 지정한 후에 개발계획에 포함시킬 수 있는 사항은 ③과 수용 또는 사용의 대상이 되는 토지 등의 세부목록이다.

30. 도시개발법령상 개발계획의 수립 등에 관한 설명으로 틀린 것은? [19회 출제]

① 자연녹지지역에 도시개발구역을 지정할 때에는 도시개발구역을 지정한 후에 개발계획을 수립할 수 있다.
② 지정권자는 직접 개발계획을 변경할 수는 없고, 관계 중앙행정기관의 장이나 시장·군수·구청장 또는 사업시행자의 요청을 받아 이를 변경할 수 있다.
③ 시행자가 국가나 지방자치단체인 때에는 지정권자는 토지소유자의 동의를 받지 않고 환지방식의 도시개발사업시행을 위한 개발계획을 수립할 수 있다.
④ 국가유산보호계획을 변경하는 개발계획의 변경에는 환지방식의 개발계획 수립에 관한 토지소유자의 동의 요건이 적용되지 않는다.
⑤ 보건의료시설 및 복지시설의 설치계획도 개발계획에 포함되어야 한다.

정답 28. ⑤ 29. ③ 30. ②

해설 개발계획의 지정권자
② 지정권자는 관계중앙행정기관의 장 등의 요청이 없더라도 직접 개발계획을 변경할 수 있다.

31. 도시개발법령상 환지방식의 도시개발사업에 대한 개발계획의 수립·변경을 위한 동의자수 산정방법으로 옳은 것은? [22회 출제]

① 「집합건물의 소유 및 관리에 관한 법률」에 따른 구분소유자는 대표 구분소유자 1인만을 토지소유자로 본다.
② 개발계획 변경시 개발계획의 변경을 요청받기 전에 동의를 철회하는 사람이 있는 경우 그 사람은 동의자 수에서 제외한다.
③ 개발구역의 지정이 제안된 후부터 개발계획이 수립되기 전까지의 사이에 토지소유자가 변경된 경우 변경된 토지소유자의 동의서를 기준으로 한다.
④ 개발계획의 변경을 요청받은 후부터 개발계획이 변경되기 전까지의 사이에 토지소유자가 변경된 경우 변경된 토지소유자의 동의서를 기준으로 한다.
⑤ 도시개발구역의 토지면적을 산정하는 경우 국·공유지는 제외한다.

해설 환지방식의 도시개발사업
① 「집합건물의 소유 및 관리에 관한 법률」에 따른 구분소유자는 각각을 토지소유자 1명으로 본다.
③, ④ 변경된 토지소유자의 동의서가 아닌 기존 토지소유자의 동의서를 기준으로 한다.
⑤ 도시개발구역의 토지면적을 산정하는 경우 국·공유지를 포함하여 산정한다.

32. 다음은 도시개발구역의 지정에 관한 설명이다. 틀린 것은?

① 도시개발구역으로 지정·고시된 지역은 도시지역으로 결정·고시된 것으로 본다.
② 도시개발구역으로 지정·고시된 지역은 지구단위계획구역으로 결정·고시된 것으로 본다.
③ 도시개발구역에 대한 지형도면의 고시는 2년 이내에 해야 한다.
④ 도시개발구역 안에서 건축물의 건축, 토지의 형질변경 등을 하고자 할 때에는 허가를 받아야 한다.
⑤ 도시개발구역 안에 있는 국·공유지는 개발구역에 정해진 목적 외의 목적으로 처분할 수 없다.

해설 도시개발구역의 지정
지형도면의 고시는 도시개발사업의 시행기간 내에 하면 된다.

정답 31. ② 32. ③

33. 도시개발구역의 지정 등에 관한 설명으로 옳은 것은?

① 도시개발구역의 지정은 특별시장·광역시장·특별자치도지사 또는 도지사나 대도시시장 이외에는 행사할 수 없는 권한이다.
② 수용 또는 사용의 대상이 되는 어업권은 도시개발구역 지정 후 도시개발사업계획에 포함시킬 수 있다.
③ 환지방식에 의한 사업은 당해 사업시행공사완료의 공고일에 구역지정이 해제된 것으로 본다.
④ 보육시설계획, 노인복지시설계획은 도시개발사업계획에 포함되지 않는다.
⑤ 도시개발구역의 면적이 15만m²인 경우 구역지정에 관한 주민의 의견청취를 위한 공고는 공보에 의한다.

[해설] 도시개발구역의 지정
① 도시개발구역을 지정할 수 있는 자는 시·도지사 또는 대도시 시장과 국토교통부장관이다.
③ 환지처분을 하는 경우에는 환지처분공고일의 다음날에 도시개발구역지정이 해제된 것으로 본다.
④ 보육시설계획 및 노인복지시설계획도 개발계획에 포함된다.
⑤ 도시개발구역의 지정을 위한 공람공고는 일간신문에 하되, 면적이 1만m² 미만인 때에는 일간신문에 공고하지 않고 공보에 공고할 수 있다.

34. 다음은 도시개발구역의 지정에 관한 설명이다. 틀린 것은?

① 도시개발구역을 지정할 때에는 원칙적으로 개발계획을 작성해야 한다.
② 도시개발사업의 시행자가 될 자가 도시개발구역의 지정을 제안할 때에는 개발계획을 작성해야 한다.
③ 개발계획에 포함되어야 할 사항 중 일부는 도시개발구역지정 후에 따로 개발계획에 포함시킬 수 있다.
④ 개발계획에는 당해 도시개발사업의 시행방식 및 시행자에 관한 사항이 포함되어야 한다.
⑤ 도시개발사업을 환지방식으로 시행하고자 하는 경우에는 개발계획에 대해 토지소유자의 동의를 받아야 한다.

[해설] 도시개발구역의 지정
개발계획은 도시개발구역지정권자가 수립하며, 도시개발구역의 지정을 제안하는 자는 개발계획을 수립하지 않는다.

정답 33. ②   34. ②

부동산공법

35 ★ 다음은 도시개발구역의 지정이 해제되거나 해제된 것으로 보는 경우이다. 틀린 것은?

① 도시개발구역의 해제고시가 있은 경우
② 도시개발구역의 지정·고시일부터 3년이 되는 날까지 도시개발사업의 실시계획인가신청이 없는 경우
③ 도시개발사업의 실시계획인가가 취소된 경우
④ 수용 또는 사용방식에 의한 도시개발사업의 경우 공사완료공고가 있은 경우
⑤ 환지방식에 의한 도시개발사업의 경우 환지처분공고가 있은 경우

해설 도시개발구역의 지정해제
③의 경우에는 도시개발구역이 해제된 것으로 보지 않는다.

36 ★★ 다음은 도시개발구역지정의 해제에 관한 설명이다. 올바른 것은?

① 도시개발구역이 지정·고시된 날부터 2년이 되는 날까지 도시개발사업에 관한 실시계획의 인가를 신청하지 않는 경우에 그 2년이 되는 날 해제된다.
② 도시개발사업의 공사완료 공고일에 해제된 것으로 본다.
③ 환지방식에 의한 사업인 경우에는 그 환지처분의 공고일에 해제할 수 있다.
④ 도시개발사업의 준공검사일에 해제된 것으로 본다.
⑤ 도시개발구역지정의 해제는 모두 법정해제사유로 되어 있는 것은 아니다.

해설 도시개발구역지정의 해제
① 2년이 되는 날에 해제되는 것이 아니라, 3년이 되는 날의 다음날에 해제된 것으로 본다.
②, ④ 공사완료공고일의 다음날에 해제된 것으로 본다.
③ 환지처분공고일의 다음날에 해제된 것으로 본다.
⑤ 도시개발구역지정의 해제가 의제되는 경우 이는 법정해제사유로 볼 수 있지만, 지정권자가 구역지정의 필요가 없어졌다고 판단해서 스스로 지정을 해제하는 경우는 법정해제사유로 볼 수 없다.

37 ★ 도시개발구역 안에서 허가를 받아야 하는 행위가 아닌 것은?

① 재난수습을 위한 응급용 가설건축물의 설치
② 토지의 굴착을 수반하는 형질변경
③ 「건축법」상 신고대상인 공작물의 설치
④ 토지거래허가구역 외의 지역에서의 토지의 분할
⑤ 공예품 소재확보를 위한 죽목의 벌채

해설 허가를 받아야 하는 행위
①은 예외적으로 허가를 받지 않아도 되는 경우이다.
②~⑤는 각각 토지형질변경, 공작물의 설치, 토지분할, 죽목의 벌채에 해당되므로 허가대상이다.

정답 35. ③ 36. ⑤ 37. ①

38. 다음은 토지소유자의 동의를 요하는 경우이다. 틀린 것은?

① 토지소유자 등이 도시개발구역의 지정을 제안하는 경우
② 도시개발사업을 환지방식으로 시행하기 위한 개발계획을 수립하는 경우
③ 도시개발조합의 설립인가를 신청하는 경우
④ 건설사업자 또는 부동산개발업자인 시행자가 토지를 수용하고자 하는 경우
⑤ 실시계획의 인가를 신청하는 경우

해설 토지소유자의 동의
실시계획에 대해서는 토지소유자의 동의를 요하지 않는다.

39. 다음 중 토지소유자의 총수에 관계없이 일정면적 이상의 토지소유자의 동의나 소유를 확보하면 되는 경우는?

① 토지소유자 등이 도시개발구역의 지정을 제안하는 경우
② 지방자치단체, 한국토지주택공사, 지방공사 또는 신탁업자를 환지방식으로 시행하는 도시개발사업의 시행자로 지정하는 경우
③ 도시개발조합의 설립인가를 신청하는 경우
④ 건설사업자 또는 부동산개발업자인 시행자가 토지를 수용하고자 하는 경우
⑤ 도시개발사업을 환지방식으로 시행하기 위한 개발계획을 수립하는 경우

해설 도시개발사업과 관련된 토지소유자의 동의요건
1) 토지소유자 등이 도시개발구역의 지정을 제안하는 경우
   대상구역의 토지면적의 2/3 이상에 해당하는 토지소유자의 동의
2) 지방자치단체, 한국토지주택공사, 지방공사 또는 신탁업자를 환지방식으로 시행하는 도시개발사업의 시행자로 지정하는 경우
   국·공유지를 제외한 토지면적의 1/2 이상에 해당하는 토지소유자 및 토지소유자 총수의 1/2 이상의 동의
3) 도시개발사업을 환지방식으로 시행하기 위한 개발계획을 수립하는 경우
   환지방식이 적용되는 지역의 토지면적의 2/3 이상에 해당하는 토지소유자와 토지소유자 총수의 1/2 이상의 동의
4) 도시개발조합의 설립인가를 신청하는 경우
   토지면적의 2/3 이상에 해당하는 토지소유자와 그 구역 안의 토지소유자 총수의 1/2 이상의 동의

정답 38. ⑤ 39. ①

부동산공법

40 ★
도시개발법령상 다음 시설을 설치하기 위하여 조성토지 등을 공급하는 경우 시행자가 감정평가 및 감정평가사에 관한 법률에 따른 감정평가법인등이 감정평가한 가격 이하로 해당 토지의 가격을 정할 수 없는 것은? **24회 출제**

① 학교
② 임대주택
③ 공공청사
④ 행정청이 「국토의 계획 및 이용에 관한 법률」에 따라 직접 설치하는 시장
⑤ 「사회복지사업법」에 따른 사회복지법인이 설치하는 유료의 사회복지시설

해설 조성토지 등의 공급가격
「사회복지사업법」에 따른 사회복지시설의 경우에는 유료시설이 아닌 시설로서 관할 지방자치단체의 장의 추천을 받은 사회복지시설이 감정평가한 가격 이하로 정할 수 있다.

41
다음 중 도시개발사업에 관한 실시계획과 관계 없는 것은?

① 자금계획 및 시행기간
② 지구단위계획
③ 주민의견청취
④ 도시개발구역지정권자의 인가
⑤ 관보 또는 공보에의 고시

해설 실시계획
① 실시계획에는 자금계획 및 시행기간을 명시해야 한다.
② 실시계획에는 지구단위계획이 포함되어야 한다.
③ 실시계획을 작성할 때에는 주민의견청취절차를 거치지 않는다.
④ 도시개발구역지정권자가 아닌 시행자는 실시계획에 관해 도시개발구역지정권자의 인가를 받아야 한다.
⑤ 실시계획은 관보 또는 공보에 고시해야 한다.

42
도시개발법령상 도시개발사업의 실시계획에 관한 설명으로 틀린 것은? **19회 출제**

① 실시계획은 개발계획에 맞게 작성되어야 하고, 지구단위계획이 포함되어야 한다.
② 실시계획 인가신청서를 제출하는 때에는 계획평면도 및 개략설계도도 함께 첨부하여야 한다.
③ 실시계획을 고시한 경우 그 고시된 내용 중 「국토의 계획 및 이용에 관한 법률」에 따라 도시·군관리계획으로 결정되어야 하는 사항은 같은 법에 따른 도시·군관리계획이 결정·고시된 것으로 본다.
④ 지정권자가 실시계획을 작성 또는 인가할 때 그 내용에 인·허가 등의 의제사항이 있으면 미리 관계 행정기관의 장과 협의하여야 한다.
⑤ 위 ④의 경우 관계 행정기관의 장은 협의 요청을 받은 날부터 60일 이내에 의견을 제출하여야 한다.

정답 40. ⑤ 41. ③ 42. ⑤

해설 도시개발사업의 실시계획

⑤ "60일 이내"가 아닌 "20일 이내"이어야 한다.

43 도시개발법령상 도시개발사업의 실시계획에 관한 설명으로 옳은 것은? `29회 출제`

① 지정권자인 국토교통부장관이 실시계획을 작성하는 경우 시장·군수 또는 구청장의 의견을 미리 들어야 한다.
② 도시개발사업을 환지방식으로 시행하는 구역에 대하여 지정권자가 실시계획을 작성한 경우에는 사업의 명칭·목적, 도시·군관리계획의 결정내용을 관할 등기소에 통보·제출하여야 한다.
③ 실시계획을 인가할 때 지정권자가 해당 실시계획에 대한 「하수도법」에 따른 공공하수도 공사시행의 허가에 관하여 관계 행정기관의 장과 협의한 때에는 해당 허가를 받은 것으로 본다.
④ 인가를 받은 실시계획 중 사업시행면적의 100분의 20이 감소된 경우 지정권자의 변경인가를 받은 것으로 본다.
⑤ 지정권자는 시행자가 도시개발구역 지정의 고시일부터 6개월 이내에 실시계획의 인가를 신청하지 아니하는 경우 시행자를 변경할 수 있다.

해설 도시개발사업의 실시계획

① 지정권자인 국토교통부장관이 실시계획을 작성하는 경우 특별시장·광역시장 또는 도지사나 대도시시장의 의견을 미리 들어야 한다.
② 도시개발사업을 환지방식으로 시행하는 구역에 대하여 지정권자가 실시계획을 작성한 경우에는 이를 관보 또는 공보에 고시하고, 시행자에게 관계서류의 사본을 송부해야 한다. 이 경우 관할등기소에 통보해야 한다.
④ 인가를 받은 실시계획 중 사업시행면적의 10% 범위에서 감소된 경우 지정권자의 변경인가를 받은 것으로 본다.
⑤ 지정권자는 시행자가 도시개발구역 지정의 고시일부터 1년 이내에 실시계획의 인가를 신청하지 아니하는 경우 시행자를 변경할 수 있다.

44 다음은 도시개발사업의 실시계획에 관한 설명이다. 옳은 것은?

① 도시개발구역 지정권자가 시행자인 경우에는 실시계획을 작성하지 않아도 된다.
② 시·도지사가 시행자인 경우에는 실시계획에 관해 국토교통부장관의 인가를 받아야 한다.
③ 실시계획에는 지구단위계획이 포함되어야 한다.
④ 사업시행면적 20% 이내의 감소는 실시계획에 대한 변경인가를 받지 않아도 된다.
⑤ 사업비의 20% 이내의 증감은 실시계획에 대한 변경인가를 받지 않아도 된다.

정답 43. ③ 44. ③

부동산공법

해설 실시계획의 인가
① 도시개발구역 지정권자가 시행자인 경우에도 실시계획을 작성하여야 한다. 다만, 자신이 인가권자이므로 인가절차는 거치지 않는다.
② 일반적으로 시·도지사는 도시개발구역 지정권자이므로 실시계획인가절차를 거치지 않아도 된다. 예외적으로 국토교통부장관이 지정한 도시개발구역에서 시·도지사가 도시개발사업을 시행하는 경우에는 실시계획에 관해 국토교통부장관의 인가를 받아야 한다.
④ 사업시행면적의 10%의 범위에서의 면적의 감소는 실시계획에 대한 변경인가를 받지 않아도 된다.
⑤ 사업비의 10%의 범위에서의 사업비의 증감은 실시계획에 대한 변경인가를 받지 않아도 된다.

45 다음은 도시개발사업의 실시계획인가에 의해 의제되는 사항이다. 틀린 것은?
① 개발행위허가
② 산지전용허가
③ 농지전용의 허가
④ 국유재산의 사용허가
⑤ 건축허가

해설 인·허가 의제
도시·군계획사업을 시행할 때에는 개발행위허가를 받지 않아도 되는데, 도시개발사업은 도시·군계획사업이므로 개발행위허가를 의제할 필요가 없다.

46 다음의 시행자가 도시개발사업에 필요한 토지를 수용하고자 하는 경우에는 일정 면적 이상의 토지를 소유해야 하고, 일정 수 이상의 토지소유자들의 동의를 받아야 한다. 틀린 것은?
① 토지소유자
② 한국토지주택공사
③ 수도권 밖으로 이전하는 법인
④ 건설사업자
⑤ 「주택법」에 의한 등록사업자

해설 토지등의 수용 또는 사용
시행자는 도시개발사업에 필요한 토지등을 수용하거나 사용할 수 있다. 다만, 토지소유자, 과밀억제권역에서 이전하는 법인, 등록사업자, 건설사업자, 신탁업자, 부동산개발업자, 부동산투자회사 또는 조합을 제외한 도시개발시행자가 도시개발사업을 시행할 목적으로 출자에 참여하여 설립한 법인에 해당하는 민간 시행자는 사업대상 토지면적의 3분의 2 이상에 해당하는 토지를 소유하고 토지소유자 총수의 2분의 1 이상에 해당하는 자의 동의를 받아야 한다.

정답 45. ① 46. ②

47 ★★
다음은 도시개발사업으로 조성된 토지에 대한 선수금을 받고자 하는 경우에 관한 설명이다. 틀린 것은?

① 도시개발구역지정권자의 승인을 받아야 한다.
② 국가 또는 지방자치단체인 시행자는 토지에 대한 소유권을 확보하지 않아도 된다.
③ 공공기관 또는 지방공사인 시행자는 사업시행 토지면적의 10% 이상의 토지에 대한 소유권을 확보해야 한다.
④ 국가·지방자치단체·공공기관 또는 지방공사인 시행자는 실시계획인가를 받기 전에도 선수금을 받을 수 있다.
⑤ 토지소유자 또는 조합인 시행자는 토지의 소유권을 확보해야 하며, 선수금의 환불을 위한 담보하는 보증서를 제출해야 한다.

해설 토지에 대한 선수금을 받고자 하는 경우
② (X) 국가 또는 지방자치단체도 10% 이상의 토지에 대한 소유권을 확보해야 한다.
④ (O) 토지소유자 또는 조합인 시행자는 실시계획인가를 받은 후 선수금을 받을 수 있으나, 국가·지방자치단체·공공기관·지방공사 등의 경우에는 「환경영향평가법」에 따른 환경영향평가 및 「도시교통정비촉진법」에 따른 교통영향평가를 실시하여 「국토의 계획 및 이용에 관한 법률」에 따른 기반시설투자계획이 구체화되어 있는 때에는 실시계획인가를 받기 전에도 선수금을 받을 수 있다.

48
도시개발법령상 도시개발사업의 시행방식에 관한 설명 중 틀린 것은?

① 도시개발사업을 시행하는 지역의 지가가 인근의 다른 지역에 비해 현저히 높아 환지방식으로 시행하기 어려운 경우에는 수용 또는 사용방식으로 시행하는 것이 일반적이다.
② 대지로서 효용증진과 공공시설의 정비를 위해 토지의 교환·분합 그 밖의 구획변경, 지목 또는 형질의 변경이나 공공시설의 설치·변경이 필요한 경우에는 환지방식으로 시행방식을 정할 수 있다.
③ 당해 도시의 주택건설에 필요한 택지 등의 집단적인 조성 또는 공급이 필요한 경우에는 수용 또는 사용방식으로 시행방식을 정할 수 있다.
④ 시행자는 도시개발사업을 수용 또는 사용에 의한 방식과 환지에 의한 방식을 혼용해서 시행하고자 하는 경우에는 수용 또는 사용에 의한 방식이 적용되는 구역과 환지에 의한 방식이 적용되는 구역으로 구분해서 시행할 수 있다.
⑤ 수용 또는 사용에 의한 방식이 적용되는 구역과 환지에 의한 방식이 적용되는 구역으로 사업시행지구를 분할해서 시행하는 경우에는 각 사업지구에서 부담해야 하는 기반시설의 설치비용 등을 명확히 구분해서 실시계획에 반영해야 한다.

정답 47. ② 48. ①

> **해설** 도시개발사업의 시행방식
>
> 도시개발사업을 시행하는 지역의 지가가 인근의 다른 지역에 비해 현저히 높은 경우에는 보상금액이 많아지므로 수용방식이 아닌 환지방식에 의하게 된다.

49 ★★ 도시개발법령상 도시개발사업의 시행방식과 관련된 설명 중 옳은 것은?

① 환지방식: 택지 등의 집단적 조성 또는 공급이 필요한 경우에 채택함
② 수용 또는 사용방식: 사업시행지역의 지가가 인근지역에 비해 현저히 높은 경우에 채택함
③ 혼용방식: 환지방식·수용 또는 사용방식이 적용되는 구역으로 구분해 시행할 수 있음
④ 수용 또는 사용방식: 시행자가 지방자치단체인 경우 토지면적의 2/3, 소유자 총수의 2/3 이상에 해당하는 자의 동의를 받아야 함
⑤ 환지방식: 조성토지 가격평가시 토지평가협의회의 자문을 거쳐야 함

> **해설** 도시개발사업의 시행방식
> ① 수용 또는 사용방식이다.
> ② 환지방식이다.
> ④ 지방자치단체의 경우에는 토지소유자 등의 동의 없이도 수용 또는 사용이 허용된다.
> ⑤ 환지방식이 적용되는 도시개발구역에 있는 조성토지등의 가격을 평가할 때에는 토지평가협의회의 심의를 거쳐 결정하되, 그에 앞서 감정평가법인등이 평가하게 하여야 한다(법 제28조 제3항).

50 ★★ 다음은 도시개발구역의 지정과 개발계획의 수립 및 변경에 관한 설명이다. 틀린 것은? [13회 출제]

① 시·도지사 또는 대도시시장은 계획적인 도시개발이 필요하다고 인정되는 때에는 도시개발구역을 지정할 수 있다.
② 시장·군수 또는 구청장은 시·군·구 도시계획위원회의 자문을 거쳐 특별시장·광역시장 또는 도지사에게 도시개발구역의 지정을 요청할 수 있다.
③ 도시개발구역을 지정하는 자가 도시개발구역을 지정한 경우 당해 도시개발구역에 대한 개발계획을 수립해야 한다.
④ 도시개발구역 지정권자는 관계 중앙행정기관의 장 또는 시장·군수·구청장의 요청을 받아 개발계획을 변경할 수 있다.
⑤ 환지방식의 경우 환지방식이 적용되는 지역의 토지면적의 2/3 이상에 해당하는 토지소유자 또는 그 지역의 토지소유자 총수의 1/2 이상의 동의를 받아야 한다.

정답 49. ③ 50. ⑤

해설 도시개발구역의 지정과 개발계획의 수립 및 변경

환지방식에 의한 도시개발사업을 시행하기 위한 개발계획을 수립하는 때에는 토지면적의 2/3 이상의 토지소유자와 토지소유자 총수의 1/2 이상의 동의를 모두 받아야 한다.

51 도시개발법령상 토지등의 수용 또는 사용의 방식에 따른 도시개발사업시행에 관한 설명으로 옳은 것은? ▶ 제26회 개작

① 지방자치단체가 시행자인 경우 토지상환채권을 발행할 수 없다.
② 지방자치단체인 시행자가 토지를 수용하려면 사업대상 토지면적의 3분의 2 이상의 토지를 소유하여야 한다.
③ 시행자는 조성토지를 공급받는 자로부터 해당 대금의 전부를 미리 받을 수 없다.
④ 시행자는 학교를 설치하기 위한 조성토지를 공급하는 경우 해당 토지의 가격을 「감정평가 및 감정평가사에 관한 법률」에 따른 감정평가법인등이 감정평가한 가격 이하로 정할 수 있다.
⑤ 시행자는 지방자치단체에게 도시개발구역 전체 토지면적의 2분의 1 이내에서 원형지를 공급하여 개발하게 할 수 있다.

해설 수용 또는 사용방식에 의한 사업시행
① 도시개발사업시행자인 경우 토지상환채권을 발행할 수 있다.
② 토지소유자 등 민간사업시행자가 토지 등을 수용 또는 사용하고자 할 때 사업대상 토지면적의 2/3 이상에 해당하는 토지를 소유하고, 토지소유자 총수의 1/2 이상에 해당하는 자의 동의를 받아야 한다. 지방자치단체는 이에 해당하지 않는다.
③ 시행자는 조성토지를 공급받는 자로부터 해당 대금의 전부 또는 일부를 미리 받을 수 있다.
⑤ 시행자는 지방자치단체에게 도시개발구역 전체 토지면적의 3분의 1 이내에서 원형지를 공급하여 개발하게 할 수 있다.

52 다음은 수용 또는 사용방식에 의한 도시개발사업에 관한 설명이다. 틀린 것은? **14회 출제**

① 시행자는 도시개발사업으로 조성된 토지 등을 공급받는 자로부터 선수금을 받을 수 있다.
② 도시개발구역지정권자는 도시개발구역지정고시를 할 때에 수용할 토지 등의 세목도 함께 고시해야 한다.
③ 토지소유자가 도시개발사업에 필요한 토지 등을 수용하고자 할 때에는 일정면적 이상의 토지를 소유하고, 일정 수 이상의 토지소유자의 동의를 받아야 한다.
④ 시행자는 토지소유자가 원하는 경우에 토지 등의 매수대금의 전부 또는 일부를 토지상환채권으로 지급할 수 있다.
⑤ 시행자는 이주대책을 수립·시행해야 한다.

정답 51. ④ 52. ④

해설 수용 또는 사용방식에 의한 도시개발사업

토지상환채권으로 지급할 수 있는 범위는 토지 등의 매수대금의 일부에 한한다.

53. 도시개발법령상 수용 또는 사용방식에 의한 사업시행과 관련한 설명 중 틀린 것을 모두 열거한 것은? 〔17회 출제〕

㉠ 개발계획에 수용 또는 사용되는 토지의 세목이 포함되어 고시된 경우에는 「공익사업을 위한 토지 등의 취득 및 보상에 관한 법률」에 의한 사업인정 및 고시가 있은 것으로 본다.
㉡ 「지방공기업법」에 의해 설립된 지방공사인 시행자는 토지소유자의 동의 없이 도시개발사업에 필요한 토지 등을 수용 또는 사용할 수 없다.
㉢ 「지방공기업법」에 의해 설립된 지방공사인 시행자는 금융기관의 지급보증을 받은 경우에 한해 토지상환채권을 발행할 수 있다.
㉣ 토지소유자인 시행자의 경우 선수금을 받기 위한 공사진척률은 10/100 이상이다.

① ㉠, ㉡   ② ㉠, ㉢   ③ ㉠, ㉣   ④ ㉡, ㉢   ⑤ ㉡, ㉣

해설 도시개발법령상 수용 또는 사용방식에 의한 사업시행

㉡ 시행자가 토지소유자, 과밀억제권역에서 이전하는 법인, 주택건설사업자, 건설사업자, 부동산개발업자, 부동산투자회사 또는 조합을 제외한 도시개발시행자가 도시개발사업을 시행할 목적으로 출자에 참여하여 설립한 법인인 경우에는 타인의 토지를 수용 또는 사용하고자 할 때에는 사업대상 토지면적의 2/3 이상에 해당하는 토지를 소유하고, 토지소유자 총수의 1/2 이상에 해당하는 자의 동의를 받아야 한다.
㉢ 시행자가 지방공사인 경우에는 금융기관의 지급보증 없이도 토지상환채권을 발행할 수 있다.

54. 도시개발법령상 수용 또는 사용의 방식에 따른 사업시행에 관한 설명으로 옳은 것은? 〔30회 출제〕

① 「지방공기업법」에 따라 설립된 지방공사가 시행자인 경우 토지소유자 전원의 동의없이는 도시개발사업에 필요한 토지등을 수용하거나 사용할 수 없다.
② 지방자치단체가 시행자인 경우 지급보증없이 토지상환채권을 발행할 수 있다.
③ 지정권자가 아닌 시행자는 조성토지등을 공급받거나 이용하려는 자로부터 지정권자의 승인없이 해당 대금의 전부 또는 일부를 미리 받을 수 있다.
④ 원형지의 면적은 도시개발구역 전체 토지면적의 3분의 1을 초과하여 공급될 수 있다.
⑤ 공공용지가 아닌 조성토지등의 공급은 수의계약의 방법에 의하여야 한다.

정답   53. ④   54. ②

해설 **수용 또는 사용의 방식에 따른 사업시행**
① 지방공사가 시행자인 경우 토지소유자 동의없이도 도시개발사업에 필요한 토지등을 수용하거나 사용할 수 있다.
③ 지정권자가 아닌 시행자는 조성토지등을 공급받거나 이용하려는 자로부터 지정권자의 승인을 받아 해당 대금의 전부 또는 일부를 미리 받을 수 있다.
④ 원형지의 면적은 도시개발구역 전체 토지면적의 3분의 1 이내로 공급될 수 있다.
⑤ 공공용지가 아닌 조성토지등의 공급은 경쟁입찰의 방법에 의한다.

55 다음은 도시개발사업의 공사감리에 관한 설명이다. 틀린 것은?

① 시행자는 실시계획을 인가하였을 때에는 건설엔지니어링사업자를 도시개발사업의 공사에 대한 감리를 할 자로 지정하고 지도·감독하여야 한다.
② 도시개발사업의 공사비가 100억원 이상인 경우에는 책임감리를 한다.
③ 도시개발사업의 공사비가 100억원 미만인 경우에는 시공감리를 한다.
④ 감리자는 그에게 소속된 자를 감리원으로 배치하고 감리업무를 수행해야 한다.
⑤ 시행자와 감리자 간의 책임내용과 책임범위는 「도시개발법」으로 규정한 것 외에는 당사자 간의 계약으로 정한다.

해설 **도시개발사업을 위한 공사의 감리**
도시개발사업을 위한 공사의 감리자는 도시개발구역 지정권자가 지정하고 지도·감독한다.

56 도시개발법령상 원형지의 공급과 개발에 관한 설명으로 틀린 것은? **23회 출제**

① 원형지는 도시개발구역 안에서 도시개발사업으로 조성되지 아니한 상태의 토지를 말한다.
② 공급될 수 있는 원형지의 면적은 해당 도시개발구역 전체 토지 면적의 3분의 1 이내로 한정된다.
③ 원형지개발자인 지방자치단체는 10년의 범위에서 대통령령으로 정하는 기간 안에는 원형지를 매각할 수 없다.
④ 도시개발구역의 지정권자는 원형지 공급·개발의 승인을 할 때에는 교통처리계획 및 기반시설의 설치 등에 관한 이행조건을 붙일 수 있다.
⑤ 원형지를 공장부지로 직접 사용하는 자를 원형지개발자로 선정하는 경우 경쟁입찰의 방식으로 하며, 경쟁입찰이 2회 이상 유찰된 경우에는 수의계약의 방법으로 할 수 있다.

해설 **원형지의 공급과 개발**
원형지개발자(국가 및 지방자치단체는 제외한다)는 10년의 범위에서 대통령령으로 정하는 기간 안에는 원형지를 매각할 수 없다.

정답 55. ① 56. ③

부동산공법

57 다음은 원형지의 공급과 개발에 관한 설명이다. 틀린 것은?

① 시행자는 개발계획에 제시된 원형지의 개발방향과 지정권자의 승인내용 및 공급 계획에 따라 원형지공급계약을 체결해야 한다.
② 원형지개발자의 선정은 원칙적으로 경쟁입찰에 의한다.
③ 시행자는 원형지공급계약을 체결한 때에는 원형지개발자로부터 세부계획을 제출받아 이를 실시계획의 내용에 반영해야 한다.
④ 원형지개발자(국가 및 지방자치단체 제외)는 원형지에 대한 공사완료 공고일부터 5년이 지났거나 원형지 공급 계약일부터 10년의 기간이 지난 때에는 원형지를 매각할 수 있다.
⑤ 원형지 공급가액은 감정가격에 시행자가 원형지에 설치한 기반시설 등의 공사비를 더한 금액을 기준으로 시행자와 원형지개발자가 협의해서 정한다.

> **해설** 원형지의 공급
> 원형지개발자의 선정은 수의계약의 방법에 의한다. 다만, 원형지를 학교나 공장 등의 부지로 직접 사용하는 자에 해당하는 원형지개발자의 선정은 경쟁입찰의 방식으로 하며, 경쟁입찰이 2회 이상 유찰된 경우에는 수의계약의 방법으로 할 수 있다.

58 다음은 도시개발법령상의 원형지공급에 관한 설명이다. 틀린 것은?

① 도시개발구역 지정권자는 원형지 공급승인을 할 때에는 용적률 등 개발밀도, 토지용도별 면적 및 배치, 교통처리계획 및 기반시설의 설치 등에 관한 이행조건을 붙일 수 있다.
② 도시개발구역 지정권자는 시행자가 원형지공급계획대로 토지를 이용하지 않는 경우에는 원형지 공급 승인을 취소할 수 있다.
③ 원형지개발자가 공사착수 후 세부계획에서 정한 사업기간을 넘겨 사업시행을 지연하는 경우 시행자는 원형지공급계약을 해제할 수 있다.
④ 원형지개발자가 공급받은 토지를 시행자의 동의 없이 제3자에게 매각하는 경우 그 매각행위는 무효이다.
⑤ 시행자는 원형지공급계약을 해제하려는 때에는 2회 이상 시정을 요구해야 한다.

> **해설** 원형지의 공급
> 원형지개발자가 공급받은 토지를 시행자의 동의 없이 제3자에게 매각하는 경우 시행자는 원형지공급계약을 해제할 수 있다.

정답 57. ② 58. ④

59 도시개발법령상 토지상환채권에 관한 설명 중 틀린 것은?

① 토지상환채권이란 토지소유자가 원하는 경우 토지 등의 매수대금의 일부를 지급하기 위해 도시개발사업시행으로 조성된 토지·건축물로 상환하는 채권을 말한다.
② 토지상환채권의 발행규모는 그 토지상환채권으로 상환할 토지·건축물이 당해 도시개발사업으로 조성되는 분양토지 또는 분양건축물의 1/2을 초과하지 않아야 한다.
③ 토지상환채권은 기명식 증권으로 한다.
④ 토지상환채권의 이율은 발행당시의 은행의 예금금리 및 부동산 수급상황을 고려해서 발행자가 정한다.
⑤ 토지상환채권은 도시개발사업 후 조성된 토지로 상환되므로 이전이 불가능하다.

해설 토지상환채권
토지상환채권의 이전은 허용된다. 토지상환채권을 이전하는 경우 취득자의 성명과 주소를 토지상환채권원부에 기재하지 않으면 발행자와 제3자에게 대항하지 못한다.

60 도시개발법령상 토지상환채권에 관한 설명으로 옳은 것은?

① 토지상환채권은 타인에게 이전하지 못한다.
② 토지상환채권은 기명식 또는 무기명식 증권으로 한다.
③ 토지상환채권의 이율은 발행 당시의 은행의 예금금리 및 부동산수급상황을 고려해서 기획재정부장관이 정한다.
④ 도시개발구역의 토지소유자인 시행자가 토지상환채권을 발행하는 때에는 「은행법」에 따른 은행이나 「보험업법」에 따른 보험회사 및 「건설산업기본법」에 따른 공제조합의 지급보증을 받아야 한다.
⑤ 토지상환채권의 발행규모는 그 토지상환채권으로 상환할 토지 및 건축물이 해당 도시개발사업으로 조성되는 분양토지 또는 분양건축물 면적의 3분의 2를 넘지 않아야 한다.

해설 토지상환채권
① 토지상환채권은 타인에게 이전할 수 있다.
② 토지상환채권은 기명식 증권으로 한다.
③ 토지상환채권의 이율은 발행 당시의 은행의 예금금리 및 부동산수급상황을 고려하여 발행자가 정한다.
⑤ 분양토지 또는 분양건축물 면적의 2분의 1을 넘지 않아야 한다.

정답 59. ⑤ 60. ④

61 다음은 토지상환채권에 관한 설명이다. 틀린 것은?

① 토지상환채권의 발행규모는 그 토지상환채권으로 상환할 토지·건축물이 해당 도시개발사업으로 조성되는 분양토지 또는 분양건축물 면적의 1/2을 초과하지 않도록 해야 한다.
② 시행자가 토지상환채권을 발행하는 경우에는 토지상환채권의 명칭과 발행계획의 내용을 공고해야 한다.
③ 토지상환채권을 발행하는 때에는 은행이나 보험회사 및 공제조합의 지급보증을 받아야 한다.
④ 토지상환채권의 발행자는 주된 사무소에 토지상환채권원부를 비치해야 한다.
⑤ 토지상환채권을 이전하는 경우에는 취득자의 성명과 주소가 토지상환채권원부에 기재되지 않으면 취득자는 발행자 및 그 밖의 제3자에게 대항하지 못한다.

해설 토지상환채권의 발행
국가, 지방자치단체, 공공기관, 정부출연기관 또는 지방공사가 토지상환채권을 발행하는 때에는 지급보증을 받지 않아도 된다.

62 다음은 공공시설의 귀속에 관한 설명이다. 틀린 것은?

① 도시개발구역 지정권자는 공공시설의 귀속에 관한 사항이 포함된 실시계획을 인가하려면 미리 그 공공시설의 관리청의 의견을 들어야 한다.
② 도시개발구역 지정권자는 공공시설의 귀속에 관한 사항이 포함된 실시계획을 인가하려는 경우에 공공시설의 관리청이 지정되지 않았다면 관리청이 지정된 후 준공검사를 마치기 전에 관리청의 의견을 들어야 한다.
③ 도시개발구역 지정권자는 준공검사를 마친 때에는 그 내용을 해당 공공시설의 관리청에 통보해야 한다.
④ 시행자가 도시개발조합인 경우에는 도시개발구역 지정권자가 준공검사증명서를 내어 준 때에 그 공공시설의 관리청과 시행자에게 각각 귀속된 것으로 본다.
⑤ 도시개발구역 지정권자가 관리청의 의견을 들어 실시계획을 인가한 경우 그 실시계획에 포함된 공공시설의 점용 또는 사용에 따른 점용료 및 사용료는 면제된 것으로 본다.

해설 공공시설의 귀속
시행자가 국가, 지방자치단체, 공공기관, 정부출연기관 또는 지방공사인 경우에는 준공검사(도시개발구역 지정권자의 경우에는 공사완료공고)를 마친 때에 시행자 자신이 해당 공공시설의 관리청에 공공시설의 종류와 세부목록을 알려야 한다. ③은 그 밖의 자가 시행자인 경우에 관한 설명이다.

정답 61. ③ 62. ③

제2장 도시개발법(응용)

63 다음은 도시개발사업의 비용부담에 관한 설명이다. 틀린 것은?

① 도시개발사업에 필요한 비용은 원칙적으로 시행자가 부담한다.
② 도시개발사업으로 이익을 얻는 지방자치단체가 있으면 그 도시개발사업에 든 비용의 1/2 이하를 그 이익을 얻는 지방자치단체에 부담시킬 수 있다.
③ 지방자치단체에 도시개발사업에 든 비용의 일부를 부담시킬 경우 그 비용에는 해당 도시개발사업의 조사비, 측량비, 설계비 및 관리비가 포함된다.
④ 행정청인 시행자는 다른 자가 설치·관리하는 공공시설이 도시개발사업으로 이익을 얻는 경우에는 그 도시개발사업에 든 비용의 일부를 해당 공공시설의 관리자와 협의하여 그에게 부담시킬 수 있다.
⑤ 행정청인 시행자가 공동구를 설치하는 경우에는 다른 법률에 따라 그 공동구에 수용될 시설을 설치할 의무가 있는 자에게 공동구의 설치에 드는 비용을 부담시킬 수 있다.

해설 도시개발사업의 비용부담
도시개발사업에 소요된 비용에는 해당 도시개발사업의 조사비, 측량비, 설계비 및 관리비는 포함되지 않는다.

64 다음은 환지방식에 의한 도시개발사업에 관한 설명이다. 올바른 것은? **14회 출제**

① 시행자는 환지방식으로 시행하는 경우 조성토지 등의 가격을 평가하고자 할 때 공인평가기관이 평가한 경우에는 토지평가협의회의 심의를 거치지 않을 수 있다.
② 시행자는 면적이 작은 토지에 대해서는 과소토지가 되지 않도록 면적을 증가해서 환지를 정할 수 있으나, 면적이 넓은 토지에 대해서는 그 면적을 감소해서 환지를 정할 수 없다.
③ 토지소유자의 신청이 있는 때에는 당해 토지의 전부 또는 일부에 대해 환지를 정하지 않을 수 있다. 다만, 당해 토지에 관해 임차권자 등이 있는 때에는 그 동의를 받아야 한다.
④ 시장·군수는 환지계획을 작성한 때에는 도지사의 인가를 받아야 한다.
⑤ 시행자는 토지소유자의 동의가 없어도 환지의 목적인 토지에 갈음해서 시행자에게 처분할 권한이 있는 건축물의 일부와 당해 건축물이 있는 토지의 공유지분을 부여할 수 있다.

해설 환지방식에 의한 도시개발사업
① 조성토지 등의 가격을 평가하는 때에는 감정평가법인등이 평가한 후 토지평가협의회의 심의를 거쳐야 한다.
② 면적이 넓은 토지에 대해서는 그 면적을 감소해서 환지를 정할 수 있다.
④ 행정청인 시행자가 환지계획을 작성하는 때에는 인가절차가 필요없다.
⑤ 입체환지에 대해서는 토지소유자의 동의가 있어야 한다.

정답 63. ③ 64. ③

65. 다음은 도시개발사업에 의해 조성된 토지 또는 건축물의 처분에 관한 설명이다. 틀린 것은?

① 시행자는 도시개발사업으로 조성된 토지 또는 건축물의 공급계획을 도시개발구역지정권자에게 제출해야 한다.
② 시행자는 그가 개발한 토지를 실시계획에서 정한 용도에 따라 공급해야 한다.
③ 공장용지는 추첨의 방법으로 분양할 수 있다.
④ 토지 등의 전부를 수용당한 자에게는 수의계약의 방법으로 공급할 수 있다.
⑤ 이주단지를 조성하기 위한 토지는 감정평가법인등이 감정평가한 가격 이하로 공급할 수 있다.

해설 도시개발사업으로 저성된 토지 등
"토지 등의 전부를 수용당한 자"가 아니라 "토지 등의 전부를 협의에 의해 양도한 자"여야 한다.

66. 도시개발법령상 수용 또는 사용방식에 의한 도시개발사업으로 조성된 토지 등을 수의계약의 방법으로 공급할 수 없는 경우는?

① 330m² 이하의 단독주택용지를 공급하는 경우
② 고시된 실시계획에 따라 존치하는 시설물의 유지관리에 필요한 최소한의 토지를 공급하는 경우
③ 토지상환채권에 의하여 토지를 상환하는 경우
④ 토지의 규모 및 형상, 입지조건 등에 비추어 토지이용가치가 현저히 낮은 토지로서 인접토지소유자 등에게 공급하는 것이 불가피하다고 시행자가 인정하는 경우
⑤ 학교용지·공공청사용지 등 일반에게 분양할 수 없는 공공시설용지를 국가·지방자치단체 기타 법령에 의하여 당해 공공시설을 설치할 수 있는 자에게 공급하는 경우

해설 도시개발사업으로 조성된 토지 등
330m² 이하의 단독주택용지는 추첨의 방법으로 분양할 수 있다.

67. 도시개발사업에 의해 조성된 토지를 다음의 시설을 설치하기 위한 토지로 공급하는 경우에는 감정평가법인등이 감정평가한 가격 이하로 공급할 수 있다. 틀린 것은?

① 국민주택규모 이하의 주택   ② 학 교   ③ 폐기물처리시설
④ 공공청사   ⑤ 사회복지시설

해설 조성토지의 공급
②~⑤의 시설을 설치하는 경우와 이주단지를 조성하는 경우에는 도시개발사업에 의해 조성된 토지를 감정평가법인등이 감정평가한 가격 이하로 공급할 수 있다.

정답   65. ④   66. ①   67. ①

제2장 도시개발법(응용)

68 ★★ 도시개발사업의 전부를 환지방식으로 시행하는 경우 일정 수 이상의 토지소유자가 동의하면 토지소유자나 조합이 아닌 자도 시행자가 될 수 있다. 이 경우의 동의에 관한 설명 중 틀린 것은?

① 도시개발구역의 지정이 제안되기 전에 동의를 철회한 경우 그 사람은 동의자 수에서 제외한다.
② 도시개발구역의 지정이 제안된 후 도시개발구역이 지정되기 전에 동의를 철회한 경우에는 기존 토지소유자의 동의서를 기준으로 한다.
③ 토지를 여러 명이 공유하는 경우에는 대표 공유자 1명만을 토지소유자로 본다.
④ 집합건물의 구분소유자는 각자를 토지소유자 1명으로 본다.
⑤ 도시개발구역지정고시 전에 집합건물의 구분소유권을 분할한 경우에는 지정고시일 당시 토지소유자 수를 기준으로 한다.

해설 **토지소유자의 동의**
주민의견청취를 위한 공람·공고일 후에 집합건물의 구분소유권을 분할한 경우에는 공람·공고일 전의 토지소유자 수를 기준으로 한다.

69 ★ 다음은 환지계획의 내용이다. 틀린 것은?

① 환지설계　② 토지가액의 평가방법　③ 필지별로 된 환지의 명세
④ 보류지의 명세　⑤ 필지별 및 권리별로 된 청산대상토지의 명세

해설 **환지계획**
환지계획의 내용은 ①, ③, ④, ⑤이다.

70 ★★ 다음은 환지를 지정하지 않아도 되는 경우이다. 틀린 것은?

① 토지소유자의 신청 또는 동의가 있는 경우
② 토지소유자가 동의한 해당 토지에 임차인이 있는 경우에 그의 동의를 받은 경우
③ 과소토지가 발생하게 될 경우
④ 사실상 공공용으로 사용되고 있던 사도가 폐지되고 이에 대체되는 시설이 설치된 경우
⑤ 국·공유의 공공시설용지가 불용으로 되고 이에 대체되는 시설이 설치된 경우

해설 **환지를 지정하지 않아도 되는 경우**
사실상 공공용으로 사용되고 있던 사도에 대해서도 환지를 지정해야 한다.

정답　68. ⑤　69. ②　70. ④

부동산공법

71 다음은 입체환지에 관한 설명이다. **틀린 것은?**

① 입체환지는 환지계획에 반영되어야 한다.
② 시행자가 행정청이 아닌 경우에도 입체환지를 할 수 있다.
③ 입체환지를 할 수 있는 경우는 과소토지의 발생을 방지하기 위해 특히 필요한 경우에 한한다.
④ 입체환지의 대상이 되는 건축물은 시행자가 처분할 권한을 가진 건축물이어야 한다.
⑤ 입체환지를 하기 위해서는 토지 또는 건축물소유자의 신청이 있어야 한다.

해설 입체환지
입체환지를 할 수 있는 경우는 따로 제한되지 않는다.

72 다음은 도시개발법령상의 입체환지에 관한 설명이다. **틀린 것은?**

① 입체환지를 받으려는 토지소유자는 입체환지에 관한 사항을 통지받은 날부터 환지신청 기간 내에 환지신청을 해야 한다.
② 입체환지방식으로 사업을 시행하는 경우의 토지소유자에는 건축물 소유자가 포함되지 않는다.
③ 입체환지의 경우 시행자는 환지계획 작성 전에 실시계획의 내용, 환지계획의 기준, 환지 대상필지 및 건축물의 명세, 환지신청기간 등을 토지소유자에게 통지해야 한다.
④ 시행자는 입체환지로 건설된 주택 등을 환지계획에 따라 환지신청자에게 공급하고 남은 건축물은 일반에게 공급할 수 있다.
⑤ 토지 및 건축물의 권리가액이 도시개발사업으로 조성되는 토지에 건축되는 구분건축물의 최소공급가격의 70/100 이하인 경우에는 입체환지 신청대상에서 제외할 수 있다.

해설 입체환지
입체환지방식으로 사업을 시행하는 경우의 토지소유자에는 건축물소유자가 포함된다.

정답 71. ③ 72. ②

73. 다음은 환지계획에 관한 설명이다. 틀린 것은?

① 행정청이 아닌 시행자가 작성한 환지계획이 효력을 발생하기 위해서는 인가를 받아야 한다.
② 환지대상에서 제외된 토지에 대해서는 환지계획인가 후 청산금을 교부할 수 있다.
③ 환지계획을 작성하거나 이에 대한 인가를 받은 경우 이를 공고하도록 강제하는 규정이 없다.
④ 환지설계는 면적식을 원칙으로 하되, 환지계획구역의 특성에 따라 면적식 및 절충식 중에서 적합한 방식으로 할 수 있다.
⑤ 시행자가 사업시행지역 안의 토지 등의 가격을 평가하고자 할 때에는 토지평가협의회의 심의를 거쳐야 한다.

해설 환지설계
환지설계는 평가식을 원칙으로 한다.

74. 다음은 환지계획에 관한 설명이다. 틀린 것은?

① 시행자는 도시개발사업의 원활한 시행을 위해 특히 필요한 때에는 토지 또는 건축물 소유자의 신청을 받아 건축물의 일부와 그 건축물이 있는 토지의 공유지분을 부여할 수 있다.
② 환지계획은 종전 토지와 환지의 위치, 지목, 면적, 토질, 수리, 이용상황, 환경 그 밖의 사항을 종합적으로 고려해서 합리적으로 정해야 한다.
③ 입체환지신청기간은 입체환지에 관한 사항을 통지한 날부터 30일 이상 60일 이하로 해야 한다.
④ 입체환지를 시행하는 경우에는 반드시 면적식을 적용해야 한다.
⑤ 시행자는 특히 필요한 때에는 증환지와 감환지를 할 수 있다.

해설 환지계획
입체환지를 시행하는 경우에는 반드시 평가식을 적용해야 한다.

정답 73. ④ 74. ④

75 다음은 환지계획에 관한 설명이다. 틀린 것은?

① 시행자가 행정청이 아닌 경우 환지계획에 대해 특별자치도지사·시장·군수 또는 구청장의 인가를 받아야 한다.
② 환지대상에서 제외한 토지에 대해서는 환지처분 전이라도 청산금을 교부할 수 있다.
③ 환지계획은 그 고시일부터 효력을 발생한다.
④ 시행자는 과소 토지가 되지 아니하도록 하기 위하여 필요하면 토지소유자의 동의를 얻어 하나의 필지를 2명 이상의 공동환지로 지정할 수 있다.
⑤ 시행자가 시행지역 안의 토지 등의 가격을 평가하고자 할 때에는 토지평가협의회의 심의를 거쳐야 한다.

해설 환지계획
환지계획은 반드시 고시해야 하는 것이 아니다.

76 도시개발법령상 도시개발사업에 있어서 환지계획과 관련된 설명 중 틀린 것은? 〔16회 개작〕

① 행정청이 아닌 시행자가 환지계획을 작성하는 때에는 특별자치도지사·시장·군수 또는 구청장의 사전검토를 받아야 한다.
② 시행자는 토지면적의 규모를 조정할 특별한 필요가 있는 때에는 과소토지가 되지 않도록 면적을 증가해서 환지를 정하거나 환지대상에서 제외할 수 있다.
③ 토지소유자의 신청 또는 동의가 있는 때에는 당해 토지의 전부 또는 일부에 대해 환지를 정하지 않을 수 있다. 다만, 당해 토지에 관해 임차권자 등이 있는 때에는 그 동의를 받아야 한다.
④ 시행자는 도시개발사업의 원활한 시행을 위해 특히 필요한 경우에는 토지 또는 건축물 소유자의 신청을 받아 입체환지를 할 수 있다.
⑤ 시행자는 도시개발사업에 필요한 경비에 충당하기 위해 일정한 토지를 체비지로 정할 수 있다.

해설 환지계획
행정청이 아닌 시행자가 환지계획을 작성한 경우에는 특별자치도지사·시장·군수 또는 구청장의 인가를 받아야 한다.

정답 75. ③ 76. ①

제2장 도시개발법(응용)

77 도시개발법령상 토지부담률(환지계획구역안의 토지소유자가 도시개발사업을 위하여 부담하는 토지의 비율)에 관한 설명으로 옳은 것을 모두 고른 것은? **21회 출제**

> ㉠ 토지부담률은 사업시행자가 산정한다.
> ㉡ 환지계획구역의 외부와 연결되는 환지계획구역 안의 도로로서 너비 25m 이상의 간선도로는 관할 지방자치단체가 도로의 부지를 부담한다.
> ㉢ 토지소유자 2분의 1 이상이 동의하는 경우에는 평균 토지부담률을 70%로 할 수 있다.
> ㉣ 해당 환지계획구역의 특성을 고려하여 지정권자가 인정하는 경우에는 평균 토지부담률을 60%까지로 할 수 있다.

① ㉠, ㉡   ② ㉠, ㉢   ③ ㉠, ㉣   ④ ㉡, ㉢   ⑤ ㉢, ㉣

해설 토지부담률
㉡ 환지계획구역의 외부와 연결되는 환지계획구역 안의 도로로서 너비 25m 이상의 간선도로는 토지소유자가 도로의 부지를 부담하고, 관할 지방자치단체가 공사비를 보조해서 건설할 수 있다.
㉢ 환지계획구역 안의 토지소유자 총수의 3분의 2 이상이 동의하는 경우에는 60%를 초과하여 정할 수 있다.

78 다음은 환지예정지 지정에 관한 설명이다. 올바른 것은?

① 토지소유자의 편익을 위해 환지계획을 미리 통지하는 것이며 법적인 효과는 별로 없다.
② 환지예정지 지정절차를 거쳐야만 환지처분을 할 수 있다.
③ 환지예정지 지정을 받은 자는 환지처분 전이라도 당연히 환지예정지에 대한 사용·수익권을 갖게 된다.
④ 환지예정지로 지정된 토지를 사용하려면 따로 토지소유자의 동의를 받아야 한다.
⑤ 환지예정지로 지정된 토지에 대한 사용·수익권을 취득하는 자는 그 대신 종전 토지에 대한 소유권은 상실한다.

해설 환지예정지 지정
환지예정지가 지정되면 환지예정지에 대해 종전 토지에 대한 것과 동일한 내용의 사용·수익권을 행사할 수 있게 된다.

정답 77. ③   78. ③

부동산공법

79 도시개발법령상 환지예정지의 지정에 관한 설명으로 틀린 것은? [20회 출제]

① 시행자가 도시개발사업의 시행을 위해 필요한 경우에는 도시개발구역의 토지에 대하여 환지예정지를 지정할 수 있다.
② 종전의 토지에 대한 임차권자가 있는 경우 해당 환지예정지에 대하여 해당 권리의 목적인 토지 또는 그 부분을 아울러 지정하여야 한다.
③ 도시개발사업비용을 충당하기 위하여 환지예정지를 체비지의 용도로 지정할 수 있다.
④ 종전 토지의 임차권자는 환지예정지 지정 이후에도 환지처분이 공고되는 날까지 종전의 토지를 사용하거나 수익할 수 있다.
⑤ 환지예정지를 지정한 경우에 해당 토지의 사용에 장애가 될 물건이 그 토지에 있는 경우 그 토지의 사용을 시작할 날을 따로 정할 수 있다.

해설 환지예정지 지정
환지예정지가 지정되면 종전의 토지의 소유자와 임차권자등은 환지예정지 지정의 효력발생일부터 환지처분이 공고되는 날까지 환지예정지나 해당 부분에 대해 종전과 같은 내용의 권리를 행사할 수 있으며 종전의 토지는 사용하거나 수익할 수 없다.

80 다음은 환지예정지 지정의 효과에 관한 설명이다. 틀린 것은?
★★
① 종전의 토지에 존재하던 사용·수익권은 사용·수익할 수 없게 된다.
② 종전의 토지소유자는 환지예정지 지정을 받은 자의 사용·수익을 방해하면 안 된다.
③ 임차권·지상권 등의 목적으로 된 임대료 등은 계약당사자의 계약조건에 불구하고 증감을 청구할 수 있다.
④ 시행자는 체비지를 사용·수익하거나 처분할 수 없다.
⑤ 임대료·사용료 등의 증감청구를 받은 당사자는 그 권리를 포기하거나 계약을 해지해서 그 의무를 면할 수 있다.

해설 환지예정지 지정
체비지에 관해 환지예정지가 지정되면 시행자는 체비지를 사용·수익하거나 처분할 수 있다.

정답 79. ④ 80. ④

81 도시개발법령상 환지처분에 관한 설명 중 틀린 것은?

① 시행자는 환지방식에 의해 도시개발사업에 관한 공사를 완료한 때에는 지체없이 이를 공고하고 공사관계서류를 일반에게 공람시켜야 한다.
② 도시개발구역 안 토지소유자 또는 이해관계인은 공사완료 후 공사관계서류를 일반에게 공람시키는 기간 내에 시행자에게 의견서를 제출할 수 있다.
③ 지정권자가 시행자가 아닌 경우에 시행자는 지정권자에 의해 준공검사를 받은 때에는 60일 내에 환지처분을 해야 한다.
④ 시행자가 환지처분을 하고자 하는 때에는 환지계획에서 정한 사항을 토지소유자에게 통지하고 관보 또는 공보에 이를 공고해야 한다.
⑤ 입체환지의 처분을 받은 경우 종전의 토지에 대한 저당권은 환지처분의 공고가 있은 다음날부터 종전의 토지에 존재하는 것으로 본다.

해설 환지처분
입체환지가 있으면 종전의 토지에 대한 저당권은 환지처분의 공고가 있은 날의 다음날부터 그 건축물의 일부와 그 건축물이 있는 토지의 공유지분에 존재하는 것으로 본다.

82 도시개발사업의 시행자가 체비지를 사용·수익 또는 처분할 수 있게 되는 시기는 어느 때인가? [13회 출제]

① 환지계획인가가 있은 때
② 환지예정지 지정이 있은 때
③ 준공검사가 있은 때
④ 공사완료공고가 있은 때
⑤ 환지처분공고가 있은 날의 다음날

해설 체비지의 사용
환지예정지 지정이 있으면 그때부터 체비지를 사용·수익 또는 처분할 수 있다.

83 도시개발법령상 환지와 관련한 설명 중 틀린 것은? [17회 출제]

① 환지계획은 환지뿐만 아니라 종전의 토지의 위치·지목·면적 등의 사항을 종합적으로 고려해서 정한다.
② 조합인 시행자가 환지계획을 작성한 때에는 특별자치도지사·시장·군수·구청장의 인가를 받아야 한다.
③ 시행자는 환지를 정하지 않기로 결정된 토지소유자에게 결정공고가 있은 날의 다음날부터 당해 토지를 사용 또는 수익하게 해야 한다.
④ 환지계획에서 정해진 환지는 그 환지처분의 공고가 있은 날의 다음날부터 종전의 토지로 본다.
⑤ 종전의 토지에 관한 임차권자는 환지예정지 지정의 효력발생일부터 환지처분의 공고가 있는 날까지 환지예정지에 대해 종전과 동일한 내용의 권리를 행사할 수 있다.

정답 81. ⑤ 82. ② 83. ③

해설 환지

시행자는 환지를 정하지 않기로 결정된 토지소유자 또는 임차권·지상권 그 밖에 사용 또는 수익할 수 있는 권리를 가진 자에게 기일을 정해 그 날부터 그 토지 또는 토지부분의 사용 또는 수익을 정지시킬 수 있다.

84. 도시개발법령상 환지계획 및 청산금에 관한 설명으로 옳은 것은? [21회 출제]

① 시행자는 면적이 작은 토지라도 환지 대상에서 제외할 수는 없다.
② 시행자는 사업대상토지의 소유자가 신청하거나 동의하면 해당 토지에 관한 임차권자의 동의가 없어도 그 토지의 전부 또는 일부에 대하여 환지를 정하지 않을 수 있다.
③ 환지계획에서 정하여진 환지는 그 환지처분이 공고된 날부터 종전의 토지로 본다.
④ 환지를 정한 경우 그 과부족분에 대한 청산금은 환지처분을 하는 때에 결정하여야 하고, 환지처분이 공고된 날의 다음날에 확정된다.
⑤ 청산금은 이자를 붙여 분할징수하거나 분할교부할 수 없다.

해설 환지계획 및 청산금

① 시행자는 면적이 작은 토지는 과소 토지가 되지 않도록 면적을 늘려 환지를 정하거나 환지대상에서 제외할 수 있다.
② 해당 토지에 관해 임차권자등이 있는 경우에는 그 동의를 받아야 한다.
③ 환지계획에서 정하여진 환지는 그 환지처분이 공고된 날의 다음날부터 종전의 토지로 본다.
⑤ 청산금은 이자를 붙여 분할징수하거나 분할교부할 수 있다.

85. ★ 다음은 환지처분의 효과에 관한 설명이다. 틀린 것은?

① 지역권은 종전 토지에 존속하되, 행사할 이익이 없어진 지역권은 소멸한다.
② 환지를 종전의 토지로 본다.
③ 종전 토지에 전속하는 재판상의 처분은 영향을 받지 않는다.
④ 청산금은 환지처분공고일의 다음날에 확정된다.
⑤ 시행자는 체비지가 아닌 보류지의 소유권을 취득한다.

해설 환지처분의 효과

체비지가 아닌 보류지의 소유권은 환지계획에서 정한 자에게 귀속된다.

정답 84. ④ 85. ⑤

제2장 도시개발법(응용)

86 다음은 「도시개발법」상 사업시행자가 거쳐야 하는 환지처분의 절차이다. 올바른 것은?

① 공사완료의 공고 → 공사관계서류의 공람 → 의견제출 → 환지처분
② 공사관계서류의 공람 → 의견제출 → 공사완료의 공고 → 환지처분
③ 공사완료의 공고 → 환지처분 → 공사관계서류의 공람 → 의견제출
④ 공사관계서류의 공람 → 의견제출 → 환지처분 → 공사완료의 공고
⑤ 환지처분 → 공사관계서류의 공람 → 의견제출 → 공사완료의 공고

> **해설** 환지처분의 절차
> 환지방식에 의한 도시개발사업의 공사를 완료한 때에는 먼저 공사완료공고를 하고 관계서류를 공람시켜 의견을 들어야 한다. 환지처분은 공사완료에 관한 절차가 모두 마무리된 후에 하게 된다.

87 다음은 환지처분과 지역권의 관계에 관한 설명이다. 올바른 것은?

① 환지처분으로 종전 토지에 있던 지역권은 원칙적으로 소멸한다.
② 환지처분과 동시에 지역권은 환지에 이전하게 된다.
③ 환지처분이 있으면 행사할 이익 여부에 관계없이 지역권은 소멸한다.
④ 지역권은 「민법」상의 물권이므로 이를 소멸시키는 것은 「민법」상의 계약에 의해야 한다.
⑤ 도시개발사업의 시행으로 행사할 실익이 없어진 지역권은 환지처분이 공고된 날이 끝나는 때에 소멸한다.

> **해설** 환지처분과 지역권의 관계
> 종전 토지에 대한 지역권은 종전 토지에 그대로 남아 있는 것이 원칙이지만 실행할 이익이 없어져버린 지역권의 경우에는 환지처분이 공고된 날이 끝나는 때에 소멸한다.

88 다음은 환지처분에 대한 설명이다. 틀린 것은?

① 사업시행지역 전부에 대해 공사가 완료된 때에 일괄해서 행함을 원칙으로 한다.
② 환지처분의 형식은 환지계획에 정한 사항을 토지소유자에게 통지하고 이를 공고하는 것이다.
③ 환지처분으로 소유권이 당연히 취득·변경되는 것이 아니고 환지계획에 따라 별도로 소유권이전 등의 절차를 이행해야 한다.
④ 체비지의 소유권은 시행자에게 귀속된다.
⑤ 환지처분으로 종전의 토지 위에 있던 저당권은 새로운 환지 위에 존속하게 된다.

정답　86. ①　87. ⑤　88. ③

해설 **환지처분**
환지처분이 있으면 별도의 절차를 거치지 않고 바로 물권변동이 행해진다.

89 다음은 환지처분에 관한 설명이다. 틀린 것은?
① 환지계획에 없는 사항을 내용으로 하는 환지처분은 효력이 없다.
② 종전 토지에 전속하는 행정상 또는 재판상 처분은 환지처분에 의해 영향을 받지 않고 종전 토지에 계속 존속한다.
③ 도시개발사업의 시행으로 인해 행사할 이익이 없어진 지역권은 환지처분이 공고된 날이 끝나는 때에 소멸한다.
④ 환지를 정하지 않은 토지에 대해서는 환지처분 전이라도 청산금을 교부할 수 있다.
⑤ 환지계획으로 보류지(체비지는 제외)를 정한 경우 시행자는 환지처분공고일의 다음날에 그 보류지의 소유권을 취득한다.

해설 **환지처분**
보류지(체비지는 제외)는 환지계획에서 정한 자가 환지처분공고일의 다음날에 그 소유권을 취득한다.

90 다음 중 환지처분의 효과가 아닌 것은?
① 종전 토지에 설정되어 있는 저당권은 환지에 이전하게 된다.
② 종전 토지에 설정되어 있는 지역권은 환지에 이전하게 된다.
③ 종전 토지에 대해 전속하는 행정·재판상의 처분의 효력은 종전 토지에 존속하게 된다.
④ 환지처분공고가 있으면 체비지의 소유권은 시행자에게 귀속된다.
⑤ 청산금은 환지처분이 공고된 날의 다음날에 확정된다.

해설 **환지처분**
지역권은 환지처분이 있더라도 종전의 토지에 그대로 존속된다.

91 다음은 환지처분에 의한 권리변동의 효과에 관한 설명이다. 올바른 것은? **14회 출제**
① 인도나 등기를 요하지 않고 바로 권리변동의 효과가 발생하나 등기를 마친 뒤가 아니면 취득한 토지를 처분할 수 없다.
② 인도나 등기를 요하지 않고 바로 권리변동의 효과가 발생하므로 언제든지 취득한 토지를 처분할 수 있다.
③ 종전 토지의 소유자가 새로운 소유자에게 토지를 인도하고 등기를 마쳐야 권리변동의 효과가 발생한다.
④ 인도는 요하지 않지만 등기해야만 권리변동의 효과가 발생한다.
⑤ 등기는 요하지 않지만 인도해야만 권리변동의 효과가 발생한다.

정답 89. ⑤ 90. ② 91. ①

해설 환지처분에 의한 권리변동의 효과

환지처분에 의한 물권변동은 법률의 규정에 의한 것이므로 등기를 하지 않더라도 권리변동의 효과가 발생한다. 다만 이를 처분하고자 할 때에는 먼저 등기를 해야 한다.

92. 다음은 환지등기에 관한 설명이다. 올바른 것은?

① 환지처분공고가 있은 후 환지등기가 있을 때까지는 다른 등기는 원칙적으로 금지된다.
② 환지등기는 토지소유자의 신청에 의해 개별적으로 이루어진다.
③ 환지등기는 시행자의 환지처분통지에 의해 등기소장이 직권으로 등기한다.
④ 환지처분공고가 있으면 환지등기가 된 것으로 본다.
⑤ 환지등기는 환지처분에 의한 물권변동의 효력발생요건이다.

해설 환지등기

②~④ 환지등기는 시행자의 신청 또는 촉탁에 의해 일괄적으로 이루어진다.
⑤ 환지에 의한 소유권변동은 법률규정에 의한 물권변동이므로 등기와 무관하게 효력이 발생한다. 다만, 환지등기가 되지 않으면 처분을 할 수 없게 된다.

93. 다음은 「도시개발법」에 의한 청산금에 관한 설명이다. 틀린 것은?

① 청산금은 환지처분시에 결정한다.
② 청산금은 환지처분공고일에 확정된다.
③ 청산금은 환지처분공고가 있은 후 징수 또는 교부한다.
④ 청산금은 분할해서 징수하거나 교부할 수 있다.
⑤ 환지를 지정하지 않은 토지에 대해서는 예외적으로 환지처분 전이라도 청산금을 교부할 수 있다.

해설 청산금

청산금은 환지처분공고일의 다음날에 확정된다.

94. 다음은 도시개발사업으로 인한 권리의 조정에 관한 설명이다. 틀린 것은?

① 당사자는 장래에 대해 불합리하게 된 임대료·지료 기타 사용료의 증감을 청구할 수 있다.
② 임대료 등의 증감청구를 받은 당사자는 그 권리를 포기하거나 계약을 해지해서 의무를 면할 수 있다.
③ 권리를 설정한 목적의 달성이 불가능하게 된 경우에는 당사자는 그 권리를 포기하거나 계약을 해지할 수 있다.
④ 임대료 등의 증감청구나 권리포기·계약해지는 환지처분공고 후 60일 이내에 해야 한다.
⑤ 목적달성불능으로 권리를 포기하거나 계약을 해지한 자는 시행자에게 그로 인한 손실의 보상을 청구하지 못한다.

정답 92. ① 93. ② 94. ⑤

해설 도시개발사업으로 인한 권리의 조정

목적달성불능을 이유로 권리를 포기하거나 계약을 해지한 자는 시행자에게 이로 인한 손실의 보상을 청구할 수 있다.

95. 도시개발법령상 환지방식에 의한 도시개발사업에 관한 설명으로 옳은 것은?

★★

① 도시개발사업의 시행자는 환지방식이 적용되는 도시개발구역 안에 있는 조성토지 등의 가격을 평가하고자 할 때에는 토지평가협의회의 심의를 거친 후 감정평가법인등으로 하여금 평가하게 해서 결정한다.

② 도시개발사업에 의한 환지계획시 고려사항에 환지의 위치는 해당되나 지목은 해당되지 않는다.

③ 도시개발사업의 시행자가 환지예정지를 지정한 경우 지정의 효력발생일부터 환지처분의 공고일까지 종전의 토지소유자 및 임차권자 등은 종전의 토지에 대한 모든 권리를 상실한다.

④ 도시개발사업의 시행자는 환지를 정하지 않기로 결정된 토지소유자 또는 임차권자 등에게 기일을 정해 그 날부터 당해 토지 또는 당해 부분의 사용 또는 수익을 정지시킬 수 있다. 이 경우 15일 이상의 기간을 두고 미리 이를 당해 토지소유자 또는 임차권자 등에게 통지해야 한다.

⑤ 도시개발사업에 있어서 임차권의 목적인 토지에 관해 환지예정지가 지정되어 임대차의 목적을 달성할 수 없게 된 때 당사자는 권리의 포기 등을 할 수 있는 바, 권리 포기로 인한 손실은 당해 사업시행자에게 그 보상을 청구할 수 있다.

해설 환지방식에 의한 도시개발사업

① 조성토지 등의 가격은 먼저 감정평가법인등으로 하여금 평가하게 한 후 토지평가협의회의 심의를 거쳐 결정한다.
② 지목도 환지계획의 고려사항이다.
③ 토지소유자는 소유토지에 대한 사용·수익권을 상실하는 대신, 환지예정지로 지정된 토지의 사용·수익권을 얻게 된다. 그러나 소유권은 종전과 같이 그대로 유지된다.
④ "15일 이상"이 아닌 "30일 이상"이어야 한다.

정답 95. ⑤

96. 「도시개발법」의 내용에 관한 설명으로 옳지 않은 것은? `15회 출제`

① 도시개발사업에 필요한 자금을 조달하기 위해 발행하는 도시개발채권의 소멸시효는 상환일부터 기산해서 원금은 5년, 이자는 2년으로 한다.
② 도시개발사업의 시행자는 환지처분공고가 있은 날부터 환지등기가 있을 때까지 다른 등기를 할 수 없다. 다만, 등기신청인이 확정일자 있는 서류에 의해 환지처분의 공고일 전에 등기원인이 생긴 것임을 증명한 경우에는 예외로 한다.
③ 입체환지처분을 받은 자는 환지처분의 공고가 있은 날부터 환지계획에서 정하는 당해 건축물의 일부와 그 건축물이 있는 토지의 공유지분을 취득한다.
④ 환지예정지 지정 후에 시행자는 도시개발사업에 소요되는 비용을 충당하기 위해 체비지를 일반인에게 처분할 수 있다.
⑤ 청산금은 환지처분을 하는 때 결정해야 한다. 다만, 토지소유자의 신청 또는 동의에 의한 환지부지정이나 토지면적을 고려해서 환지대상에서 제외한 토지 등에 대해서는 청산금을 교부하는 때에 이를 결정할 수 있다.

해설 「도시개발법」의 내용
② 환지처분공고가 있으면 환지등기가 있을 때까지 다른 등기가 금지된다. 도시개발사업의 시행자도 당연히 이 규정을 적용받으므로 이 기간동안 다른 등기를 할 수 없다.
③ "환지처분의 공고가 있은 날부터"이 아닌 "환지처분이 공고된 날의 다음날부터"이어야 한다.

97. 도시개발법령상 조합인 시행자가 면적식으로 환지계획을 수립하여 환지방식에 의한 사업시행을 하는 경우, 환지계획구역의 평균 토지부담률(%)은 얼마인가? (단, 다른 조건은 고려하지 않음) `27회 출제`

- 환지계획구역 면적 : 200,000m²
- 공공시설의 설치로 시행자에게 무상귀속되는 토지면적 : 20,000m²
- 시행자가 소유하는 토지면적 : 10,000m²
- 보류지 면적 : 106,500m²

① 40 ② 45 ③ 50 ④ 55 ⑤ 60

해설 평균 토지부담률

$$\frac{(보류지면적 - 시행자에게 무상귀속되는 공공시설의 면적)}{(환지계획구역면적 - 시행자에게 무상귀속되는 공공시설의 면적)} \times 100 = \frac{106,500m² - 3만m²}{20만m² - 3만m²} \times 100 = 45\%$$

정답 96. ③   97. ②

부동산공법

98 도시개발법령상 다음과 같은 조건에서 환지계획구역의 평균 토지부담률은? `17회 출제`

- 환지계획구역 면적 : 10만m²
- 시행자에게 무상 귀속되는 공공시설면적 : 2만m²
- 보류지 면적 : 6만m²

① 20% ② 40% ③ 50% ④ 60% ⑤ 80%

해설 환지계획구역의 평균 토지부담률
평균 토지부담률은 보류지면적(6만m²)에서 시행자에게 무상귀속되는 공공시설의 면적(2만m²)을 뺀 값(4만m²)을 환지계획구역면적(10만m²)에서 시행자에게 무상귀속되는 공공시설의 면적(2만m²)을 뺀 값(8만m²)으로 나눈 값(50%)을 말한다.

99 다음은 도시개발구역 안에서의 시설의 설치에 관한 설명이다. 틀린 것은?
★
① 도로 및 상하수도시설은 지방자치단체가 설치한다.
② 전기시설·가스공급시설 또는 지역난방시설은 당해 지역에 전기·가스 또는 난방을 공급하는 자가 설치한다.
③ 통신시설은 당해 지역에 통신서비스를 제공하는 자가 설치한다.
④ 시행자가 설치비용을 부담하는 경우에는 지방자치단체는 그의 설치의무범위에 속하지 않는 도로 또는 상·하수도시설의 설치사업을 대행할 수 있다.
⑤ 시행자는 자기부담으로 시설을 설치한 후 설치의무자에게 비용의 상환을 요구할 수 있다.

해설 도시개발구역 안에서의 시설의 설치
⑤ 「주택법」에 규정되어 있는 제도이다.

100 도시개발조합이 도시개발사업을 시행하는 도시개발구역 안에 도로·상하수도시설·전기시설·통신시설 등을 설치할 의무가 있는 자가 이를 설치해야 하는 시기는?

① 실시계획인가고시가 있기 전까지
② 준공검사신청 전까지
③ 공사완료공고 전까지
④ 환지처분공고 전까지
⑤ 공사완료공고 후 1년 이내

해설 도시개발구역 안에서의 시설의 설치
도로·상하수도시설·전기시설·통신시설 등의 설치는 준공검사신청 전까지 완료해야 한다.

정답 98. ③ 99. ⑤ 100. ②

제2장 도시개발법(응용)

101 도시개발법령상 도시개발사업의 비용부담에 관한 설명으로 틀린 것은? `27회 출제`

① 도시개발사업에 필요한 비용은 「도시개발법」이나 다른 법률에 특별한 규정이 있는 경우를 제외하고는 시행자가 부담한다.
② 지방자치단체의 장이 발행하는 도시개발채권의 소멸시효는 상환일로부터 기산하여 원금은 5년, 이자는 2년으로 한다.
③ 시행자가 지방자치단체인 경우에는 공원·녹지의 조성비 전부를 국고에서 보조하거나 융자할 수 있다.
④ 시행자는 공동구를 설치하는 경우에는 다른 법률에 따라 그 공동구에 수용될 시설을 설치할 의무가 있는 자에게 공동구의 설치에 드는 비용을 부담시킬 수 있다.
⑤ 도시개발사업에 관한 비용부담에 대해 대도시 시장과 시·도지사 간의 협의가 성립되지 아니하는 경우에는 기획재정부장관의 결정에 따른다.

해설 도시개발사업의 비용부담

도시개발사업에 관한 비용부담에 대해 대도시 시장과 시·도지사 간의 협의가 성립되지 아니하는 경우에는 행정안전부장관의 결정에 따른다.

102 도시개발법령상 도시개발채권에 관한 설명으로 옳은 것은? `32회 출제`

★★
① 「국토의 계획 및 이용에 관한 법률」에 따른 공작물의 설치허가를 받은 자는 도시개발채권을 매입하여야 한다.
② 도시개발채권의 이율은 기획재정부장관이 국채·공채 등의 금리와 특별회계의 상황 등을 고려하여 정한다.
③ 도시개발채권을 발행하려는 시·도지사는 기획재정부장관의 승인을 받은 후 채권의 발행총액 등을 공고하여야 한다.
④ 도시개발채권의 상환기간은 5년보다 짧게 정할 수는 없다.
⑤ 도시개발사업을 공공기관이 시행하는 경우 해당 공공기관의 장은 시·도지사의 승인을 받아 도시개발채권을 발행할 수 있다.

해설 도시개발채권

① 「국토의 계획 및 이용에 관한 법률」에 따른 개발행위허가로서 토지형질변경허가를 받은 자가 도시개발채권을 매입하여야 한다.
② 도시개발채권의 이율은 채권발행 당시의 국채·공채 등의 금리와 도시개발특별회계의 상황 등을 고려해서 조례로 정하되, 행정안전부장관의 승인을 받아야 한다.
③ 도시개발채권을 발행하려는 시·도지사는 행정안전부장관의 승인을 받은 후 채권의 발행총액 등을 공고하여야 한다.
⑤ 도시개발사업 또는 도시·군계획시설사업에 필요한 자금을 조달하기 위해 시·도지사가 미리 행정안전부장관의 승인을 받아 도시개발채권을 발행할 수 있다.

정답 101. ⑤ 102. ④

부동산공법

103 도시개발법령상 도시개발채권에 관한 설명으로 틀린 것은? 〔28회 출제〕

① 도시개발채권의 상환은 2년부터 10년까지의 범위에서 지방자치단체의 조례로 정한다.
② 도시개발채권의 소멸시효는 상환일부터 기산하여 원금은 5년, 이자는 2년으로 한다.
③ 수용 또는 사용방식으로 시행하는 도시개발사업의 경우 한국토지주택공사와 공사도급계약을 체결하는 자는 도시개발채권을 매입하여야 한다.
④ 도시개발채권은 무기명으로 발행할 수 있다.
⑤ 도시개발채권의 매입의무자가 매입하여야 할 금액을 초과하여 도시개발채권을 매입한 경우 중도상환을 신청할 수 있다.

해설 도시개발채권
도시개발채권의 상환은 5년부터 10년까지의 범위에서 지방자치단체의 조례로 정한다.

104 다음은 「도시개발법」 및 다른 법률에 의한 적용기준을 완화적용할 수 있는 경우이다. 틀린 것은?

① 서로 떨어진 둘 이상의 지역을 결합해서 하나의 도시개발사업으로 시행하는 경우
② 순환용 주택을 건설·공급하는 경우
③ 개발계획을 수립할 때에 저탄소 녹색도시계획을 같이 수립해서 시행하는 경우
④ 환지방식으로 시행되는 지역에서 영세한 토지소유자 등의 원활한 재정착을 위해 환지계획을 수립해서 시행하는 경우
⑤ 공공주택 건설을 위한 용지 등을 감정가격 이하로 공급하는 경우

해설 도시개발구역의 분할 및 결합
①, ③, ④, ⑤의 경우에는 「도시개발법」 및 다른 법률에 의한 적용기준을 완화적용할 수 있다.

105 결합개발의 경우에는 도시개발법령 중 다음의 기준을 완화해서 적용할 수 있다. 틀린 것은?

① 도시개발구역의 지정대상 및 규모
② 개발계획의 내용
③ 시행자지정요건
④ 토지 등의 수용에 따른 동의요건
⑤ 도시개발채권의 매입에 관한 기준

해설 결합개발에 대한 특례
완화해서 적용할 수 있는 것은 ①, ②, ③, ⑤의 기준이다.

정답 103. ① 104. ② 105. ④

106 도시개발법령상 도시개발사업의 시행과 관련된 설명 중 틀린 것은?

16회 출제

① 지정권자는 도시개발구역의 전부를 환지방식으로 시행하는 경우에는 도시개발구역 안의 토지소유자 또는 이들이 도시개발을 위해 설립한 조합을 시행자로 지정한다.
② 시행자인 지방공사는 도시개발사업에 필요한 토지 등을 수용 또는 사용하는 경우 토지소유자의 일정비율의 동의를 받아야 한다.
③ 시행자인 국가 또는 지방자치단체는 토지소유자가 원하는 경우에는 토지 등의 매수대금의 일부를 지급하기 위해 토지상환채권을 발행할 수 있다.
④ 시행자(지정권자가 시행자인 경우 제외)는 토지상환채권을 발행하고자 하는 때에는 토지상환채권의 발행계획을 작성해 미리 지정권자의 승인을 받아야 한다.
⑤ 시행자는 도시개발사업의 전부 또는 일부를 환지방식에 의해 시행하고자 하는 경우에는 환지계획을 작성해야 한다.

해설 도시개발사업의 시행
국가·지방자치단체·공공기관·지방공사 등이 시행자인 경우에는 토지 등을 수용하기 위해 미리 토지소유자의 동의를 받을 필요가 없다.

107 다음은 「도시개발법」의 내용에 관한 설명이다. 틀린 것은?

① 시행자를 변경하는 경우에는 청문을 실시해야 한다.
② 시행자는 관계서류 또는 도면을 사무소에 비치하고 이해관계인에게 열람시켜야 한다.
③ 행정청이 아닌 시행자는 도시개발사업을 완료하거나 폐지한 때에는 관계서류 또는 도면을 특별자치도지사·시장·군수 또는 구청장에게 넘겨야 한다.
④ 도시개발구역지정권자나 특별자치도지사·시장·군수 또는 구청장은 소속공무원으로 하여금 도시개발사업에 관한 업무 및 회계에 관한 사항을 검사하게 할 수 있다.
⑤ 도시개발구역 안에 있는 국·공유재산으로서 도시개발사업에 필요한 재산은 「국유재산법」 및 「공유재산 및 물품관리법」의 규정에 불구하고 시행자에게 수의계약의 방법으로 처분할 수 있다.

해설 도시개발법
시행자지정을 취소하는 경우에는 청문을 실시해야 하지만, 시행자를 변경하는 경우에는 청문을 실시하지 않아도 된다.

정답 106. ② 107. ①

108 다음 중 처벌대상이 아닌 것은?

① 실시계획의 인가를 받지 않고 사업을 시행한 자
② 공급계획을 제출하지 않고 조성토지 등을 공급한 자
③ 사용허가를 받지 않고 조성토지 등을 준공 전에 사용한 자
④ 도시개발조합이 도시개발사업이 아닌 다른 업무를 한 때
⑤ 준공검사 후 60일이 경과되도록 환지처분을 하지 않은 자

해설 처벌대상
① ~ ③ 2년 이하의 징역 또는 2,000만원 이하의 벌금에 해당된다.
④ 500만원 이하의 과태료에 해당된다.
⑤ 제때에 환지처분을 하지 않는 것은 사업시행을 지연시키는 것이므로 내용에 따라 감독처분을 할 수 있는 경우는 있을 수 있겠으나, 처벌대상은 아니다.

정답 108. ⑤

CHAPTER 03

도시 및 주거환경정비법

학습포인트

- 「도시 및 주거환경정비법」에는 주거환경개선사업·재개발사업·재건축사업의 3개 사업이 함께 규정되어 있어서 정비사업 유형별로 차이점을 구분하여 정리하는 것이 중요하다.
- 그러므로 정비구역, 조합, 사업시행계획인가, 관리처분계획, 소유권이전 등 정비사업의 핵심을 이루는 사항을 사업유형별로 구분해서 제대로 이해해 두어야 한다.
- "시장·군수 또는 자치구의 구청장"을 "시장·군수·구청장"으로 약칭하는 것이 일반적인데, 「도시 및 주거환경정비법」에서는 특이하게도 "특별자치시장·특별자치도지사·시장·군수 또는 자치구의 구청장"을 "시장·군수등"으로 약칭하고, "특별시장·광역시장·특별자치시장·도지사·특별자치도지사"를 "시·도지사"로 약칭하고 있다.

CHAPTER 학습 & 출제되는 키워드

- ☑ 정비사업의 종류
- ☑ 정비구역
- ☑ 정비계획의 수립
- ☑ 정비구역지정의 효과
- ☑ 원칙적인 사업시행자
- ☑ 예외적인 사업시행자
- ☑ 사업대행자
- ☑ 정비사업조합
- ☑ 조합설립추진위원회
- ☑ 재건축진단
- ☑ 주민대표회의
- ☑ 사업시행계획
- ☑ 국민주택규모주택의 건설
- ☑ 시공자의 선정 및 시공 보증
- ☑ 토지 등의 수용 또는 사용
- ☑ 분양신청
- ☑ 관리처분계획
- ☑ 소유권이전
- ☑ 청산금
- ☑ 지상권 등 계약의 해지
- ☑ 시행자에 대한 회계감사

CHAPTER 학습 & 출제되는 질문

- ☑ 도시 및 주거환경정비법령상의 용어 및 내용에 대한 설명 중 옳은 것은?
- ☑ 정비계획에 포함되어야 하는 필수적 사항이 아닌 것은?
- ☑ 정비구역 안에서의 행위제한에 관한 설명으로 틀린 것은?
- ☑ 정비계획에 따른 사업 시행계획서에 포함되어야 하는 사항이 아닌 것은?
- ☑ 정비사업을 조합이 시행하는 경우에 관한 설명으로 틀린 것은?

기본 출제예상문제

01 도시 및 주거환경정비법령상의 용어에 대한 설명 중 옳지 않은 것은?

① 주거환경개선사업은 도시저소득 주민이 집단거주하는 지역으로서 정비기반시설이 극히 열악하고 노후·불량건축물이 과도하게 밀집한 지역의 주거환경을 개선하거나 단독주택 및 다세대주택이 밀집한 지역에서 정비기반시설과 공동이용시설 확충을 통하여 주거환경을 보전·정비·개량하기 위한 사업이다.
② 재개발사업은 정비기반시설이 열악하고 노후·불량건축물이 밀집한 지역에서 주거환경을 개선하거나 상업지역·공업지역 등에서 도시기능의 회복 및 상권활성화 등을 위하여 도시환경을 개선하기 위한 사업이다.
③ 정비기반시설이란 도로·상하수도·공원·공동구 그 밖에 주민의 생활에 필요한 열·가스 등의 공급시설로서 대통령령이 정하는 시설을 말한다.
④ 주민이 공동으로 사용하는 공동작업장·마을회관·구판장 등은 공동이용시설이다.
⑤ 정관등에는 시장·군수등 또는 토지주택공사등이 작성한 시행규정은 포함되지 않는다.

해설 도시 및 주거환경정비법령상의 용어 및 내용
- "정관등"이란 다음의 것을 말한다.
 1) 조합의 정관
 2) 사업시행자인 토지등소유자가 자치적으로 정한 규약
 3) 시장·군수등, 토지주택공사등 또는 신탁업자가 작성한 시행규정

02 도시 및 주거환경정비법령상 다음 설명에 해당하는 정비사업은? **27회 개작**

> 도시저소득 주민이 집단거주하는 지역으로서 정비기반시설이 극히 열악하고 노후·불량건축물이 과도하게 밀집한 지역의 주거환경을 개선하거나 단독주택 및 다세대주택이 밀집한 지역에서 정비기반시설과 공동이용시설 확충을 통하여 주거환경을 보전·정비·개량하기 위한 사업

① 주거환경관리사업　　② 재건축사업　　③ 주거환경개선사업
④ 도시환경정비사업　　⑤ 재개발사업

정답　01. ⑤　02. ③

제3장 도시 및 주거환경정비법(기본)

해설 주거환경개선사업의 정의

도시저소득 주민이 집단거주하는 지역으로서 정비기반시설이 극히 열악하고 노후·불량건축물이 과도하게 밀집한 지역의 주거환경을 개선하거나 단독주택 및 다세대주택이 밀집한 지역에서 정비기반시설과 공동이용시설 확충을 통하여 주거환경을 보전·정비·개량하기 위한 사업은 주거환경개선사업이다.

03 도시 및 주거환경정비법령상 정비기반시설에 해당하는 것은? (단, 주거환경개선사업을 위하여 지정·고시된 정비구역이 아님) `24회 출제`

① 광 장
② 놀이터
③ 탁아소
④ 마을회관
⑤ 공동으로 사용하는 구판장

해설 정비기반시설의 정의

②, ③, ④, ⑤은 공동이용시설이다.

04 도시 및 주거환경정비법령상 정비사업에 의해 건설하는 주택규모별 건설비율 등에 관한 설명이다. 틀린 것은?

① 국토교통부장관은 정비사업으로 건설하는 주택에 대해 주택규모별 건설비율 등을 정하여 고시할 수 있다.
② 공공재개발사업에 따라 건설·공급해야 하는 공공임대주택 건설비율은 건설·공급되는 주택의 전체 세대수의 100분의 20 이하에서 국토교통부장관이 정하여 고시하는 비율 이상으로 한다.
③ 공공재건축사업에 따라 건설·공급해야 하는 세대수는 용적률, 토지면적, 기반시설 현황 등을 고려하여 공공재건축사업을 추진하는 단지의 종전 세대수의 100분의 160에 해당하는 세대수 이상을 말한다.
④ 재건축사업의 경우에는 재건축 국민주택규모주택을 건설하므로 주택규모별 건설비율을 고시하지 않는다.
⑤ 정비계획의 입안권자는 주택규모별 건설비율에 관한 고시내용을 정비계획에 반영해야 한다.

해설 주택규모별 건설비율

재건축사업의 경우에도 주택규모별 건설비율이 적용된다.

정답 03. ① 04. ④

05. 도시 및 주거환경정비법령상 정비사업에 의해 건설하는 주택규모별 건설비율에 관한 설명이다. 옳은 것은?

① 주거환경개선사업은 국민주택규모의 주택이 전체 세대 수의 80% 이하여야 한다.
② 재개발사업은 국민주택규모의 주택이 전체 세대 수의 90% 이하여야 한다.
③ 재건축사업의 경우 국민주택규모의 주택이 건설하는 주택 전체 세대수의 50/100 이하로 하여야 한다.
④ 과밀억제권역에서 300세대 이상의 주택을 공급하는 재개발사업의 경우에는 시·도 조례로 따로 정할 수 있다.
⑤ 사업시행자는 국토교통부장관이 정하여 고시된 내용에 따라 주택을 건설하여야 한다.

해설 임대주택 및 주택규모별 건설비율
① 주거환경개선사업은 국민주택규모의 주택이 전체 세대 수의 90% 이하여야 한다.
② 재개발사업은 국민주택규모의 주택이 전체 세대 수의 80% 이하여야 한다.
③ 재건축사업의 경우 국민주택규모의 주택이 건설하는 주택 전체 세대수의 60/100 이하로 하여야 한다.
④ 재건축사업의 경우 과밀억제권역에서 재건축사업조합의 조합원에게 분양하는 주택이 기존 주택의 주거전용면적을 축소하거나 30%의 범위에서 그 규모를 확대하고 조합원 이외의 자에게 분양하는 주택을 모두 85㎡ 이하 규모로 건설할 경우에는 국민주택규모의 주택 건설 비율을 적용하지 아니한다.

06. 도시 및 주거환경정비법령상 정비계획에 포함되어야 하는 필수적 사항이 아닌 것은?
(시·도의 조례로 정하는 사항이 있는 경우를 제외함)

① 정비사업의 명칭   ② 정비구역 및 그 면적   ③ 공동이용시설 설치계획
④ 정비사업시행 예정시기   ⑤ 정비사업조합 조합원의 권리·의무

해설 정비계획
정비사업조합 조합원의 권리의무는 정비사업조합의 정관에 규정할 사항이다.

07. 도시 및 주거환경정비법령상 용어의 정의와 관련된 설명으로 옳은 것은? [15회 추가 개작]

① 재개발사업은 도시저소득 주민이 집단적으로 거주하는 지역으로서 노후·불량주택을 정비하기 위한 사업이다.
② 정비기반시설에는 「국토의 계획 및 이용에 관한 법률」에 의한 공동구 외의 공동구가 해당된다.
③ 공동이용시설에는 주민이 공동으로 사용하는 공동작업장·세탁장·어린이집이 포함된다.
④ "대지"라 함은 정비사업구역과 인접구역의 지목이 "대"인 토지를 말한다.
⑤ "토지주택공사등"이라 함은 한국토지주택공사, 한국자산관리공사, 「지방공기업법」에 의한 지방공사를 말한다.

정답   05. ⑤   06. ⑤   07. ③

해설 도시 및 주거환경정비법령상 용어의 정의
① 주거환경개선사업이다.
② 도시·군계획시설로서의 공동구도 「도시 및 주거환경정비법」상의 정비기반시설로서의 공동구에 해당된다.
④ 「도시 및 주거환경정비법」상의 "대지"는 정비사업에 의해 조성된 토지를 말한다.
⑤ "토지주택공사등"이란 「한국토지주택공사법」에 따라 설립된 한국토지주택공사 또는 「지방공기업법」에 따라 주택사업을 수행하기 위해 설립된 지방공사를 말한다.

08 다음은 도시 및 주거환경정비법령상 노후·불량건축물 또는 노후·불량건축물로 정할 수 있는 건축물이다. 틀린 것은?
① 건축물이 훼손되어 붕괴 그 밖의 안전사고의 우려가 있는 건축물
② 주변토지의 이용상황에 비추어 주거환경이 불량한 곳에 소재하는 건축물
③ 건축물이 준공된 후 15년이 경과되어 기능을 개량할 필요가 있는 건축물
④ 건축물을 철거하고 재건축하는 경우 그 비용에 비해 효용의 현저한 증가가 예상되는 건축물
⑤ 도시미관을 저해하거나 노후화로 인하여 구조적 결함 등이 있는 건축물 중 준공된 후 20년 이상 30년 이하의 범위에서 조례로 정하는 기간이 지난 건축물

해설 노후·불량건축물
단순히 사용기간이 15년이 경과되어 기능이 노후화됐다고 해서 노후·불량건축물로 보기는 어렵다.

09 다음은 「도시 및 주거환경정비법」상의 공동이용시설에 관한 설명이다. 틀린 것은?
① 공동이용시설은 주민이 공동으로 이용하는 시설을 말한다.
② 탁아소·어린이집·경로당 등 노유자시설은 공동이용시설에 해당된다.
③ 공원·소방용수시설 및 비상대피시설은 공동이용시설에 해당된다.
④ 구판장·세탁장·화장실 및 수도는 공동이용시설에 해당된다.
⑤ 주거환경개선사업으로 설치되는 공동이용시설 중 시장·군수등이 관리하는 시설은 정비기반시설에 해당된다.

해설 공동이용시설
공원·소방용수시설 및 비상대피시설은 정비기반시설에 해당된다.

10 도시 및 주거환경정비법령상 정비기반시설에 해당하지 않는 것은? (단, 주거환경개선사업을 위하여 지정·고시된 정비구역이 아님) **28회 출제**
① 공동작업장 ② 하 천 ③ 공공공지
④ 공용주차장 ⑤ 공 원

해설 정비기반시설의 용어정의
공동작업장은 공동이용시설이다.

정답 08. ③ 09. ③ 10. ①

11. 다음은 도시 및 주거환경정비법령상 도시·주거환경정비 기본방침에 관한 설명이다. 틀린 것은?

① 국토교통부장관은 20년마다 기본방침을 정해야 한다.
② 도시 및 주거환경정비를 위한 국가정책방향이 포함되어야 한다.
③ 5년마다 기본방침의 타당성을 검토하고 그 결과를 반영해야 한다.
④ 노후·불량 주거지 조사 및 개선계획의 수립에 관한 사항이 포함되어야 한다.
⑤ 도시 및 주거환경개선에 필요한 재정지원계획이 포함되어야 한다.

> **해설** 도시·주거환경정비 기본방침
> 국토교통부장관은 도시 및 주거환경을 개선하기 위하여 10년마다 도시·주거환경정비 기본방침을 정하고, 5년마다 타당성을 검토하여 그 결과를 기본방침에 반영하여야 한다.

12. 다음은 도시·주거환경정비기본계획의 내용이다. 틀린 것은?

① 정비구역의 위치 및 면적
② 토지이용계획, 정비기반시설계획, 공동이용시설설치계획 및 교통계획
③ 건폐율·용적률 등에 관한 건축물의 밀도계획
④ 도심기능의 활성화 및 도심공동화 방지 방안
⑤ 세입자에 대한 주거안정대책

> **해설** 도시·주거환경정비기본계획
> 도시·주거환경정비기본계획은 도시 전체에 대한 계획이므로 정비구역으로 지정할 예정인 구역의 개략적인 범위만 정하고, 정비구역의 구체적인 위치 및 면적은 정비구역지정고시에 의해 정해진다.

13. 도시·주거환경정비기본계획에 생활권의 설정, 생활권별 기반시설 설치계획, 주택수급계획, 생활권별 주거지의 정비·보전·관리의 방향이 포함된 경우에 생략할 수 있는 내용으로 옳은 것만을 모두 고른 것은?

㉠ 주거지 관리계획	㉡ 주민문화시설 설치계획
㉢ 단계별 정비사업추진계획	㉣ 정비예정구역의 개략적 범위
㉤ 도심기능의 활성화 및 도심공동화 방지 방안	

① ㉠, ㉡ ② ㉢, ㉣ ③ ㉠, ㉣ ④ ㉢, ㉤ ⑤ ㉠, ㉢, ㉣

> **해설** 도시·주거환경정비기본계획
> 도시·주거환경정비기본계획에 생활권의 설정, 생활권별 기반시설 설치계획, 주택수급계획, 생활권별 주거지의 정비·보전·관리의 방향이 포함된 경우에는 단계별 정비사업추진계획과 정비예정구역의 개략적 범위를 생략할 수 있다.

정답 11. ① 12. ① 13. ②

14 도시 및 주거환경정비법령상 도시·주거환경정비기본계획에 관한 설명으로 옳지 않은 것은?

① 특별시장·광역시장·특별자치시장·특별자치도지사 또는 시장은 기본계획에 대하여 5년마다 타당성을 검토하여야 한다.
② 도지사가 대도시가 아닌 시로서 기본계획을 수립할 필요가 없다고 인정하는 시에 대하여는 기본계획을 수립하지 아니할 수 있다.
③ 대도시 시장이 아닌 시장은 기본계획을 수립 또는 변경한 때에는 도지사의 승인을 얻어야 한다.
④ 특별시장·광역시장·특별자치시장·특별자치도지사 또는 시장이 수립하는 기본계획에는 역사적 유물 및 전통건축물의 보존계획이 포함된다.
⑤ 특별시장·광역시장·특별자치시장·특별자치도지사 또는 시장은 기본계획 수립시 중앙도시계획위원회의 심의를 거쳐야 한다.

> **해설** 도시·주거환경정비기본계획
> 중앙도시계획위원회의 심의가 아닌 지방도시계획위원회의 심의를 거쳐야 한다(법 제7조 제1항).

15 도시 및 주거환경정비법령상 도시·주거환경정비기본계획(이하 '기본계획'이라 함)의 수립에 관한 설명으로 틀린 것은? 〔26회 출제〕

① 대도시가 아닌 시의 경우 도지사가 기본계획의 수립이 필요하다고 인정하는 시를 제외하고는 기본계획을 수립하지 아니할 수 있다.
② 기본계획을 수립하고자 하는 때에는 14일 이상 주민에게 공람하고 지방의회의 의견을 들어야 한다.
③ 대도시 시장이 아닌 시장이 기본계획을 수립한 때에는 도지사의 승인을 얻어야 한다.
④ 기본계획을 수립한 때에는 지체없이 당해 지방자치단체의 공보에 고시하여야 한다.
⑤ 기본계획에 대하여는 3년마다 타당성을 검토하여 그 결과를 기본계획에 반영하여야 한다.

> **해설** 도시·주거환경정비기본계획
> 특별시장·광역시장·특별자치시장·특별자치도지사 또는 시장은 기본계획에 대하여는 5년마다 타당성을 검토하여 그 결과를 기본계획에 반영하여야 한다(법 제4조 제2항).

정답 14. ⑤ 15. ⑤

부동산공법

16 ★★ 도시 및 주거환경정비법령상 도시·주거환경정비기본계획(이하 '기본계획'이라 함)에 관한 설명으로 옳은 것은? 〔19회 출제〕

① 기본계획은 20년 단위로 수립하여야 한다.
② 산업의 유치업종 및 배치계획은 기본계획에 포함되어야 한다.
③ 기본계획의 작성기준 및 작성방법은 특별시장·광역시장 또는 시장이 이를 정한다.
④ 시장은 기본계획을 수립하거나 변경한 때에는 국토교통부령이 정하는 방법 및 절차에 따라 국토교통부장관에게 보고하여야 한다.
⑤ 시장은 기본계획에 대하여 10년마다 타당성을 검토하여 그 결과를 기본계획에 반영하여야 한다.

해설 도시·주거환경정비기본계획
① 도시·주거환경기본계획은 10년 단위로 수립한다.
② 산업의 유치업종 및 배치계획은 「도시개발법」에 의한 개발계획에 포함되어야 할 사항이다.
③ 도시·주거환경기본계획의 작성기준 및 작성방법은 국토교통부장관이 정하여 고시한다.
⑤ 도시·주거환경기본계획의 타당성 검토주기는 5년이다.

17 도시 및 주거환경정비법령상 도시·주거환경정비기본계획(이하 '기본계획') 및 정비계획에 관한 설명으로 옳은 것은? 〔22회 출제〕

① 정비계획에 대한 주민공람의 대상에서 세입자는 제외된다.
② 건축물의 건축선에 관한 계획은 기본계획에 포함되어야 한다.
③ 시·군은 기본계획을 5년 단위로 수립하여야 한다.
④ 건폐율·용적률 등에 관한 건축물의 밀도계획은 기본계획에 포함되지 않는다.
⑤ 기본계획의 내용 중 공동이용시설에 대한 설치계획을 변경하는 경우에는 지방도시계획 위원회의 심의를 거치지 않아도 된다.

해설 도시·주거환경정비기본계획
① 정비계획에 대한 주민공람의 대상에서 세입자도 포함된다.
② 건축물의 건축선에 관한 계획은 정비계획에 포함되어야 한다.
③ 특별시장·광역시장·특별자치시장·특별자치도지사 또는 시장은 기본계획을 10년 단위로 수립하여야 한다.
④ 건폐율·용적률 등에 관한 건축물의 밀도계획은 기본계획에 포함돼야 한다.

정답 16. ④ 17. ⑤

18 다음 중 도시 및 주거환경정비법령상 재건축사업에 있어서의 토지등소유자에 해당되는 자는?

① 정비구역에 있는 토지의 소유자
② 정비구역에 있는 건축물의 소유자
③ 정비구역에 있는 토지 또는 건축물의 소유자
④ 정비구역에 있는 토지 또는 건축물의 소유자와 그 지상권자
⑤ 정비구역에 있는 건축물 및 그 부속토지의 소유자

해설 토지등소유자
재건축사업에 있어서의 토지등소유자는 토지의 소유권과 그 토지에 있는 건축물의 소유권을 모두 가진 자를 말한다.

19 도시 및 주거환경정비법령상 토지등소유자에 해당하지 않는 자는? [24회 개작]

① 주거환경개선사업의 경우 정비구역 안에 소재한 건축물의 소유자
② 주거환경개선사업의 경우 정비구역 안에 소재한 토지의 지상권자
③ 재건축사업의 경우 정비구역 안에 소재한 건축물의 부속토지의 지상권자
④ 재개발사업의 경우 정비구역 안에 소재한 토지의 지상권자
⑤ 재개발사업의 경우 정비구역 안에 소재한 토지의 소유자

해설 토지등소유자의 정의
토지등소유자란 주거환경개선사업 및 재개발사업의 경우에는 정비구역에 위치한 토지 또는 건축물의 소유자 또는 그 지상권자를 말하는데, 재건축사업의 경우에는 정비구역에 위치한 건축물 및 그 부속토지의 소유자를 말한다.

20 도시 및 주거환경정비법령상 재개발사업을 조합이 시행하는 경우 조합의 구성원이 될 수 있는 자는? [20회 개작]

① 정비구역 밖에 소재한 토지의 소유권자
② 정비구역 안에 소재한 건축물의 전세권자
③ 정비구역 안에 소재한 토지의 지상권자
④ 정비구역 안에 소재한 건축물의 임차권자
⑤ 정비구역 안에 소재한 토지의 지역권자

해설 토지등소유자의 정의
재개발사업의 조합원은 토지등소유자로 한다. 토지등소유자란 주거환경개선사업 및 재개발사업의 경우에는 정비구역에 위치한 토지 또는 건축물의 소유자 또는 그 지상권자를 말한다.

정답 18. ⑤ 19. ③ 20. ③

21
다음은 도시 및 주거환경정비법령상 정비계획에 관한 설명이다. **틀린** 것은?

① 자치구의 구청장 또는 광역시의 군수는 정비계획을 입안하여 특별시장·광역시장에게 정비구역 지정을 신청하여야 한다.
② 특별시장·광역시장·특별자치시장·특별자치도지사·시장 또는 군수는 정비계획의 입안대상지역에 대하여 정비계획을 결정하여 정비구역을 지정할 수 있다.
③ 정비계획은 도시·주거환경정비 기본계획에 적합해야 한다.
④ 단계별 정비사업 추진계획상 정비예정구역별 정비계획의 입안시기가 지났음에도 불구하고 정비계획이 입안되지 않은 경우에는 토지등소유자가 정비계획의 입안을 제안할 수 있다.
⑤ 정비계획의 입안권자는 정비계획 입안의 제안이 있는 경우에는 제안일부터 45일 이내에 정비계획에의 반영 여부를 제안자에게 통보해야 한다.

> **해설** 정비계획
> 정비계획의 입안권자는 정비계획 입안의 제안이 있는 경우에는 제안일부터 60일 이내에 정비계획에의 반영여부를 제안자에게 통보하여야 한다. 다만, 부득이한 사정이 있는 경우에는 한 차례만 30일을 연장할 수 있다.

22
도시 및 주거환경정비법령상 정비계획에 관한 설명이다. **틀린** 것은?

① 정비계획의 작성기준 및 작성방법은 특별시·광역시 또는 도의 조례로 정한다.
② 토지등소유자가 토지주택공사등을 사업시행자로 지정 요청하려는 경우에는 정비계획의 입안을 제안할 수 있다.
③ 시장·군수등은 정비예정구역별 정비계획의 수립시기가 도래한 때부터 사업시행계획인가 전까지 재건축진단을 실시하여야 한다.
④ 정비계획의 입안권자는 정비계획을 입안하거나 변경하려면 주민에게 서면으로 통보한 후 주민설명회 및 30일 이상 주민에게 공람하여 의견을 들어야 한다.
⑤ 정비구역의 지정권자는 정비구역 지정을 위하여 직접 정비계획을 입안할 수 있다.

> **해설** 정비계획
> 정비계획의 작성기준 및 작성방법은 국토교통부장관이 정하여 고시한다.

23
「도시 및 주거환경정비법」상 정비계획의 내용에 포함되어야 할 사항이 **아닌** 것은? (단, 조례는 고려하지 않음)

① 건축물의 주용도·건폐율·용적률·높이에 관한 계획
② 환경보전 및 재난방지에 관한 계획
③ 정비구역 주변의 교육환경 보호에 관한 계획
④ 정비사업비의 추산액에 관한 관리처분계획
⑤ 토지등소유자 유형별 분담금 추산액 및 산출근거

정답 21. ⑤ 22. ① 23. ④

해설 **정비계획의 내용**
정비사업비의 추산액은 관리처분계획에 포함되어야 할 사항이다.

24 다음은 도시 및 주거환경정비법령상 지방의회의 의견을 듣지 아니하고 정비계획을 변경할 수 있는 경우이다. 틀린 것은?

① 정비기반시설의 위치를 변경하는 경우와 정비기반시설의 규모를 10% 미만으로 변경하는 경우
② 세입자주거대책을 변경하는 경우
③ 건축물의 최고 높이를 변경하는 경우
④ 정비사업시행예정시기를 3년의 범위에서 조정하는 경우
⑤ 건축물의 건폐율 또는 용적률을 축소하거나 10% 미만의 범위에서 확대하는 경우

해설 **의견청취 절차 등의 생략사항**
② 주민에 대한 서면통보, 주민설명회, 주민공람 및 지방의회의 의견청취를 생략할 수 있는 경미한 변경에 해당되지 아니한다.

25 다음은 도시 및 주거환경정비법령상 주거환경개선사업을 위한 정비계획의 입안대상지역이다. 틀린 것은?

① 정비기반시설이 현저히 부족하여 재해발생시 피난 및 구조활동이 곤란한 지역
② 철거민이 50세대 이상 규모로 정착한 지역이거나 인구가 과도하게 밀집되어 있고 기반시설의 정비가 불량하여 주거환경이 열악하고 그 개선이 시급한 지역
③ 건축대지로서 효용을 다할 수 없는 과소필지 등이 과다하게 분포된 지역으로서 건축행위제한 등으로 주거환경이 열악하여 그 개선이 시급한 지역
④ 단독주택 및 다세대주택 등이 밀집한 지역으로서 주거환경의 보전·정비·개량이 필요한 지역
⑤ 노후·불량건축물로서 기존 세대수가 200세대 이상이거나 그 부지면적이 1만㎡ 이상인 지역

해설 **정비계획의 입안대상지역**
재건축사업을 위한 정비계획의 입안대상지역이다.

정답   24. ②   25. ⑤

부동산공법

26 도시 및 주거환경정비법령상 정비사업과 정비계획의 입안대상지역의 연결로 틀린 것은? (단, 조례는 고려하지 않음) `28회 개작`

① 주거환경개선사업 ― 정비기반시설이 현저히 부족하여 재해발생시 피난 및 구조활동이 곤란한 지역
② 재건축사업 ― 철거민이 50세대 이상 규모로 정착한 지역
③ 재개발사업 ― 인구·산업 등이 과도하게 집중되어 있어 도시기능의 회복을 위하여 토지의 합리적인 이용이 요청되는 지역
④ 주거환경개선사업 ― 단독주택 및 다세대주택 등이 밀집한 지역으로서 주거환경의 보전·정비·개량이 필요한 지역
⑤ 재개발사업 ― 노후·불량건축물의 수가 전체 건축물의 수의 3분의 2 이상인 지역으로서 정비기반시설의 정비에 따라 토지가 대지로서의 효용을 다할 수 없게 되거나 과소토지로 되어 도시의 환경이 현저히 불량하게 될 우려가 있는 지역

> **해설** 정비계획의 입안대상지역
> 철거민이 50세대 이상 규모로 정착한 지역은 주거환경개선사업 및 재개발사업의 정비계획의 입안대상지역이다.

27 도시 및 주거환경정비법령상 재건축사업을 위한 재건축진단에 관한 설명이다. 틀린 것은?

① 시장·군수등은 정비계획의 입안을 제안하려는 자가 입안을 제안하기 전에 해당 정비예정구역에 위치한 건축물 및 그 부속토지의 소유자 1/10 이상의 동의를 받아 재건축진단의 실시를 요청하는 경우에는 재건축진단을 실시하여야 한다.
② 시장·군수등은 재건축진단의 요청이 있는 때에는 요청일부터 60일 이내에 재건축진단의 실시여부를 결정하여 요청인에게 통보하여야 한다.
③ 시장·군수등은 현지조사 등을 통하여 재건축진단의 요청이 있는 공동주택이 노후·불량건축물에 해당하지 아니함이 명백하다고 인정하는 경우에는 재건축진단의 실시가 필요하지 아니하다고 결정할 수 있다.
④ 재건축사업의 재건축진단은 주택단지(연접한 단지를 포함한다)의 건축물을 대상으로 한다.
⑤ 재건축진단 결과의 적정성 여부에 따른 검토 비용은 적정성 여부에 대한 검토를 의뢰 또는 요청한 국토교통부장관 또는 시·도지사가 부담한다.

> **해설** 재건축사업을 위한 재건축진단
> 시장·군수등은 재건축진단의 요청이 있는 때에는 요청일부터 30일 이내에 국토교통부장관이 정하는 바에 따라 재건축진단의 실시여부를 결정하여 요청인에게 통보하여야 한다.

정답 26. ② 27. ②

제3장 도시 및 주거환경정비법(기본)

28 도시 및 주거환경정비법령상 재건축사업을 위한 재건축진단에 관한 설명으로 틀린 것은? [28회 개작]

① 시장·군수등은 정비예정구역별 정비계획의 수립시기가 도래한 때부터 사업시행계획인가 전까지 재건축진단을 실시하여야 한다.
② 진입도로 등 기반시설 설치를 위하여 불가피하게 정비구역에 포함된 것으로 시장·군수등이 인정하는 건축물은 재건축진단 대상에서 제외할 수 있다.
③ 시장·군수등은 재건축진단기관에 의뢰하여 주거환경 적합성, 해당 건축물의 구조안전성, 건축마감, 설비노후도 등에 관한 재건축진단을 실시하여야 한다.
④ 시장·군수등은 재건축진단의 결과와 도시계획 및 지역여건 등을 종합적으로 검토하여 사업시행계획인가 여부(시기 조정을 포함한다)를 결정하여야 한다.
⑤ 시장·군수등은 재건축진단 결과보고서를 제출 받은 경우에는 지체없이 국토교통부장관에게 재건축진단결과보고서를 제출하여야 한다.

해설 재건축사업의 재건축진단
시장·군수등(특별자치시장 및 특별자치도지사는 제외한다)은 재건축진단 결과보고서를 제출 받은 경우에는 지체없이 특별시장·광역시장·도지사에게 결정내용과 해당 재건축진단 결과보고서를 제출하여야 한다.

29 다음은 도시 및 주거환경정비법령상 재건축진단 대상에서 제외할 수 있는 주택단지의 건축물이다. 틀린 것은?

① 주택의 구조안전상 사용금지가 필요하다고 시·도지사가 인정하는 건축물
② 「시설물의 안전 및 유지관리에 관한 특별법」의 시설물로서 안전등급이 D(미흡) 또는 E(불량)인 건축물
③ 시장·군수등이 진입도로 등 기반시설 설치를 위하여 불가피하게 정비구역에 포함된 것으로 인정하는 건축물
④ 노후·불량건축물의 수에 관한 기준을 충족한 경우 잔여 건축물
⑤ 시장·군수등이 천재·지변 등으로 주택이 붕괴되어 신속히 재건축을 추진할 필요가 있다고 인정하는 것

해설 재건축사업을 위한 재건축진단
주택의 구조안전상 사용금지가 필요하다고 시장·군수등이 인정하는 건축물이 재건축진단 대상에서 제외할 수 있는 건축물이다.

정답 28. ⑤ 29. ①

부동산공법

30 다음은 도시 및 주거환경정비법령상 정비구역에 관한 설명이다. 틀린 것은?
① 정비사업이 시행될 구역이다.
② 하나의 정비구역을 둘 이상의 정비구역으로 분할할 수 있다.
③ 서로 떨어진 둘 이상의 구역이나 정비구역을 하나의 정비구역으로 지정할 수 있다.
④ 도시·군관리계획으로 지정한다.
⑤ 정비구역의 지정권자는 정비구역의 진입로 설치를 위하여 필요한 경우에는 진입로 지역과 그 인접지역을 포함하여 정비구역을 지정할 수 있다.

> **해설** 정비구역
> 정비구역의 지정은 도시·군관리계획결정절차에 의하지 않는다.

31 다음은 도시 및 주거환경정비법령상 정비구역의 지정에 대한 설명이다. 틀린 것은?
① 정비구역의 지정권자는 정비구역 지정을 위하여 직접 정비계획을 입안할 수 있다.
② 정비구역의 지정·고시가 있는 경우 해당 정비구역 및 정비계획 중 지구단위계획의 내용에 해당하는 사항은 지구단위계획구역 및 지구단위계획으로 결정·고시된 것으로 본다.
③ 지구단위계획구역에 대해 정비계획으로 정해야 하는 사항을 모두 포함하는 지구단위계획을 결정·고시하는 경우 그 지구단위계획구역은 정비구역으로 지정·고시된 것으로 본다.
④ 정비구역의 지정권자는 정비구역을 변경지정하려면 지방도시계획위원회의 심의를 거쳐야 한다.
⑤ 주거환경개선사업이 수용방식으로 시행되는 경우 그 정비구역은 제2종 일반주거지역으로 결정·고시된 것으로 본다.

> **해설** 정비구역의 지정
> 주거환경개선사업이 수용방식으로 시행되는 경우에는 제3종 일반주거지역으로 결정·고시된 것으로 본다.

정답 30. ④ 31. ⑤

제3장 도시 및 주거환경정비법(기본)

32 도시 및 주거환경정비법령상 정비구역 안에서의 행위제한에 관한 설명으로 틀린 것은? `20회 개작`

① 이동이 용이하지 아니한 물건을 1월 이상 쌓아놓는 행위는 시장·군수등의 허가를 받아야 한다.
② 허가권자가 행위허가를 하고자 하는 경우로서 시행자가 있는 경우에는 미리 그 시행자의 의견을 들어야 한다.
③ 허가받은 사항을 변경하고자 하는 때에는 시장·군수등에게 신고하여야 한다.
④ 허가를 받아야 하는 행위로서 정비구역의 지정·고시 당시 이미 관계법령에 따라 행위허가를 받아 공사에 착수한 자는 정비구역이 지정·고시된 날부터 30일 이내에 시장·군수등에게 신고한 후 이를 계속 시행할 수 있다.
⑤ 정비구역 안에서 허가를 받은 행위는 「국토의 계획 및 이용에 관한 법률」에 따른 개발행위허가를 받은 것으로 본다.

해설 정비구역 안에서의 행위제한
허가받은 사항을 변경하고자 하는 때에도 시장·군수등의 허가를 받아야 한다.

33 도시 및 주거환경정비법령상 정비구역 안에서의 행위 중 시장·군수등의 허가를 받아야 하는 것만을 모두 고른 것은? (단, 재해복구 또는 재난수습과 관련 없는 행위임) `25회 개작`

| ㉠ 가설건축물의 건축 | ㉡ 죽목의 벌채 |
| ㉢ 공유수면의 매립 | ㉣ 이동이 용이하지 아니한 물건을 1개월 이상 쌓아놓은 행위 |

① ㉠, ㉡
② ㉢, ㉣
③ ㉠, ㉡, ㉢
④ ㉡, ㉢, ㉣
⑤ ㉠, ㉡, ㉢, ㉣

해설 정비구역 안에서의 허가대상행위
㉠, ㉡, ㉢, ㉣ 모두 허가대상행위이다.

정답 32. ③ 33. ⑤

부동산공법

34 다음은 도시 및 주거환경정비법상 시장·군수등의 허가를 받지 않고 정비구역 안에서 할 수 있는 행위이다. 틀린 것은?

① 기존 건축물의 붕괴 등 안전사고의 우려가 있는 경우 해당 건축물에 대한 안전조치를 위한 행위
② 관상용 죽목의 임시식재(경작지에서의 임시식재를 제외한다)
③ 토지분할
④ 정비구역의 개발에 지장을 주지 아니하고 자연경관을 손상하지 아니하는 범위 안에서의 토석의 채취
⑤ 정비구역 안에 존치하기로 결정된 대지 안에서 물건을 쌓아놓는 행위

> **해설** 정비구역에서의 행위제한
> 토지분할은 시장·군수등의 허가를 받아야 한다.

35 다음은 도시 및 주거환경정비법령상 정비사업의 시행에 따른 국·공유지의 처분 또는 사용에 관한 설명이다. 틀린 것은?

① 정비구역의 국·공유재산은 정비사업 외의 목적으로 매각하거나 양도할 수 없다.
② 정비구역의 국·공유재산은 사업시행자, 점유자 또는 사용자에게 우선하여 수의계약으로 매각하거나 임대할 수 있다.
③ 정비사업을 목적으로 우선 매각하는 국유지의 가격은 「국유재산법」이 정하는 바에 따른다.
④ 한국토지주택공사는 주거환경개선구역 또는 재개발구역에서 국·공유지를 임대하여 임대주택을 건설할 수 있다.
⑤ 주거환경개선구역에 있는 국·공유지 중 사업시행자에게 무상으로 양여되는 국·공유지는 행정재산이 아니어야 한다.

> **해설** 국·공유지의 처분 또는 사용에 관한 특례
> 정비사업을 목적으로 우선 매각하는 국·공유지의 평가는 사업시행계획인가고시일을 기준으로 하되, 주거환경개선사업의 경우 매각가격은 이 평가금액의 80/100으로 한다. 다만, 사업시행계획인가고시일부터 3년 이내에 매매계약을 체결하지 아니한 국·공유지는 「국유재산법」 또는 「공유재산 및 물품관리법」이 정하는 바에 의한다.

정답　34. ③　35. ③

제3장 도시 및 주거환경정비법(기본)

36 도시 및 주거환경정비법령상 구청장등이 특별시장·광역시장에게 정비구역 등의 해제를 요청하여야 하는 경우가 아닌 것은? [24회 개작]

① 조합이 조합설립인가를 받은 날부터 3년이 되는 날까지 사업시행계획인가를 신청하지 아니하는 경우
② 조합설립추진위원회가 조합설립추진위원회 승인일부터 2년이 되는 날까지 조합설립인가를 신청하지 아니하는 경우
③ 조합에 의한 재개발사업에서 토지등소유자가 정비구역으로 지정·고시된 날부터 2년이 되는 날까지 조합설립추진위원회의 승인을 신청하지 아니하는 경우
④ 정비예정구역에 대하여 기본계획에서 정한 정비구역지정 예정일부터 3년이 되는 날까지 구청장등이 정비구역 지정을 신청하지 아니하는 경우
⑤ 재개발사업을 토지등소유자가 시행하는 경우로서 토지등소유자가 정비구역으로 지정·고시된 날부터 4년이 되는 날까지 사업시행계획인가를 신청하지 아니하는 경우

해설 정비구역 등의 해제

재개발사업을 토지등소유자가 시행하는 경우로서 토지등소유자가 정비구역으로 지정·고시된 날부터 5년이 되는 날까지 사업시행계획인가를 신청하지 아니하는 경우에 해제를 요청하여야 한다.

37 도시 및 주거환경정비법령상 정비사업의 시행방법으로 옳은 것만을 모두 고른 것은? [29회 출제]

㉠ 주거환경개선사업 : 사업시행자가 환지로 공급하는 방법
㉡ 재건축사업 : 정비구역에서 환지로 공급하는 방법
㉢ 재개발사업 : 정비구역에서 인가받은 관리처분계획에 따라 건축물을 건설하여 공급하는 방법

① ㉠   ② ㉡   ③ ㉠, ㉢   ④ ㉡, ㉢   ⑤ ㉠, ㉡, ㉢

해설 정비사업의 시행방법

재건축사업은 정비구역에서 인가받은 관리처분계획에 따라 건축물을 건설하여 공급하는 방법으로 한다. 건축물을 건설하여 공급하는 경우 주택, 부대시설 및 복리시설을 제외한 건축물(공동주택 외 건축물)은 준주거지역 및 상업지역에서만 건설할 수 있다. 이 경우 공동주택 외 건축물의 연면적은 전체 건축물 연면적의 100분의 30 이하이어야 한다.

정답 36. ⑤ 37. ③

부동산공법

38 ★★★ 도시 및 주거환경정비법령상 다음 (　)에 들어갈 내용으로 옳은 것은?　**19회 개작**

> 시장·군수등은 주거환경개선사업을 수용공급방법, 환지공급방법 및 관리처분계획 공급방법으로 시행하려는 경우에는 공람공고일 현재 해당 정비예정구역의 토지 또는 건축물의 소유자 또는 지상권자의 (㉠) 이상의 동의와 세입자 세대수의 (㉡)의 동의를 각각 받아야 한다. 다만, 세입자의 세대수가 토지등소유자의 (㉢) 이하인 경우 등 대통령령이 정하는 사유가 있는 경우에는 세입자의 동의절차를 거치지 아니할 수 있다.

	(㉠)	(㉡)	(㉢)
①	2분의 1	과반수	2분의 1
②	2분의 1	3분의 2	3분의 1
③	3분의 2	과반수	3분의 1
④	3분의 2	과반수	2분의 1
⑤	3분의 2	3분의 2	3분의 1

해설 주거환경개선사업의 시행자

주거환경개선사업은 수용공급방법, 환지공급방법 및 관리처분계획 공급방법으로 시행하려는 경우에는 공람공고일 현재 해당 정비예정구역의 토지 또는 건축물의 소유자 또는 지상권자의 2/3 이상의 동의와 세입자(공람공고일 3개월 전부터 해당 정비예정구역에 3개월 이상 거주하고 있는 자를 말한다) 세대수의 과반수의 동의를 각각 받아야 한다. 다만, 세입자의 세대수가 토지등소유자의 1/2 이하인 경우 등 대통령령이 정하는 사유가 있는 경우에는 세입자의 동의절차를 거치지 아니할 수 있다.

39 도시 및 주거환경정비법령상 정비구역의 지정권자가 다음에 해당하는 경우에는 정비예정구역 또는 정비구역을 해제하여야 한다. 틀린 것은?

① 재개발사업 조합이 토지등소유자가 정비구역으로 지정·고시된 날부터 2년이 되는 날까지 조합설립추진위원회의 승인을 신청하지 아니하는 경우
② 재개발사업 조합이 조합설립인가를 받은 날부터 3년이 되는 날까지 사업시행계획인가를 신청하지 아니하는 경우
③ 재건축사업 조합설립추진위원회가 조합설립추진위원회 승인일부터 2년이 되는 날까지 조합설립인가를 신청하지 아니하는 경우
④ 정비예정구역에 대하여 기본계획에서 정한 정비구역 지정 예정일부터 3년이 되는 날까지 특별자치시장, 특별자치도지사, 시장 또는 군수가 정비구역을 지정하지 아니하거나 구청장등이 정비구역의 지정을 신청하지 아니하는 경우
⑤ 재건축사업 조합이 조합설립인가를 받은 날부터 2년이 되는 날까지 사업시행계획인가를 신청하지 아니하는 경우

정답　38. ④　39. ⑤

> **해설** 정비구역등의 해제사유
> 재건축사업 조합이 조합설립인가를 받은 날부터 3년이 되는 날까지 사업시행계획인가를 신청하지 아니하는 경우이다.

40. 도시 및 주거환경정비법령상 군수가 직접 재개발사업을 시행할 수 있는 사유에 해당하지 않는 것은? [26회 개작]

① 당해 정비구역 안의 토지면적 2분의 1 이상의 토지소유자와 토지등소유자의 3분의 2 이상에 해당하는 자가 군수의 직접시행을 요청하는 때
② 당해 정비구역 안의 국·공유지 면적이 전체 토지 면적의 3분의 1 이상으로서 토지등소유자의 과반수가 군수의 직접시행에 동의하는 때
③ 순환정비방식에 의하여 정비사업을 시행할 필요가 있다고 인정되는 때
④ 천재·지변으로 인하여 긴급히 정비사업을 시행할 필요가 있다고 인정되는 때
⑤ 고시된 정비계획에서 정한 정비사업시행 예정일부터 2년 이내에 사업시행계획인가를 신청하지 아니한 때

> **해설** 예외적인 사업시행자
> 당해 정비구역 안의 국·공유지 면적이 전체 토지 면적의 2분의 1 이상으로서 토지등소유자의 과반수가 군수의 직접시행에 동의하는 때

41. 도시 및 주거환경정비법령에서 정비사업의 조합원이 될 수 없는 자는? [15회 추가 개작]

① 재개발사업의 경우 조합이 시행되는 정비구역 안의 토지의 지상권자
② 재건축사업의 경우 조합이 시행하는 정비구역 안의 토지의 지상권자
③ 재개발사업의 경우 조합이 시행하는 정비구역 안의 건축물의 소유자
④ 투기과열지구로 지정된 지역 안의 재건축사업에서 조합설립인가 후 당해 정비사업의 토지를 상속으로 양수한 자
⑤ 투기과열지구로 지정된 지역 안의 재건축사업에서 조합설립인가 후 당해 정비사업의 건축물을 세대원 전원이 2년 이상 해외에 체류하고자 하는 양도인으로부터 매수한 자

> **해설** 정비사업의 조합원
> ② 재건축사업의 경우에는 "토지등소유자"에 지상권자는 포함되지 않는다.
> ④, ⑤ 투기과열지구 안에서 시행되는 재건축사업에 관한 특례이다.

정답 40. ② 41. ②

부동산공법

42 ★★ 다음은 도시 및 주거환경정비법령상 정비사업조합의 설립에 관한 설명이다. 틀린 것은?
① 설립된 조합이 인가받은 사항을 변경하고자 하는 때에는 총회에서 조합원의 1/2 이상의 찬성으로 의결하고, 정관 등 서류를 첨부하여 시장·군수등에게 신고하여야 한다.
② 조합설립인가를 신청하기 위해서는 토지소유자의 동의 또는 재건축결의가 있어야 한다.
③ 조합설립추진위원회는 조합설립인가를 신청하기 전에 조합설립을 위한 창립총회를 개최해야 한다.
④ 정비사업조합은 주된 사무소의 소재지에서 등기함으로써 성립된다.
⑤ 조합은 반드시 "정비사업조합"이라는 명칭을 사용해야 한다.

> **해설** 정비사업조합의 설립
> 설립된 조합이 인가받은 사항을 변경하고자 하는 때에는 총회에서 조합원의 2/3 이상의 찬성으로 의결하고, 정관 등 서류를 첨부하여 시장·군수등의 인가를 받아야 한다.

43 도시 및 주거환경정비법령상 조합설립추진위원회가 수행할 수 있는 업무가 <u>아닌</u> 것은? [23회 개작]
① 조합정관의 초안 작성
② 조합의 설립을 위한 창립총회의 개최
③ 개략적인 정비사업시행계획서의 작성
④ 토지 등 소유자의 동의서 접수
⑤ 정비사업비의 조합원별 분담내역의 결정

> **해설** 조합설립추진위원회의 업무
> 정비사업비의 조합원별 분담내역의 결정은 조합설립추진위원회가 수행할 수 있는 업무가 아니다.

44 다음은 「도시 및 주거환경정비법」에 따른 조합설립추진위원회에 관한 설명이다. 틀린 것은?
① 추진위원회는 정비사업 전문관리업자를 선정할 수 있다.
② 추진위원회를 구성하여 승인받은 경우로서 승인 당시의 구역과 지정·고시된 정비구역의 면적 차이가 대통령령으로 정하는 기준 이상인 경우 추진위원회는 추진위원회위원과 운영규정사항에 대하여 토지등소유자 과반수의 동의를 받아 시장·군수등에게 다시 승인을 받아야 한다.
③ 추진위원회는 총회 의결을 거쳐 추진위원회 위원의 선출에 관한 선거관리를 선거관리위원회에 위탁할 수 있다.
④ 추진위원회 위원장은 직권 또는 토지등소유자 1/5 이상의 요구로 조합설립을 위한 창립총회를 소집한다.
⑤ 추진위원회에는 위원장 1인과 감사를 두며, 이들은 「형법」 제129조 내지 제132조(수뢰죄)의 적용에 있어서 공무원으로 본다.

정답 42. ① 43. ⑤ 44. ⑤

해설 조합설립추진위원회

「형법」제129조 내지 제132조(수뢰죄)의 적용에 있어서 공무원으로 보는 것은 조합설립추진위원회의 위원장이다.

45 다음은 도시 및 주거환경정비법령상 조합설립추진위원회에 관한 설명이다. 틀린 것은?

① 조합설립추진위원회는 5명 이상의 위원으로 구성해서 시장·군수등의 승인을 받아야 한다.
② 조합설립추진위원회를 구성하기 위해서는 토지등소유자 과반수의 동의와 전체 토지면적의 과반수의 토지소유자의 동의가 있어야 한다.
③ 조합설립추진위원회는 경쟁입찰 또는 수의계약의 방법으로 정비사업 전문관리업자를 선정해야 한다.
④ 조합설립추진위원회는 사용경비를 기재한 회계장부 및 관계서류를 조합설립인가일부터 30일 이내에 조합에 인계하여야 한다.
⑤ 조합설립추진위원회는 추진위원회를 대표하는 추진위원장 1명과 감사를 두어야 한다.

해설 조합설립추진위원회

조합설립추진위원회를 구성하기 위해서는 토지등소유자 과반수의 동의가 있어야 한다.

46 도시 및 주거환경정비법령상 조합의 설립에 관한 설명으로 ( )에 들어갈 내용은? **21회 개작**

- 재건축사업의 추진위원회가 조합을 설립하려는 때에는 주택단지안의 공동주택의 각 동별 구분소유자의 과반수 동의(공동주택의 각 동별 구분소유자가 5 이하인 경우는 제외)와 주택단지안의 전체 구분소유자의 (㉡) 이상 및 토지면적의 (㉢) 이상의 토지소유자의 동의를 받아 정비구역 지정·고시 후 시장·군수등의 인가를 받아야 한다.
- 재개발사업의 추진위원회가 조합을 설립하고자 하는 때에는 토지등소유자의 (㉡) 이상 및 토지면적의 (㉠) 이상의 토지소유자의 동의를 받아 정비구역 지정·고시 후 시장·군수등의 인가를 받아야 한다.

① ㉠ : 3분의 2 ㉡ : 4분의 3 ㉢ 100분의 50
② ㉠ : 2분의 1 ㉡ : 3분의 2 ㉢ 100분의 50
③ ㉠ : 3분의 2 ㉡ : 2분의 1 ㉢ 100분의 70
④ ㉠ : 2분의 1 ㉡ : 4분의 3 ㉢ 100분의 70
⑤ ㉠ : 4분의 3 ㉡ : 3분의 2 ㉢ 100분의 70

정답 45. ② 46. ④

해설 조합설립에 관한 동의

1) 재건축사업의 추진위원회(공공지원의 경우 추진위원회를 구성하지 아니하는 경우에는 토지등소유자를 말한다)가 조합을 설립하려는 때에는 주택단지의 공동주택의 각 동(복리시설의 경우에는 주택단지의 복리시설 전체를 하나의 동으로 본다)별 구분소유자의 과반수(복리시설로서 대통령령으로 정하는 경우에는 3분의 1 이상으로 한다) 동의(공동주택의 각 동별 구분소유자가 5 이하인 경우는 제외한다)와 주택단지의 전체 구분소유자의 100분의 70 이상 및 토지면적의 100분의 70 이상의 토지소유자의 동의를 받아 정관 등 서류를 첨부하여 정비구역 지정·고시 후 시장·군수등의 인가를 받아야 한다.
2) 재개발사업의 추진위원회(공공지원의 경우 추진위원회를 구성하지 아니하는 경우에는 토지등소유자를 말한다)가 조합을 설립하려면 토지등소유자의 3/4 이상 및 토지면적의 1/2 이상의 토지소유자의 동의를 받아 정관 등의 사항을 첨부하여 정비구역 지정·고시 후 시장·군수등의 인가를 받아야 한다.

47

도시 및 주거환경정비법령상 조합설립인가를 받기 위한 동의에 관하여 ( )에 들어갈 내용을 바르게 나열한 것은? **31회 출제**

- 재개발사업의 추진위원회가 조합을 설립하려면 토지등소유자의 (㉠) 이상 및 토지면적의 (㉡) 이상의 토지소유자의 동의를 받아야 한다.
- 재건축사업의 추진위원회가 조합을 설립하려는 경우 주택단지가 아닌 지역이 정비구역에 포함된 때에는 주택단지가 아닌 지역의 토지 또는 건축물 소유자의 (㉢) 이상 및 토지면적의 (㉣) 이상의 토지소유자의 동의를 받아야 한다.

① ㉠ 4분의 3, ㉡ 2분의 1, ㉢ 4분의 3, ㉣ 3분의 2
② ㉠ 4분의 3, ㉡ 3분의 1, ㉢ 4분의 3, ㉣ 2분의 1
③ ㉠ 4분의 3, ㉡ 2분의 1, ㉢ 3분의 2, ㉣ 2분의 1
④ ㉠ 2분의 1, ㉡ 3분의 1, ㉢ 2분의 1, ㉣ 3분의 2
⑤ ㉠ 2분의 1, ㉡ 3분의 1, ㉢ 4분의 3, ㉣ 2분의 1

해설 조합설립인가를 받기 위한 동의
- 재개발사업의 추진위원회가 조합을 설립하려면 토지등소유자의 4분의 3 이상 및 토지면적의 2분의 1 이상의 토지소유자의 동의를 받아야 한다.
- 재건축사업의 추진위원회가 조합을 설립하려는 경우 주택단지가 아닌 지역이 정비구역에 포함된 때에는 주택단지가 아닌 지역의 토지 또는 건축물 소유자의 4분의 3 이상 및 토지면적의 3분의 2 이상의 토지소유자의 동의를 받아야 한다.

정답 47. ①

48 다음은 「도시 및 주거환경정비법」에 따른 조합에 관한 설명이다. 틀린 것은?

① 재개발사업에 대하여 공공지원을 시행하려는 경우에는 조합설립추진위원회를 구성하지 않아도 된다.
② 추진위원회는 추진위원회를 대표하는 추진위원장 1명과 감사를 두어야 한다.
③ 조합설립추진위원회는 조합설립에 필요한 동의를 받기 전에 토지등소유자별 분담금 추산액 및 산출근거를 토지등소유자에게 제공해야 한다.
④ 조합임원의 퇴임 또는 해임 후 3개월 이상 조합임원이 선임되지 아니한 경우에는 시장·군수등이 조합임원선출을 위하여 총회를 소집할 수 있다.
⑤ 조합설립인가받은 사항 중 정비사업비의 변경과 같은 사항을 변경하기 위해서는 변경인가 없이 신고하여 변경할 수 있다.

> **해설** 조 합
> 조합임원의 퇴임 또는 해임 후 6개월 이상 조합임원이 선임되지 아니한 경우에는 시장·군수등이 조합임원 선출을 위하여 총회를 소집할 수 있다.

49 도시 및 주거환경정비법령상 조합의 설립에 관한 설명으로 옳은 것은? **26회 개작**

① 조합설립인가를 받은 경우에는 따로 등기를 하지 않아도 조합이 성립된다.
② 조합임원은 같은 목적의 정비사업을 하는 다른 조합의 임원을 겸할 수 있다.
③ 재건축사업은 조합을 설립하지 않고 토지등소유자가 직접 시행할 수 있다.
④ 조합원의 수가 100명 이상인 조합은 대의원회를 두어야 한다.
⑤ 조합임원이 결격사유에 해당하여 퇴임한 경우 그 임원이 퇴임 전에 관여한 행위는 효력을 잃는다.

> **해설** 조합의 설립
> ① 조합설립인가를 받은 날부터 30일 이내에 주된 사무소의 소재지에서 등기하는 때에 성립한다.
> ② 조합임원은 같은 목적의 정비사업을 하는 다른 조합의 임원을 겸할 수 없다.
> ③ 재건축사업은 조합을 설립하지 않고 토지등소유자가 직접 시행할 수 없다.
> ⑤ 퇴임된 임원이 퇴임 전에 관여한 행위는 효력을 잃지 않는다.

정답 48. ④   49. ④

50. 도시 및 주거환경정비법령상 재개발사업의 시행자인 조합에 관한 설명으로 옳지 않은 것은?

① 시장·군수등이 정비사업에 대하여 공공지원을 하려는 경우에는 조합설립을 위한 추진위원회를 구성하지 아니할 수 있다.
② 조합설립을 위한 추진위원회를 구성하는 경우에는 시장·군수등의 승인을 받아야 한다.
③ 조합이 인가받은 사항을 변경하고자 하는 때에는 총회에서 조합원의 2분의 1 이상의 찬성으로 의결하고, 시장·군수등의 인가를 받아야 한다.
④ 조합은 법인으로 하고, 그 명칭에 "정비사업조합"이라는 문자를 사용하여야 한다.
⑤ 조합은 조합설립인가를 받은 날부터 30일 이내에 주된 사무소의 소재지에서 대통령령으로 정하는 사항을 등기하는 때에 성립한다.

해설 재개발사업조합
조합이 인가받은 사항을 변경하고자 하는 때에는 총회에서 조합원의 3분의 2 이상의 찬성으로 의결하고, 시장·군수등의 인가를 받아야 한다.

51. 도시 및 주거환경정비법령상 재개발사업조합에 관한 설명으로 틀린 것은? [23회 개작]

① 토지의 소유권이 수인의 공유에 속하는 때에는 그 수인을 대표하는 1인을 조합원으로 본다.
② 이사의 자기를 위한 조합과의 계약에 관하여는 감사가 조합을 대표한다.
③ 조합임원은 같은 목적의 정비사업을 하는 다른 조합의 임원 또는 직원을 겸할 수 없다.
④ 당연 퇴임된 조합임원이 퇴임 전에 관여한 행위는 그 효력을 잃지 않는다.
⑤ 조합의 이사는 당해 조합의 대의원이 될 수 있다.

해설 재개발사업조합
조합장이 아닌 조합임원은 대의원이 될 수 없다.

정답 50. ③ 51. ⑤

52. 도시 및 주거환경정비법령상 ( )에 들어갈 내용을 바르게 나열한 것은? [24회 개작]

- 재건축사업의 추진위원회가 조합을 설립하고자 하는 경우에 주택단지가 아닌 지역이 정비구역에 포함된 때에는 주택단지가 아닌 지역안의 토지 또는 건축물 소유자의 (㉠) 이상 및 토지면적의 (㉡) 이상의 토지소유자의 동의를 받아 시장·군수등의 조합설립인가를 받아야 한다.
- 재개발사업의 추진위원회가 조합을 설립하려면 토지등소유자의 (㉢) 이상 및 토지면적의 (㉣) 이상의 토지소유자의 동의를 받아 정비구역 지정·고시 후 시장·군수등의 조합설립인가를 받아야 한다.

① ㉠ : 3분의 2 ㉡ : 2분의 1 ㉢ : 4분의 3 ㉣ : 3분의 2
② ㉠ : 3분의 2 ㉡ : 2분의 1 ㉢ : 4분의 3 ㉣ : 2분의 1
③ ㉠ : 4분의 3 ㉡ : 3분의 2 ㉢ : 3분의 2 ㉣ : 2분의 1
④ ㉠ : 4분의 3 ㉡ : 3분의 2 ㉢ : 4분의 3 ㉣ : 2분의 1
⑤ ㉠ : 4분의 3 ㉡ : 2분의 1 ㉢ : 3분의 2 ㉣ : 4분의 3

해설 조합의 설립에 필요한 토지등소유자의 동의
1) 재건축사업의 추진위원회가 조합을 설립하려는 경우 주택단지가 아닌 지역이 정비구역에 포함된 때에는 주택단지가 아닌 지역의 토지 또는 건축물 소유자의 3/4 이상과 토지면적의 2/3 이상의 토지소유자의 동의를 받아야 한다.
2) 재개발사업의 추진위원회(추진위원회를 구성하지 아니하는 경우에는 토지등소유자를 말한다)가 조합을 설립하려면 토지등소유자의 3/4 이상 및 토지면적의 1/2 이상의 토지소유자의 동의를 받아 정비구역 지정·고시 후 시장·군수등의 인가를 받아야 한다.

53. ★ 다음은 도시 및 주거환경정비법령상 정비사업조합에 관한 설명이다. 틀린 것은?

① 정관의 초안은 조합설립추진위원회에서 작성하며, 조합이 정관을 작성하여야 한다.
② 시장·군수등의 조합설립인가를 받아야 한다.
③ 정비사업조합이 아닌 자는 정비사업조합이라는 명칭을 사용할 수 없다.
④ 조합원의 수가 100명 이상인 정비사업조합은 대의원회를 두어야 한다.
⑤ 조합원은 그 정비사업조합이 시행하는 정비구역 안의 토지 또는 건축물의 소유자와 그 전세권자로 한다.

해설 정비사업조합
전세권자는 조합원이 될 수 없다.

정답 52. ④ 53. ⑤

54
다음은 도시 및 주거환경정비법령상 정비사업조합에 관한 설명이다. 틀린 것은?

① 정비구역등을 해제하여 추진위원회 구성승인이 취소된 경우 설계용역비 등 일정비용을 보조받을 수 있다.
② 조합 정관에는 분양신청을 하지 않은 자에 대한 현금청산에 따른 이자지급에 관한 사항을 포함하여야 한다.
③ 추진위원회는 조합설립인가 시 동의를 받은 후 조합설립인가를 신청하기 전에 조합설립을 위한 창립총회를 개최하여야 한다.
④ 추진위원회는 수행한 업무를 총회에 보고하여야 하며, 그 업무와 관련된 권리·의무는 조합이 포괄승계한다.
⑤ 현금청산으로 인해 정관에 따라 조합원이 변경되는 경우에는 시장·군수등의 변경인가를 받아야 한다.

해설 정비사업조합
현금청산으로 인해 정관에서 정하는 바에 따라 조합원이 변경되는 경우는 경미한 사항의 변경으로 시장·군수에게 신고하고 변경할 수 있다.

55
도시 및 주거환경정비법령상 재개발사업 조합에 관한 설명으로 옳은 것은? **25회 개작**

① 재개발사업 추진위원회가 조합을 설립하려면 시·도지사의 인가를 받아야 한다.
② 조합원의 수가 50인 이상인 조합은 대의원회를 두어야 한다.
③ 조합원의 자격에 관한 사항에 대하여 정관을 변경하고자 하는 경우 총회에서 조합원 3분의 2 이상의 동의를 얻어야 한다.
④ 조합의 이사는 대의원회에서 해임될 수 있다.
⑤ 조합의 이사는 조합의 대의원을 겸할 수 있다.

해설 재개발사업의 조합
① 재개발사업의 추진위원회가 조합을 설립하려면 시장·군수등의 인가를 받아야 한다.
② 조합원의 수가 100명 이상인 조합은 대의원회를 두어야 한다.
④ 조합임원의 해임은 총회의 전권사항이다.
⑤ 조합의 이사는 조합의 대의원을 겸할 수 없다.

56
다음은 도시 및 주거환경정비법령상 정비사업조합의 총회의결사항이다. 이 중 대의원회가 대행하여 의결할 수 있는 것은?

① 자금의 차입과 그 방법·이율 및 상환방법
② 정관의 변경
③ 시공자 및 설계자의 선정
④ 정비사업 전문관리업자의 선정 및 변경
⑤ 정관이 정하는 바에 따라 임기중 궐위된 자(조합장은 제외)를 보궐선임하는 경우

정답 54. ⑤ 55. ③ 56. ⑤

해설 총회의결사항

정관이 정하는 바에 따라 임기 중 궐위된 자(조합장은 제외한다)를 보궐선임하는 경우는 대의원회가 그 권한을 대행할 수 있다.

57 도시 및 주거환경정비법령상 조합의 정관을 변경하기 위하여 조합원 3분의 2 이상의 동의가 필요한 사항이 아닌 것은?　`26회 개작`

① 대의원의 수 및 선임절차
② 조합원의 자격에 관한 사항
③ 정비구역의 위치 및 면적
④ 조합의 비용부담 및 조합의 회계
⑤ 시공자·설계자의 선정 및 계약서에 포함될 내용

해설 조합의 정관

대의원의 수 및 선임절차를 변경하려는 때에는 총회를 개최해서 조합원 과반수의 동의를 받아 시장·군수등의 인가를 받아야 한다.

58 다음은 도시 및 주거환경정비법령상 정비사업조합의 총회에 관한 설명이다. 틀린 것은?

① 총회는 조합장의 직권이나 조합원 1/5 이상 또는 대의원 2/3 이상의 요구로 조합장이 소집한다.
② 총회의 소집·절차·시기 등에 필요한 사항은 정관으로 정한다.
③ 정비사업비의 사용은 총회의 의결을 거쳐야 한다.
④ 총회를 소집하려는 자는 총회가 개최되기 7일 전까지 회의 목적·안건·일시 및 장소를 정하여 조합원에게 통지하여야 한다.
⑤ 창립총회, 사업시행계획서의 작성 및 변경, 관리처분계획의 수립 및 변경을 총회에서 의결해야 하는 경우에는 조합원의 10/100 이상이 직접 출석해야 한다.

해설 총회의결

원칙적으로 총회에서 의결을 하는 경우에는 조합원의 10/100 이상이 직접 출석해야 한다. 다만, 시공자의 선정을 의결하는 총회의 경우에는 조합원의 과반수가 직접 출석하여야 하고, 창립총회, 시공자 선정 취소를 위한 총회, 사업시행계획서의 작성 및 변경, 관리처분계획의 수립 및 변경, 정비사업비의 사용 및 변경을 의결하는 총회의 경우에는 조합원의 20/100 이상이 직접 출석해야 한다.

59 도시 및 주거환경정비법령상 조합임원에 관한 설명으로 옳은 것은?　`20회 출제`

① 토지등소유자의 수가 100명 미만인 조합에는 감사를 두지 않을 수 있다.
② 조합임원이 결격사유에 해당되어 퇴임되더라도 퇴임 전에 관여한 행위는 그 효력을 잃지 않는다.
③ 조합장의 자기를 위한 조합과의 소송에 관하여는 이사가 조합을 대표한다.
④ 조합임원은 같은 목적의 정비사업을 하는 다른 조합의 임원을 겸할 수 있다.
⑤ 조합장을 포함하여 조합임원은 조합의 대의원이 될 수 없다.

정답　57. ①　58. ⑤　59. ②

부동산공법

해설 정비사업조합의 임원
① 정비사업조합은 규모에 관계없이 조합장 1인과 이사 및 감사를 둔다.
③ 조합장의 자기를 위한 조합과의 소송에 관하여는 감사가 조합을 대표한다.
④ 조합임원은 같은 목적의 정비사업을 하는 다른 조합의 임원을 겸할 수 없다.
⑤ 조합장이 아닌 조합임원은 대의원이 될 수 없다.

60. 도시 및 주거환경정비법령상 조합의 설립 등에 관한 설명으로 옳은 것은? [24회 개작]

① 조합의 설립인가를 받기 위해서는 조합장의 인감증명서가 포함된 선임동의서를 시장·군수등에게 제출하여야 한다.
② 정비구역등이 해제·고시된 경우 추진위원회 구성승인 또는 조합설립인가는 취소된 것으로 보고, 시장·군수등은 해당 지방자치단체의 공보에 그 내용을 고시하여야 한다.
③ 조합의 임원이 선임 당시 결격사유가 있었음이 선임 이후에 판명되면 당연 퇴임하고, 퇴임 전에 관여한 행위는 효력을 잃게 된다.
④ 조합설립추진위원회의 조합설립을 위한 토지등소유자의 동의는 구두로도 할 수 있다.
⑤ 관리처분계획의 수립 및 변경을 의결하는 총회의 경우에는 조합원의 100분의 10 이상이 직접 출석하여야 한다.

해설 조합의 설립
① 조합의 설립인가를 받기 위해서는 정관, 조합원 명부 등을 제출한다. 조합장의 인감증명서는 제출하지 아니한다.
③ 조합의 임원이 선임 당시 결격사유가 있었음이 선임 이후에 판명되면 당연 퇴임하고, 퇴임 전에 관여한 행위는 효력을 잃지 않는다.
④ 조합설립추진위원회의 조합설립을 위한 토지등소유자의 동의는 서면으로 한다.
⑤ 총회의 의결은 조합원의 10/100 이상이 직접 출석하여야 한다. 다만, 창립총회, 사업시행계획서의 작성 및 변경, 관리처분계획의 수립 및 변경을 의결하는 총회의 경우에는 조합원의 100분의 20 이상이 직접 출석하여야 한다.

61. 도시 및 주거환경정비법령상 조합의 임원에 관한 설명으로 틀린 것은? [33회 출제]

① 토지등소유자의 수가 100인을 초과하는 경우 조합에 두는 이사의 수는 5명 이상으로 한다.
② 조합임원의 임기는 3년 이하의 범위에서 정관으로 정하되, 연임할 수 있다.
③ 조합장이 아닌 조합임원은 대의원이 될 수 있다.
④ 조합임원은 같은 목적의 정비사업을 하는 다른 조합의 임원 또는 직원을 겸할 수 없다.
⑤ 시장·군수등이 전문조합관리인을 선정한 경우 전문조합관리인이 업무를 대행할 임원은 당연 퇴임한다.

해설 조합의 임원
조합장이 아닌 조합임원은 대의원이 될 수 없다.

정답 60. ② 61. ③

62 도시 및 주거환경정비법령상 조합에 관한 설명으로 틀린 것은?

① 조합은 조합설립의 인가를 받은 날부터 30일 이내에 주된 사무소의 소재지에서 등기함으로써 성립한다.
② 토지등소유자가 재건축사업을 시행하고자 하는 경우에는 조합을 설립하여야 한다.
③ 조합은 사업시행계획인가를 받은 후 건설사업자 또는 등록사업자를 시공자로 선정하여야 한다.
④ 정비사업에 대하여 공공지원을 하려는 경우에는 추진위원회를 구성하지 아니할 수 있다.
⑤ 조합에 관하여는 이 법에 규정된 사항을 제외하고는 「민법」 중 사단법인에 관한 규정을 준용한다.

해설 조 합
정비사업조합은 조합설립인가를 받은 후 조합총회에서 경쟁입찰 또는 수의계약(2회 이상 경쟁입찰이 유찰된 경우로 한정)의 방법으로 건설사업자 또는 등록사업자를 시공자로 선정하여야 한다.

63 도시 및 주거환경정비법령상 주민대표회의 등에 관한 설명으로 틀린 것은? **31회 출제**

① 토지등소유자가 시장·군수등 또는 토지주택공사등의 사업시행을 원하는 경우에는 정비구역 지정·고시 후 주민대표회의를 구성하여야 한다. 다만, 협약등이 체결된 경우에는 정비구역 지정·고시 이전에 주민대표회의를 구성할 수 있다.
② 주민대표회의는 위원장을 포함하여 5명 이상 25명 이하로 구성한다.
③ 주민대표회의는 토지등소유자의 과반수의 동의를 받아 구성한다.
④ 주민대표회의에는 위원장과 부위원장 각 1명과 1명 이상 3명 이하의 감사를 둔다.
⑤ 상가세입자는 사업시행자가 건축물의 철거의 사항에 관하여 시행규정을 정하는 때에 의견을 제시할 수 없다.

해설 주민대표회의
주민대표회의 또는 세입자(상가세입자를 포함한다)는 사업시행자가 건축물의 철거의 사항에 관하여 시행규정을 정하는 때에 의견을 제시할 수 있다.

정답 62. ③ 63. ⑤

64. 다음은 도시 및 주거환경정비법령상 정비사업의 시행에 관한 설명이다. 올바른 것은?

① 토지등소유자는 재건축사업을 건설사업자 또는 주택건설사업자와 공동으로 시행해야 한다.
② 시장·군수등은 정비계획을 입안하여 주민에게 공람한 지역 또는 정비구역으로 지정된 지역에서 재건축사업을 시행하려는 자가 해당 구역에 위치한 건축물 및 그 부속토지의 소유자 1/10 이상의 동의를 받아 재건축진단의 실시를 요청하는 경우 재건축진단을 실시하여야 한다.
③ 시장·군수등 또는 토지주택공사등이 단독으로 시행하는 정비사업인 경우 사업시행계획서에는 시행규정이 포함되지 않아도 된다.
④ 주거환경개선사업의 계속시행이 어려운 경우에는 한국토지주택공사 또는 지방공사로 하여금 사업시행을 대행시킬 수 있다.
⑤ 주거환경개선사업을 위한 정비구역이 지정된 후 2년이 경과되도록 사업시행계획인가 신청이 없는 때에는 지정개발자를 사업시행자로 지정할 수 있다.

해설 정비사업의 시행
① 재건축사업은 조합이 시행하거나 조합이 조합원의 과반수의 동의를 받아 시장·군수등, 토지주택공사등, 건설사업자 또는 등록사업자와 공동으로 시행할 수 있다.
③ 시장·군수등, 토지주택공사등 또는 신탁업자가 단독으로 정비사업을 시행하는 경우 시행규정을 작성하여야 한다.
④ 주거환경개선사업의 경우에는 사업대행제도가 없다.
⑤ 지정개발자는 주거환경개선사업을 시행할 수 없다.

65. 도시 및 주거환경정비법령상 정비사업시행에 관한 설명 중 틀린 것은? [16회 개작]

① 재건축사업은 조합이 조합원 과반수의 동의를 받아 시장·군수등, 토지주택공사등, 건설사업자, 등록사업자와 공동으로 이를 시행할 수 있다.
② 시장·군수등은 장기간 정비사업이 지연되거나 권리관계에 대한 분쟁 등으로 인하여 해당 정비사업조합이 시행하는 정비사업을 계속 추진하기 어렵다고 인정하는 때에는 당해 조합을 대신해서 직접 정비사업을 시행할 수 있다.
③ 시장·군수등은 천재지변, 그 밖의 불가피한 사유로 건축물이 붕괴할 우려가 있어 긴급히 주거환경개선사업을 시행할 필요가 있다고 인정하는 경우에는 토지등소유자 및 세입자의 동의 없이 자신이 직접 시행하거나 토지주택공사등을 사업시행자로 지정하여 시행하게 할 수 있다.
④ 주거환경개선사업을 환지공급방법으로 시행하려는 경우 토지등소유자 과반수의 동의를 받아 시장·군수등이 직접 시행할 수 있다.
⑤ 재건축사업조합은 조합설립인가를 받은 후 시공자를 선정해야 한다.

정답 62. ②   65. ④

해설 **정비사업시행**

시장·군수가 직접 주거환경개선사업을 시행하고자 할 때에는 토지 또는 건축물의 소유자 또는 그 지상권자의 2/3 이상의 동의와 세입자 세대수 과반수의 동의를 받아야 한다.

66. 도시 및 주거환경정비법령상 조합의 이사에 관한 설명으로 옳지 않은 것은?

① 조합에 두는 이사의 수는 3명 이상으로 하고, 감사의 수는 1명 이상 3명 이하로 한다.
② 「도시 및 주거환경정비법」을 위반하여 벌금 100만원 이상의 형을 선고받고 5년이 지나지 아니한 자는 이사가 될 수 없다.
③ 시장·군수 등이 전문조합관리인을 선정한 경우 전문조합관리인이 업무를 대행할 임원은 당연 퇴임한다.
④ 조합장 또는 이사의 자기를 위한 조합과의 계약이나 소송에 관하여는 감사가 조합을 대표한다.
⑤ 조합원의 발의로 이사해임을 위한 총회가 소집된 경우 그 소집 및 진행에 있어 감사는 조합장의 권한을 대행하여야 한다.

해설 **정비사업조합의 임원**

요구자 대표로 선출된 자가 해임 총회의 소집 및 진행을 할 때에는 조합장의 권한을 대행한다.

67. 도시 및 주거환경정비법령상 조합의 임원에 관한 설명으로 틀린 것은? `34회 개작`

① 조합임원의 임기만료 후 6개월 이상 조합임원이 선임되지 아니한 경우에는 시장·군수등이 조합임원 선출을 위한 총회를 소집할 수 있다.
② 조합임원이 결격사유에 해당하게 되어 당연 퇴임한 경우 그가 퇴임 전에 관여한 행위는 그 효력을 잃는다.
③ 총회에서 요청하여 시장·군수등이 전문조합관리인을 선정한 경우 전문조합관리인이 업무를 대행할 임원은 당연 퇴임한다.
④ 조합장이 아닌 조합임원은 대의원이 될 수 없다.
⑤ 대의원회는 임기중 궐위된 조합장을 보궐선임할 수 없다.

해설 **조합의 임원**

조합임원이 결격사유에 해당하게 되어 당연 퇴임한 경우 그가 퇴임 전에 관여한 행위는 그 효력을 잃지 아니한다.

정답 66. ⑤ 67. ②

68. 도시 및 주거환경정비법령상 (   )에 들어갈 내용을 바르게 나열한 것은?

> 재건축사업의 추진위원회가 조합을 설립하려는 때에는 주택단지의 공동주택의 각 동별 구분소유자의 과반수 동의와 주택단지의 전체 구분소유자의 (ㄱ) 이상 및 토지면적의 (ㄴ) 이상의 토지소유자의 동의를 받아 정관 등 서류를 첨부하여 정비구역 지정·고시 후 시장·군수등의 인가를 받아야 한다.

① ㄱ : 3분의 2   ㄴ : 2분의 1
② ㄱ : 3분의 2   ㄴ : 3분의 2
③ ㄱ : 4분의 3   ㄴ : 2분의 1
④ ㄱ : 100분의 70   ㄴ : 100분의 70
⑤ ㄱ : 100분의 75   ㄴ : 100분의 75

해설 재건축사업의 조합
재건축사업의 추진위원회가 조합을 설립하려는 때에는 주택단지의 공동주택의 각 동(복리시설의 경우에는 주택단지의 복리시설 전체를 하나의 동으로 본다)별 구분소유자의 과반수 동의(공동주택의 각 동별 구분소유자가 5 이하인 경우는 제외한다)와 주택단지의 전체 구분소유자의 100분의 70 이상 및 토지면적의 100분의 70 이상의 토지소유자의 동의를 받아 정관 등 서류를 첨부하여 정비구역 지정·고시 후 시장·군수등의 인가를 받아야 한다.

69. 도시 및 주거환경정비법령상 정비계획에 따른 사업시행계획서에 포함되어야 하는 사항이 아닌 것은? [22회 개작]

① 정비기반시설 및 공동이용시설의 설치계획
② 정비구역으로부터 200m 이내에 교육시설이 설치되어 있는 경우 교육시설의 교육환경 보호에 관한 계획
③ 조합원이 아닌 일반분양대상자에 대한 입주대책
④ 임시거주시설을 포함한 주민이주대책
⑤ 건축물의 높이 및 용적률 등에 관한 건축계획

해설 사업시행계획서
조합원이 아닌 일반분양대상자에 대한 입주대책은 사업시행계획서에 포함되어야 하는 사항이 아니다.

정답 68. ④   69. ③

70. 도시 및 주거환경정비법령상 사업시행계획 등에 관한 설명으로 틀린 것은? 25회 개작

① 시장·군수등은 재개발사업의 시행자가 지정개발자인 경우 시행자로 하여금 정비사업비의 100분의 30의 금액을 예치하게 할 수 있다.
② 사업시행계획서에는 사업시행기간 동안의 정비구역 내 가로등 설치, 폐쇄회로 텔레비전 설치 등 범죄예방대책이 포함되어야 한다.
③ 시장·군수등은 사업시행계획인가를 하고자 하는 경우 정비구역으로부터 200m 이내에 교육시설이 설치되어 있는 때에는 해당 지방자치단체의 교육감 또는 교육장과 협의하여야 한다.
④ 시장·군수등은 특별한 사유가 없으면 사업시행계획서의 제출이 있은 날부터 60일 이내에 인가 여부를 결정하여 사업시행자에게 통보하여야 한다.
⑤ 사업시행자가 사업시행계획인가를 받은 후 대지면적을 10퍼센트의 범위 안에서 변경하는 경우 시장·군수등에게 신고하여야 한다.

해설 사업시행계획 등
시장·군수등은 재개발사업의 시행자가 지정개발자인 경우 시행자로 하여금 정비사업비의 100분의 20의 범위에서 시·도조례로 정하는 금액을 예치하게 할 수 있다.

71. 다음은 도시 및 주거환경정비법령상 정비사업의 시행에 관한 설명이다. 틀린 것은?

① 시장·군수등이 아닌 시행자는 사업시행계획인가를 받아야 정비사업을 시행할 수 있다.
② 사업시행자는 규약·정관 또는 시행규정과 사업시행계획을 작성해야 한다.
③ 사업시행계획인가를 받은 때에는 관계 법률에 의한 인·허가가 의제된다.
④ 사업시행계획인가를 하는 때에는 공람공고를 해서 이해관계인의 의견을 들어야 한다.
⑤ 시장·군수등은 재개발사업의 사업시행계획인가를 하고자 하는 경우 해당 정비사업의 사업시행자가 조합인 때에는 정비사업비의 20%의 범위 이내에서 시·도조례가 정하는 금액을 예치하게 할 수 있다.

해설 정비사업의 시행
사업비의 예치는 지정개발자가 시행자인 경우에 적용된다.

정답 70. ① 71. ⑤

72

다음은 도시 및 주거환경정비법령상 정비사업의 사업시행계획인가 절차에 관한 설명이다. 틀린 것은?

① 사업시행자가 지정개발자인 경우에는 사업시행계획인가를 신청하기 전에 토지등소유자의 과반수의 동의 및 토지면적의 1/2 이상의 토지소유자의 동의를 받아야 한다.
② 시장·군수등은 특별한 사유가 없으면 사업시행계획서의 제출이 있은 날부터 60일 이내에 인가 여부를 결정하여 사업시행자에게 통보하여야 한다.
③ 시장·군수등은 인가하고자 하는 사업시행계획에 국·공유재산의 처분에 관한 내용이 포함되어 있는 때에는 미리 관리청과 협의하여야 한다.
④ 리모델링되는 건축물이 일부 건축기준에 적합하지 아니한 경우에도 사업시행계획인가를 할 수 있는 예외가 인정된다.
⑤ 특별시장·광역시장 또는 도지사는 정비사업의 시행으로 인하여 정비구역 주변에 현저한 주택 부족이나 주택시장의 불안정이 발생하는 경우에는 주거정책심의위원회의 심의를 거쳐 사업시행계획인가의 시기를 조정할 수 있다.

해설 사업시행계획인가

특별시장·광역시장 또는·도지사는 정비사업의 시행으로 인하여 정비구역 주변 지역에 현저한 주택 부족이나 주택시장의 불안정이 발생하는 경우에는 시·도 주거정책심의위원회의 심의를 거쳐 해당 시장·군수 또는 구청장에게 사업시행계획인가의 시기를 조정하도록 요청할 수 있다(법 제75조 제1항).

73

다음은 도시 및 주거환경정비법령상 정비사업의 시공자 선정에 관한 설명이다. 틀린 것은?

① 조합은 사업시행계획인가를 받은 후 시공자를 선정하여야 한다.
② 토지등소유자가 재개발사업을 시행하는 경우에는 사업시행계획인가를 받은 후 규약에 따라 건설사업자 또는 등록사업자를 시공자로 선정하여야 한다.
③ 한국토지주택공사를 사업시행자로 지정한 재개발사업의 경우에는 사업시행자 지정·고시 후 시공자를 선정하여야 한다.
④ 시장·군수등이 직접 정비사업을 시행하는 경우에는 주민대표회의는 시공자를 추천할 수 있다.
⑤ 위의 시공자는 「건설산업기본법」에 의한 건설사업자 또는 「주택법」에 의하여 건설사업자로 간주되는 등록사업자이어야 한다.

해설 시공사의 선정

조합은 조합설립인가를 받은 후 시공자를 선정하여야 한다.

정답 72. ⑤ 73. ①

74. 도시 및 주거환경정비법령상 국민주택규모 주택의 공급에 관한 설명 중 ( )에 알맞은 숫자를 순서대로 나열한 것은?
18회 개작

「수도권정비계획법」에 따른 과밀억제권역에서 재건축사업을 시행하는 경우 사업시행자는 법적 상한용적률에서 정비계획에서 정해진 용적률을 뺀 용적률의 ( ) 이상 ( ) 이하로서 시·도 조례로 정하는 비율에 해당하는 면적에 국민주택규모 주택을 건설하여야 한다.

① 10/100, 20/100
② 15/100, 30/100
③ 50/100, 75/100
④ 25/100, 50/100
⑤ 30/100, 50/100

해설 재건축 국민주택규모 주택의 공급
과밀억제권역에서 재건축사업을 시행하는 경우 재건축 국민주택규모 주택은 법적 상한 용적률에서 정비계획으로 정해진 용적률을 뺀 용적률의 30/100 이상 50/100 이하로서 시·도 조례로 정하는 비율에 해당하는 면적에 국민주택규모 주택을 건설하여야 한다.

75. 도시 및 주거환경정비법령상 사업시행자는 정비계획상 용적률을 초과하여 건축한 국민주택규모 주택을 다음의 자에게 공급해야 한다. 틀린 것은?

① 그 재건축단지의 세입자
② 한국토지주택공사
③ 시장·군수
④ 주택을 건설하기 위해 설립된 지방공사
⑤ 시·도지사

해설 국민주택규모 주택의 공급
사업시행자는 초과용적률의 비율에 따라 건설한 국민주택규모 주택을 국토교통부장관, 시·도지사, 시장·군수·구청장 또는 토지주택공사등에 공급하여야 한다.

76. 다음은 「도시 및 주거환경정비법」에 의한 수용에 관한 설명이다. 틀린 것은?

① 보상금을 지급하지 않거나 공탁하지 않는 경우에는 재결이 실효된다.
② 분양을 신청하지 않은 자의 토지·건축물 등을 대상으로 한다.
③ 현금보상에 대한 예외가 인정된다.
④ 사전보상에 대한 예외가 인정된다.
⑤ 「공익사업을 위한 토지 등의 취득 및 보상에 관한 법률」이 준용된다.

해설 토지 등의 수용 또는 사용
사후현물보상이 인정되므로 보상금의 지급 또는 공탁이 없더라도 재결의 효력은 상실되지 않는다.

정답 74. ⑤ 75. ① 76. ①

부동산공법

77. 도시 및 주거환경정비법령상 「공익사업을 위한 토지 등의 취득 및 보상에 관한 법률」에 의한 사업인정 및 고시가 있는 것으로 보는 것은?

① 도시·주거환경정비기본계획의 수립
② 정비구역의 지정고시
③ 정비계획의 고시
④ 사업시행계획인가의 고시
⑤ 관리처분계획인가

해설 사업인정 및 그 고시에 관한 특례

사업시행계획인가의 고시가 있은 때에는 「공익사업을 위한 토지 등의 취득 및 보상에 관한 법률」에 의한 사업인정 및 그 고시가 있은 것으로 본다.

78. 도시 및 주거환경정비법령상 정비사업의 시행에 관한 설명으로 옳은 것은? [32회 출제]

① 세입자의 세대수가 토지등소유자의 3분의 1에 해당하는 경우 시장·군수등은 토지주택공사등을 주거환경개선사업 시행자로 지정하기 위해서는 세입자의 동의를 받아야 한다.
② 재개발사업은 토지등소유자가 30인인 경우에는 토지등소유자가 직접 시행할 수 있다.
③ 재건축사업 조합설립추진위원회가 구성승인을 받은 날부터 2년이 되었음에도 조합설립인가를 신청하지 아니한 경우 시장·군수등이 직접 시행할 수 있다.
④ 조합설립추진위원회는 토지등소유자의 수가 200인인 경우 5명 이상의 이사를 두어야 한다.
⑤ 주민대표회의는 토지등소유자의 과반수의 동의를 받아 구성하며, 위원장과 부위원장 각 1명과 1명 이상 3명 이하의 감사를 둔다.

해설 정비사업의 시행

① 세입자의 세대수가 토지등소유자의 2분의 1 이하인 경우 시장·군수등은 토지주택공사등을 주거환경개선사업 시행자로 지정하기 위해서는 세입자의 동의를 거치지 아니할 수 있다.
② 재개발사업은 토지등소유자가 20인 미만인 경우에는 토지등소유자가 직접 시행할 수 있다.
③ 재건축사업 조합설립추진위원회가 구성승인을 받은 날부터 3년 이내에 조합설립인가를 신청하지 아니한 경우 시장·군수등이 직접 시행할 수 있다.
④ 조합은 토지등소유자의 수가 100인 초과하는 경우 5명 이상의 이사를 두어야 한다.

정답 77. ④ 78. ⑤

제3장 도시 및 주거환경정비법(기본)

79 도시 및 주거환경정비법령상 정비사업시행을 위한 조치 등에 관한 설명으로 틀린 것은? 　19회 개작

① 사업시행자는 주거환경개선사업의 시행으로 철거되는 주택의 소유자에 대하여 당해 정비구역 내·외에 소재한 임대주택 등의 시설에 임시로 거주하게 하거나 주택자금의 융자알선 등 임시거주에 상응하는 조치를 하여야 한다.
② 국가가 사업시행자로부터 위 ①의 임시거주시설에 필요한 건축물의 사용신청을 받았음에도 이미 그 건축물의 매매계약이 제3자와 체결되어 있는 때에는 그 사용신청을 거절할 수 있다.
③ 주거환경개선사업에 따른 건축허가를 받는 때에는「주택도시기금법」상의 국민주택채권 매입에 관한 규정이 적용된다.
④ 정비사업의 시행으로 인하여 전세권의 설정목적으로 달성할 수 없는 때에는 그 권리자는 계약을 해지할 수 있다.
⑤ 재건축사업을 시행함에 있어 조합설립인가일 현재 조합원 전체의 공동소유인 토지에 대하여는 조합 소유의 토지로 본다.

해설 정비사업시행을 위한 조치
③ 주거환경개선사업에 따른 건축허가를 받는 때에는「주택도시기금법」에 따른 국민주택채권의 매입에 관한 규정을 적용하지 아니한다.

80 다음은 도시 및 주거환경정비법령상 분양신청에 관한 설명이다. 틀린 것은?

① 사업시행자는 사업시행계획인가의 고시가 있은 날(사업시행계획인가 이후 시공자를 선정한 경우에는 시공자와 계약을 체결한 날)부터 90일(1회에 한정하여 30일의 범위에서 연장할 수 있다) 이내에 분양대상자별 분담금의 추산액 및 분양신청기간 그 밖에 대통령령이 정하는 사항을 토지등소유자에게 통지해야 한다.
② 투기과열지구의 정비사업에서 관리처분계획에 따라 분양대상자 또는 일반 분양분의 분양대상자 및 그 세대에 속한 자는 분양대상자 선정일부터 5년 이내에는 투기과열지구에서 분양신청을 할 수 없다.
③ 분양신청기간은 사업시행자가 분양신청기간 등을 통지한 날부터 30일 이상 60일 이내로 해야 한다.
④ 사업시행자는 협의가 성립되지 아니하면 그 기간의 만료일 다음날부터 60일 이내에 수용재결을 신청하거나 매도청구소송을 제기하여야 한다.
⑤ 사업시행자는 관리처분계획이 인가·고시된 다음날부터 150일 이내에 분양신청기간 종료 이전에 분양신청을 철회한 자와 토지, 건축물 또는 그 밖의 권리의 손실보상에 관한 협의를 하여야 한다.

정답　79. ③　80. ⑤

> **해설** 분양신청
>
> 관리처분계획이 인가·고시된 다음날부터 90일 이내에 분양신청기간 종료 이전에 분양신청을 철회한 자와 토지, 건축물 또는 그 밖의 권리의 손실보상에 관한 협의를 하여야 한다.

81 도시 및 주거환경정비법령상 정비사업을 통하여 분양받을 건축물이 다음에 해당하는 경우에는 정비구역지정고시일이나 시·도지사가 투기를 억제하기 위하여 기본계획 수립을 위한 주민공람의 공고일 후 후 정비구역 지정·고시 전에 따로 정한 날(기준일)의 다음날을 기준으로 건축물을 분양받을 권리를 산정한다. 이에 해당하는 경우가 <u>아닌</u> 것은?

① 1필지의 토지가 수개의 필지로 분할되는 경우
② 「집합건물의 소유 및 관리에 관한 법률」에 따른 공용부분의 분할로 토지등소유자의 수가 감소하는 경우
③ 하나의 대지에 속하는 동일인 소유의 토지와 건축물을 각각 분리하여 소유하는 경우
④ 나대지에 건축물을 새로이 건축하여 토지등소유자가 증가되는 경우
⑤ 「집합건물의 소유 및 관리에 관한 법률」에 따른 집합건물이 아닌 건축물이 집합건물로 전환되는 경우

> **해설** 분양받을 권리의 산정기준일
>
> 집합건물의 소유 및 관리에 관한 법률」에 따른 전유부분의 분할로 토지등소유자의 수가 증가하는 경우이다.

82 ★ 다음은 도시 및 주거환경정비법령상 관리처분계획에서 정해야 할 사항이다. 틀린 것은?

① 사업시행구역 및 면적
② 분양설계
③ 분양대상자별 분양예정인 대지 또는 건축물의 추산액
④ 정비사업비의 추산액 및 그에 따른 조합원 분담규모 및 분담시기
⑤ 분양대상자의 종전 토지 또는 건축물에 관한 소유권 외의 권리명세

> **해설** 관리처분계획
>
> 사업시행구역 및 면적은 사업시행계획에서 정할 사항이다.

정답 81. ② 82. ①

83. 도시 및 주거환경정비법령상 시장·군수등이 관리처분계획의 인가 내용을 고시하는 경우 고시에 포함되어야 할 관리처분계획인가의 요지로 옳은 것을 모두 고른 것은? [24회 개작]

> ㉠ 기존 건축물의 철거 예정시기
> ㉡ 대지 및 건축물의 규모 등 분양계획
> ㉢ 보류지 등의 명세와 추산가액 및 처분방법
> ㉣ 정비사업의 시행으로 인하여 새로 설치되는 정비기반시설의 명세와 용도가 폐지되는 정비기반시설의 명세

① ㉠, ㉡
② ㉡, ㉣
③ ㉠, ㉡, ㉢
④ ㉡, ㉢, ㉣
⑤ ㉠, ㉡, ㉢, ㉣

해설 관리처분계획의 내용
㉠, ㉡, ㉢, ㉣ 모두 관리처분계획에 포함되어야 한다.

84. 도시 및 주거환경정비법령상 재개발사업의 관리처분계획을 작성할 때에 종전의 토지와 건축물의 가격을 평가하는 방법은?

① 관할 시장·군수 또는 구청장이 결정한다.
② 시장·군수등이 선정·계약한 2인 이상의 감정평가법인등이 평가한 금액을 산술평균해서 산정한다.
③ 관할 시·군·구에 구성되는 가격평가위원회가 평가한다.
④ 중앙도시계획위원회가 결정한다.
⑤ 관할 지방도시계획위원회가 결정한다.

해설 재산 또는 권리의 평가방법
주거환경개선사업 또는 재개발사업에서 재산 또는 권리를 평가할 때에는 시장·군수등이 선정·계약한 2인 이상의 감정평가법인등이 평가한 금액을 산술평균하여 산정한다.

85. ★ 다음은 도시 및 주거환경정비법령상 관리처분계획에 관한 설명이다. 올바른 것은?

① 시장·군수등은 사업시행자의 관리처분계획인가의 신청이 있은 날부터 30일 이내에 인가 여부를 결정하여 사업시행자에게 통보하여야 한다.
② 관리처분계획은 정비구역 안의 소유권 외의 권리에 대한 조정계획이다.
③ 관리처분계획은 정비사업에 관한 공사가 완료된 후에 작성한다.
④ 관리처분계획에 관해서는 토지등소유자의 동의를 받아야 한다.
⑤ 국·공유지는 관리처분계획의 대상이 아니다.

정답 83. ⑤ 84. ② 85. ①

해설 관리처분계획

② 관리처분계획의 가장 주된 대상이 소유권이다.
③ 관리처분계획은 분양신청기간이 지난 때에 작성한다.
④ 관리처분계획에 대해서는 토지 또는 건축물의 소유자의 동의를 받을 필요가 없다.
⑤ 국·공유지도 관리처분계획의 대상이 된다.

86 도시 및 주거환경정비법령상 관리처분계획 등에 관한 설명으로 옳은 것은? `27회 개작`
① 재개발사업의 관리처분은 정비구역 안의 지상권자에 대한 분양을 포함하여야 한다.
② 재건축사업의 관리처분의 기준은 조합원 전원의 동의를 받더라도 법령상 정하여진 관리처분의 기준과 달리 정할 수 없다.
③ 사업시행자는 폐공가의 밀집으로 우범지대화의 우려가 있는 경우 기존 건축물의 소유자의 동의 및 시장·군수등의 허가를 얻어 해당 건축물을 철거할 수 있다.
④ 관리처분계획의 인가·고시가 있은 때에는 종전의 토지의 임차권자는 사업시행자의 동의를 받더라도 소유권의 이전고시가 있은 날까지 종전의 토지를 사용할 수 없다.
⑤ 주거환경개선사업의 사업시행자는 관리처분계획에 따라 공동이용시설을 새로 설치하여야 한다.

해설 관리처분계획

① 재개발사업의 관리처분은 정비구역안의 지상권자에 대한 분양을 제외한다(영 제63조 제1항 제1호).
② 재건축사업의 관리처분의 기준은 조합원 전원의 동의를 받으면 법령상 정하여진 관리처분의 기준과 달리 정할 수 있다.
④ 관리처분계획의 인가·고시가 있은 때에는 종전의 토지의 임차권자는 사업시행자의 동의를 받은 경우와 손실보상이 완료되지 않은 권리자인 경우에는 소유권의 이전고시가 있은 날까지 종전의 토지 또는 건축물을 사용 또는 수익할 수 있다.
⑤ 주거환경개선사업의 사업시행자는 관할 지방자치단체의 장과의 협의를 거쳐 정비구역에 정비기반시설 및 공동이용시설을 설치하여야 한다.

87 도시 및 주거환경정비법령상 관리처분계획에 따른 처분 등에 관한 설명으로 틀린 것은? `31회 출제`
① 정비사업의 시행으로 조성된 대지 및 건축물은 관리처분계획에 따라 처분 또는 관리하여야 한다.
② 사업시행자는 정비사업의 시행으로 건설된 건축물을 관리처분계획에 따라 토지등소유자에게 공급하여야 한다.
③ 환지를 공급하는 방법으로 시행하는 주거환경개선사업의 사업시행자가 정비구역에 주택을 건설하는 경우 주택의 공급 방법에 관하여 「주택법」에도 불구하고 시장·군수등의 승인을 받아 따로 정할 수 있다.
④ 사업시행자는 분양신청을 받은 후 잔여분이 있는 경우에는 사업시행계획으로 정하는 목적을 위하여 그 잔여 분을 조합원 또는 토지등소유자 이외의 자에게 분양할 수 있다.
⑤ 조합이 재개발임대주택의 인수를 요청하는 경우 국토교통부장관이 우선하여 인수하여야 한다.

정답 86. ③ 87. ⑤

제3장 도시 및 주거환경정비법(기본)

해설 관리처분계획에 따른 처분 등
재개발임대주택의 인수를 요청하는 경우 시·도지사 또는 시장, 군수, 구청장이 우선하여 인수하여야 한다.

도시 및 주거환경정비법령상 정비사업에 있어 관리처분계획에 관한 설명 중 옳은 것은? (단, 투기과열지구 또는 조정대상지역이 아님) [16회 개작]

① 사업시행자는 토지등소유자가 분양신청을 하지 않은 경우에 토지·건축물 또는 그 밖의 권리에 대해 경매 처분한다.
② 사업시행자는 기존 건축물을 철거한 후에 관리처분계획을 수립해서 인가를 받아야 한다.
③ 관리처분계획에는 정비사업비의 추산액 및 그에 따른 조합원 분담규모 및 분담시기가 포함된다.
④ 수도권 과밀억제권역 밖에서 시행되는 재건축사업의 토지등소유자에게는 1세대가 1 이상의 주택을 소유한 경우에 1주택을 공급한다.
⑤ 과밀억제권역에서 투기과열지구에 위치하지 아니한 재개발사업의 경우에는 3주택 이하로 한정하여 공급할 수 있다.

해설 관리처분계획
① 사업시행자는 관리처분계획이 인가·고시된 다음날부터 90일 이내에 분양신청을 하지 않은 자와 토지, 건축물 또는 그 밖의 권리의 손실보상에 관한 협의를 하여야 한다.
② 사업시행자는 분양신청기간이 종료된 때에는 분양신청의 현황을 기초로 관리처분계획 내용이 포함된 관리처분계획을 수립하여 시장·군수등의 인가를 받아야 한다.
④ 수도권 과밀억제권역 밖에서 시행되는 재건축사업의 토지등소유자에게는 소유한 주택 수만큼 주택을 공급할 수 있다. 다만, 투기과열지구 또는 조정대상지역에서 사업시행계획인가를 신청하는 재건축사업의 토지등소유자는 제외한다.
⑤ 과밀억제권역에서 투기과열지구에 위치하지 아니한 재개발사업이 아닌 재건축사업의 경우에 토지등소유자가 소유한 주택수의 범위에서 3주택까지 공급할 수 있다. 다만, 투기과열지구 또는 조정대상지역에서 사업시행계획인가를 신청하는 재건축사업의 경우에는 그러하지 아니하다.

도시 및 주거환경정비법령상 정비구역에서 원칙적으로 종전의 토지 또는 건축물의 사용·수익이 금지되는 것은 언제부터인가?

① 정비구역지정고시일
② 정비사업시행인가신청일
③ 관리처분계획인가·고시일
④ 분양신청기간이 만료된 날의 다음날
⑤ 소유권이전고시가 있는 날의 다음날

해설 관리처분계획인가의 원칙적인 효과
관리처분계획이 인가·고시되면 종전의 토지 또는 건축물의 소유자, 지상권자, 전세권자, 등기된 임차권자 등은 시행자의 동의를 받은 경우나 손실보상이 완료되지 아니한 권리자의 경우를 제외하고는 소유권이전고시일까지 종전의 토지 또는 건축물을 사용·수익할 수 없다.

정답 88. ③ 89. ③

부동산공법

90 다음은 도시 및 주거환경정비법령상 지분형주택의 공급에 관한 설명이다. 틀린 것은?

① 한국토지주택공사가 사업시행자인 경우 한국토지주택공사는 분양대상자와 공동 소유하는 방식으로 지분형 주택을 공급할 수 있다.
② 지분형 주택의 규모는 국민주택규모인 주택으로 한정한다.
③ 지분형 주택의 공동소유기간은 소유권을 취득한 날부터 최대 10년의 범위에서 사업시행자가 정하는 기간이다.
④ 지분형 주택을 분양받으려면 종전의 토지 또는 건축물의 가격이 지분형 주택의 분양가격 이하여야 한다.
⑤ 세대주로서 정비계획의 공람공고일 당시 해당 정비구역에 2년 미만으로 거주한 사람은 지분형 주택을 분양받을 수 없다.

해설 지분형 주택의 공급
지분형 주택의 규모는 주거전용면적 60m² 이하인 주택으로 한정한다.

91 도시 및 주거환경정비법령상 정비사업의 준공인가에 관한 설명으로 틀린 것은? **19회 개작**

① 사업시행자가 한국토지주택공사인 경우로서 「한국토지주택공사법」에 따라 준공인가 처리결과를 시장·군수등에게 통보한 경우에는 준공인가를 받은 것으로 본다.
② 한국토지주택공사인 사업시행자는 다른 법률에 의하여 자체적으로 처리한 준공인가결과를 시장·군수등에게 통보한 때에는 그 사실을 분양대상자에게 지체없이 통지하여야 한다.
③ 준공인가신청을 받은 시장·군수등은 지체없이 준공검사를 실시하여야 한다.
④ 시장·군수등은 효율적인 준공검사를 위하여 필요한 때에는 건축위원회의 심의를 거쳐 관계행정기관·공공기관·연구기관 등에 준공검사의 실시를 의뢰해야 한다.
⑤ 사업시행자가 아닌 시장·군수등은 준공인가전이라도 완공된 건축물이 사용에 지장이 없는 경우에는 입주예정자가 그 건축물을 사용할 것을 사업시행자에 대하여 허가할 수 있다.

해설 정비사업의 준공인가
시장·군수등은 효율적인 준공검사를 위하여 필요한 때에는 관계 행정기관, 공공기관, 연구기관 등에 준공검사의 실시를 의뢰할 수 있다.

92 다음은 도시 및 주거환경정비법령상 정비사업에 관한 공사가 완료된 후에 행해지는 절차이다. 순서대로 되어 있는 것은?

① 공사완료고시 → 대지확정측량 → 토지분할 → 소유권이전고시 → 청산
② 공사완료고시 → 소유권이전고시 → 청산 → 대지확정측량 → 토지분할
③ 공사완료고시 → 소유권이전고시 → 대지확정측량 → 토지분할 → 청산
④ 공사완료고시 → 대지확정측량 → 소유권이전고시 → 청산 → 토지분할
⑤ 대지확정측량 → 토지분할 → 공사완료공고 → 소유권이전고시 → 청산

정답   90. ②   91. ④   92. ①

> **해설** 정비사업의 절차
> 정비사업에 관한 공사가 완료된 후에 행해지는 절차는 ①의 순서대로 이루어진다.

93. 다음은 「도시 및 주거환경정비법」에 의한 소유권이전고시에 관한 설명이다. 틀린 것은?

① 대지 또는 건축물을 분양받을 자는 소유권이전 고시가 있은 날의 다음날에 그 대지 또는 건축물에 대한 소유권을 취득한다.
② 보류지와 일반에게 분양하는 대지 또는 건축물은 「도시개발법」에 따른 보류지 또는 체비지로 본다.
③ 조합장은 소유권이전고시가 있은 날부터 1년 이내에 조합 해산을 위한 총회를 소집하여야 한다.
④ 조합장이 소유권이전고시가 있은 날부터 1년 이내에 총회를 소집하지 아니한 경우 조합원 1/5 이상의 요구로 소집된 총회에서 조합원 과반수의 출석과 출석 조합원 과반수의 동의를 받아 해산을 의결할 수 있다.
⑤ 종전의 대지에 대한 임차권은 분양받은 대지에 설정된 것으로 본다.

> **해설** 소유권이전고시 및 권리확정
> 종전의 대지 건축물에 설정된 "등기된 임차권"과 「주택임대차보호법」에 의한 대항요건을 갖춘 임차권"의 경우에는 예외적으로 분양받은 대지 또는 건축물에 설정된 것으로 보지만, 그 밖의 임차권에 대해서는 이러한 특례가 인정되지 않는다.

94. 다음은 정비사업의 청산에 관한 설명이다. 틀린 것은?

① 청산금은 소유권이전의 고시가 있은 날에 확정된다.
② 청산은 현금으로 행한다.
③ 청산금은 분할해서 징수 또는 납부할 수 있다.
④ 청산금을 납부하지 않는 때에는 강제징수할 수 있다.
⑤ 청산금을 지급받을 권리의 소멸시효기간은 소유권 이전고시일의 다음날부터 5년 이다.

> **해설** 정비사업의 청산
> 청산금은 소유권이전의 고시가 있은 날의 다음날에 확정된다.

32회 출제

95. 도시 및 주거환경정비법령상 청산금 및 비용부담 등에 관한 설명으로 옳은 것은?

① 청산금을 징수할 권리는 소유권 이전고시일부터 3년간 행사하지 아니하면 소멸한다.
② 정비구역의 국유·공유재산은 정비사업 외의 목적으로 매각되거나 양도될 수 없다.
③ 청산금을 지급받을 자가 받기를 거부하더라도 사업시행자는 그 청산금을 공탁할 수는 없다.
④ 시장·군수등이 아닌 사업시행자는 부과금을 체납하는 자가 있는 때에는 지방세 체납처분의 예에 따라 부과·징수할 수 있다.
⑤ 국가 또는 지방자치단체는 토지임대부 분양주택을 공급받는 자에게 해당 공급비용의 전부를 융자할 수는 없다.

정답 93. ⑤ 94. ① 95. ②

해설 **청산금 및 비용부담**
① 청산금을 징수할 권리는 소유권 이전고시일의 다음 날부터 5년간 행사하지 아니하면 소멸한다.
③ 청산금을 지급받을 자가 받기를 거부하더라도 사업시행자는 그 청산금을 공탁할 수는 있다.
④ 시장·군수등이 아닌 사업시행자는 시장·군수등에게 부과금의 징수를 위탁할 수 있다.
⑤ 국가 또는 지방자치단체는 토지임대부 분양주택을 공급받는 자에게 해당 공급비용의 전부 또는 일부를 융자할 수는 있다.

96

다음은 도시 및 주거환경정비법령상 정비사업의 시행에 관한 비용의 부담에 관한 설명이다. 틀린 것은?

① 정비사업의 시행에 관한 비용은 소유권이전고시에 의해 토지 또는 건축물을 분양받는 자가 부담한다.
② 시장·군수등은 주요 정비기반시설의 설치에 소요되는 비용을 일부 부담할 수 있다.
③ 시장·군수등은 그가 시행하는 정비사업으로 인해 현저한 이익을 받는 정비기반시설의 관리자에게 비용의 일부를 부담시킬 수 있다.
④ 다른 법령에 의해 공동구에 수용될 시설의 설치의무자에게 공동구설치비용을 부담시킬 수 있다.
⑤ 시장·군수등이 아닌 자가 시행자인 경우에도 국가 또는 지방자치단체가 정비사업에 드는 비용의 일부를 융자하거나 융자를 알선할 수 있다.

해설 **비용의 부담**
정비사업비는 「도시 및 주거환경정비법」 또는 다른 법령에 특별한 규정이 있는 경우를 제외하고는 사업시행자가 부담한다.

97 ★

도시 및 주거환경정비법령상 비용부담 및 징수의 원칙에 대한 설명 중 올바른 것은?

① 사업시행자는 토지 등 소유자로부터 비용과 정비사업의 시행과정에서 발생한 수입의 1/2을 징수할 수 있다.
② 부과금 및 연체료의 부과나 징수에 관한 사항은 해당 시장·군수등이 정한다.
③ 시장·군수등은 그가 시행하는 정비사업으로 인해 현저한 이익을 받는 정비기반시설의 관리자가 있는 경우에는 국토교통부령이 정하는 바에 따라 그 관리자에게 이를 부담시킬 수 있다.
④ 강제징수절차는 독촉 → 압류 → 청산 → 공매 순으로 이루어진다.
⑤ 정비기반시설의 관리자에게 비용을 부담시키는 경우 비용부담의 비율 및 부담방법은 국토교통부령으로 정한다.

정답   96. ①   97. ⑤

해설 비용부담 및 징수의 원칙
① 사업시행자는 자신이 부담한 비용과 사업시행과정에서 발생한 수입의 차액을 토지등소유자에게 부과금으로 부과·징수할 수 있다.
② 부과금 및 연체료의 부과 및 징수에 관한 사항은 정관·규약 등으로 정한다.
③ 시장·군수등은 자신이 시행하는 정비사업으로 현저한 이익을 받는 정비기반시설의 관리자가 있는 경우에는 대통령령으로 정하는 방법 및 절차에 따라 해당 정비사업비의 일부를 그 정비기반시설의 관리자와 협의하여 그 관리자에게 부담시킬 수 있다.
④ 강제징수절차는 지방세체납처분절차를 가리키는데, 재산을 압류해서 공매한 후 청산을 하게 된다.

98 다음은 도시 및 주거환경정비법령상 도시·주거환경정비기금에 관한 설명이다. 틀린 것은?

① 도시·주거환경정비기금은 정비사업이 시행되는 시·군 또는 구에 설치한다.
② 재건축부담금 중 지방자치단체 귀속분이 도시·주거환경정비기금으로 적립된다.
③ 부담금 및 정비사업으로 발생한 개발부담금 중 지방자치단체 귀속분의 일부도 도시·주거환경정비기금으로 적립된다.
④ 도시·주거환경정비기금은 정비사업, 임대주택의 건설·관리, 임차인 주거안정 지원, 재건축부담금의 부과·징수 등 용도 외의 목적으로 사용하면 안 된다.
⑤ 도시·주거환경정비기금의 관리·운용에 관한 사항은 특별시·광역시·특별자치시·도·특별자치도 또는 대도시의 조례로 정한다.

해설 도시·주거환경정비기금
기본계획을 수립하거나 승인하는 특별시장·광역시장·특별자치시장·도지사·특별자치도지사 또는 시장은 정비사업의 원활한 수행을 위하여 도시·주거환경정비기금을 설치하여야 한다.

99 도시 및 주거환경정비법령상 정비사업 전문관리업자의 업무가 아닌 것은?
① 조합설립의 동의 및 정비사업의 동의에 관한 업무의 대행
② 조합설립인가신청에 관한 업무의 대행
③ 사업성 검토 및 정비사업의 시행계획서의 작성
④ 시공자선정에 관한 업무의 지원
⑤ 건축물철거업무의 대행

해설 정비사업 전문관리업자
건축물의 철거에 관한 업무는 정비사업 전문관리업자의 업무가 아니며, 정비사업 전문관리업자는 건축물의 철거에 관한 업무를 병행해서 수행해서도 안 된다.

정답 98. ① 99. ⑤

100. 도시 및 주거환경정비법령상 정비사업 전문관리업자에 대한 필요적 등록 취소사유는? [19회 출제]

① 등록기준에 미달하게 된 때
② 다른 사람에게 자기의 성명을 사용하여 「도시 및 주거환경정비법」이 정한 업무를 수행하게 한 때
③ 국토교통부장관에게 업무감독상의 보고를 허위로 한 때
④ 고의 또는 과실로 조합에게 계약금액의 3분의 1이상의 재산상 손실을 끼친 때
⑤ 최근 3년간 2회 이상의 업무정지처분을 받은 자로서 그 정지처분을 받은 기간이 합산하여 6개월을 초과한 때

해설 정비사업 전문관리업자에 대한 필요적 등록취소사유
①, ③, ④ 임의적 등록취소사유이다.
⑤ 최근 3년간 2회 이상의 업무정지처분을 받은 자로서 그 정지처분을 받은 기간이 합산하여 12개월을 초과한 때 등록을 취소하여야 한다.

101. 다음은 도시 및 주거환경정비법령상 정비사업의 회계감사에 관한 설명이다. 올바른 것은?

① 조합설립추진위원회는 회계감사기관의 선정·계약을 요청하려는 경우 시·도지사에게 회계감사에 필요한 비용을 미리 예치하여야 한다.
② 회계감사 대상자는 시장·군수등 또는 토지주택공사등이 아닌 토지등소유자·조합설립추진위원회·정비사업조합 또는 지정개발자가 사업시행자인 경우에 실시한다.
③ 감사결과를 회계감사가 종료된 날부터 30일 이내에 시장·군수등 및 해당 조합에 보고하고 조합원이 공람할 수 있도록 하여야 한다.
④ 회계감사의 시기는 사업시행계획인가의 고시일부터 7일 이내에 「주식회사 등의 외부감사에 관한 법률」에 따른 감사인의 회계감사를 받아야 한다.
⑤ 회계감사는 시장·군수등이 지정한 공인회계사 또는 회계법인이 실시한다.

해설 정비사업의 회계감사
① 사업시행자 또는 추진위원회는 회계감사기관의 선정·계약을 요청하려는 경우 시장·군수등에게 회계감사에 필요한 비용을 미리 예치하여야 한다.
③ 감사결과를 회계감사가 종료된 날부터 15일 이내에 시장·군수등 및 해당 조합에 보고하고 조합원이 공람할 수 있도록 하여야 한다.
④ 사업시행계획인가의 고시일부터 20일 이내에 감사인의 회계감사를 받아야 한다.
⑤ 회계감사가 필요한 경우 사업시행자는 시장·군수등에게 회계감사기관의 선정·계약을 요청하여야 한다.

정답   100. ②   101. ②

102. 도시 및 주거환경정비법령상의 정비사업시행자 甲은 사업비용과 시행과정에서 발생한 수입의 차액을 토지등소유자에게 부과금으로 부과했으나 토지등소유자는 체납했다. 이에 甲은 체납된 부과금 등에 대한 징수를 시장 乙에게 위탁해서 乙이 50억원을 징수한 경우 법령상 甲이 乙에게 교부해야 하는 금액은?

① 1억원 ② 1억5천만원 ③ 2억원
④ 2억5천만원 ⑤ 5억원

해설 체납된 부과금 등의 징수시 교부금액
시장·군수등에게 부과금 또는 연체료의 징수를 위탁한 경우에는 징수한 금액의 4%를 교부해야 한다.

103. 다음은 도시 및 주거환경정비법령상 형사처벌을 받는 경우이다. 틀린 것은?

① 사업시행계획인가를 받지 않고 재개발사업을 시행한 자
② 관리처분계획인가를 받지 않고 소유권이전을 한 자
③ 정비사업조합이 설립된 후에도 추진위원회를 계속 운영한 자
④ 회계감사를 받지 않은 자
⑤ 관리처분계획인가의 통지를 게을리 한 자

해설 형사처벌
①~③ 2년 이하의 징역 또는 2,000만원 이하의 벌금
④ 1년 이하의 징역 또는 1,000만원 이하의 벌금
⑤ 500만원 이하의 과태료

정답 102. ③ 103. ⑤

응용 출제예상문제

01 ★★ 다음은 도시 및 주거환경정비법령상 정비사업에 관한 설명이다. 맞는 것은?
① 정비사업은 그 목적에 따라 도시환경정비사업과 주거환경개선사업·재개발사업·재건축사업으로 구분된다.
② 재건축사업이란 정비기반시설은 양호하나 노후·불량건축물에 해당하는 공동주택이 밀집한 지역에서 주거환경을 개선하기 위한 사업을 말한다.
③ 정비사업에 대하여 공공지원을 하려는 경우에는 조합설립추진위원회를 구성해서 시장·군수등의 승인을 받아야 한다.
④ 정비예정구역에 있는 국유·공유재산은 정비사업 외의 목적으로 매각되거나 양도될 수 없다.
⑤ 재개발사업의 경우 사업시행자는 사업시행계획인가의 고시가 있은 날부터 2개월 이내에 조합설립에 동의하지 아니한 자에게 조합설립에 관한 동의 여부를 회답할 것을 서면으로 촉구하여야 한다.

> **해설** 정비사업 일반
> ① 정비사업은 주거환경개선사업, 재개발사업, 재건축사업으로 구분된다.
> ③ 정비사업에 대하여 공공지원을 하려는 경우에는 추진위원회를 구성하지 아니할 수 있다.
> ④ 정비예정구역이 아닌 정비구역에 있는 국유·공유재산은 정비사업 외의 목적으로 매각되거나 양도될 수 없다.
> ⑤ 재개발사업이 아닌 재건축사업의 사업시행자는 사업시행계획인가의 고시가 있은 날부터 30일 이내에 조합설립에 동의하지 아니한 자에게 조합설립에 관한 동의 여부를 회답할 것을 서면으로 촉구하여야 한다.

02 도시 및 주거환경정비법령상 정비사업으로 건설하는 주택규모별 건설비율에 관한 설명이다. 틀린 것은?
① 재개발사업으로 건설하는 국민주택규모 주택의 비율을 전체 세대수의 80%까지로 정할 수 있다.
② 재건축사업의 경우 원칙적으로 국민주택규모의 주택이 전체 세대수의 60% 이하가 되도록 정한다.
③ 주거환경개선사업으로 건설하는 국민주택규모 주택의 비율을 전체 세대수의 90%까지로 정할 수 있다.
④ 사업시행자는 국토교통부장관이 정하여 고시된 내용에 따라 주택을 건설하여야 한다.
⑤ 주거환경개선사업으로 건설하는 공공임대주택의 경우 40m² 이하인 공공임대주택이 전체 공공임대주택 세대수의 1/3 이상이 되도록 정한다.

정답 01. ② 02. ⑤

제3장 도시 및 주거환경정비법(응용)

> **해설** 주택규모별 건설비율의 범위
> 주거환경개선사업으로 건설하는 공공임대주택의 경우 건설하는 주택 전체 세대수의 30/100 이하로 하되, 주거전용면적이 40㎡ 이하인 공공임대주택이 전체 공공임대주택 세대수의 50/100 이하인 범위에서 정한다.

03 ★★ 「도시 및 주거환경정비법」에 규정하는 노후·불량건축물의 정의로서 가장 틀린 것은?

① 건축물이 훼손되거나 일부가 멸실되어 붕괴 그 밖의 안전사고의 우려가 있는 건축물
② 공장의 매연·소음 등으로 인해 위해를 초래할 우려가 있는 지역 안에 있는 건축물
③ 도시미관을 저해하거나 노후화로 인하여 구조적 결함 등이 있는 건축물로서 준공된 후 15년이 지난 건축물
④ 도시미관을 저해하거나 노후화된 건축물로서 도시·군기본계획의 경관에 관한 사항에 저촉되는 건축물
⑤ 당해 건축물을 준공일 기준으로 40년까지 사용하기 위하여 보수·보강하는 데 드는 비용이 철거 후 새로운 건축물을 건설하는 데 드는 비용보다 클 것으로 예상되는 건축물

> **해설** 노후·불량건축물의 정의
> 도시미관을 저해하거나 노후화된 건축물로서 준공된 후 20년 이상 30년 이하의 범위에서 조례로 정하는 기간이 지난 건축물

04 도시 및 주거환경정비법령상의 용어 및 내용에 대한 설명 중 옳은 것은? [17회 개작]

① 재개발사업은 정비기반시설이 열악하고 노후·불량건축물이 밀집한 지역에서 주거환경을 개선하거나 상업지역·공업지역 등에서 도시기능의 회복 및 상권활성화 등을 위하여 도시환경을 개선하기 위한 사업이다.
② 재건축사업은 건축물소유자·토지소유자·조합이 단독으로 시행하거나 건설사업자 또는 등록사업자와 공동으로 이를 시행할 수 있다.
③ 준공일 기준으로 20년까지 사용하기 위한 보수·보강비용이 철거 후 신축비용보다 큰 건축물은 노후·불량건축물로 지정할 수 있다.
④ 주민이 공동으로 사용하는 공동작업장·공원·공용주차장 등은 공동이용시설이다.
⑤ 재개발사업에 있어서 토지등소유자는 토지 또는 건축물의 소유자와 임차권자이다.

> **해설** 용어의 정의
> ② 토지등소유자는 조합을 설립해야 재건축사업을 시행할 수 있다.
> ③ 준공 후 40년까지 사용하기 위한 보수·보강비용이어야 한다.
> ④ 공원과 공용주차장은 정비기반시설이다.
> ⑤ 주거환경개선사업 및 재개발사업의 경우 "토지등소유자"는 정비구역 안에 소재한 토지 또는 건축물의 소유자 또는 그 지상권자를 말한다.

정답 03. ③ 04. ①

부동산공법

05 도시 및 주거환경정비법령상 용어의 정의에 관한 설명으로 틀린 것은? `23회 개작`

① 건축물이 훼손되거나 일부가 멸실되어 붕괴 그 밖의 안전사고의 우려가 있는 건축물은 노후·불량건축물에 해당한다.
② 주거환경개선사업이라 함은 정비기반시설은 양호하나 노후·불량건축물이 밀집한 지역에서 주거환경을 개선하기 위하여 시행하는 사업을 말한다.
③ 도로, 상하수도, 구거, 공원, 공용주차장은 정비기반시설에 해당한다.
④ 재개발사업의 정비구역 안에 소재한 토지의 지상권자는 토지등소유자에 해당한다.
⑤ 「건축법」에 따라 건축허가를 얻어 아파트 또는 연립주택을 건설한 일단의 토지는 주택단지에 해당한다.

해설 용어의 뜻

주거환경개선사업이란 도시저소득 주민이 집단거주하는 지역으로서 정비기반시설이 극히 열악하고 노후·불량건축물이 과도하게 밀집한 지역의 주거환경을 개선하거나 단독주택 및 다세대주택이 밀집한 지역에서 정비기반시설과 공동이용시설 확충을 통하여 주거환경을 보전·정비·개량하기 위한 사업을 말한다.

06 도시 및 주거환경정비법령상 서울특별시와 광역시를 제외한 인구 50만 이상 대도시의 시장의 권한에 관한 설명으로 옳은 것은? `20회 출제`

① 대도시의 시장은 도지사가 도시·주거환경정비기본계획의 수립이 필요하다고 인정한 경우 외에는 기본계획을 수립하지 아니할 수 있다.
② 대도시의 시장이 도시·주거환경정비기본계획을 변경한 때에는 도지사의 승인을 받아야 한다.
③ 대도시의 시장이 도시·주거환경정비기본계획을 수립하는 때에는 지방도시계획위원회의 심의를 거치기 전에 도지사에게 관계 행정기관의 장과의 협의를 요청하여야 한다.
④ 대도시의 시장은 직접 정비구역을 지정할 수 있는 권한을 가진다.
⑤ 대도시의 시장이 정비계획을 수립하는 때에는 도지사의 승인을 얻어야 한다.

해설 대도시의 시장의 권한

① 도지사가 대도시가 아닌 시로서 도시·주거환경정비기본계획을 수립할 필요가 없다고 인정하는 시에 대하여는 도시·주거환경정비기본계획을 수립하지 아니할 수 있다.
② 대도시의 시장이 아닌 시장은 도시·주거환경정비기본계획을 수립 또는 변경한 때에는 도지사의 승인을 받아야 한다.
③ 대도시의 시장은 지방도시계획위원회의 심의를 거치기 전에 관계 행정기관의 장과 협의하여야 한다. 사전에 도지사에게 관계 행정기관의 장과의 협의를 요청하는 것이 아니다.
⑤ 대도시의 시장은 정비계획을 수립하는 때에 도지사의 승인을 받지 아니한다.

정답 05. ② 06. ④

07. 다음은 도시 및 주거환경정비법령상 재개발사업에 관한 설명이다. 틀린 것은?

① 재개발사업은 정비기반시설은 양호하나 노후·불량건축물에 해당하는 공동주택이 밀집한 지역에서 주거환경을 개선하기 위한 사업이다.
② 재개발사업은 관리처분계획에 따라 건축물을 건설하여 공급하거나 환지로 공급하는 방법으로 한다.
③ 재개발사업은 원칙적으로 정비사업조합이 시행한다.
④ 재개발사업을 위한 정비구역은 특별시장·광역시장·특별자치시장·특별자치도지사·시장 또는 군수가 지정한다.
⑤ 재개발사업을 순환정비방식에 의해 시행할 수 있다.

해설 재개발사업
① 재건축사업의 정의이다. 재개발사업은 정비기반시설이 열악하고 노후·불량건축물이 밀집한 지역에서 주거환경을 개선하거나 상업지역·공업지역 등에서 도시기능의 회복 및 상권활성화 등을 위하여 도시환경을 개선하기 위한 사업이다.

08. 다음은 도시 및 주거환경정비법령상 재건축사업에 관한 설명이다. 틀린 것은?

① 시장·군수등은 정비예정구역별 정비계획의 수립시기가 도래한 때부터 사업시행계획인가 전까지 재건축진단을 실시하여야 한다.
② 재건축사업은 철거되는 주택의 소유자 또는 그들이 설립한 정비사업조합이 시행한다.
③ 재건축대상인 노후·불량주택에 설정된 저당권·전세권 등 등기된 권리는 재건축사업이 완료된 후 소유권이전고시가 있으면 새로이 건설된 주택에 설정된 것으로 본다.
④ 조합을 설립하려는 때에는 주택단지의 공동주택의 각 동별 구분소유자의 과반수 동의와 주택단지의 전체 구분소유자의 100분의 70 이상 및 토지면적의 100분의 70 이상의 토지소유자의 동의를 받아 정비구역 지정·고시 후 시장·군수등의 인가를 받아야 한다.
⑤ 정비사업조합의 조합원 중 1세대가 1주택 이상을 소유한 경우에 2 이상의 주택을 공급할 수 있는 경우가 있다.

해설 재건축사업
재건축사업은 조합이 시행하거나 조합이 조합원의 과반수의 동의를 받아 시장·군수등, 토지주택공사등, 건설사업자 또는 등록사업자와 공동으로 시행할 수 있다.

정답 07. ① 08. ②

09 다음은 도시 및 주거환경정비법령상 순환정비방식에 의해 정비사업을 시행하는 경우에 관한 설명이다. 틀린 것은?

① 사업시행자는 토지주택공사등이 보유한 공공임대주택을 순환용 주택으로 우선 공급할 것을 요청할 수 있다.
② 순환정비방식은 재개발사업의 경우에 적용되는 사업방식이다.
③ 정비구역 밖에 건설되는 주택을 순환용 주택으로 하는 경우도 있다.
④ 사업시행자는 「주택법」의 규정에 의한 주택공급방법에 불구하고 순환용 주택을 임시거주시설로 사용하거나 임대할 수 있다.
⑤ 정비사업이 완료된 후 순환용 주택을 분양하는 경우 순환용 주택은 관리처분계획에 의해 토지등소유자에게 처분된 것으로 본다.

> **해설** 순환정비방식
> 순환정비방식은 모든 정비사업에 적용한다.

10 다음은 도시 및 주거환경정비법령상 정비사업의 사업시행자에 관한 설명이다. 틀린 것은?

① 토지등소유자가 재개발사업을 시행하고자 할 때에는 조합을 설립해야 한다.
② 재건축사업조합은 단독으로, 또는 시장·군수 등과 공동으로 재건축사업을 시행할 수 있다.
③ 특별한 사유가 있을 때에는 시장·군수등이 직접 정비사업을 시행할 수 있다.
④ 특별한 사유가 있을 때에는 시장·군수등은 토지주택공사등 중에서 시행자를 지정해서 정비사업을 시행하게 할 수 있다.
⑤ 특별한 사유가 있을 때에는 시장·군수등은 지정개발자를 지정해서 정비사업을 시행하게 할 수 있다.

> **해설** 정비사업의 사업시행자
> 토지등소유자가 20인 미만인 경우에는 토지등소유자는 재개발사업을 단독으로 시행할 수 있다.

정답 09. ② 10. ①

제3장 도시 및 주거환경정비법(응용)

11 다음은 도시 및 주거환경정비법령상 주거환경개선사업을 위한 세입자의 동의에 관한 설명이다. 틀린 것은?

① 관리처분계획 공급방법으로 시행하려는 경우 세입자는 정비계획수립 공람공고일 당시 그 정비예정구역에 3개월 이상 거주하고 있는 자를 그 대상으로 한다.
② 세입자의 세대수가 토지등소유자의 1/2 이하인 경우에는 세입자의 동의를 받지 않아도 된다.
③ 수용공급방법이 아닌 방식으로 주거환경개선사업을 시행하는 경우에는 세입자의 동의를 받지 않아도 되는 경우가 있다.
④ 정비구역지정고시일 현재 그 지역이 속한 시·군·구에 공공임대주택 세입자가 입주가능한 임대주택이 충분하여 임대주택을 건설할 필요가 없다고 시·도지사가 인정하는 경우에는 세입자의 동의를 받지 않아도 된다.
⑤ 건축물의 붕괴우려가 있어 긴급히 정비사업을 시행할 필요가 있다고 인정하는 경우에는 세입자의 동의를 받지 않아도 된다.

해설 주거환경개선사업을 위한 세입자의 동의
세입자는 정비계획수립 공람공고일 3개월 전부터 해당 정비예정구역에 3개월 이상 거주하고 있는 자를 그 대상으로 한다.

12 ★★ 다음은 도시 및 주거환경정비법령상 지정개발자의 정비사업시행에 관한 설명이다. 틀린 것은?

① 시장·군수등의 지정개발자지정처분으로 사업시행계획인가에 갈음한다.
② 시장·군수등은 재개발사업 및 재건축사업이 천재지변등 불가피한 사유로 긴급하게 정비사업을 시행할 필요가 있다고 인정하는 때에는 지정개발자를 사업시행자로 지정하여 정비사업을 시행하게 할 수 있다.
③ 정비사업의 부실을 방지하기 위해 지정개발자로 하여금 사업비의 일부를 예치하게 할 수 있다.
④ 시장·군수등은 지정개발자를 사업시행자로 지정하는 때에는 정비사업시행구역 등 토지등소유자에게 알릴 필요가 있는 사항으로서 대통령령으로 정하는 사항을 해당 지방자치단체의 공보에 고시하여야 한다.
⑤ 시장·군수등이 지정개발자를 사업시행자로 지정·고시한 때에는 그 고시일 다음날에 추진위원회의 구성승인 또는 조합설립인가가 취소된 것으로 본다.

해설 지정개발자의 정비사업시행
지정개발자로 지정된 후 사업시행계획인가를 받아야 한다.

정답 11. ① 12. ①

부동산공법

13 다음은 도시 및 주거환경정비법령상 정비사업의 대행에 관한 설명이다. 틀린 것은?

① 정비사업의 대행은 토지등소유자나 정비사업조합이 사업시행자인 경우에 한한다.
② 정비사업의 대행은 시장·군수등이 직접 행하거나 한국부동산원 또는 지방공사 중에서 사업대행자를 지정해서 행한다.
③ 사업대행자는 정비사업을 대행하는 경우 사업대행개시결정 고시를 한 날의 다음날부터 사업대행완료를 고시하는 날까지 자기의 이름 및 사업시행자의 계산으로 사업시행자의 업무를 집행하고 재산을 관리한다.
④ 사업대행자는 사업대행의 원인이 된 사유가 없어지거나 분양 등기를 완료한 때에는 사업대행을 완료하여야 한다.
⑤ 사업대행자는 사업대행완료의 고시가 있은 때에는 지체없이 사업시행자에게 업무를 인계하여야 하며, 사업시행자는 정당한 사유가 없으면 이를 인수하여야 한다.

해설 정비사업의 대행
한국부동산원은 사업대행자에 해당하지 않는다. 시장·군수등은 조합 또는 토지등소유자를 대신하여 직접 정비사업을 시행하거나 토지주택공사등 또는 지정개발자에게 해당 조합 또는 토지등소유자를 대신하여 정비사업을 시행하게 할 수 있다.

15회 추가 개작

14 도시 및 주거환경정비법령에서 정비사업의 시행에 관한 설명으로 틀린 것은?

① 당해 정비구역 안의 국·공유지 면적이 전체 토지면적의 1/2 이상인 때에는 시장·군수등이 직접 정비사업을 시행할 수 있다.
② 사업시행계획인가의 고시가 있은 때에는 「공익사업을 위한 토지 등의 취득 및 보상에 관한 법률」에 의한 사업인정 및 그 고시가 있는 것으로 본다.
③ 주거환경개선사업을 환지 공급 방법으로 시행하려는 경우에는 정비계획수립에 따른 공람공고일 현재 해당 정비예정구역 안의 토지등소유자의 1/2 이상의 동의를 받아 시장·군수등이 직접 시행하거나 토지주택공사등을 사업시행자로 지정해서 시행하게 할 수 있다.
④ 재건축사업은 조합이 시행하거나, 조합이 조합원의 과반수의 동의를 받아 시장·군수등, 토지주택공사등, 건설사업자 또는 등록사업자와 공동으로 시행할 수 있다.
⑤ 재개발사업은 토지등소유자가 20인 미만인 경우에는 토지등소유자가 시행하거나 토지등소유자가 토지등소유자의 과반수의 동의를 받아 시장·군수등, 토지주택공사등, 건설사업자, 등록사업자, 신탁업자 또는 한국부동산원과 공동으로 시행하는 방법으로 시행할 수 있다.

정답 13. ② 14. ③

해설 정비사업의 시행
③ "1/2 이상의 동의"가 아닌 "2/3 이상의 동의와 세입자 세대수 과반수의 동의"여야 한다(법 제24조 제3항).

15 다음은 도시 및 주거환경정비법령상 정비사업에 관한 설명이다. 틀린 것은?
★★
① 지상권자도 재개발사업조합의 조합원이 될 수 있다.
② 재건축사업은 원칙적으로 정비사업조합이 시행한다.
③ 시장·군수등이 지정개발자를 사업시행자로 지정·고시한 때에는 그 고시일에 추진위원회의 구성승인 또는 조합설립인가가 취소된 것으로 본다.
④ 지정개발자로 지정된 자도 사업시행계획인가를 받아야 정비사업을 시행할 수 있다.
⑤ 시장·군수등이 아닌 사업대행자는 재산의 처분, 자금의 차입 그 밖에 사업시행자에게 재산상 부담을 주는 행위를 하려는 때에는 미리 시장·군수등의 승인을 받아야 한다.

해설 정비사업
③ 고시일 다음날에 추진위원회의 구성승인 또는 조합설립인가가 취소된 것으로 본다(법 제27조 제5항).

16 다음은 도시 및 주거환경정비법령상 정비사업에 관한 설명이다. 틀린 것은?
★
① 토지등소유자는 물론 정비사업조합이 사업을 시행하는 경우에도 일정기준 이상의 토지등소유자의 동의를 받아야 한다.
② 지정개발자는 시장·군수등이 지정한다.
③ 정비사업조합이 다른 사업시행자와 공동으로 사업을 시행하고자 하는 경우에는 토지등소유자의 동의를 받아야 한다.
④ 시장·군수등이 주거환경개선사업을 시행하는 경우에도 토지등소유자와 세입자의 동의를 받아야 한다.
⑤ 토지등소유자가 재개발사업을 시행하는 경우에는 관리처분계획인가를 받은 후 건설사업자 는 등록사업자를 시공자로 선정하여야 한다.

해설 정비사업
토지등소유자가 재개발사업을 시행하는 경우에는 사업시행계획인가를 받은 후 규약에 따라 건설사업자 또는 등록사업자를 시공자로 선정하여야 한다.

정답 15. ③ 16. ⑤

부동산공법

17 도시 및 주거환경정비법령상 정비사업의 시행을 위한 조합설립추진위원회에 관한 설명 중 틀린 것은?

① 조합설립추진위원회는 토지등소유자 과반수의 동의를 받아 위원장을 포함한 5인 이상의 위원으로 구성한다.
② 조합설립추진위원회를 구성한 경우 국토교통부령이 정하는 방법 및 절차에 따라 시장·군수등의 승인을 받아야 한다.
③ 조합설립추진위원회는 정비사업 전문관리업자를 선정할 수 없다.
④ 창립총회는 추진위원장(조합설립추진위원회를 구성하지 않는 경우에는 토지등소유자의 대표자를 말함)의 직권 또는 토지등소유자 1/5 이상의 요구로 추진위원장이 소집한다.
⑤ 조합설립추진위원회는 위원회를 대표하는 추진위원장 1명과 감사를 두어야 한다.

> **해설** 조합설립추진위원회
> 정비사업 전문관리업자의 선정은 조합설립추진위원회의 업무이다.

18 다음은 도시 및 주거환경정비법령상 정비사업조합에 관한 설명이다. 올바른 것은?
★★★
① 재개발사업을 위한 정비사업조합을 설립하고자 할 때에는 토지등소유자 5인 이상이 정관을 작성해서 시장·군수등의 인가를 받아야 한다.
② 재개발사업을 위한 정비사업조합의 설립인가를 신청할 때에는 미리 정비구역안의 토지등소유자의 2/3 이상에 해당하는 자의 동의를 받아야 한다.
③ 재건축사업을 위한 정비사업조합의 설립인가를 신청할 때에는 미리 구분소유자 및 의결권의 각 2/3 이상의 결의가 있어야 한다.
④ 토지 또는 건축물의 소유권과 지상권을 여럿이 공유하는 때에는 각각을 1인의 조합원으로 본다.
⑤ 투기과열지구로 지정된 지역에서 재개발사업을 시행하는 경우에는 관리처분계획의 인가 후 해당 정비사업의 건축물 또는 토지를 양수한 자는 조합원이 될 수 없다.

> **해설** 정비사업조합
> ① 정비사업조합을 설립하고자 할 때에는 미리 조합설립추진위원회를 설립해야 한다.
> ② 토지등소유자의 3/4 이상과 토지면적의 1/2 이상의 토지소유자의 동의를 받아야 한다.
> ③ 주택단지의 공동주택의 각 동별 구분소유자의 과반수 동의와 주택단지의 전체 구분소유자의 100분의70 이상 및 토지면적의 100분의70 이상의 토지소유자의 동의가 있어야 한다.
> ④ 토지 또는 건축물의 소유권과 지상권을 여럿이 공유하는 때에는 그 중 대표자를 1인의 조합원으로 본다.

정답 17. ③ 18. ⑤

19. 도시 및 주거환경정비법령상 재개발사업을 시행하기 위해 조합을 설립하고자 할 때 다음 표의 예시에서 산정되는 토지등소유자의 수는? [17회 개작]

지 번	토지소유자	건축물소유자	지상권자
1	A		
2	B, C		D, E
3	F	G	
4	A	A	

① 3인 ② 4인 ③ 5인 ④ 7인 ⑤ 9인

해설 토지등소유자의 수

토지소유자의 경우 단독소유자인 F는 당연히 1인으로 계산하고, A는 한사람이 여러 필지의 토지를 소유하고 있는 경우이므로 1인으로 계산하고, 공유자인 B와 C는 합해서 1인으로 계산하므로 토지소유자는 모두 3인이 된다.
여기에 건축물소유자는 G 1인을 합하면 토지등소유자는 모두 4인이다. 그리고 지상권자는 토지소유자와 합해서 1인으로 계산하며, 지상권을 공유하는 경우 공유권자를 합해서 1인으로 계산하므로 지상권자 D 및 E는 토지등소유자의 수에 영향을 미치지 않는다.

20. 도시 및 주거환경정비법령상 재개발사업 조합의 설립을 위한 동의자수 산정 시, 다음에서 산정되는 토지등소유자의 수는? (단, 권리관계는 제시된 것만 고려하며, 토지는 정비구역 안에 소재함) [25회 개작]

1) A, B, C 3인이 공유한 1필지 토지에 하나의 주택을 단독 소유한 D
2) 3필지의 나대지를 단독 소유한 E
3) 1필지의 나대지를 단독 소유한 F와 그 나대지에 대한 지상권자 G

① 3명 ② 4명 ③ 5명 ④ 7명 ⑤ 9명

해설 토지등소유자의 수

1) A, B, C 3인이 공유한 1필지 토지는 A, B, C 3인을 대표하는 1명을 산정하고, 하나의 주택을 단독 소유한 D도 1명으로 산정하므로 2명을 산정한다.
2) 1인이 다수 필지의 토지 또는 다수의 건축물을 소유하고 있는 경우에는 필지나 건축물의 수에 관계없이 토지등소유자를 1인으로 산정하므로 E도 1명을 산정한다.
3) 토지에 지상권이 설정되어 있는 경우 토지의 소유자와 해당 토지의 지상권자를 대표하는 1인을 토지등소유자로 산정하므로 F와 G는 F와 G를 대표하는 1명을 산정한다.

정답 19. ② 20. ②

부동산공법

21 다음은 도시 및 주거환경정비법령상 정비사업조합의 조합원에 관한 설명이다. 틀린 것은?

① 재건축사업의 경우 토지만 소유한 자는 조합원 자격이 없다.
② 조합설립인가 후 1인의 토지등소유자로부터 토지 또는 건축물을 양수하여 수인이 소유하게 된 경우에는 각자를 조합원으로 본다.
③ 조합임원은 조합원 1/10 이상의 요구로 소집된 총회에서 조합원 과반수의 출석과 출석 조합원 과반수의 동의를 받아 해임할 수 있다.
④ 투기과열지구로 지정된 지역의 재건축사업의 경우에는 조합설립인가 후 그 정비사업의 건축물을 양수한 자는 원칙적으로 조합원이 될 수 없는 특례규정이 있다.
⑤ 조합임원의 임기는 3년 이하의 범위에서 정관으로 정하되, 연임할 수 있다.

> **해설** 조합원
> 조합설립인가 후 1인의 토지등소유자로부터 토지 또는 건축물의 소유권이나 지상권을 양수하여 수인이 소유하게 된 경우에는 그 수인을 대표하는 1인을 조합원으로 본다.

22 도시 및 주거환경정비법령상 조합에 관한 설명으로 옳은 것은? **27회 개작**

① 토지등소유자가 재개발사업을 시행하고자 하는 경우에는 토지등소유자로 구성된 조합을 설립하여야만 한다.
② 토지등소유자가 100명 이하인 조합에는 2명 이하의 이사를 둔다.
③ 재건축사업의 추진위원회가 주택단지가 아닌 지역이 포함된 정비구역에서 조합을 설립하고자 하는 때에는 주택단지가 아닌 지역안의 토지면적의 4분의 3 이상의 토지소유자의 동의를 얻어야 한다.
④ 분양신청을 하지 아니한 자에 대한 현금청산 금액을 포함한 정비사업비가 100분의 10 이상 늘어나는 경우에는 조합원 3분의 2 이상의 동의를 받아야 한다.
⑤ 대의원회는 임기 중 궐위된 조합장을 보궐선임할 수 없다.

> **해설** 정비사업조합
> ① 토지등소유자가 20인 미만인 경우에 재개발사업을 시행하려는 경우에는 조합을 설립하지 않는다.
> ② 조합에 두는 이사의 수는 3명 이상으로 하고, 감사의 수는 1명 이상 3명 이하로 한다. 다만, 토지등소유자의 수가 100명을 초과하는 경우에는 이사의 수를 5명 이상으로 한다.
> ③ 재건축사업의 추진위원회가 주택단지가 아닌 지역이 정비구역에 포함된 때에는 주택단지가 아닌 지역의 토지 또는 건축물 소유자의 3/4 이상 및 토지면적의 2/3 이상의 토지소유자의 동의를 받아야 한다.
> ④ 현금청산 금액을 제외하고 정비사업비가 10/100 이상 늘어나는 경우에는 조합원 2/3 이상의 동의를 받아야 한다.

정답   21. ②   22. ⑤

23. 다음은 도시 및 주거환경정비법령상 정비사업조합에 관한 설명이다. 틀린 것은?

① 조합총회는 조합원 1/10 이상의 요구로 조합장이 소집한다.
② 총회 의결사항 중 사업시행계획서의 작성 및 변경에 대하여는 조합원 과반수의 찬성으로 의결한다.
③ 총회 의결사항 중 조합원의 동의가 필요한 사항은 총회에 상정하여야 한다.
④ 위임장에 의한 대리참석이 인정된다.
⑤ 총회에서 관리처분계획의 수립 및 변경을 의결하는 경우에는 조합원의 20/100 이상이 직접 출석하여야 한다.

해설 조합총회
임원해임을 위한 경우를 제외하고는 조합 총회는 조합장이 직권으로 소집하거나 조합원 1/5 이상 또는 대의원 2/3 이상의 요구로 조합장이 소집한다.

24. 도시 및 주거환경정비법령상 정비사업의 시행에 관한 설명으로 옳은 것은? [30회 출제]

① 조합의 정관에는 정비구역의 위치 및 면적이 포함되어야 한다.
② 조합설립인가 후 시장·군수등이 토지주택공사등을 사업시행자로 지정·고시한 때에는 그 고시일에 조합설립인가가 취소된 것으로 본다.
③ 조합은 명칭에 "정비사업조합"이라는 문자를 사용하지 않아도 된다.
④ 조합장이 자기를 위하여 조합과 소송을 할 때에는 이사가 조합을 대표한다.
⑤ 재건축사업을 하는 정비구역에서 오피스텔을 건설하여 공급하는 경우에는 「국토의 계획 및 이용에 관한 법률」에 따른 준주거지역 및 상업지역 이외의 지역에서 오피스텔을 건설할 수 있다.

해설 정비사업의 시행 등
② 조합설립인가 후 시장·군수등이 토지주택공사등을 사업시행자로 지정·고시한 때에는 그 고시일 다음 날에 조합설립인가가 취소된 것으로 본다.
③ 조합은 명칭에 "정비사업조합"이라는 문자를 사용하여야 한다.
④ 조합장이 자기를 위하여 조합과 소송을 할 때에는 감사가 조합을 대표한다.
⑤ 재건축사업을 하는 정비구역에서 오피스텔을 건설하여 공급하는 경우에는 준주거지역 및 상업지역에서만 건설할 수 있다.

정답 23. ① 24. ①

25 다음은 도시 및 주거환경정비법령상 정비사업조합에 관한 설명이다. 틀린 것은?

① 재건축사업을 위한 조합을 설립하는 경우에 주택단지가 아닌 지역이 정비구역에 포함된 때에는 주택단지가 아닌 지역의 토지 또는 건축물 소유자의 3/4 이상 및 토지면적의 2/3 이상의 토지소유자의 동의를 받아야 한다.
② 재건축사업의 경우 창립총회의 의사결정은 조합설립에 동의한 토지등소유자의 과반수 출석과 출석한 토지등소유자 과반수 찬성으로 결의한다.
③ 추진위원회의 구성에 동의한 토지등소유자는 조합의 설립에 동의한 것으로 본다.
④ 정비사업에 대하여 공공지원을 하려는 경우에는 추진위원회를 구성하지 아니할 수 있다.
⑤ 정관 중 조합의 비용부담 및 조합의 회계에 관한 사항을 변경하고자 하는 경우에는 조합원 과반수의 찬성이 있어야 한다.

해설 정비사업조합
정관의 변경에는 조합원 과반수의 찬성이 필요하지만, 정관 중 일부사항의 경우에는 조합원 2/3 이상의 찬성이 필요한데, 조합의 비용부담 및 조합의 회계에 관한 사항은 조합원 2/3 이상의 찬성이 있어야 변경할 수 있는 사항이다.

26 도시 및 주거환경정비법령상 조합에 관한 내용으로 옳은 것은?

① 조합임원의 사임, 해임 또는 임기만료 후 6개월 이상 조합임원이 선임되지 아니한 경우에는 시장·군수등이 조합임원 선출을 위한 총회를 소집할 수 있다.
② 대의원회는 정비사업전문관리업자의 선정 및 변경에 관한 총회의 권한을 대행할 수 있다.
③ 조합임원은 같은 목적의 정비사업을 하는 다른 조합의 임원 또는 직원을 겸할 수 있다.
④ 조합장이 아닌 조합임원은 대의원이 될 수 있다.
⑤ 재개발사업의 추진위원회가 조합을 설립하려면 토지등소유자의 2분의 1 이상 및 토지면적의 4분의 3 이상의 토지소유자의 동의를 받아야 한다.

해설 정비사업조합
② 대의원회는 정비사업전문관리업자의 선정 및 변경에 관한 총회의 권한을 대행할 수 없다. 총회의 의결사항이다.
③ 조합임원은 같은 목적의 정비사업을 하는 다른 조합의 임원 또는 직원을 겸할 수 없다.
④ 조합장이 아닌 조합임원은 대의원이 될 수 없다.
⑤ 재개발사업의 추진위원회가 조합을 설립하려면 토지등소유자의 4분의 3 이상 및 토지면적의 2분의 1 이상의 토지소유자의 동의를 받아야 한다.

정답 25. ⑤ 26. ①

27. 도시 및 주거환경정비법령상 조합에 관한 설명으로 틀린 것은?

① 조합은 조합설립의 인가를 받은 날부터 30일 이내에 주된 사무소의 소재지에서 등기함으로써 성립한다.
② 시장·군수등, 토지주택공사등 또는 지정개발자가 아닌 자가 정비사업을 시행하려는 경우에는 토지등소유자로 구성된 조합을 설립하여야 한다. 다만, 토지등소유자가 재개발사업을 시행하려는 경우에는 제외한다.
③ 재건축사업조합은 사업시행계획인가를 받은 후 건설사업자 또는 등록사업자를 시공자로 선정하여야 한다.
④ 총회를 소집하려는 자는 총회가 개최되기 7일 전까지 회의 목적·안건·일시 및 장소를 정하여 조합원에게 통지하여야 한다.
⑤ 조합에 관하여는 「도시 및 주거환경정비법」에 규정된 것을 제외하고는 민법 중 사단법인에 관한 규정을 준용한다.

> **해설** 정비사업조합
> 정비사업조합은 조합설립인가를 받은 후 조합총회에서 경쟁입찰 또는 수의계약(2회 이상 경쟁입찰이 유찰된 경우로 한정)의 방법으로 건설사업자 또는 등록사업자를 시공자로 선정하여야 한다.

28. 다음은 도시 및 주거환경정비법령상 정비사업조합에 관한 설명이다. 틀린 것은?

① 토지 또는 건축물의 소유자 외에 지상권자도 조합원이 될 수 있다.
② 조합장 또는 이사의 자기를 위한 조합과의 계약이나 소송에 관하여는 감사가 조합을 대표한다.
③ 임원이 결격사유에 해당하게 된 경우에는 조합장이 그 임원을 해임해야 한다.
④ 조합원이 100인 이상인 경우에는 대의원회를 두어야 한다.
⑤ 대의원회를 둔 경우에도 관리처분계획의 수립에 관한 사항은 반드시 총회의 의결을 거쳐야 한다.

> **해설** 정비사업조합
> 조합임원이 결격사유에 해당하게 되거나 선임 당시 결격사유에 해당하는 자이었음이 판명된 때에는 당연 퇴임한다.

정답 27. ③ 28. ③

부동산공법

29 도시 및 주거환경정비법령상 조합이 시행하는 재건축사업의 조합원 또는 조합임원의 자격, 직무 등에 관한 설명 중 옳은 것은?

① 토지등소유자는 의무적으로 재건축사업의 조합원이 된다.
② 조합장 또는 이사의 자기를 위한 조합과의 계약이나 소송에 관하여는 감사가 조합을 대표한다.
③ 금고 이상의 형의 집행유예를 받고 그 유예기간 중에 있는 자는 조합의 임원이 될 수 있다.
④ 「주택법」상 투기과열지구 안에서의 재건축사업을 위한 조합설립인가 후 당해 정비사업의 건축물 또는 토지를 상속으로 인해 양수한 자는 조합원이 될 수 없다.
⑤ 조합설립에 대한 동의는 최초로 동의한 날부터 30일이 지나지 아니한 경우에는 조합설립을 위한 창립총회 후에도 철회할 수 있다.

해설 재건축사업조합
① 재건축사업의 경우에는 그 사업에 동의한 자만 정비사업조합의 조합원이 된다.
③ 집행유예기간 중에 있는 자는 정비사업조합의 임원이 될 수 없다.
④ 상속·이혼에 의해 투기과열지구 안에서 시행되는 재건축사업·재개발사업의 건축물 또는 토지를 양수한 경우에는 조합원이 될 수 있다.
⑤ 조합설립에 대한 동의는 최초로 동의한 날부터 30일이 지나지 아니한 경우에도 조합설립을 위한 창립총회 후에는 철회할 수 없다.

21회 개작

30 토지소유자인 甲은 조합설립추진위원회에 재개발사업을 위한 조합설립 동의를 하였으나, 조합설립인가 신청 전인 2010.10.1 추진위원회와 인가권자인 시장에게 각각 동의철회서를 발송하였다. 시장은 甲의 철회서가 접수된 사실을 2010.10.5 추진위원회에 통지하였고, 甲이 추진위원회에 발송한 철회서는 2010.10.7 추진위원회에 도달하였다. 이 경우 동의 철회의 효력은 언제부터 발생하는가? (단, 철회는 적법함을 전제함)

① 2010.10.1 ② 2010.10.5 ③ 2010.10.6
④ 2010.10.7 ⑤ 2010.10.8

해설 동의 등의 철회
동의의 철회나 반대의 의사표시는 철회서가 동의의 상대방에게 도달한 때 또는 시장·군수등이 동의의 상대방에게 철회서가 접수된 사실을 통지한 때 중 빠른 때에 효력이 발생한다.

정답 29. ② 30. ②

31
다음은 도시 및 주거환경정비법령상 주민대표회의에 관한 설명이다. 틀린 것은?

① 주민대표회의는 토지등소유자가 시장·군수등 또는 토지주택공사등의 사업시행을 원하는 경우에 구성한다.
② 주민대표회의는 5인 이상 25인 이하로 구성한다.
③ 주민대표회의는 토지등소유자의 과반수의 동의를 받아 구성하며, 이 동의는 사업시행자 지정에 대한 동의로 본다.
④ 주민대표회의를 구성한 때에는 시장·군수등의 승인을 받아야 한다.
⑤ 주민대표회의는 사업시행자가 시행규정을 정하는 경우 그 내용에 대해 동의권을 가진다.

해설 주민대표회의
주민대표회의는 사업시행자가 시행규정을 정하는 때에 일정사항에 대해 의견을 제시할 수 있을 뿐이다.

32 ★★
도시개발법령상 도시개발사업을 위한 조합과 도시 및 주거환경정비법령상 정비사업을 위한 조합에 공통으로 적용되는 설명 중 옳은 것은? **16회 출제**

① 조합설립의 인가신청을 위해 토지소유자 총수의 2/3 이상의 동의를 받아야 한다.
② 조합은 법인으로 하며, 그 주된 사무소의 소재지에서 등기함으로써 성립한다.
③ 조합을 설립하고자 하는 때에는 구역안의 토지소유자 5인 이상이 정관을 작성해서 조합설립의 인가를 받아야 한다.
④ 조합을 설립하기 위해서는 조합원 2/3 이상이 동의하는 추진위원회를 구성해야 한다.
⑤ 조합임원은 총회에서 조합원 2/3 이상 출석과 출석조합원 과반수의 동의를 받아 선임한다.

해설 도시개발사업을 위한 조합과 정비사업을 위한 조합의 공통 적용
① 도시개발조합의 설립인가를 신청할 때에는 토지면적의 2/3 이상의 토지소유자와 그 구역의 토지소유자 총수의 1/2 이상의 동의를 받아야 하고, 재개발사업을 위한 정비사업조합의 설립인가를 신청할 때에는 토지등소유자의 3/4 이상 및 토지면적의 1/2 이상의 토지소유자의 동의를 받아야 하며, 재건축사업을 위한 정비사업조합의 설립인가를 신청할 때에는 각 동별 구분소유자의 과반수 동의와 주택단지의 전체 구분소유자의 100분의70 이상 및 토지면적의 100분의70 이상의 토지소유자의 동의를 받아야 한다.
③ 도시개발조합을 설립하고자 하는 때에는 토지소유자 7인 이상이 정관을 작성해서 조합설립인가를 받아야 하며, 정비사업조합을 설립하고자 할 때에는 조합설립추진위원회가 정관을 정해 조합설립인가를 받아야 한다.
④ 조합설립추진위원회는 정비사업조합을 설립하는 경우에 구성하는데, 토지등소유자 과반수의 동의가 있어야 한다.
⑤ 도시개발조합의 임원은 정관이 정하는 바에 의해 총회에서 조합원이 선임하며, 정비사업조합의 임원은 총회에서 조합원 과반수의 출석과 출석조합원 과반수의 찬성으로 선임한다.

정답 31. ⑤ 32. ②

33. 도시 및 주거환경정비법령상 도시·주거환경정비기본계획(이하 '기본계획')의 수립에 관한 설명으로 틀린 것은? [27회 출제]

① 기본계획의 작성방법은 국토교통부장관이 정한다.
② 대도시의 시장이 아닌 시장은 기본계획의 내용 중 단계별 정비사업추진계획을 변경하는 때에는 도지사의 승인을 얻지 않아도 된다.
③ 기본계획에 생활권별 기반시설 설치계획이 포함된 경우에는 기본계획에 포함되어야 할 사항 중 주거지 관리계획이 생략될 수 있다.
④ 대도시의 시장은 지방도시계획위원회의 심의를 거치기 전에 관계 행정기관의 장과 협의하여야 한다.
⑤ 도지사가 기본계획을 수립할 필요가 없다고 인정하는 대도시가 아닌 시는 기본계획을 수립하지 아니할 수 있다.

해설 도시·주거환경정비기본계획
- 기본계획에 다음 사항을 포함하는 경우에 정비예정구역의 개략적 범위와 단계별 정비사업추진계획을 생략할 수 있다.
  1) 생활권의 설정, 생활권별 기반시설 설치계획 및 주택수급계획
  2) 생활권별 주거지의 정비·보전·관리의 방향

34. 도시 및 주거환경정비법령상 도시·주거환경정비기본계획(이하 '기본계획'이라 함)의 수립에 관한 설명으로 틀린 것은? [29회 출제]

① 도지사가 대도시가 아닌 시로서 기본계획을 수립할 필요가 없다고 인정하는 시에 대하여는 기본계획을 수립하지 아니할 수 있다.
② 국토교통부장관은 기본계획에 대하여 5년마다 타당성을 검토하여 그 결과를 기본계획에 반영하여야 한다.
③ 기본계획의 수립권자는 기본계획을 수립하려는 경우 14일 이상 주민에게 공람하여 의견을 들어야 한다.
④ 기본계획에는 사회복지시설 및 주민문화시설 등의 설치계획이 포함되어야 한다.
⑤ 대도시의 시장이 아닌 시장은 기본계획의 내용 중 정비사업의 계획기간을 단축하는 경우 도지사의 변경승인을 받지 아니할 수 있다.

해설 도시·주거환경정비기본계획
특별시장·광역시장·특별자치시장·특별자치도지사 또는 시장이 기본계획에 대하여 5년마다 타당성을 검토하여 그 결과를 기본계획에 반영하여야 한다.

정답 33. ③ 34. ②

제3장 도시 및 주거환경정비법(응용)

35 다음은 도시 및 주거환경정비법령상 도시·주거환경정비기본계획에 관한 설명이다. 올바른 것은?

① 도시·주거환경정비기본계획은 특별시·광역시·시 또는 군의 관할구역별로 수립한다.
② 도시·주거환경정비기본계획을 수립하거나 승인하는 때에는 중앙도시계획위원회의 심의를 거쳐야 한다.
③ 도시·주거환경정비기본계획의 작성기준 및 작성방법은 국토교통부장관이 정하여 고시한다.
④ 정비구역을 2 이상의 사업시행지구로 분할하고자 할 때에는 도시·주거환경정비기본계획에 이를 반영해야 한다.
⑤ 도시·주거환경정비기본계획에 대해서는 10년마다 타당성검토를 해야 한다.

해설 도시·주거환경정비기본계획
① 도시·주거환경정비기본계획은 군지역에 대해서는 수립하지 않는다.
② 도시·주거환경정비기본계획의 수립 또는 변경은 지방도시계획위원회의 심의를 거쳐야 한다.
④ 정비구역을 2 이상의 사업시행지구로 분할하고자 할 것인지 여부는 정비구역을 지정할 때에 정하게 된다.
⑤ 도시·주거환경정비기본계획에 대해서는 5년마다 타당성 검토를 해야 한다.

36 다음은 도시 및 주거환경정비법령상 도시·주거환경정비기본계획을 변경하는 경우 주민공람과 지방의회의 의견청취 절차를 생략할 수 있는 경우이다. 틀린 것은?

① 정비사업의 계획기간을 단축하는 경우
② 건축물의 건폐율 및 용적률의 각 20% 미만의 변경인 경우
③ 정비사업의 시행을 위해 필요한 재원조달에 관한 사항의 변경인 경우
④ 공동이용시설에 대한 설치계획의 변경인 경우
⑤ 세입자에 대한 주거안정대책의 변경인 경우

해설 도시·주거환경정비 기본계획의 경미한 변경
세입자에 대한 주거안정대책의 변경은 경미한 변경에 해당하지 않는다.

정답 35. ③ 36. ⑤

부동산공법

37 다음은 도시 및 주거환경정비법령상 도시·주거환경정비기본계획의 수립 또는 변경에 관한 설명이다. 틀린 것은?

① 특별시장·광역시장·특별자치시장·특별자치도지사 또는 시장이 도시·주거환경정비기본계획을 수립 또는 변경하는 때에는 원칙적으로 주민공람절차를 거쳐야 한다.
② 특별시장·광역시장·특별자치시장·특별자치도지사 또는 시장이 도시·주거환경정비기본계획을 수립 또는 변경하는 때에는 원칙적으로 지방의회의 의견을 들어야 한다.
③ 도시·주거환경정비기본계획의 수립권자는 도시·주거환경정비기본계획을 수립하거나 변경하려는 경우에는 30일 이상 주민에게 공람하여 의견을 들어야 한다.
④ 특별시장·광역시장·특별자치시장·특별자치도지사 또는 시장이 도시·주거환경정비기본계획을 수립 또는 변경한 때에는 이를 당해 지방자치단체의 공보에 고시해야 한다.
⑤ 특별시장·광역시장·특별자치시장·특별자치도지사 또는 시장이 도시·주거환경정비기본계획을 수립 또는 변경한 때에는 이를 국토교통부장관에게 보고해야 한다.

> **해설** 도시·주거환경정비기본계획의 수립 또는 변경
> 도시·주거환경정비기본계획의 수립권자는 도시·주거환경정비기본계획을 수립하거나 변경하려는 경우에는 14일 이상 주민에게 공람하여 의견을 들어야 하며, 제시된 의견이 타당하다고 인정되면 이를 도시·주거환경정비기본계획에 반영하여야 한다.

38 다음은 「도시 및 주거환경정비법」상의 정비계획입안의 제안에 관한 설명이다. 올바른 것은?

① 토지등소유자가 공공재개발사업 또는 공공재건축사업을 추진하려는 경우에는 정비계획의 입안권자에게 정비계획의 입안을 제안할 수 없다.
② 정비계획의 입안권자는 정비계획의 반영 여부 통보를 부득이한 사정이 있는 경우에는 제안자에게 한 차례만 20일을 연장할 수 있다.
③ 토지등소유자가 정비계획의 입안권자에게 정비계획의 입안을 제안하려는 경우 토지등소유자의 2/3 이하 및 토지면적 2/3 이하의 범위에서 시·도조례로 정하는 비율 이상의 동의를 받은 후 필요한 서류를 첨부하여 정비계획의 입안권자에게 제출하여야 한다.
④ 정비계획의 입안권자는 제안자에게 원칙적으로 45일 이내에 정비계획에의 반영 여부를 통보해야 한다.
⑤ 토지등소유자는 대도시로서 시·도조례로 정하는 경우에는 도지사에게 정비계획의 입안을 제안할 수 있다.

> **해설** 정비계획입안의 제안
> ① 토지등소유자가 공공재개발사업 또는 공공재건축사업을 추진하려는 경우에는 정비계획의 입안권자에게 정비계획의 입안을 제안할 수 있다.
> ② 부득이한 사정이 있는 경우에는 한 차례만 30일을 연장할 수 있다.
> ④ 정비계획의 입안권자는 원칙적으로 60일 이내에 정비계획에의 반영 여부를 통보해야 한다.
> ⑤ 토지등소유자 또는 추진위원회는 대도시가 아닌 시 또는 군으로서 시·도조례로 정하는 경우에는 정비계획의 입안권자에게 정비계획의 입안을 제안할 수 있다.

정답   37. ③   38. ③

제3장 도시 및 주거환경정비법(응용)

39 도시 및 주거환경정비법령상 재건축사업의 재건축진단에 관한 설명으로 옳은 것은? **22회 개작**

① 시장·군수등은 정비예정구역을 지정하지 아니한 지역에서 재건축사업을 하려는 자가 사업예정구역에 있는 건축물 및 그 부속토지의 소유자 1/20 이상의 동의를 받아 재건축진단의 실시를 요청하는 경우에는 재건축진단을 실시하여야 한다.
② 주택의 구조안전상 사용금지가 필요하다고 시장·군수등이 인정하는 건축물인 경우에는 재건축진단을 실시하여야 한다.
③ 시장·군수등은 정비구역으로 지정된 지역에서 재건축사업을 시행하려는 자가 해당 구역에 위치한 건축물 및 그 부속토지의 소유자 1/10 이상의 동의를 받아 재건축진단의 실시를 요청하는 경우에는 재건축진단을 실시하여야 한다.
④ 천재·지변 등으로 주택이 붕괴되어 신속히 재건축을 추진할 필요가 있다고 시장·군수등이 인정할 때에는 재건축진단을 실시하여야 한다.
⑤ 시·도지사는 수익자부담의 원칙에 의하여 재건축진단 결과의 적정성 여부에 따른 검토 비용을 원칙적으로 부담하지 않는다.

해설 재건축진단
① 시장·군수등은 정비예정구역을 지정하지 아니한 지역에서 재건축사업을 하려는 자가 사업예정구역에 있는 건축물 및 그 부속토지의 소유자 1/10 이상의 동의를 받아 재건축진단의 실시를 요청하는 경우에는 재건축진단을 실시하여야 한다.
② 주택의 구조안전상 사용금지가 필요하다고 시장·군수등이 인정하는 건축물인 경우에는 재건축진단 대상에서 제외할 수 있다.
④ 시장·군수등이 천재·지변 등으로 주택이 붕괴되어 신속히 재건축을 추진할 필요가 있다고 인정할 때에는 재건축진단 대상에서 제외할 수 있다.
⑤ 재건축진단 결과의 적정성 여부에 따른 검토 비용은 적정성 여부에 대한 검토를 의뢰 또는 요청한 국토교통부장관 또는 시·도지사가 부담한다.

40 다음은 도시 및 주거환경정비법령상 정비구역의 지정에 관한 설명이다. 틀린 것은?
★★★
① 지구단위계획구역에 대하여 정비계획의 내용을 모두 포함한 지구단위계획을 결정·고시하는 경우 해당 지구단위계획구역은 정비구역으로 지정·고시된 것으로 본다.
② 정비구역의 진입로 설치를 위해 필요한 경우에는 진입로 지역과 그 인접지역을 포함해서 정비구역을 지정할 수 있다.
③ 정비구역의 지정권자는 정비구역 지정을 위하여 직접 정비계획을 입안할 수 없다.
④ 정비구역 및 정비계획 중 지구단위계획의 내용에 해당하는 사항은 지구단위계획구역 및 지구단위계획으로 결정·고시된 것으로 본다.
⑤ 주거환경개선구역은 해당 정비구역의 지정·고시가 있은 날부터 제2종 일반주거지역(주거환경개선사업이 수용 공급방법 또는 관리처분계획 공급방법으로 시행되는 경우에는 제3종 일반주거지역)으로 결정·고시된 것으로 본다.

정답 39. ③ 40. ③

> **해설** 정비구역의 지정
> 정비구역의 지정권자는 정비구역 지정을 위하여 직접 정비계획을 입안할 수 있다.

41 다음은 도시 및 주거환경정비법령상 정비구역에 관한 설명이다. 올바른 것은?

① 정비구역의 지정절차는 도시·군관리계획결정절차에 의한다.
② 진입로 설치를 위한 지역은 정비구역에 포함되지 않는다.
③ 주거환경개선구역 또는 도시영세민을 이주시켜 형성된 낙후지역으로서 재개발구역에 있는 국·공유지는 사업시행계획인가고시가 있은 날부터 종전의 용도가 폐지된 것으로 본다.
④ 정비구역의 분할은 사업시행계획에 의한다.
⑤ 정비구역의 지정고시가 있은 날부터 2년 이내에 사업시행계획인가의 신청이 없으면 정비구역지정의 효력이 상실된다.

> **해설** 정비구역
> ① 정비구역의 지정절차는 도시·군관리계획결정절차와 관련이 없다.
> ② 진입로 설치를 위한 지역을 함께 정비구역으로 지정할 수 있다.
> ④ 정비구역의 분할은 정비구역지정시 정하여지며, 사업시행계획은 정비구역이 분할되면 그 분할된 구역을 대상으로 해서 작성된다.
> ⑤ 정비구역의 지정고시가 있은 날부터 2년 이내에 사업시행계획인가의 신청이 없으면 시장·군수등이 직접 정비사업을 시행하거나 토지주택공사등을 사업자로 지정하게 될 뿐 정비구역지정의 효력이 상실되지는 않는다. 정비구역의 지정권자는 토지등소유자가 시행하는 재개발사업으로서 토지등소유자가 정비구역으로 지정·고시된 날부터 5년이 되는 날까지 사업시행계획인가를 신청하지 아니하는 경우 정비구역을 해제하여야 한다.

42 도시 및 주거환경정비법령상 정비구역 안에서 시장·군수등의 허가를 받아야 하는 행위는? (단, 「국토의 계획 및 이용에 관한 법률」에 따른 개발행위허가의 대상이 아님) **22회 개작**

① 농산물의 생산에 직접 이용되는 탈곡장의 설치
② 농산물의 생산에 직접 이용되는 비닐하우스의 설치
③ 경작을 위한 토지의 형질변경
④ 경작지에서의 관상용 죽목의 임시식재
⑤ 농산물의 생산에 직접 이용되는 종묘배양장의 설치

> **해설** 시장·군수등의 허가를 받아야 하는 행위
> 관상용 죽목의 임시식재는 허가를 받지 아니하고 이를 할 수 있는 행위이나 경작지에서의 임시식재는 허가를 받아야 한다.

정답   41. ③   42. ④

제3장 도시 및 주거환경정비법(응용)

43 다음은 도시 및 주거환경정비법령상 정비구역 안에서의 행위제한에 관한 설명이다. 틀린 것은?

① 정비구역 안에서 건축물을 건축하거나 공작물을 설치하고자 하는 때에는 미리 시·도지사의 허가를 받아야 한다.
② 재해복구·재난수습에 필요한 응급조치를 하는 경우에는 허가를 받지 않아도 된다.
③ 정비구역 지정 당시 적법하게 공사에 착수한 경우에는 신고를 하고 공사를 계속할 수 있다.
④ 행위허가기준에 관해서는 「국토의 계획 및 이용에 관한 법률」의 개발행위허가기준을 준용한다.
⑤ 허가를 받지 않고 허가대상행위를 한 경우에는 2년 이하의 징역 또는 2,000만원 이하의 벌금형을 받게 된다.

> **해설** 정비구역 안에서의 행위제한
> 정비구역 안에서 건축물의 건축, 공작물의 설치 등을 하려는 자는 시장·군수등의 허가를 받아야 한다.

44 다음은 도시 및 주거환경정비법령의 정비구역 해제에 관한 설명이다. 틀린 것은?

① 정비구역의 지정권자는 정비구역의 해제 기간이 도래하기 전까지 연장을 요청하는 경우에는 정비구역의 해제 기간을 1년의 범위에서 연장하여 정비구역을 해제하지 아니할 수 있다.
② 정비구역의 해제를 요청받은 정비구역의 지정권자가 정비구역을 해제하고자 할 때에는 지방도시계획위원회의 심의를 거쳐야 한다.
③ 정비구역의 지정권자가 정비사업의 시행에 따른 토지등소유자의 과도한 부담이 예상되는 경우에는 정비구역의 지정을 해제할 수 있다.
④ 특별자치시장, 특별자치도지사, 시장, 군수 또는 구청장등은 주민공람을 하는 경우에는 지방의회의 의견을 들어야 한다.
⑤ 정비구역이 해제된 경우 그 정비계획으로 변경된 용도지역·정비기반시설 등은 정비구역 지정 이전의 상태로 환원된 것으로 본다.

> **해설** 정비구역의 해제
> 정비구역의 지정권자는 정비구역등의 토지등소유자가 30/100 이상의 동의로 정비구역등의 해제 기간이 도래하기 전까지 연장을 요청하는 경우에는 정비구역등의 해제 기간을 2년의 범위에서 연장하여 정비구역등을 해제하지 아니할 수 있다.

정답 43. ① 44. ①

부동산공법

45 도시 및 주거환경정비법령상 정비예정구역 또는 정비구역의 해제 사유가 아닌 것은?

① 재개발사업으로서 조합설립인가를 받은 날부터 2년이 되는 날까지 사업시행계획인가를 신청하지 아니하는 경우
② 재건축사업으로서 토지등소유자가 정비구역으로 지정·고시된 날부터 2년이 되는 날까지 조합설립추진위원회의 승인을 신청하지 아니하는 경우
③ 재건축사업으로서 조합설립추진위원회가 추진위원회 승인일부터 2년이 되는 날까지 조합설립인가를 신청하지 아니하는 경우
④ 토지등소유자가 시행하는 재개발사업으로서 토지등소유자가 정비구역으로 지정·고시된 날부터 5년이 되는 날까지 사업시행계획인가를 신청하지 아니하는 경우
⑤ 정비예정구역에 대하여 기본계획에서 정한 정비구역지정 예정일부터 3년이 되는 날까지 특별자치시장, 특별자치도지사, 시장 또는 군수가 정비구역을 지정하지 아니하거나 구청장등이 정비구역지정을 신청하지 아니하는 경우

해설 정비예정구역 또는 정비구역의 해제
조합설립인가를 받은 날부터 3년이 되는 날까지 사업시행계획인가를 신청하지 아니하는 경우 정비구역을 해제하여야 한다.

46 다음은 도시 및 주거환경정비법령상 사업시행계획인가에 관한 설명이다. 올바른 것은?

① 정비사업조합이 정비사업을 시행하고자 하는 때에는 규약 및 사업시행계획서를 작성해서 시장·군수등의 인가를 받아야 한다.
② 시장·군수등은 특별한 사유가 없으면 사업시행계획서의 제출이 있은 날부터 30일 이내에 인가 여부를 결정하여 사업시행자에게 통보하여야 한다.
③ 토지등소유자가 재개발사업을 시행하고자 하는 경우에는 사업시행계획인가를 신청하기 전에 사업시행계획서에 대해 토지등소유자의 3/4 이상 및 토지면적의 1/2 이상의 토지소유자의 동의를 받아야 한다.
④ 지정개발자가 정비사업을 시행하려는 경우에는 사업시행계획인가를 신청하기 전에 토지등소유자의 과반수의 동의 및 토지면적의 1/3 이상의 토지소유자의 동의를 받아야 한다.
⑤ 시장·군수등은 사업시행계획인가를 하고자 하는 때에는 관계서류의 사본을 30일 이상 일반에게 열람시켜야 한다.

정답 45. ① 46. ③

> **해설** 사업시행계획인가
> ① 규약은 토지등소유자가 작성한다.
> ② 사업시행계획서의 제출이 있은 날부터 60일 이내에 인가 여부를 결정하여 사업시행자에게 통보하여야 한다.
> ④ 지정개발자가 정비사업을 시행하려는 경우에는 사업시행계획인가를 신청하기 전에 토지등소유자의 과반수의 동의 및 토지면적의 1/2 이상의 토지소유자의 동의를 받아야 한다.
> ⑤ 사업시행계획인가를 하는 경우의 공람기간은 14일 이상이어야 한다.

47. 다음은 도시 및 주거환경정비법령상 재건축사업에 관한 설명이다. 틀린 것은?

① 재건축사업은 원칙적으로 토지등소유자와 정비사업조합이 시행한다.
② 재건축사업을 시행하기 위한 정비사업조합의 조합원은 노후·불량주택을 철거하고 새로운 주택을 건설하고자 하는 기존 주택의 소유자가 된다.
③ 정비사업조합이 재건축사업의 시공자를 선정하고자 할 때에는 경쟁입찰 또는 수의계약(2회 이상 경쟁입찰이 유찰된 경우로 한정)의 방법에 의해야 한다.
④ 재건축사업의 사업시행자는 사업시행계획인가의 고시가 있은 날부터 30일 이내에 조합설립에 동의하지 아니한 자에게 조합설립에 관한 동의 여부를 회답할 것을 서면으로 촉구하여야 한다.
⑤ 재건축사업의 사업시행자는 회답 기간이 지나면 그 기간이 만료된 때부터 2개월 이내에 조합설립 또는 사업시행자 지정에 동의하지 아니하겠다는 뜻을 회답한 토지등소유자와 건축물 또는 토지만 소유한 자에게 건축물 또는 토지의 소유권과 그 밖의 권리를 매도할 것을 청구할 수 있다.

> **해설** 재건축사업
> 재건축사업은 원칙적으로 정비사업조합이 시행한다.

48. 다음은 도시 및 주거환경정비법령상의 재건축사업에 관한 설명이다. 올바른 것은?

14회 개작

① 재건축사업은 조합만이 시행할 수 있다.
② 시장·군수등이 직접 재건축사업을 시행하는 것은 인정되고 있지 않다.
③ 시장·군수등은 정비예정구역별 정비계획의 수립시기가 도래한 때부터 사업시행계획인가 전까지 재건축진단을 실시하여야 한다.
④ 시장·군수등은 사업시행계획인가 여부를 결정할 때 재건축진단의 결과만을 검토해야 한다.
⑤ 재건축사업을 시행하기 위해 조합을 설립하고자 할 때에는 시·도지사의 인가를 받아야 한다.

정답 47. ① 48. ③

해설 재건축사업

①, ② 시장·군수등 또는 토지주택공사등도 재건축사업을 시행할 수 있다.
④ 시장·군수등은 재건축진단의 결과와 도시계획 및 지역여건 등을 종합적으로 검토하여 사업시행계획인가 여부(시기 조정을 포함한다)를 결정하여야 한다.
⑤ 정비사업조합을 설립할 때에는 시장·군수등의 인가를 받아야 한다.

49 도시 및 주거환경정비법령상 주거환경개선사업에 관한 설명으로 옳은 것만을 모두 고른 것은?

28회 개작

㉠ 시장·군수등은 세입자의 세대수가 토지등소유자의 2분의 1인 경우 세입자의 동의절차 없이 토지주택공사등을 사업시행자로 지정할 수 있다.
㉡ 사업시행자는 '정비구역에서 정비기반시설 및 공동이용시설을 새로 설치하거나 확대하고 토지등소유자가 스스로 주택을 보전·정비하거나 개량하는 방법' 및 '환지로 공급하는 방법'을 혼용할 수 있다.
㉢ 사업시행자는 사업의 시행으로 철거되는 주택의 소유자 또는 세입자에게 해당 정비구역 안과 밖에 위치한 임대주택 등의 시설에 임시로 거주하게 하거나 주택자금의 융자알선 등 임시수용에 상응하는 조치를 하여야 한다.

① ㉠ ② ㉠, ㉡ ③ ㉠, ㉢ ④ ㉡, ㉢ ⑤ ㉠, ㉡, ㉢

해설 주거환경개선사업

㉠, ㉡, ㉢ 모두 옳은 내용이다.

50 도시 및 주거환경정비법령상 재개발사업에 관한 설명으로 옳은 것은?

① 재개발사업의 경우 '토지등소유자'는 정비구역 안에 소재한 토지 또는 건축물의 소유자를 말하며, 그 지상권자는 포함되지 않는다.
② 재개발사업은 관리처분계획에 따라 건축물을 건설하여 공급하는 방법으로 하여야 하며, 환지로 공급하는 방법에 의할 수는 없다.
③ 재개발사업은 조합을 설립하여 시행하고 토지등소유자가 직접 시행할 수는 없다.
④ 재개발사업의 사업시행계획인가 여부를 결정하려면 재건축진단을 실시하여야 한다.
⑤ 재개발조합설립인가 후 토지의 매매로 인하여 조합원의 권리가 이전된 경우의 조합원의 신규가입은 총회의 의결 없이 시장·군수등에게 신고하고 변경할 수 있다.

정답 49. ⑤ 50. ⑤

해설 재개발사업
① 재개발사업의 경우 '토지등소유자'는 정비구역에 위치한 토지 또는 건축물의 소유자 또는 그 지상권자를 말한다.
② 재개발사업은 정비구역에서 인가받은 관리처분계획에 따라 건축물을 건설하여 공급하거나, 환지로 공급하는 방법으로 한다.
③ 토지등소유자가 20인 미만인 경우에는 토지등소유자가 직접 시행할 수 있다.
④ 재건축사업을 위하여 재건축진단을 실시한다.

51 도시 및 주거환경정비법령상 재건축사업에 관한 설명으로 옳은 것은?

① 재건축사업은 정비기반시설이 열악하고 노후·불량건축물이 밀집한 지역에서 주거환경을 개선하기 위한 사업이다.
② 재건축사업에 있어 토지등소유자는 정비구역에 위치한 건축물의 소유자 및 임차인을 말한다.
③ 재건축사업은 주택단지를 대상으로 하며, 주택단지가 아닌 지역을 정비구역에 포함할 수 없다.
④ 조합설립을 위한 동의자수 산정에 있어 1인이 둘 이상의 소유권을 소유하고 있는 경우에는 소유권의 수에 관계없이 토지등소유자를 1인으로 산정한다.
⑤ 재건축사업의 경우 재건축사업에 동의하지 않은 토지등소유자도 정비사업의 조합원이 될 수 있다.

해설 재건축사업
① 건축사업은 정비기반시설은 양호하나 노후·불량건축물에 해당하는 공동주택이 밀집한 지역에서 주거환경을 개선하기 위한 사업이다.
② 재건축사업에 있어 토지등소유자는 정비구역에 위치한 건축물 및 그 부속토지의 소유자를 말한다.
③ 주택단지가 아닌 지역을 정비구역에 포함할 수 있다.
⑤ 재건축사업의 경우 재건축사업에 동의하지 않은 토지등소유자는 정비사업의 조합원이 될 수 없다.

정답 51. ④

부동산공법

52 도시 및 주거환경정비법령상 재건축사업에 관한 설명으로 옳은 것은? **25회 개작**

① 재건축사업에 있어 '토지등소유자'는 정비구역 안에 소재한 토지 또는 건축물의 소유자와 지상권자를 말한다.
② 재건축사업은 정비구역에서 인가받은 관리처분계획에 따라 주택, 부대시설·복리시설 및 오피스텔(「건축법」에 따른 오피스텔을 말함)을 건설하여 공급하거나 환지로 공급하는 방법으로 한다.
③ 재건축사업의 추진위원회가 조합을 설립하고자 하는 때에는 법령상 요구되는 토지등소유자의 동의를 얻어 시장·군수등에게 신고하여야 한다.
④ 건축물의 매매로 인하여 조합원의 권리가 이전되어 조합원을 신규가입시키는 경우 조합원의 동의 없이 시장·군수등에게 신고하고 변경할 수 있다.
⑤ 재건축사업의 재건축진단에 드는 비용은 시·도지사가 부담한다.

해설 재건축사업
① 재건축사업에 있어 '토지등소유자'는 정비구역에 위치한 건축물 및 그 부속토지의 소유자를 말한다.
② 재건축사업은 정비구역서 인가받은 관리처분계획에 따라 주택, 부대시설·복리시설 및 오피스텔을 건설하여 공급하는 방법으로 한다. 다만, 주택단지에 있지 아니하는 건축물의 경우에는 지형여건·주변의 환경으로 보아 사업시행상 불가피한 경우로서 정비구역으로 보는 사업에 한정한다.
③ 재건축사업의 추진위원회가 조합을 설립하고자 하는 때에는 법령상 요구되는 토지등소유자의 동의를 얻어 시장·군수등의 인가를 받아야 한다.
⑤ 시장·군수등은 재건축진단에 드는 비용을 해당 재건축진단의 실시를 요청하는 자에게 부담하게 할 수 있다.

53 다음은 도시 및 주거환경정비법령상 재건축사업에 관한 설명이다. 틀린 것은?

① 추진위원회는 「주택법」의 사업계획승인을 받아 건설한 둘 이상의 건축물이 있는 주택단지에 재건축사업을 하는 경우에는 그 주택단지의 일부 토지에 대하여 「건축법」상의 분할제한면적에 미달되더라도 분할을 청구할 수 있다.
② 추진위원회는 ①의 토지분할청구를 하는 때에는 토지분할대상이 되는 토지 및 그 위의 건축물과 관련된 토지등소유자와 협의하여야 한다.
③ 추진위원회는 ②의 토지분할 협의가 성립되지 않은 경우에는 법원에 토지분할을 청구할 수 있다.
④ ③의 토지분할 청구가 있은 경우에는 시장·군수등은 일정한 요건이 충족되면 토지분할이 완료되지 않아 조합설립의 동의요건에 미달되더라도 조합설립인가를 할 수 있다.
⑤ ④의 경우 시장·군수등은 도시계획위원회의 심의를 거쳐야 한다.

정답 52. ④ 53. ⑤

해설 **재건축사업**
⑤는 "도시계획위원회"가 아닌 "건축위원회"이어야 한다.

54. 도시 및 주거환경정비법령상 조합에 의한 재개발사업의 시행에 관한 설명으로 틀린 것은? [25회 개작]

① 사업을 시행하고자 하는 경우 시장·군수등에게 사업시행계획인가를 받아야 한다.
② 사업시행계획서에는 일부 건축물의 존치 또는 리모델링에 관한 내용이 포함될 수 있다.
③ 인가받은 사업시행계획 중 건축물이 아닌 부대·복리시설의 위치를 변경하고자 하는 경우에는 변경인가를 받아야 한다.
④ 사업시행으로 철거되는 주택의 소유자 또는 세입자를 위하여 사업시행자가 지방자치단체의 건축물을 임시거주시설로 사용하는 경우 사용료 또는 대부료는 면제된다.
⑤ 조합이 시·도지사, 시장, 군수, 구청장 또는 토지주택공사등에게 재개발사업의 시행으로 건설된 재개발임대주택의 인수를 요청하는 경우 토지주택공사등이 우선하여 인수하여야 한다.

해설 **재개발사업의 시행**
재개발임대주택을 우선적으로 인수하여야 하는 자는 시·도지사나 시장·군수·구청장이다.

55. 다음은 도시 및 주거환경정비법령상 정비사업의 시행에 관한 설명이다. 올바른 것은? ★★

① 국토교통부장관은 토지소유자 또는 건축물소유자의 동의를 받지 않고 정비사업을 시행할 수 있다.
② 정비구역의 지정이 있으면 정비사업시행계획인가가 있기 전이라도 정비구역 안의 국·공유지는 정비사업 외의 목적으로 매각할 수 없다.
③ 정비사업조합은 설립인가를 신청할 때에 토지소유자 및 건축물소유자의 동의를 받았으므로 사업시행계획인가를 신청할 때에는 총회의 동의를 받지 않아도 된다.
④ 정비예정구역에서는 직장주택조합의 조합원을 모집해서는 아니 된다.
⑤ 정비사업에 필요한 토지를 수용하고자 할 때에는 「공익사업을 위한 토지 등의 취득 및 보상에 관한 법률」에 의한 사업인정을 받아야 한다.

해설 **정비사업의 시행**
① 국토교통부장관은 정비사업을 시행할 수 없다.
③ 정비사업조합이 사업시행계획인가를 신청하기 전에 미리 총회의 의결을 거쳐야 한다.
④ 정비예정구역 또는 정비구역에서는 지역주택조합의 조합원을 모집해서는 아니 된다.
⑤ 사업시행계획인가의 고시가 있은 때에는 「공익사업을 위한 토지 등의 취득 및 보상에 관한 법률」에 의한 사업인정 및 그 고시가 있는 것으로 본다.

정답 54. ⑤ 55. ②

56. 도시 및 주거환경정비법령상 정비사업을 조합이 시행하는 경우에 관한 설명으로 틀린 것은? [20회 개작]

① 사업시행계획인가는 시장·군수등이 하되, 사업시행계획서의 제출이 있는 날부터 30일 이내에 인가 여부를 결정하여 사업시행자에게 통보하여야 한다.
② 사업시행자는 사업시행계획인가를 신청하기 전에 미리 총회의 의결을 거쳐야 한다.
③ 재개발사업의 사업시행계획인가를 하는 경우 일반인이 공람하게 하고 토지등소유자에게 공고내용을 통지하여야 한다.
④ 사업시행자가 재개발사업의 시행으로 철거되는 주택의 소유자 등을 위해 국가의 시설을 임시거주시설로 사용한 경우 그 사용료는 면제된다.
⑤ 정비사업의 시행으로 그 설정목적을 달성할 수 없게 된 전세권자는 계약을 해지하고 사업시행자에게 전세금반환청구권을 행사할 수 있다.

해설 사업시행계획인가
시장·군수등은 특별한 사유가 없으면 사업시행계획서의 제출이 있는 날부터 60일 이내에 인가 여부를 결정하여 사업시행자에게 통보하여야 한다.

57. 「도시 및 주거환경정비법」상 정비사업의 시행과 관련해서 옳은 것은? ★★★

① 시장·군수등은 장기간 정비사업이 지연되거나 권리관계에 대한 분쟁 등으로 인하여 해당 조합 또는 토지등소유자가 시행하는 정비사업을 계속 추진하기 어렵다고 인정하는 때에는 해당 조합 또는 토지등소유자를 대신하여 직접 정비사업을 시행할 수 있다.
② 재개발사업은 조합이 이를 시행하거나, 조합이 조합원 2/3 이상의 동의를 받아야만 시장·군수등 또는 토지주택공사 등과 공동으로 이를 시행할 수 있다.
③ 시장·군수등은 천재·지변으로 건축물의 붕괴우려가 있어 긴급히 주거환경개선사업을 시행할 필요가 있을 경우에는 토지소유자의 1/2 이상의 동의를 받아야만 직접 시행하거나 토지주택공사 등으로 하여금 시행하게 할 수 있다.
④ 조합 또는 토지등소유자는 사업시행계획인가를 받은 후 관련법의 규정에 의한 시공자를 조합의 정관 등이 정하는 바에 따라 수의계약 또는 경쟁입찰의 방법으로 선정할 수 있다.
⑤ 시장·군수등이 아닌 사업대행자는 재산의 처분, 자금의 차입 그 밖에 사업시행자에게 재산상 부담을 주는 행위를 하려는 때에는 미리 시·도지사의 승인을 받아야 한다.

정답 56. ① 57. ①

해설 정비사업의 시행

② "조합원 2/3 이상의 동의"가 아닌 "조합원 과반수의 동의"여야 한다.
③ 시장·군수등이 건물붕괴의 위험이 있어서 긴급히 주거환경개선사업을 시행하는 경우에는 토지등소유자의 동의를 요하지 않는다.
④ 정비사업조합은 조합설립인가를 받은 후 조합총회에서 경쟁입찰 또는 수의계약(2회 이상 경쟁입찰이 유찰된 경우로 한정)의 방법으로 시공자를 선정해야 한다. 토지등소유자가 재개발사업을 시행하는 경우에는 사업시행계획인가를 받은 후 규약이 정하는 바에 따라 건설사업자 또는 등록사업자를 시공자로 선정해야 한다.
⑤ 시장·군수등이 아닌 사업대행자는 재산의 처분, 자금의 차입 그 밖에 사업시행자에게 재산상 부담을 주는 행위를 하려는 때에는 미리 시장·군수등의 승인을 받아야 한다.

58 다음은 도시 및 주거환경정비법령상 정비사업의 시행에 관한 설명이다. 틀린 것은?

① 사업시행자는 사업시행기간 동안의 범죄예방대책을 사업시행계획서에 포함시켜야 한다.
② 시장·군수등은 재개발사업의 사업시행계획인가를 하는 경우 해당 정비사업의 사업시행자가 지정개발자인 때에는 정비사업비의 10/100의 범위에서 시·도조례로 정하는 금액을 예치하게 할 수 있다.
③ 시장·군수등은 사업시행계획인가 후 정비구역 내에 순찰초소의 설치를 관할 지방경찰청장 또는 경찰서장에게 요청할 수 있다.
④ 국토교통부장관은 주택 또는 기반시설이 열악한 주거지의 주거환경개선을 위하여 5년마다 개선대상지역을 조사하고 연차별 재정지원계획 등을 포함한 노후·불량주거지 개선계획을 수립하여야 한다.
⑤ 주거환경개선사업에 따른 건축허가를 받은 때와 부동산등기(소유권 보존등기 또는 이전등기로 한정한다)를 하는 때에는 「주택도시기금법」의 국민주택채권의 매입에 관한 규정을 적용하지 아니한다.

해설 정비사업의 시행
시장·군수등은 재개발사업의 사업시행계획인가를 하는 경우 해당 정비사업의 사업시행자가 지정개발자(지정개발자가 토지등소유자인 경우로 한정한다)인 때에는 정비사업비의 20/100의 범위에서 시·도조례로 정하는 금액을 예치하게 할 수 있다.

정답 58. ②

부동산공법

59 다음은 도시 및 주거환경정비법령상 정비사업의 시공자 선정에 관한 설명이다. 틀린 것은?

① 조합이 시행자인 경우 시공자의 선정은 총회 의결사항이다.
② 대의원회가 구성된 경우에는 대의원회에서 시공자를 선정할 수 있다.
③ 조합원이 100명 이하인 정비사업의 경우에는 정관으로 정하는 바에 따라 경쟁입찰이 아닌 방법으로 시공자를 선정할 수 있다.
④ 시공자와 공사계약을 체결할 때에는 기존 건축물의 철거 공사에 관한 사항도 포함하여야 한다.
⑤ 토지등소유자 전체회의가 시공자를 추천한 경우 사업시행자는 추천받은 자를 시공자로 선정하여야 한다.

> **해설** 시공자의 선정
> 시공자 선정은 대의원회가 대행할 수 없는 사항이다.

26회 개작

60 도시 및 주거환경정비법령상 재개발사업의 시공자 선정에 관한 설명으로 틀린 것은?

① 토지등소유자가 사업을 시행하는 경우에는 경쟁입찰의 방법으로 시공자를 선정해야 한다.
② 군수가 직접 정비사업을 시행하는 경우 군수는 주민대표회의가 경쟁입찰 또는 수의계약(2회 이상 경쟁입찰이 유찰된 경우로 한정)의 방법에 따라 추천한 자를 시공자로 선정하여야 한다.
③ 주민대표회의가 시공자를 추천하기 위한 입찰방식에는 일반경쟁입찰·제한경쟁입찰 또는 지명경쟁입찰이 있다.
④ 조합원 100명 이하인 정비사업의 경우 조합총회에서 정관으로 정하는 바에 따라 시공자를 선정할 수 있다.
⑤ 사업시행자는 선정된 시공자와 공사에 관한 계약을 체결할 때에는 기존 건축물의 철거공사에 관한 사항을 포함하여야 한다.

> **해설** 시공자의 선정
> 토지등소유자가 재개발사업을 시행하는 경우에는 사업시행계획인가를 받은 후 규약에 따라 건설사업자 또는 등록사업자를 시공자로 선정하여야 한다.

정답 59. ② 60. ①

제3장 도시 및 주거환경정비법(응용)

61 ★★ 다음은 도시 및 주거환경정비법령상 재건축사업 및 재개발사업의 국민주택규모 주택건설의무에 관한 설명이다. 틀린 것은?

① 국민주택규모 주택의 공급가격은 「공공주택 특별법」에 따라 국토교통부장관이 고시하는 공공건설임대주택의 표준건축비로 하며, 부속 토지는 인수자에게 기부채납한 것으로 본다.
② 과밀억제권역 외의 지역에서 시행되는 재건축사업에 대해서도 적용된다.
③ 과밀억제권역에서 시행하는 재개발사업의 국민주택규모 주택의 전체 규모는 정비계획상의 용적률을 초과하는 용적률의 25% 이내에서 정해진다.
④ 국민주택규모 주택은 국토교통부장관, 시·도지사, 시장·군수 또는 구청장, 토지주택공사등에게 공급한다.
⑤ 사업시행자는 정비계획상 용적률을 초과하여 건축하려는 경우에는 사업시행계획인가를 신청하기 전에 미리 국민주택규모 주택에 관한 사항을 인수자와 협의하여 사업시행계획서에 반영하여야 한다.

> **해설** 재건축사업 및 재개발사업의 국민주택규모 주택건설의무
> 과밀억제권역에서 시행하는 재개발사업의 국민주택규모 주택의 건설은 초과용적률의 50/100 이상 75/100 이하로서 조례로 정하는 비율에 해당하는 면적이다.

62 ★★ 다음은 도시 및 주거환경정비법령상 재건축 국민주택규모 주택의 건설에 관한 설명이다. 맞는 것은?

① 용적률을 완화적용하고자 하는 경우에는 지방건축위원회의 심의를 거쳐야 한다.
② 국토교통부장관은 시·도지사로부터 인수자 지정 요청이 있는 경우에는 15일 이내에 인수자를 지정하여 시·도지사에게 통보해야 한다.
③ 재건축 국민주택규모 주택의 공급가격은 국토교통부장관이 고시하는 금액에 부속토지의 가격을 합한 금액으로 한다.
④ 재건축 국민주택규모 주택의 세대수는 정비계획으로 정한 허용세대수의 범위 내에서 정한다.
⑤ 사업시행자는 초과용적률의 비율에 따라 건설한 재건축 국민주택규모 주택 중 인수자에게 공급하여야 하는 국민주택규모 주택을 공개추첨의 방법으로 선정하여야 한다.

> **해설** 재건축 국민주택규모 주택의 건설
> ① 용적률을 완화적용하고자 하는 경우에는 지방도시계획위원회의 심의를 거쳐야 한다.
> ② 국토교통부장관은 시·도지사로부터 인수자 지정 요청이 있는 경우에는 30일 이내에 인수자를 지정하여 시·도지사에게 통보해야 한다.
> ③ 재건축 국민주택규모 주택의 공급가격은 국토교통부장관이 고시하는 공공건설임대주택의 표준건축비로 한다.
> ④ 재건축 국민주택규모 주택의 세대수는 정비계획으로 정한 허용세대수에 포함되지 않는다.

정답 61. ③ 62. ⑤

63 도시 및 주거환경정비법령상 시장·군수등의 관리처분계획인가가 있은 후 석조건축물을 소유하기 위해 지상권설정계약을 체결하는 경우 계약기간은 얼마로 해야 하는가?

① 「민법」 제280조의 규정에 의해 계약기간은 30년 이상으로 해야 한다.
② 「민법」 제280조의 규정에 의한 최단기간인 30년으로 해야 한다.
③ 계약기간을 30년 미만으로 정한 경우에는 「민법」 제280조의 규정에 의해 30년으로 된다.
④ 「민법」 제280조의 규정에 불구하고 계약기간은 10년 이내로 해야 한다.
⑤ 「민법」 제280조의 규정에 불구하고 계약기간을 임의로 정할 수 있다.

> **해설** 지상권설정계약
> 관리처분계획의 인가를 받은 경우 지상권·전세권설정계약·임대차계약의 계약기간에 대하여는 「민법」 제280조·제281조·제312조 제2항, 「주택임대차보호법」 제4조 제1항, 「상가건물 임대차보호법」 제9조 제1항의 규정은 이를 적용하지 아니한다.

64 도시 및 주거환경정비법령상 주거환경개선사업의 시행에 관한 특례이다. 틀린 것은?

① 주거환경개선구역 안의 국·공유지를 그 점유자에게 우선매각하는 경우 매각가격은 평가금액의 80%로 한다.
② 주거환경개선사업 안에 건축하는 건축물에 대해서는 높이제한을 완화해서 적용할 수 있다.
③ 주거환경개선구역 안에서는 조례로 접도의무에 관한 기준을 따로 정할 수 있다.
④ 주거환경개선구역에서 「국토의 계획 및 이용에 관한 법률」에 따른 도시·군계획시설의 결정·구조 및 설치의 기준 등에 필요한 사항은 국토교통부령으로 정하는 바에 따른다.
⑤ 주거환경개선사업에 따른 부동산등기를 하는 때에는 「주택도시기금법」의 국민주택채권의 매입이 면제된다.

> **해설** 주거환경개선사업의 시행에 관한 특례
> 조례로 건축물의 높이제한에 관한 기준을 따로 정할 수 있는 경우는 주거환경개선사업의 시행자가 건설하는 공동주택에 한한다.

정답 63. ⑤ 64. ②

65 ★★ 다음은 도시 및 주거환경정비법령에 의한 정비사업의 시행에 관한 설명이다. 올바른 것은?

14회 개작

① 주거환경개선사업은 시장·군수등이 정비구역에서 정비기반시설 및 공동이용시설을 새로 설치하거나 확대하고 토지등소유자가 스스로 주택을 보전·정비하거나 개량하는 방법에 한해 가능하다.
② 주거환경개선사업은 토지소유자의 1/2 이상, 재개발사업은 토지소유자의 2/3 이상의 동의를 받아 시행한다.
③ 시장·군수등은 토지등소유자의 동의 없이 자신이 직접 시행하거나 토지주택공사등을 사업시행자로 지정해서 시행하게 할 수 있는 경우도 있다.
④ 주거환경개선사업은 환지공급방법으로는 할 수 없다.
⑤ 사업시행자가 지정개발자인 때에는 정비사업비의 20/100의 범위 내에서 그 금액을 반드시 예치해야 한다.

해설 정비사업의 시행

①, ④ 주거환경개선사업은 수용하여 공급하는 방법, 환지로 공급하는 방법, 관리처분계획에 따라 공급하는 방법 또는 이를 혼용하는 방법도 허용된다.
② 정비사업의 종류에 따라 토지등소유자의 동의요건이 달라지지 않는다.
⑤ 지정개발자의 경우 반드시 예치금을 예치해야 하는 것은 아니다. 시장·군수등은 재개발사업의 사업시행계획인가를 하고자 하는 경우 사업시행자가 지정개발자인 때에는 정비사업비의 20%의 범위에서 시·도조례로 정하는 금액을 예치하게 할 수 있다.

66 도시 및 주거환경정비법령상 다음의 경우 재건축사업의 주택공급과 관련해서 공급받을 수 있는 주택의 수는?

17회 개작

㉠ 수도권 과밀억제권역의 투기과열지구 내 사업지구에 1세대 3주택을 소유한 자
㉡ 수도권 과밀억제권역 외 지역의 사업지구에 1세대 3주택을 소유한 자(투기과열지구 또는 조정대상지역 제외)
※ 단, 주택을 공급받는 자는 근로자숙소·기숙사 용도로 주택을 소유하고 있는 토지등소유자, 국가, 지방자치단체 및 토지주택공사등이 아닌 것으로 한다.

① ㉠ - 1, ㉡ - 1   ② ㉠ - 1, ㉡ - 2   ③ ㉠ - 1, ㉡ - 3
④ ㉠ - 2, ㉡ - 2   ⑤ ㉠ - 2, ㉡ - 3

정답 65. ③ 66. ③

> **해설** 재건축사업의 주택공급
>
> 재건축사업에 의해 건설한 주택을 공급할 때에는 1세대가 1 이상의 주택을 소유한 경우 1주택을 공급하되, 수도권 과밀억제권역에 위치하지 않은 토지등소유자에게는 소유한 주택수만큼 공급할 수 있다. 과밀억제권역에 위치한 재건축사업의 경우에는 토지등소유자가 소유한 주택수의 범위에서 3주택까지 공급할 수 있다. 다만, 투기과열지구 또는 조정대상지역에서 최초 사업시행계획인가를 신청하는 재건축사업의 경우에는 그러하지 아니하다.

67 ★★ 도시 및 주거환경정비법령상 정비사업에서 토지 등의 수용에 관한 설명이다. 틀린 것은?

① 정비사업이 「공익사업을 위한 토지 등의 취득 및 보상에 관한 법률」에 의한 공익사업에 해당되는 경우에 수용을 할 수 있다.
② 사업시행계획인가의 고시가 있은 때에는 「공익사업을 위한 토지 등의 취득 및 보상에 관한 법률」에 의한 사업인정 및 그 고시가 있은 것으로 본다.
③ 「공익사업을 위한 토지 등의 취득 및 보상에 관한 법률」의 재결신청기간에 대한 예외가 인정된다.
④ 「공익사업을 위한 토지 등의 취득 및 보상에 관한 법률」의 사전보상에 대한 예외가 인정된다.
⑤ 「공익사업을 위한 토지 등의 취득 및 보상에 관한 법률」의 현금보상의 예외가 인정된다.

> **해설** 정비사업에 있어서의 수용
>
> 정비사업이 「공익사업을 위한 토지 등의 취득 및 보상에 관한 법률」에 의한 공익사업에 해당되는지 여부에 관계없이 수용을 할 수 있다. 대지 또는 건축시설의 분양을 보상조건으로 해서 수용하는 경우 이는 사후·현물보상에 해당된다.

68 ★★ 도시 및 주거환경정비법령상 분양신청 및 관리처분계획에 관한 설명이다. 올바른 것은?

① 대지 또는 건축물을 분양받고자 하는 토지등소유자는 분양신청기간 내에 사업시행자에게 분양신청을 해야 한다.
② 인가받은 관리처분계획 중 경미한 사항을 변경하는 때에는 특별시장·광역시장 또는 도지사의 인가없이 관보 또는 공보에 고시해야 한다.
③ 사업시행자는 사업시행계획인가의 고시가 있은 날부터 15일 이내에 토지 등의 소유자에게 분양신청기간을 통지하고 일간신문에 공고해야 한다.
④ 위 ③의 경우 분양신청기간은 사업시행계획인가의 고시가 있은 날부터 20일 이내로 해야 한다.
⑤ 인가받은 관리처분계획을 폐지하고자 하는 때에는 신고를 하거나 인가를 받을 필요가 없다.

정답   67. ①   68. ①

해설 분양신청 및 관리처분계획
② 경미한 사항의 변경은 시장·군수등의 신고만으로 할 수 있는데, 이때에는 고시하지 않는다.
③ "15일 이내"가 아닌 "90일 이내"여야 하며, 사업시행계획인가 이후 시공자를 선정한 경우에는 "시공계약 체결일부터 90일 이내"가 된다.
④ 분양신청통지를 한 날부터 "30일 이상 60일 이내"여야 한다.
⑤ 관리처분계획의 폐지도 인가를 받아야 한다.

69. 다음은 도시 및 주거환경정비법령상 정비사업의 시행에 따른 분양신청 절차를 설명한 것이다. 올바른 것은?

① 사업시행자가 분양신청을 받고자 할 때에는 그 지역에서 발간되는 일간신문에 분양공고를 하거나, 토지등소유자에게 개별통지를 하여야 한다.
② 사업시행자는 시공자를 선정한 날부터 60일 이내에 분양공고를 해야 한다.
③ 분양공고를 할 때에는 개략적인 분담금 내역을 공고사항에 포함시키지 아니할 수 있다.
④ 투기과열지구의 정비사업에서 관리처분계획에 따라 분양대상자는 분양대상자 선정일부터 10년 이내에는 투기과열지구에서 분양신청을 할 수 없다.
⑤ 사업시행자는 관리처분계획이 인가·고시된 다음날부터 60일 이내에 분양신청을 하지 아니한 자와 손실보상에 관한 협의를 하여야 한다.

해설 분양공고
① 사업시행자가 분양신청을 받고자 할 때에는 토지등소유자에게 개별로 통지를 하는 외에, 그 지역에서 발간되는 일간신문에 분양공고를 하여야 한다.
② 분양공고를 하는 시기는 사업시행계획인가의 고시일(그 후에 시공자를 선정한 경우에는 시공계약체결일) 부터 90일 이내이다.
③ 분담금 내역은 토지등소유자 개인에 관한 사항이므로 분양공고에 포함시키지 아니하고 개별통지로 알려준다.
④ 투기과열지구의 정비사업에서 관리처분계획에 따라 분양대상자 또는 일반 분양분의 분양대상자 및 그 세대에 속한 자는 분양대상자 선정일부터 5년 이내에는 투기과열지구에서 분양신청을 할 수 없다.
⑤ 사업시행자는 관리처분계획이 인가·고시된 다음날부터 90일 이내에 분양신청을 하지 아니한 자와 토지, 건축물 또는 그 밖의 권리의 손실보상에 관한 협의를 하여야 한다.

정답 69. ③

70. 도시 및 주거환경정비법령상 재건축사업의 관리처분계획에 관한 설명으로 틀린 것은?

① 사업의 시행으로 조성된 대지는 관리처분계획에 의하여 관리하여야 한다.
② 정비구역 지정 후 분할된 토지를 취득한 자에 대하여는 관리처분계획으로 현금 청산할 수 있다.
③ 관리처분계획에는 분양대상자별 분양예정인 대지 또는 건축물의 추산액이 포함되어야 한다.
④ 주택분양에 관한 권리를 포기하는 토지등소유자에게 임대주택을 공급함에 따라 관리처분계획을 변경하는 경우 조합총회의 의결을 거쳐야 한다.
⑤ 사업시행자는 매도청구에 대한 판결에 따라 관리처분계획을 변경하는 경우에는 시장·군수등에게 신고하여야 한다.

해설 관리처분계획
사업시행자는 주택분양에 관한 권리를 포기하는 토지등소유자에게 임대주택을 공급함에 따라 관리처분계획을 변경하는 경우에는 시장·군수등에게 신고하여야 한다.

71. 도시 및 주거환경정비법령에서의 재개발사업 및 재건축사업과 관련된 관리처분계획 기준에 관한 설명으로 옳은 것은?

① 너무 좁은 토지를 취득한 자라고 하더라도 현금청산은 불허된다.
② 분양설계에 관한 계획은 사업시행계획인가신청일을 기준으로 수립되어야 한다.
③ 2인 이상이 1주택을 공유한 경우에는 2개만의 주택을 공급함이 원칙이다.
④ 수도권 과밀억제권역이 아닌 지역의 재건축사업에 대해서는 1세대가 2 이상의 주택을 소유한 경우 2 이상의 주택을 공급할 수도 있다.
⑤ 관리처분계획에는 분양대상자가 소유한 소유권 외의 권리명세가 포함되지 않는다.

해설 관리처분계획의 기준
① 과소토지의 경우 현금으로 청산할 수 있다.
② 분양설계에 관한 계획은 분양신청기간이 만료되는 날을 기준으로 해서 수립한다.
③ 2인 이상이 1주택을 공유한 경우에는 1주택만 공급한다.
⑤ 관리처분계획에는 소유권 외의 권리명세도 포함된다.

정답 70. ④ 71. ④

제3장 도시 및 주거환경정비법(응용)

72 도시 및 주거환경정비법령상 관리처분계획의 기준에 관한 설명이다. 틀린 것은?

① 분양대상자별 종전의 토지 또는 건축물 명세 및 사업시행계획인가 고시가 있는 날을 기준으로 한 가격의 범위에서 2주택을 공급할 수 있고, 이 중 1주택은 주거전용면적을 85m² 이하로 한다.
② 1세대가 1 이상의 주택을 소유한 경우 1주택을 공급하고, 2인 이상이 1주택을 공유한 경우에는 1주택만 공급하는 것을 원칙으로 한다.
③ 정비구역지정 후 분할된 토지를 취득한 자에 대해서는 현금으로 청산할 수 있다.
④ 과밀억제권역 외의 조정대상지역 또는 투기과열지구에서 조정대상지역 또는 투기과열지구로 지정되기 전에 1명의 토지등소유자로부터 토지 또는 건축물의 소유권을 양수하여 여러 명이 소유하게 된 경우에는 양도인과 양수인에게 각각 1주택을 공급할 수 있다.
⑤ 재해 또는 위생상의 위해를 방지하기 위하여 토지의 규모를 조정할 특별한 필요가 있는 때에는 건축물의 일부와 그 건축물이 있는 대지의 공유지분을 교부할 수 있다.

해설 관리처분계획의 기준
분양대상자별 종전의 토지 또는 건축물 명세 및 사업시행계획인가 고시가 있은 날을 기준으로 한 가격의 범위 또는 종전 주택의 주거전용면적의 범위에서 2주택을 공급할 수 있고, 이 중 1주택은 주거전용면적을 60m² 이하로 한다.

23회 출제

73 도시 및 주거환경정비법령상 관리처분계획의 기준에 관한 설명으로 틀린 것은?

① 같은 세대에 속하지 아니하는 2인 이상이 1주택을 공유한 경우에는 소유자 수만큼 주택을 공급하여야 한다.
② 지나치게 넓은 토지 또는 건축물에 대하여 필요한 경우에는 이를 감소시켜 대지 또는 건축물이 적정 규모가 되도록 한다.
③ 분양설계에 관한 계획은 분양신청기간이 만료되는 날을 기준으로 하여 수립한다.
④ 근로자숙소·기숙사 용도로 주택을 소유하고 있는 토지등소유자에게는 소유한 주택수만큼 주택을 공급할 수 있다.
⑤ 너무 좁은 토지 또는 건축물을 취득한 자나 정비구역지정 후 분할된 토지 또는 집합건물의 구분소유권을 취득한 자에 대하여는 현금으로 청산할 수 있다.

해설 관리처분계획의 기준
1세대 또는 1인이 하나 이상의 주택 또는 토지를 소유한 경우 1주택을 공급하고, 같은 세대에 속하지 아니하는 2인 이상이 1주택 또는 1토지를 공유한 경우에는 1주택만 공급한다.

정답 72. ① 73. ①

부동산공법

74 A시 B구역 재개발사업의 사업시행자가 관리처분계획을 작성하기 위해 종전의 토지가격을 ⓐ 사업시행계획인가 고시일을 기준으로 ⓑ 시장이 선정·계약한 ⓒ 감정평가법인 등 4인이 평가한 금액을 산술평균해서 산정했다. ⓐ, ⓑ, ⓒ 중 옳은 내용만을 모두 열거한 것은?

15회 개작

① ⓐ   ② ⓐ, ⓑ   ③ ⓐ, ⓒ   ④ ⓑ, ⓒ   ⑤ ⓐ, ⓑ, ⓒ

해설 관리처분계획의 작성

관리처분계획에 포함되어야 하는 종전의 토지가격은 사업시행계획인가의 고시가 있은 날을 기준으로 한 가격이어야 하는데, 특히 재개발사업의 경우에는 시장·군수등이 선정·계약하는 감정평가법인등 2인 이상이 평가한 금액을 산술평균해서 산정한다.
ⓐ의 "사업시행계획인가 고시일을 기준으로"는 정확하다. 이 사업은 시(市)의 사업이므로 ⓑ의 "시장이 선정·계약"은 정확하다. 감정평가법인등이 "2인 이상"이어야 하므로 ⓒ의 "감정평가법인등 4인이 평가"한 것은 규정에 적합하다.

75 「도시 및 주거환경정비법」상 관리처분계획 등에 관한 설명 중 옳지 않은 것은? (판례도 고려함)

15회 개작

① 관리처분계획에 중대한 하자가 있더라도 일단 행정청의 인가를 받은 관리처분계획은 유효하다.
② 분양신청기간은 분담금내역 등을 토지등소유자에게 통지한 날부터 30일 이상 60일 이내로 함을 원칙으로 한다.
③ 관리처분계획을 수립·변경·중지 또는 폐지하고자 하는 경우에는 시장·군수등의 인가를 받아야 함이 원칙이다.
④ 시간과 비용이 많이 소요된다는 등의 사정만으로는, 조합이 관리처분계획의 경미하지 않은 내용의 변경을 위해 조합원 총회의 재결의를 거치지 않을 수 없다.
⑤ 관리처분이 일단 고시되어 효력을 발생하게 된 이후 관리처분을 변경하고자 할 경우에는 원칙적으로 관리처분의 절차를 다시 밟아야 한다.

해설 관리처분계획
① 관리처분계획에 중대한 하자가 있는 경우에는 무효가 될 수 있다 할 것이고, 이 경우 관리처분계획인가 또한 무효가 된다.
④ 시간과 비용이 많이 소요된다는 이유만으로는 조합원총회를 생략할 수 없다.
⑤ 이미 행해진 관리처분을 변경하고자 할 때에는 관리처분계획의 인가 등의 절차를 처음부터 밟아야 한다.

정답   74. ⑤   75. ①

76 도시 및 주거환경정비법령상 관리처분계획 및 관리처분에 관한 설명으로 옳은 것은? `22회 개작`

① 관리처분계획의 인가·고시가 있은 때에는 종전 토지의 임차권자는 사업시행자의 동의를 받아도 종전의 토지를 사용할 수 없다.
② 재해 또는 위생상의 위해를 방지하기 위하여 토지의 규모를 조정할 특별한 필요가 있는 때에는 관리처분계획으로 건축물의 일부와 그 건축물이 있는 대지의 공유지분을 교부할 수 있다.
③ 재건축사업의 사업시행자는 관리처분계획을 수립하여 시장·군수등의 인가를 받아야 하며, 당해 관리처분계획을 중지하는 경우에는 시장·군수등에게 신고하여야 한다.
④ 재개발사업의 관리처분은 정비구역안의 지상권자에 대한 분양을 포함한다.
⑤ 재건축사업의 경우 법령상 관리처분의 기준은 조합이 조합원 전원의 동의를 받아도 따로 정할 수 없다.

해설 관리처분계획 및 관리처분
① 사업시행자의 동의를 받거나 손실보상이 완료되지 아니한 종전 토지의 임차권자는 종전의 토지를 사용할 수 있다.
③ 관리처분계획을 변경·중지 또는 폐지하고자 하는 경우에도 시장·군수등의 인가를 받아야 한다.
④ 재개발사업의 관리처분은 정비구역의 지상권자에 대한 분양을 제외한다.
⑤ 재건축사업의 경우 법령상 관리처분의 기준은 조합이 조합원 전원의 동의를 받아 그 기준을 따로 정하는 경우에는 그에 따른다.

77 도시 및 주거환경정비법령상 주택의 공급 등에 관한 설명으로 옳은 것은? `28회 개작`

① 주거환경개선사업의 사업시행자는 정비사업의 시행으로 건설된 건축물을 인가된 사업시행계획에 따라 토지등소유자에게 공급하여야 한다.
② 국토교통부장관은 조합이 요청하는 경우 재건축사업의 시행으로 건설된 임대주택을 인수하여야 한다.
③ 시·도지사의 요청이 있는 경우 국토교통부장관은 인수한 임대주택의 일부를 「주택법」에 따른 토지임대부 분양주택으로 전환하여 공급하여야 한다.
④ 사업시행자는 정비사업의 시행으로 임대주택을 건설하는 경우 공급대상자에게 주택을 공급하고 남은 주택에 대하여 공급대상자 외의 자에게 공급할 수 있다.
⑤ 관리처분계획상 분양대상자별 종전의 토지 또는 건축물의 명세에서 종전 주택의 주거전용면적이 60m²를 넘지 않는 경우 2주택을 공급할 수 없다.

정답   76. ②   77. ④

해설 **주택의 공급 등**
① 사업시행자는 정비사업의 시행으로 건설된 건축물을 인가받은 관리처분계획에 따라 토지등소유자에게 공급하여야 한다.
② 국토교통부장관, 시·도지사, 시장·군수 또는 구청장, 토지주택공사등은 조합이 요청하는 경우 재개발사업의 시행으로 건설된 임대주택을 인수하여야 한다.
③ 국토교통부장관, 시·도지사, 시장·군수·구청장 또는 토지주택공사등은 정비구역에 세입자와 다음의 어느 하나에 해당하는 자의 요청이 있는 경우에는 인수한 임대주택의 일부를 「주택법」에 따른 토지임대부 분양주택으로 전환하여 공급하여야 한다.
  1) 면적이 90m² 미만의 토지를 소유한 자로서 건축물을 소유하지 아니한 자
  2) 바닥면적이 40m² 미만의 사실상 주거를 위하여 사용하는 건축물을 소유한 자로서 토지를 소유하지 아니한 자
⑤ 관리처분계획상 분양대상자별 종전의 토지 또는 건축물 명세 및 사업시행계획인가 고시가 있은 날을 기준으로 한 가격의 범위 또는 종전 주택의 주거전용면적의 범위에서 2주택을 공급할 수 있고, 이중 1주택은 주거전용면적을 60m² 이하로 한다.

78 도시 및 주거환경정비법령상 사업시행계획인가를 받은 정비사업의 공사완료에 따른 조치 등에 관한 다음 절차를 진행순서에 따라 옳게 나열한 것은? (단, 관리처분계획 인가를 받은 사업이고, 공사의 전부 완료를 전제로 함) **27회 개작**

| ㉠ 준공인가 | ㉡ 관리처분계획에 정한 사항을 분양받을 자에게 통지 |
| ㉢ 토지의 분할절차 | ㉣ 대지 또는 건축물의 소유권 이전고시 |

① ㉠ → ㉢ → ㉡ → ㉣ ② ㉠ → ㉣ → ㉢ → ㉡ ③ ㉡ → ㉠ → ㉢ → ㉣
④ ㉡ → ㉢ → ㉣ → ㉠ ⑤ ㉢ → ㉣ → ㉠ → ㉡

해설 **정비사업의 공사완료에 따른 조치**
㉠ 준공인가 → ㉢ 토지의 분할절차 → ㉡ 관리처분계획에 정한 사항을 분양받을 자에게 통지 → ㉣ 대지 또는 건축물의 소유권 이전고시의 순서로 시행된다.

정답 78. ①

79. 도시 및 주거환경정비법령상 정비사업의 준공인가 및 이전고시에 관한 설명으로 옳은 것은?

21회 개작

① 정비사업의 시행자가 시장·군수등인 경우에는 정비사업에 관한 공사를 완료한 때에 준공인가를 받아야 한다.
② 시장·군수등은 준공인가 이전에는 입주예정자에게 완공된 건축물을 사용할 것을 사업시행자에게 허가할 수 없다.
③ 건축물을 분양받을 자는 사업시행자가 소유권 이전에 관한 내용을 공보에 고시한 날에 건축물에 대한 소유권을 취득한다.
④ 정비사업에 의하여 건축물을 분양받을 자에게 소유권을 이전한 경우 종전의 건축물에 설정된 저당권 등 등기된 권리는 소유권을 이전받은 건축물에 설정된 것으로 본다.
⑤ 한국토지주택공사인 사업시행자가 「한국토지주택공사법」에 따라 준공인가 처리결과를 시장·군수등에게 통보한 경우에도 시장·군수등이 필요하다고 인정하면 준공검사를 다시 실시할 수 있다.

해설 정비사업의 공사완료

① 시장·군수등이 아닌 사업시행자는 정비사업에 관한 공사를 완료한 때에는 시장·군수등의 준공인가를 받아야 한다.
② 시장·군수등은 준공인가를 하기 전이라도 완공된 건축물이 사용에 지장이 없는 경우에는 입주예정자가 완공된 건축물을 사용할 것을 사업시행자에 대하여 허가할 수 있다.
③ 대지 또는 건축물을 분양받을 자는 소유권이전 고시가 있은 날의 다음날에 그 대지 또는 건축물에 대한 소유권을 취득한다.
⑤ 사업시행자가 한국토지주택공사인 경우로서 「한국토지주택공사법」에 따라 준공인가 처리결과를 시장·군수등에게 통보한 경우에는 준공인가를 받은 것으로 본다.

80. 다음은 도시 및 주거환경정비법령상 정비사업에 의해 조성된 대지 또는 건축물의 취득시기에 관한 설명이다. 올바른 것은?

① 분양신청의 내용에 따라 공사완료공고일에 취득이 확정된다.
② 공사완료공고일의 다음날에 관리처분계획의 내용대로 소유권을 취득한다.
③ 관리처분계획인가고시일의 다음날에 소유권을 취득한다.
④ 소유권이전고시가 있은 날의 다음날에 소유권을 취득한다.
⑤ 소유권이전고시일에 소유권을 취득한다.

해설 정비사업에 의해 조성된 대지 또는 건축시설의 취득시기

분양처분에 의한 소유권 취득은 법률에 의한 물권변동이므로 등기하지 않아도 그 효력이 발생한다. 대지 또는 건축물을 분양받을 자는 소유권이전 고시가 있은 날의 다음날에 그 대지 또는 건축물에 대한 소유권을 취득한다.

정답 79. ④ 80. ④

81. 도시 및 주거환경정비법령상 정비사업에 의해 조성된 대지 및 건축물에 대해 등기가 제한되는 기간은?

① 소유권이전고시일부터 이에 따른 등기가 있을 때까지
② 관리처분계획인가고시일부터 소유권이전고시에 따른 등기의 촉탁 또는 신청이 있을 때까지
③ 사업시행계획인가고시일부터 소유권이전고시에 따른 등기가 있을 때까지
④ 사업시행계획인가일부터 청산일까지
⑤ 사업시행계획인가시에 정한 사업기간만료일까지

해설 권리변동의 제한
시행자는 소유권이전고시가 있으면 지체없이 대지 및 건축물에 관한 등기를 촉탁 또는 신청해야 한다. 소유권이전고시일부터 이 등기가 있을 때까지는 저당권 등의 다른 등기를 할 수 없다.

82. 도시 및 주거환경정비법령상 ( )에 들어갈 내용으로 틀린 것은? [23회 개작]

> 정비사업을 통하여 분양받을 건축물이 ( )에는 기준일의 다음날을 기준으로 건축물을 분양받을 권리를 산정한다(기준일이란 정비구역의 지정·변경 고시가 있은 날 또는 시·도지사가 투기억제를 위하여 기본계획 수립을 위한 주민공람의 공고일 후 정비구역지정·고시 전에 따로 정하는 날을 말함).

① 1필지의 토지가 수개의 필지로 분할되는 경우
② 「집합건물의 소유 및 관리에 관한 법률」에 따른 집합건물이 아닌 건축물이 집합건물로 전환되는 경우
③ 나대지에 건축물을 새로이 건축하여 토지등소유자가 증가되는 경우
④ 수 개 필지의 토지가 1필지의 토지로 합병되어 토지등소유자가 감소하는 경우
⑤ 하나의 대지범위 안에 속하는 동일인 소유의 토지와 주택 등 건축물을 토지와 주택 등 건축물로 각각 분리하여 소유하는 경우

해설 건축물을 분양받을 권리의 산정 기준일
수 개 필지의 토지가 1필지의 토지로 합병되어 토지등소유자가 감소하는 경우는 분양권이 증가되는 것이 아니므로 틀린 것이다.

정답 81. ① 82. ④

83. 다음은 도시 및 주거환경정비법령상 청산금에 관한 설명이다. 틀린 것은?

① 청산금을 납부할 자가 이를 납부하지 않은 때에는 지방세체납처분의 예에 따라 이를 징수할 수 있다.
② 청산금은 정비사업에 의해 발생한 위법한 침해에 대한 배상이다.
③ 청산금은 이자를 붙여 분할해서 징수하거나 교부할 수 있다.
④ 청산금의 징수는 실제에 있어서 부당이익금의 징수의 성격이 있다.
⑤ 청산금의 교부는 실제에 있어서 손실보상금의 지급과 같다.

해설 청산금
청산금은 적법한 원인에 의해 발생한 과부족에 관한 것이다.

84. 도시 및 주거환경정비법령상 청산금에 관한 설명으로 틀린 것은? [26회 개작]

① 조합 총회의 의결을 거쳐 정한 경우에는 관리처분계획인가후부터 소유권 이전의 고시일까지 청산금을 분할징수할 수 있다.
② 종전에 소유하고 있던 토지의 가격과 분양받은 대지의 가격은 그 토지의 규모·위치·용도·이용상황·정비사업비 등을 참작하여 평가하여야 한다.
③ 청산금을 납부할 자가 이를 납부하지 아니하는 경우에 시장·군수등이 아닌 사업시행자는 시장·군수등에게 청산금의 징수를 위탁할 수 있다.
④ 청산금을 징수할 권리는 소유권 이전의 고시일부터 5년간 이를 행사하지 아니하면 소멸한다.
⑤ 정비사업의 시행지역 안에 있는 건축물에 저당권을 설정한 권리자는 그 건축물의 소유자가 지급받을 청산금에 대하여 청산금을 지급하기 전에 압류절차를 거쳐 저당권을 행사할 수 있다.

해설 청산금
청산금을 지급 받을 권리 또는 이를 징수할 권리는 소유권 이전고시일의 다음날부터 5년간 행사하지 아니하면 소멸한다.

정답 83. ② 84. ④

85. 도시 및 주거환경정비법령상 정비사업의 청산금에 관한 설명으로 옳은 것은? 〔21회 개작〕

① 사업시행자는 정관이나 총회의 결정에도 불구하고 소유권 이전고시 이전에는 청산금을 분양대상자에게 지급할 수 없다.
② 청산금을 지급받을 권리는 소유권 이전고시일 다음날부터 3년간 이를 행사하지 아니하면 소멸한다.
③ 사업시행자는 청산금을 일시금으로 지급하여야 하고 이를 분할하여 지급하여서는 안 된다.
④ 정비사업시행지역 내의 건축물의 저당권자는 그 건축물의 소유자가 지급받을 청산금에 대하여 청산금을 지급하기 전에 압류절차를 거쳐 저당권을 행사할 수 있다.
⑤ 청산금을 납부할 자가 이를 납부하지 아니하는 경우 시장·군수등인 사업시행자는 지방세 체납처분의 예에 따라 이를 징수할 수 없다.

해설 정비사업의 청산
① 관리처분계획인가 후부터 소유권이전의 고시일까지 일정기간별로 분할징수하거나 분할지급할 수 있다.
② 청산금을 지급받을 권리는 소유권 이전고시일 다음날부터 5년간 이를 행사하지 아니하면 소멸한다.
③ 사업시행자는 청산금을 분할징수하거나 분할지급할 수 있다.
⑤ 시장·군수등인 사업시행자는 청산금을 납부할 자가 이를 납부하지 아니하는 경우 지방세 체납처분의 예에 따라 징수할 수 있으며, 시장·군수등이 아닌 사업시행자는 시장·군수등에게 청산금의 징수를 위탁할 수 있다. 이 경우 사업시행자는 징수한 금액의 4/100에 해당하는 금액을 해당 시장·군수등에게 교부하여야 한다.

86. 다음은 도시 및 주거환경정비법령상 정비사업조합이 정비사업을 시행할 때 거쳐야 하는 절차이다. 순서대로 되어 있는 것은? ★★

① 조합설립인가 → 사업시행계획인가 → 분양신청 → 관리처분계획인가 → 소유권이전고시 → 청산
② 조합설립인가 → 분양신청 → 관리처분계획인가 → 소유권이전고시 → 사업시행계획인가 → 청산
③ 조합설립인가 → 사업시행계획인가 → 관리처분계획인가 → 분양신청 → 소유권이전고시 → 청산
④ 조합설립인가 → 사업시행계획인가 → 분양신청 → 소유권이전고시 → 관리처분계획인가 → 청산
⑤ 조합설립인가 → 분양신청 → 사업시행계획인가 → 관리처분계획인가 → 소유권이전고시 → 청산

해설 정비사업시행절차
분양신청을 받아야 이를 토대로 관리처분계획을 작성할 수 있고, 이 관리처분계획에 의해 소유권이전고시를 하게 된다.

정답 85. ④ 86. ①

87. 「도시 및 주거환경정비법」에서 물상대위에 대해 따로 규정하고 있는 권리는?

① 지상권 ② 전세권 ③ 임차권 ④ 저당권 ⑤ 지역권

해설 저당권의 물상대위

정비구역에 있는 토지 또는 건축물에 저당권을 설정한 권리자는 사업시행자가 저당권이 설정된 토지 또는 건축물의 소유자에게 청산금을 지급하기 전에 압류절차를 거쳐 저당권을 행사할 수 있다. 본래 물상대위는 담보물권 중 질권과 저당권에 대해 인정되는 제도이다.

88. 도시 및 주거환경정비법령상의 재건축사업 등에 관한 설명으로 옳은 것만을 고른 것은?

15회 추가 개작

㉠ 정비기반시설은 양호하나 노후·불량건축물에 해당하는 공동주택이 밀집한 지역에서 주거환경을 개선하기 위한 사업은 재건축사업이다.
㉡ 재건축사업의 추진위원회가 조합을 설립하고자 하는 때에는 주택단지 안의 전체 구분소유자 및 의결권의 각 100분의75 이상의 동의를 받아야 한다.
㉢ 주거환경개선사업에 따른 건축허가를 받는 때와 부동산등기를 하는 때에는 「주택도시기금법」의 국민주택채권의 매입에 관한 규정은 적용하지 않는다.
㉣ 투기과열지구에서 조합설립인가 후 재건축사업지역 안의 토지를 매매·증여에 의해 양수한 자는 양도자의 지위를 승계한다.

① ㉠, ㉡ ② ㉠, ㉢ ③ ㉡, ㉢ ④ ㉡, ㉣ ⑤ ㉢, ㉣

해설 재건축사업

㉡ 재건축사업의 추진위원회가 조합을 설립하려는 때에는 주택단지의 공동주택의 각 동(복리시설의 경우에는 주택단지의 복리시설 전체를 하나의 동으로 본다)별 구분소유자의 과반수 동의(공동주택의 각 동별 구분소유자가 5 이하인 경우는 제외한다)와 주택단지의 전체 구분소유자의 100분의70 이상 및 토지면적의 100분의70 이상의 토지소유자의 동의를 받아 정관 등 서류를 첨부하여 정비구역 지정·고시 후 시장·군수등의 인가를 받아야 한다.
㉣ 투기과열지구 안에서 조합설립인가 후 재건축사업지역 안의 토지를 매매·증여에 의해 양수한 자는 원칙적으로 조합원이 될 수 없다.

정답 87. ④ 88. ②

89. 「도시 및 주거환경정비법」에 관한 설명 중 옳은 것은?

⊙ 토지 또는 건축물의 소유권과 지상권이 수인의 공유에 속한 때에는 그 수인을 대표하는 1인을 정비사업의 조합원으로 본다(시장·군수등이나 토지주택공사등이 시행하는 정비사업은 제외).
ⓒ 재개발사업의 추진위원회가 설립하는 조합은 조합이 시행하는 정비구역 안의 토지 또는 건축물의 소유자 또는 그 지상권자를 조합원으로 한다(단, 소유자 또는 그 지상권자는 공동소유자가 아님).
ⓒ 정비사업비는 「도시 및 주거환경정비법」 또는 다른 법령에 특별한 규정이 있는 경우를 제외하고는 사업시행자가 부담한다.
② 대지 또는 건축물을 분양받을 자에게 소유권을 이전한 경우 종전의 토지 또는 건축물에 설정된 지상권 등 등기된 권리는 소유권을 이전받은 대지 또는 건축물에 설정된 것으로 본다.

① ⊙, ⓒ
② ⓒ, ②
③ ⊙, ⓒ, ⓒ
④ ⓒ, ⓒ, ②
⑤ ⊙, ⓒ, ⓒ, ②

해설 「도시 및 주거환경정비법」 일반
⊙, ⓒ, ⓒ, ② 모두 옳은 내용이다.

90. 다음은 도시 및 주거환경정비법령상 재건축사업에 관한 설명이다. 틀린 것은?

① 토지등소유자는 정비사업조합을 설립하지 않고 직접 재건축사업을 시행할 수 있다.
② 시장·군수등이 직접 재건축사업을 시행하는 경우도 있다.
③ 시장·군수등은 재건축진단의 요청이 있는 때에는 요청일부터 30일 이내에 국토교통부장관이 정하는 바에 따라 재건축진단의 실시여부를 결정하여 요청인에게 통보하여야 한다.
④ 재건축사업에 의해 건설된 주택을 공급하는 경우에는 1세대 1주택에 대한 예외가 인정된다.
⑤ 노후·불량주택 및 그 대지에 설정된 저당권·가등기담보권 등은 새로이 건설되는 주택 및 그 대지에 설정된 것으로 본다.

해설 재건축사업
재건축사업은 조합이 시행하거나 조합이 조합원의 과반수의 동의를 받아 시장·군수등, 토지주택공사등, 건설사업자 또는 등록사업자와 공동으로 시행할 수 있다.

정답 89. ⑤ 90. ①

제3장 도시 및 주거환경정비법(응용)

91 ★ 다음은 도시 및 주거환경정비법령상 정비사업의 시행으로 지상권의 설정목적을 달성할 수 없게 된 때에 관한 설명이다. 틀린 것은?

① 지상권자는 계약을 해지할 수 있다.
② 지상권자가 계약을 해지할 수 있는 시기는 소유권이전고시일부터 6월 이내이다.
③ 지상권자는 금전반환청구권을 사업시행자에게 행사할 수 있다.
④ 금전을 지급한 사업시행자는 이를 토지등소유자에게 구상할 수 있다.
⑤ 구상이 되지 않을 경우 사업시행자는 그 토지등소유자에게 귀속될 대지 또는 건축물을 압류할 수 있다.

해설 지상권 등 계약의 해지
사업이 완료된 후에는 계약해지의 의의가 없으므로 계약해지는 사업이 진행 중인 동안에 해야 한다.

92 ★★ 「도시 및 주거환경정비법」상의 정비사업에 관한 설명으로 가장 옳은 것은? 15회 출제

① 정비사업의 시행으로 인해 지상권·전세권 또는 임차권의 설정목적을 달성할 수 없을 때에는 그 권리자는 계약을 해지할 수 있다.
② 계약을 해지할 수 있는 자가 가지는 전세금·보증금 그밖에 계약상의 금전의 반환청구권은 사업시행자에게 행사할 수 없다.
③ 금전의 반환청구권의 행사에 따라 금전을 지급해야 할 토지등소유자는 사업시행자에게 이를 부담하게 해야 한다.
④ 사업시행자가 토지소유자 등의 반환의무를 대신 이행하는 것은 증여의무를 이행하는 것이다.
⑤ 관리처분계획의 인가를 받은 경우 지상권·전세권 설정계약의 계약기간에 대해서는 예외적으로 「민법」 제280조, 「주택임대차보호법」 제4조 등을 적용한다.

해설 지상권 등 계약의 해지
② 금전반환청구권을 사업시행자에게 행사할 수 있다.
③ 금전반환청구권의 원래 상대방은 토지등소유자인 바, 사업시행자는 토지등소유자에게 구상할 수 있다.
④ 사업시행자는 토지등소유자에게 구상하는 것을 전제로 해서 금전반환청구권에 응하는 것일 뿐 증여의무를 지는 것은 아니다.
⑤ 관리처분계획의 인가를 받은 경우 지상권설정계약 등의 계약기간에 관해서는 「민법」, 「주택임대차보호법」 등을 적용하지 않는다.

정답 91. ② 92. ①

부동산공법

93. 도시 및 주거환경정비법령상 비용의 부담 등에 관한 설명으로 틀린 것은? [30회 출제]

① 정비사업비는 「도시 및 주거환경정비법」 또는 다른 법령에 특별한 규정이 있는 경우를 제외하고는 사업시행자가 부담한다.
② 지방자치단체는 시장·군수등이 아닌 사업시행자가 시행하는 정비사업에 드는 비용에 대해 융자를 알선할 수는 있으나 직접적으로 보조할 수는 없다.
③ 정비구역의 국유·공유재산은 사업시행자 또는 점유자 및 사용자에게 다른 사람에 우선하여 수의계약으로 매각될 수 있다.
④ 시장·군수등이 아닌 사업시행자는 부과금 또는 연체료를 체납하는 자가 있는 때에는 시장·군수등에게 그 부과·징수를 위탁할 수 있다.
⑤ 사업시행자는 정비사업을 시행하는 지역에 전기·가스 등의 공급시설을 설치하기 위하여 공동구를 설치하는 경우에는 다른 법령에 따라 그 공동구에 수용될 시설을 설치할 의무가 있는 자에게 공동구의 설치에 드는 비용을 부담시킬 수 있다.

해설 비용의 부담 등
국가 또는 지방자치단체는 시장·군수등이 아닌 사업시행자가 시행하는 정비사업에 드는 비용의 일부를 보조 또는 융자하거나 융자를 알선할 수 있다.

94. 다음은 도시 및 주거환경정비법령상 정비사업의 시행에 따른 정비기반시설의 귀속에 관한 설명이다. 틀린 것은?

① 시장·군수등 또는 토지주택공사등이 아닌 사업시행자가 정비사업의 시행으로 새로이 설치한 정비기반시설은 그 시설을 관리할 국가 또는 지방자치단체에 무상으로 귀속된다.
② 사업시행자가 시장·군수등, 토지주택공사등인 경우 종전의 정비기반시설은 사업시행자에게 무상으로 귀속된다.
③ ②의 경우 사업시행자에게 무상으로 귀속되는 종전의 정비기반시설은 새로이 설치한 정비기반시설과 기능의 대체성이 인정되는 것에 한한다.
④ 사업시행자가 토지등소유자, 정비사업조합, 지정개발자인 경우 종전의 정비기반시설은 새로이 설치한 정비기반시설의 설치비용에 상당하는 범위 안에서 시행자에게 무상으로 양도할 수 있다.
⑤ ④의 경우 시행자에게 무상으로 귀속되는 종전의 공공시설은 새로이 설치한 공공시설과 기능의 대체성이 인정되지 않아도 된다.

정답 93. ② 94. ④

제3장 도시 및 주거환경정비법(응용)

해설 정비기반시설의 귀속

용도가 폐지되는 종전의 정비기반시설은 새로이 설치한 정비기반시설의 설치비용에 상당하는 범위 안에서 시행자에게 무상으로 양도된다. 도시·군계획시설사업의 경우 새로이 설치한 공공시설의 설치비용에 상당하는 범위 안에서 시행자에게 무상으로 양도할 수 있게 한 것과는 차이가 있다.

95 다음은 도시 및 주거환경정비법령상 정비사업조합이 정비기반시설을 설치한 경우에 관한 설명이다. 틀린 것은?

① 시장·군수등 또는 토지주택공사등이 아닌 사업시행자가 정비사업의 시행으로 새로이 설치한 정비기반시설은 그 시설을 관리할 국가 또는 지방자치단체에 무상으로 귀속된다.
② 종래의 정비기반시설은 새로운 정비기반시설의 설치비용에 상당하는 범위 안에서 사업시행자에게 무상으로 양도된다.
③ 종래의 정비기반시설에 대해서는 공사완료공고 후 지체없이 용도폐지를 해야 한다.
④ 정비기반시설의 귀속은 준공인가통지를 한 때에 이루어진다.
⑤ 정비기반시설의 귀속은 등기를 하지 않더라도 물권변동의 효력이 발생한다.

해설 정비기반시설의 설치

종래의 정비기반시설에 대해서는 별도의 용도폐지절차를 거치지 않는다.

96 도시 및 주거환경정비법령상 정비기반시설의 설치 및 귀속 등에 관한 설명으로 틀린 것은? **23회 개작**

① 사업시행자는 관할 지방자치단체의 장과의 협의를 거쳐 정비구역에 정비기반시설(주거환경개선사업의 경우에는 공동이용시설을 포함한다)을 설치하여야 한다.
② 조합의 정비사업시행으로 인하여 용도폐지되는 국가 또는 지방자치단체 소유의 정비기반시설은 조합이 새로이 설치한 정비기반시설의 설치비용에 상당하는 범위 안에서 조합에게 무상으로 양도된다.
③ 정비사업의 시행으로 용도가 폐지되는 국가 또는 지방자치단체 소유의 정비기반시설의 경우 정비사업의 시행 기간 동안 해당 시설의 대부료는 면제된다.
④ 정비사업시행으로 용도가 폐지되어 조합에게 양도될 정비기반시설은 정비사업이 준공인가된 때에 조합에게 양도된 것으로 본다.
⑤ 사업시행자는 관리청에 귀속될 정비기반시설과 사업시행자에게 귀속 또는 양도될 재산의 종류와 세목을 정비사업의 준공전에 관리청에 통지하여야 한다.

정답 95. ③ 96. ④

> **해설** 정비기반시설의 설치 및 귀속
>
> 정비사업시행으로 용도가 폐지되어 조합에게 양도될 정비기반시설은 정비사업이 준공인가되어 관리청에 준공인가통지를 한 때에 조합에게 양도된 것으로 본다.

97 도시 및 주거환경정비법령상 정비사업의 공공지원에 관한 사항이다. 틀린 것은?

① 시장·군수등은 조합설립추진위원회 또는 주민대표회의 구성을 위한 업무를 지원한다.
② 시장·군수등은 정비사업 전문관리업자의 선정을 위한 업무를 지원한다.
③ 시장·군수등은 한국토지주택공사, 지방공사, 신탁업자 등에게 공공지원을 위탁할 수 있다.
④ 공공지원에 따른 대외적인 책임은 시장·군수등이 진다.
⑤ 공공지원에 필요한 비용은 시장·군수등이 부담하되, 조례가 정하는 바에 따라 시행자에게 일부를 부담시킬 수 있다.

> **해설** 공공지원
>
> 공공지원에 필요한 비용은 시행자에게 부담시킬 수 없다. 공공지원에 필요한 비용은 시장·군수등이 부담하되, 특별시장, 광역시장 또는 도지사는 관할구역의 시장, 군수 또는 구청장에게 특별시·광역시 또는 도의 조례로 정하는 바에 따라 그 비용의 일부를 지원할 수 있다.

정답 97. ⑤

CHAPTER 04 건축법

학습포인트
- 건축이 토지이용행위 중 가장 대표적인 행위이므로 토지관련법령을 제대로 이해하기 위해서는 「건축법」의 주요개념을 이해하는 것이 필수적이다.
- 「건축법」에서 가장 많이 출제되는 부분이 건축허가 또는 신고와 관련된 부분인데, 그 밖에 용도변경, 대지면적, 용적률, 도로, 건축선, 높이제한, 대지분할제한, 대지 안의 공지 등도 출제빈도가 높다.

CHAPTER 학습 & 출제되는 키워드

- ☑ 건축물의 용도
- ☑ 건축물의 높이
- ☑ 허가권자
- ☑ 건축물의 용도변경
- ☑ 건축물의 유지관리
- ☑ 도로
- ☑ 높이제한
- ☑ 건축분쟁전문위원회

- ☑ 건축 대수선 및 리모델링
- ☑ 건축물의 층수
- ☑ 건축신고
- ☑ 사용승인
- ☑ 대지의 안전
- ☑ 특별건축구역
- ☑ 건축설비

- ☑ 건축면적
- ☑ 건축법의 적용범위
- ☑ 건축허가 또는 착공의 제한
- ☑ 건축협정
- ☑ 공개공지
- ☑ 대지분할의 제한
- ☑ 이행강제금

CHAPTER 학습 & 출제되는 질문

- ☑ 건축법령상 건축물의 종류와 그 용도분류가 잘못 연결된 것은?
- ☑ 건축물의 면적·높이 등의 산정방법에 관한 설명 중 틀린 것은?
- ☑ 건축허가와 그 제한 및 취소에 관한 설명 중 틀린 것은?
- ☑ 건축물의 용도를 변경하고자 하는 경우 특별자치시장·특별자치도지사·시장·군수·구청장의 허가를 받아야 하는 것은?
- ☑ 피난층 또는 지상으로 통하는 직통계단을 2개소 이상 설치해야 하는 건축물은?
- ☑ 특별건축구역에 관한 설명으로 옳은 것은?
- ☑ 건축분쟁전문위원회에 대한 설명 중 틀린 것은?

기본 출제예상문제

01 다음 중 「건축법」에 규정된 사항이 <u>아닌</u> 것은?
① 용도지역별 건축제한 ② 도로의 구조 ③ 가로구역별 건축물의 높이
④ 특별건축구역의 지정 ⑤ 건축분쟁의 조정

> **해설** 「건축법」에 규정된 사항
> 용도지역별 건축제한은 「국토의 계획 및 이용에 관한 법률」에 규정되어 있다.

02 건축법령상 2개 이상의 필지를 하나의 대지로 볼 수 <u>없는</u> 것은? **14회 출제**
① 하나의 건축물을 2필지 이상에 걸쳐 건축하는 경우
② 「국토의 계획 및 이용에 관한 법률」에 의한 도시·군계획시설에 해당하는 건축물을 건축하는 경우
③ 「주택법」에 의한 사업계획승인을 받아 주택과 그 부대시설 및 복리시설을 건축하는 경우에 「주택건설기준 등에 관한 규정」이 정하는 일단의 토지
④ 도로의 지표 아래에 건축하는 건축물로서 특별시장·광역시장·특별자치시장·특별자치도지사·시장·군수 또는 구청장이 당해 건축물이 건축되는 토지로 정하는 토지
⑤ 각 필지의 지번부여지역이 서로 다른 경우로서 토지의 소유자가 서로 다르고 소유권 외의 권리관계는 같은 경우

> **해설** 2개 이상의 필지를 하나의 대지로 보는 경우
> 각 필지의 지번부여지역이 서로 달라 합병할 수 없는 경우에도 2 이상의 필지를 하나의 대지로 할 수 있는 예외가 인정되지만, 토지소유자가 서로 다르거나 소유권 외의 권리관계가 서로 다른 경우에는 이러한 예외가 인정되지 않는다.

03 「건축법」상 하나 이상의 필지의 일부를 하나의 대지로 할 수 있는 경우가 <u>아닌</u> 것은?
① 하나 이상의 필지의 일부에 대하여 도시·군계획시설의 결정·고시가 있는 부분의 토지
② 하나 이상의 필지의 일부에 대하여 「농지법」에 의한 농지전용허가를 받은 부분의 토지
③ 하나 이상의 필지의 일부에 대하여 「산지관리법」에 의한 산지전용허가를 받은 부분의 토지
④ 하나 이상의 필지의 일부에 대하여 「국토의 계획 및 이용에 관한 법률」에 의한 개발행위허가를 받은 부분의 토지
⑤ 하나 이상의 필지의 일부에 대하여 「하천법」에 의한 하천점용허가를 받은 부분의 토지

정답 01. ① 02. ⑤ 03. ⑤

해설 하나 이상의 필지의 일부를 하나의 대지로 할 수 있는 경우

⑤의 경우는 일부를 하나의 대지로 할 수 없다. ①, ②, ③, ④ 이외에도 사용승인을 신청하는 때에 분필할 것을 조건으로 하여 건축허가를 하는 경우 그 분필대상이 되는 부분의 토지는 하나의 대지로 할 수 있는 토지가 된다.

04 다음은 「건축법」상의 건축물에 관한 설명이다. 올바른 것은?

① 건축물은 토지에 정착하는 공작물 중 지붕·기둥 및 벽이 모두 갖추어진 것을 가리킨다.
② 지하공연장은 건축물에 해당된다.
③ 높이 1m를 초과하는 옹벽에 대해서는 「건축법」의 일부규정이 준용된다.
④ 고가점포에 대해서는 「건축법」의 일부규정이 준용된다.
⑤ 건축물과 분리되어 축조되는 굴뚝에 대해서는 「건축법」이 적용 또는 준용되지 않는다.

해설 건축물

① 지붕 및 기둥이 있거나 지붕 및 벽이 있어도 「건축법」상의 건축물에 해당된다.
③ 「건축법」의 일부규정이 준용되는 것은 높이 2m를 초과하는 옹벽이다.
④ 고가점포는 건축물이므로 「건축법」이 적용된다.
⑤ 굴뚝이 건축물과 일체가 되어 축조되는 경우에는 「건축법」이 적용되고, 건축물과 분리되어 축조되는 경우 굴뚝의 높이가 6m를 초과하면 「건축법」의 일부규정이 준용된다.

05 건축법령상 용어에 대한 설명으로 옳지 않은 것은?

① 16층 이상인 건축물은 다중이용건축물에 해당한다.
② 「공간정보의 구축 및 관리 등에 관한 법률」에 따라 각 필지로 나눈 토지를 대지라 한다.
③ 건축물 안에서 거주·집무·작업·집회·오락 그 밖에 이와 유사한 목적을 위하여 사용되는 방을 거실이라 한다.
④ 다중주택의 층수 산정방법은 1층의 전부 또는 일부를 필로티 구조로 하여 주차장으로 사용하고 나머지 부분을 주택(주거 목적으로 한정함) 외의 용도로 쓰는 경우에는 해당 층을 주택의 층수에서 제외한다.
⑤ 건축물의 바닥이 지표면 아래에 있는 층으로서 바닥에서 지표면까지 평균높이가 해당 층 높이의 3분의 1 이상인 것을 지하층이라 한다.

해설 건축법령상 용어

지하층이란 건축물의 바닥이 지표면 아래에 있는 층으로서 바닥에서 지표면까지 평균높이가 해당 층 높이의 1/2 이상인 것을 말한다.

정답 04. ② 05. ⑤

부동산공법

06 건축법령상 다중이용 건축물에 해당하는 것은? 〔26회 개작〕
① 종교시설로 사용하는 바닥면적의 합계가 4천m²인 5층의 성당
② 문화 및 집회시설로 사용하는 바닥면적의 합계가 4천m²인 10층의 전시장
③ 숙박시설로 사용하는 바닥면적의 합계가 4천m²인 16층의 관광호텔
④ 교육연구시설로 사용하는 바닥면적의 합계가 5천m²인 15층의 연구소
⑤ 문화 및 집회시설로 사용하는 바닥면적의 합계가 5천m²인 2층의 동물원

> **해설** 다중이용 건축물의 정의
> 1) 문화 및 집회시설(동물원 및 식물원은 제외), 종교시설, 판매시설, 운수시설 중 여객용 시설, 의료시설 중 종합병원, 숙박시설 중 관광숙박시설의 용도로 쓰는 바닥면적합계가 5,000m² 이상인 건축물
> 2) 16층 이상인 건축물

07 다음은 「건축법」상의 용도구분이다. 틀린 것은?
① 제1종 근린생활시설 : 바닥면적의 합계가 20m²인 부동산중개사무소
② 제2종 근린생활시설 : 바닥면적의 합계가 500m²인 결혼상담소
③ 제1종 근린생활시설 : 바닥면적의 합계가 200m²인 동물미용실
④ 종교시설 : 바닥면적의 합계가 500m²인 종교집회장
⑤ 숙박시설 : 바닥면적의 합계가 500m²인 다중생활시설

> **해설** 일반업무시설
> 같은 건축물에 금융업소, 사무소, 부동산중개사무소, 결혼상담소 등 소개업소, 출판사, 신문사, 그 밖에 이와 비슷한 것의 용도로 쓰는 바닥면적의 합계가 30m² 미만인 경우에는 제1종 근린생활시설, 바닥면적의 합계가 500m² 미만인 경우에는 제2종 근린생활시설, 그 외의 경우에는 일반업무시설로 분류된다.

08 ★★ 건축법령상 제1종 근린생활시설에 해당되는 시설은? (다만, 동일한 건축물 안에서 당해 용도에 쓰이는 바닥면적의 합계는 400m²임) 〔19회 출제〕
① 테니스장   ② 부동산중개사무소   ③ 골프연습장
④ 일반음식점   ⑤ 소매점

> **해설** 제1종 근린생활시설
> 동일한 건축물 안에서 당해 용도에 쓰이는 바닥면적의 합계가 1,000m² 미만인 소매점은 제1종 근린생활시설에 해당된다.

정답   06. ③   07. ②   08. ⑤

제4장 건축법(기본)

09 건축법령상 건축에 관한 용어 설명 중 틀린 것은?

① 건축물을 그 주요구조부를 해체하여 동일한 대지 안의 다른 위치로 옮기는 것은 '이전'에 해당한다.
② 기존건축물이 있는 대지 안에서 건축물의 높이를 증가시키는 것은 '증축'에 해당한다.
③ 기존건축물이 있는 대지 안에서 건축물의 층수를 증가시키는 것은 '증축'에 해당한다.
④ 건축물이 재해로 멸실된 경우 그 대지 안에 종전 규모보다 크게 다시 축조하는 것은 '신축'에 해당한다.
⑤ 기존건축물의 전부를 해체하고 그 대지 안에 종전과 동일한 규모의 범위 안에서 건축물을 다시 축조하는 것은 '개축'에 해당한다.

해설 건축에 관한 용어
건축물의 이전은 주요구조부를 해체하지 않아야 한다.

10 건축법령상 '건축'에 해당하는 것을 모두 고른 것은? **25회 개작**

㉠ 건축물이 없던 나대지에 새로 건축물을 축조하는 것
㉡ 기존 5층의 건축물이 있는 대지에서 건축물의 층수를 7층으로 늘리는 것
㉢ 태풍으로 멸실된 건축물을 그 대지에 연면적 합계, 동수, 층수 및 높이가 종전과 같은 규모의 범위에서 다시 축조하는 것
㉣ 건축물의 주요구조부를 해체하지 아니하고 같은 대지에서 옆으로 5m 옮기는 것

① ㉠, ㉡
② ㉢, ㉣
③ ㉠, ㉡, ㉢
④ ㉡, ㉢, ㉣
⑤ ㉠, ㉡, ㉢, ㉣

해설 건축행위
건축이란 건축물을 신축·증축·개축·재축하거나 건축물을 이전하는 것을 말한다.
㉠ 신축 ㉡ 증축 ㉢ 재축 ㉣ 이전

정답 09. ① 10. ⑤

부동산공법

11 건축법상 용어의 정의로서 옳지 않은 것은?

① "건축"이란 건축물을 신축·증축·개축·재축(再築)하거나 건축물을 이전하는 것을 말한다.
② "건축물의 용도"란 건축물의 종류를 유사한 구조, 이용목적 및 형태별로 묶어 분류한 것을 말한다.
③ "거실"이란 건축물 안에서 거주, 집무, 작업, 집회, 오락, 그 밖에 이와 유사한 목적을 위하여 사용되는 방을 말한다.
④ "내화구조"란 화재에 견딜 수 있는 성능을 가진 구조로서 국토교통부령으로 정하는 기준에 적합한 구조를 말한다.
⑤ "공사감리자"란 자기의 책임으로 설계도서를 작성하고 그 설계도서에서 의도하는 바를 해설하며, 지도하고 자문에 응하는 자를 말한다.

해설 용어의 정의
설계자란 자기의 책임으로 설계도서를 작성하고 그 설계도서에서 의도하는 바를 해설하며, 지도하고 자문에 응하는 자를 말한다.

12 건축법령상 용어의 정의로서 옳지 않은 것은?

① "고층건축물"이란 층수가 30층 이상이거나 높이가 120m 이상인 건축물을 말한다.
② "이전"이란 건축물의 주요구조부를 해체하지 않고 같은 대지의 다른 위치로 옮기는 것을 말한다.
③ "부속건축물"이란 건축물의 내부와 외부를 연결하는 완충공간으로서 전망이나 휴식 등의 목적으로 건축물 외벽에 접하여 부가적으로 설치되는 공간을 말한다.
④ "지하층"이란 건축물의 바닥이 지표면 아래에 있는 층으로서 바닥에서 지표면까지 평균높이가 해당 층 높이의 2분의 1 이상인 것을 말한다.
⑤ "증축"이란 기존 건축물이 있는 대지에서 건축물의 건축면적, 연면적, 층수 또는 높이를 늘리는 것을 말한다.

해설 용어의 정의
발코니의 정의이고, 부속건축물이란 같은 대지에서 주된 건축물과 분리된 부속용도의 건축물로서 주된 건축물을 이용 또는 관리하는 데에 필요한 건축물을 말한다.

정답　11. ⑤　12. ③

13 건축법령상 건축에 관한 설명으로 옳지 <u>않은</u> 것은?

① 건축물의 용도를 변경하는 행위는 건축물의 건축이 아니다.
② 건축물의 주요 구조부를 해체하지 아니하고 같은 대지의 다른 위치로 옮기는 것은 이전이다.
③ 기존 건축물의 전부 또는 일부를 해체하고 그 대지에 종전 규모의 범위에서 건축물을 다시 축조하는 것은 개축이다.
④ 부속 건축물만 있는 대지에 새로이 주된 건축물을 축조하는 것은 증축이다.
⑤ 내력벽의 경우 벽면적을 $30m^2$ 미만 수선 또는 변경하는 것은 대수선에 해당되지 않는다.

해설 건 축
부속 건축물만 있는 대지에 새로이 주된 건축물을 축조하는 것은 신축이다.

14 건축법령상 증축·개축 또는 재축에 해당하지 않는 것으로서 대수선행위로 볼 수 <u>없는</u> 것은?

① 내력벽의 벽면적을 $30m^2$ 이상 수선 또는 변경하는 행위
② 건축물의 전면부 창문틀을 해체하는 행위
③ 건축물의 외벽에 사용하는 마감재료를 증설하는 행위
④ 건축물의 방화구획을 위한 바닥 또는 벽을 수선 또는 변경하는 행위
⑤ 다세대주택의 세대 간 경계벽을 수선하는 행위

해설 대수선행위
창문틀은 주요구조부가 아니므로 창문틀의 해체는 대수선에 해당하지 않는다.

15 건축법령상 용어에 관한 설명으로 틀린 것은?

28회 출제

① 내력벽을 수선하더라도 수선되는 벽면적의 합계가 $30m^2$ 미만인 경우는 "대수선"에 포함되지 않는다.
② 지하의 공작물에 설치하는 점포는 "건축물"에 해당하지 않는다.
③ 구조 계산서와 시방서는 "설계도서"에 해당한다.
④ '막다른 도로'의 구조와 너비는 '막다른 도로'가 "도로"에 해당하는지 여부를 판단하는 기준이 된다.
⑤ "고층건축물"이란 층수가 30층 이상이거나 높이가 120m 이상인 건축물을 말한다.

해설 용어정의
지하 또는 고가(高架)의 공작물에 설치하는 사무소·공연장·점포·차고 및 창고는 건축물에 해당한다.

정답 13. ④ 14. ② 15. ②

16. 「건축법」의 목적과 용어에 관련된 설명으로 옳은 것은?

① 「건축법」은 건축물의 안전·기능·환경 및 미관을 향상시킴으로써 공공복리의 증진에 이바지함을 목적으로 한다.
② '대지'는 「공간정보의 구축 및 관리 등에 관한 법률」에 의해 각 필지로 구획된 토지를 말하므로 필지의 일부는 하나의 대지가 될 수 없다.
③ '건축'은 건축물의 신축·증축·개축·재축을 의미하며 이전은 포함되지 않는다.
④ '대수선'은 건축물의 주요구조부에 대한 수선 또는 변경을 의미하며 건축물의 외벽에 사용하는 마감재료의 변경은 일체 포함되지 않는다.
⑤ '도로'는 보행 및 자동차통행이 가능한 모든 도로를 말한다.

해설 「건축법」의 목적과 용어
② 1 이상의 필지의 일부에 대해 도시·군계획시설이 결정·고시된 경우, 1 이상의 필지의 일부에 대해 농지전용허가·산지전용허가 또는 개발행위허가를 받은 경우, 그리고 사용승인을 신청할 때에 분필할 것을 조건으로 건축허가를 하는 경우에는 필지의 일부를 대지로 할 수 있다(영 제3조 제2항).
③ 이전도 건축에 포함된다.
④ 건축물의 외벽에 사용하는 마감재료(외부 난연성 마감재료를 말한다)를 증설 또는 해체하거나 벽면적 30m² 이상 수선 또는 변경하는 것은 대수선에 해당된다(영 제3조의2).
⑤ 너비 4m 이상의 도로로서 「국토의 계획 및 이용에 관한 법률」·「도로법」·「사도법」 등 관계법령에 따라 신설 또는 변경에 관한 고시가 된 도로 또는 그 예정도로와 건축허가 또는 신고시 허가권자가 그 위치를 지정해서 공고한 도로 또는 그 예정도로만 「건축법」상의 도로에 해당된다.

17. 건축법령상 용어의 정의가 옳지 않은 것만을 모두 고른 것은?

㉠ '재축'이라 함은 기존 건축물의 전부를 해체하고 그 대지 안에 종전과 동일한 규모의 범위 안에서 건축물을 다시 축조하는 것을 말한다.
㉡ '준초고층 건축물'이라 함은 고층건축물 중 초고층 건축물이 아닌 것을 말한다.
㉢ '결합건축'이라 함은 용적률을 개별 대지마다 적용하지 아니하고, 2개 이상의 대지를 대상으로 통합적용하여 건축물을 건축하는 것을 말한다.
㉣ '주요구조부'라 함은 내력벽·기둥·바닥·보·지붕틀 및 주계단을 말한다.
㉤ '리모델링'이라 함은 건축물의 노후화 억제 또는 기능 향상을 위한 대수선으로서 증축을 제외한 행위를 말한다.

① ㉠, ㉡   ② ㉡, ㉢   ③ ㉡, ㉤
④ ㉠, ㉤   ⑤ ㉢, ㉣

해설 건축법령상 용어의 정의
㉠은 재축이 아닌 개축이다. ㉤의 리모델링이라 함은 건축물의 노후화 억제 또는 기능향상 등을 위하여 대수선하거나 건축물의 일부를 증축 또는 개축하는 행위를 말한다.

정답 16. ①   17. ④

18. 다음 건축물 중 「건축법」의 적용을 받는 것은?

① 대지에 정착된 컨테이너를 이용한 주택
② 철도의 선로부지에 있는 운전보안시설
③ 「자연유산의 보존 및 활용에 관한 법률」에 따라 지정된 천연기념물
④ 고속도로 통행료 징수시설
⑤ 「하천법」에 따른 하천구역 내의 수문조작실

해설 「건축법」이 적용되지 않는 건축물
① 「건축법」이 적용된다. 컨테이너를 이용한 간이창고(공장의 용도로만 쓰는 건축물의 대지에 설치하는 것으로서 이동이 쉬운 것에 한함)는 「건축법」이 적용되지 않는다.

19. 건축법령상 「건축법」이 모두 적용되지 않는 건축물이 아닌 것은?

① 「문화유산의 보존 및 활용에 관한 법률」에 따른 지정문화유산인 건축물
② 철도의 선로부지에 있는 철도 선로의 위나 아래를 가로지르는 보행시설
③ 고속도로 통행료 징수시설
④ 지역자치센터
⑤ 궤도의 선로부지에 있는 플랫폼

해설 「건축법」이 적용되지 않는 건축물
지역자치센터는 건축법이 적용되는 건축물이다.

20. 건축관계자는 「건축법」을 적용하는 것이 매우 불합리하다고 인정되는 대지 또는 건축물에 대해 동법의 기준을 완화해서 적용할 것을 요청할 수 있다. 다음 중 이러한 대지 또는 건축물에 속하지 않는 것은?

① 수면 위에 건축하는 건축물 등 대지의 범위를 설정하기 곤란한 경우
② 거실이 없는 통신시설 및 기계·설비시설인 경우
③ 방재지구의 대지에 건축하는 건축물로서 재해예방을 위한 조치가 필요한 경우
④ 31층 이상인 건축물인 경우(건축물 전부가 공동주택으로 쓰이는 경우는 제외)
⑤ 사용승인을 받은 후 10년 이상 경과되어 리모델링이 필요한 경우

해설 건축기준완화의 특례
리모델링에 대해 건축기준을 완화적용받기 위해서는 사용승인을 받은 후 15년 이상 경과되어야 한다.

정답 18. ① 19. ④ 20. ⑤

부동산공법

21 다음은 「건축법」의 적용 또는 준용에 관한 설명이다. 틀린 것은?

① 거실이 없는 통신시설 및 기계·설비시설인 경우에는 건축선의 지정에 관한 규정을 완화하여 적용할 수 있다.
② 31층 이상의 건축물(건축물 전부가 공동주택으로 쓰이는 경우는 제외)에 대하여는 공개공지·피난시설·방화벽·건축설비 등에 관한 규정을 완화하여 적용할 수 있다.
③ 건축허가를 받아 건축하는 도시형 생활주택에 주민공동시설을 설치하는 경우에는 「건축법」의 건폐율 및 용적률 규정을 완화하여 적용할 수 있다.
④ 도시지역이나 지구단위계획구역이 아닌 지역의 동이나 읍에 해당하는 지역에 건축하는 건축하는 건축물 중 건축조례로 정하는 건축물에 대하여는 대지와 도로와의 관계에 관한 규정을 완화하여 적용할 수 있다.
⑤ 건축물과 분리되어 축조되는 높이 5m의 광고탑에 대하여는 「건축법」의 일부규정이 준용된다.

해설 건축기준의 완화적용
건축허가를 받아 건축하는 도시형 생활주택에 주민공동시설을 설치하는 경우에는 용적율 규정을 완화하여 적용할 수 있다.

22 ★ 다음은 중앙건축위원회에 관한 설명이다. 틀린 것은?

① 중앙건축위원회는 위원장 및 부위원장 각 1명을 포함한 25명 이상 100명 이내의 위원으로 구성한다.
② 중앙건축위원회는 건축물의 건축·대수선·용도변경, 건축설비의 설치 또는 공작물의 축조와 관련된 분쟁의 조정 또는 재정한다.
③ 건축위원회의 심의를 받은 건축면적·연면적·층수 또는 높이 중 어느 하나도 1/10을 넘지 않는 범위에서 건축물의 규모를 변경하는 경우에는 중앙건축위원회의 심의를 생략할 수 있다.
④ 중앙건축위원회의 위원은 관계 공무원과 건축에 관한 학식 또는 경험이 풍부한 사람 중에서 국토교통부장관이 임명하거나 위촉한다.
⑤ 중앙건축위원회의 운영에 관한 사항, 수당 및 여비의 지급에 관한 사항은 국토교통부령으로 정한다.

해설 중앙건축위원회
중앙건축위원회는 위원장 및 부위원장 각 1명을 포함한 70명 이내의 위원으로 구성한다.

정답 21. ③ 22. ①

23. 건축법령상 건축민원전문위원회에 관한 설명으로 틀린 것은? (단, 조례는 고려하지 않음) [30회 출제]

① 도지사는 건축위원회의 심의 등을 효율적으로 수행하기 위하여 필요하면 자신이 설치하는 건축위원회에 건축민원전문위원회를 두어 운영할 수 있다.
② 건축민원전문위원회가 위원회에 출석하게 하여 의견을 들을 수 있는 자는 신청인과 허가권자에 한한다.
③ 건축민원전문위원회에 질의민원의 심의를 신청하려는 자는 문서에 의할 수 없는 특별한 사정이 있는 경우에는 구술로도 신청할 수 있다.
④ 건축민원전문위원회는 심의에 필요하다고 인정하면 위원 또는 사무국의 소속 공무원에게 관계 서류를 열람하게 하거나 관계 사업장에 출입하여 조사하게 할 수 있다.
⑤ 건축민원전문위원회는 건축법령의 운영 및 집행에 관한 민원을 심의할 수 있다.

해설 건축민원전문위원회
건축민원전문위원회가 위원회에 출석하게 하여 의견을 들을 수 있는 자는 신청인, 허가권자의 업무담당자, 이해관계자 또는 참고인이다.

24. 다음은 건축법령상의 지하층에 관한 설명이다. 올바른 것은?

① 지하층은 건축물의 층수에 산입된다.
② 지하층의 바닥면적은 용적률을 산정할 때에는 연면적에서 제외된다.
③ 건축주는 대통령령으로 정하는 용도 및 규모의 건축물을 건축하는 경우에는 지하층을 설치해야 한다.
④ 지하층은 건축물의 바닥이 지표면 아래에 있는 층으로서 그 바닥으로부터 지표면까지의 높이가 당해 층 높이의 2/3 이상이 되는 것을 말한다.
⑤ 지하층의 바닥으로부터 지표면까지의 높이가 다른 경우에는 가장 높은 높이를 기준으로 해서 지하층 여부를 판단한다.

해설 건축법령상의 지하층
① 지하층은 건축물의 층수에 산입되지 않는다.
③ 지하층설치의무는 규제완화의 차원에서 수년 전에 폐지되었다.
④ "2/3"가 아닌 "1/2"이어야 한다.
⑤ "가장 높은 높이"가 아닌 가중평균한 높이의 수평면을 지표면으로 본다.

정답 23. ② 24. ②

부동산공법

25 ★★ 대지면적이 1,000m²이며, 용적률이 240%이고, 건폐율을 40%로 건축한다면 최대 층수는? (다만, 각 층의 건축면적과 바닥면적을 동일하게 함) **14회 출제**

① 3층　　② 4층　　③ 5층　　④ 6층　　⑤ 7층

해설 최대층수 계산

용적률이 240%이므로 연면적은 대지면적 1,000m²의 240%인 2,400m²까지로 할 수 있고, 건폐율이 40%이므로 하나의 층의 바닥면적은 대지면적 1,000m²의 40%인 400m²가 된다.

따라서 층수는 $\dfrac{\text{연면적}(2,400m^2)}{\text{바닥면적}(400m^2)} = 6(층)$이 된다.

---

26 건축법령상 1,000m²의 대지에 건축한 다음 건축물의 용적률은 얼마인가? (단, 제시된 조건 외에 다른 조건은 고려하지 않음) **24회 출제**

- 하나의 건축물로서 지하 2개층, 지상 5개층으로 구성되어 있으며, 지붕은 평지붕임
- 건축면적은 500m²이고, 지하층 포함 각 층의 바닥면적은 480m²로 동일함
- 지하 2층은 전부 주차장, 지하 1층은 전부 제1종근린생활시설로 사용됨
- 지상 5개층은 전부 업무시설로 사용됨

① 240%　　② 250%　　③ 288%　　④ 300%　　⑤ 480%

해설 건축물의 용적률

용적률이란 대지면적에 대한 연면적의 비율을 말한다. 용적률을 산정할 때에는 지하층의 면적, 지상층의 부속용도인 주차용으로 쓰는 면적, 초고층 건축물과 준초고층 건축물에 설치하는 피난안전구역의 면적 및 건축물의 경사지붕 아래에 설치하는 대피공간의 면적은 연면적에서 제외한다. 따라서 용적률산정에 포함되는 연면적은 지상 5개의 업무시설 바닥면적(2,400m²)이다.

대지면적이 1,000m²이므로 용적률은 $\dfrac{2,400}{1,000} \times 100 = 240\%$이다.

---

27 ★★ 대지면적이 1,000m²인 대지에 각 층의 바닥면적이 500m²인 지하 2층, 지상 3층인 건축물을 건축하려고 한다. 용적률은 얼마인가?

① 100%　　② 150%　　③ 200%　　④ 250%　　⑤ 300%

해설 용적률

용적률을 산정할 때에는 지하층의 바닥면적은 연면적에 포함되지 않는다.

따라서 용적률은 $\dfrac{1,500m^2}{1,000m^2} = 150(\%)$가 된다.

정답　25. ④　26. ①　27. ②

28. 건축법령상 아래와 같은 조건을 갖는 건축물의 용적률은 몇 퍼센트인가?

- 대지면적 : 20,000㎡
- 지하 2층 : 주차장(12,000㎡), 전기실·기계실 등 공용시설(2,000㎡)
- 지하 1층 : 제1종근린생활시설(8,000㎡), 주차장(6,000㎡)
- 지상 1층 : 필로티구조로 전부를 상층부 공동주택의 부속용도인 주차장으로 사용 (4,000㎡)
- 지상 2층 ~ 지상 9층 : 공동주택(각 층 4,000㎡)
- 지상 10층 : 주민공동시설(2,000㎡)

① 230% ② 160% ③ 170% ④ 180% ⑤ 190%

해설 건축물의 용적률

용적률이란 대지면적에 대한 연면적의 비율을 말한다. 용적률을 산정할 때에는 지하층의 면적, 지상층의 부속용도인 주차용으로 쓰는 면적, 초고층 건축물과 준초고층 건축물에 설치하는 피난안전구역의 면적, 건축물의 경사지붕 아래에 설치하는 대피공간의 면적은 연면적에서 제외한다. 따라서 용적률산정에 포함되는 연면적은 지상 2층 내지 9층의 공동주택 면적(32,000㎡)과 지상 10층·주민공동시설면적(2,000㎡)이다.

대지면적이 20,000㎡이므로 용적률은 $\frac{34,000}{20,000} \times 100 = 170\%$이다.

29. 건축법령상 건축물의 면적 등의 산정방법에 관한 설명으로 틀린 것은?(단, 건축법령상 특례는 고려하지 않음) [33회 출제]

① 공동주택으로서 지상층에 설치한 조경시설의 면적은 바닥면적에 산입하지 않는다.
② 지하주차장의 경사로의 면적은 건축면적에 산입한다.
③ 태양열을 주된 에너지원으로 이용하는 주택의 건축면적은 건축물의 외벽중 내측 내력벽의 중심선을 기준으로 한다.
④ 용적률을 산정할 때에는 지하층의 면적은 연면적에 산입하지 않는다.
⑤ 층의 구분이 명확하지 아니한 건축물의 높이는 4미터마다 하나의 층으로 보고 그 층수를 산정한다.

해설 건축물의 면적 등의 산정방법

지하주차장의 경사로의 면적은 건축면적에 산입하지 않는다.

정답 28. ③ 29. ②

부동산공법

30 건축법령상 건축물의 면적·높이 등의 산정방법에 관한 설명 중 틀린 것은? `17회 출제`

① 건축물이 부분에 따라 층수를 달리하는 경우에 그 층수는 가중평균 층수로 산정한다.
② 건축면적은 원칙적으로 건축물의 외벽의 중심선으로 둘러싸인 부분의 수평투영면적으로 산정한다.
③ 지상층의 주차용(당해 건축물의 부속용도인 경우에 한한다)으로 사용되는 면적은 용적률의 산정에 있어서 산입하지 않는다.
④ 지하층은 건축물의 층수에 산입하지 않는다.
⑤ 층의 구분이 명확하지 않은 건축물은 당해 건축물의 높이 4m마다 하나의 층으로 산정한다.

해설 건축물의 면적·높이 등의 산정방법
건축물의 부분에 따라 그 층수를 달리하는 경우에는 그 중 가장 많은 층수를 그 건축물의 층수로 한다.

31 건축법령상 건축물의 면적 및 층수의 산정방법에 관한 설명으로 옳은 것을 모두 고른 것은? `24회 출제`

> ⊙ 공동주택으로서 지상층에 설치한 전기실의 면적은 바닥면적에 산입하지 아니한다.
> ⓒ 용적률을 산정할 때에는 해당 건축물의 부속용도로서 지상층의 주차용으로 쓰는 면적은 연면적에 포함한다.
> ⓒ 건축물이 부분에 따라 그 층수가 다른 경우에는 그 중 가장 많은 층수를 그 건축물의 층수로 본다.
> ⓔ 사용승인을 받은 후 15년 이상이 된 건축물을 리모델링하는 경우로서 열의 손실 방지를 위하여 외벽에 부가하여 마감재를 설치하는 부분은 바닥면적에 산입한다.

① ⊙, ⓒ   ② ⊙, ⓒ   ③ ⓒ, ⓒ   ④ ⓒ, ⓔ   ⑤ ⓒ, ⓔ

해설 건축물의 면적 및 층수의 산정방법
ⓒ 용적률을 산정할 때에는 해당 건축물의 부속용도로서 지상층의 주차용으로 쓰는 면적은 연면적에서 제외한다.
ⓔ 사용승인을 받은 후 15년 이상이 된 건축물을 리모델링하는 경우로서 열의 손실 방지를 위하여 외벽에 부가하여 마감재를 설치하는 부분은 바닥면적에 산입하지 아니한다.

정답 30. ① 31. ②

32 지하층이 2개층이고 지상층은 전체가 층의 구분이 명확하지 아니한 건축물로서, 건축물의 바닥면적은 600m²며 바닥면적의 300m²에 해당하는 부분은 그 높이가 12m이고 나머지 300m²에 해당하는 부분의 높이는 16m이다. 이러한 건축물의 건축법령상 층수는? (단, 건축물의 높이는 건축법령에 의하여 산정한 것이고, 지표면의 고저차는 없으며, 건축물의 옥상에는 별도의 설치물이 없음)

① 1층   ② 3층   ③ 4층   ④ 5층   ⑤ 6층

해설 건축법령상 층수의 산정

지하층은 건축물의 층수에 산입하지 아니하고, 층의 구분이 명확하지 아니한 건축물은 그 건축물의 높이 4m마다 하나의 층으로 보고 그 층수를 산정하며, 건축물이 부분에 따라 그 층수가 다른 경우에는 그 중 가장 많은 층수를 그 건축물의 층수로 본다. 따라서 가장 높은 16m 건축물을 4m마다 하나의 층으로 봄으로 층수는 4층이다.

33 건축법령상 건축물과 관련된 설명으로 옳은 것을 모두 고른 것은?

> ㉠ 지하층은 건축물의 바닥이 지표면 아래에 있는 층으로서 바닥에서 지표면까지 평균높이가 해당 층 높이의 3분의 1 이상인 것을 말한다.
> ㉡ 개축은 건축물이 천재지변이나 그 밖의 재해로 멸실된 경우 그 대지에 종전과 같은 규모의 범위에서 다시 축조하는 것을 말한다.
> ㉢ 특별피난계단을 변경하는 것으로서 증축·개축 또는 재축에 해당하지 않는 것은 대수선에 해당한다.
> ㉣ 연면적은 하나의 건축물 각 층의 바닥면적의 합계를 말하는 것으로서, 용적률을 산정할 때 층수가 50층 이상인 건축물에 설치하는 피난안전구역의 면적은 연면적에 산입하지 않는다.

① ㉠, ㉡   ② ㉠, ㉢   ③ ㉡, ㉢   ④ ㉡, ㉣   ⑤ ㉢, ㉣

해설 건축물

㉠ 지하층은 건축물의 바닥이 지표면 아래에 있는 층으로서 바닥에서 지표면까지 평균높이가 해당 층 높이의 2분의 1 이상인 것을 말한다.
㉡ 개축이란 기존 건축물의 전부 또는 일부를 해체하고 그 대지에 종전과 같은 규모의 범위에서 건축물을 다시 축조하는 것을 말한다. 재축이란 건축물이 천재지변이나 그 밖의 재해로 멸실된 경우 그 대지에 다음의 요건을 모두 갖추어 다시 축조하는 것을 말한다.
  1) 연면적 합계는 종전 규모 이하로 할 것
  2) 동(棟)수, 층수 및 높이는 다음의 어느 하나에 해당할 것
     • 동수, 층수 및 높이가 모두 종전 규모 이하일 것
     • 동수, 층수 또는 높이의 어느 하나가 종전 규모를 초과하는 경우에는 해당 동수, 층수 및 높이가 법령등에 모두 적합할 것

정답 32. ③   33. ⑤

34. 건축법령상 신고의 대상이 되는 건축 또는 대수선의 예를 든 것 중 틀린 것은? 〔17회 출제〕

① 기존 건축물의 바닥면적 중 80m²의 개축(단, 3층 미만 건축물임)
② 연면적 180m²인 기존 2층 건축물의 대수선
③ 연면적의 합계가 100m²인 건축물의 신축
④ 기존 건축물의 높이에서 6m를 더 높게 하는 증축
⑤ 공업지역 안에서 연면적 500m²인 2층 공장의 신축

해설 신고의 대상이 되는 건축 또는 대수선
건축물의 높이를 3m를 초과해서 높이는 경우에는 허가를 받아야 한다.

35. 건축법령상 건축허가에 관한 설명 중 틀린 것은?

① 특별시장의 허가를 받아야 하는 경우도 있다.
② 허가 전에 미리 다른 행정기관의 장과 협의하여야 하는 경우도 있다.
③ 위락시설 또는 숙박시설의 경우 주거환경 또는 교육환경 등을 감안해서 허가를 하지 않을 수도 있다.
④ 건축허가에 앞서 도지사의 사전승인을 받아야 하는 제도는 규제완화 차원에서 폐지되었다.
⑤ 건축허가를 받으면 다른 관련 법률의 인·허가 등이 의제되기도 한다.

해설 건축허가
건축허가사전승인제도는 1995년 규제완화차원에서 폐지되었다가 1999년 다시 도입되었다.

36. 다음은 「건축법」의 사전결정에 대한 설명이다. 올바른 것은?

① 건축허가대상건축물을 건축하고자 하는 자는 건축허가를 신청하기 전에 허가권자에게 사전결정을 신청해야 한다.
② 사전결정은 허가권자에게 건축허가를 해 줄 것인지 여부를 미리 확인받는 것이므로 사전결정을 한 경우에는 건축허가를 거부할 수 없다.
③ 허가권자는 사전결정신청이 있은 건축물에 대해서는 환경부서와 사전환경성 검토협의를 해야 한다.
④ 사전결정을 통지받은 경우에는 건축허가를 받은 경우와는 달리 개발행위허가가 의제되지 않는다.
⑤ 사전결정을 통지받은 날부터 2년 이내에 건축허가를 신청하지 않으면 사전결정의 효력이 상실된다.

정답 34. ④ 35. ④ 36. ⑤

해설 건축허가

① 건축허가대상건축물을 건축하고자 하는 자는 건축허가를 신청하기 전에 허가권자에게 사전결정을 신청할 수 있다.
② 사전결정은 건축에 관한 입지와 규모를 미리 결정하는 것이므로 건축허가신청이 건축기준에 부적합한 경우에는 건축허가를 받을 수 없다.
③ 건축물의 대지면적이 「환경영향평가법」에 따른 소규모 환경영향평가 대상사업인 경우 환경부장관 또는 지방환경관서의 장과 소규모 환경영향평가에 관한 협의를 해야 한다.
④ 사전결정을 통지받은 경우에는 개발행위허가·산지전용허가·농지전용허가 등을 받은 것으로 본다.

37 건축법령상 건축허가에 관한 설명으로 옳지 <u>않은</u> 것은?

① 건축허가는 상대적 금지의 해제인 명령적 행정행위에 속한다.
② 건축법이 적용되는 건축물을 건축하려는 자는 건축신고 또는 허가를 받아야 한다.
③ 건축물을 건축하거나 대수선하려는 자는 국토교통부장관의 허가를 받아야 한다.
④ 21층 이상의 건축물 등 대통령령으로 정하는 용도 및 규모의 건축물을 특별시나 광역시에 건축하려면 특별시장이나 광역시장의 허가를 받아야 한다.
⑤ 건축허가를 받은 날부터 2년(공장은 3년) 이내에 공사에 착수하였으나 공사의 완료가 불가능하다고 인정되는 경우에는 그 허가를 취소하여야 한다.

해설 건축허가

건축물을 건축하거나 대수선하려는 자는 특별자치시장·특별자치도지사 또는 시장·군수·구청장의 허가를 받아야 한다. 다만, 층수가 21층 이상이거나 연면적의 합계가 10만m² 이상인 건축물을 건축하고자 특별시나 광역시에 건축하려면 특별시장이나 광역시장의 허가를 받아야 한다.

38 ★★★ 「건축법」상 건축신고에 관한 설명으로 <u>틀린</u> 것은?

① 특별자치시장·특별자치도지사 또는 시장·군수·구청장은 건축신고를 받은 날부터 5일 이내에 신고수리 여부를 신고인에게 통지하여야 한다.
② 특별자치시장·특별자치도지사 또는 시장·군수·구청장은 건축신고가 심의, 동의, 협의, 확인 등이 필요한 경우에는 건축신고를 받은 날부터 5일 이내에 신고인에게 그 내용을 통지하여야 한다.
③ 신고는 건축공사 완료 후 지체없이 해야 한다.
④ 신고대상건축물에 대해 적법한 신고를 한 경우 건축허가를 받은 것으로 본다.
⑤ 신고일부터 1년 이내에 착공하지 않으면 신고의 효력이 상실된다.

해설 건축신고

건축신고는 사전신고이다.

정답 37. ③ 38. ③

39 건축법령상 건축허가 및 건축신고에 관한 설명으로 틀린 것은?

① 수질을 보호하기 위하여 도지사가 지정·공고한 구역에 시장·군수가 3층의 관광호텔의 건축을 허가하기 위해서는 도지사의 사전승인을 받아야 한다.
② 숙박시설에 해당하는 건축물의 건축을 허가하는 경우 건축물의 용도·규모 또는 형태가 주거환경이나 교육환경 등 주변 환경을 고려할 때 부적합하다고 인정되면 건축위원회의 심의를 거쳐 건축허가를 하지 않을 수 있다.
③ 특별시장·광역시장·도지사는 시장·군수·구청장의 건축허가를 제한한 경우 즉시 국토교통부장관에게 보고하여야 한다.
④ 연면적이 180m²이고 2층인 건축물의 대수선은 건축신고의 대상이다.
⑤ 건축신고를 한 자가 신고일부터 6개월 이내에 공사에 착수하지 아니하면 그 신고의 효력은 없어진다.

해설 건축허가 및 건축신고
건축신고를 한 자가 신고일부터 1년 이내에 공사에 착수하지 아니하면 그 신고의 효력은 없어진다. 다만 건축주의 요청에 따라 허가권자가 정당한 사유가 있다고 인정하면 1년의 범위에서 착수기한을 연장할 수 있다.

40 건축법령상 허가대상건축물이라 하더라도 미리 특별자치시장·특별자치도지사 또는 시장·군수·구청장에게 국토교통부령으로 정하는 바에 따라 일정한 신고를 하면 건축허가를 받은 것으로 보는 경우에 해당하지 않는 것은?

① 바닥면적의 합계가 80m²인 2층 건축물의 증축
② 연면적이 150m²고 2층인 건축물의 대수선
③ 「국토의 계획 및 이용에 관한 법률」에 따른 자연환경보전지역에서 연면적이 180m²이고 2층인 건축물의 건축(지구단위계획구역, 방재지구, 붕괴위험지역에서의 건축은 제외)
④ 「국토의 계획 및 이용에 관한 법률」에 따른 관리지역에서 연면적이 150m²고 2층인 건축물의 건축(지구단위계획구역, 방재지구, 붕괴위험지역에서의 건축은 제외)
⑤ 바닥면적의 합계가 100m²인 1층 건축물의 재축

해설 건축허가를 받은 것으로 보는 경우
바닥면적의 합계가 85m² 이내의 증축·개축 또는 재축이 건축신고의 대상이다. 다만, 3층 이상 건축물인 경우에는 증축·개축 또는 재축하려는 부분의 바닥면적의 합계가 건축물 연면적의 10분의 1 이내인 경우로 한정한다.

정답 39. ⑤ 40. ⑤

제4장 건축법(기본)

41 다음은 건축허가의 제한에 관한 설명이다. 틀린 것은?

① 건축허가제한은 원칙적으로 건축허가권자가 행한다.
② 국토관리상 특히 필요하거나 주무부장관의 요청이 있는 경우에는 국토교통부장관이 직접 건축허가를 제한할 수 있다.
③ 제한기간은 2년 이내이다.
④ 제한기간의 연장은 1회에 한해 1년 이내로 해야 한다.
⑤ 건축허가제한사실은 건축허가권자가 공고한다.

해설 **건축허가의 제한**

건축허가제한은 국토교통부장관이나 특별시장·광역시장 또는 도지사가 건축허가권자로 하여금 건축허가를 하지 못하게 하는 것이다.

42 건축법령상 건축허가의 제한에 관한 설명으로 틀린 것은?   26회 출제

① 국방부장관이 국방을 위하여 특히 필요하다고 인정하여 요청하면 국토교통부장관은 허가권자의 건축허가를 제한할 수 있다.
② 교육감이 교육환경의 개선을 위하여 특히 필요하다고 인정하여 요청하면 국토교통부장관은 허가를 받은 건축물의 착공을 제한할 수 있다.
③ 특별시장은 지역계획에 특히 필요하다고 인정하면 관할 구청장의 건축허가를 제한할 수 있다.
④ 건축물의 착공에 제한하는 경우 제한기간은 2년 이내로 하되, 1회에 한하여 1년 이내의 범위에서 제한기간을 연장할 수 있다.
⑤ 도지사가 관할 군수의 건축허가를 제한한 경우, 국토교통부장관은 제한 내용이 지나치다고 인정하면 해제를 명할 수 있다.

해설 **건축허가의 제한**

주무부장관이 국방, 국가유산의 보존, 환경보전 또는 국민경제를 위하여 특히 필요하다고 인정하여 요청하면 국토교통부장관은 허가를 받은 건축물의 착공을 제한할 수 있다.

정답 41. ① 42. ②

부동산공법

43 건축법령상 건축허가 또는 착공의 제한 등에 관한 설명 중 틀린 것은?

① 국토관리상 특히 필요한 경우 허가권자의 건축허가나 허가받은 건축물의 착공이 제한될 수 있다.
② 국방·국가유산의 보존·환경보전에 특히 필요한 경우 허가권자의 건축허가나 허가받은 건축물의 착공이 제한될 수 있다.
③ 국민경제상 특히 필요한 경우 허가권자의 건축허가나 허가받은 건축물의 착공이 제한될 수 있다.
④ 지역계획 또는 도시·군계획상 특히 필요한 경우 건축허가나 허가받은 건축물의 착공이 제한될 수 있다.
⑤ 장기간의 건축제한을 방지하기 위해 제한기간은 1년 이내로 하며, 이를 연장할 수 없다.

> **해설** 건축허가 또는 착공의 제한
> 건축허가 또는 착공의 제한기간은 2년 이내로 하며, 1회에 한해 1년 이내에서 연장할 수 있다.

44 「건축법」상 건축허가와 관련된 설명으로 틀린 것은? **15회 추가**

① 허가권자는 원칙적으로 특별자치시장·특별자치도지사 또는 시장·군수·구청장이지만, 특별시장 또는 광역시장의 허가를 받아야 하는 경우도 있다.
② 위락시설 또는 숙박시설 건축의 경우 건축물의 용도·규모 또는 형태가 주거나 교육 등 주변 환경상 부적합할 때는 허가가 거부될 수도 있다.
③ 일정한 요건에 따라 허가받은 사항의 변경도 가능하다.
④ 국토관리·환경보전 등 일정 사유가 있는 경우 허가권자의 건축허가가 제한될 수도 있다.
⑤ 국토교통부장관은 위 ④의 제한내용이 과도하다고 인정하는 경우 그 해제를 명할 수는 없고 단지 권고할 수 있을 뿐이다.

> **해설** 건축허가
> 특별시장·광역시장 또는 도지사가 건축허가제한조치를 한 경우에는 즉시 국토교통부장관에게 이를 보고해야 하는데, 국토교통부장관은 건축허가제한조치가 과도하다고 인정되는 경우에는 건축허가제한의 해제를 명할 수 있다.

정답 43. ⑤   44. ⑤

제4장 건축법(기본)

45 건축법령상 건축허가 등에 관한 설명으로 틀린 것은? [19회 출제]

① 21층 이상의 건축물 등 대통령령으로 정하는 용도 및 규모의 건축물을 광역시에 건축하려면 광역시장의 허가를 받아야 한다.
② 시장·군수는 21층 이상의 건축물의 건축을 허가하려면 미리 건축계획서와 기본설계도서를 첨부하여 도지사의 승인을 받아야 한다.
③ 건축허가나 건축물의 착공을 제한하는 경우 제한기간은 2년 이내로 하며, 2회에 한하여 1년 이내의 범위에서 제한기간을 연장할 수 있다.
④ 허가를 받으려는 자는 허가신청서에 국토교통부령으로 정하는 설계도서를 첨부하여 허가권자에게 제출하여야 한다.
⑤ 허가권자는 허가를 받은 자가 허가를 받은 날부터 2년(공장은 3년) 이내에 공사에 착수하였으나 공사의 완료가 불가능하다고 인정되는 경우에는 허가를 취소하여야 한다.

해설 건축허가
건축허가나 건축물의 착공을 제한하는 경우 제한기간은 1회에 한하여 1년 이내의 범위에서 연장할 수 있다.

46 건축법령상 시장·군수가 건축허가를 하기 위해 도지사의 사전승인을 받아야 하는 건축물은? [21회 출제]

① 연면적의 10분의 2를 증축하여 층수가 21층이 되는 공장
② 연면적의 합계가 100,000m²인 창고
③ 자연환경을 보호하기 위하여 도지사가 지정·공고한 구역에 건축하는 연면적의 합계가 900m²인 2층의 위락시설
④ 주거환경 등 주변환경을 보호하기 위하여 도지사가 지정·공고한 구역에 건축하는 숙박시설
⑤ 수질을 보호하기 위하여 도지사가 지정·공고한 구역에 건축하는 연면적의 합계가 900m²인 2층의 숙박시설

해설 도지사의 사전승인 대상건축물
1) 층수가 21층 이상이거나 연면적의 합계가 10만m² 이상인 건축물(공장·창고 및 지방건축위원회의 심의를 거친 건축물은 제외)
2) 자연환경이나 수질을 보호하기 위하여 도지사가 지정·공고한 구역에 건축하는 3층 이상 또는 연면적의 합계가 1천m² 이상인 공동주택, 일반음식점, 일반업무시설, 숙박시설 및 위락시설
3) 주거환경이나 교육환경 등 주변 환경을 보호하기 위하여 필요하다고 인정하여 도지사가 지정·공고한 구역에 건축하는 위락시설 및 숙박시설

정답 45. ③ 46. ④

부동산공법

47 건축법령상 건축허가와 건축신고에 관한 설명으로 틀린 것은?   **22회 출제**

① 허가대상 건축물이라 하더라도 바닥면적의 합계가 85m² 이내의 3층 미만 건축물의 증축인 경우에는 건축신고를 하면 건축허가를 받은 것으로 본다.
② 시장·군수는 연면적의 합계가 10만m² 이상인 공장의 건축을 허가하려면 미리 도지사의 승인을 받아야 한다.
③ 국가가 건축물을 건축하기 위하여 미리 건축물의 소재지를 관할하는 허가권자와 협의한 경우에는 건축허가를 받았거나 신고한 것으로 본다.
④ 건축신고를 한 자가 신고일부터 1년 이내에 공사에 착수하지 아니하면 그 신고의 효력은 없어진다.
⑤ 특별시장·광역시장·도지사가 시장·군수·구청장의 건축허가를 제한하는 경우 제한기간은 2년 이내로 하되, 1회에 한하여 1년 이내의 범위에서 연장할 수 있다.

해설 건축허가와 건축신고
도지사의 사전승인 대상에서 연면적의 합계가 10만m² 이상인 건축물 중 공장·창고 및 지방건축위원회의 심의를 거친 건축물은 제외한다. 그러나 초고층 건축물은 도지사의 사전승인 대상건축물이다.

48 건축법령상 건축허가제한 등에 관한 설명으로 틀린 것은?

① 국토교통부장관은 국토관리를 위하여 특히 필요하다고 인정하는 경우 허가받은 건축물의 착공을 제한할 수 있다.
② 국토교통부장관은 환경부장관이 환경보전을 위하여 특히 필요하다고 인정하여 요청하는 경우 허가권자의 건축허가를 제한할 수 있다.
③ 건축허가의 제한을 연장하는 경우 1회에 한하여 2년 이내의 범위에서 제한기간을 연장할 수 있다.
④ 특별시장·광역시장·도지사는 지역계획에 특히 필요하다고 인정하는 경우 시장·군수·구청장의 건축허가를 제한할 수 있다.
⑤ 국토교통부장관은 보고받은 특별시장·광역시장·도지사의 건축허가 제한 내용이 지나치다고 인정하면 해제를 명할 수 있다.

해설 건축허가의 제한
건축허가나 건축물의 착공을 제한하는 경우 제한기간은 2년 이내로 한다. 다만, 1회에 한하여 1년 이내의 범위에서 제한기간을 연장할 수 있다.

정답 47. ② 48. ③

제4장 건축법(기본)

49 건축법령상 국가가 소유한 대지의 지상 여유공간에 구분지상권을 설정하여 시설을 설치하려는 경우 허가권자가 구분지상권자를 건축주로 보고 구분지상권이 설정된 부분을 대지로 보아 건축허가를 할 수 있는 시설에 해당하는 것은? **30회 출제**

① 수련시설 중 「청소년활동진흥법」에 따른 유스호스텔
② 제2종 근린생활시설 중 다중생활시설
③ 제2종 근린생활시설 중 노래연습장
④ 문화 및 집회시설 중 공연장
⑤ 업무시설 중 오피스텔

> **해설** 국·공유지 구분지상권자의 건축허가 대상
> 1) 제1종 근린생활시설
> 2) 제2종 근린생활시설(총포판매소, 장의사, 다중생활시설, 제조업소, 단란주점, 안마시술소 및 노래연습장은 제외한다)
> 3) 문화 및 집회시설(공연장 및 전시장으로 한정한다)
> 4) 의료시설
> 5) 교육연구시설
> 6) 노유자시설
> 7) 운동시설
> 8) 업무시설(오피스텔은 제외한다)

50 다음 중 신고를 하고 축조할 수 있는 가설건축물이 아닌 것은?

① 농업용 고정식 온실
② 전시를 위한 견본주택
③ 도시미관이나 교통소통에 지장이 없는 가설전람회장
④ 조립식 구조로 된 경비용 가설건축물로서 연면적이 20m²인 것
⑤ 컨테이너로 된 임시사무실

> **해설** 가설건축물
> ④ 연면적이 10m² 이하여야 한다.

정답 49. ④ 50. ④

부동산공법

51 다음은 가설건축물의 건축 또는 축조에 관한 설명이다. 틀린 것은?

① 도시·군계획시설예정지에 가설건축물을 건축하고자 하는 경우에는 허가를 받아야 한다.
② 도시·군계획시설예정지에 건축하는 가설건축물은 존치기간이 3년 이내여야 한다.
③ 허가대상 가설건축물의 존치기간연장허가는 존치기간 만료일 14일 전까지 신청하여야 한다.
④ 신고대상 가설건축물의 존치기간은 3년 이내로 한다.
⑤ 허가대상 가설건축물은 건축물대장에, 신고대상 가설건축물은 가설건축물대장에 기재한다.

> **해설** 가설건축물
> 가설건축물은 허가대상이거나 신고대상이거나를 불문하고 가설건축물대장에 기재해서 관리한다.

52 다음은 건축복합민원 일괄협의회가 허가신청이 있은 용도·규모 또는 형태의 건축물을 그 대지에 건축하는 것이 적합한지 여부를 확인하여야 하는 사항이다. 틀린 것은?

① 자연공원에서의 점·사용허가
② 수도권의 권역별 행위제한
③ 고도(古都)의 보존육성지구 또는 특별보존지구에서의 행위제한
④ 건축허가 등에 관한 소방관서의 동의
⑤ 투기과열지구에서의 행위제한

> **해설** 건축복합민원 일괄협의회
> 「주택법」에 따른 투기과열지구는 건축물의 입지에 관한 규제가 아니므로 건축복합민원 일괄협의회에서 확인하여야 하는 사항이 아니다.

53 ★★★ 다음은 「건축법」상의 건축물의 용도변경에 관한 설명이다. 틀린 것은?

① 건축물의 용도변경은 원칙적으로 허가를 받거나 신고를 하여야 한다.
② 업무시설을 판매시설로 변경하는 경우에는 허가를 받아야 한다.
③ 단독주택을 일반업무시설로 변경하는 경우에는 건축물대장 기재사항의 변경을 신청하면 된다.
④ 관광휴게시설을 숙박시설로 변경하는 경우에는 신고하면 된다.
⑤ 공사가 전혀 수반되지 않는 용도변경의 경우에는 허가를 받거나 신고를 하지 않아도 된다.

정답   51. ⑤   52. ⑤   53. ⑤

해설 **용도변경**
공사가 전혀 수반되지 않더라도 건축물을 당초의 용도가 아닌 다른 용도로 사용하면 용도변경에 해당된다.

54 건축법령상 A시에 소재한 단독주택의 용도를 다음 각 시설의 용도로 변경하려는 경우, A시장의 허가를 받아야 하는 것을 모두 고른 것은? (단, 공용건축물에 대한 특례 및 조례는 고려하지 않음)

| ㉠ 제1종 근린생활시설 | ㉡ 공동주택 | ㉢ 업무시설 |
| ㉣ 공장 | ㉤ 노유자시설 | |

① ㉠, ㉡, ㉢   ② ㉠, ㉡, ㉣   ③ ㉠, ㉣, ㉤
④ ㉡, ㉢, ㉤   ⑤ ㉢, ㉣, ㉤

해설 **건축물의 용도변경**
㉠ 단독주택(주거업무시설군)을 제1종 근린생활시설(근린생활시설군)으로 용도변경시 허가대상이다.
㉣ 단독주택(주거업무시설군)을 공장(산업등 시설군)으로 용도변경시 허가대상이다.
㉤ 단독주택(주거업무시설군)을 노유자시설(교육 및 복지시설군)으로 용도변경시 허가대상이다.
㉡ 단독주택(주거업무시설군)을 공동주택(주거업무시설군)으로 용도변경시 건축물대장 변경 신청대상이다.
㉢ 단독주택(주거업무시설군)을 업무시설(주거업무시설군)으로 용도변경시 건축물대장 변경 신청대상이다.

55 건축법령상 사용승인을 받은 건축물의 용도변경이 신고대상인 경우만을 모두 고른 것은? [25회 출제]

	용도변경 전	용도변경 후
㉠	판매시설	창고시설
㉡	숙박시설	위락시설
㉢	장례시설	종교시설
㉣	의료시설	교육연구시설
㉤	제1종근린생활시설	업무시설

① ㉠, ㉡   ② ㉠, ㉢   ③ ㉡, ㉣   ④ ㉢, ㉤   ⑤ ㉣, ㉤

해설 **건축물의 용도변경**
㉠ 판매시설을 창고시설로 용도변경하는 경우에는 허가를 받아야 한다.
㉡ 숙박시설을 위락시설로 용도변경하는 경우에는 허가를 받아야 한다.
㉢ 장례시설을 종교시설로 용도변경하는 경우에는 신고를 하여야 한다.
㉣ 의료시설을 교육연구시설로 용도를 변경하는 경우에는 같은 시설군 안에서의 용도변경이므로 건축물대장 기재내용의 변경을 신청하여야 한다.
㉤ 제1종 근린생활시설을 업무시설로 용도변경하는 경우에는 신고를 하여야 한다.

정답 54. ③ 55. ④

56 ★★ 건축법령상 사용승인을 받은 건축물을 용도변경하기 위해 허가를 필요로 하는 경우는? (단, 조례는 고려하지 않음) 〔22회 출제〕

① 업무시설을 판매시설로 용도변경하는 경우
② 숙박시설을 제1종 근린생활시설로 용도변경하는 경우
③ 장례시설을 종교시설로 용도변경하는 경우
④ 수련시설을 공동주택으로 용도변경하는 경우
⑤ 공장을 관광휴게시설로 용도변경하는 경우

해설 허가를 필요로 하는 용도변경
① 주거업무시설군에 속하는 업무시설을 상위군인 영업시설군에 속하는 판매시설로 용도변경하는 경우 특별자치시장·특별자치도지사 또는 시장·군수·구청장의 허가를 받아야 한다.
②, ③, ④, ⑤ 신고를 하여야 한다.

57 건축법령상 건축통계 및 건축행정 전산화에 관한 설명으로 틀린 것은? 〔19회 출제〕

① 건축통계의 작성 등에 필요한 사항은 국토교통부령으로 정한다.
② 허가권자는 건축통계를 국토교통부장관이나 시·도지사에게 보고하여야 한다.
③ 허가권자는 전국 단위의 전산자료를 국토교통부장관의 승인을 받아 그것을 이용하려는 자에게 무상으로 제공해야 한다.
④ 국토교통부장관은 건축법령에 따른 건축행정 관련 업무를 전산처리하기 위하여 종합적인 계획을 수립·시행할 수 있다.
⑤ 허가권자는 건축허가 업무 등의 효율적인 처리를 위하여 전자정보처리 시스템을 이용하여 「건축법」에 규정된 업무를 처리할 수 있다.

해설 건축통계 및 건축행정 전산화
③ 전산자료를 이용하려는 자는 사용료를 내야 한다.

58 건축법령상 건축허가를 받으려는 자가 해당 대지의 소유권을 확보하지 않아도 되는 경우만을 모두 고른 것은?

> ㉠ 분양을 목적으로 하는 공동주택의 건축주가 그 대지를 사용할 수 있는 권원을 확보한 경우
> ㉡ 건축주가 집합건물의 공용부분을 변경하기 위하여 「집합건물의 소유 및 관리에 관한 법률」 제15조 제1항에 따른 결의가 있었음을 증명한 경우
> ㉢ 건축하려는 대지에 포함된 국유지에 대하여 허가권자가 해당 토지의 관리청이 해당 토지를 건축주에게 매각할 것을 확인한 경우

① ㉠　　② ㉡　　③ ㉠, ㉢　　④ ㉡, ㉢　　⑤ ㉠, ㉡, ㉢

정답　56. ①　57. ③　58. ④

> **해설** 대지의 소유권 확보
> ㉠ 건축주가 대지의 소유권을 확보하지 못하였으나 그 대지를 사용할 수 있는 권원을 확보한 경우. 다만, 분양을 목적으로 하는 공동주택은 제외한다.

59 다음은 건축사가 아닌 자도 설계할 수 있는 경우이다. 틀린 것은?

① 바닥면적의 합계가 85m² 미만의 증축·개축 또는 재축인 경우
② 연면적이 200m² 미만이고 층수가 3층 미만인 건축물의 대수선인 경우
③ 도시·군계획시설 예정지에 건축하는 가설건축물인 경우
④ 읍·면지역에서 건축하는 건축물 중 연면적이 200m² 이하인 창고 및 농막인 경우
⑤ 읍·면지역에서 건축하는 건축물 중 연면적 400m² 이하인 축사 및 작물 재배사인 경우

> **해설** 건축사가 아닌 자도 설계할 수 있는 경우
> 도시·군계획시설 예정지에 건축하는 가설건축물도 원칙적으로 건축사가 설계해야 한다. 신고대상 가설건축물로서 건축조례로 정하는 가설건축물은 건축사의 설계의무가 없다.

60 다음은 건축관계자에 대한 설명이다. 틀린 것은?

① 건설사업자가 아닌 건축주는 연면적 600m²의 2층짜리 주거용 건축물을 직접 시공할 수 있다.
② 바닥면적의 합계가 85m² 미만인 건축물의 증축인 경우에는 건축사가 아닌 자도 설계할 수 있다.
③ 공사감리자는 바닥면적의 합계가 5,000m² 이상인 건축공사(축사 또는 작물재배사는 제외)를 감리할 때에는 건축사보로 하여금 공사현장에서 감리업무를 수행하게 해야 한다.
④ 연면적이 495m² 이하인 어린이집을 신축하기 위해서는 건설사업자가 시공해야 한다.
⑤ 사용승인을 받은 후 20년이 지나지 않은 건축물을 리모델링하는 경우에는 공사시공자의 계열회사를 공사감리자로 지정할 수 있다.

> **해설** 공사감리자 지정
> 건축허가를 받아야 하는 건축물이나 사용승인을 받은 후 15년 이상된 건축물을 리모델링하는 경우에는 건축사를 공사감리자로 지정해야 하며, 공사시공자 본인이나 계열회사를 공사감리자로 지정할 수 없다.

정답 59. ③ 60. ⑤

부동산공법

61 다음은 「건축법」에 의한 건축공사의 감리에 관한 설명이다. 틀린 것은?

① 건축허가를 받아 건축물을 건축하는 경우에는 원칙적으로 건축사를 공사감리자로 지정한다.
② 다중이용건축물을 건축하는 경우에는 「건설기술진흥법」에 따른 건설엔지니어링사업자를 공사감리자로 지정한다.
③ 공사시공자 본인 및 「독점규제 및 공정거래에 관한 법률」에 의한 계열회사를 공사감리자로 지정하면 안 된다.
④ 공사감리자는 건축법령에 위반된 사항을 발견한 때에는 시공자에게 시정요청, 공사중지요청 등을 할 수 있다.
⑤ 공사가 완료된 경우 공사감리자는 사용승인을 신청해야 하며, 이 경우 감리중간보고서와 감리완료보고서를 첨부해야 한다.

해설 건축공사의 감리
사용승인신청은 건축주가 한다.

62 건축법령상 건축공사현장 안전관리 예치금에 관한 조문의 내용이다. ( )에 들어갈 내용을 바르게 나열한 것은? (단, 적용 제외는 고려하지 않음) **30회 출제**

> 허가권자는 연면적이 (㉠)제곱미터 이상인 건축물로서 해당 지방자치단체의 조례로 정하는 건축물에 대하여는 착공신고를 하는 건축주에게 장기간 건축물의 공사현장이 방치되는 것에 대비하여 미리 미관개선과 안전관리에 필요한 비용을 건축공사비의 (㉡)퍼센트의 범위에서 예치하게 할 수 있다.

① ㉠ 1천 ㉡ 1
② ㉠ 1천 ㉡ 3
③ ㉠ 1천 ㉡ 5
④ ㉠ 3천 ㉡ 3
⑤ ㉠ 3천 ㉡ 5

해설 안전관리 예치금의 예치
허가권자는 연면적이 1천제곱미터 이상인 건축물로서 해당 지방자치단체의 조례로 정하는 건축물에 대하여는 착공신고를 하는 건축주에게 장기간 건축물의 공사현장이 방치되는 것에 대비하여 미리 미관개선과 안전관리에 필요한 비용을 건축공사비의 1퍼센트의 범위에서 예치하게 할 수 있다.

정답 61. ⑤ 62. ①

제4장 건축법(기본)

63 건축법령상 건축공사현장 안전관리에 관한 설명 중 틀린 것은?

① 건축허가를 받은 자는 건축물의 건축공사를 중단하고 장기간 공사현장을 방치할 경우에는 안전관리조치 등을 할 의무가 있다.
② 허가권자는 일정한 경우에는 장기간 공사현장방치에 대비해서 미리 안전관리비용 등을 예치하게 할 수 있다.
③ 안전관리예치금을 대통령령으로 정하는 보증서로 대신할 수 있다.
④ 허가권자는 안전에 위해하다고 판단되는 경우 안전관리를 위한 개선명령을 발할 수 있다.
⑤ 안전관리예치금은 반환해야 하므로 이를 사용해서 대집행을 할 수 없다.

해설 건축공사현장 안전관리
안전관리를 위한 개선명령을 이행하지 않는 경우 허가권자는 대집행을 할 수 있으며, 이 경우 안전관리예치금을 대집행비용에 사용할 수 있다.

64 건축법령상 건축물의 사용승인에 관한 설명으로 옳은 것은?

① 건축주가 공사감리자를 지정한 경우에는 공사감리자가 사용승인을 신청하여야 한다.
② 도시·군계획시설에서 가설건축물 건축을 위한 허가를 받은 경우에는 따로 건축물 사용승인을 받지 않고 사용할 수 있다.
③ 임시사용승인의 기간은 3년 이내로 하며 1회에 한하여 연장할 수 있다.
④ 허가권자로부터 건축물의 사용승인을 받은 경우에는 「전기사업법」에 따른 전기설비의 사용전검사를 받은 것으로 본다.
⑤ 허가권자인 구청장이 건축물의 사용승인을 하려면 관할 특별시장 또는 광역시장의 동의를 받아야 한다.

해설 건축물의 사용승인
① 건축주가 공사감리자를 지정한 경우에는 공사감리자가 작성한 감리완료보고서와 공사완료도서를 첨부하여 허가권자에게 사용승인을 신청하여야 한다.
② 도시·군계획시설에서 가설건축물 건축을 위한 허가를 받은 경우에도 건축물 사용승인을 받아야 사용할 수 있다.
③ 임시사용승인의 기간은 2년 이내로 한다.
⑤ 허가권자인 구청장이 건축물의 사용승인을 할 경우 관할 특별시장 또는 광역시장의 동의를 요하지 않는다.

정답 63. ⑤ 64. ④

부동산공법

65 다음은 건축물의 사용승인에 관한 설명이다. 틀린 것은?

① 공사감리자가 지정되어 있는 경우에는 사용승인을 신청할 때에 감리완료보고서를 제출해야 한다.
② 임시사용승인은 1년 이내로 하되 허가권자는 공사기간이 장기간인 건축물에 대하여는 1회에 한하여 1년 이내 연장할 수 있다.
③ 특별시장·광역시장이 사용승인을 한 때에는 이를 군수 또는 구청장에게 통보해서 건축물대장에 기재하게 해야 한다.
④ 허가권자가 사용승인신청일부터 7일 이내에 사용승인서를 교부하지 않는 때에는 사용승인을 받지 않고도 당해 건축물을 사용할 수 있다.
⑤ 사용승인을 신청하지 않은 자는 5천만원 이하의 벌금에 처한다.

해설 건축물의 사용승인
임시사용승인은 2년 이내로 하되 허가권자는 공사기간이 장기간인 건축물에 대하여는 그 기간을 연장할 수 있다.

66 다음은 「건축법」을 적용함에 있어서의 오차의 허용범위이다. 틀린 것은?

① 건축선의 후퇴거리 : 3% 이내 ② 건폐율 : 0.5% 이내 ③ 용적률 : 1% 이내
④ 건축물의 높이 : 2% 이내 ⑤ 평면길이 : 3% 이내

해설 오차의 허용범위
평면길이의 오차범위는 2% 이내이다.

67 다음은 건축사의 현장조사·검사 및 확인업무의 대행에 관한 설명이다. 틀린 것은?

① 시·도지사는 현장조사·검사 및 확인업무를 대행하게 하는 건축사(업무대행건축사)의 명부를 모집공고를 거쳐 작성·관리해야 한다.
② 건축허가·건축신고·사용승인 및 임시사용승인과 관련된 현장조사·검사 및 확인업무를 건축사로 하여금 대행하게 할 수 있다.
③ 현장조사, 검사 및 확인업무를 대행하는 건축사에게 형법상 수뢰죄 등을 적용할 때 공무원으로 보지 않는다.
④ 허가권자는 건축물의 사용승인 및 임시사용승인과 관련된 현장조사·검사 및 확인업무를 대행할 건축사를 해당 건축물의 설계자 또는 공사감리자가 아닌 자를 선정하여야 한다.
⑤ 허가권자는 업무대행건축사에게 업무를 대행하게 한 경우 건축조례가 정하는 수수료를 지급해야 한다.

정답 65. ② 66. ⑤ 67. ③

해설 현장조사·검사 및 확인업무의 대행
현장조사, 검사 및 확인업무를 대행하는 건축사에게 형법상 수뢰죄 등을 적용할 때 공무원으로 본다.

68 건축법령상 건축물대장에 건축물과 그 대지의 현황 및 건축물의 구조내력에 관한 정보를 적어서 보관하고 이를 지속적으로 정비하여야 하는 경우를 모두 고른 것은? (단, 가설건축물은 제외함) [32회 출제]

> ㉠ 허가권자가 건축물의 사용승인서를 내준 경우
> ㉡ 건축허가 또는 건축신고 대상 건축물 외의 건축물의 공사가 끝난 후 기재 요청이 있는 경우
> ㉢ 「집합건물의 소유 및 관리에 관한 법률」에 따른 건축물대장의 신규등록 신청이 있는 경우

① ㉠   ② ㉡   ③ ㉠, ㉢   ④ ㉡, ㉢   ⑤ ㉠, ㉡, ㉢

해설 건축물대장
㉠, ㉡, ㉢ 모두 건축물대장에 건축물과 그 대지의 현황 및 건축물의 구조내력에 관한 정보를 적어서 보관하고 이를 지속적으로 정비하여야 한다.

69 다음은 건축물대장에 관한 설명이다. 틀린 것은?

① 도시·군계획시설 또는 그 예정지에 건축하는 가설건축물에 대해서는 건축물대장에 관한 규정을 적용하지 않는다.
② 「국토의 계획 및 이용에 관한 법률」이나 그 밖의 관계법령에 따른 용도제한에 적합한 범위에서 바닥면적 500m² 미만의 사무소를 공공도서관으로 변경하는 경우에는 건축물대장 기재사항의 변경을 신청하지 않아도 된다.
③ 특별시장 또는 광역시장이 건축물 사용승인을 한 경우 지체없이 이를 군수 또는 구청장에게 통지해서 건축물대장에 기재하도록 해야 한다. 이 경우 건축주·설계자·공사시공자 및 공사감리자를 건축물대장에 기재하여야 한다.
④ 특별자치시장·특별자치도지사 또는 시장·군수·구청장은 「집합건물의 소유 및 관리에 관한 법률」에 따른 건축물대장의 신규등록 및 변경등록의 신청이 있는 경우에는 건축물 및 그 대지에 관한 현황을 건축물대장에 기재해야 한다.
⑤ 특별자치시장·특별자치도지사 또는 시장·군수·구청장은 지번이나 행정구역의 명칭변경으로 인해 건축물대장의 기재내용이 변경되는 경우 관할 등기소에 그 등기를 촉탁하여야 한다.

정답 68. ⑤ 69. ②

해설 건축물대장

「국토의 계획 및 이용에 관한 법률」이나 그 밖의 관계법령에 따른 용도제한에 적합한 범위에서 제2종 근린생활시설(바닥면적 500m² 미만의 사무소)을 교육연구시설인 공공도서관으로 변경하는 경우에는 건축물대장 기재사항의 변경을 신청해야 한다.

70 ★

건축법령상 특별자치시장·특별자치도지사 또는 시장·군수·구청장이 등기촉탁하여야 하는 경우로서 틀린 것은?

① 사용승인을 받은 건축물로서 신규등록하는 경우
② 지번의 변경이 있는 경우
③ 「건축물관리법」에 따른 건축물의 멸실 후 멸실신고한 경우
④ 「건축물관리법」에 따라 건축물을 해체한 경우
⑤ 사용승인의 내용에 건축물의 면적·에 변경이 있는 경우

해설 등기촉탁

신규등록은 등기촉탁대상에서 제외된다.

71 ★

다음은 「건축법」상의 대지의 안전에 대한 설명이다. 올바른 것은?

① 건축물의 대지는 배수에 지장이 없더라도 인접한 도로면보다 낮아서는 안 된다.
② 쓰레기 등으로 매립된 토지에는 건축물을 건축할 수 없다.
③ 건축물을 건축하는 경우에는 안전을 위해 인접대지경계선으로부터 항상 2m 이상을 띄어야 한다.
④ 손궤의 우려가 있는 토지를 대지로 조성할 때에 필요한 경우 옹벽을 설치할 수 있다.
⑤ 대지에는 오수 및 우수를 배출·처리하기 위해 필요한 하수관 및 하수구를 설치해야 한다.

해설 대지의 안전

③ 건축물은 건축선 또는 인접대지경계선으로부터의 6m 이내의 범위 안에서 대통령령이 정하는 기준에 따라 건축조례가 정하는 거리 이상을 띄어야 한다.
④ 손궤의 우려가 있는 토지를 대지로 조성할 때에는 반드시 옹벽을 설치해야 한다.

72

건축법령상 건축물의 대지에 조경을 하지 않아도 되는 건축물에 해당하는 것을 모두 고른 것은? (단, 건축협정은 고려하지 않음)   **27회 출제**

> ㉠ 면적 5,000m² 미만인 대지에 건축하는 공장
> ㉡ 연면적의 합계가 1,500m² 미만인 공장
> ㉢ 「산업집적활성화 및 공장설립에 관한 법률」에 따른 산업단지의 공장

① ㉠ ② ㉢ ③ ㉠, ㉡ ④ ㉡, ㉢ ⑤ ㉠, ㉡, ㉢

정답 70. ① 71. ⑤ 72. ⑤

해설 대지의 조경

㉠, ㉡, ㉢ 모두 조경을 하지 않아도 된다.

73 면적이 1,000m²인 대지에 건축물을 건축하는 경우 건축법령상 대지의 조경 등의 조치가 면제될 수 있는 건축물이 아닌 것은?

① 자연녹지지역인 대지에 건축하는 연면적이 800m²인 수련시설
② 상업지역인 대지에 건축하는 연면적이 1,000m²인 물류시설
③ 연면적이 1,000m²인 공장
④ 연면적이 500m²인 축사
⑤ 자연환경보전지역인 대지에 건축하는 연면적이 330m²인 단독주택

해설 대지의 조경 등의 조치 면제

연면적의 합계가 1천500m² 미만인 물류시설은 대지의 조경 등의 조치가 면제될 수 있는 건축물이나 주거지역 또는 상업지역에 건축하는 물류시설은 대지에 조경이나 그 밖에 필요한 조치를 하여야 한다.

74 다음은 「건축법」상의 도로(막다른 도로는 제외)에 대한 설명이다. 틀린 것은? **14회 출제**

① 너비가 4m 이상이어야 한다.
② 보행이나 자동차의 통행이 가능해야 한다.
③ 「국토의 계획 및 이용에 관한 법률」·「도로법」·「사도법」기타 관계법령의 규정에 의해 신설 또는 변경에 관한 고시가 된 도로여야 한다.
④ 건축허가시 건축허가권자가 그 위치를 지정한 도로도 포함된다.
⑤ 예정도로는 포함되지 않는다.

해설 도로

「건축법」상의 도로에는 실제로 개설된 도로는 물론 아직 개설되지 않은 예정도로도 포함된다.

75 건축법령상 "도로"와 관련된 설명 중 옳은 것은?

① 지형적 조건으로 자동차통행이 불가능하더라도 「건축법」상의 도로로 되는 경우가 있다.
② 「건축법」상 모든 도로는 도로라는 특성상 「도로법」에 의한 신설·변경 고시가 되어야 한다.
③ 주민이 장기간 통행로로 이용하는 사실상의 통로라도 「건축법」상의 도로로 되기 위해서는 이해관계인의 동의가 필수적이다.
④ 건축허가권자가 도로의 위치를 지정·공고할 수는 없다.
⑤ 예정도로는 「건축법」상의 도로에 해당될 수 없다.

정답 73. ② 74. ⑤ 75. ①

해설 **도 로**
② 「도로법」상의 도로가 아니라도 「건축법」상의 도로가 될 수 있다.
③ 주민이 장기간 통행로로 이용하고 있는 사실상의 도로로서 건축조례로 정하는 것은 이해관계인의 동의 없이 도로로 지정할 수 있다.
④ 관계법령에 의해 고시가 된 도로를 제외하고는 허가권자가 도로의 위치를 지정·공고한다.
⑤ 예정도로도 「건축법」상의 도로에 해당된다.

76 ★
연면적의 합계가 5,000m²인 건축물의 대지가 접해야 하는 도로의 최소너비는 다음 중 어느 것인가?

① 2m 이상   ② 3m 이상   ③ 4m 이상   ④ 6m 이상   ⑤ 8m 이상

해설 **도 로**
연면적의 합계가 2천m²(공장인 경우에는 3천m²) 이상인 건축물(축사, 작물 재배사, 그 밖에 이와 비슷한 건축물로서 건축조례로 정하는 규모의 건축물은 제외)의 대지는 너비 6m 이상의 도로에 4m 이상 접하여야 한다.

77
甲은 대지에 높이 4m, 연면적의 합계가 90m²인 건축물을 신축하려 한다. 건축법령상 건축규제에 위반되는 것은? (단, 조례는 고려하지 않음) **22회 출제**

① 甲은 건축을 위해 건축신고를 하였다.
② 甲의 대지는 인접한 도로면보다 낮으나, 대지의 배수에 지장이 없고 건축물의 용도상 방습의 필요가 없다.
③ 甲은 공개공지 또는 공개공간을 확보하지 않았다.
④ 甲의 대지는 보행과 자동차통행이 가능한 도로에 3m 접하고 있다.
⑤ 甲의 건축물은 창문을 열었을 때 건축선의 수직면을 넘어서는 구조로 되어 있다.

해설 **건축규제의 위반**
도로면으로부터 높이 4.5m 이하에 있는 출입구, 창문, 그 밖에 이와 유사한 구조물은 열고 닫을 때 건축선의 수직면을 넘지 아니하는 구조로 하여야 한다.

정답   76. ④   77. ⑤

제4장 건축법(기본)

78 건축법령상 건축물의 대지와 도로에 관한 설명으로 옳은 것은? (단, 건축법 제3조에 따른 적용 제외는 고려하지 않음)

① 허가권자는 주민이 오랫동안 통행로로 이용하고 있는 사실상의 통로로서 해당 지방자치단체의 조례로 정한 경우에는 이해관계인의 동의와 건축위원회의 심의를 거쳐 도로로 지정하여야 한다.
② 「국토의 계획 및 이용에 관한 법률」에 따른 도시지역 외의 지역에서 도로의 교차각이 90°이며 해당 도로와 교차되는 도로의 너비가 각각 6m라면 도로경계선의 교차점으로부터 도로경계선에 따라 각 3m를 후퇴한 두 점을 연결한 선이 건축선이 된다.
③ 도로면으로부터 높이 4.5m 이하에 있는 출입구, 창문, 그 밖의 이와 유사한 구조물은 열고 닫을 때 건축선의 수직면을 넘는 구조로 할 수 있다.
④ 건축물의 주변에 건축이 가능한 녹지가 있다면, 건축물의 대지가 2m 미만으로 도로에 접하여도 건축법령을 위반한 것이 아니다.
⑤ 건축물과 담장, 지표 아래의 창고시설은 건축선의 수직면을 넘어서는 아니 된다.

해설 건축물의 대지와 도로
① 허가권자는 주민이 오랫동안 통행로로 이용하고 있는 사실상의 통로로서 해당 지방자치단체의 조례로 정한 경우에는 이해관계인의 동의를 받지 아니하고 건축위원회의 심의를 거쳐 도로를 지정할 수 있다.
③ 도로면으로부터 높이 4.5m 이하에 있는 출입구, 창문, 그 밖의 이와 유사한 구조물은 열고 닫을 때 건축선의 수직면을 넘지 아니하는 구조로 하여야 한다.
④ 건축물의 대지는 2m 이상이 도로에 접하여야 하나 건축물의 주변에 건축이 금지되고 공중의 통행에 지장이 없는 공지로서 허가권자가 인정하는 공지가 있는 경우 건축물의 대지가 2m 미만으로 도로에 접하여도 건축법령을 위반한 것이 아니다.
⑤ 건축물과 담장은 건축선의 수직면을 넘어서는 아니 된다. 다만, 지표 아래 부분은 그러하지 아니하다.

79 다음은 「건축법」상의 건축선에 관한 설명이다. 틀린 것은? [19회 출제]

① 건축선은 대지 중 도로와 접한 부분에 있어서 건축물을 건축할 수 있는 선을 말한다.
② 통상은 대지와 도로의 경계선이 건축선이 된다.
③ 특별자치시장·특별자치도지사나 시장·군수 또는 구청장은 건축물의 위치정비 또는 환경의 정비를 위해 건축선을 따로 지정할 수 있다.
④ 건축물 및 담장은 건축선의 수직면을 넘어서는 안 된다.
⑤ 지하부분으로서 건축허가를 받은 것은 건축선의 수직면을 넘을 수 있다.

해설 건축선
지표하의 부분은 별도로 특별자치시장·특별자치도지사와 시장·군수 또는 구청장의 허가를 받지 않고도 건축선의 수직면을 넘을 수 있다.

정답 78. ② 79. ⑤

부동산공법

80 건축법령상 건축선의 지정 및 건축제한에 관한 설명으로 옳지 않은 것은?

① 건축선은 원칙적으로 대지와 도로의 경계선으로 한다.
② 대지가 소요 너비에 못 미치는 도로에 접하는 경우 그 중심선에서 그 소요 너비의 1/2의 수평거리만큼 물러난 선을 건축선으로 한다.
③ 대지가 소요 너비에 미달되는 도로에 접하는 경우로서 그 도로의 반대쪽에 경사지 등이 있는 경우 그 경사지 등이 있는 쪽 도로경계선에서 소요 너비에 해당하는 수평거리의 선을 건축선으로 한다.
④ 특별자치시장·특별자치도지사 또는 시장·군수·구청장은 시가지 안에서 건축물의 위치나 환경을 정비하기 위하여 건축선을 따로 지정할 수 있다.
⑤ 건축물과 담장 및 그 지표 아래 부분은 건축선의 수직면을 넘어서는 아니 된다.

해설 건축선
건축물과 담장은 건축선의 수직면을 넘어서는 아니 된다. 다만, 지표(地表) 아래 부분은 그러하지 아니하다.

81 구조안전을 확인한 건축물 중 건축물의 건축주가 해당 건축물의 설계자로부터 구조 안전의 확인서류를 받아 착공신고를 하는 때에 그 확인서류를 허가권자에게 제출하여야 하는 건축물은?

① 연면적이 150m²인 건축물 ② 1층 건축물 ③ 처마높이가 8m인 건축물
④ 높이가 10m인 건축물 ⑤ 기둥과 기둥 사이의 거리가 10m인 건축물

해설 구조안전 확인서류의 제출 대상건축물
구조안전 확인서류의 제출 대상건축물은 연면적 200m²(목구조 건축물의 경우에는 500m²) 이상인 건축물, 2층(목구조 건축물의 경우에는 3층) 이상인 건축물, 2층 이상인 건축물, 높이가 13m 이상인 건축물, 처마높이가 9m 이상인 건축물, 기둥과 기둥 사이의 거리가 10m 이상인 건축물, 건축물의 용도 및 규모를 고려한 중요도가 높은 건축물로서 국토교통부령으로 정하는 건축물, 국가적 문화유산으로 보존할 가치가 있는 박물관·기념관 그 밖에 이와 유사한 것으로서 연면적의 합계가 5천m² 이상인 건축물, 특수구조 건축물, 단독주택 및 공동주택이다.

정답 80. ⑤ 81. ⑤

82. 건축법령상 피난시설에 관한 설명으로 옳지 않은 것은?

① 건축물의 피난층 외의 층에서는 피난층 또는 지상으로 통하는 직통계단(경사로 포함)을 거실의 각 부분으로부터 가장 가까운 거리에 있는 계단에 이르는 보행거리가 30m 이하가 되도록 설치하는 것이 원칙이다.
② 5층 이상 또는 지하 2층 이하인 층에 설치하는 직통계단은 피난계단 또는 특별피난계단으로 설치하는 것이 원칙이다.
③ 건축물의 주요구조부가 내화구조 또는 불연재료로 되어있고 5층 이상인 층의 바닥면적의 합계가 200m² 이하인 경우에는 직통계단을 피난계단 또는 특별피난계단으로 설치하지 아니할 수 있다.
④ 옥상광장 또는 2층 이상인 층에 있는 노대 등의 난간높이는 1.2m 이상으로 한다. 다만, 노대 등에 출입할 수 없는 구조인 경우에는 그러하지 아니하다.
⑤ 10층 이상인 건축물로서 10층 이상인 층의 바닥면적의 합계가 1만m² 이상인 건축물의 옥상에는 헬리포트를 설치하여야 한다.

해설 피난시설
층수가 11층 이상인 건축물로서 11층 이상인 층의 바닥면적의 합계가 1만m² 이상인 건축물(지붕을 평지붕으로 하는 경우만 해당한다)의 옥상에 헬리포트를 설치하여야 한다.

83. 건축법령상 건축물의 피난시설에 관한 설명으로 옳은 것은?

① 건축물의 3층에 있는 출입 가능한 노대(露臺)의 주위에는 높이 1.2m 이상의 난간을 설치하여야 한다.
② 건축물의 5층이 전시장의 용도로 쓰이는 경우에는 피난용도로 쓸 수 있는 광장을 옥상에 설치하여야 한다.
③ 층수가 12층인 건축물로서 10층 이상인 층의 바닥면적의 합계가 9,000m²인 건축물의 옥상에는 헬리포트를 설치하여야 한다.
④ 바닥면적의 합계가 2,000m²인 전시장을 지하층에 설치하는 경우에는 지하층과 피난층 사이에 천장이 개방된 외부 공간을 설치하여야 한다.
⑤ 건축물의 5층이 판매시설의 용도로 쓰이는 층으로서 그 층 거실의 바닥면적의 합계가 1,000m²인 경우에는 그 층으로부터 지상으로 통하는 옥외피난계단을 따로 설치하여야 한다.

정답 82. ⑤ 83. ①

해설 피난시설

② 5층 이상인 층이 제2종 근린생활시설 중 공연장·종교집회장·인터넷컴퓨터게임시설제공업소(해당 용도로 쓰는 바닥면적의 합계가 각각 300m² 이상인 경우만 해당한다), 문화 및 집회시설(전시장 및 동·식물원은 제외한다), 종교시설, 판매시설, 위락시설 중 주점영업 또는 장례시설의 용도로 쓰는 경우에는 피난 용도로 쓸 수 있는 광장을 옥상에 설치하여야 한다.
③ 층수가 11층 이상인 건축물로서 11층 이상인 층의 바닥면적의 합계가 1만m² 이상인 건축물(지붕을 평지붕으로 하는 경우만 해당한다)의 옥상에는 헬리포트를 설치하거나 헬리콥터를 통하여 인명 등을 구조할 수 있는 공간을 확보하여야 한다.
④ 바닥면적의 합계가 3,000m² 이상인 공연장·집회장·관람장 또는 전시장을 지하층에 설치하는 경우에는 각 실에 있는 자가 지하층 각 층에서 건축물 밖으로 피난하여 옥외 계단 또는 경사로 등을 이용하여 피난층으로 대피할 수 있도록 천장이 개방된 외부 공간을 설치하여야 한다.
⑤ 건축물의 3층 이상인 층으로서 제2종 근린생활시설 중 공연장(해당 용도로 쓰는 바닥면적의 합계가 300m² 이상인 경우만 해당한다), 문화 및 집회시설 중 공연장이나 위락시설 중 주점영업의 용도로 쓰이는 층으로서 그 층 거실의 바닥면적의 합계가 300m² 이상인 것과 문화 및 집회시설 중 집회장의 용도로 쓰는 층으로서 그 층 거실의 바닥면적의 합계가 1천m² 이상인 경우에는 그 층으로부터 지상으로 통하는 옥외피난계단을 따로 설치하여야 한다.

84. 건축법령상 건축물의 구조 및 재료 등에 관한 설명으로 옳지 않은 것은?

① 지방자치단체의 장은 구조안전확인 대상건축물에 대하여 대수선 허가를 하는 경우 내진성능 확보 여부를 확인하여야 한다.
② 국토교통부장관은 지진으로부터 건축물의 구조안전을 확보하기 위하여 건축물의 용도, 규모 및 설계구조의 중요도에 따라 내진등급을 설정하여야 한다.
③ 불연재료란 불에 타지 아니하는 성질을 가진 재료로서 국토교통부령으로 정하는 기준에 적합한 재료를 말한다.
④ 아파트로서 3층 이상인 층의 각 세대가 2개 이상의 직통계단을 사용할 수 없는 경우에는 발코니에 인접 세대와 공동으로 또는 각 세대별로 건축법령의 요건을 모두 갖춘 피난안전구역을 하나 이상 설치하여야 한다.
⑤ 구조안전확인 대상건축물이 아니거나 내진능력 산정이 곤란한 건축물로서 대통령령으로 정하는 건축물은 내진능력을 공개하지 아니한다.

해설 건축물의 구조 및 재료 등
아파트로서 4층 이상인 층의 각 세대가 2개 이상의 직통계단을 사용할 수 없는 경우에는 발코니에 인접 세대와 공동으로 또는 각 세대별로 건축법령의 요건을 모두 갖춘 대피공간을 하나 이상 설치하여야 한다.

정답 84. ④

85. 건축법령상 고층건축물의 피난시설에 관한 내용으로 ( )에 들어갈 것을 옳게 연결한 것은?

27회 출제

> 층수가 63층이고 높이가 190m인 (㉠)건축물에는 피난층 또는 지상으로 통하는 직통계단과 직접 연결되는 피난안전구역을 지상층으로부터 최대 (㉡)개 층마다 (㉢)개소 이상 설치하여야 한다.

① ㉠ : 준고층 ㉡ : 20 ㉢ : 1
② ㉠ : 준고층 ㉡ : 30 ㉢ : 2
③ ㉠ : 초고층 ㉡ : 20 ㉢ : 1
④ ㉠ : 초고층 ㉡ : 30 ㉢ : 1
⑤ ㉠ : 초고층 ㉡ : 30 ㉢ : 2

해설 피난안전구역

층수가 63층이고 높이가 190m인 초고층건축물에는 피난층 또는 지상으로 통하는 직통계단과 직접 연결되는 피난안전구역을 지상층으로부터 최대 30개층마다 1개소 이상 설치하여야 한다.

86. 건축법령상 건축물의 가구·세대등간 소음방지를 위한 경계벽을 설치하여야 하는 경우가 아닌 것은?

26회 출제

① 숙박시설의 객실간
② 공동주택 중 기숙사의 침실간
③ 판매시설 중 상점간
④ 교육연구시설 중 학교의 교실간
⑤ 의료시설의 병실간

해설 경계벽의 설치

1) 단독주택 중 다가구주택의 각 가구간 경계벽 또는 공동주택(기숙사는 제외)의 각 세대간 경계벽(거실·침실 등으로 쓰지 않는 발코니부분은 제외)
2) 공동주택 중 기숙사의 침실, 의료시설의 병실, 교육연구시설 중 학교의 교실 또는 숙박시설의 객실간 경계벽
3) 제1종 근린생활시설 중 산후조리원의 다음의 어느 하나에 해당하는 경계벽
   ㉠ 임산부실 간 경계벽
   ㉡ 신생아실 간 경계벽
   ㉢ 임산부실과 신생아실 간 경계벽
4) 제2종 근린생활시설 중 다중생활시설의 호실 간 경계벽
5) 노유자시설 중 노인복지주택의 각 세대 간 경계벽
6) 노유자시설 중 노인요양시설의 호실 간 경계벽

87. 다음 중 공동주택과 동일한 건축물 안에 함께 설치할 수 있는 시설은?

① 위락시설
② 위험물저장 및 처리시설
③ 공연장
④ 자동차정비공장
⑤ 공장

정답 85. ④ 86. ③ 87. ③

해설 공동주택과 동일한 건축물 안에 함께 설치할 수 있는 시설
의료시설, 노유자시설(아동관련시설 및 노인관련시설에 한함), 공동주택 또는 장례시설에 해당하는 건축물과 위락시설, 위험물저장 및 처리시설, 공장 또는 자동차정비공장에 해당하는 건축물은 동일한 건축물 안에 함께 설치해서는 안 된다.

88 다음은 건축물의 방화에 관한 설명이다. 틀린 것은?

① 연면적이 1,000m² 이상인 건축물은 방화벽으로 구획해야 한다.
② 단독주택은 방화벽으로 구획하지 않아도 된다.
③ 공동주택의 경계벽은 방화구조로 해야 한다.
④ 무대의 바닥은 내화구조로 하지 않아도 된다.
⑤ 방화지구 안에 있는 건축물의 주요구조부와 외벽은 내화구조로 해야 한다.

해설 건축물의 방화
공동주택의 경계벽은 내화구조로 해야 한다.

89 다음은 건축물의 안전·방화 등에 관한 설명이다. 틀린 것은?

① 산후조리원은 노인복지시설과 같은 건축물에 함께 설치할 수 없다.
② 숙박시설의 객실에는 창문을 설치해야 한다.
③ 7층 건축물에 위치한 바닥면적 400m²의 다중생활시설의 거실에는 배연설비를 하여야 한다.
④ 오피스텔에 거실 바닥으로부터 높이 1.5m 이하 부분에 여닫을 수 있는 창문을 설치하는 경우에는 추락방지를 위한 안전시설을 설치해야 한다.
⑤ 11층 이하의 건축물에는 소방관이 진입할 수 있는 곳을 정해 외부에서 주·야간 식별할 수 있는 표시를 해야 한다.

해설 추락방지시설
오피스텔에 추락방지를 위한 안전시설 설치 의무 대상은 거실 바닥으로부터 높이 1.2m 이하 부분에 여닫을 수 있는 창문을 설치한 경우이다.

90 건축법령상 국토교통부장관이 정하여 고시하는 건축물, 건축설비 및 대지에 관한 범죄예방 기준에 따라 건축하여야 하는 건축물에 해당하지 않는 것은? `29회 개작`

① 교육연구시설 중 학교
② 제1종 근린생활시설 중 일용품을 판매하는 소매점
③ 제2종 근린생활시설 중 다중생활시설
④ 숙박시설 중 다중생활시설
⑤ 공동주택 중 기숙사

정답 88. ③ 89. ④ 90. ⑤

해설 **건축물의 범죄예방**
공동주택 중 기숙사를 제외한 아파트, 연립주택 및 다세대주택이 범죄예방 기준에 따라 건축하여야 하는 건축물이다.

91 ★★ 다음은 하나의 건축물 또는 대지가 2 이상의 지구에 걸치는 경우의 건축제한에 관한 설명이다. 틀린 것은?

① 대지의 과반이 속하는 지구에 관한 건축제한이 그 건축물 및 대지의 전부에 대해 적용된다.
② 녹지지역의 건축물이 방화지구에 걸치는 경우에는 녹지지역의 건축물에 관한 「건축법」의 규정을 적용한다.
③ 대지가 녹지지역과 그 밖의 지역·지구에 걸치는 경우에는 각각의 지역·지구 안의 건축제한에 관한 규정이 적용된다.
④ 하나의 건축물이 방화지구에 걸치는 경우에는 그 건축물의 전부에 대해 방화지구의 건축물에 관한 「건축법」 규정이 적용된다.
⑤ 하나의 건축물 또는 대지가 2 이상의 지구에 걸치는 경우의 건축제한에 관해 건축조례로 따로 정하는 경우에는 그에 의한다.

해설 **하나의 건축물 또는 대지가 2 이상의 지구에 걸치는 경우**
녹지지역의 건축물이 방화지구에 걸치는 경우에는 방화지구의 건축물에 관한 「건축법」의 규정을 적용한다.

92 ★ 다음은 건폐율에 관한 설명이다. 틀린 것은?

① 건폐율은 건축면적의 대지면적에 대한 비율을 말한다.
② 건폐율제한은 건축물 주위에 최소한의 공간을 확보하기 위한 제도이다.
③ 건폐율제한의 기준은 「국토의 계획 및 이용에 관한 법률」에 규정되어 있다.
④ 당해 지역에 실제로 적용되는 건폐율은 「국토의 계획 및 이용에 관한 법률」에 규정된 범위 안에서 건축조례로 정한다.
⑤ 건축물의 대지가 2 이상의 지역에 걸치는 경우에는 원칙적으로 과반이 속하는 지역의 건폐율을 적용한다.

해설 **건폐율**
건폐율은 도시·군계획조례로 정한다.

정답 91. ② 92. ④

93 ★★

건축법령상 건축물이 있는 대지는 조례로 정하는 면적에 못 미치게 분할할 수 없다. 다음 중 조례로 정할 수 있는 최소 분할면적 기준이 가장 작은 용도지역은? (단, 건축법 제3조에 따른 적용 제외는 고려하지 않음)

24회 출제

① 제2종 전용주거지역
② 일반상업지역
③ 근린상업지역
④ 준공업지역
⑤ 생산녹지지역

> **해설** 대지의 분할제한
> ① 제2종 전용주거지역 : 60m²
> ② 일반상업지역 : 150m²
> ③ 근린상업지역 : 150m²
> ④ 준공업지역 : 150m²
> ⑤ 생산녹지지역 : 200m²

94 ★

건축물이 있는 대지는 다음의 기준에 미달되게 분할할 수 없다. 틀린 것은?

① 건폐율
② 용적률
③ 대지의 안전
④ 대지와 도로와의 관계
⑤ 건축물의 높이제한

> **해설** 토지분할제한
> 토지분할제한은 대지의 규모가 영세하게 되어 각종 건축기준을 지키기 어렵게 되는 사례를 방지하려는 것인데, 대지의 안전은 대지의 규모와 전혀 관계가 없다.

95 ★

다음은 건축물의 높이제한에 관한 설명이다. 틀린 것은?

① 허가권자는 가로구역별로 건축물의 높이를 지정·공고할 수 있다.
② 허가권자는 일조·통풍 등 주변 환경 및 도시미관에 미치는 영향이 크지 않다고 인정하는 경우에는 건축위원회의 심의를 거쳐 이 법 및 다른 법률에 따른 가로구역의 높이 완화에 관한 규정을 중첩하여 적용할 수 있다.
③ 특별자치시장·특별자치도지사나 시장·군수 또는 구청장은 가로구역별 높이를 완화해서 적용할 필요가 있다고 인정되는 대지에 대해서는 조례가 정하는 바에 따라 높이를 완화·적용할 수 있다.
④ 특별시장 또는 광역시장은 도시관리를 위해 필요하다고 인정될 경우에는 가로구역별 높이를 특별시 또는 광역시의 조례로 정할 수 있다.
⑤ 건축물의 정북 방향의 인접 대지가 전용주거지역이나 일반주거지역이 아닌 용도지역에 해당하는 경우에는 정북 방향 인접대지 건축물의 이격거리를 적용하지 아니한다.

> **해설** 건축물의 높이제한
> 가로구역별 높이를 완화해서 적용할 필요가 있다고 인정되는 대지에 대해서는 건축위원회의 심의를 거쳐 높이제한을 완화해서 적용할 수 있다.

정답 93. ① 94. ③ 95. ③

제4장 건축법(기본)

96. 건축법령상 일반주거지역 안에서 일조 등의 확보를 위한 건축물의 높이제한으로 틀린 것은?

① 층수에 관계없이 높이 10m 이하의 부분은 정북방향으로의 인접대지경계선으로부터 1.5m 이상 띄운다.
② 높이 10m를 초과하는 부분은 정북방향으로의 인접대지경계선으로부터 건축물의 각 부분 높이의 1배 이상을 띄운다.
③ 공동주택의 경우에는 채광을 위한 창문 등과 인접 대지경계선까지의 거리와 이웃한 동과의 거리에 따라 높이가 제한된다.
④ 공동주택(기숙사 제외)의 각 부분의 높이는 그 부분으로부터 채광을 위한 창문 등이 있는 벽면으로부터 직각방향으로 인접대지경계선까지의 수평거리의 2배 이하로 한다.
⑤ 2층 이하로서 높이가 8m 이하인 건축물에는 해당 지방자치단체의 조례로 정하는 바에 따라 일조 등의 확보를 위한 높이제한을 적용하지 아니할 수 있다.

해설 건축물의 높이제한
인접대지경계선으로부터 해당 건축물의 각 부분의 높이의 1/2 이상을 띄운다.

97. 건축법령상 지역 및 지구 안에서의 건축제한 등에 관한 설명으로 옳은 것은? (단, 조례로 규정한 사항은 제외)

① 대지가 녹지지역과 그 밖의 지역·지구 또는 구역에 걸치는 경우에는 각 지역·지구·구역의 건축물 및 대지에 관한 「건축법」의 규정을 적용한다.
② 시장은 건축물의 용도 및 형태에 관계없이 동일한 가로구역(도로로 둘러싸인 일단의 지역) 안에서는 건축물의 높이를 동일하게 정해야 한다.
③ 높이가 정하여지지 아니한 가로구역의 경우 건축물의 각 부분의 높이는 그 부분으로부터 전면도로의 반대쪽 경계선까지의 수평거리의 2배를 넘을 수 없다.
④ 3층 이하로서 높이가 12m 이하인 건축물에는 일조 등의 확보를 위한 건축물의 높이제한에 관한 규정을 적용하지 아니할 수 있다.
⑤ 정북방향으로 도로 등 건축이 금지된 공지에 접하는 대지인 경우 건축물의 높이를 정북방향의 인접 대지경계선으로부터의 거리에 따라 대통령령으로 정하는 높이 이하로 해야 한다.

정답   96. ②   97. ①

해설 건축제한

② 허가권자는 건축물의 용도 및 형태에 따라 동일한 가로구역 안에서의 건축물의 높이를 다르게 정할 수 있다.
③ 높이가 정하여지지 아니한 가로구역의 경우 건축물의 각 부분의 높이는 그 부분으로부터 전면도로의 반대쪽 경계선까지의 수평거리의 1.5배를 넘을 수 없다는 규정은 2015년도에 삭제되었다.
④ 2층 이하로서 높이가 8m 이하인 건축물에 대하여는 일조 등의 확보를 위한 건축물의 높이제한에 관한 규정을 적용하지 아니할 수 있다.
⑤ 정북방향으로 도로, 공원, 하천 등 건축이 금지된 공지에 접하는 대지인 경우 정남방향의 인접 대지경계선으로부터의 거리에 따라 대통령령으로 정하는 높이 이하로 할 수 있다.

98
건축법령상 건축물에 공개공지 또는 공개공간을 설치하여야 하는 대상지역에 해당하는 것은? (단, 지방자치단체장이 별도로 지정·공고하는 지역은 고려하지 않음) **27회 출제**

① 전용주거지역
② 일반주거지역
③ 전용공업지역
④ 일반공업지역
⑤ 보전녹지지역

해설 공개공지 또는 공개공간
일반주거지역·준주거지역·상업지역 및 준공업지역과 특별자치시장·특별자치도지사·시장·군수 또는 자치구청장이 도시화의 가능성이 크거나 노후 산업단지의 정비가 필요하다고 인정해서 지정·공고하는 지역에 공개공지 또는 공개공간을 설치해야 한다.

99
다음은 공개공지 또는 공개공간의 설치에 관한 설명이다. 틀린 것은?

① 바닥면적의 합계가 5,000m² 이상인 문화 및 집회시설·판매시설·업무시설·숙박시설 등에 설치한다.
② 설치규모는 대지면적의 10% 이내의 범위 안에서 건축조례로 정한다.
③ 공개공지 또는 공개공간을 설치한 건축물에 대해서는 건폐율을 1.2배 완화적용할 수 있다.
④ 공개공지 또는 공개공간을 설치한 건축물에 대해서는 가로구역별 높이제한을 완화적용할 수 있다.
⑤ 공개공지등의 일정 공간을 점유하여 영업을 하는 행위를 하여서는 아니 된다.

해설 공개공지 또는 공개공간의 설치
공개공지 또는 공개공간을 설치한 건축물에 대해 완화적용할 수 있는 건축기준은 용적률과 가로구역별 높이제한이다.

정답 98. ② 99. ③

100
건축법령상 대지의 조경 및 공개공지등의 설치에 관한 설명으로 옳은 것은? (단, 「건축법」 제73조에 따른 적용 특례 및 조례는 고려하지 않음) **25회 출제**

① 도시·군계획시설에서 건축하는 연면적의 합계가 1천500m² 이상인 가설건축물에 대하여는 조경 등의 조치를 하여야 한다.
② 면적 5천m² 미만인 대지에 건축하는 공장에 대하여는 조경 등의 조치를 하지 아니할 수 있다.
③ 녹지지역에 건축하는 창고에 대해서는 조경 등의 조치를 하여야 한다.
④ 상업지역의 건축물에 설치하는 공개공지등의 면적은 대지면적의 100분의 10을 넘어야 한다.
⑤ 공개공지등을 설치하는 경우 건축물의 건폐율은 완화하여 적용할 수 있으나 건축물의 높이 제한은 완화하여 적용할 수 없다.

해설 대지의 조경
① 도시·군계획시설에서 건축하는 가설건축물에 대하여는 조경 등의 조치를 하지 아니할 수 있다.
③ 녹지지역에 건축하는 건축물에 대하여는 조경 등의 조치를 하지 아니할 수 있다.
④ 공개공지등의 면적은 대지면적의 10% 이하의 범위에서 건축조례로 정한다.
⑤ 공개공지등을 설치하는 경우 건축물의 용적률과 건축물의 높이 제한은 각각 1.2배 범위 안에서 건축조례로 완화하여 적용할 수 있다.

101
건축법령상 대지에 조경 등의 조치를 하여야 하는 건축물은? (단, 「건축법」상 적용제외 규정, 특별건축구역의 특례 및 건축조례는 고려하지 않음)

① 녹지지역인 면적 5천m²인 대지에 건축하는 건축물
② 도시·군계획시설예정지에서 건축하는 연면적 합계가 2천m²인 가설건축물
③ 상업지역인 면적 1천m²인 대지에 건축하는 숙박시설
④ 농림지역인 면적 3천m²인 대지에 건축하는 축사
⑤ 관리지역인 면적 1천500m²인 대지에 건축하는 공장

해설 대지의 조경
상업지역인 면적 1천m²인 대지에 건축하는 숙박시설은 조경 등의 조치를 하여야 한다.

정답 100. ② 101. ③

102. 건축법령상 공개공지등을 확보하여야 하는 건축물의 공개공지등에 관한 설명으로 ( )에 알맞은 것을 바르게 나열한 것은?

[24회 출제]

- 공개공지등의 면적은 대지면적의 (㉠) 이하의 범위에서 건축조례로 정한다.
- 대지에 공개공지등을 확보하여야 하는 건축물의 경우 공개공지등을 설치하는 때에는 해당 지역에 적용하는 용적률의 (㉡) 이하의 범위에서 건축조례로 정하는 바에 따라 용적률을 완화하여 적용할 수 있다.

① ㉠ : 100분의 10 ㉡ : 1.1배
② ㉠ : 100분의 10 ㉡ : 1.2배
③ ㉠ : 100분의 10 ㉡ : 1.5배
④ ㉠ : 100분의 20 ㉡ : 1.1배
⑤ ㉠ : 100분의 20 ㉡ : 1.2배

해설 공개공지
1) 공개공지등의 면적은 대지면적의 100분의 10 이하의 범위에서 건축조례로 정한다. 이 경우 조경면적과 매장문화유산의 현지보존 조치 면적을 공개공지등의 면적으로 할 수 있다.
2) 대지에 공개공지등을 확보하여야 하는 건축물의 경우 공개공지등을 설치하는 때에는 해당 지역에 적용하는 용적률의 1.2배 이하의 범위에서 건축조례로 정하는 바에 따라 용적률을 완화하여 적용할 수 있다.

103. 다음은 건축설비의 설치에 관한 설명이다. 틀린 것은?

① 건축설비는 건축물의 안전·방화·위생 및 에너지 및 정보통신의 합리적 이용에 지장이 없도록 설치해야 한다.
② 배관피트 및 닥트의 단면적과 수선구의 크기는 당해 설비의 수선에 지장이 없도록 설치해야 한다.
③ 건축설비의 설치에 관한 기술적 기준은 「건축물의 설비기준 등에 관한 규칙」에 규정되어 있다.
④ 에너지이용합리화와 관련된 건축설비의 기술적 기준은 산업통상자원부장관이 국토교통부장관과 협의해서 정한다.
⑤ 건축물에 설치하는 장애인관련시설 및 설비는 「장애인·노인·임산부 등의 편의증진에 관한 법률」에 따라 작성해서 보급하는 편의시설 상세표준도에 따른다.

해설 건축설비의 설지
에너지이용합리화와 관련된 건축설비의 기술적 기준은 국토교통부장관이 산업통상자원부장관과 협의해서 정한다.

정답 102. ② 103. ④

104 건축법령상 건축설비에 관한 설명으로 옳은 것은?

① 층수가 30층 이상인 건축물에는 건축물에 설치하는 승용 승강기 중 1대 이상을 피난용 승강기로 설치하여야 한다.
② 공동주택에는 방송수신에 지장이 없도록 위성방송 수신설비를 설치하여야 한다.
③ 지능형 건축물로 인증을 받은 건축물에 대해서는 건폐율을 100분의 115의 범위에서 완화하여 적용할 수 있다.
④ 높이 31m인 8층의 건축물에는 비상용 승강기를 1대 이상 설치하여야 한다.
⑤ 대지면적이 500m² 이상인 건축물에는 「전기사업법」에 따른 전기사업자가 전기를 배전하는데 필요한 전기설비를 설치할 수 있는 공간을 확보하여야 한다.

해설 건축설비
② 공동주택에는 방송 공동수신설비를 설치하여야 한다.
③ 지능형 건축물로 인증을 받은 건축물에 대해서는 용적률 및 건축물의 높이를 100분의 115의 범위에서 완화하여 적용할 수 있다.
④ 높이 31m를 초과하는 건축물에는 승강기 외에 높이 31m를 넘는 각층의 바닥면적 중 최대 바닥면적이 1천500m² 이하인 건축물에는 1대 이상의 비상용 승강기를 추가로 설치하여야 한다.
⑤ 대지면적이 아닌 연면적이 500m² 이상인 건축물의 대지에 「전기사업법」에 따른 전기사업자가 전기를 배전하는데 필요한 전기설비를 설치할 수 있는 공간을 확보하여야 한다.

105 다음은 승강기의 설치에 관한 설명이다. 틀린 것은?

★★
① 6층 이상으로서 연면적이 2,000m² 이상인 건축물에는 승강기를 설치해야 한다.
② 승강기를 설치하는 건축물에는 각층 거실의 바닥면적 300m² 이내마다 직통계단을 설치해야 한다.
③ 2대 이상의 비상용 승강기를 설치하는 경우에는 화재가 났을 때 소화에 지장이 없도록 일정한 간격을 두고 설치하여야 한다.
④ 높이 31m를 넘는 각층의 바닥면적 중 최대 바닥면적이 1천500m² 이하인 건축물은 1대 이상의 비상용 승강기를 설치하여야 한다.
⑤ 높이가 31m를 넘는 건축물에는 비상용 승강기를 추가로 설치해야 한다.

해설 승강기의 설치
6층인 건축물로서 각층 거실의 바닥면적 300m² 이내마다 직통계단을 설치하는 경우에는 승강기를 설치하지 않아도 된다.

정답 104. ① 105. ②

106 다음은 「건축법」에 의한 위반건축물에 대한 조치이다. 틀린 것은?

① 건축허가의 취소
② 건축주등에게 공사의 중지를 명하거나 상당한 기간을 정하여 그 건축물의 해체 등 필요한 시정명령
③ 이행강제금의 부과
④ 다른 법령에 따른 영업허가의 취소
⑤ 허가권자는 시정명령을 하는 경우에는 건축물대장에 위반내용을 기재

해설 위반건축물에 대한 조치

허가권자는 위반건축물에 대해서는 새로이 영업허가 등을 하지 않을 것을 요청할 수 있다. 영업허가를 취소할 수 있는 것은 아니다.

107 건축법령상 이행강제금을 산정하기 위하여 위반 내용에 따라 곱하는 비율을 높은 순서대로 나열한 것은? (단, 조례는 고려하지 않음) **29회 출제**

㉠ 용적률을 초과하여 건축한 경우
㉡ 건폐율을 초과하여 건축한 경우
㉢ 신고를 하지 아니하고 건축한 경우
㉣ 허가를 받지 아니하고 건축한 경우

① ㉠ → ㉡ → ㉣ → ㉢
② ㉠ → ㉣ → ㉢ → ㉡
③ ㉡ → ㉠ → ㉣ → ㉢
④ ㉣ → ㉠ → ㉡ → ㉢
⑤ ㉣ → ㉢ → ㉡ → ㉠

해설 이행강제금

- 건폐율을 초과하여 건축한 경우 : 80%
- 용적률을 초과하여 건축한 경우 : 90%
- 허가를 받지 아니하고 건축한 경우 : 100%
- 신고를 하지 아니하고 건축한 경우 : 70%

108 다음은 「건축법」에 의한 이행강제금에 관한 설명이다. 틀린 것은? ★★

① 위반건축물에 대한 시정명령을 이행하지 않은 자에 대해 부과된다.
② 시·도지사가 부과한다.
③ 허가권자는 영리목적을 위한 위반이나 상습적 위반 등 대통령령으로 정하는 경우에 이행강제금액을 100분의 100의 범위에서 해당 지방자치단체의 조례로 정하는 바에 따라 가중하여야 한다.
④ 이행강제금은 당해 건축물의 시가표준액을 기준으로 해서 산정한다.
⑤ 시정명령이 이행되면 새로운 이행강제금의 부과는 중단된다.

정답   106. ④   107. ④   108. ②

> **해설** 이행강제금
> 이행강제금은 시정명령을 한 허가권자가 부과한다.

109 건축법령상 이행강제금 부과에 대한 내용 중 틀린 것은?

① 허가권자는 「건축법」에 따른 시정명령을 이행하지 아니한 건축주 등에게 이행강제금을 부과한다.
② 허가권자는 이행강제금을 부과하기 전에 부과·징수의 뜻을 미리 문서로써 계고하여야 한다.
③ 허가권자는 최초의 시정명령이 있은 날을 기준으로 하여 1년에 2회 이내의 범위에서 해당 지방자치단체의 조례로 정하는 횟수만큼 해당 시정명령이 이행될 때까지 반복하여 부과·징수할 수 있다.
④ 허가권자는 이행강제금 부과처분을 받은 자가 이행강제금을 기한 이내에 납부하지 아니하는 때에는 「지방행정제재·부과금의 징수 등에 관한 법률」에 따라 이를 징수한다.
⑤ 시정명령을 받은 자가 시정명령을 이행하는 경우에는 새로운 이행강제금의 부과를 즉시 중지하고, 이미 부과된 이행강제금의 징수를 철회하여야 한다.

> **해설** 이행강제금
> 허가권자는 시정명령을 받은 자가 시정명령을 이행하는 경우에는 새로운 이행강제금의 부과를 즉시 중지하되, 이미 부과된 이행강제금은 이를 징수하여야 한다.

110 건축법령상 특별건축구역에 관한 설명으로 옳은 것은? `19회 출제`

① 시·도지사가 「도시 및 주거환경정비법」에 따른 정비구역에는 특별건축구역을 지정할 수 없다.
② 「개발제한구역의 지정 및 관리에 관한 특별조치법」에 따른 개발제한구역에는 특별건축구역을 지정할 수 있다.
③ 특별건축구역 지정신청이 접수된 경우 특별시장·광역시장·도지사는 지정신청을 받은 날부터 15일 이내에 특별시장·광역시장·도지사가 두는 건축위원회의 심의를 거쳐야 한다.
④ 특별건축구역에서는 「문화예술진흥법」에 따른 건축물에 대한 미술작품의 설치 관련 규정을 개별 건축물마다 적용하지 아니하고 특별건축구역 전부 또는 일부를 대상으로 통합하여 적용할 수 있다.
⑤ 특별건축구역을 지정하는 경우 「국토의 계획 및 이용에 관한 법률」에 따른 용도지역의 지정이 있는 것으로 본다.

정답 109. ⑤   110. ④

해설 **특별건축구역**
① 「도시 및 주거환경정비법」에 따른 정비구역은 특별건축구역으로 지정해야 할 필요가 있는 지역이다.
② 개발제한구역은 건축이 제한되는 지역이므로 특별건축구역으로 지정할 필요가 없다.
③ 특별시장·광역시장·도지사는 지정신청을 받은 날부터 30일 이내에 특별시장·광역시장·도지사가 두는 건축위원회의 심의를 거쳐야 한다.
⑤ 특별건축구역의 지정에 의해 의제되는 도시·군관리계획결정은 용도지역·지구·구역의 지정 및 변경에 관한 도시·군관리계획결정을 제외한 도시·군관리계획결정이다.

111 다음은 시·도지사가 특별건축구역으로 지정할 수 있는 지역이다. 틀린 것은?

① 도시개발구역 ② 정비구역 ③ 재정비촉진구역
④ 택지개발사업구역 ⑤ 자연공원

해설 **특별건축구역**
특별건축구역 안에서는 건축에 관한 규제가 완화되는데, 자연공원은 건축에 관한 규제가 강화되어야 하는 지역이므로 특별건축구역으로 지정하기에 적합하지 않다.

112 다음은 특별건축구역의 지정 및 해제에 관한 설명이다. 틀린 것은?

① 특별건축구역은 국토교통부장관 또는 시·도지사가 필요한 경우 직권으로 지정할 수 있다.
② 국토교통부장관은 지정신청이 접수된 경우에는 지정신청을 받은 날부터 30일 이내에 중앙건축위원회의 심의를 거쳐야 한다.
③ 국토교통부장관 또는 시·도지사는 특별건축구역을 지정하거나 변경·해제하는 경우에는 주요 내용을 관보(시·도지사는 공보)에 고시해야 한다.
④ 특별건축구역을 지정한 경우에는 도시·군관리계획결정(용도지역·용도지구 및 용도구역의 지정 및 변경은 제외)이 있은 것으로 본다.
⑤ 특별건축구역을 지정한 날부터 3년 이내에 지정목적에 부합하는 건축물의 착공이 이루어지지 않는 경우에는 지정을 해제할 수 있다.

해설 **특별건축구역의 지정 및 해제**
국토교통부장관 또는 시·도지사는 특별건축구역을 지정한 날부터 5년 이내에 지정목적에 부합하는 건축물의 착공이 이루어지지 않는 경우에는 지정을 해제할 수 있다.

정답 111. ⑤ 112. ⑤

113 건축법령상 건축협정을 체결할 수 있는 지역 또는 구역에 해당하지 않는 것은?

① 「국토의 계획 및 이용에 관한 법률」에 따라 지정된 지구단위계획구역
② 「도시 및 주거환경정비법」에 따른 주거환경개선사업을 시행하기 위하여 지정·고시된 정비구역
③ 「도시재정비 촉진을 위한 특별법」에 따른 존치지역
④ 「도시재생 활성화 및 지원에 관한 특별법」에 따른 도시재생활성화지역
⑤ 「건축법」에 따라 국토교통부장관이 도시 및 주거환경개선이 필요하다고 인정하여 지정하는 구역

해설 건축협정
시·도지사 또는 시장·군수·구청장(건축협정인가권자)이 도시 및 주거환경개선이 필요하다고 인정하여 해당 지방자치단체의 조례로 정하는 구역에 건축협정을 체결할 수 있다.

114 건축법령상 건축협정에 관한 설명으로 옳은 것은?(단, 조례는 고려하지 않음) **31회 출제**

① 해당 지역의 토지 또는 건축물의 소유자 전원이 합의하면 지상권자가 반대하는 경우에도 건축협정을 체결할 수 있다.
② 건축협정 체결 대상 토지가 둘 이상의 시·군·구에 걸치는 경우에는 관할 시·도지사에게 건축협정의 인가를 받아야 한다.
③ 협정체결자는 인가받은 건축협정을 변경하려면 협정체결자 과반수의 동의를 받아 건축협정인가권자에게 신고하여야 한다.
④ 건축협정을 폐지하려면 협정체결자 전원의 동의를 받아 건축협정인가권자의 인가를 받아야 한다.
⑤ 건축협정에서 달리 정하지 않는 한, 건축협정이 공고된 후에 건축협정구역에 있는 토지에 관한 권리를 협정체결자로부터 이전받은 자도 건축협정에 따라야 한다.

해설 건축협정
① 해당 지역의 토지 또는 건축물의 소유자, 지상권자 등은 전원의 합의로 건축협정을 체결할 수 있다.
② 건축협정 체결 대상 토지가 둘 이상의 특별자치시 또는 시·군·구에 걸치는 경우 건축협정체결대상 토지면적의 과반이 속하는 건축협정인가권자에게 인가를 받아야 한다.
③ 협정체결자는 인가받은 건축협정을 변경하려면 변경인가를 받아야 한다.
④ 건축협정을 폐지하려면 협정체결자 과반수의 동의를 받아 건축협정인가권자의 인가를 받아야 한다.

정답   113. ⑤   114. ⑤

115 다음은 시장·군수 또는 구청장이 건축허가를 취소하거나 건축물을 해체할 수 있는 경우이다. 틀린 것은?

① 「건축법」에 위반해서 건축물을 건축하거나 대수선한 때
② 국가안전보장상 현저히 유해한 때
③ 기존 건축물이 접도의무에 위반되어 공익상 현저히 유해한 때
④ 경관지구 안의 건축물이 도시미관이나 주거환경상 현저히 장애가 되는 때
⑤ 허가받은 날부터 2년 이내에 공사에 착수하지 않은 때

해설 건축허가의 취소 등
특별자치시장·특별자치도지사 또는 시장·군수·구청장은 경관지구 안의 건축물로서 도시미관이나 주거환경상 현저히 장애가 된다고 인정하면 건축위원회의 의견을 들어 개축 또는 수선을 하게 할 수 있다.

116 다음은 건축분쟁전문위원회에 대한 설명이다. 틀린 것은?

① 건축등과 관련된 분쟁(건설산업기본법에 따른 조정의 대상이 되는 분쟁은 제외)의 조정 및 재정을 하기 위하여 국토교통부에 건축분쟁전문위원회를 둔다.
② 건축분쟁전문위원회는 건축관계자와 인근주민 간의 분쟁, 건축관계자 간의 분쟁 등을 조정한다.
③ 건축분쟁전문위원회는 당사자의 조정신청을 받으면 60일 이내에, 재정신청을 받으면 120일 이내에 절차를 마쳐야 한다.
④ 건축분쟁전문위원회는 각각 위원장과 부위원장 각 1명을 포함한 10명 이내의 위원으로 구성한다.
⑤ 조정안을 제시받은 당사자는 제시를 받은 날부터 15일 이내에 수락 여부를 조정위원회에 알려야 한다.

해설 건축분쟁전문위원회
위원장과 부위원장 각 1명을 포함한 15명 이내의 위원으로 구성한다.

정답 115. ④ 116. ④

제4장 건축법(기본)

117 건축법령상 건축등과 관련된 분쟁으로서 건축분쟁전문위원회의 조정 및 재정의 대상이 되지 않는 것은? (단, 「건설산업기본법」 제69조에 따른 조정의 대상이 되는 분쟁은 제외함)

28회 출제

① 공사시공자와 해당 건축물의 건축으로 피해를 입은 인근주민 간의 분쟁
② 관계전문기술자와 해당 건축물의 건축으로 피해를 입은 인근주민 간의 분쟁
③ 해당 건축물의 건축으로 피해를 입은 인근주민 간의 분쟁
④ 건축허가권자와 건축허가신청자 간의 분쟁
⑤ 건축주와 공사감리자 간의 분쟁

해설 건축분쟁전문위원회
'건축허가권자'와 '건축허가신청자' 간의 분쟁은 건축분쟁전문위원회의 조정 및 재정의 대상이 되지 않는다.

118 건축법령상 건축분쟁전문위원회에 대한 설명 중 틀린 것은?

17회 출제

① 건축관계자와 당해 건축물의 건축 등으로 인해 피해를 입은 인근주민간의 분쟁의 조정 및 재정은 건축분쟁전문위원회의 소관사항이다.
② 조정신청은 당해 사건의 당사자 중 1명 이상이 하며, 재정신청은 당사자 간에 합의로 한다.
③ 조정은 3명의 위원으로 구성되는 조정위원회에서 행하고, 재정은 5명의 위원으로 구성되는 재정위원회에서 행한다.
④ 당사자가 조정안을 수락하고 조정서에 기명날인한 때에는 당사자 간에 재판상의 화해가 성립한 것으로 본다.
⑤ 분쟁의 조정등을 위한 감정·진단·시험 등에 드는 비용은 당사자 간의 합의로 정하는 비율에 따라 당사자가 부담하여야 한다.

해설 건축분쟁전문위원회
당사자가 조정안을 수락하고 조정서에 기명날인한 때에는 당사자간에 조정서와 동일한 내용의 합의가 성립된 것으로 본다.

119 다음 중 가장 처벌이 가벼운 것은?

① 도시지역 안에서 무허가건축을 한 경우
② 착공신고를 하지 않은 경우
③ 조경의무를 위반한 경우
④ 가설건축물축조신고를 하지 않은 경우
⑤ 해체신고를 하지 않은 경우

해설 벌칙
해체신고를 하지 않은 경우에는 과태료에 처해진다. 나머지 경우에는 형사처벌을 받게 된다.

정답 117. ④ 118. ④ 119. ⑤

응용 출제예상문제

01 다음은 건축물의 대지에 관한 설명이다. 올바른 것은?
① 하나의 대지는 하나의 필지로 된 토지여야만 한다.
② 지목이 서로 다른 토지는 하나의 대지가 될 수 없다.
③ 등기된 토지와 등기되지 않은 토지는 하나의 대지가 될 수 없다.
④ 소유자가 서로 다른 토지에는 하나의 건축물을 건축할 수 없다.
⑤ 「주택법」에 의한 주택단지는 하나의 대지로 본다.

> **해설** 건축물의 대지
> ① 하나의 필지의 일부나 수개의 필지도 하나의 대지가 될 수 있다.
> ② 지목이 서로 다른 토지는 하나의 대지가 될 수 있다.
> ③ 등기된 토지와 등기되지 않은 토지도 하나의 대지가 될 수 있다.
> ④ 사용에 관한 권리를 설정받으면 소유자가 서로 다른 토지에도 하나의 건축물을 건축할 수 있다.
> ⑤ 「주택법」에 의한 사업계획승인을 받아 주택과 그 부대시설 및 복리시설을 건축하는 일단의 토지(주택단지)는 하나의 대지로 본다.

02 다음은 수개의 필지를 하나의 대지로 보는 경우이다. 틀린 것은?
① 1필지의 토지로서는 분할제한면적에 미달될 때
② 하나의 건축물을 2 이상의 필지에 걸쳐 건축할 때
③ 도로의 지하에 건축물을 건축할 때
④ 「공간정보의 구축 및 관리 등에 관한 법률」상 합병이 불가능할 때
⑤ 「국토의 계획 및 이용에 관한 법률」상 도시·군계획시설에 해당하는 건축물을 건축할 경우

> **해설** 수개의 필지를 하나의 대지로 보는 경우
> 1필지의 토지가 대지면적의 최소한도에 미달된다고 해서 수개의 필지를 하나의 대지로 볼 수는 없다.

03 다음은 필지의 일부를 하나의 대지로 보는 경우이다. 틀린 것은?
① 1 이상의 필지의 일부에 대해 도시·군계획시설이 결정·고시되어 있는 경우
② 1 이상의 필지의 일부에 대해 「농지법」에 의한 농지전용허가를 받은 경우
③ 1 이상의 필지의 일부에 대해 「산지관리법」에 의한 산지전용허가를 받은 경우
④ 건축물이 1 이상의 필지의 일부에 치우쳐 있는 경우
⑤ 사용승인신청시까지 분필할 것을 조건으로 건축허가를 하는 경우 그 분필대상이 되는 토지

정답 01. ⑤ 02. ① 03. ④

제4장 건축법(응용)

> **해설** 하나의 대지로 보는 경우
> ①, ②, ③, ⑤의 경우에는 도시·군계획시설결정이 있거나 허가를 받은 부분을 하나의 대지로 본다.

04 다음은 건축법령상 공동주택의 정의에 관한 설명이다. 틀린 것은?
★★
① 아파트는 주택으로 쓰이는 1개 동의 바닥면적 합계가 660㎡를 초과하고, 층수가 5개층 이상인 주택을 말한다.
② 연립주택은 주택으로 쓰이는 1개 동의 바닥면적 합계가 660㎡를 초과하고, 층수가 4개층 이하인 주택을 말한다.
③ 다세대주택은 주택으로 쓰이는 1개 동의 바닥면적 합계가 660㎡ 이하이고, 층수가 4개층 이하인 주택을 말한다.
④ 일반기숙사 : 학교 또는 공장 등의 학생 또는 종업원 등을 위하여 사용하는 것으로서 해당 기숙사의 공동취사시설 이용 세대 수가 전체 세대 수의 50% 이상인 것(「교육기본법」에 따른 학생복지주택을 포함한다)
⑤ 아파트·연립주택의 층수를 산정함에 있어서는 1층 전부를 필로티구조로 해서 주차장으로 사용하는 경우 그 부분은 주택의 층수에서 제외한다.

> **해설** 공동주택의 정의
> 아파트는 주택으로 쓰이는 층수가 5개층 이상인 주택을 말하며, 그 규모는 따지지 않는다.

05 건축법령상 다음과 같은 조건의 건축물은 어디에 속하는가? **14회 출제**
★★
- 지하 1층 : 주차장으로 사용
- 1층 : 필로티구조로서 전부를 주차장으로 사용
- 2층, 3층, 4층, 5층 : 주택으로 사용(다만, 각층 바닥면적은 각각 200㎡며 세대수는 18세대임)

① 다중주택 ② 다가구주택 ③ 다세대주택 ④ 연립주택 ⑤ 아파트

> **해설** 연립주택
> 1층 전체가 필로티구조로 주차장으로 사용되는 경우 1층은 층수에 산입되지 않는다. 따라서 설문의 경우에는 주택용으로 사용되는 층수가 4층이고, 그 바닥면적 합계가 660㎡를 초과하므로 연립주택에 해당된다.

정답 04. ① 05. ④

부동산공법

06 다음은 「건축법」상의 용도구분이다. 틀린 것은?
① 제2종 근린생활시설 : 휴게음식점
② 제1종 근린생활시설 : 바닥면적의 합계가 300m² 미만인 동물병원
③ 문화 및 집회시설 : 동·식물원
④ 숙박시설 : 바닥면적의 합계가 500m² 이상인 다중생활시설
⑤ 방송통신시설 : 촬영소

> **해설** 「건축법」상의 용도구분
> 바닥면적의 합계가 300m² 미만인 휴게음식점은 제1종 근린생활시설이고, 바닥면적의 합계가 300m² 이상인 휴게음식점은 제2종 근린생활시설이다.

07 다음은 「건축법」상의 용도구분이다. 틀린 것은?
① 제2종 근린생활시설 : 바닥면적의 합계가 500m² 미만인 다중생활시설
② 제1종 근린생활시설 : 바닥면적의 합계가 30m² 미만인 금융업소
③ 제2종 근린생활시설 : 의원, 한의원 및 안마원
④ 창고시설 : 하역장
⑤ 운수시설 : 여객자동차터미널

> **해설** 「건축법」상의 용도구분
> 의원, 한의원 및 안마원은 제1종 근린생활시설이다.

08 다음은 「건축법」상의 용도구분이다. 틀린 것은?
① 공동주택 : 아파트, 연립주택, 다세대주택, 기숙사
② 판매시설 : 도매시장, 소매시장, 상점
③ 종교시설 : 종교시설 및 이에 설치하는 봉안당
④ 자원순환 관련 시설 : 하수 등 처리시설, 폐기물처분시설, 고물상, 폐기물재활용시설
⑤ 관광휴게시설 : 관광호텔, 수상관광호텔, 한국전통호텔, 가족호텔, 휴양콘도미니엄

> **해설** 「건축법」상의 용도구분
> ⑤ 숙박시설이다.

정답   06. ①   07. ③   08. ⑤

09 건축법령상 건축물의 종류와 그 용도분류가 잘못 연결된 것은? [17회 출제]

① 무도학원 – 위락시설
② 주유소 – 위험물저장 및 처리시설
③ 야외극장 – 문화 및 집회시설
④ 마을회관 – 제1종 근린생활시설
⑤ 안마시술소 – 제2종 근린생활시설

해설 건축물의 종류와 용도분류
야외극장은 관광휴게시설에 해당된다.

10 「건축법 시행령」에서 사용하는 용어의 정의 중 "증축"을 바르게 표현한 것은? [13회 개작]

① 건축물을 그 주요구조부를 해체하지 않고 동일한 대지 안의 다른 위치로 옮기는 것
② 건축물이 없는 대지에 새로이 건축물을 축조하는 것
③ 건축물이 천재·지변 기타 재해에 의해 멸실된 경우에 그 대지 안에 연면적 합계, 동수, 층수 및 높이가 종전과 동일한 규모의 범위 안에서 다시 축조하는 것
④ 기존 건축물이 있는 대지 안에서 건축물의 건축면적·연면적·층수 또는 높이를 증가시키는 것
⑤ 기존 건축물의 전부 또는 일부를 해체하고 그 대지 안에 종전과 동일한 규모의 범위 안에서 건축물을 다시 축조하는 것

해설 용어의 정의
① 이전, ② 신축, ③ 재축, ⑤ 개축

11 다음은 「건축법」상의 대수선에 관한 설명이다. 틀린 것은? [11회 출제]

① 대수선은 건축물의 주요구조부에 대한 수선·변경이거나 외부형태의 변경 중 대통령령이 정하는 것에 한한다.
② 피난계단을 수선 또는 변경하는 것은 대수선이다.
③ 벽면적을 30m² 이상 해체해서 수선 또는 변경하는 것은 대수선이다.
④ 방화구획을 위한 바닥을 해체하거나 수선 또는 변경하는 것은 대수선이다.
⑤ 지붕틀을 3개 이상 수선 또는 변경하는 것은 대수선이다.

해설 대수선
일반적으로 벽을 해체해서 수선 또는 변경하는 것은 그 면적에 관계없이 대수선에 해당하지 않는다. 다만, 방화벽 또는 방화구획을 위한 벽을 해체 증설하거나 수선 또는 변경하는 경우와 내력벽을 벽면적 30m² 이상 수선 또는 변경하는 것은 대수선에 해당된다.

정답 09. ③ 10. ④ 11. ③

12 건축행위와 관련된 설명 중 옳은 것은?

① 건축면적 30m²의 부속건축물이 있는 대지에 새로이 건축면적 100m²의 주택을 축조한 행위는 증축에 해당한다.
② 건축면적 100m²인 주택을 해체하고 건축면적 150m²인 주택을 새로이 축조한 행위는 신축에 해당한다.
③ 기존 건축물의 높이를 높인 행위는 대수선에 해당된다.
④ 건축물이 천재지변에 의해 완전히 멸실된 경우 연면적 합계, 동수, 층수 및 높이가 종전의 규모로 다시 축조한 행위는 개축에 해당한다.
⑤ 건축물의 주요구조부를 해체하지 않고 다른 대지로 위치를 옮긴 행위는 이전에 해당된다.

해설 건축행위
① 신축에 해당한다.   ③ 증축에 해당한다.
④ 재축에 해당한다.   ⑤ "다른 대지로"가 아닌 "동일한 대지 안에서"여야 한다.

13 건축법령상 용어에 관한 설명으로 옳은 것은? `20회 개작`

① 기둥 4개를 해체하고 다시 축조하여 건축물의 높이를 늘리는 것은 재축이다.
② 지붕틀 3개를 증설하여 건축물의 연면적을 넓히는 것은 대수선이다.
③ 건축물의 기능향상을 위해 기존건축물이 있는 대지에 건축물의 연면적과 건축면적 및 층수를 늘리는 것은 개축이다.
④ 건축물의 외벽에 사용하는 마감재료의 벽면적을 30m² 이상 변경하는 것은 증축이다.
⑤ 건축물의 특별피난계단을 수선하는 것은 대수선이다.

해설 건축법령상 용어의 뜻
① 재축이란 건축물이 천재지변이나 그 밖의 재해(災害)로 멸실된 경우 그 대지에 다음의 요건을 모두 갖추어 다시 축조하는 것을 말한다.
  1) 연면적 합계는 종전 규모 이하로 할 것
  2) 동(棟)수, 층수 및 높이는 다음의 어느 하나에 해당할 것
    ㉠ 동수, 층수 및 높이가 모두 종전 규모 이하일 것
    ㉡ 동수, 층수 또는 높이의 어느 하나가 종전 규모를 초과하는 경우에는 해당 동수, 층수 및 높이가 법령등에 모두 적합할 것
② 증축이란 기존 건축물이 있는 대지에서 건축물의 건축면적, 연면적, 층수 또는 높이를 늘리는 것을 말한다. 즉 건축물의 연면적을 넓히는 것은 증축이다.
③ 건축물의 기능향상을 위해 기존건축물이 있는 대지에 건축물의 연면적과 건축면적 및 층수를 늘리는 것은 증축이다.
④ 건축물의 외벽에 사용하는 마감재료를 증설 또는 해체하거나 벽면적 30m² 이상 수선 또는 변경하는 것은 대수선이다.

정답 12. ② 13. ⑤

14 건축법령상 용어의 정의에 관한 설명으로 옳은 것은?
① 건축이란 건축물을 신축·증축·재축하는 것을 말하며, 건축물을 이전하는 것은 건축에 해당하지 않는다.
② 건축물의 기능향상을 위하여 일부 증축하는 행위는 리모델링에 해당하나, 동일한 목적을 위한 대수선은 리모델링이 아니다.
③ 현장 관리인을 두어 스스로 건축설비의 설치 공사를 하는 자는 건축주가 아니다.
④ 층수가 30층 미만이고 높이가 120m 이상인 건축물은 고층건축물에 해당한다.
⑤ 기둥, 최하층 바닥, 보, 차양, 옥외 계단은 건축물의 주요구조부에 해당하지 않는다.

> **해설** 용어의 정의
> ① 건축이란 건축물을 신축·증축·개축·재축하거나 건축물을 이전하는 것을 말한다.
> ② 리모델링이란 건축물의 노후화를 억제하거나 기능 향상 등을 위하여 대수선하거나 건축물의 일부를 증축 또는 개축하는 행위를 말한다.
> ③ 건축주란 건축물의 건축·대수선·용도변경, 건축설비의 설치 또는 공작물의 축조에 관한 공사를 발주하거나 현장 관리인을 두어 스스로 그 공사를 하는 자를 말한다.
> ⑤ 주요구조부란 내력벽(耐力壁), 기둥, 바닥, 보, 지붕틀 및 주계단을 말한다.

15 다음은 「건축법」에 관한 설명이다. 틀린 것은? 〔15회 추가〕
① 「건축법」은 「문화유산의 보존 및 활용에 관한 법률」에 따른 지정문화유산이나 임시지정문화유산 인 건축물에는 적용되지 않는다.
② 「건축법」은 도시지역이 아닌 지역에도 적용된다.
③ 「건축법」에서는 용도변경을 건축물의 건축으로 본다.
④ 위반건축물에 대해서는 허가·승인을 취소하거나 공사의 중지를 명할 수 있다.
⑤ 건축법령에 위반한 건축물에 대해서는 영업불허를 요청할 수 있다.

> **해설** 「건축법」 일반
> 용도변경은 건축에 포함되는 개념이 아니라 건축과는 별개의 개념이다.

16 다음은 건축법령상 리모델링하는 건축물에 대해 건축기준을 완화적용하는 경우에 관한 설명이다. 틀린 것은?
① 사용승인을 받은 후 15년 이상 경과되어야 한다.
② 연면적의 증가는 기존 건축물의 연면적의 합계의 5/100 이내여야 한다.
③ 완화적용할 수 있는 건축기준은 조경의무, 공개공지, 건축선, 건폐율, 용적률, 높이제한 등이다.
④ 리모델링은 원칙적으로 건축물의 층수를 증가시키지 않아야 한다.
⑤ 공동주택의 리모델링은 복리시설을 분양하기 위한 것이 아니어야 한다.

정답 14. ④ 15. ③ 16. ②

해설 건축물에 대해 건축기준을 완화적용하는 경우
연면적의 증가는 건축위원회의 심의에서 정한다. 이 경우 공동주택을 제외하고는 기존건축물의 연면적의 합계의 1/10 이내로 정해야 한다.

17 다음은 일부 건축기준을 완화적용할 수 있는 경우이다. 틀린 것은?

① 지방자치단체가 도시·군계획 도로부지에 대한 매수청구에 불응함에 따라 토지소유자가 도로예정지 안에 건축물을 건축하는 경우에는 도로의 지정, 건축선 등의 기준이 적용되지 않는다.
② 지구단위계획구역 안에 건축물을 건축하는 경우에는 대지와 도로와의 관계, 건축선, 분할제한 등의 기준이 적용되지 않는다.
③ 공동주택을 리모델링하기에 적합한 구조로 해서 건축하는 경우에는 용적률, 높이제한 등의 기준을 완화적용할 수 있다.
④ 대지 또는 건축물에 공개공지 또는 공개공간을 설치하는 경우에는 용적률, 높이제한 등의 기준을 완화적용할 수 있다.
⑤ 특별건축구역 안에 건축물을 건축하는 경우에는 조경의무, 건폐율, 대지 안의 공지, 높이제한 등의 기준을 완화적용할 수 있다.

해설 건축기준을 완화적용할 수 있는 경우
지구단위계획구역에 대해서는 건축법의 모든 규정이 적용된다.

18 「건축법」은 그 적용이 배제되거나 완화되는 경우가 있다. 틀린 것은? `15회 추가`

① 「문화유산의 보존 및 활용에 관한 법률」에 의한 지정문화유산에는 적용되지 않으나 임시지정문화유산에는 적용된다.
② 철도 또는 궤도의 선로부지 안에 있는 운전보안시설 등 일정한 시설에는 적용되지 않는다.
③ 「국토의 계획 및 이용에 관한 법률」상의 일정 지역에 대해서는 「건축법」의 일부가 적용되지 않는다.
④ 건축주·설계자 등 건축관계자는 「건축법」의 적용이 매우 불합리하다고 인정되는 대지 또는 건축물로서 대통령령으로 정하는 것에 대해서는 「건축법」의 기준의 완화적용을 요청할 수 있다.
⑤ 위 ④의 완화요청 및 결정절차 그 밖에 필요한 사항은 그 지방자치단체의 조례로 정한다.

정답   17. ②   18. ①

해설 「건축법」의 적용배제·완화
「문화유산의 보존 및 활용에 관한 법률」에 따른 지정문화유산이나 임시지정문화유산 또는 「자연유산의 보존 및 활용에 관한 법률」에 따라 지정된 천연기념물등이나 임시지정천연기념물, 임시지정명승, 임시지정시·도자연유산, 임시자연유산자료인 건축물에 대해서도 「건축법」이 적용되지 않는다.

20회 출제

19 건축물의 바닥이 지표면 아래에 있는 층으로서 건축법령상 지하층에 해당하지 않는 것은?

① 해당 층의 높이가 3m인 경우 바닥에서 지표면까지 평균 높이가 2m 이상인 것
② 해당 층의 높이가 4m인 경우 바닥에서 지표면까지 평균 높이가 2m 미만인 것
③ 해당 층의 높이가 4m인 경우 바닥에서 지표면까지 최저 높이가 2m인 것
④ 해당 층의 높이가 3m인 경우 바닥에서 지표면까지 최저 높이가 2m인 것
⑤ 해당 층의 높이가 3m인 경우 바닥에서 지표면까지 평균 높이가 1.5m 이상인 것

해설 지하층의 뜻
지하층이란 건축물의 바닥이 지표면 아래에 있는 층으로서 바닥에서 지표면까지 평균높이가 해당 층 높이의 1/2 이상인 것을 말한다.

20 다음은 「건축법」상의 면적과 높이의 산정방법에 관한 설명이다. 틀린 것은?
★★

① 대지면적은 대지의 수평투영면적으로 한다.
② 건축면적은 건축물의 1층 부분의 외벽의 중심선으로 둘러싸인 부분의 수평투영면적으로 한다.
③ 바닥면적은 건축물의 각 층의 벽·기둥 그 밖에 이와 비슷한 구획의 중심선으로 둘러싸인 부분의 수평투영면적으로 한다.
④ 연면적은 하나의 건축물의 각 층의 바닥면적의 합계로 한다.
⑤ 연면적의 합계는 여러 동의 건축물이 있는 경우 각 동의 연면적의 합계로 한다.

해설 면적과 높이의 산정
건축면적은 건축물의 외벽의 중심선으로 둘러싸인 부분의 수평투영면적을 말한다.

정답 19. ② 20. ②

부동산공법

21 건축법령상 건축물의 면적·높이 및 층수산정에 관한 설명으로 옳지 <u>않은</u> 것은?

① 건축면적은 원칙적으로 건축물의 외벽의 중심선으로 둘러싸인 부분의 수평투영면적으로 한다.
② 벽·기둥의 구획이 없는 건축물은 그 지붕 끝부분으로부터 수평거리 1m를 후퇴한 선으로 둘러싸인 수평투영면적을 바닥면적으로 한다.
③ 지하층은 건축물의 층수에 산입하지 아니하고, 건축물이 부분에 따라 그 층수가 다른 경우에는 평균 층수를 그 건축물의 층수로 본다.
④ 지하층의 지표면은 각 층의 주위가 접하는 각 지표면 부분의 높이를 그 지표면 부분의 수평거리에 따라 가중평균한 높이의 수평면을 지표면으로 산정한다.
⑤ 주택법령상 사업계획승인 대상인 공동주택 중 세대별 전용면적이 85m² 이하인 공동주택에서 승강기탑, 계단탑, 망루, 장식탑, 옥탑, 그 밖에 이와 비슷한 건축물의 옥상 부분으로서 그 수평투영면적의 합계가 해당 건축물 건축면적의 6분의 1 이하인 것은 건축물의 층수에 산입하지 아니한다.

> **해설** 면적·높이 및 층수산정
> 건축물이 부분에 따라 그 층수가 다른 경우에는 그 중 가장 많은 층수를 그 건축물의 층수로 본다.

22 ★ 다음 중 대지면적을 산정할 때에 제외되지 <u>않는</u> 부분은?

① 미개설된 도시·군계획예정도로 부분
② 도시공원으로 지정된 부분
③ 특별자치시장·특별자치도지사나 시장·군수 또는 구청장이 시가화정비를 위해 지정한 건축선과 도로경계선 사이의 부분
④ 도로모퉁이의 가각전제방식(街角剪除方式)에 의한 건축선과 도로경계선 사이의 부분
⑤ 소요너비가 미달되는 도로의 경계선과 건축선 사이의 부분

> **해설** 대지면적의 산정
> 특별자치시장·특별자치도지사나 시장·군수 또는 구청장이 지정한 건축선과 도로경계선 사이의 부분은 건축은 제한되지만 대지면적에는 산입된다.

정답 21. ③ 22. ③

23 건축법령상 건폐율 및 용적률에 관한 설명으로 옳은 것은?

① 건폐율은 대지면적에 대한 건축물의 바닥면적의 비율이다.
② 용적률을 산정할 경우 연면적에는 지하층의 면적은 포함되지 않는다.
③ 「건축법」의 규정을 통하여 「국토의 계획 및 이용에 관한 법률」상 건폐율의 최대한도를 강화하여 적용할 수 있으나, 이를 완화하여 적용할 수는 없다.
④ 하나의 대지에 건축물이 둘 이상 있는 경우 용적률의 제한은 건축물별로 각각 적용한다.
⑤ 도시지역에서 건축물이 있는 대지를 분할하는 경우에는 건폐율 기준에 못 미치게 분할하는 것도 가능하다.

해설 건폐율 및 용적률
① 건폐율은 대지면적에 대한 건축면적의 비율이다.
③ 「건축법」의 규정을 통하여 「국토의 계획 및 이용에 관한 법률」상 건폐율의 최대한도를 강화하여 적용할 수 있고, 이를 완화하여 적용할 수 있다.
④ 하나의 대지에 건축물이 둘 이상 있는 경우 용적률의 제한은 건축물을 합하여 적용한다.
⑤ 도시지역에서 건축물이 있는 대지를 분할하는 경우에는 건폐율 기준에 못 미치게 분할할 수 없다.

24 건축법령상 다음과 같은 조건의 건축물의 용적률은 얼마인가?

- 대지면적 : 2,000m²
- 지하 2층 : 주차장으로 사용, 1,400m²
- 지하 1층 : 제1종 근린생활시설로 사용, 1,000m²
- 지상 1층 : 필로티구조 내 전부를 본 건축물의 부속용도인 주차장으로 사용, 800m²
- 지상 2, 3, 4, 5, 6, 7층 : 업무시설로 사용, 각 층 800m²

① 240% ② 280% ③ 290% ④ 330% ⑤ 400%

해설 건축물의 용적률
- 필로티의 면적은 바닥면적에 산입하지 않으므로 1층의 면적은 연면적에서 제외된다. 그리고 용적률을 산정할 때에는 지하층의 면적은 연면적에 산입하지 않는다. 따라서 용적률에 산정되는 연면적은 업무시설인 2층 내지 7층의 바닥면적(4,800m²)이다.
- 대지면적이 2,000m²이므로 용적률은 $\frac{4,800}{2,000} \times 100 = 240\%$이다.

정답 23. ② 24. ①

25

건축법령상 건폐율, 용적률 및 높이제한에 관한 틀린 설명만을 고른 것은?

> ㉠ 건폐율은 대지면적에 대한 건축면적의 비율이다.
> ㉡ 용적률은 대지면적에 대한 연면적의 비율이다.
> ㉢ 건폐율·용적률의 최대한도는 「국토의 계획 및 이용에 관한 법률」에 따르되, 「건축법」이 그 기준을 완화 또는 강화해서 적용하도록 규정한 경우에는 그에 의한다.
> ㉣ 건축물의 높이제한은 법률과 시행령으로 정해지므로, 조례로 정할 수는 없다.
> ㉤ 240%의 용적률과 60%의 건폐율 최대한도를 적용받는다면, 4층을 초과하는 건축물을 건축할 수 없다.

① ㉠, ㉢ ② ㉡, ㉢ ③ ㉢, ㉣ ④ ㉣, ㉤ ⑤ ㉢, ㉤

해설 건폐율, 용적률 및 높이제한

㉣ 건축물의 높이제한이 조례로 정해지는 경우가 많다. 예컨대, 특별시장 또는 광역시장이 가로구역별 높이제한을 조례로 정하는 경우, 대지가 2 이상의 도로·공원 등에 접하는 경우, 건축물의 높이를 조례로 정하는 경우, 일조권확보를 위한 높이제한을 조례로 정하는 경우, 건폐율 및 용적률을 조례로 정하는 경우 등이 있다.

㉤ 건축면적을 대지면적의 60%로 하고 각 층의 바닥면적을 같게 하면 건축물의 층수는 4층으로 제한되지만, 각 층의 바닥면적을 건축면적보다 적게 하면 건축물의 층수는 4층보다 많게 건축할 수 있다.

26

건축법령상 대지면적이 160m²인 대지에 건축되어 있고, 각 층의 바닥면적이 동일한 지하 1층·지상 3층인 하나의 평지붕 건축물로서 용적률이 150퍼센트라고 할 때, 이 건축물의 바닥면적은 얼마인가? (단, 제시된 조건 이외의 다른 조건이나 제한은 고려하지 아니함)

25회 출제

① 60m² ② 70m² ③ 80m² ④ 100m² ⑤ 120m²

해설 바닥면적의 산정

용적률이란 대지면적에 대한 연면적의 비율을 말한다. 연면적은 하나의 건축물 각 층의 바닥면적의 합계로 하되, 용적률을 산정할 때에는 지하층의 면적, 지상층의 부속용도인 주차용으로 쓰는 면적, 초고층 건축물과 준초고층 건축물에 설치하는 피난안전구역의 면적 및 건축물의 경사지붕 아래에 설치하는 대피공간의 면적은 제외한다. 이 문제의 경우 용적률산정에 포함된 연면적은 지상 3층의 바닥면적의 합계이다. 대지면적이 160m²이고 용적률이 150%이므로 연면적은 240m²가 된다. 따라서 연면적 240m²를 3층으로 나누면 바닥면적은 80m²가 된다.

정답 25. ④ 26. ③

27. 다음은 「건축법」상의 층수에 관한 설명이다. 틀린 것은?

① 지하층은 층수에 산입한다.
② 승강기탑·계단탑·망루·장식탑·옥탑 그 밖에 이와 비슷한 건축물의 옥상부분으로서 그 수평투영면적의 합계가 건축면적의 일정비율 이상일 때에만 층수에 산입한다.
③ 층의 구분이 불명확한 건축물에서는 높이 4m마다를 하나의 층으로 한다.
④ 건축물의 부분에 따라 층수를 달리하는 경우에는 가장 많은 층수로 한다.
⑤ 승용승강기를 설치하는 것은 건축물의 층수가 6층 이상인 경우이다.

해설 층 수
지하층은 층수에 산입하지 않는다.

28. 아래 〈그림〉의 대지면적은 얼마인가? (도시지역에서 소요너비 4m임)

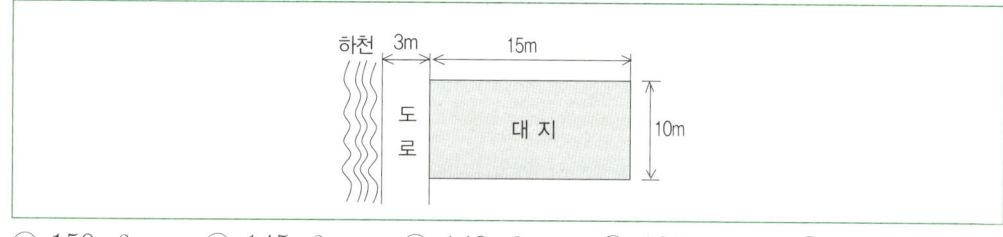

① 150m²   ② 145m²   ③ 140m²   ④ 135m²   ⑤ 130m²

해설 대지면적
건축선과 도로경계선 사이의 부분은 대지면적에서 제외된다. 〈그림〉과 같은 경우에는 하천쪽 도로경계선에서 소요너비(4m)만큼 후퇴한 선이 건축선이 된다.

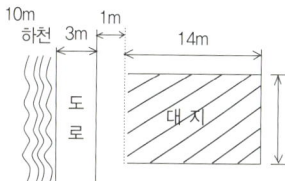

29. 건축법령상 건축물의 면적 및 높이 등의 산정방법 중 틀린 것은 어느 것인가? [13회 출제]

① 반자높이가 1.5m(경사진 형태의 지붕인 경우에는 1.8m) 이하인 다락은 바닥면적에서 제외한다.
② 건축물 중 지표면으로부터 1m 이하에 있는 부분은 건축면적에 산입하지 않는다.
③ 당해 건축물의 부속용도로서 지상층의 주차용으로 사용되는 면적은 용적률 산정에서 제외한다.
④ 공동주택의 지상층에 설치한 기계실의 당해 부분면적은 바닥면적에 산입하지 않는다.
⑤ 건축물의 높이는 지표면으로부터 당해 건축물의 상단까지의 높이로 한다.

정답   27. ①   28. ③   29. ①

해설 건축물의 면적 및 높이 등의 산정방법
① "반자높이"가 아닌 "층고"여야 한다.

30 건축법령상 대지A의 건축선을 고려한 대지면적은? (다만, 도로는 보행과 자동차 통행이 가능한 통과도로로서 법률상 도로이며, 대지A는 도시지역임) **21회 출제**

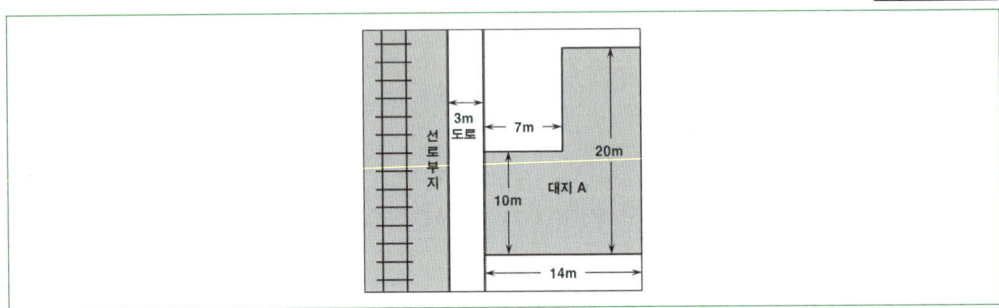

① 170m² ② 180m² ③ 200m² ④ 205m² ⑤ 210m²

해설 **대지면적**
건축선의 지정규정이 적용되는 도시지역, 지구단위계획구역, 동 또는 읍의 지역에서 대지면적 산정시 건축선의 후퇴로 인하여 대지에 건축선이 정하여진 경우 그 건축선과 도로사이의 대지면적은 대지면적산정에서 제외한다. 이 경우 선로부지가 있는 쪽의 도로경계선에서 소요 너비(4m)에 해당하는 수평거리의 선을 건축선으로 한다. 따라서 대지면적은 (13m × 10m) + (7m × 10m) = 200m²이다.

31 건축법령상 다음 건축물의 높이는?

- 건축물의 용도 : 관광숙박시설
- 건축면적 : 560m²
- 층고가 4m인 5층 건축물
- 옥상에 설치된 높이 9m인 장식탑의 수평투영면적 : 90m²

① 20m ② 26m ③ 29m ④ 35m ⑤ 56m

해설 **건축물의 높이**
건축물의 높이의 산정방법은 건축물의 옥상에 설치되는 승강기탑·계단탑·망루·장식탑·옥탑 등으로서 그 수평투영면적의 합계가 당해 건축물의 건축면적의 1/8 이하인 경우로서 그 부분의 높이가 12m를 넘는 경우에는 그 넘는 부분에 한하여 당해 건축물의 높이에 산입한다. 따라서, 20m의 건축물(층고 4m × 5층) + 9m의 장식탑(수평투영면적이 90m²/560m²로 1/8이 초과되어 높이에 산입)은 높이 29m의 건축물이다.

정답 30. ③ 31. ③

제4장 건축법(응용)

32 건축법령상 건축물의 면적, 층수 등의 산정방법에 관한 설명으로 틀린 것은? 〔21회 출제〕

① 건축물의 1층이 차량의 주차에 전용(專用)되는 필로티인 경우 그 면적은 바닥면적에 산입되지 아니한다.
② 층고(層高)가 2m인 다락은 바닥면적에 산입된다.
③ 용적률을 산정할 때에는 초고층 건축물의 피난안전구역의 면적은 연면적에 포함시키지 아니한다.
④ 층의 구분이 명확하지 않은 건축물은 건축물의 높이 4m마다 하나의 층으로 보고 층수를 산정한다.
⑤ 주택의 발코니의 바닥은 전체가 바닥면적에 산입된다.

해설 바닥면적·층수 등의 산정방법

건축물의 노대(露臺)등의 바닥은 난간 등의 설치여부에 관계없이 노대등의 면적에서 노대등이 접한 가장 긴 외벽에 접한 길이에 1.5m를 곱한 값을 뺀 면적을 바닥면적에 산입한다.

33 건축법령상 건축허가의 사전결정에 관한 설명으로 옳은 것은? 〔20회 출제〕

① A도(道) B시(市)에서 30층의 건축물을 건축하려는 자는 건축허가신청 전에 A도지사에게 그 건축물의 건축이 법령에서 허용되는지 여부 등에 대한 사전결정을 신청하여야 한다.
② 허가권자는 사전결정이 신청된 건축물의 건축면적이 「환경영향평가법」에 따른 환경영향평가의 대상인 경우 국토교통부장관과 협의하여야 한다.
③ 사전결정신청자가 사전결정을 통지받은 날부터 2년 이내에 법령에 따른 건축허가를 신청하지 않으면 그 사전결정은 효력을 상실한다.
④ 사전결정을 받은 자는 사전결정된 건축물의 입지, 규모, 용도 등에 관하여 공고하여야 한다.
⑤ 사전결정의 신청자는 그 신청시 건축위원회의 심의와 교통영향평가서의 검토를 동시에 신청할 수 없다.

해설 건축허가의 사전결정

① A도(道) B시(市)에서 30층의 건축물을 건축하려는 자는 건축허가신청 전에 B시장(허가권자)에게 그 건축물의 건축이 법령에서 허용되는지 여부 등에 대한 사전결정을 신청할 수 있다.
② 허가권자는 사전결정이 신청된 건축물의 대지면적이 「환경영향평가법」에 따른 소규모 환경영향평가 대상사업인 경우 환경부장관 또는 지방환경관서의 장과 소규모 환경영향평가에 관한 협의를 해야 한다.
④ 허가권자는 사전결정 신청을 받으면 입지, 건축물의 규모, 용도 등을 사전결정한 후 사전결정 신청자에게 알려야 한다.
⑤ 사전결정의 신청자는 그 신청시 건축위원회의 심의와 교통영향평가서의 검토를 동시에 신청할 수 있다.

정답 32. ⑤ 33. ③

부동산공법

34 건축법령상 건축허가의 사전결정에 관한 설명으로 틀린 것은? **28회 출제**

① 사전결정을 할 수 있는 자는 건축허가권자이다.
② 사전결정 신청사항에는 건축허가를 받기 위하여 신청자가 고려하여야 할 사항이 포함될 수 있다.
③ 사전결정의 통지로써 「국토의 계획 및 이용에 관한 법률」에 따른 개발행위허가가 의제되는 경우 허가권자는 사전결정을 하기에 앞서 관계 행정기관의 장과 협의하여야 한다.
④ 사전결정신청자는 건축위원회심의와 「도시교통정비 촉진법」에 따른 교통영향평가서의 검토를 동시에 신청할 수 있다.
⑤ 사전결정신청자는 사전결정을 통지받은 날부터 2년 이내에 착공신고를 하여야 하며, 이 기간에 착공신고를 하지 아니하면 사전결정의 효력이 상실된다.

해설 건축허가의 사전결정
사전결정신청자는 사전결정을 통지받은 날부터 2년 이내에 건축허가를 신청하여야 하며, 이 기간에 건축허가를 신청하지 아니하면 사전결정의 효력이 상실된다.

35 ★ 다음은 건축허가에 관한 설명이다. 틀린 것은?

① 건축허가는 대물적 허가이다.
② 건축허가는 적법한 신청이 있으면 거부할 수 없다는 의미에서 기속적 행위이다.
③ 건축허가로 별도의 권리나 능력이 새로이 설정되는 것은 아니다.
④ 건축주명의변경의 거부는 성질상 행정소송의 대상이 될 수 없다.
⑤ 허가권자는 허가를 받은 자가 허가를 받은 날부터 2년(공장은 3년) 이내에 공사에 착수하지 아니한 경우 허가를 취소하여야 한다.

해설 건축허가
건축주명의변경신고의 수리를 거부한 것은 행정처분이므로 건축주명의변경행위가 행정소송의 대상이 된다.

정답 34. ⑤ 35. ④

제4장 건축법(응용)

36 다음은 건축허가에 관한 설명이다. 틀린 것은?

① 광역시에서 층수가 21층 이상인 건축물을 건축할 때에는 구청장이 아닌 광역시장의 허가를 받아야 한다.
② 군지역에서 연면적의 합계가 10만㎡ 이상인 건축물을 건축할 때에는 군수가 아닌 도지사의 허가를 받아야 한다.
③ 공장의 건축허가는 규모에 관계없이 특별자치시장·특별자치도지사·시장·군수 또는 구청장이 한다.
④ 시장이 수질보호를 위해 도지사가 지정·공고한 구역에 3층 이상인 위락시설의 건축을 허가할 때에는 미리 도지사의 승인을 받아야 한다.
⑤ 방재지구·자연재해위험개선지구 등 상습적으로 침수되거나 침수가 우려되는 지역에 건축하려는 건축물의 지하층 등 일부 공간을 주거용으로 사용하거나 거실을 설치하는 것이 부적합하다고 인정되는 경우에는 건축위원회의 심의를 거쳐 건축허가를 하지 아니할 수 있다.

> **해설** 건축허가
> ② 군수가 미리 도지사의 승인을 받아 건축허가를 해야 한다.

37 ★★★ 시장 또는 군수는 다음 건축물의 건축을 허가하고자 하는 때에는 미리 도지사의 승인을 받아야 한다. 틀린 것은?

① 층수가 30층인 건축물
② 연면적의 합계가 10만㎡ 이상인 건축물(공장·창고 및 지방건축위원회의 심의를 거친 건축물은 제외)
③ 자연환경 또는 수질보호를 위해 도지사가 지정·공고하는 구역 안에 건축하는 3층 이상의 공동주택 또는 일반업무시설
④ 자연환경 또는 수질보호를 위해 도지사가 지정·공고하는 구역 안에 건축하는 연면적 1,000㎡ 이상의 위락시설 또는 숙박시설
⑤ 주거환경·교육환경 등 주변환경의 보호상 필요하다고 인정해서 도지사가 지정·공고하는 구역 안에 건축하는 일반음식점

> **해설** 도지사의 승인이 필요한 건축허가
> ⑤ 사전승인대상은 위락시설 및 숙박시설에 한한다.

정답 36. ② 37. ⑤

38. 다음은 건축허가의 사전승인에 관한 설명이다. 틀린 것은?

① 사전승인권자는 특별시장·광역시장 또는 도지사이다.
② 층수가 21층 이상인 건축물의 건축은 사전승인대상에 해당된다.
③ 연면적이 10만m² 이상인 건축물의 건축은 사전승인대상에 해당된다.
④ 연면적의 30% 이상의 증축으로 인해 연면적이 10만m² 이상이 되는 경우에는 사전승인 대상에 해당된다.
⑤ 공장·창고 및 지방건축위원회의 심의를 거친 건축물에 대해서는 적용하지 않는다.

해설 건축허가의 사전승인
특별시 및 광역시에는 사전승인제가 적용되지 않는다. 대형건축물에 대해서는 특별시장 또는 광역시장이 직접 허가를 한다.

39. 다음은 「건축법」 제11조 제4항에 의한 건축허가의 거부에 관한 설명이다. 틀린 것은?

① 위락시설 또는 숙박시설을 건축하는 경우와 방재지구·자연재해위험개선지구 등 상습 침수지역에 건축물을 건축하는 경우에 대해 적용된다.
② 건축하고자 하는 건축물의 용도·규모 또는 형태가 주거환경·교육환경 등 주변환경에 부적합해야 한다.
③ 건축위원회의 심의를 거쳐야 한다.
④ 「건축법」 등 관계 법률에 불구하고 건축허가를 거부할 수 있다.
⑤ 「건축법」 등 관계 법률에 의한 기준에 적합함에도 불구하고 건축허가를 거부한 경우에는 적정한 보상을 해야 한다.

해설 건축허가의 거부
「건축법」 제11조 제4항에 의해 건축허가를 거부당한 경우는 보상대상이 아니다.

40. 다음 중 건축허가를 받아야 하는 경우는?

① 지구단위계획구역 안에서 연면적이 200m² 미만이고 3층 미만인 건축물을 신축하는 경우
② 연면적의 합계가 100m²인 건축물을 신축하는 경우
③ 공업지역에서 연면적이 500m² 이하이고 2층 이하인 공장을 신축하는 경우
④ 농림지역에서 연면적이 200m² 미만이고 3층 미만인 건축물을 신축하는 경우
⑤ 바닥면적의 합계가 85m² 이내에서 건축물을 증축하는 경우

해설 건축허가를 받아야 하는 경우
관리지역·농림지역 및 자연환경보전지역 안에서 연면적이 200m² 미만이고 3층 미만인 건축물을 신축하는 경우에는 신고만으로 할 수 있지만, 그 지역이 지구단위계획구역, 방재지구, 붕괴위험지역인 경우에는 허가를 받아야 한다.

정답 38. ① 39. ⑤ 40. ①

제4장 건축법(응용)

41 건축법령상 건축신고를 함으로써 건축허가를 받은 것으로 보는 경우가 <u>아닌</u> 것은?

① 바닥면적의 합계가 건축물 연면적의 1/10 이내인 경우로서 바닥면적의 합계가 85m² 이내인 증축·개축 또는 재축
② 관리지역에서의 연면적이 200m² 미만이고 3층 미만인 건축물의 건축
③ 연면적이 200m² 미만이고 3층 미만인 건축물의 대수선
④ 건축물의 대수선
⑤ 건축물의 높이를 3m 이하의 범위에서 높이는 건축물의 증축

> **해설** 건축신고의 대상
> 건축물의 대수선은 대부분 건축신고의 대상이지만, 대형 건축물은 건축허가를 받아야 하는 대수선도 있다.

42 건축법령상 건축허가에 관한 설명으로 옳은 것은? (단, 공용건축물에 대한 특례 및 조례는 고려하지 않음)

① 연면적의 합계가 10만 제곱미터인 공장을 특별시에 건축하려는 자는 특별시장의 허가를 받아야 한다.
② 허가권자는 숙박시설에 해당하는 건축물의 건축허가신청에 대하여 해당 대지에 건축하려는 규모가 교육환경을 고려할 때 부적합하다고 인정되는 경우에는 건축위원회의 심의를 거쳐 건축허가를 하지 아니할 수 있다.
③ 공동주택의 건축허가를 받은 자가 허가를 받은 날부터 1년 이내에 공사에 착수하지 아니한 경우, 허가권자는 건축허가를 취소하여야 한다.
④ 바닥면적의 합계가 85제곱미터인 단층건물을 신축하려는 자는 건축허가를 받아야 한다.
⑤ 분양을 목적으로 하는 공동주택의 경우, 건축주가 대지를 사용할 수 있는 권원을 확보한 때에는 해당 대지의 소유권을 확보하지 못하였더라도 건축허가를 받을 수 있다.

> **해설** 건축허가
> ① 연면적의 합계가 10만 제곱미터 이상인 건축물을 특별시에 건축하려는 자는 특별시장의 허가를 받아야 하나, 공장 창고 등은 제외된다.
> ③ 공동주택의 건축허가를 받은 자가 허가를 받은 날부터 2년이내에 공사에 착수하지 아니한 경우, 허가권자는 건축허가를 취소하여야 한다.
> ④ 연면적의 합계가 100제곱미터 이하인 건축물의 건축을 하려는 자는 신고를 하면 된다.
> ⑤ 건축주가 대지를 사용할 수 있는 권원을 확보한 때에는 해당 대지의 소유권을 확보하지 못하였더라도 건축허가를 받을 수 있으나, 분양을 목적으로 하는 공동주택의 경우는 제외된다.

정답 41. ④ 42. ②

43. 건축법령상 건축허가 및 건축신고 등에 관한 설명으로 틀린 것은? (단, 조례는 고려하지 않음)

25회 출제

① 바닥면적이 각 80m²인 3층의 건축물을 신축하고자 하는 자는 건축허가의 신청 전에 허가권자에게 그 건축의 허용성에 대한 사전결정을 신청할 수 있다.
② 연면적의 10분의 3을 증축하여 연면적의 합계가 10만 m²가 되는 창고를 광역시에 건축하고자 하는 자는 광역시장의 허가를 받아야 한다.
③ 건축물의 건축허가를 받으면 「국토의 계획 및 이용에 관한 법률」에 따른 개발행위허가를 받은 것으로 본다.
④ 연면적의 합계가 200m²인 건축물의 높이를 2m 증축할 경우 건축신고를 하면 건축허가를 받은 것으로 본다.
⑤ 건축신고를 한 자가 신고일로부터 1년 이내에 공사에 착수하지 아니하면 그 신고의 효력은 없어진다.

해설 건축허가 및 건축신고
층수가 21층 이상이거나 연면적의 합계가 10만m² 이상인 건축물을 건축(연면적의 3/10 이상을 증축하여 층수가 21층 이상으로 되거나 연면적의 합계가 10만m² 이상으로 되는 경우를 포함함) 하려면 특별시장이나 광역시장의 허가를 받아야 한다. 그러나 공장·창고 및 지방건축위원회의 심의를 거친 건축물은 제외한다.

44. 건축법령상 건축신고를 하면 건축허가를 받은 것으로 볼 수 있는 경우에 해당하지 않는 것은?

29회 출제

① 연면적 150m²인 3층 건축물의 피난계단 증설
② 연면적 180m²인 2층 건축물의 대수선
③ 연면적 270m²인 3층 건축물의 방화벽 수선
④ 1층의 바닥면적 50m², 2층의 바닥면적 30m²인 2층 건축물의 신축
⑤ 바닥면적 100m²인 단층 건축물의 신축

해설 건축신고
피난계단 증설은 대수선으로 연면적이 200m² 미만이고 3층 미만인 건축물의 대수선이 신고함으로써 건축허가를 받은 것으로 본다.

정답 43. ② 44. ①

제4장 건축법(응용)

45 건축주 甲은 A도 B시에서 연면적이 100제곱미터이고 2층인 건축물을 대수선하고자 「건축법」제14조에 따른 신고(이하 "건축신고")를 하려고 한다. 건축법령상 이에 관한 설명으로 옳은 것은? (단, 건축법령상 특례 및 조례는 고려하지 않음) **32회 출제**

① 甲이 대수선을 하기 전에 B시장에게 건축신고를 하면 건축허가를 받은 것으로 본다.
② 건축신고를 한 甲이 공사시공자를 변경하려면 B시장에게 허가를 받아야 한다.
③ B시장은 건축신고의 수리 전에 건축물 안전영향평가를 실시하여야 한다.
④ 건축신고를 한 甲이 신고일부터 6개월 이내에 공사에 착수하지 아니하면 그 신고의 효력은 없어진다.
⑤ 건축신고를 한 甲은 건축물의 공사가 끝난 후 사용승인 신청 없이 건축물을 사용할 수 있다.

> **해설** 대수선 등
> ② 건축신고를 한 甲이 공사시공자를 변경하려면 B시장에게 신고를 하여야 한다.
> ③ 안전영향평가 대상이 아니다.
> ④ 건축신고를 한 甲이 신고일부터 1년 이내에 공사에 착수하지 아니하면 그 신고의 효력은 없어진다.
> ⑤ 건축신고를 한 甲은 건축물의 공사가 끝난 후 그 건축물을 사용하려는 경우에는 허가권자에게 사용승인을 신청해야 한다.

46 甲은 A광역시 B구에서 20층의 연면적 합계가 5만제곱미터인 허가대상 건축물을 신축하려고 한다. 건축법령상 이에 관한 설명으로 틀린 것은? (단, 건축법령상 특례규정은 고려하지 않음) **31회 출제**

① 甲은 B구청장에게 건축허가를 받아야 한다.
② 甲이 건축허가를 받은 경우에도 해당 대지를 조성하기 위해 높이 5미터의 옹벽을 축조하려면 따로 공작물 축조신고를 하여야 한다.
③ 甲이 건축허가를 받은 이후에 공사시공자를 변경하는 경우에는 B구청장에게 신고하여야 한다.
④ 甲이 건축허가를 받은 경우에도 A광역시장은 지역계획에 특히 필요하다고 인정하면 甲의 건축물의 착공을 제한할 수 있다.
⑤ 공사감리자는 필요하다고 인정하면 공사시공자에게 상세 시공도면을 작성하도록 요청할 수 있다.

> **해설** 건축허가 등
> 건축허가를 받은 경우에는 해당 대지를 조성하기 위해 높이 5미터의 옹벽을 축조하려면 따로 공작물 축조신고를 하지 않아도 된다.

정답 45. ① 46. ②

부동산공법

47 ★★ 다음은 건축허가의 제한에 관한 설명이다. 틀린 것은?

① 국토교통부장관은 국토관리상 특히 필요한 경우에는 허가권자의 건축허가를 제한할 수 있다.
② 특별시장·광역시장 또는 도지사는 지역계획 또는 도시·군계획을 이유로 시장·군수 또는 구청장의 건축허가를 제한할 수 있다.
③ 국토교통부장관이나 시·도지사는 건축허가나 건축허가를 받은 건축물의 착공을 제한하려는 경우에는 「토지이용규제 기본법」에 따라 주민의견을 청취한 후 건축위원회의 심의를 거쳐야 한다.
④ 제한기간은 1년 이내로 하되 1회에 한해 연장할 수 있다.
⑤ 허가권자가 건축허가제한의 내용을 공고해야 한다.

해설 건축허가의 제한
건축허가제한기간은 2년 이내로 하되 1회에 한해 1년 이내의 기간동안 연장할 수 있다.

11회 출제

48 ★ 다음은 「건축법」에 의한 건축허가를 받은 건축물의 착공에 관한 설명이다. 틀린 것은?

① 주무부장관이 국민경제상 특히 필요해서 요청하는 경우에는 국토교통부장관은 건축허가를 받은 건축물의 착공을 제한할 수 있다.
② 특별시장·광역시장 또는 도지사는 지역계획 또는 도시·군계획상 특히 필요한 경우에는 건축허가를 받은 건축물의 착공을 제한할 수 있다.
③ 특별시장·광역시장 또는 도지사가 건축허가를 받은 건축물의 착공을 제한하는 경우에는 그 기간, 대상지역 등을 정해 미리 국토교통부장관의 승인을 받아야 한다.
④ 건축허가를 받은 건축물의 착공제한은 허가권자가 공고한다.
⑤ 건축허가를 받은 건축물의 착공을 제한하는 기간은 2년 이내로 하는 것이 원칙이다.

해설 건축허가를 받은 건축물의 착공
③ 특별시장·광역시장 또는 도지사가 시장·군수·구청장의 건축허가를 제한한 경우에는 사후에 국토교통부장관에게 보고하면 된다.
④ 국토교통부장관이나 특별시장·광역시장 또는 도지사는 착공제한사실을 허가권자에게 통보하고, 허가권자는 착공제한사실을 공고한다.

정답 47. ④ 48. ③

제4장 건축법(응용)

49 건축법령상 건축허가의 제한에 관한 설명으로 옳은 것은? `21회 출제`

① 국토교통부장관은 문화체육관광부장관이 국가유산의 보존을 위하여 특히 필요하다고 인정하여 요청한 경우 건축허가를 받은 건축물의 착공을 제한할 수 있다.
② 국토교통부장관은 국토관리를 위하여 특히 필요하다고 인정하더라도 시장·군수·구청장의 건축허가를 제한할 수 없다.
③ 건축허가를 제한하는 경우 제한기간은 2년 이내로 하며, 그 기간은 연장할 수 없다.
④ 특별시장·광역시장·도지사가 시장·군수·구청장의 건축허가를 제한한 경우 국토교통부장관에게 보고하여야 하며, 국토교통부장관은 보고받은 내용을 공고하여야 한다.
⑤ 특별시장·광역시장·도지사는 시장·군수·구청장의 건축허가 제한이 지나치다고 인정하면 직권으로 이를 해제할 수 있다.

해설 건축허가의 제한
② 국토교통부장관은 국토관리를 위하여 특히 필요하다고 인정하는 경우 허가권자의 건축허가를 제한할 수 있다.
③ 1회에 한하여 1년 이내의 범위에서 제한기간을 연장할 수 있다.
④ 허가권자에게 통보하여야 하며, 통보를 받은 허가권자는 지체없이 이를 공고하여야 한다.
⑤ 특별시장·광역시장·도지사는 시장·군수·구청장의 건축허가나 건축물의 착공을 제한한 경우 즉시 국토교통부장관에게 보고하여야 하며, 보고를 받은 국토교통부장관은 제한 내용이 지나치다고 인정하면 해제를 명할 수 있다.

50 건축법령상 건축허가와 그 제한 및 취소에 관한 설명 중 틀린 것은? `17회 출제`

① 21층 이상의 건축물을 특별시 또는 광역시에 건축하고자 하는 경우에는 특별시장 또는 광역시장의 허가를 받아야 한다.
② 허가권자는 숙박시설에 해당하는 건축물이 주거환경 등 주변환경을 감안할 때 부적합하다고 인정하는 경우 건축위원회의 심의를 거쳐 건축허가를 하지 않을 수 있다.
③ 건축허가 또는 건축물의 착공을 제한하는 경우 그 제한기간은 2년 이내로 하되, 1회에 한해 1년 이내의 범위에서 그 제한기간을 연장할 수 있다.
④ 특별시장·광역시장 또는 도지사가 건축허가 또는 건축물의 착공을 제한하는 경우에는 즉시 국토교통부장관에게 보고해야 하며, 국토교통부장관은 제한의 내용이 과도한 경우에 그 해제를 명할 수 있다.
⑤ 허가권자는 건축허가를 받은 자가 그 허가를 받은 날부터 1년 이내에 공사를 착수하지 않거나 착수 기간 이내에 공사를 착수하였으나 공사의 완료가 불가능하다고 인정하는 경우에는 허가를 취소해야 한다.

해설 건축허가와 그 제한 및 취소
건축허가를 취소하는 경우는 허가를 받은 날부터 2년(공장은 3년) 이내에 공사에 착수하지 않은 경우이다.

정답 49. ① 50. ⑤

부동산공법

51. 다음은 건축허가에 관한 설명이다. **틀린** 것은?

① 건축물의 건축은 그 규모에 관계없이 건축허가를 받아야 하는 것이 원칙이다.
② 특별시 또는 광역시에서 21층 이상인 건축물의 신축을 허가하고자 할 때에는 미리 특별시장 또는 광역시장의 승인을 받아야 한다.
③ 연면적의 합계가 100㎡ 이하인 건축물을 신축하고자 할 때에는 신고로서 건축허가에 갈음할 수 있다.
④ 건축주의 명의변경신고를 거부한 행위는 행정소송의 대상이 될 수 있다.
⑤ 지역계획 또는 도시·군계획상 특히 필요한 때에는 특별시장·광역시장 또는 도지사도 건축허가를 제한할 수 있다.

해설 건축허가
특별시 및 광역시에서는 대형건축물에 대해 특별시장 또는 광역시장이 직접 건축허가를 한다.

52. 다음은 도시·군계획시설예정지에 가설건축물의 건축을 허가할 수 있는 경우이다. 허가기준이 올바른 것은?

① 철근콘크리트조 또는 철골철근콘크리트조인 경우
② 3층 이하인 경우
③ 존치기간이 4년인 경우
④ 공동주택·판매시설 등 분양을 목적으로 하는 시설인 경우
⑤ 전기·수도·가스 등 새로운 간선공급설비의 설치를 요하는 경우

해설 도시·군계획시설예정지에 가설건축물의 건축을 허가할 수 있는 경우
도시·군계획시설(예정지)에 설치할 수 있는 가설건축물은「국토의 계획 및 이용에 관한 법률」제64조에 위배되지 않고, 철근콘크리트조 또는 철골철근콘크리트조가 아니어야 하고, 3층 이하여야 하며, 존치기간이 3년 이내여야 하고, 분양을 목적으로 하지 않아야 하며, 새로운 간선공급시설의 설치를 요하지 않아야 한다.

53. 건축법령상 가설건축물 축조신고의 대상이 **아닌** 것은? (단, 조례와 '공용건축물에 대한 특례'는 고려하지 않음) **28회 출제**

① 전시를 위한 견본주택
② 도시지역 중 주거지역에 설치하는 농업용 비닐하우스로서 연면적이 100㎡인 것
③ 조립식 구조로 된 주거용으로 쓰는 가설건축물로서 연면적이 20㎡인 것
④ 야외흡연실 용도로 쓰는 가설건축물로서 연면적이 50㎡인 것
⑤ 2017.10.28 현재 공장의 옥상에 축조하는 컨테이너로 된 가설건축물로서 임시사무실로 사용되는 것

정답 51. ② 52. ② 53. ③

해설 가설건축물의 축조신고대상

조립식 구조로 된 경비용 가설건축물로서 연면적이 10m² 이하인 것은 가설건축물의 축조신고대상이다.

54. 건축법령상 도시·군계획시설 예정지에 건축하는 3층 이하의 가설건축물에 관한 설명으로 틀린 것은? (다만, 조례는 고려하지 않음) [21회 출제]

① 가설건축물은 철근콘크리트조 또는 철골철근콘크리트조가 아니어야 한다.
② 가설건축물은 공동주택·판매시설·운수시설 등으로서 분양을 목적으로 하는 건축물이 아니어야 한다.
③ 가설건축물은 전기·수도·가스 등 새로운 간선 공급설비의 설치를 필요로 하는 것이 아니어야 한다.
④ 가설건축물의 존치기간은 2년 이내이어야 한다.
⑤ 가설건축물은 도시·군계획예정도로에도 건축할 수 있다.

해설 가설건축물

가설건축물의 존치기간은 3년 이내이어야 한다. 다만, 도시·군계획사업이 시행될 때까지 그 기간을 연장할 수 있다.

55. 다음은 건축물의 용도를 변경할 때의 시설군(施設群)과 이에 속하는 건축물의 용도를 서로 연결한 것이다. 틀린 것은? [11회 출제]

① 문화집회시설군 : 운동시설
② 산업 등 시설군 : 창고시설
③ 교육 및 복지시설군 : 의료시설
④ 영업시설군 : 숙박시설
⑤ 문화집회시설군 : 위락시설

해설 시설군(施設群)과 건축물의 용도

운동시설은 영업시설군에 속한다.

56. 甲은 A도 B군에서 숙박시설로 사용승인을 받은 바닥면적의 합계가 3천제곱미터인 건축물의 용도를 변경하려고 한다. 건축법령상 이에 관한 설명으로 틀린 것은? [31회 출제]

① 의료시설로 용도를 변경하려는 경우에는 용도변경 신고를 하여야 한다.
② 종교시설로 용도를 변경하려는 경우에는 용도변경 허가를 받아야 한다.
③ 甲이 바닥면적의 합계 1천제곱미터의 부분에 대해서 만 업무시설로 용도를 변경하는 경우에는 사용승인을 받지 않아도 된다.
④ A도지사는 도시·군계획에 특히 필요하다고 인정하면 B군수의 용도변경허가를 제한할 수 있다.
⑤ B군수는 甲이 판매시설과 위락시설의 복수 용도로 용도변경 신청을 한 경우 지방건축위원회의 심의를 거쳐 이를 허용할 수 있다.

정답   54. ④   55. ①   56. ③

> **해설** 건축물의 용도변경
>
> 업무시설로 용도를 변경하는 경우에는 사용승인을 받아야 한다.

57. 건축법령상 특별시에서 건축물의 용도를 변경하고자 하는 경우에 관한 설명으로 옳은 것은? `20회 출제`

① 자원순환 관련시설을 묘지관련시설로 용도변경 하는 경우 관할 구청장에게 건축물대장 기재내용의 변경을 신청하여야 한다.
② 발전시설을 공장으로 용도변경 하는 경우 특별시장의 허가를 받아야 한다.
③ 운동시설을 수련시설로 용도변경 하는 경우 관할 구청장의 허가를 받아야 한다.
④ 숙박시설을 종교시설로 용도변경 하는 경우 특별시장에게 신고하여야 한다.
⑤ 업무시설을 교육연구시설로 용도변경 하는 경우 특별시장에게 건축물대장 기재내용의 변경을 신청하여야 한다.

> **해설** 건축물의 용도변경
>
> ② 구청장의 허가를 받아야 한다. ③ 구청장에게 신고하여야 한다.
> ④ 구청장의 허가를 받아야 한다. ⑤ 구청장의 허가를 받아야 한다.

58. 건축법령상 사용승인을 받은 건축물의 용도를 변경하려는 경우 특별자치시장·특별자치도지사 또는 시장·군수·구청장의 허가를 받아야 하는 사항은?

① 업무시설을 교육연구시설로 용도변경하는 경우
② 노유자시설을 공동주택으로 용도변경하는 경우
③ 판매시설을 제2종 근린생활시설로 용도변경하는 경우
④ 창고시설을 수련시설로 용도변경하는 경우
⑤ 위락시설을 숙박시설로 용도변경하는 경우

> **해설** 건축물의 용도변경
>
> ① 주거업무시설군에 속하는 업무시설을 상위군인 교육 및 복지시설군에 속하는 교육연구시설로 용도변경하는 경우에는 특별자치시장·특별자치도지사 또는 시장·군수·구청장의 허가를 받아야 한다.
> ②, ③, ④, ⑤ 특별자치시장·특별자치도지사 또는 시장·군수·구청장에게 신고를 하여야 한다.

정답 57. ① 58. ①

59. 건축주인 甲은 4층 건축물을 병원으로 사용하던 중 이를 서점으로 용도변경하고자 한다. 건축법령상 이에 관한 설명으로 옳은 것은? (단, 다른 조건은 고려하지 않음) [29회 출제]

① 甲이 용도변경을 위하여 건축물을 대수선할 경우 그 설계는 건축사가 아니어도 할 수 있다.
② 甲은 건축물의 용도를 서점으로 변경하려면 용도변경을 신고하여야 한다.
③ 甲은 서점에 다른 용도를 추가하여 복수용도로 용도변경 신청을 할 수 없다.
④ 甲의 병원이 준주거지역에 위치하고 있다면 서점으로 용도변경을 할 수 없다.
⑤ 甲은 서점으로 용도변경을 할 경우 피난 용도로 쓸 수 있는 광장을 옥상에 설치하여야 한다.

해설 용도변경
① 연면적이 200㎡ 미만이고 3층 미만인 건축물을 대수선할 경우 그 설계는 건축사가 아니어도 할 수 있다.
③ 甲은 서점에 다른 용도를 추가하여 복수용도로 용도변경 신청을 할 수 있다.
④ 甲의 병원이 준주거지역에 위치하고 있다면 서점으로 용도변경을 할 수 있다.
⑤ 5층 이상의 층이 제2종 근린생활시설 중 공연장·종교집회장·인터넷컴퓨터게임시설제공업소(해당 용도로 쓰는 바닥면적의 합계가 각각 300㎡ 이상인 경우만 해당함), 문화 및 집회시설(전시장 및 동·식물원은 제외), 종교시설, 판매시설, 위락시설 중 주점영업, 장례시설로 쓰는 건축물에는 피난용도로 쓸 수 있는 광장을 옥상에 설치해야 한다.

60. 건축법령상 사용승인을 받은 건축물의 용도변경에 관한 설명으로 옳은 것은? (단, 조례는 고려하지 않음)

① 특별시나 광역시에 소재하는 건축물인 경우에는 특별시장이나 광역시장의 허가를 받거나 신고하여야 한다.
② 영업시설군에서 문화 및 집회시설군으로 용도변경하는 경우에는 허가를 받아야 한다.
③ 교육 및 복지시설군에서 전기통신시설군으로 용도변경 하는 경우에는 신고를 하여야 한다.
④ 같은 시설군 안에서 용도를 변경하려는 경우에는 신고를 하여야 한다.
⑤ 용도변경하려는 부분의 바닥면적의 합계가 100㎡ 이상인 경우라도 신고대상인 용도변경을 하는 경우에는 건축물의 사용승인을 받을 필요가 없다.

해설 건축물의 용도변경
① 특별시나 광역시에 소재하는 건축물인 경우에는 구청장의 허가를 받거나 신고하여야 한다.
③ 교육 및 복지시설군에서 전기통신시설군으로 용도변경 하는 경우에는 허가를 받아야 한다.
④ 같은 시설군 안에서 용도를 변경하려는 경우에는 특별자치시장·특별자치도지사 또는 시장·군수·구청장에게 건축물대장 기재내용의 변경을 신청하여야 한다.
⑤ 용도변경하려는 부분의 바닥면적의 합계가 100㎡ 이상인 경우의 사용승인에 관하여는 건축법 제22조(건축물의 사용승인)의 규정을 준용한다.

정답 59. ② 60. ②

61

건축법령상 사용승인을 받은 건축물의 용도변경에 관한 설명으로 틀린 것은? 〔24회 출제〕

① 단독주택을 다가구주택으로 변경하는 경우에는 건축물대장 기재내용의 변경을 신청하지 않아도 된다.
② 제1종 근린생활시설을 의료시설로 변경하는 경우에는 허가를 받아야 한다.
③ 숙박시설을 수련시설로 변경하는 경우에는 신고를 하여야 한다.
④ 교육연구시설을 판매시설로 변경하는 경우에는 허가를 받아야 한다.
⑤ 공장을 자동차 관련 시설로 변경하는 경우에는 신고를 하여야 한다.

해설 건축물의 용도변경
공장을 자동차 관련 시설로 변경하는 경우에는 허가를 받아야 한다.

62 ★

다음은 건축물의 사용에 관한 설명이다. 틀린 것은?

① 건축물은 사용승인서를 받은 후에 사용하는 것이 원칙이다.
② 사용승인신청일부터 7일 이내에 사용승인서가 교부되지 않은 때에는 임시사용승인을 받아 건축물을 사용할 수 있다.
③ 임시사용승인을 받으면 사용승인서를 받기 전에 공사가 완료된 부분을 사용할 수 있다.
④ 건축물과 대지가 건축기준에 적합한 경우에만 임시사용승인을 할 수 있다.
⑤ 임시사용기간은 원칙적으로 2년 이내이다.

해설 건축물의 사용
사용검사신청에 따른 사용검사가 행해지지 않는 경우에는 바로 건축물을 임시사용할 수 있다.

63

건축법령상 건축물의 사용승인에 관한 설명으로 옳은 것은? 〔20회 출제〕

① 건축주가 건축공사 완료 후 그 건축물을 사용하려면 건축공사 완료 이전에 공사감리자에게 그 건축물 전체의 사용승인을 신청하여야 한다.
② 건축주가 사용승인을 받은 경우에는 「대기환경보전법」에 따른 대기오염물질 배출시설의 가동개시 신고를 한 것으로 본다.
③ 허가권자가 법령이 정한 기간 내에 사용승인서를 교부하지 않은 경우 건축주는 그 건축물을 사용하거나 사용하게 할 수 없다.
④ 건축물의 사용승인 신청을 위해서는 공사시공자가 작성한 감리중간보고서와 공사예정도서를 첨부하여야 한다.
⑤ 사용승인서의 교부 전에 공사가 완료된 부분이 건폐율, 용적률 등의 법정 기준에 적합한 경우 허가권자는 직권으로 임시사용을 승인할 수 있으며 그 기간은 1년 이내로 하여야 한다.

정답 61. ⑤ 62. ② 63. ②

> **해설** 건축물의 사용승인
> ① 건축주가 건축공사를 완료한 후 그 건축물을 사용하려면 공사감리자가 작성한 감리완료보고서와 공사완료도서를 첨부하여 허가권자에게 사용승인을 신청하여야 한다.
> ③ 허가권자가 신청서를 받은 날부터 7일 이내에 사용승인서를 교부하지 아니한 경우에는 건축주는 그 건축물을 사용하거나 사용하게 할 수 있다.
> ④ 건축물의 사용승인 신청을 위해서는 공사감리자가 작성한 감리완료보고서와 공사완료도서를 첨부하여야 한다.
> ⑤ 허가권자는 임시사용승인신청서를 접수한 경우에는 공사가 완료된 부분이 「건축법」에 따른 기준에 적합한 경우에만 임시사용을 승인할 수 있으며, 그 기간은 2년 이내로 한다.

64. 다음은 「건축법」에 의한 원칙적인 오차허용범위이다. 틀린 것은?

① 건축선의 후퇴거리 : 3% 이내
② 건폐율 : 1% 이내
③ 용적률 : 1% 이내
④ 건축물의 높이 : 2% 이내
⑤ 평면길이 : 2% 이내

> **해설** 오차허용범위
> 건폐율의 허용오차의 범위는 0.5% 이내(건축면적 5m²를 초과할 수 없음)이다.

65. 다음은 건축물대장에 관한 설명이다. 틀린 것은?

① 특별자치시장·특별자치도지사·시장·군수 또는 자치구청장은 건축물의 소유·이용 및 유지·관리상태를 확인하거나 건축정책의 기초자료로 확인하기 위해 작성한다.
② 일반건축물대장과 집합건축물대장으로 구분된다.
③ 건축물 1동을 단위로 해서 각 건축물마다 작성한다.
④ 특별자치시장·특별자치도지사·시장·군수 또는 자치구청장은 「건축물관리법」에 따라 건축물을 해체한 경우로 건축물대장의 기재내용이 변경되는 경우에는 관할 등기소에 그 등기를 촉탁하여야 한다.
⑤ 건축물의 소유자가 아닌 자는 건축물대장의 열람이나 등·초본의 발급을 신청하지 못한다.

> **해설** 건축물대장
> 건축물의 소유자 외에 건축물에 대해 이해관계가 있는 자도 건축물대장의 열람이나 등·초본의 교부를 신청할 수 있다.

정답 64. ② 65. ⑤

부동산공법

66 다음은 대지의 조성에 관한 설명이다. 틀린 것은?

`16회 출제`

① 습한 토지, 물이 나올 우려가 많은 토지 또는 쓰레기 기타 이와 유사한 것으로 매립된 토지에 건축할 때에는 성토·지반개량 기타 필요한 조치를 취해야 한다.
② 대지는 배수에 지장이 있거나 이와 인접한 도로면보다 낮아서는 안 된다. 다만, 대지 안의 배수에 지장이 없거나 건축물의 용도상 방습의 필요가 없는 경우에는 그렇지 않다.
③ 손궤의 우려가 있는 토지에 대지를 조성하는 경우 옹벽의 높이가 5m 이상인 때에는 이를 콘크리트구조로 해야 한다.
④ 손궤의 우려가 있는 토지에 대지를 조성하는 경우 성토 또는 절토하는 부분의 경사도가 1 : 1.5 이상이고 높이 1m 이상인 부분에는 옹벽을 설치해야 한다.
⑤ 손궤의 우려가 있는 토지에 대지를 조성하는 경우 옹벽의 외벽면에는 이를 지지하거나 배수에 필요한 시설 외의 구조물은 밖으로 튀어 나오지 않게 설치해야 한다.

해설 대지의 조성
콘크리트구조로 해야 하는 옹벽은 높이 2m 이상이다.

67 건축법령상 대지에 공개 공지 또는 공개공간을 설치하여야 하는 건축물은? (단, 건축물의 용도로 쓰는 바닥면적의 합계는 5천 제곱미터 이상이며, 건축법령상 특례 및 조례는 고려하지 않음)

`34회 출제`

① 일반주거지역에 있는 초등학교
② 준주거지역에 있는 「농수산물 유통 및 가격안정에 관한 법률」에 따른 농수산물유통시설
③ 일반상업지역에 있는 관망탑
④ 자연녹지지역에 있는 「청소년활동진흥법」에 따른 유스호스텔
⑤ 준공업지역에 있는 여객용 운수시설

해설 공개 공지 또는 공개공간 설치대상
일반주거지역·준주거지역·상업지역 및 준공업지역에서 다음의 건축물에는 공개공지 또는 공개공간을 설치해야 한다.
1) 해당 용도로 쓰이는 바닥면적의 합계가 5,000㎡ 이상인 문화 및 집회시설, 종교시설, 판매시설(농수산물유통시설은 제외한다), 운수시설(여객용 시설에 한한다), 업무시설, 숙박시설
2) 그 밖에 다중이 이용하는 시설로서 건축조례로 정하는 건축물

정답 66. ③ 67. ⑤

68 다음은 「건축법」상의 도로에 관한 설명이다. 틀린 것은?

① 건축허가권자가 도로를 지정하거나 폐지할 때에는 원칙적으로 이해관계인의 동의를 받아야 한다.
② 실제로 개설되지 않은 도시·군계획시설인 예정도로도 「건축법」상의 도로에 해당된다.
③ 통과도로의 너비는 원칙적으로 4m 이상이어야 한다.
④ 지형적 조건으로 차량통행이 불가능한 도로의 경우에는 통과도로에 비해 너비가 좁아도 된다.
⑤ 건축물의 대지는 원칙적으로 도로에 4m 이상 접해야 한다.

해설 도 로
건축물의 대지는 도로에 2m 이상 접해야 한다.

69 건축법령상 도시지역에 건축하는 건축물의 대지와 도로 등에 관한 설명으로 틀린 것은? **25회 출제**

① 연면적의 합계가 2천m²인 공장의 대지는 너비 6m 이상의 도로에 4m 이상 접하여야 한다.
② 쓰레기로 매립된 토지에 건축물을 건축하는 경우 성토, 지반 개량 등 필요한 조치를 하여야 한다.
③ 군수는 건축물의 위치나 환경을 정비하기 위하여 필요하다고 인정하면 4m 이하의 범위에서 건축선을 따로 지정할 수 있다.
④ 담장의 지표 위 부분은 건축선의 수직면을 넘어서는 아니 된다.
⑤ 공장의 주변에 허가권자가 인정한 공지인 광장이 있는 경우 연면적의 합계가 1천m²인 공장의 대지는 도로에 2m 이상 접하지 않아도 된다.

해설 건축물의 대지와 도로
연면적의 합계가 3천m² 이상인 공장의 대지는 너비 6m 이상의 도로에 4m 이상 접하여야 한다.

정답 68. ⑤ 69. ①

부동산공법

70 다음 중 「건축법」상의 도로로 인정하기 어려운 것은?
① 지형적 조건으로 차량통행이 불가능한 경우로서 군수가 그 위치를 지정하는 구간안의 너비 3.5m 이상인 도로
② 자동차통행이 가능한 너비 4m 이상의 도시·군계획시설 도로
③ 너비를 4m에서 8m로 확장하기로 하는 도시·군계획시설결정이 고시되었으나 아직 확장공사가 시행되지 않은 도로
④ 건축허가시 구청장이 위치를 지정한 너비 5m의 도로
⑤ 너비 3.5m의 통행로

  해설 도 로
  「건축법」상의 도로는 원칙적으로 너비가 4m 이상이어야 한다.

71 다음은 허가권자가 건축허가를 할 때에 그 위치를 지정하는 도로에 관한 설명이다. 틀린 것은?
① 소위 소방도로가 이에 해당된다.
② 건축허가를 신청하는 자는 도로로 지정받고자 하는 토지에 대한 소유권을 확보해야 한다.
③ 구간·연장·너비 및 위치를 도로대장에 기재해야 한다.
④ 주민이 장기간 통로로 이용하고 있는 사실상의 도로인 경우에는 이해관계인의 동의를 받지 않고 지정할 수 있다.
⑤ 도로의 폐지 또는 변경을 신청할 때에는 이해관계인의 동의를 받아야 한다.

  해설 도 로
  건축허가를 받고자 하는 자는 도로부지로 될 토지에 대한 사용권만 확보하면 될 뿐 반드시 소유권을 확보해야 하는 것은 아니다.

72 건축법령상 건축물의 건축에 관한 설명으로 옳은 것은? (단, 건축법 제3조에 따른 적용제외 및 조례는 고려하지 않음)
① 손궤의 우려가 있는 토지에 대지를 조성하면서 설치한 옹벽의 외벽면에는 옹벽의 지지 또는 배수를 위한 시설물이 밖으로 튀어 나오게 하여서는 아니 된다.
② 건축물의 대지는 6m 이상이 보행과 자동차의 통행이 가능한 도로에 접하여야 한다.
③ 도시·군계획시설에서 건축하는 가설건축물의 경우에는 대지에 대한 조경의무가 있다.
④ 연면적의 합계가 5천 m² 이상인 「농수산물유통 및 가격안정에 관한 법률」에 따른 농수산물유통시설의 경우에는 공개공지를 설치하여야 한다.
⑤ 건축물의 지표 아래 부분은 건축선의 수직면을 넘을 수 있다.

정답 70. ⑤ 71. ② 72. ⑤

해설 건축선
① 옹벽의 외벽면에는 이의 지지 또는 배수를 위한 시설 외의 구조물이 밖으로 튀어 나오지 아니하여야 된다.
② 건축물의 대지는 2m 이상이 보행과 자동차의 통행이 가능한 도로에 접하여야 한다.
③ 도시·군계획시설에서 건축하는 가설건축물의 경우에는 대지에 대한 조경의무가 없다.
④ 연면적의 합계가 5천m² 이상인 문화 및 집회시설, 종교시설, 판매시설(농수산물유통시설은 제외한다), 운수시설(여객용 시설만 해당한다), 업무시설 및 숙박시설의 경우에 공개공지를 설치하여야 한다.

73 ★★ 다음은 건축선의 위치가 대지와 도로의 경계선이 아닌 곳으로 되는 경우이다. 틀린 것은?

① 대지가 소요너비에 미달되는 도로에 접한 경우
② 대지가 접한 도로가 소요너비에 미달되고, 그 도로의 반대쪽에 경사지 또는 하천이 있는 경우
③ 대지가 접한 도로가 소요너비에 미달되고, 그 도로의 반대쪽에 철도 또는 선로부지가 있는 경우
④ 대지가 너비 8m 이상의 도로가 교차하는 모퉁이에 있는 경우
⑤ 건축물의 위치나 환경정비를 위해 건축선을 따로 지정하는 경우

해설 건축선
④ "너비 8m 이상"이 아니라 "너비 8m 미만"이어야 한다.

74 ★★ 다음은 건축선에 대한 설명이다. 틀린 것은?

① 소요너비에 미달되는 너비의 도로인 경우에는 그 중심선으로부터 해당 소요너비의 2분의 1에 상당하는 수평거리를 후퇴한 선을 건축선으로 한다.
② 원칙적으로 건축선은 도로의 경계선으로 한다.
③ 노면으로부터 4.5m 이하의 높이에 있는 출입구나 창문은 개폐시에도 건축선의 수직면을 넘는 구조로 하면 안 된다.
④ 지표 하의 건축물이라도 건축선의 수직면을 넘으면 안 된다.
⑤ 특별자치시장·특별자치도지사나 시장·군수 또는 구청장은 시가지 안에 있어서 건축물의 위치를 정비하거나 환경을 정리하기 위해 필요하다고 인정할 때는 건축선을 따로 지정할 수 있다.

해설 건축선
지표 하의 부분은 건축선의 수직면을 넘을 수 있다.

정답 73. ④ 74. ④

부동산공법

75. 다음은 건축선에 관한 설명이다. 틀린 것은?

① 원칙적으로 대지와 도로와의 경계선이 건축선이 된다.
② 소요너비에 미달되는 도로에 접한 경우에는 도로중심선으로부터 소요너비의 1/2만큼 후퇴한 선이 건축선이 된다.
③ 도시지역 안에서의 건축물의 위치나 환경을 정비하기 위해 필요한 경우에는 건축선을 따로 지정·고시할 수 있다.
④ 지표 아래 부분을 제외한 건축물과 담장은 건축선의 수직면을 넘으면 안 된다.
⑤ 건축선에 관한 규정은 도시지역 안에서만 적용된다.

해설 건축선
도시지역 외에도 지구단위계획구역과 동·읍의 지역에 대해서도 건축선에 관한 규정이 적용된다.

76. 건축법령상 건축물의 피난시설 및 용도제한 등에 관한 설명으로 옳지 않은 것은?

① 출입이 가능한 옥상광장에 설치하는 난간의 높이는 1.2m 이상이어야 한다.
② 아파트 발코니에 설치하는 대피공간을 각 세대별로 설치하는 경우, 대피공간의 바닥면적은 2m² 이상이어야 한다.
③ 5층 이상인 층이 판매시설의 용도로 쓰는 경우에는 피난 용도로 쓸 수 있는 광장을 옥상에 설치하여야 한다.
④ 건축물의 안전·위생 및 방화 등을 위하여 2층 이상에 위치한 아파트의 거실 또는 욕실의 바닥 부분은 국토교통부령이 정하는 기준에 따라 방습을 위한 조치를 하여야 한다.
⑤ 바닥면적의 합계가 500m² 이상인 의료시설 건축물의 대지 안에는 그 건축물 바깥쪽으로 통하는 주된 출구와 지상으로 통하는 피난계단 및 특별피난계단으로부터 도로 또는 공지로 통하는 통로를 유효너비 3m 이상 설치하여야 한다.

해설 건축물의 피난시설 및 용도제한 등
다음의 어느 하나에 해당하는 거실·욕실 또는 조리장의 바닥 부분에는 국토교통부령으로 정하는 기준에 따라 방습을 위한 조치를 하여야 한다.
1) 건축물이 최하층에 있는 거실(바닥이 목조인 경우만 해당한다)
2) 제1종 근린생활시설 중 목욕장의 욕실과 휴게음식점 및 제과점의 조리장
3) 제2종 근린생활시설 중 일반음식점, 휴게음식점 및 제과점의 조리장과 숙박시설의 욕실

정답 75. ⑤ 76. ④

제4장 건축법(응용)

77 건축법령상 건축물의 구조와 재료에 관한 설명으로 옳은 것은? (단, 건축법 제3조에 따른 적용 제외는 고려하지 않음)

① 방화지구 안에 있더라도 도매시장의 용도로 쓰는 건축물로서 그 주요구조부가 불연재료로 된 건축물은 주요구조부와 외벽을 내화구조로 하지 않을 수 있다.
② 방화지구 안의 공작물로서 건축물의 지붕위에 설치되어 있는 모든 간판, 광고탑은 주요부를 난연(難燃)재료로 하여야 한다.
③ 인접 대지경계선으로부터 직선거리 3m에 이웃 주택의 내부가 보이는 창문을 설치하고자 한다면, 차면시설(遮面施設)을 설치하여야 한다.
④ 출입이 가능한 옥상광장에 높이 1m의 난간을 설치한 경우 건축법령에 저촉되지 아니한다.
⑤ 5층 이상인 층을 식물원의 용도로 쓰는 경우에는 피난 용도로 쓸 수 있는 광장을 옥상에 설치하여야 한다.

해설 건축물의 구조와 재료
② 방화지구 안의 공작물로서 건축물의 지붕위에 설치되어 있는 간판, 광고탑은 주요부를 불연재료로 하여야 한다.
③ 인접 대지경계선으로부터 직선거리 2m 이내에 이웃 주택의 내부가 보이는 창문 등을 설치하는 경우에는 차면시설을 설치하여야 한다.
④ 옥상광장 또는 2층 이상인 층에 있는 노대나 그 밖에 이와 비슷한 것의 주위에는 높이 1.2m 이상의 난간을 설치하여야 한다.
⑤ 5층 이상인 층을 문화 및 집회시설 중 전시장 및 동·식물원의 용도로 쓰는 경우에는 피난 용도로 쓸 수 있는 광장을 옥상에 설치하지 않아도 된다.

78 건축법령상 피난층 또는 지상으로 통하는 직통계단을 2개소 이상 설치하여야 하는 건축물은? (다만, 각 시설이 위치한 층은 피난층이 아님) **21회 출제**

① 거실의 바닥면적의 합계가 200m²인 노인복지시설이 2층에 있는 건축물
② 거실의 바닥면적의 합계가 200m²인 종교시설이 지하층에 있는 건축물
③ 거실의 바닥면적의 합계가 200m²인 입원실이 없는 치과병원이 3층에 있는 건축물
④ 거실의 바닥면적의 합계가 150m²인 학원이 3층에 있는 건축물
⑤ 거실의 바닥면적의 합계가 150m²인 지하층에 주점이 있는 건축물

해설 직통계단의 설치
① 거실의 바닥면적의 합계가 200m² 이상인 노인복지시설이 3층 이상에 있는 건축물
③ 거실의 바닥면적의 합계가 200m² 이상인 입원실이 있는 치과병원이 3층 이상에 있는 건축물
④ 거실의 바닥면적의 합계가 200m² 이상인 학원이 3층 이상에 있는 건축물
⑤ 거실의 바닥면적의 합계가 200m² 이상인 지하층에 주점이 있는 건축물

정답 77. ① 78. ②

부동산공법

79 다음은 지역·지구 안에서의 건축제한에 관한 설명이다. 올바른 것은?

① 하나의 대지가 2 이상의 지역·지구에 걸친 경우에는 제한의 정도가 심한 지역·지구에 관한 규정이 적용된다.
② 둘 이상의 지역·지구·구역에 걸치는 대지의 규모와 그 대지가 속한 지역·지구·구역의 성격 등 그 대지에 관한 주변여건상 필요하다고 인정해도 건축조례로 적용방법을 따로 정할 수는 없다.
③ 건축물의 일부가 녹지지역과 다른 지역·지구 등에 걸친 경우에는 각각의 지역·지구 등의 건축제한에 관한 규정이 적용된다.
④ 대지의 일부가 방화지구에 걸친 경우 그 대지의 전부에 대해 방화지구에 관한 규정이 적용된다.
⑤ 하나의 건축물 중 방화지구 안에 있는 부분을 방화벽으로 구획한 경우 방화지구의 바깥에 있는 부분에 대해서는 방화지구에 관한 규정이 적용되지 않는다.

해설 지역·지구 안에서의 건축제한
① 건축물과 대지의 전부에 대하여 대지의 과반이 속하는 지역·지구 또는 구역 안의 건축물 및 대지 등에 관한 건축법의 규정을 적용한다.
② 둘 이상의 지역·지구에 걸치는 대지의 규모와 그 대지가 속한 지역·지구·구역의 성격 등 그 대지에 관한 주변여건상 필요하다고 인정해서 건축조례로 적용방법을 따로 정하는 경우에는 그에 따른다.
③ 녹지지역 등에 걸치는 것은 "건축물"이 아닌 "대지"여야 한다.
④ 하나의 건축물이 방화지구의 안팎에 걸치는 경우에 그 건축물의 전부에 대해 방화지구의 건축물에 관한 「건축법」의 규정을 적용한다.

80 건축법령상 지역 및 지구의 건축물에 관한 설명으로 옳은 것은? (단, 조례 및 특별건축구역에 대한 특례는 고려하지 않음) **26회 개작**

① 하나의 건축물이 방화벽을 경계로 방화지구와 그 밖의 구역에 속하는 부분으로 구획되는 경우, 건축물 전부에 대하여 방화지구 안의 건축물에 관한 「건축법」의 규정을 적용한다.
② 건축물 및 대지의 전부에 대해 그 대지의 과반이 속하는 지역·지구 또는 구역의 건축물 및 대지 등에 관한 규정을 적용함이 원칙이다.
③ 대지가 녹지지역과 관리지역에 걸치면서 녹지지역 안의 건축물이 취락지구에 걸치는 경우에는 건축물과 대지 전부에 대해 취락지구에 관한 「건축법」의 규정을 적용한다.
④ 시장·군수는 도시의 관리를 위하여 필요하면 가로구역별 건축물의 높이를 시·군의 조례로 정할 수 있다.
⑤ 상업지역에서 건축물을 건축하는 경우에는 일조의 확보를 위하여 건축물을 인접 대지경계선으로부터 1.5m 이상 띄어 건축하여야 한다.

정답 79. ⑤ 80. ②

제4장 건축법(응용)

> **해설** 둘 이상의 지역·지구·구역에 걸치는 경우의 건축제한
> ① 하나의 건축물이 방화벽을 경계로 방화지구와 그 밖의 구역에 속하는 부분으로 구획되는 경우, 건축물 전부에 대하여 방화지구 안의 건축물에 관한 「건축법」의 규정을 적용하지 않는다.
> ③ 대지가 녹지지역과 그 밖의 지역·지구 또는 구역에 걸치는 경우에는 각 지역·지구·구역의 건축물 및 대지에 관한 「건축법」의 규정을 적용한다.
> ④ 특별시장 또는 광역시장은 도시관리를 위해 필요하다고 인정될 경우에는 가로구역별 높이를 특별시 또는 광역시의 조례로 정할 수 있다.
> ⑤ 전용주거지역 및 일반주거지역에 건축하는 건축물은 일조 등의 확보를 위해 건축물의 각 부분을 정북방향의 인접대지경계선으로부터 다음의 범위에서 건축조례로 정하는 거리 이상을 띄어야 한다.
>   1) 높이 10m 이하인 부분 : 인접대지경계선으로부터 1.5m 이상
>   2) 높이 10m를 넘는 부분 : 인접대지경계선으로부터 건축물 해당 각 부분의 높이의 1/2 이상

81. 면적 3,000m²의 대지가 자연녹지지역에 1,000m², 제3종 일반주거지역에 2,000m² 걸쳐져 있는 경우 이 대지에 건축물을 건축하는 경우에 관한 설명이다. 올바른 것은?

① 용도제한이 엄격한 자연녹지지역에 관한 용도제한을 적용받는다.
② 용도제한이 느슨한 제3종 일반주거지역에 관한 용도제한을 적용받는다.
③ 각 토지부분이 속하는 지역의 용도제한을 적용받는다.
④ 과반수가 걸친 제3종 일반주거지역의 용도제한을 적용받는다.
⑤ 원칙적으로 과반이 걸친 지역의 용도제한을 적용받되, 따로 조례로 정하는 경우에는 그에 의한다.

> **해설** 대지가 녹지지역과 다른 지역·지구·구역에 걸치는 경우
> 대지가 녹지지역과 다른 지역·지구·구역에 걸치는 경우에는 각 지역·지구·구역 안의 건축물 및 대지에 관한 「건축법」의 규정을 적용한다.

82. 다음은 방화지구 안에서의 건축물의 건축에 관한 설명이다. 틀린 것은? **19회 출제**

① 하나의 건축물이 방화지구와 그 밖의 지구에 걸치는 경우에는 원칙적으로 그 전부에 대해 방화지구 안의 건축물에 관한 「건축법」의 규정을 적용한다.
② 방화지구 안에서는 건축물의 주요구조부를 내화구조로 해야 한다.
③ 방화지구 안에서는 건축물의 지붕으로서 주요구조부가 내화구조가 아닌 것은 불연재료로 해야 한다.
④ 방화지구 안에서는 건축물의 외벽에 설치하는 창문으로서 연소의 우려가 있는 부분에는 방화설비를 해야 한다.
⑤ 준주거지역·일반상업지역·근린상업지역·전용공업지역·일반공업지역·준공업지역의 일반상업지역·근린상업지역 또는 준주거지역의 방화지구 안에 있는 건축물로서 주요구조부가 내화구조로 된 건축물에 대해서는 용적률을 높여 적용할 수 있다.

정답 81. ③ 82. ⑤

해설 방화지구 안에서의 건축물의 건축
⑤ 건폐율제한을 완화할 수 있는 경우이다.

83 ★★

건폐율이 6/10인 일반주거지역에 있는 다음과 같은 대지에 건축할 수 있는 최대건축면적은 얼마인가? **17회 출제**

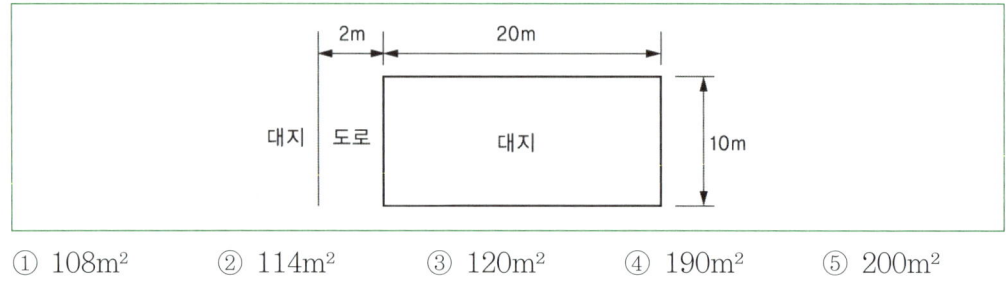

① 108m² ② 114m² ③ 120m² ④ 190m² ⑤ 200m²

해설 최대건축면적 계산
도로의 너비가 소요너비 4m에 미달되므로 대지면적은 19m × 10m = 190m²가 되고, 건폐율이 6/10이므로 최대건축면적은 190m² × 0.6 = 114m²가 된다.

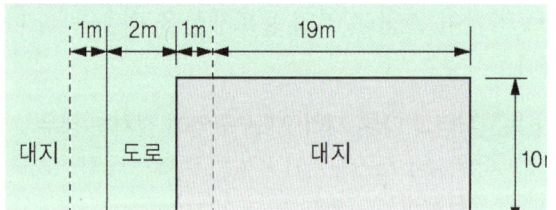

84 ★★

다음과 같이 대지면적 1,000m²인 토지에 지하 1층, 지상 2층의 건물이 있다. 이 토지에 적용되는 최대용적률이 200%라고 하면 현 상태에서 지상으로 증축 가능한 최대 연면적은 얼마인가? (다만, 높이제한이 건축구조 등의 제약이 없는 것으로 가정함) **15회 출제**

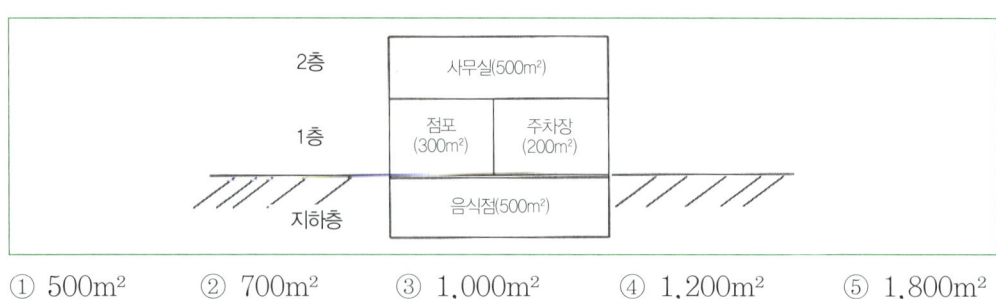

① 500m² ② 700m² ③ 1,000m² ④ 1,200m² ⑤ 1,800m²

정답 83. ② 84. ④

> [해설] **최대연면적 계산**
> 용적률을 산정할 때에는 지상층의 주차부분의 면적(200m²)과 지하층의 면적(500m²)은 연면적에 포함하지 않는다. 따라서 현재의 연면적은 사무실부분의 바닥면적(500m²)과 점포부분의 바닥면적(300m²)을 합한 800m²에 불과하다. 이 대지에 건축할 수 있는 건축물의 최대연면적은 대지면적(1,000m²)에 용적률상한(200%)을 곱한 값인 2,000m²이므로 앞으로 증축할 수 있는 연면적은 1,200m²이다.

85 다음의 그림은 지상 3층 다락의 구조를 갖추고 있는 다세대주택인 건축물이다. 2~3층은 주거전용공간이며, 지붕이 경사진 형태인 다락의 높이는 1.7m, 처마길이는 50cm이다. 대지면적이 200m², 용적률 및 건폐율 한도가 각각 200%, 50%라 할 때 증축 가능한 최대 연면적은 얼마인가? (다만, 기타 건축제한 및 인센티브는 없는 것으로 함) **20회 출제**

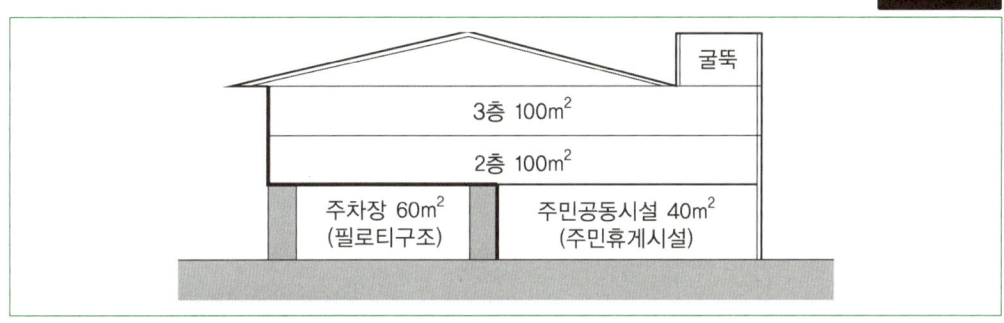

① 90m²　② 110m²　③ 140m²　④ 160m²　⑤ 200m²

> [해설] **연면적과 용적률 산정**
> 1) 연면적은 하나의 건축물 각 층의 바닥면적의 합계로 하되, 용적률을 산정할 때에는 다음에 해당하는 면적은 제외한다.
>   ① 지하층의 면적
>   ② 지상층의 주차용(해당 건축물의 부속용도인 경우만 해당한다)으로 쓰는 면적
>   ③ 초고층 건축물과 준초고층 건축물에 설치하는 피난안전구역의 면적
>   ④ 건축물의 경사지붕 아래에 설치하는 대피공간의 면적
> 2) 현재 다세대주택의 용적률 산정할 때의 연면적은 2층 100m²와 3층 100m²와 주민공동시설 40m²의 합계인 240m²며 용적률은 120%가 된다. 따라서 용적률 한도를 200%로 하면 160m²를 더 증축할 수 있다.

86 ★★ 건축법령상 건축물이 있는 대지의 분할제한에 관한 내용 중 면적이 작은 것에서 큰 순으로 올바르게 나타낸 것은?

① 상업지역 → 주거지역 → 녹지지역
② 녹지지역 → 상업지역 → 주거지역
③ 공업지역 → 녹지지역 → 주거지역
④ 주거지역 → 상업지역 → 녹지지역
⑤ 주거지역 → 공업지역 → 상업지역

> [해설] **대지의 분할제한**
> 대지분할이 제한되는 기준면적은 주거지역과 지역의 지정이 없는 지역은 60m², 상업지역 및 공업지역은 150m², 녹지지역은 200m²이다.

정답　85. ④　86. ④

부동산공법

87 건축법령상 건축물이 있는 대지를 분할하고자 할 때, 일정한 기준에 미달되게 분할할 수 없다. 이에 해당되지 <u>않는</u> 것은?

① 대지와 도로의 관계   ② 건축물의 건폐율   ③ 건축물의 용적률
④ 일조 등의 확보를 위한 건축물의 높이제한   ⑤ 건축지정선

> **해설** 건축물이 있는 대지의 분할
> 건축물이 있는 대지는 건축법 제44조(대지와 도로의 관계)·제55조(건축물의 건폐율)·제56조(건축물의 용적률)·제58조(대지안의 공지)·제60조(높이제한) 및 제61조(일조 등의 확보를 위한 건축물의 높이제한)에 따른 기준에 못 미치게 분할할 수 없다.

88 다음은 「건축법」상의 최소분할면적에 관한 설명이다. 틀린 것은?

① 영세한 건축물의 건축으로 인해 토지이용도가 저하되는 것을 방지하기 위한 것이다.
② 조례로 최소분할면적을 지역별로 세분해서 정할 수 있다.
③ 최소분할면적이 가장 적은 지역은 녹지지역이다.
④ 건축물이 있는 대지에 대해 적용된다.
⑤ 도시지역 안에서는 건축물이 없는 대지를 최소분할면적 미만으로 분할하고자 할 때에도 허가를 받아야 한다.

> **해설** 최소분할면적
> 녹지지역은 최소분할면적이 가장 큰 지역이다.

89 ★ 다음은 제3종 일반주거지역에 대해 적용되는 규정이다. 틀린 것은?

① 건축물이 있는 대지의 분할제한
② 가로구역별 높이제한
③ 일조 등의 확보를 위한 높이제한
④ 공개공간의 설치에 따른 건축기준의 일부 완화
⑤ 도시미관이나 주거환경상 현저히 장애가 된다고 인정되는 건축물에 대한 개축 또는 수선 요구

> **해설** 제3종 일반주거지역
> 도시미관이나 주거환경상의 장애를 이유로 기존건축물의 개축 또는 수선을 요구할 수 있는 것은 경관지구의 경우이다.

정답   87. ⑤   88. ③   89. ⑤

90 다음은 건축물의 높이제한에 관한 설명이다. 틀린 것은?

① 건축허가권자는 가로구역별로 건축물의 높이를 지정·공고할 수 있다.
② 건축물의 용도 및 형태에 따라 동일한 가로구역별로 건축물의 높이를 다르게 정할 수 있다.
③ 특별시장 또는 광역시장은 도시관리상 필요한 때에는 특별시 또는 광역시의 조례로 가로구역별 높이를 정할 수 있다.
④ 특별자치시장·특별자치도지사나 시장·군수 또는 구청장은 높이제한을 완화·적용할 필요가 있다고 인정되는 대지에 대해서는 건축위원회의 심의를 거쳐 가로구역별 건축물의 높이를 완화해서 적용할 수 있다.
⑤ 중심상업지역에 건축하는 공동주택으로서 하나의 대지에 두 동(棟) 이상을 건축하는 경우에는 채광의 확보를 위한 높이 제한이 가해진다.

해설 건축물의 높이제한
⑤ 일반상업지역과 중심상업지역에 건축하는 공동주택으로서 하나의 대지에 두 동(棟) 이상을 건축하는 경우에는 채광 등의 확보를 위한 높이 제한이 적용되지 않는다.

91 건축물의 각 부분의 높이가 그 부분으로부터 채광을 위한 창문 등이 향하는 방향의 인접대지경계선까지의 거리에 의해 제한되는 건축물은 다음 중 어느 것인가?

① 전용주거지역 안의 건축물
② 일반주거지역 안의 건축물
③ 전용주거지역 및 일반주거지역 안의 건축물
④ 일반상업지역 및 중심상업지역 외의 연립주택
⑤ 공동주택과 전용주거지역 및 일반주거지역 안의 건축물

해설 인접대지경계선까지의 거리에 의한 건축제한
전용주거지역 및 일반주거지역 안에 건축하는 건축물은 "정북방향의 인접대지경계선"으로부터 일정거리 이상을 띄어야 하지만, 공동주택(기숙사는 제외)은 "채광을 위한 창문 등이 향하는 방향의 인접대지경계선"으로부터 일정거리 이상을 띄어야 한다.

정답 90. ⑤ 91. ④

부동산공법

92 건축법령상 건축물의 높이 제한에 관한 설명으로 틀린 것은? (단, 「건축법」 제73조에 따른 적용 특례 및 조례는 고려하지 않음) **25회 개작**

① 전용주거지역과 일반주거지역 안에서 건축하는 건축물에 대하여는 일조의 확보를 위한 높이 제한이 적용된다.
② 일반상업지역에 건축하는 공동주택으로서 하나의 대지에 두 동(棟) 이상을 건축하는 경우에는 채광의 확보를 위한 높이 제한이 적용된다.
③ 2층 이하로서 높이가 8m 이하인 건축물에 대해서는 건축조례로 정하는 바에 따라 일조 등의 확보를 위한 높이제한을 적용하지 않을 수 있다.
④ 허가권자는 같은 가로구역에서 건축물의 용도 및 형태에 따라 건축물의 높이를 다르게 정할 수 있다.
⑤ 허가권자는 가로구역별 건축물의 최고 높이를 지정하려면 지방건축위원회의 심의를 거쳐야 한다.

> **해설** 건축물의 높이 제한
> 일반상업지역과 중심상업지역에 건축하는 공동주택은 적용하지 않는다.

93 다음은 일조 등의 확보를 위한 높이제한에 관한 설명이다. 틀린 것은?

① 공동주택에 대해서는 모든 용도지역에서 적용된다.
② 전용주거지역이나 일반주거지역 안에 건축하는 건축물은 적용대상이 된다.
③ 택지개발지구 안에서는 정남방향으로도 적용할 수 있다.
④ 정북방향에 있는 대지의 소유자와 합의한 경우에는 정남방향으로도 적용할 수 있다.
⑤ 전용주거지역의 건축물로서 높이 10m를 초과하는 부분은 인접대지경계선으로부터 당해 건축물의 각 부분의 높이의 1/2 이상의 정북방향으로 띄어야 한다.

> **해설** 일조 등의 확보를 위한 높이제한
> 공동주택의 경우 일반상업지역 및 중심상업지역에 건축하는 것에 대해서는 일조 등의 확보를 위한 높이제한이 적용되지 않는다.

정답 92. ② 93. ①

제4장 건축법(응용)

94. 다음은 건축물의 높이제한에 관한 설명이다. 틀린 것은?
★★★
① 건축물의 높이는 대지면적에 대한 연면적의 비율에 의해서도 간접적으로 제한을 받게 된다.
② 상업지역에 대해서는 가로구역별 높이가 완화·적용된다.
③ 고도지구 안에서는 건축물의 높이가 제한된다.
④ 허가권자는 가로구역을 단위로 해서 건축물의 높이를 지정·공고할 수 있다.
⑤ 기숙사의 경우에는 건축물의 각 부분을 채광을 위한 창문 등이 있는 벽면으로부터 직각방향으로 인접대지경계선까지 일정거리 이상을 띄우지 않아도 된다.

해설 건축물의 높이제한
② 가로구역별 높이의 완화적용은 용도지역과 관계없는 사항이다.
⑤ 건축물의 각 부분을 채광을 위한 창문 등이 있는 벽면으로부터 직각방향으로 인접대지경계선까지 일정거리 이상을 띄워야 하는 것은 아파트, 다세대주택 및 연립주택이다.

95. 다음은 공개공지에 관한 설명이다. 틀린 것은?
★★
① 바닥면적의 합계가 3,000m² 이상인 판매시설은 공개공지를 확보해야 한다.
② 공개공지의 면적은 대지면적의 10% 이하의 범위 안에서 건축조례로 정한다.
③ 공개공지는 필로티구조로도 할 수 있다.
④ 용적률을 기준의 1.2배 이하의 범위 안에서 대지면적에 대한 공개공지 면적비율에 따라 완화할 수 있다.
⑤ 가로구역별 높이제한을 1.2배 이하의 범위 안에서 대지면적에 대한 공개공지 면적비율에 따라 완화할 수 있다.

해설 공개공지
공개공지를 확보해야 하는 건축물은 연면적의 합계가 5,000m² 이상인 문화 및 집회시설, 종교시설, 판매시설(농수산물유통시설은 제외), 운수시설, 업무시설, 숙박시설 그 밖에 다중이 이용하는 시설로서 건축조례가 정하는 건축물이다.

26회 출제

96. 건축법령상 공개공지 또는 공개공간을 설치하여야 하는 건축물에 해당하지 않는 것은? (단, 건축물은 해당 용도로 쓰는 바닥면적의 합계가 5천m² 이상이며, 조례는 고려하지 않음)
① 일반공업지역에 있는 종합병원
② 일반주거지역에 있는 교회
③ 준주거지역에 있는 예식장
④ 일반상업지역에 있는 생활숙박시설
⑤ 유통상업지역에 있는 여객자동차터미널

정답 94. ② 95. ① 96. ①

부동산공법

> **해설** 공개공지 설치대상
>
> ■ 일반주거지역·준주거지역·상업지역 및 준공업지역과 특별자치시장·특별자치도지사·시장·군수 또는 자치구청장이 도시화의 가능성이 크거나 노후 산업단지의 정비가 필요하다고 인정해서 지정·공고하는 지역의 환경을 쾌적하게 조성하기 위해 다음의 건축물에는 일반이 사용할 수 있도록 소규모 휴식시설 등의 공개공지 또는 공개공간을 설치해야 한다.
>   1) 해당 용도로 쓰이는 바닥면적의 합계가 5,000㎡ 이상인 문화 및 집회시설, 종교시설, 판매시설(농수산물 유통시설은 제외), 운수시설(여객용 시설에 한함), 업무시설, 숙박시설
>   2) 그 밖에 다중이 이용하는 시설로서 건축조례가 정하는 건축물

97 다음은 「건축법」의 공개공지에 대한 설명이다. 틀린 것은?

① 연면적 합계 5,000㎡ 이상인 숙박시설은 공개공지 설치대상건축물이다.
② 공개공지를 설치하는 경우에는 당해 지역에 적용되는 용적률의 1.2배 이하의 범위 안에서 대지면적에 대한 공개공지등 면적비율에 따라 완화하여 적용한다.
③ 공개공지등에는 연간 60일 이내의 기간 동안 건축조례로 정하는 바에 따라 주민들을 위한 문화행사를 열거나 판촉활동을 할 수 있다.
④ 공개공지 공간에는 긴의자·파고라 등 공중이 이용할 수 있는 시설로서 건축조례가 정하는 시설을 설치해야 한다. 이 경우 필로티의 구조로 설치할 수 있다.
⑤ 공개공지의 면적은 대지면적의 15% 이하의 범위 안에서 건축조례로 정한다.

> **해설** 공개공지
>
> "15% 이하"가 아닌 "10% 이하"여야 한다.

98 다음 중 승강기를 설치해야 하는 건축물의 경우는 어느 것인가?

① 6층 이상인 경우
② 연면적이 2,000㎡ 이상인 경우
③ 6층 이상으로서 연면적이 2,000㎡ 이상인 경우
④ 6층으로서 각층 거실의 바닥면적 300㎡마다 1개소 이상의 직통계단을 설치한 경우
⑤ 높이 31m를 초과하는 경우

> **해설** 승강기를 설치해야 하는 경우
>
> 6층 이상으로서 연면적이 2,000㎡ 이상인 건축물에는 승강기를 설치해야 하되, 6층 건축물의 각층 거실의 바닥면적 300㎡마다 1개소 이상의 직통계단을 설치한 경우에는 승강기를 설치하지 않아도 된다. 그리고 높이 31m를 초과하는 경우에는 비상용 승강기를 설치해야 한다.

정답 97. ⑤ 98. ③

99 다음은 비상용 승강기에 관한 설명이다. 틀린 것은?

13회 출제

① 높이 31m를 넘는 각층의 바닥면적의 합계가 500m² 이하인 건축물은 비상용 승강기를 설치하지 않을 수 있다.
② 비상용 승강기의 설치대상건축물은 높이 31m를 넘는 건축물이다.
③ 2대 이상의 비상용 승강기는 인접해 설치해야 한다.
④ 비상용 승강기의 승강로는 전층을 단일구조로 연결해 설치해야 한다.
⑤ 비상용 승강기의 승강장의 바닥면적은 비상용 승강기 1대에 대해 원칙적으로 6m² 이상으로 한다.

해설 비상용 승강기
2대 이상의 비상용 승강기를 설치하는 경우에는 화재가 났을 때 소화에 지장이 없도록 일정한 간격을 두고 설치하여야 한다.

100 다음은 「건축법」상의 건축기준을 정하는 방법이다. 올바른 것은?

① 지구단위계획구역에 대해 건축기준을 완화해 적용하는 경우 그 세부기준은 시·군·구의 조례로 정한다.
② 통일성을 유지하기 위해 필요한 경우에는 특별시·광역시 또는 도의 조례로 건축물의 각 부분과 전면도로의 반대쪽 경계선까지의 거리를 정할 수 있다.
③ 일조 등의 확보를 위한 공동주택의 높이제한에 관한 일부는 시·군·구의 조례로 정할 수 있다.
④ 고도지구 안의 건축물에 대한 높이제한의 기준은 시·군·구의 조례로 정한다.
⑤ 취락지구 안에서 건축이 제한되는 건축물의 범위는 시·군·구의 조례로 정한다.

해설 건축기준을 정하는 방법
① 지구단위계획구역 안에서의 건축기준완화는 지구단위계획으로 정한다.
② 전면도로에 의한 높이제한은 「건축법」 제60조 제1항에 직접 규정되어 있다.
④ 고도지구 안에서의 높이제한은 도시·군관리계획으로 정한다.
⑤ 취락지구 안에서의 건축제한은 「국토의 계획 및 이용에 관한 법률 시행령」에 규정되어 있다.

정답 99. ③ 100. ③

부동산공법

101 건축법령상 지능형 건축물의 인증에 관한 내용으로 옳은 것은? (단, 다른 조건과 예외 및 다른 법령과 조례는 고려하지 않음)

① 시·도지사는 지능형 건축물의 건축을 활성화하기 위하여 지능형 건축물 인증제도를 실시하여야 한다.
② 지능형 건축물의 인증을 받으려는 자는 시·도지사에게 인증을 신청하여야 한다.
③ 지능형 건축물 인증기준에는 인증기준 및 절차, 인증표시 홍보기준, 유효기간, 수수료, 인증등급 및 심사기준 등이 포함된다.
④ 지능형 건축물로 인증을 받은 건축물에 대해서는 조경설치면적을 100분의 50까지 완화하여 적용할 수 있다.
⑤ 지능형 건축물로 인증을 받은 건축물에 대해서는 용적률 및 건축물의 높이를 100분의 115를 초과하는 범위로 완화하여 적용할 수 있다.

> **해설** 지능형 건축물의 인증
> ① 국토교통부장관은 지능형 건축물의 건축을 활성화하기 위하여 지능형 건축물 인증제도를 실시하여야 한다.
> ② 국토교통부장관은 지능형 건축물의 인증을 위하여 인증기관을 지정할 수 있다. 지능형 건축물의 인증을 받으려는 자는 인증기관에 인증을 신청하여야 한다.
> ④ 지능형 건축물로 인증을 받은 건축물에 대해서는 조경설치면적을 100분의 85까지 완화하여 적용할 수 있다.
> ⑤ 지능형 건축물로 인증을 받은 건축물에 대해서는 용적률 및 건축물의 높이를 100분의 115의 범위에서 완화하여 적용할 수 있다.

102 다음은 특별건축구역에 관한 설명이다. 틀린 것은?

① 특별건축구역은 조화롭고 창의적인 건축물의 건축을 통해 도시경관의 창출, 건설기술 수준향상 및 건축 관련 제도개선을 도모하기 위한 구역이다.
② 특별건축구역 안에서는 「건축법」 또는 관계법령에 의한 기준을 강화해서 적용한다.
③ 특별건축구역 안에서 건축기준 등의 특례를 적용받을 수 있는 건축물의 용도와 규모는 제한된다.
④ 건축물에 대한 미술작품의 설치, 부설주차장의 설치, 공원의 설치에 관한 관계법령의 규정을 개별 건축물마다 적용하지 않고 특별건축구역 전부 또는 일부를 대상으로 통합해서 적용할 수 있다.
⑤ 특별건축구역 안에서 건축기준 등의 특례를 적용해서 건축허가를 하는 때에는 지방건축위원회의 심의를 거쳐야 한다.

> **해설** 특별건축구역
> 특별건축구역 안에서는 「건축법」 또는 관계법령의 일부 규정을 적용하지 않거나 완화 또는 통합해서 적용한다.

정답 101. ③ 102. ②

103 건축법령상 국토교통부장관 또는 시·도지사가 도시나 지역의 일부에 대해 특별건축구역으로 지정할 수 <u>없는</u> 지역·지구·구역은?

① 「도로법」에 따른 접도구역
② 「도시 및 주거환경정비법」에 따른 정비구역
③ 「도시재정비 촉진을 위한 특별법」에 따른 재정비촉진구역
④ 「도시개발법」에 따른 도시개발구역
⑤ 「공공주택 특별법」에 따른 공공주택지구

해설 특별건축구역의 지정

접도구역에 대하여는 특별건축구역으로 지정할 수 없다.

104 다음은 특별건축구역 안에서 개별 건축물에 대해 건축기준 등을 적용할 때의 특례에 관한 설명이다. <u>틀린</u> 것은?

① 「건축법」의 조경의무, 건폐율, 용적률, 대지 안의 공지, 높이제한 등의 건축기준을 적용하지 않을 수 있다.
② 「건축법」에서 요구하는 구조내력, 방화, 지하층, 건축설비기준 등의 기준 또는 성능을 다른 방법으로 대신할 수 있는 경우에는 이를 완화해서 적용할 수 있다.
③ 「주택법」에 의한 주택건설기준의 일부를 적용하지 않을 수 있다.
④ 「주차장법」의 부설주차장에 관한 기준을 완화해서 적용할 수 있다.
⑤ 「소방시설 설치 및 관리에 관한 법률」에서 요구하는 소방시설기준 또는 성능 등을 다른 방법으로 대신할 수 있는 경우에는 이를 완화해서 적용할 수 있다.

해설 특별건축구역

「주차장법」의 부설주차장에 관한 기준은 구역의 일부 또는 전부를 대상으로 통합해서 적용할 수 있는 기준이지, 개별건축물에 대해 완화해서 적용할 수 있는 규정이 아니다.

정답 103. ① 104. ④

105 다음은 특별건축구역에 대한 설명이다. 틀린 것은?

① 특별건축구역이 지정된 경우 관계서류에 도시·군관리계획 결정사항이 포함되어 있는 때에는 구역지정을 신청한 기관은 지형도면의 승인신청 등 필요한 조치를 취해야 한다.
② 미술작품·부설주차장·공원 등에 대한 기준을 개별건축물마다 적용하지 않고 특별건축구역 전체를 대상으로 통합적용하는 경우에는 이들에 대한 수요를 개별법에서 정한 기준 이하로 산정할 수 있다.
③ 도시·군관리계획의 변경을 수반하는 통합적용계획이 수립된 경우 해당 도시·군관리계획 결정권자는 특별한 사유가 없으면 도시·군관리계획의 변경에 필요한 조치를 취해야 한다.
④ 특별건축구역에서 건축기준 등을 완화적용받아 건축허가를 받은 건축물의 소유자는 당초 허가받은 건축물의 형태·재료·색채 등이 원형을 유지하도록 필요한 조치를 해야 한다.
⑤ 국토교통부장관 및 건축허가권자는 특별건축구역의 건축물에 대해 검사를 실시할 수 있으며, 필요한 경우 시정명령 등 필요한 조치를 할 수 있다.

해설 특별건축구역
미술장식·부설주차장·공원 등에 대한 기준을 통합적용하는 경우에는 이들에 대한 수요를 개별법에서 정한 기준 이상으로 산정해야 한다.

106 건축법령상 건축협정에 관한 설명으로 틀린 것은? **27회 출제**

① 건축물의 소유자등은 과반수의 동의로 건축물의 리모델링에 관한 건축협정을 체결할 수 있다.
② 협정체결자 또는 건축협정운영회의 대표자는 건축협정서를 작성하여 해당 건축협정인가권자의 인가를 받아야 한다.
③ 건축협정인가권자가 건축협정을 인가하였을 때에는 해당 지방자치단체의 공보에 그 내용을 공고하여야 한다.
④ 건축협정 체결 대상 토지가 둘 이상의 특별자치시 또는 시·군·구에 걸치는 경우 건축협정 체결 대상 토지면적의 과반이 속하는 건축협정인가권자에게 인가를 신청할 수 있다.
⑤ 협정체결자 또는 건축협정운영회의 대표자는 건축협정을 폐지하려는 경우 협정체결자 과반수의 동의를 받아 건축협정인가권자의 인가를 받아야 한다.

해설 건축협정
건축물의 소유자등은 전원의 합의로 건축물의 건축·대수선 또는 리모델링에 관한 건축협정을 체결할 수 있다.

정답   105. ②   106. ①

107
건축법령상 건축협정의 인가를 받은 건축협정구역에서 연접한 대지에 대하여 관계 법령의 규정을 개별 건축물마다 적용하지 아니하고 건축협정구역을 대상으로 통합하여 적용할 수 있는 것만을 모두 고른 것은?

[28회 출제]

㉠ 건폐율	㉡ 계단의 설치
㉢ 지하층의 설치	㉣ 「주차장법」 제19조에 따른 부설주차장의 설치
㉤ 「하수도법」 제34조에 따른 개인하수처리시설의 설치	

① ㉠, ㉡, ㉣
② ㉠, ㉡, ㉢, ㉤
③ ㉠, ㉢, ㉣, ㉤
④ ㉡, ㉢, ㉣, ㉤
⑤ ㉠, ㉡, ㉢, ㉣, ㉤

해설 건축협정

■ 건축협정구역의 전부 또는 일부를 대상으로 통합하여 적용할 수 있는 규정
1) 대지의 조경
2) 대지와 도로와의 관계
3) 지하층의 설치
4) 건폐율
5) 「주차장법」에 따른 부설주차장의 설치
6) 「하수도법」에 따른 개인하수처리시설의 설치

108
「건축법」 및 그에 의한 명령이나 처분에 위반한 경우 허가권자가 취할 수 있는 조치에 해당하지 <u>않는</u> 것은?

[15회 추가]

① 허가나 승인의 취소
② 공사중지명령 또는 건축물해체명령
③ 건축물의 사용중지·사용제한
④ 건축물의 용도변경 명령
⑤ 벌금의 부과

해설 건축법 등 위반시 조치

벌금은 행정청이 부과하지 않는다. 벌금은 법관이 재판에 의해 부과한다.

109
다음은 「건축법」에 의한 이행강제금에 관한 설명이다. 올바른 것은?

① 이행강제금은 과태료처분을 받고도 위반사항을 시정하지 않는 경우에 부과한다.
② 용적률은 「국토의 계획 및 이용에 관한 법률」에 규정되어 있으므로 용적률위반은 「건축법」에 의한 이행강제금의 부과대상이 아니다.
③ 이행강제금을 부과한 후 위반사항을 시정한 때에도 이미 부과된 이행강제금은 징수해야 한다.
④ 연면적 330m² 이하의 주택의 경우에는 이행강제금을 감면할 수 있다.
⑤ 이행강제금의 총 부과횟수는 2회를 넘을 수 없다.

정답 107. ③ 108. ⑤ 109. ③

해설 이행강제금
① 이행강제금은 시정명령을 받고도 위반사항을 시정하지 않는 경우에 부과한다.
② 용적률위반에 대해서도 「건축법」에 의해 이행강제금은 부과된다.
④ 이행강제금을 감액해 부과하는 것은 연면적 60m² 이하의 주택이다.
⑤ 이행강제금은 최초의 시정명령이 있었던 날을 기준으로 하여 1년에 2회 이내의 범위에서 해당 지방자치단체의 조례로 정하는 횟수만큼 그 시정명령이 이행될 때까지 반복하여 부과·징수할 수 있다.

110 건축법령상 용적률을 초과하여 건축된 건축물에 부과하는 이행강제금지의 선정방식이다. ( )에 들어갈 내용으로 옳은 것은? (단, 가중·감경 특례 및 조례는 고려하지 않음)

> 「지방세법」에 따라 해당 건축물에 적용되는 1제곱미터의 시가표준액의 100분의 50에 해당하는 금액에 위반면적을 곱한 금액 이하의 범위에서 100분의 ( )을 곱한 금액

① 60   ② 70   ③ 80   ④ 90   ⑤ 100

해설 이행강제금의 산정방법
다음의 경우는 「지방세법」에 따라 해당 건축물에 적용되는 1제곱미터의 시가표준액의 100분의 50에 해당하는 금액에 위반면적을 곱한 금액 이하의 범위에서 각 경우에 따라 다음 비율을 곱한다.
- 건폐율을 초과하여 건축한 경우: 100분의 80
- 용적률을 초과하여 건축한 경우: 100분의 90
- 허가를 받지 아니하고 건축한 경우: 100분의 100
- 신고를 하지 아니하고 건축한 경우: 100분의 70

111 건축법령상 이행강제금 부과·징수절차에 관한 내용으로 옳은 것은?

① 이행강제금을 부과하기 전에 이행강제금을 부과·징수한다는 뜻을 미리 구두로 계고(戒告)하여야 한다.
② 허가권자는 동일인이 최근 5년 내에 2회 이상 「건축법」에 따른 명령이나 처분을 위반한 경우에 이행강제금액을 100분의 50의 범위에서 해당 지방자치단체의 조례로 정하는 바에 따라 가중하여야 한다.
③ 최초의 시정명령이 있었던 날을 기준으로 하여 1년에 2회 이내의 범위에서 해당 지방자치단체의 조례로 정하는 횟수만큼 그 시정명령이 이행될 때까지 반복하여 이행강제금을 부과·징수할 수 있다.
④ 시정명령을 받은 자가 시정명령을 이행하면 새로운 이행강제금의 부과는 즉시 중지하고, 이미 부과된 이행강제금은 징수할 수 없다.
⑤ 허가권자는 이행강제금을 축사 등 농업용·어업용 시설로서 500m² 이하인 경우는 1/10을 감경할 수 있다.

정답 110. ④ 111. ③

해설 이행강제금

① 이행강제금을 부과하기 전에 이행강제금을 부과·징수한다는 뜻을 미리 문서로써 계고(戒告)하여야 한다.
② 허가권자는 동일인이 최근 3년 내에 2회 이상 「건축법」에 따른 명령이나 처분을 위반한 경우에 이행강제금액을 100분의 100의 범위에서 해당 지방자치단체의 조례로 정하는 바에 따라 가중하여야 한다.
④ 시정명령을 받은 자가 이를 이행하면 새로운 이행강제금의 부과는 즉시 중지하고, 이미 부과된 이행강제금은 이를 징수하여야 한다.
⑤ 허가권자는 이행강제금을 축사 등 농업용·어업용 시설로서 500㎡(수도권 외의 지역에서는 1천㎡) 이하인 경우는 1/5을 감경할 수 있다.

112 다음은 「건축법」상의 이행강제금에 관한 설명이다. 틀린 것은?

① 이행강제금에 대해 이의를 제기하지 않고, 이를 납부하지 않은 경우에는 「지방행정제재·부과금의 징수 등에 관한 법률」에 의해 징수한다.
② 이행강제금의 부과 및 징수절차는 「국고금관리법 시행규칙」을 준용한다.
③ 연면적 60㎡ 이하의 주거용 건축물인 경우에는 법정 이행강제금의 1/2의 범위 안에서 당해 지방자치단체의 조례로 정하는 금액을 부과한다.
④ 허가대상건축물을 허가받지 않고 건축해 벌금이 부과된 자에게는 이행강제금을 부과할 수 없다.
⑤ 시정명령을 받은 자가 그 시정명령을 이행한 경우에도 이미 부과된 이행강제금은 납부해야 한다.

해설 이행강제금
무허가건축의 경우에는 벌금과는 별도로 이행강제금이 부과된다.

113 다음은 「건축법」에 의한 기존건축물에 대한 조치이다. 틀린 것은?

① 대지의 접도의무에 위반하게 된 건축물의 대수선명령
② 위해의 우려가 있어 안전점검을 실시해야 할 건축물의 지정
③ 도시미관에 현저히 장애가 되는 경관지구 안의 건축물에 대한 개축요구
④ 국가보안상 필요한 건축물로서 국방부장관이 요청한 건축물에 대한 해체명령
⑤ 「행정대집행법」에 대한 특례

해설 기존건축물에 대한 조치
「행정대집행법」에 대한 특례는 위반건축물에 대한 시정명령을 이행하지 않는 경우에 적용된다.

정답 112. ④ 113. ⑤

114. 건축법령상 건축등과 관련된 분쟁으로서 건축분쟁전문위원회의 조정 및 재정의 대상이 되는 것은? (단, 「건설산업기본법」 제69조에 따른 조정의 대상이 되는 분쟁은 고려하지 않음)

32회 출제

① '건축주'와 '건축신고수리자' 간의 분쟁
② '공사시공자'와 '건축지도원' 간의 분쟁
③ '건축허가권자'와 '공사감리자' 간의 분쟁
④ '관계전문기술자'와 '해당 건축물의 건축등으로 피해를 입은 인근주민' 간의 분쟁
⑤ '건축허가권자'와 '해당 건축물의 건축등으로 피해를 입은 인근주민' 간의 분쟁

해설 건축분쟁전문위원회의 조정 및 재정의 대상
(1) 건축관계자와 해당 건축물의 건축 등으로 피해를 입은 인근주민 간의 분쟁
(2) 관계전문기술자와 인근주민 간의 분쟁
(3) 건축관계자와 관계전문기술자 간의 분쟁
(4) 건축관계자 간의 분쟁
(5) 인근주민 간의 분쟁
(6) 관계전문기술자 간의 분쟁

115. 다음은 건축법령상의 분쟁조정에 관한 설명이다. 올바른 것은?

14회 출제

① 조정위원회는 당사자나 참고인을 조정위원회에 출석하게 하여 의견을 들으려면 회의 개최 5일 전에 서면으로 출석을 요청하여야 한다.
② 조정위원회와 재정위원회의 회의는 구성원 과반수의 출석으로 열고 구성원 과반수의 찬성으로 의결한다.
③ 조정은 5인으로 구성되는 조정위원회에서 행한다.
④ 분쟁조정의 신청은 양당사자가 공동으로 해야 한다.
⑤ 분쟁조정을 위한 감정·진단·시험에 소요되는 비용은 당사자들이 50 : 50으로 부담해야 한다.

해설 건축법령상의 분쟁조정
② 조정위원회와 재정위원회의 회의는 구성원 전원의 출석으로 열고 과반수의 찬성으로 의결한다.
③ 조정위원회는 3명으로 구성된다.
④ 분쟁조정의 신청은 당사자 일방이 할 수 있다.
⑤ 분쟁의 조정등을 위한 감정·진단·시험 등에 드는 비용은 당사자 간의 합의로 정하는 비율에 따라 당사자가 부담하여야 한다.

정답 114. ④ 115. ①

116. 다음 중 형사처벌대상이 <u>아닌</u> 자는?

① 감리대상건축공사에 대해 공사감리자를 지정하지 않은 건축주
② 공사감리자로부터 위반사항에 대한 시정 또는 재시공요청을 받고 이에 불응한 공사시공자
③ 위반사항에 대한 시정 또는 재시공요청을 하거나 위반사실을 보고하지 않은 공사감리자에 대해 불이익을 준 건축주 또는 공사시공자
④ 건축물의 유지·관리의무를 위반한 건축물의 소유자
⑤ 공사시공자가 위반사항에 대한 시정 또는 재시공요청에 불응한 경우 건축허가권자에게 위반사실을 보고하지 않은 공사감리자

해설 형사처벌대상
①, ②, ③, ④ 2년 이하의 징역 또는 1억원 이하의 벌금
⑤ 100만원 이하의 과태료

117. 다음은 도시지역 안에서 허가받은 내용과 달리 건폐율의 최대한도를 초과해 건축물을 건축한 경우에 대한 조치이다. 틀린 것은?

① 건축허가를 취소하거나 건축주·공사시공자 등에게 시정명령을 할 수 있다.
② 시정명령에 불응하는 경우에는 영업을 허가하지 않도록 요청할 수 있다.
③ 시정명령에 불응하는 경우에는 계고절차를 거치지 않고 강제집행을 할 수 있다.
④ 시정명령에 불응하는 경우에는 이행강제금을 부과할 수 있다.
⑤ 건축주는 3년 이하의 징역 또는 5억원 이하의 벌금에, 공사시공자는 5천만원 이하의 벌금에 처한다.

해설 벌 칙
공사시공자도 건축주와 동일하게 3년 이하의 징역 또는 5억원 이하의 벌금에 처한다.

정답　116. ⑤　117. ⑤

CHAPTER 05

주택법

학습포인트

- 「주택법」에서는 용어의 정의, 주택의 종류, 주택조합, 사업계획승인, 사용검사, 공급질서교란행위, 전매제한, 리모델링, 투기과열지구 등에 관해 주의를 기울여야 할 것이다.
- 「주택공급에 관한 규칙」에 대해서는 예상 외로 출제빈도가 낮은데, 이 부분은 기출문제와 최근 개정사항을 중심으로 정리하는 것이 효율적일 것이다.

CHAPTER 학습 & 출제되는 키워드

- ☑ 주택의 구분
- ☑ 주택조합
- ☑ 사업계획승인
- ☑ 간선시설의 설치
- ☑ 토지 등의 확보
- ☑ 국·공유지의 우선매각 및 임대
- ☑ 공사의 완료
- ☑ 주택공급질서교란행위의 금지
- ☑ 주택건설대지의 처분제한
- ☑ 분양가상한제
- ☑ 주택의 전매행위제한
- ☑ 투기과열지구
- ☑ 리모델링
- ☑ 주택상환사채

CHAPTER 학습 & 출제되는 질문

- ☑ 주택법령상 용어에 관한 설명으로 틀린 것은?
- ☑ 주택건설사업 또는 대지조성사업의 등록에 관한 설명 중 옳은 것은?
- ☑ 양도·양수 등이 금지된 증서 또는 지위에 해당하지 않는 것은?
- ☑ 주택의 공급 및 분양가상한제에 관한 설명으로 틀린 것은?
- ☑ 투기과열지구 및 전매제한 등에 관한 설명 중 틀린 것은?
- ☑ 리모델링에 관한 설명 중 옳은 것은?

제5장 주택법(기본)

기본 출제예상문제

01 다음 중 국민주택에 해당하는 것은?

① 전용면적 100m² 이하의 주택
② 다세대주택
③ 주택도시기금의 자금지원을 받아 지은 주택으로서 전용면적이 1호 또는 1세대당 85m² 이하인 주택
④ 무주택국민을 위해 건설된 임대주택
⑤ 국가·지방자치단체 또는 한국토지주택공사가 지은 주택

해설 국민주택
- 국민주택이란 다음의 어느 하나에 해당하는 주택으로서 국민주택규모 이하인 주택을 말한다.
  1) 국가·지방자치단체, 한국토지주택공사 또는 지방공사가 건설하는 주택
  2) 국가·지방자치단체의 재정 또는「주택도시기금법」에 따른 주택도시기금으로부터 자금을 지원받아 건설되거나 개량되는 주택

02 주택법령상 준주택에 해당하는 것은? **21회 출제**

① 여관 및 여인숙
② 제2종 근린생활시설에 해당하지 않는 다중생활시설
③ 주택에 해당하지 않는 지역아동센터
④「청소년활동진흥법」에 따른 유스호스텔
⑤ 단독주택의 형태를 갖춘 가정어린이집

해설 준주택의 종류
- 준주택이란 주택 외의 건축물과 그 부속토지로서 주거시설로 이용가능한 시설 등을 말하며, 준주택의 범위와 종류는 다음과 같다.
  1) 건축법 시행령에 따른 기숙사
  2) 건축법 시행령에 따른 다중생활시설
  3) 건축법 시행령에 따른 노인복지시설 중 노인복지주택
  4) 건축법 시행령에 따른 오피스텔

정답 01. ③ 02. ②

부동산공법

03 주택법령상 용어에 관한 설명으로 옳은 것은? `31회 출제`

① 「건축법 시행령」에 따른 다중생활시설은 "준주택"에 해당하지 않는다.
② 주택도시기금으로부터 자금을 지원받아 건설되는 1세대당 주거전용면적 84제곱미터인 주택은 "국민주택"에 해당한다.
③ "간선시설"이란 도로·상하수도·전기시설·가스시설·통신시설·지역난방시설 등을 말한다.
④ 방범설비는 "복리시설"에 해당한다.
⑤ 주민공동시설은 "부대시설"에 해당한다.

> **해설** 용어의 정의
> ① 다중생활시설은 준주택에 해당한다.
> ③ 기간시설이란 도로·상하수도·전기시설·가스시설·통신시설·지역난방시설 등을 말한다. 간선시설이란 도로·상하수도·전기시설·가스시설·통신시설 및 지역난방시설 등 주택단지 안의 기간시설을 그 주택단지 밖에 있는 같은 종류의 기간시설에 연결시키는 시설을 말한다.
> ④ 방범설비는 부대시설에 해당한다.
> ⑤ 주민공동시설은 복리시설에 해당한다.

04 주택법령상 용어에 관한 설명으로 옳은 것을 모두 고른 것은? `32회 출제`

> ㉠ 주택에 딸린 「건축법」에 따른 건축설비는 복리시설에 해당한다.
> ㉡ 300세대인 국민주택규모의 단지형 다세대주택은 도시형 생활주택에 해당한다.
> ㉢ 민영주택은 국민주택을 제외한 주택을 말한다.

① ㉠   ② ㉢   ③ ㉠, ㉡   ④ ㉡, ㉢   ⑤ ㉠, ㉡, ㉢

> **해설** 용어의 정의
> ㉠ 주택에 딸린 「건축법」에 따른 건축설비는 부대시설에 해당한다.
> ㉡ 300세대 미만의 국민주택규모에 해당하는 주택으로서 도시지역에 건설하는 단지형 다세대주택은 도시형 생활주택에 해당한다.

정답 03. ②   04. ②

05 주택법령상 용어에 관한 설명으로 옳은 것은?

① "복리시설"이란 주택단지의 입주자 등의 생활복리를 위한 어린이 놀이터, 근린생활시설, 주차장, 관리사무소 등을 말한다.
② 주택단지 안의 기간시설인 가스시설·통신시설 및 지역난방시설은 간선시설에 포함된다.
③ "세대구분형 공동주택"은 그 구분된 공간의 일부에 대하여 구분소유를 할 수 있는 주택이다.
④ "도시형 생활주택"은 300세대 이상의 국민주택규모에 해당하는 주택으로서 대통령령으로 정하는 주택을 말한다.
⑤ "건강친화형 주택"은 저에너지 건물 조성기술 등 대통령령으로 정하는 기술을 이용하여 에너지 사용량을 절감하거나 이산화탄소 배출량을 저감할 수 있도록 건설된 주택을 말한다.

해설 용어의 정의
① 주차장, 관리사무소는 부대시설이다.
③ 세대구분형 공동주택은 그 구분된 공간의 일부에 대하여 구분소유를 할 수 없는 주택이다.
④ 도시형 생활주택은 300세대 미만의 국민주택규모에 해당하는 주택으로서 대통령령으로 정하는 주택을 말한다.
⑤ 에너지절약형 친환경주택이란 저에너지 건물 조성기술 등 대통령령으로 정하는 기술을 이용하여 에너지 사용량을 절감하거나 이산화탄소 배출량을 저감할 수 있도록 건설된 주택을 말한다.

06 다음은 「주택법」에 의한 주택에 관한 설명이다. 올바른 것은? 10회 출제

① 공동주택은 아파트·연립주택 및 다가구주택으로 구분된다.
② 아파트는 6층 이상인 공동주택을 말한다.
③ 건강친화형 주택이란 건강하고 쾌적한 실내환경의 조성을 위하여 실내공기의 오염물질 등을 최소화할 수 있도록 「주택건설기준 등에 관한 규정」으로 정하는 기준에 따라 건설된 주택을 말한다.
④ 주택은 세대원이 장기간 독립된 주거생활을 영위할 수 있는 구조로 된 건축물의 전부 또는 일부와 그 부속토지를 말하며, 공동주택과 임대주택으로 구분된다.
⑤ 민영주택은 등록업체가 건설하는 주택을 말한다.

해설 주 택
① 다가구주택은 단독주택에 속한다.
② 아파트는 주택으로 쓰는 층수가 5개 층 이상인 주택이다.
④ 단독주택과 공동주택으로 구분된다.
⑤ 민영주택은 국민주택을 제외한 주택이다.

정답 05. ② 06. ③

부동산공법

07 주택법령상 사업계획의 승인을 받아 건설하는 세대구분형 공동주택의 건설기준 등으로 틀린 것은? [27회 개작]

① 세대구분형 공동주택의 세대별로 구분된 각각의 공간마다 별도의 욕실, 부엌과 현관을 설치할 것
② 세대구분형 공동주택의 세대별로 구분된 각각의 공간은 주거전용면적이 12m² 이상일 것
③ 하나의 세대가 통합하여 사용할 수 있도록 세대간에 연결문 또는 경량구조의 경계벽 등을 설치할 것
④ 세대구분형 공동주택은 주택단지 공동주택 전체 호수의 3분의 1을 넘지 아니할 것
⑤ 세대구분형 공동주택의 세대별로 구분된 각각의 공간의 주거전용면적 합계가 주택단지 전체 주거전용면적 합계의 3분의 1을 넘지 아니할 것

[해설] 세대구분형 공동주택의 건설기준
세대구분형 공동주택의 세대별로 구분된 각각의 공간 주거전용면적 규정은 삭제되었다.

08 다음은 도시형 생활주택에 관한 설명이다. 틀린 것은?

① 도시형 생활주택은 전체규모가 300세대 미만이어야 한다.
② 도시형 생활주택은 국민주택규모에 해당하는 주택이어야 한다.
③ 도시형 생활주택은 도시지역에 건설되는 주택에 한한다.
④ 도시형 생활주택은 「건축법」에 따른 다가구주택에 해당된다.
⑤ 하나의 건축물에는 단지형 연립주택 또는 단지형 다세대주택과 아파트형 주택을 함께 건축할 수 없다.

[해설] 도시형 생활주택
도시형 생활주택은 공동주택인 아파트형 주택·단지형 연립주택 및 단지형 다세대주택을 말한다.

09 주택법령상 「공동주택관리법」에 따른 행위의 허가를 받거나 신고를 하고 설치하는 세대구분형 공동주택이 충족하여야 하는 요건에 해당하는 것을 모두 고른 것은? (단, 조례는 고려하지 않음) [34회 출제]

ㄱ. 하나의 세대가 통합하여 사용할 수 있도록 세대간에 연결문 또는 경량구조의 경계벽 등을 설치할 것
ㄴ. 구분된 공간의 세대수는 기존 세대를 포함하여 2세대 이하일 것
ㄷ. 세대별로 구분된 각각의 공간마다 별도의 욕실, 부엌과 구분 출입문을 설치할 것
ㄹ. 구조, 화재, 소방 및 피난안전 등 관계 법령에서 정하는 안전 기준을 충족할 것

① ㄱ, ㄴ, ㄷ ② ㄱ, ㄴ, ㄹ ③ ㄱ, ㄷ, ㄹ ④ ㄴ, ㄷ, ㄹ ⑤ ㄱ, ㄴ, ㄷ, ㄹ

정답 07. ② 08. ④ 09. ④

해설 세대구분형 공동주택의 용어정의

ㄱ. 하나의 세대가 통합하여 사용할 수 있도록 세대간에 연결문 또는 경량구조의 경계벽 등을 설치할 것의 요건은 「주택법」에 따른 사업계획의 승인을 받아 건설하는 세대구분형 공동주택의 충족 요건에 해당한다.

10 다음은 「주택법」상의 도시형 생활주택에 관한 설명이다. 틀린 것은?

① 하나의 건축물에는 원칙적으로 도시형 생활주택과 그 밖의 주택을 함께 건축할 수 없다.
② 도시형 생활주택과 주거전용면적이 85㎡를 초과하는 주택 1세대는 함께 건축할 수 있다.
③ 단지형 연립주택 또는 단지형 다세대 주택과 아파트형 주택은 원칙적으로 함께 건축할 수 없다.
④ 아파트형 주택은 세대별로 독립된 주거가 가능하도록 욕실 및 부엌을 설치하여야 한다.
⑤ 상업지역에서는 아파트형 주택과 단지형 연립주택을 함께 건축할 수 있다.

해설 도시형 생활주택

준주거지역과 상업지역에서는 아파트형 주택과 그 밖의 주택을 함께 건축할 수 있는데, 여기의 "그 밖의 주택"에는 단지형 연립주택 및 단지형 다세대주택은 제외된다.

11 ★ 다음 중 「주택법」에 의한 주택의 부대시설이 아닌 것은?

① 어린이놀이터 ② 주차장 ③ 소방설비
④ 공중화장실 ⑤ 조경시설

해설 부대시설

어린이놀이터는 복리시설에 해당된다.

12 ★ 다음 중 「주택법」에 의한 주택의 복리시설이 아닌 것은? **11회 출제**

① 경로당 ② 제1종 근린생활시설 ③ 주민운동시설
④ 유치원 ⑤ 관리사무소

해설 복리시설

관리사무소는 부대시설에 해당된다.

13 주택법령상 용어에 관한 설명으로 틀린 것은? **20회 출제**

① 주택단지 안의 도로는 부대시설에 속한다.
② 주택에 딸린 주차장은 복리시설에 속한다.
③ 주택단지의 입주자의 생활복리를 위한 근린생활시설은 복리시설에 속한다.
④ 주택단지의 안과 밖을 연결시키는 전기시설은 간선시설에 속한다.
⑤ 주택단지 안의 관리사무소는 부대시설에 속한다.

정답 10. ⑤ 11. ① 12. ⑤ 13. ②

부동산공법

해설 **주택법령상 용어의 뜻**
주택에 딸린 주차장은 부대시설에 속한다.

14 주택법령상 하나의 주택단지로 보아야 하는 것은?   21회 출제

① 폭 12m의 일반도로로 분리된 주택단지
② 고속도로로 분리된 주택단지
③ 폭 10m의 도시계획예정도로로 분리된 주택단지
④ 자동차전용도로로 분리된 주택단지
⑤ 보행자 및 자동차의 통행이 가능한 도로로서 「도로법」에 의한 지방도로 분리된 주택단지

해설 **주택단지의 범위**
폭 20m 이상인 일반도로로 분리된 토지는 이를 각각 별개의 주택단지로 본다.

15 주택법령상 용어에 관한 설명으로 옳은 것은?   28회 출제

① 폭 10m인 일반도로로 분리된 토지는 각각 별개의 주택단지이다.
② 공구란 하나의 주택단지에서 둘 이상으로 구분되는 일단의 구역으로서 공구별 세대수는 200세대 이상으로 해야 한다.
③ 세대구분형 공동주택이란 공동주택의 주택 내부공간의 일부를 세대별로 구분하여 생활이 가능한 구조로 하되 그 구분된 공간의 일부를 구분소유할 수 있는 주택이다.
④ 500세대인 국민주택규모의 아파트형 주택은 도시형 생활주택에 해당한다.
⑤ 「산업입지 및 개발에 관한 법률」에 따른 산업단지개발사업에 의하여 개발·조성되는 공동주택이 건설되는 용지는 공공택지에 해당한다.

해설 **용어정의**
① 폭 20m 이상인 일반도로로 분리된 토지는 각각 별개의 주택단지이다.
② 공구란 하나의 주택단지에서 둘 이상으로 구분되는 일단의 구역으로서 공구별 세대수는 300세대 이상으로 해야 한다.
③ 세대구분형 공동주택이란 공동주택의 주택 내부공간의 일부를 세대별로 구분하여 생활이 가능한 구조로 하되 그 구분된 공간의 일부를 구분소유할 수 없는 주택이다.
④ 300세대 미만인 국민주택규모의 아파트형 주택은 도시형 생활주택에 해당한다.

정답 14. ① 15. ⑤

16 「주택법」상 용어의 정의로서 옳은 것은?

① "토지임대부 분양주택"이란 건축물 및 복리시설의 소유권은 사업계획의 승인을 받아 토지임대부 분양주택 건설사업을 시행하는 자가 가지고, 토지의 소유권은 주택을 분양받은 자가 가지는 주택을 말한다.
② "주택"은 세대의 세대원이 장기간 독립된 주거생활을 영위할 수 있는 구조로 된 건축물의 전부 또는 일부를 말하며, 그 부속토지는 제외된다.
③ "기간시설"이란 도로·상하수도·전기시설·가스시설·통신시설·지역난방시설 등을 말한다.
④ "도시형 생활주택"이란 300세대 이상의 국민주택규모에 해당하는 주택을 말한다.
⑤ "건강친화형 주택"이란 건강하고 쾌적한 실내환경의 조성을 위하여 이산화탄소 배출량을 저감할 수 있도록 건설된 주택을 말한다.

해설 용어의 정의
① 토지임대부 분양주택이란 토지의 소유권은 사업계획의 승인을 받아 토지임대부 분양주택 건설사업을 시행하는 자가 가지고, 건축물 및 복리시설 등에 대한 소유권은 주택을 분양받은 자가 가지는 주택을 말한다.
② 주택에는 그 부속토지가 포함된다.
④ 도시형 생활주택이란 300세대 미만의 국민주택규모에 해당하는 주택으로서 도시지역에 건설하는 주택을 말한다.
⑤ 건강친화형 주택이란 건강하고 쾌적한 실내환경의 조성을 위하여 실내공기의 오염물질 등을 최소화할 수 있도록 건설된 주택을 말한다.

17 주택법령상 리모델링 등에 관한 설명이다. 틀린 것은?

① 주택단지 전체를 리모델링하고자 하는 경우에는 주택단지 전체의 구분소유자와 의결권의 각 2/3 이상의 결의 및 각 동의 구분소유자와 의결권의 각 과반수의 결의로 리모델링 주택조합설립인가를 신청할 수 있다.
② 리모델링 주택조합이 주택단지 전체를 리모델링하는 경우에는 주택단지 전체 구분소유자 및 의결권의 각 75% 이상의 동의와 각 동별 구분소유자 및 의결권의 각 50% 이상의 동의를 받아야 시장·군수·구청장의 허가를 받아 리모델링을 할 수 있다.
③ 기존 14층 건축물에 수직증축형 리모델링이 허용되는 경우 2개 층까지 증축할 수 있다.
④ 리모델링이란 건축물의 노후화 억제 또는 기능향상 등을 위하여 대수선을 하거나 사용검사일부터 20년이 지난 공동주택을 각 세대의 주거전용면적의 20% 이내에서 전유부분을 증축하는 행위를 말한다.
⑤ 공동주택의 소유자가 리모델링에 의하여 전유부분의 면적이 증감하는 경우에는 「집합건물의 소유 및 관리에 관한 법률」 규정에 불구하고 대지사용권은 변하지 아니하는 것으로 본다.

정답 16. ③ 17. ④

해설 리모델링 등

- 리모델링이란 건축물의 노후화 억제 또는 기능향상 등을 위한 다음의 어느 하나에 해당하는 행위를 말한다.
  1) 대수선
  2) 사용검사일 또는 사용승인일부터 15년이 지난 공동주택을 각 세대의 주거전용면적의 30% 이내(세대의 주거전용면적이 85㎡ 미만인 경우에는 40% 이내)에서 증축하는 행위
  3) 증축 행위에 따른 각 세대의 증축 가능 면적을 합산한 면적의 범위에서 기존 세대수의 15% 이내에서 세대수를 증가하는 증축 행위. 다만, 수직으로 증축하는 행위는 다음 요건을 모두 충족하는 경우로 한정한다.
     ① 최대 3개층(기존 층수가 14층 이하인 경우에는 2개층) 이하에서 증축할 것
     ② 수직증축형 리모델링 대상건축물 건축 당시의 구조도를 보유하고 있을 것

18 다음의 주택건설사업 또는 대지조성사업을 하고자 하는 자는 국토교통부장관에게 등록하여야 한다. 틀린 것은?

① 단독주택을 연간 20호 이상 건설하는 경우
② 도시형 생활주택을 연간 30세대 이상 건설하는 경우
③ 아파트형 주택과 그 밖의 주택 1세대를 함께하여 연간 30세대 이상 건설하는 경우
④ 아파트(아파트형 주택은 제외)를 연간 20세대 이상 건설하는 경우
⑤ 연간 5천㎡ 이상의 대지를 조성하는 경우

해설 등록사업자
⑤의 경우 "5천㎡"가 아닌 "1만㎡"이어야 한다.

19 주택법령상 주택건설사업 등의 등록과 관련하여 ( )에 들어갈 내용으로 옳게 연결된 것은? (단 사업등록이 필요한 경우를 전제로 함) **26회 출제**

> 연간 (㉠)호 이상의 단독주택 건설사업을 시행하려는 자 또는 연간 (㉡)㎡ 이상의 대지조성사업을 시행하려는 자는 국토교통부장관에게 등록하여야 한다.

① ㉠ : 10 ㉡ : 10만
② ㉠ : 20 ㉡ : 1만
③ ㉠ : 20 ㉡ : 10만
④ ㉠ : 30 ㉡ : 1만
⑤ ㉠ : 30 ㉡ : 10만

해설 등록사업자
다음의 주택건설사업 또는 대지조성사업을 하고자 하는 자는 국토교통부장관에게 등록해야 한다.
1) 연간 20호 이상의 난독수택 또는 20세대 이상(도시형 생활주택인 경우와 아파트형 주택인 경우에는 30세대 이상) 공동주택을 건설하는 주택건설사업
2) 연간 1만㎡ 이상의 대지를 조성하는 대지조성사업

정답 18. ⑤ 19. ②

제5장 주택법(기본)

20 주택법령상 주택건설사업자 등의 등록기준에 관한 설명이다. ( )에 들어갈 숫자로 알맞게 짝지은 것은?

> 주택건설 또는 대지조성사업의 등록을 하려는 자는 자본금 ( )억 원 이상, 개인인 경우에는 자산평가액 ( )억 원 이상 등의 요건을 갖추어야 한다.

① 3 – 5　　② 3 – 6　　③ 2 – 6　　④ 2 – 5　　⑤ 3 – 9

해설 주택건설사업자 등의 등록기준
1) 자본금 3억원 이상(개인 경우에는 자산평가액 6억원 이상)
2) 주택건설사업의 경우에는 건축분야기술인 1명 이상, 대지조성사업의 경우에는 토목분야기술인 1명 이상
3) 사무실 면적 : 사업의 수행에 필요한 사무장비를 갖출 수 있는 면적

21 다음은 국토교통부장관에게 등록하지 않고도 주택건설사업 또는 대지조성사업을 할 수 있는 자이다. 틀린 것은?

① 지방자치단체
② 등록사업자와 공동으로 주택건설사업을 시행하는 고용자
③ 건설사업자
④ 지방공사
⑤ 한국토지주택공사

해설 등 록
건설사업자는 「주택법」에 의한 등록을 해야 주택건설사업 또는 대지조성사업을 영위할 수 있다.

22 주택법령상 주택건설사업의 등록을 할 수 없는 자는?　　**15회 출제**

① 피한정후견의 선고가 취소된 후 2년이 지나지 아니한 자
② 파산선고를 받은 자로서 복권된 후 2년이 지나지 아니한 자
③ 「주택법」을 위반하여 자격정지 이상의 형의 선고를 받고 그 집행이 면제된 날부터 2년이 지난 자
④ 「주택법」을 위반하여 금고 이상의 형의 집행유예선고를 받고 그 유예기간이 종료된 자
⑤ 거짓으로 주택건설사업을 등록하여 그 등록이 말소된 후 2년이 지나지 아니한 자

해설 주택건설사업의 등록
① 피한정후견 선고가 취소되면 결격사유가 해소된다.
② 파산선고를 받은 후 복권이 되면 결격사유가 해소된다.
③ 금고 이상의 형을 선고 받아야 결격사유에 해당된다. 자격정지는 금고 이상의 형에 해당되지 않는다.
④ 집행유예기간이 종료되면 결격사유가 해소된다.

정답 20. ②　21. ③　22. ⑤

부동산공법

23 다음은 「주택법」상의 등록사업자에 관한 설명이다. 틀린 것은?

① 국토교통부장관이 등록사업자에 대하여 영업정지처분을 하고자 하는 때에는 미리 청문을 실시할 필요는 없다.
② 국토교통부장관이 등록사업자의 등록을 말소하고자 하는 때에는 미리 청문을 실시해야 한다.
③ 국토교통부장관이 등록사업자의 영업정지처분 또는 등록말소처분을 한 때에는 지체없이 이를 고시해야 한다.
④ 영업정지처분을 받은 등록사업자는 그 전에 사업계획승인을 받은 사업을 계속 수행할 수 있다.
⑤ 등록말소처분을 받은 등록사업자는 그 전에 사업계획승인을 받은 사업을 지체없이 다른 등록사업자에게 양도하여야 한다.

> **해설** 등록사업자
> 등록말소처분 또는 영업정지처분을 받은 등록사업자는 그 처분 전에 사업계획승인을 받은 사업은 계속 수행할 수 있다. 다만, 등록말소처분을 받은 등록사업자가 그 사업을 계속 수행할 수 없는 중대하고 명백한 사유가 있을 경우에는 기존 사업을 중단해야 한다.

24 주택법령상 주택건설사업 또는 대지조성사업의 등록에 관한 설명 중 옳은 것은?

① 지방자치단체가 주택건설사업을 시행하고자 하는 경우에는 국토교통부장관에게 등록해야 한다.
② 한국토지주택공사가 대지조성사업을 시행하고자 하는 경우에는 국토교통부장관에게 등록해야 한다.
③ 지방공사가 주택건설사업을 시행하고자 하는 경우에는 국토교통부장관에게 등록하지 않아도 된다.
④ 근로자를 고용하고 있는 고용자가 등록사업자와 공동으로 근로자의 주택을 건설하는 주택건설사업을 시행하고자 하는 경우에는 국토교통부장관에게 등록해야 한다.
⑤ 공익법인의 설립운영에 관한 법률에 따라 주택건설사업을 목적으로 설립된 공익법인이 주택건설사업을 시행하고자 하는 경우에는 국토교통부장관에게 등록해야 한다.

> **해설** 주택건설사업
> 지방자치단체, 국가, 한국토지주택공사, 지방공사, 공익법인, 등록사업자와 공동으로 주택건설사업을 하는 주택조합, 고용자는 등록을 하지 않고도 주택건설사업을 할 수 있다.

정답　23. ⑤　24. ③

제5장 주택법(기본)

25 주택법령상 주택건설사업자 등에 관한 설명으로 옳은 것을 모두 고른 것은? `31회 출제`

> ㉠ 한국토지주택공사가 연간 10만제곱미터 이상의 대지조성사업을 시행하려는 경우에는 대지조성사업의 등록을 하여야 한다.
> ㉡ 세대수를 증가하는 리모델링 주택조합이 그 구성원의 주택을 건설하는 경우에는 등록사업자와 공동으로 사업을 시행할 수 없다.
> ㉢ 주택건설공사를 시공할 수 있는 등록사업자가 최근 3년간 300세대 이상의 공동주택을 건설한 실적이 있는 경우에는 주택으로 쓰는 층수가 7개층인 주택을 건설할 수 있다.

① ㉠ ② ㉢ ③ ㉠, ㉡
④ ㉡, ㉢ ⑤ ㉠, ㉡, ㉢

해설 주택건설사업자 등
㉠ 한국토지주택공사가 연간 10만제곱미터 이상의 대지조성사업을 시행하려는 경우에는 등록을 하지 않아도 된다.
㉡ 세대수를 증가하는 리모델링 주택조합이 그 구성원의 주택을 건설하는 경우에는 등록사업자와 공동으로 사업을 시행할 수 있다.

26 다음은 주택조합에 관한 설명이다. 틀린 것은?

① 주택조합은 지역주택조합·직장주택조합 및 리모델링 주택조합으로 구분된다.
② 국민주택을 공급받기 위한 주택조합을 설립하고자 하는 때에는 미리 시장·군수·구청장에게 신고해야 한다.
③ 주택을 건설하기 위한 주택조합을 설립하고자 하는 때에는 시장·군수·구청장의 인가를 받아야 한다.
④ 주택을 건설하기 위한 주택조합을 해산한 때에는 시장·군수·구청장에게 신고해야 한다.
⑤ 주택조합의 발기인은 조합원 모집 신고를 하는 날 주택조합에 가입한 것으로 본다.

해설 주택조합
주택을 건설하기 위한 주택조합을 해산하고자 하는 때에는 미리 시장·군수·구청장의 인가를 받아야 한다.

정답 25. ② 26. ④

27 주택법령상 주택조합에 관한 설명으로 틀린 것은? 20회 개작

① 국민주택을 공급받기 위하여 직장주택조합을 설립하려는 자는 관할 시·도지사의 허가를 받아야 한다.
② 리모델링 주택조합이 아닌 주택조합은 주택건설예정세대수의 50% 이상의 조합원으로 구성하되, 그 수는 20명 이상이어야 한다.
③ 주거전용면적 100m²의 주택 1채를 소유하고 있는 세대주인 자는 국민주택을 공급받기 위하여 설립하는 직장주택조합의 조합원이 될 수 없다.
④ 지역주택조합의 경우 설립인가를 받은 날부터 2년 이내에 사업계획승인을 신청하여야 한다.
⑤ 주택조합의 조합원이 근무·질병치료·유학·결혼 등 부득이한 사유로 세대주 자격을 일시적으로 상실한 경우로서 시장·군수·구청장이 인정하는 경우에는 조합원자격이 있는 것으로 본다.

해설 주택조합
국민주택을 공급받기 위하여 직장주택조합을 설립하려는 자는 관할 시장·군수·구청장에게 신고하여야 한다.

28 주택법령상 주택조합에 관한 설명으로 옳은 것은?

① 국민주택을 공급받기 위하여 직장주택조합을 설립하려는 자는 관할 시장·군수·구청장의 인가를 받아야 한다.
② 주거전용면적 100m²의 주택 1채를 소유한 세대주인 자도 지역주택조합 조합원이 될 수 있다.
③ 세대수 증가 없는 리모델링 주택조합을 제외한 주택조합이 그 구성원의 주택을 건설하는 경우에는 등록사업자와 공동으로 사업을 시행하여야 한다.
④ 모집주체는 설명한 내용을 주택조합 가입 신청자가 이해하였음을 서면으로 확인을 받아 주택조합 가입신청자에게 교부하여야 하며, 그 사본을 5년간 보관하여야 한다.
⑤ 리모델링 주택조합은 그 설립인가를 받은 후에는 원칙적으로 해당 조합원을 교체하거나 신규로 가입하게 할 수 없다.

해설 주택조합
① 시장·군수·구청장에게 신고하여야 한다.
② 주택조합설립인가신청일부터 해당 조합주택의 입주가능일까지 주택을 소유하지 아니하거나 주거전용면적 85m² 이하의 주택 1채를 소유한 세내수인 자가 지역주택조합 조합원이 될 수 있다.
③ 등록사업자와 공동으로 사업을 시행할 수 있다.
⑤ 지역주택조합 또는 직장주택조합은 그 설립인가를 받은 후에는 원칙적으로 해당 조합원을 교체하거나 신규로 가입하게 할 수 없다.

정답 27. ① 28. ④

29. 주택법령상 주택조합에 관한 설명으로 틀린 것은?

① 등록사업자와 공동으로 주택건설사업을 하는 주택조합은 등록하지 않고 20세대 이상의 공동주택의 건설사업을 시행할 수 있다.
② 리모델링 주택조합은 그 리모델링 결의에 찬성하지 아니하는 자의 토지에 대하여 매도청구를 할 수 없다.
③ 국민주택을 공급받기 위하여 직장주택조합을 설립하려는 자는 관할 시장·군수·구청장에게 신고하여야 한다.
④ 리모델링 주택조합설립에 동의한 자로부터 건축물을 취득한 자는 리모델링 주택조합설립에 동의한 것으로 본다.
⑤ 시공자와의 공사계약 체결은 조합총회의 의결을 거쳐야 한다.

해설 주택조합
리모델링의 허가를 신청하기 위한 동의율을 확보한 경우 리모델링 결의를 한 리모델링 주택조합은 그 리모델링 결의에 찬성하지 아니하는 자의 토지에 대하여 매도청구를 할 수 있다.

30. 주택법령상 지역주택조합의 조합원에 관한 설명으로 틀린 것은?

① 조합원의 사망으로 그 지위를 상속받는 자는 조합원이 될 수 있다.
② 조합원이 근무로 인하여 세대주 자격을 일시적으로 상실한 경우로서 시장·군수·구청장이 인정하는 경우에는 조합원 자격이 있는 것으로 본다.
③ 조합설립 인가 후에 조합원의 탈퇴로 조합원 수가 주택건설 예정 세대수의 50% 미만이 되는 경우에는 결원이 발생한 범위에서 조합원을 신규로 가입하게 할 수 있다.
④ 조합설립 인가 후에 조합원으로 추가모집되는 자가 조합원 자격요건을 갖추었는지를 판단할 때에는 추가모집공고일을 기준으로 한다.
⑤ 조합원 추가모집에 따른 주택조합의 변경인가 신청은 사업계획승인신청일까지 하여야 한다.

해설 지역주택조합의 조합원
조합설립 인가 후에 조합원으로 추가모집되는 자가 조합원 자격요건을 갖추었는지를 판단할 때에는 조합설립 인가 신청일을 기준으로 한다.

정답 29. ② 30. ④

31 주택법령상 지역주택조합에 관한 설명으로 옳은 것은? [24회 출제]

① 등록사업자와 공동으로 주택건설사업을 하는 조합은 국토교통부장관에게 주택건설사업 등록을 하여야 한다.
② 조합과 등록사업자가 공동으로 사업을 시행하면서 시공하는 경우 등록사업자는 자신의 귀책사유로 발생한 손해에 대해서도 조합원에게 배상책임을 지지 않는다.
③ 조합설립인가신청일부터 해당 조합주택의 입주가능일까지 주거전용면적 90m²의 주택 1채를 보유하고, 6개월 이상 동일 지역에 거주한 세대주인 자는 조합원의 자격이 있다.
④ 조합의 설립인가를 받은 후 승인을 얻어 조합원을 추가 모집하는 경우 추가 모집되는 자의 조합원 자격요건의 충족 여부는 당해 조합의 설립인가신청일을 기준으로 판단한다.
⑤ 조합원의 사망으로 인하여 조합원의 지위를 상속받으려는 자는 무주택자이어야 한다.

해설 지역주택조합
① 등록사업자와 공동으로 주택건설사업을 하는 조합은 국토교통부장관에게 주택건설사업 등록을 하지 않는다.
② 주택조합과 등록사업자가 공동으로 사업을 시행하면서 시공할 경우 등록사업자는 시공자로서의 책임뿐만 아니라 자신의 귀책사유로 사업 추진이 불가능하게 되거나 지연됨으로 인하여 조합원에게 입힌 손해를 배상할 책임이 있다.
③ 조합설립인가신청일부터 해당 조합주택의 입주가능일까지 주택을 소유하고 있지 아니한 세대의 세대주이거나 세대주를 포함한 세대원 중 1명에 한정하여 주거전용면적 85m² 이하의 주택 1채를 소유한 세대주이고, 6개월 이상 동일 지역에 거주한 세대주인 자는 조합원의 자격이 있다.
⑤ 조합원의 사망으로 인하여 조합원의 지위를 상속받으려는 자는 조합원자격을 갖추지 않아도 된다.

32 주택법령상 지역주택조합이 설립인가를 받은 후 조합원을 신규로 가입하게 할 수 있는 경우와 결원의 범위에서 충원할 수 있는 경우 중 어느 하나에도 해당하지 않는 것은? [31회 출제]

① 조합원이 사망한 경우
② 조합원이 무자격자로 판명되어 자격을 상실하는 경우
③ 조합원 수가 주택건설 예정 세대수를 초과하지 아니하는 범위에서 조합원 추가모집의 승인을 받은 경우
④ 조합원의 탈퇴 등으로 조합원 수가 주택건설 예정 세대수의 60퍼센트가 된 경우
⑤ 사업계획승인의 과정에서 주택건설 예정 세대수가 변경되어 조합원 수가 변경된 세대수의 40퍼센트가 된 경우

해설 조합원의 신규 가입 등
조합원의 탈퇴 등으로 조합원 수가 주택건설 예정 세대수의 50퍼센트 미만이 된 경우에 결원의 범위에서 충원할 수 있다.

정답 31. ④ 32. ④

33. 주택법령상 주택조합에 관한 설명으로 옳지 않은 것은?

① 리모델링 주택조합의 조합원은 공동주택의 소유자, 복리시설의 소유자, 조합설립신청일 현재 해당 리모델링주택에 6개월 이상 거주한 임차인 중 주택조합의 설립에 동의한 자로 한다.
② 주택조합은 주택조합의 설립인가를 받은 날부터 3년이 되는 날까지 사업계획 승인을 받지 못하는 경우 대통령령으로 정하는 바에 따라 총회의 의결을 거쳐 해산 여부를 결정하여야 한다.
③ 주택조합의 발기인은 조합원 모집 신고가 수리된 날부터 2년이 되는 날까지 주택조합 설립인가를 받지 못하는 경우 대통령령으로 정하는 바에 따라 주택조합 가입 신청자 전원으로 구성되는 총회 의결을 거쳐 주택조합 사업의 종결여부를 결정하도록 하여야 한다.
④ 직장주택조합이 설립인가를 받은 후 결원이 발생하여 충원하는 경우 조합원 추가모집에 따른 주택조합의 변경인가신청은 사업계획승인신청일까지 하여야 한다.
⑤ 지역주택조합이 조합원 탈퇴 등으로 적법한 절차에 의해 조합원을 추가모집하는 경우 조합원 자격요건 충족여부의 판단은 당해 주택조합의 설립인가신청일을 기준으로 한다.

해설 주택조합
리모델링주택에 6개월 이상 거주한 임차인 중 주택조합의 설립에 동의한 자는 리모델링 주택조합의 조합원이 될 수 없다.

34. 주택법령상 지역주택조합 총회의 필수적 의결사항에 해당하지 않는 것은? 24회 출제

① 조합임원의 선임 및 해임
② 사업비의 조합원별 분담내역
③ 주택상환사채의 발행방법의 변경
④ 자금의 차입과 그 방법·이자율 및 상환방법
⑤ 주택건설대지의 위치 및 면적에 관한 조합규약의 변경

해설 조합총회의 의결사항
주택상환사채의 발행방법의 변경은 총회의 필수적 의결사항이 아니다.

정답 33. ① 34. ③

부동산공법

35 다음은 주택조합의 조합원자격에 관한 설명이다. 틀린 것은?

① 그 시·군에 소재하는 동일한 국가기관·지방자치단체 또는 법인에 근무하는 자는 직장주택조합의 구성원이 될 수 있다.
② 지역주택조합은 그 설립인가를 받은 후에는 조합원이 확정판결 등의 사유로 다른 주택을 소유하게 되어 조합원자격을 상실한 경우에도 조합원을 교체할 수 없다.
③ 지역주택조합의 조합원은 설립인가신청일 현재 그 설립인가지역과 동일한 생활권역에 6월 이상 거주하는 자여야 한다.
④ 복리시설의 소유자가 리모델링 주택조합의 조합원이 되는 경우도 있다.
⑤ 주거전용면적 85m² 이하의 주택을 1채에 한해 소유한 세대의 세대주는 지역주택조합의 구성원이 될 수 있다.

> **해설** 주택조합의 조합원자격
> 조합원이 확정판결 등의 사유로 다른 주택을 소유하게 되어 조합원자격을 상실한 경우에는 설립인가를 받은 후에도 지역조합이나 직장조합의 조합원을 교체할 수 있다.

36 ★★ 다음은 「주택법」에 의한 사업계획승인을 받아야 하는 경우이다. 틀린 것은?

① 면적이 1만m²인 일단의 대지의 조성
② 50호의 한옥의 건설
③ 30세대 규모의 공동주택의 건설
④ 주거환경개선사업을 시행하기 위한 정비구역에서 50세대 규모의 공동주택의 건설
⑤ 준주거지역에서 300세대 미만의 주택과 주택 외의 시설을 동일 건축물로 건축하는 경우로서 해당 건축물의 연면적에 대한 주택연면적 합계의 비율이 90% 미만인 복합건축물의 건설

> **해설** 사업계획승인대상
> 상업지역(유통상업지역은 제외한다) 또는 준주거지역에서 300세대 미만의 주택과 주택 외의 시설을 동일 건축물로 건축하는 경우로서 해당 건축물의 연면적에 대한 주택연면적 합계의 비율이 90% 미만인 경우에 대해서는 이를 사업계획승인대상에서 제외한다.

정답 35. ② 36. ⑤

제5장 주택법(기본)

37 주택법령상 주택건설사업에 관한 설명으로 옳은 것은?

① 주택건설사업을 시행하려는 자는 해당 주택단지를 공구별로 분할하여 주택을 건설·공급할 수 없다.
② 승인받은 사업계획의 내용 중 건축물이 아닌 부대시설 및 복리시설의 설치기준을 변경하고자 할 때, 해당 부대시설 및 복리시설 설치기준 이상으로의 변경이며 위치변경이 없는 경우에도 변경승인을 받아야 한다.
③ 지방자치단체인 사업주체가 총사업비의 20% 범위에서 사업비의 증감변경인 경우에는 변경승인을 받지 아니한다.
④ 대지조성사업으로서 해당 대지면적이 10만㎡ 미만인 경우 국토교통부장관 또는 시·도지사에게 사업계획승인을 받아야 한다.
⑤ 지방공사가 주택건설사업계획의 승인을 받으려면 해당 주택건설대지의 소유권을 확보하여야 한다.

> **해설** 주택건설사업
> ① 전체 세대수가 600세대 이상인 주택단지를 공구별로 분할하여 주택을 건설·공급할 수 있다.
> ② 경미한 사항으로 변경승인을 받지 아니한다.
> ④ 대지조성사업으로서 해당 대지면적이 10만㎡ 미만인 경우 특별시장·광역시장·특별자치시장·특별자치도지사 또는 시장·군수에게 사업계획승인을 받아야 한다.
> ⑤ 주택건설사업계획의 승인을 받으려는 국가·지방자치단체·한국토지주택공사 또는 지방공사는 주택건설대지의 소유권을 확보하지 않아도 된다.

29회 출제

38 주택법령상 주택건설사업에 대한 사업계획의 승인에 관한 설명으로 틀린 것은?

① 지역주택조합은 설립인가를 받은 날부터 2년 이내에 사업계획승인을 신청하여야 한다.
② 사업주체가 승인받은 사업계획에 따라 공사를 시작하려는 경우 사업계획승인권자에게 신고하여야 한다.
③ 사업계획승인권자는 사업주체가 경매로 인하여 대지소유권을 상실한 경우에는 그 사업계획의 승인을 취소하여야 한다.
④ 사업주체가 주택건설대지를 사용할 수 있는 권원을 확보한 경우에는 그 대지의 소유권을 확보하지 못한 경우에도 사업계획의 승인을 받을 수 있다.
⑤ 주택조합이 승인받은 총사업비의 10퍼센트를 감액하는 변경을 하려면 변경승인을 받아야 한다.

> **해설** 사업계획의 승인
> 사업계획승인권자는 사업주체가 경매로 인하여 대지소유권을 상실한 경우에는 그 사업계획의 승인을 취소할 수 있다.

정답 37. ③ 38. ③

부동산공법

39 다음은 민영주택을 건설하기 위해 사업계획승인을 받은 경우에 의제되는 인·허가이다. 틀린 것은?

① 「건축법」에 의한 건축허가
② 「국토의 계획 및 이용에 관한 법률」에 의한 개발행위허가
③ 토지의 합병 또는 분할
④ 「산지관리법」에 의한 산지전용허가
⑤ 「유통산업발전법」에 의한 대규모 점포의 등록

> **해설** 사업계획승인
> 토지의 합병 또는 분할은 사업계획승인에 의해 의제되는 사항이 아니다.

40 다음은 민간 사업주체가 사업계획의 변경승인을 받지 아니하여도 되는 주택건설사업계획의 경미한 변경이다. 틀린 것은?

① 건축물이 아닌 부대시설 및 복리시설의 설치기준 변경으로서 건축설비의 위치변경
② 세대수 또는 세대당 주택공급면적을 변경하지 않는 범위에서 사업계획승인을 받은 면적의 10% 범위 내의 변경
③ 사업계획승인을 받을 당시의 재료와 품질이 같은 내장재료 및 외장재료의 변경
④ 사업계획승인의 조건으로 부과된 사항을 이행함에 따라 발생되는 변경사항으로서 공공시설설치계획의 변경이 필요하지 않는 변경
⑤ 건축허가 또는 신고사항의 변경 중 사용승인신청을 할 때에 일괄신고할 수 있는 사항의 변경

> **해설** 사업계획승인
> 건축물이 아닌 부대시설 및 복리시설의 설치기준 이상의 변경으로서 위치변경(건축설비의 위치변경은 제외한다)이 발생하지 아니하는 변경이 변경승인을 받지 아니하여도 된다.

정답 39. ③ 40. ①

제5장 주택법(기본)

41 다음은 주택건설사업계획승인에 관한 설명이다. 틀린 것은?

① 주택건설사업계획의 승인권자는 시장·군수·구청장이다.
② 지구단위계획결정이 필요한 주택건설사업의 경우 대지면적의 80% 이상을 사용할 수 있는 권원을 확보하고 확보하지 못한 대지가 매도청구대상이 되는 대지에 해당하는 경우 사업계획을 신청할 수 있다.
③ 사업계획승인권자는 그 주택건설사업과 직접적인 관련이 없는 공공시설용지의 기부채납에 관한 계획을 사업계획에 포함시키도록 요구하면 안 된다.
④ 사업계획승인권자는 착공신고를 받은 날부터 20일 이내에 신고수리 여부를 신고인에게 통지하여야 한다.
⑤ 사업주체는 주택건설사업계획승인을 받은 날부터 5년 이내에 공사에 착수해야 한다.

> **해설** 주택건설사업계획승인
> ■「주택법」에 의한 사업계획의 승인권자는 다음과 같다.
>   1) 대지면적이 10만㎡ 이상인 경우
>   시·도지사 또는 대도시시장
>   2) 대지면적이 10만㎡ 미만인 경우
>   특별시장·광역시장·특별자치시장·특별자치도지사, 시장 또는 군수
>   3) 위의 규정에 불구하고 다음의 경우에는 국토교통부장관
>   ① 국가·한국토지주택공사가 시행하는 경우
>   ② 330만㎡ 이상의 규모로 택지개발사업 또는 도시개발사업을 추진하는 지역 중 국토교통부장관이 지정·고시하는 지역에서 주택건설사업을 시행하는 경우
>   ③ 수도권 또는 광역시 지역의 긴급한 주택난해소가 필요하거나 지역균형개발 또는 광역적 차원의 조정이 필요해서 국토교통부장관이 지정·고시하는 지역에서 주택건설사업을 시행하는 경우
>   ④ 국가, 지방자치단체, 한국토지주택공사, 지방공사가 총지분의 50/100을 초과하여 출자한 위탁관리 부동산투자회사가 공공주택건설사업을 시행하는 경우

42 다음은 주택건설 사업계획승인에 관한 설명이다. 틀린 것은?

① 대지면적이 10만㎡ 미만인 경우의 사업계획승인권자는 시장·군수 또는 구청장이다.
② 국가 또는 한국토지주택공사가 사업주체인 경우에는 국토교통부장관이 사업계획승인권자가 된다.
③ 사업주체가 사업계획승인을 신청하고자 하는 때에는 원칙적으로 주택건설대지의 소유권을 확보하여야 한다.
④ 국가·지방자치단체·한국토지주택공사 또는 지방공사인 사업주체는 주택건설대지의 소유권을 확보하지 아니하여도 된다.
⑤ 사업계획승인권자는 사업계획을 승인할 때 사업주체가 제출하는 사업계획에 해당 주택건설사업 또는 대지조성사업과 직접적으로 관련이 없거나 과도한 기반시설의 기부채납을 요구하여서는 아니 된다.

정답 41. ① 42. ①

> **해설** 사업계획승인
> 대지면적이 10만㎡ 미만인 경우의 사업계획승인권자는 특별시장·광역시장·특별자치시장·특별자치도지사이거나 시장 또는 군수이다.

43 주택법령상 사업계획승인 등에 관한 설명으로 틀린 것은? (단, 다른 법률에 따른 사업은 제외함) `32회 출제`

① 주택건설사업을 시행하려는 자는 전체 세대수가 600세대 이상의 주택단지를 공구별로 분할하여 주택을 건설·공급할 수 있다.
② 사업계획승인권자는 착공신고를 받은 날부터 20일 이내에 신고수리 여부를 신고인에게 통지하여야 한다.
③ 사업계획승인권자는 사업계획승인의 신청을 받았을 때에는 정당한 사유가 없으면 신청받은 날부터 60일 이내에 사업주체에게 승인 여부를 통보하여야 한다.
④ 사업주체는 사업계획승인을 받은 날부터 1년 이내에 공사를 착수하여야 한다.
⑤ 사업계획에는 부대시설 및 복리시설의 설치에 관한 계획 등이 포함되어야 한다.

> **해설** 사업계획승인
> 사업주체는 사업계획승인을 받은 날부터 5년 이내에 공사를 착수하여야 한다.

44 다음의 요건을 모두 갖춘 경우에는 주택건설대지의 소유권을 확보하지 아니하여도 사업계획승인을 받을 수 있다. 틀린 것은?

① 지구단위계획결정이 필요한 주택건설사업일 것
② 사업주체가 주택건설대지 면적의 80% 이상을 사용할 수 있는 권원을 확보할 것
③ 사업주체가 소유권을 확보하지 못한 대지는 매도청구대상일 것
④ 주택조합이 등록사업자와 공동으로 사업을 시행하는 경우에는 주택건설대지 면적의 95% 이상의 소유권을 확보할 것
⑤ ④의 경우 주택조합이 소유권을 확보하지 못한 대지는 매도청구대상일 것

> **해설** 사업계획승인 신청요건
> 지구단위계획결정이 필요한 주택건설사업의 경우 주택조합이 아닌 사업주체는 주택건설대지 면적의 80% 이상을 사용할 수 있는 권원(소유권이 아님)을 확보하여야 하는데, 이 경우 사용할 수 있는 권원(소유권이 아님)을 확보하지 못한 대지는 매도청구대상이어야 한다.

정답 43. ④ 44. ③

제5장 주택법(기본)

45 다음은 입주자모집공고가 있은 후의 사업계획변경에 관한 설명이다. 틀린 것은?

① 사업계획승인권자는 원칙적으로 공급계약이 체결된 주택의 공급가격에 변경을 초래하는 사업비의 증액을 승인하여서는 아니 된다.
② 사업계획승인권자는 원칙적으로 세대당 주택공급면적 및 대지지분의 변경을 승인하여서는 아니 된다.
③ 사업계획승인권자는 예외적으로 세대당 전용면적 및 대지지분의 2% 이내의 증감을 승인할 수 있다.
④ 사업계획승인권자는 예외적으로 입주예정자가 없는 동 단위 공동주택의 세대당 주택공급면적의 변경을 승인할 수 있다.
⑤ 입주예정자 4/5 이상의 동의를 받은 경우에는 ① 및 ②의 경우에도 변경승인을 할 수 있다.

해설 사업계획의 변경승인
③의 경우 "전용면적"이 아닌 "공용면적"이어야 한다. 전용면적의 증감은 허용되지 아니한다.

46 ★★ 다음은 주택건설용지의 확보에 관한 설명이다. 틀린 것은?

① 국·공유지를 국민주택규모의 주택을 50%이상 건설하기 위한 용지로 우선공급받을 수 있다.
② 국·공유지를 조합주택건설용지로 우선공급받을 수 있다.
③ 국·공유지를 우선공급받은 경우에는 2년 안에 주택을 건설해야 한다.
④ 도시개발사업에 의한 체비지를 국민주택건설용지로 우선공급받을 수 있다.
⑤ 주택조합과 등록사업자가 공동으로 주택건설사업을 시행하는 경우 공동사업주체 중 하나가 대지의 소유권을 확보해야 한다.

해설 주택건설용지의 확보
주택조합과 등록사업자가 공동으로 주택건설사업을 시행하는 경우 주택조합이 대지의 소유권을 확보해야 한다.

정답 45. ③ 46. ⑤

부동산공법

47
다음은 「주택법」에 의한 주택건설공사의 감리에 관한 설명이다. 틀린 것은?

① 300세대 이상의 주택건설공사는 「건설기술진흥법」에 따른 건설엔지니어링사업자를 감리자로 지정하여야 한다.
② 사업주체는 감리자를 선정할 때에는 경쟁입찰의 방식에 의하여야 한다.
③ 사업주체는 당사자 간의 계약에 따른 공사감리비를 국토교통부령으로 정하는 바에 따라 사업계획승인권자에게 예치하여야 한다.
④ 감리자의 위반사항 시정통지에 이의가 있는 시공자나 사업주체는 사업계획승인권자에게 이의신청을 할 수 있다. 사업계획승인권자는 이의신청을 받은 경우에는 이의신청을 받은 날부터 10일 이내에 처리결과를 회신하여야 한다.
⑤ 사업계획승인권자는 예치받은 공사감리비를 감리자에게 국토교통부령으로 정하는 절차 등에 따라 지급하여야 한다.

해설 주택건설공사의 감리
주택건설공사의 감리자는 사업계획승인권자가 지정한다.

48
주택법령상 주택의 감리자에 관한 설명으로 옳은 것을 모두 고른 것은? **31회 출제**

㉠ 사업계획승인권자는 감리자가 업무수행 중 위반사항이 있음을 알고도 묵인한 경우 그 감리자에 대하여 2년의 범위에서 감리업무의 지정을 제한할 수 있다.
㉡ 설계도서가 해당 지형 등에 적합한지에 대한 확인은 감리자의 업무에 해당한다.
㉢ 감리자는 업무를 수행하면서 위반 사항을 발견하였을 때에는 지체없이 시공자 및 사업주체에게 위반사항을 시정할 것을 통지하고, 7일 이내에 사업계획승인권자에게 그 내용을 보고하여야 한다.

① ㉠   ② ㉡   ③ ㉠, ㉡   ④ ㉠, ㉢   ⑤ ㉡, ㉢

해설 주택의 감리자
㉠ 사업계획승인권자는 감리자가 업무수행 중 위반사항이 있음을 알고도 묵인한 경우 그 감리자에 대하여 1년의 범위에서 감리업무의 지정을 제한할 수 있다.

정답   47. ②   48. ⑤

제5장 주택법(기본)

49 주택법령상 공업화주택의 인정 등에 관한 설명으로 옳은 것을 모두 고른 것은?

> ㉠ 국토교통부장관은 주요 구조부의 전부 또는 일부를 국토교통부령으로 정하는 성능기준 및 생산기준에 따라 조립식 등 공업화공법으로 건설하는 주택을 공업화주택으로 인정할 수 있다.
> ㉡ 국토교통부장관은 공업화주택을 인정받은 자가 거짓이나 그 밖의 부정한 방법으로 인정을 받은 경우에는 공업화주택의 인정을 취소할 수 있다.
> ㉢ 국토교통부장관은 공업화주택을 인정받은 자가 인정을 받은 날부터 1년 이내에 공업화주택의 건설에 착공하지 아니한 경우에는 공업화주택의 인정을 취소할 수 있다.
> ㉣ 국토교통부장관은 공업화주택을 인정받은 자가 인정을 받은 기준에 맞지 아니하게 공업화주택을 건설한 경우에는 공업화주택의 인정을 취소할 수 있다.

① ㉠, ㉡
② ㉡, ㉢
③ ㉠, ㉡, ㉢
④ ㉠, ㉢, ㉣
⑤ ㉠, ㉡, ㉢, ㉣

해설 공업화주택의 인정
㉠, ㉡, ㉢, ㉣ 모두 옳은 설명이다.

50 다음은 100호 이상의 주택단지에 설치하는 간선시설에 관한 설명이다. 틀린 것은?

① 국가는 우체통을 설치하여야 한다.
② 지방자치단체는 도로 및 상하수도시설을 설치하여야 한다.
③ 당해 지역에 전기·통신·가스 또는 난방을 공급하는 자는 해당 시설을 설치하여야 한다.
④ 설치의무자가 사용검사일까지 간선시설을 설치하지 못하는 경우에는 사업주체가 그 간선시설을 설치하고 설치의무자에게 비용상환을 요구할 수 있다.
⑤ 사업주체가 사업계획에 포함하여 도로 및 상하수도시설을 설치하는 경우 지방자치단체는 그 비용의 일부를 부담하여야 한다.

해설 간선시설의 설치
사업주체가 사업계획에 포함하여 도로 및 상하수도시설을 설치하는 경우 지방자치단체는 설치의무를 지지 아니한다.

정답 49. ⑤ 50. ⑤

부동산공법

51 「주택법」상 사업주체가 100호 이상의 주택건설사업을 시행하는 경우 간선시설의 설치 등에 관한 설명으로 틀린 것은?

① 전기시설은 해당 지역에 전기를 공급하는 자가 설치하여야 한다.
② 도로 및 상하수도시설은 원칙적으로 지방자치단체가 설치하여야 한다.
③ 사업지역에 난방을 공급하는 자가 일정한 기간 이내에 지역난방시설을 완료하지 못한 경우 지방자치단체가 우선 자기부담으로 설치하여야 한다.
④ 간선시설은 특별한 사유가 없으면 사용검사일까지 설치를 완료하여야 한다.
⑤ 가스공급시설의 설치범위는 원칙적으로 주택단지 밖의 기간이 되는 가스공급시설로부터 주택단지의 경계선까지이다.

> **해설** 간선시설의 설치
> 간선시설 설치의무자가 사용검사일까지 간선시설의 설치를 완료하지 못할 특별한 사유가 있는 경우에는 사업주체가 그 간선시설을 자기부담으로 설치하고 간선시설 설치의무자에게 그 비용의 상환을 요구할 수 있다.

52 다음은 「주택법」에 의한 주택의 건설에 관한 설명이다. 틀린 것은?

① 사업주체가 건설·공급하는 주택의 건설 등에 대한 기준은 대통령령으로 정해져 있다.
② 사업계획승인을 받은 사업주체가 공사에 착공하는 때에는 미리 사업계획승인권자에게 신고를 해야 한다.
③ 사업계획승인을 받은 주택건설공사는 토목건축공사업자, 건축공사업자 또는 「주택법」에 의해 건설사업자로 간주되는 등록사업자가 시공해야 한다.
④ 사업주체는 주택건설공사의 감리자를 선정한 때에는 이를 사업계획승인권자에게 신고해야 한다.
⑤ 전기간선시설을 지중선로(地中線路)로 설치하는 경우 그 비용은 전기공급자와 지중설치를 요청하는 자가 반반씩 부담한다.

> **해설** 주택의 건설
> 「주택법」에 의한 주택건설공사의 감리자는 사업계획승인권자가 지정한다.

정답 51. ③ 52. ④

제5장 주택법(기본)

53 다음은 주택건설용 토지의 확보에 관한 설명이다. 틀린 것은?

① 사업주체가 사업계획승인을 받고자 할 때에는 원칙적으로 주택건설대지의 소유권을 확보하여야 한다.
② 사업계획승인을 받은 등록사업자인 사업주체는 주택건설에 필요한 토지를 수용할 수 있다.
③ 지구단위계획결정이 필요한 주택건설사업의 사업계획승인이 있은 경우 사업주체는 매도청구권을 행사할 수 있다.
④ 국가 또는 지방자치단체는 조합주택의 건설에 필요한 국·공유지를 우선적으로 매각하거나 임대할 수 있다.
⑤ 사업주체는 국민주택용지로 사용하기 위하여 도시개발사업의 시행자에게 체비지의 매각을 요구할 수 있다.

해설 주택건설용지의 확보
주택건설용지의 수용이 허용되는 경우는 국가·지방자치단체·한국토지주택공사 또는 지방공사인 사업주체가 국민주택을 건설하거나 이를 위한 대지를 조성하는 경우에 한한다.

54 다음은 「주택법」에 의한 매도청구에 관한 설명이다. 틀린 것은?

① 사업주체가 대지소유자에게 매도청구하는 경우 대지가격은 시가에 의한다.
② 사업주체가 매도청구를 하기 전에 대지소유자와 3개월 이상 협의해야 한다.
③ 사업주체가 주택건설대지의 80% 이상에 대한 사용권원을 확보한 경우에는 대지소유자의 보유기간에 관계없이 대지소유자에게 매도청구를 할 수 있다.
④ 리모델링의 허가를 신청하기 위한 동의율을 확보한 경우 리모델링 결의를 한 리모델링주택조합은 리모델링결의에 찬성하지 않는 자의 주택 및 토지에 대해 매도청구를 할 수 있다.
⑤ 매도청구에 관해서는 「집합건물의 소유 및 관리에 관한 법률」의 매도청구에 관한 규정을 준용한다.

해설 매도청구
주택건설대지의 매도청구는 지구단위계획결정이 필요한 주택건설사업의 경우에 인정된다. 이 경우 사업주체는 대지면적의 80% 이상을 사용할 수 있는 권원을 확보해야 사업계획승인을 신청할 수 있다. 그리고 사업주체가 주택건설대지의 95% 이상에 대한 사용권원을 확보한 경우에는 대지소유자의 보유기간에 관계없이 모든 대지소유자에게 매도청구를 할 수 있으나, 그렇지 않은 경우에는 그 지구단위계획구역의 결정고시일 10년 이전에 대지를 취득해서 계속 보유하고 있는 자에 대해서는 매도청구를 할 수 없다.

정답 53. ② 54. ③

부동산공법

55. 주택법령상 사업계획승인을 받은 사업주체에게 인정되는 매도청구권에 관한 설명으로 옳은 것은? 〔26회 출제〕

① 주택건설대지에 사용권원을 확보하지 못한 건축물이 있는 경우 그 건축물은 매도청구의 대상이 되지 않는다.
② 사업주체는 매도청구일 전 60일부터 매도청구대상이 되는 대지의 소유자와 협의를 진행하여야 한다.
③ 사업주체가 주택건설대지면적 중 100분의 90에 대하여 사용권원을 확보한 경우, 사용권원을 확보하지 못한 대지의 모든 소유자에게 매도청구를 할 수 있다.
④ 사업주체가 주택건설대지면적 중 100분의 80에 대하여 사용권원을 확보한 경우, 사용권원을 확보하지 못한 대지의 소유자 중 지구단위계획구역 결정고시일 10년 이전에 해당 대지의 소유권을 취득하여 계속 보유하고 있는 자에 대하여는 매도청구를 할 수 없다.
⑤ 사업주체가 리모델링 주택조합인 경우 리모델링 결의에 찬성하지 아니하는 자의 주택에 대하여는 매도청구를 할 수 없다.

해설 매도청구
① 건축물도 매도청구의 대상이 된다.
② 사업주체가 매도청구를 하기 위해서는 미리 대지소유자와 3개월 이상 협의해야 한다.
③ 사업주체가 주택건설대지면적 중 100분의 95에 대하여 사용권원을 확보한 경우, 사용권원을 확보하지 못한 대지의 모든 소유자에게 매도청구를 할 수 있다.
⑤ 매도청구를 할 수 있다.

56. 주택법령상 주택의 사용검사 등에 관한 설명으로 틀린 것은? 〔24회 출제〕

① 주택건설 사업계획 승인의 조건이 이행되지 않은 경우에는 공사가 완료된 주택에 대하여 동별로 사용검사를 받을 수 없다.
② 사업주체가 파산하여 주택건설사업을 계속 할 수 없고 시공보증자도 없는 경우 입주예정자대표회의가 시공자를 정하여 잔여공사를 시공하고 사용검사를 받아야 한다.
③ 주택건설사업을 공구별로 분할하여 시행하는 내용으로 사업계획의 승인을 받은 경우 완공된 주택에 대하여 공구별로 사용검사를 받을 수 있다.
④ 사용검사는 그 신청일부터 15일 이내에 하여야 한다.
⑤ 공동주택이 동별로 공사가 완료되고 임시사용승인신청이 있는 경우 대상 주택이 사업계획의 내용에 적합하고 사용에 지장이 없는 때에는 세대별로 임시사용승인을 할 수 있다.

해설 사용검사
사업계획승인조건의 미이행 등 특별한 사유가 있어 사업을 완료하지 못하고 있는 경우에는 완공된 주택에 대하여 동별로 사용검사를 받을 수 있다.

정답 55. ④ 56. ①

57 주택법령상 주택의 사용검사에 관한 설명으로 옳지 않은 것은?

① 입주예정자는 사용검사 또는 임시 사용승인을 받은 후가 아니면 주택을 사용할 수 없다.
② 사업주체는 사용검사를 받기 전에 입주예정자가 해당 주택을 방문하여 공사 상태를 미리 점검할 수 있게 하여야 한다.
③ 사업주체가 정당한 이유 없이 사용검사를 위한 절차를 이행하지 아니하는 경우에는 입주예정자가 사용검사를 받을 수 있다.
④ 입주예정자는 사전방문 결과 하자가 있다고 판단하는 경우 사용검사 이전이라도 사업주체에게 보수공사 등 적절한 조치를 요청할 수 있다.
⑤ 지방공사가 건설하는 300세대 이상인 공동주택의 경우 공동주택 품질점검단으로부터 시공품질에 대한 점검을 받아야 한다.

해설 사용검사
국가·지방자치단체·한국토지주택공사 또는 지방공사가 건설하는 300세대 이상인 공동주택의 경우 공동주택 품질점검단으로부터 시공품질에 대한 점검을 받을 필요가 없다.

58 다음은 사업주체가 파산 등으로 주택을 시공할 수 없게 된 경우에 관한 설명이다. 틀린 것은?

① 시공보증자가 잔여공사를 시공하고 사용검사를 받아야 한다.
② 시공보증자가 사용검사를 받은 경우에는 사업주체의 명의로 건축물관리대장에 등재하고 소유권보존등기를 하게 된다.
③ 시공보증자가 파산 등으로 시공을 할 수 없는 경우에는 입주예정자대표회의가 시공자를 정해 잔여공사를 시공하고 사용검사를 받아야 한다.
④ 입주예정자대표회의는 입주예정자 과반수의 동의를 받아 10명 이내의 입주예정자로 구성한다.
⑤ 입주예정자대표회의가 사용검사를 받은 경우에는 입주자의 명의로 건축물관리대장에 등재하고 소유권보존등기를 하게 된다.

해설 주택을 시공할 수 없게 된 경우
시공보증자가 사용검사를 받은 경우에는 시공보증자의 명의로 건축물관리대장에 등재하고 소유권보존등기를 하게 된다.

정답 57. ⑤ 58. ②

부동산공법

59 다음 중 반드시 「주택공급에 관한 규칙」이 정하는 절차에 따라 공급해야 하는 것은?

① 공공사업의 시행자가 이주대책용으로 건설하는 주택
② 사업계획승인을 받아 건설하는 복리시설
③ 주택상환사채의 매입자에게 공급하기 위해 건설된 주택
④ 「도시 및 주거환경정비법」에 의한 정비사업으로 건설된 주택으로서 관리처분계획에 따라 조합원에게 분양되는 주택
⑤ 주택조합이 조합원에게 공급하기 위해 건설한 주택

해설 「주택공급에 관한 규칙」
사업계획승인을 받아 건설하는 복리시설은 「주택공급에 관한 규칙」이 정하는 바에 따라 공급해야 한다.

60 다음은 주택법령상 주택의 공급에 관한 설명이다. 틀린 것은?

① 사업주체는 사전방문을 주택공급계약에 따라 정한 입주지정기간 시작일 45일 전까지 2일 이상 실시해야 한다.
② 국가·지방자치단체·한국토지주택공사 및 지방공사를 제외한 사업주체는 입주자를 모집하려면 시장·군수 또는 구청장의 승인을 받아야 한다.
③ 사업주체는 공급하려는 주택에 대하여 광고를 한 경우 광고의 사본을 시장·군수·구청장에게 제출하여야 한다. 시장·군수·구청장은 제출받은 표시 또는 광고의 사본을 사용검사가 있은 날부터 2년 이상 보관하여야 하며, 입주자가 열람을 요구하는 경우 이를 공개하여야 한다.
④ 사업주체가 주택을 공급하는 경우 벽지·바닥재·주방용구·조명기구 등을 제외한 부분의 가격을 따로 제시하고, 이를 입주자가 선택할 수 있도록 해야 한다.
⑤ 사업주체가 사업계획승인 또는 견본주택의 자재와 다른 마감자재를 시공·설치할 때 당초의 마감자재의 질 이상으로 설치하는 경우에는 입주예정자에게 알리지 않아도 된다.

해설 주택의 공급
사업주체가 마감자재 생산업체의 부도 등으로 인한 제품의 품귀 등 부득이한 사유로 인하여 사업계획승인 또는 견본주택 마감자재 목록표의 마감자재와 다르게 마감자재를 시공·설치하려는 경우에는 당초의 마감자재와 같은 질 이상으로 설치해야 하며, 이 경우 그 사실을 입주예정자에게 알려야 한다.

정답 59. ② 60. ⑤

제5장 주택법(기본)

61 다음은 주택법령에 따라 건설되는 공동주택의 분양가격에 관한 설명이다. 틀린 것은?

① 사업주체가 일반에게 공급하는 공동주택 중 공공택지나 분양가상한제 적용 지역에서 공급하는 주택의 경우에는 원칙적으로 주택법령이 정하는 기준에 의하여 산정되는 분양가격이하로 공급하여야 한다.
② 단독주택이나 도시형 생활주택은 분양가 상한제를 적용받지 아니한다.
③ 분양가격 중 건축비는 국토교통부장관이 고시하는 기본형건축비를 기준으로 하여 산정한다.
④ 사업주체가 수도권에서 건설·공급하는 분양가상한제 적용주택의 입주자(상속받은 자는 제외한다)는 해당 주택의 최초 입주가능일부터 10년 이내의 범위에서 계속하여 해당 주택에 거주하여야 한다.
⑤ 국토교통부장관이 분양가상한제 적용 지역을 지정하는 경우에는 미리 시·도지사의 의견을 들어야 한다.

> **해설** 분양가상한제
> 사업주체가 수도권에서 건설·공급하는 분양가상한제 적용주택이나 토지임대부 분양주택의 입주자(상속받은 자는 제외한다)는 해당 주택의 최초 입주가능일부터 3년 이내에 입주하여야 하고, 해당 주택의 분양가격과 국토교통부장관이 고시한 방법으로 결정된 인근지역 주택매매가격의 비율에 따라 5년 이내의 범위에서 대통령령으로 정하는 기간(거주의무기간) 동안 계속하여 해당 주택에 거주하여야 한다.

62 주택법령상 주택의 분양가격 제한과 관련된 설명으로 틀린 것은? **21회 출제**

① 사업주체가 일반인에게 공급하는 공동주택이라도 도시형 생활주택에 대해서는 분양가상한제가 적용되지 않는다.
② 「관광진흥법」에 따라 지정된 관광특구에서 55층의 아파트를 건설·공급하는 경우 분양가상한제는 적용되지 않는다.
③ 사업주체가 공공택지에서 공급하는 주택에 대하여 입주자모집 승인을 받은 경우에는 분양가상한제 적용주택이라도 입주자 모집공고에 분양가격을 공시할 필요가 없다.
④ 분양가상한제의 적용에 있어 분양가격 산정의 기준이 되는 기본형건축비는 시장·군수·구청장이 해당 지역의 특성을 고려하여 국토교통부령으로 정하는 범위에서 따로 정하여 고시할 수 있다.
⑤ 시장·군수·구청장은 분양가격의 제한 및 공시에 관한 사항을 심의하기 위하여 분양가심사위원회를 설치·운영하여야 한다.

> **해설** 분양가상한제
> 사업주체는 분양가상한제 적용주택으로서 공공택지에서 공급하는 주택에 대하여 입주자모집 승인을 받았을 때에는 입주자 모집공고에 분양가격을 공시하여야 한다.

정답 61. ④ 62. ③

부동산공법

63 주택법령상 사업주체가 「수도권정비계획법」에 따른 수도권에서 건설·공급하는 분양가상한제 적용주택의 입주자의 거주의무에 관한 설명으로 옳지 <u>않은</u> 것은?

① 해당 주택을 상속받은 자에 대해서는 거주의무가 없다.
② 한국토지주택공사가 주택을 취득하거나 주택을 공급하는 경우에도 전매행위 제한규정을 적용한다.
③ 거주의무자는 거주의무를 이행하지 아니한 경우 해당 주택을 양도할 수 없다.
④ 사업주체는 주택을 공급하는 경우에는 거주의무자가 거주의무기간을 거주하여야 해당 주택을 양도할 수 있음을 소유권에 관한 등기에 부기등기하여야 한다.
⑤ 한국토지주택공사는 취득한 주택을 국토교통부령으로 정하는 바에 따라 재공급하여야 한다.

해설 분양가상한제 적용주택의 거주의무기간
한국토지주택공사가 주택을 취득하거나 주택을 공급하는 경우에는 전매행위 제한규정을 적용하지 아니한다.

64 주택법령상 사업주체는 사업의 대상이 된 주택 및 대지에 대하여는 '일정 기간' 동안 입주예정자의 동의 없이 저당권 설정 등을 할 수 없는 바, 이에 관한 설명으로 옳은 것은?

19회 개작

① '일정 기간'이란, 입주자모집공고승인 신청일 이후부터 입주예정자가 소유권이전등기를 신청할 수 있는 날 이후 90일까지의 기간을 말한다.
② 위 ①에서 '소유권이전등기를 신청할 수 있는 날'이란 사업주체가 입주예정자에게 통보한 잔금지급일을 말한다.
③ 사업주체가 저당권 설정제한의 부기등기를 하는 경우 주택건설대지에 대하여는 입주자모집공고승인 신청과 동시에, 건설된 주택에 대하여는 소유권보존등기와 동시에 하여야 한다.
④ 신탁등기일 이후부터 입주예정자가 해당 주택건설대지의 소유권이전등기를 신청할 수 있는 날 이후 90일까지의 기간 동안 해당 신탁의 종료를 원인으로 하는 사업주체의 소유권이전등기청구권을 압류의 목적물로 한 경우에는 그 효력을 무효로 한다.
⑤ 주택도시보증공사가 분양보증을 하면서 주택건설대지를 자신에게 신탁하게 할 경우 사업주체는 이를 신탁해야 한다.

해설 주택건설대지의 처분제한
① "90일"이 아닌 "60일"이어야 한다.
② "소유권이전등기를 신청할 수 있는 날"이란 사업주체가 입주예정자에게 통보한 입주가능일을 말한다.
④ 신탁등기일 이후부터 입주예정자가 해당 주택건설대지의 소유권이전등기를 신청할 수 있는 날 이후 60일까지의 기간 동안 해당 신탁의 종료를 원인으로 하는 사업주체의 소유권이전등기청구권을 압류·가압류·가처분 등의 목적물로 한 경우에는 그 효력을 무효로 한다.
⑤ 주택도시보증공사가 분양보증을 행하면서 주택건설대지를 주택도시보증공사에 신탁하게 할 경우에는 사업주체는 그 주택건설대지를 신탁할 수 있다.

정답 63. ② 64. ③

제5장 주택법(기본)

65 주택법령상 (㉠)과 (㉡)에 들어갈 내용으로 옳은 것은? [20회 출제]

> 주택건설사업주체로서의 주택조합은 주택건설사업에 의하여 건설된 주택 및 대지에 대하여는 (㉠) 이후부터 입주예정자가 그 주택 및 대지의 (㉡) 동안 입주예정자의 동의 없이 해당 주택 및 대지에 전세권·지상권 또는 등기되는 부동산임차권을 설정하는 행위를 하여서는 아니 된다(다만, 그 주택의 건설을 촉진하기 위해 대통령령으로 정하는 경우를 제외함).

① (㉠) : 사업계획승인 신청일
  (㉡) : 소유권이전등기를 신청할 수 있는 날 이후 60일까지의 기간
② (㉠) : 사업계획승인 신청일
  (㉡) : 소유권이전등기를 신청할 수 있는 날까지의 기간
③ (㉠) : 사업계획 승인일
  (㉡) : 소유권이전등기를 신청할 수 있는 날 이후 60일까지의 기간
④ (㉠) : 사업계획 승인일
  (㉡) : 소유권이전등기를 신청할 수 있는 날까지의 기간
⑤ (㉠) : 사업계획 승인일
  (㉡) : 소유권이전등기를 하는 날까지의 기간

해설 저당권설정 등의 제한

사업주체는 주택건설사업에 의하여 건설된 주택 및 대지에 대하여는 입주자모집공고승인 신청일(주택조합의 경우는 사업계획승인 신청일을 말한다) 이후부터 입주예정자가 그 주택 및 대지의 소유권이전등기를 신청할 수 있는 날(입주가능일) 이후 60일까지의 기간 동안 입주예정자의 동의 없이 다음의 어느 하나에 해당하는 행위를 하여서는 아니 된다.
 1) 해당 주택 및 대지에 저당권 또는 가등기담보권 등 담보물권을 설정하는 행위
 2) 해당 주택 및 대지에 전세권·지상권 또는 등기되는 부동산임차권을 설정하는 행위
 3) 해당 주택 및 대지를 매매 또는 증여 등의 방법으로 처분하는 행위

66 주택법령상 사업주체가 공공택지를 공급받아 건설·공급하는 공동주택에 대해서는 국토교통부령에 따라 산정된 분양가격 이하로 공급해야 한다. 이에 해당하는 공공택지가 아닌 것은? [16회 출제]

① 국민주택건설을 위한 대지조성사업에 의해 개발·조성되는 공동주택건설용지
② 택지개발사업에 의해 개발·조성되는 공동주택건설용지
③ 산업단지개발사업에 의해 개발·조성되는 공동주택건설용지
④ 혁신도시개발사업에 의해 개발·조성되는 공동주택건설용지
⑤ 도시개발조합이 시행하는 도시개발사업에 의해 개발·조성되는 공동주택건설용지

정답 65. ① 66. ⑤

> **해설** 공공택지
>
> 「도시개발법」에 따른 도시개발사업(공공시행자 또는 공공시행자가 50/100 비율을 초과하여 출자한 민·관 공동출자법인의 민간참여자가 수용 또는 사용의 방식으로 시행하는 사업과 혼용방식 중 수용 또는 사용의 방식이 적용되는 구역에서 시행하는 사업만 해당)에 의해 개발·조성되는 공동주택건설용지가 공공택지이다.

67 ★★ 주택법령상 양도·양수 등이 금지된 증서 또는 지위에 해당하지 않는 것은? (상속·저당의 경우를 제외함)

① 한국토지주택공사가 발행한 주택상환사채
② 자본금 3억원의 법인으로서 최근 3년간 연평균 200세대의 공동주택 건설실적이 있는 등록사업자가 발행한 주택상환사채
③ 「주택법」에 의해 건설·공급되는 주택을 공급받고자 하는 자가 미리 입주금의 일부 또는 전부를 저축한 국토교통부령에 따른 입주자저축의 증서
④ 군수가 발행한 무허가건물확인서 또는 건물해체확인서
⑤ 공공사업의 시행으로 인한 이주대책에 의해 주택을 공급받을 수 있는 이주대책대상자확인서

> **해설** 주택공급질서 교란행위
>
> 주택공급질서교란행위의 대상이 되는 주택상환사채는 「주택법」 제80조의 규정에 의한 주택상환채권을 말한다. 등록사업자가 「주택법」 제80조의 규정에 의한 주택상환채권을 발행하기 위해서는 법인으로서 자본금이 5억원 이상이어야 하고, 최근 3년간 연평균 주택건설실적이 300세대 이상이어야 한다.

68 다음은 「주택법」 제65조의 주택공급질서 교란행위에 관한 설명이다. 틀린 것은?

① 국토교통부장관은 주택공급질서 교란행위의 금지를 위반하여 입주자저축증서를 양도·양수한 경우 주택공급을 신청할 수 있는 지위를 무효로 하여야 한다.
② 주택공급질서 교란행위의 금지를 위반하여 주택상환사채를 양도·양수한 경우 이에 근거하여 체결한 주택공급계약은 무효가 된다.
③ 사업주체가 주택공급질서 교란행위를 한 자에게 주택가격에 상당하는 금액을 지급한 경우에는 그 지급한 날에 그 주택을 취득한 것으로 본다.
④ 사업주체가 주택공급질서 교란행위로 취득한 주택의 가격을 법원에 공탁한 때에는 그 주택에 입주한 자에 대하여 퇴거를 명할 수 있다.
⑤ 국토교통부장관은 주택공급질서 교란행위를 한 자에 대하여 10년 이내의 범위에서 주택의 입주자자격을 제한할 수 있다.

> **해설** 주택공급질서 교란행위
>
> 국토교통부장관 또는 사업주체는 주택공급질서를 위반하여 증서 또는 지위를 양도하거나 양수한 자에 대하여는 그 주택공급을 신청할 수 있는 지위를 무효로 하거나 이미 체결된 주택의 공급계약을 취소하여야 한다.

정답 67. ② 68. ②

69. 주택법령상 주택공급과 관련하여 금지되는 공급질서 교란행위에 해당하지 않는 것은?

① 주택을 공급받을 수 있는 조합원 지위의 증여
② 주택상환사채의 저당
③ 주택을 공급받을 수 있는 조합원 지위의 매매를 위한 인터넷 광고
④ 주택상환사채의 매입을 목적으로 하는 전화 광고
⑤ 입주자저축 증서의 증여

해설 주택공급질서 교란행위의 금지
주택상환사채 등의 양도·양수에 상속 및 저당은 제외된다.

70. 주택법령상 주택공급질서의 교란을 방지하기 위하여 금지되는 행위가 아닌 것은?

① 주택을 공급받을 수 있는 조합원 지위의 매매
② 주택상환사채의 매매의 알선
③ 입주자저축 증서의 저당
④ 공공사업의 시행으로 인한 이주대책에 의하여 주택을 공급받을 수 있는 지위의 매매를 위한 인터넷 광고
⑤ 주택을 공급받을 수 있는 증서로서 군수가 발행한 건물 철거확인서의 매매

해설 주택공급질서의 교란금지
상속·저당의 경우는 금지되는 행위가 아니다.

71. 주택법령상 주택의 공급 및 분양가상한제에 관한 설명으로 틀린 것은?

① 지방공사가 사업주체가 되어 입주자를 모집하려는 경우 시장·군수·구청장의 승인을 받아야 한다.
② 사업주체가 주택을 공급하려는 경우에는 국토교통부령으로 정하는 바에 따라 벽지·바닥재·주방용구·조명기구 등을 제외한 부분의 가격을 따로 제시하여야 한다.
③ 도시형 생활주택은 분양가상한제의 적용을 받지 않는다.
④ 「관광진흥법」에 따라 지정된 관광특구에서 건설·공급하는 50층 이상의 공동주택은 분양가상한제의 적용을 받지 않는다.
⑤ 공공택지에서 주택을 공급하는 경우 분양가상한제 적용 주택의 택지비는 해당 택지의 공급가격에 국토교통부령이 정하는 택지와 관련된 비용을 가산한 금액으로 한다.

정답 69. ② 70. ③ 71. ①

해설 주택의 공급 및 분양가상한제

사업주체(국가·지방자치단체·한국토지주택공사 및 지방공사와 이들에 해당하는 자가 단독 또는 공동으로 총지분의 50%를 초과하여 출자한 부동산투자회사는 제외한다)가 입주자를 모집하려는 경우 시장·군수·구청장의 승인을 받아야 한다.

72 다음은 등록사업자가 주택의 입주자를 모집하는 경우에 관한 설명이다. 올바른 것은?

① 등록사업자인 사업주체는 입주자를 모집하기 전에 미리 시장·군수·구청장의 승인을 받아야 한다.
② 입주자는 무주택자를 대상으로 모집해야 한다.
③ 준공 전에 입주자를 모집하는 경우 등록사업자는 입주일까지 대지의 소유권을 확보해야 한다.
④ 임대주택인 경우에는 준공 후에 입주자를 모집해야 한다.
⑤ 입주일자는 입주자모집공고일부터 1년 내여야 한다.

해설 등록사업자가 주택의 입주자를 모집하는 경우
② 민영주택은 무주택자가 아닌 자도 공급받을 수 있다.
③ 준공 전에 입주자를 모집하는 경우에는 입주자모집 전에 대지의 소유권을 확보하여야 한다.
④ 임대주택도 준공 전에 입주자를 모집할 수 있다.
⑤ 입주일자에 대한 규제는 폐지되었다.

73 주택건설사업이 완료되어 사용검사가 있은 후에 甲이 주택단지 일부의 토지에 대해 소유권이전등기 말소소송에 따라 해당 토지의 소유권을 회복하게 되었다. 주택법령상 이에 관한 설명으로 옳은 것은? **29회 출제**

① 주택의 소유자들은 甲에게 해당 토지를 공시지가로 매도할 것을 청구할 수 있다.
② 대표자를 선정하여 매도청구에 관한 소송을 하는 경우 대표자는 복리시설을 포함하여 주택의 소유자 전체의 4분의 3 이상의 동의를 받아 선정한다.
③ 대표자를 선정하여 매도청구에 관한 소송을 하는 경우 그 판결은 대표자 선정에 동의하지 않은 주택의 소유자에게는 효력이 미치지 않는다.
④ 甲이 소유권을 회복한 토지의 면적이 주택단지 전체 대지 면적의 5퍼센트를 넘는 경우에는 주택소유자 전원의 동의가 있어야 매도청구를 할 수 있다.
⑤ 甲이 해당 토지의 소유권을 회복한 날부터 1년이 지난 이후에는 甲에게 매도청구를 할 수 없다.

해설 사용검사 후 매도청구
① 해당 토지를 시가로 매도할 것을 청구할 수 있다.
③ 매도청구에 관한 소송에 대한 판결은 주택의 소유자 전체에 대하여 효력이 있다.
④ 매도청구를 하려는 경우에는 해당 토지의 면적이 주택단지 전체 대지 면적의 5% 미만이어야 한다.
⑤ 매도청구의 의사표시는 실소유자가 해당 토지 소유권을 회복한 날부터 2년 이내에 해당 실소유자에게 송달되어야 한다.

정답 72. ① 73. ②

제5장 주택법(기본)

74 다음은 투기과열지구에 관한 설명이다. 가장 옳은 것은?

① 투기과열지구를 지정할 수 있는 자는 시장·군수·구청장이다.
② 투기과열지구는 그 지정 목적을 달성할 수 있는 최대한의 범위에서 시·군·구의 지역단위로 지정한다.
③ 투기과열지구는 도시계획위원회의 심의를 거쳐 지정하거나 이를 해제할 수 있다.
④ 투기과열지구 안에서 주택전매제한을 위반하여 전매한 경우 그 전매계약은 무효가 된다.
⑤ 국토교통부장관이 투기과열지구를 지정하거나 해제할 경우에는 미리 시·도지사의 의견을 듣고 그 의견에 대한 검토의견을 회신하여야 하며, 시·도지사가 투기과열지구를 지정하거나 해제할 경우에는 국토교통부장관과 협의하여야 한다.

해설 투기과열지구
① 국토교통부장관과 시·도지사가 투기과열지구를 지정할 수 있다.
② 투기과열지구는 그 지정 목적을 달성할 수 있는 최소한의 범위에서 시·군·구 또는 읍·면·동의 지역 단위로 지정하되, 택지개발지구 등 해당 지역 여건을 고려하여 지정 단위를 조정할 수 있다.
③ 주거정책심의위원회의 심의를 거쳐 투기과열지구로 지정하거나 이를 해제할 수 있다.
④ 투기과열지구 안에서 주택전매제한을 위반하여 전매한 경우 처벌은 받지만, 그 전매계약이 무효로 되지 아니한다.

75 주택법령상 투기과열지구의 지정기준에 포함되지 않는 것은?

① 투기과열지구지정직전월부터 소급하여 주택공급이 있었던 2개월 동안 해당 지역에서 공급되는 주택의 월별 평균 청약경쟁률이 모두 5대 1을 초과한 곳
② 투기과열지구지정직전월의 주택분양실적이 전달보다 30% 이상 감소하여 주택공급이 위축될 우려가 있는 곳
③ 「건축법」에 따른 건축허가 실적이 투기과열지구지정직전월보다 급격하게 감소하여 주택공급이 위축될 우려가 있는 곳
④ 신도시 개발이나 주택의 전매행위 성행 등으로 투기 및 주거불안의 우려가 있는 곳으로서 해당 지역이 속하는 시·도의 주택보급률이 전국 평균 이하인 곳
⑤ 신도시 개발이나 주택의 전매행위 성행 등으로 투기 및 주거불안의 우려가 있는 곳으로서 해당 지역이 속하는 시·도의 자가주택비율이 전국 평균 이하인 곳

해설 투기과열지구의 지정기준
주택건설사업계획의 승인이나 건축허가 실적이 투기과열지구지정직전월이 아닌 직전 연도보다 급격하게 감소하여 주택공급이 위축될 우려가 있는 곳에 투기과열지구를 지정할 수 있다.

정답 74. ⑤ 75. ③

76 주택법령상 투기과열지구의 지정 및 해제에 관한 설명으로 옳지 않은 것은?

① 시·도지사는 주택가격의 안정을 위하여 필요한 경우에는 주거기본법에 따른 시·도주거정책심의위원회의 심의를 거쳐 일정한 지역을 투기과열지구로 지정하거나 이를 해제할 수 있다.
② 투기과열지구를 지정하는 경우에는 그 지정 목적을 달성할 수 있는 최대한의 범위로 하여야 한다.
③ 국토교통부장관은 반기마다 주거정책심의위원회의 회의를 소집하여 투기과열지구로 지정된 지역별로 해당 지역의 주택가격 안정 여건의 변화 등을 고려하여 투기과열지구 지정의 계속 여부를 재검토 하여야 한다.
④ 국토교통부장관 또는 시·도지사는 투기과열지구에서 지정 사유가 없어졌다고 인정하는 경우에는 지체없이 투기과열지구 지정을 해제하여야 한다.
⑤ 시장·군수·구청장은 사업주체로 하여금 입주자 모집공고 시 해당 주택건설 지역이 투기과열지구에 포함된 사실을 공고하게 하여야 한다.

해설 투기과열지구
투기과열지구를 지정하는 경우에는 그 지정 목적을 달성할 수 있는 최소한의 범위로 하여야 한다.

77 주택법령상 투기과열지구에 관한 설명으로 옳은 것은? `25회 출제`

① 일정한 지역의 주택가격상승률이 물가상승률보다 현저히 높은 경우 관할 시장·군수·구청장은 해당 지역을 투기과열지구로 지정할 수 있다.
② 시·도지사가 투기과열지구를 지정하는 경우 당해 지역의 시장·군수·구청장과 협의하여야 한다.
③ 투기과열지구로 지정되면 투기과열지구 내의 기존 주택에 대해서 주택의 전매제한이 적용된다.
④ 투기과열지구지정직전월의 주택분양실적이 전달보다 30퍼센트 이상 증가한 곳은 투기과열지구로 지정하여야 한다.
⑤ 투기과열지구에서 건설·공급되는 주택의 입주자로 선정된 지위를 세대원 전원이 해외로 이주하게 되어 사업주체의 동의를 받아 전매하는 경우에는 전매제한이 적용되지 않는다.

해설 투기과열지구
① 투기과열지구는 국토교통부장관 또는 시·도지사가 지정할 수 있다.
② 시·도지사가 투기과열지구를 지정하는 경우에는 국토교통부장관과 협의하여야 한다.
③ 기존 주택에 대해서는 주택의 전매제한이 적용되지 않는다.
④ 투기과열지구지정직전월의 주택분양실적이 전달보다 30퍼센트 이상 감소한 곳으로서 주택공급이 위축될 우려가 있는 곳에 대하여 투기과열지구로 지정할 수 있다.

정답 76. ② 77. ⑤

제5장 주택법(기본)

78 주택법령상 투기과열지구 및 조정대상지역에 관한 설명으로 옳은 것은? **29회 출제**

① 국토교통부장관은 시·도별 주택보급률 또는 자가주택비율이 전국 평균을 초과하는 지역을 투기과열지구로 지정할 수 있다.
② 시·도지사는 주택의 분양·매매 등 거래가 위축될 우려가 있는 지역을 시·도 주거정책심의위원회의 심의를 거쳐 조정대상지역으로 지정할 수 있다.
③ 투기과열지구의 지정기간은 3년으로 하되, 당해 지역 시장·군수·구청장의 의견을 들어 연장할 수 있다.
④ 투기과열지구로 지정되면 지구 내 주택은 전매행위가 제한된다.
⑤ 조정대상지역으로 지정된 지역의 시장·군수·구청장은 조정대상지역으로 유지할 필요가 없다고 판단되는 경우 국토교통부장관에게 그 지정의 해제를 요청할 수 있다.

해설 투기과열지구 및 조정대상지역
① 국토교통부장관은 시·도별 주택보급률 또는 자가주택비율이 전국 평균 이하인 경우 투기과열지구로 지정할 수 있다.
② 국토교통부장관은 주택의 분양·매매 등 거래가 위축될 우려가 있는 지역을 주거정책심의위원회의 심의를 거쳐 조정대상지역으로 지정할 수 있다.
③ 투기과열지구의 지정기간은 따로 정해 있지 아니하다.
④ 투기과열지구로 지정되면 지구 내 건설·공급되는 주택의 입주자로 선정된 지위는 전매행위가 제한된다.

79 주택법령상 조정대상지역의 지정 및 해제에 관한 내용으로 옳지 <u>않은</u> 것은?

① 국토교통부장관이 조정대상지역을 지정하려면 주거정책심의위원회의 심의를 거쳐야 한다.
② 국토교통부장관은 조정대상지역 지정의 해제를 요청받은 날부터 40일 이내에 해제 여부를 결정하여야 한다.
③ 조정대상지역지정직전월부터 소급하여 6개월간의 평균 주택가격상승률이 마이너스 1% 이하인 지역으로서 해당 지역이 속하는 시·도의 주택보급률이 전국 평균을 초과하여 주택의 거래가 위축될 우려가 있는 지역은 위축지역에 해당된다.
④ 주택거래량, 미분양주택의 수 및 주택보급률 등을 고려하여 주택의 거래가 위축될 우려가 있는 지역에 대한 조정대상지역의 지정은 그 지정목적을 달성할 수 있는 최소한의 범위로 한다.
⑤ 조정대상지역지정직전월부터 소급하여 3개월간의 해당 지역 주택가격상승률이 그 지역이 속하는 시·도 소비자물가상승률의 1.3배를 초과한 지역으로서해당 지역이 속하는 시·도의 주택보급률 또는 자가주택비율이 전국 평균 이하인 지역은 과열지역에 해당된다.

정답 78. ⑤ 79. ④

해설 조정대상지역

주택거래량, 미분양주택의 수 및 주택보급률 등을 고려하여 주택의 거래가 위축될 우려가 있는 지역은 위축지역으로 최소한의 범위로 지정하지 않고, 주택가격, 청약경쟁률, 분양권 전매량 및 주택보급률 등을 고려하였을 때 주택 분양 등이 과열되어 있거나 과열될 우려가 있는 과열지역에 대한 조정대상지역의 지정은 그 지정목적을 달성할 수 있는 최소한의 범위에서 시·군·구 또는 읍·면·동의 지역 단위로 지정한다.

80
주택법령상 사업주체가 건설·공급하는 주택의 입주자로 선정된 지위는 10년의 범위에서 대통령령이 정하는 기간이 경과하기 전에는 이를 전매할 수 없는 바, 그 예외의 경우가 아닌 것은?

① 이혼으로 인하여 입주자로 선정된 지위를 그 배우자에게 이전하는 경우
② 세대원 전원이 1년 이상의 기간 동안 해외에 체류하고자 하는 경우
③ 세대원(세대주가 포함된 세대의 구성원을 말함)이 근무로 인하여 세대원 전원이 수도권 이외의 다른 광역시로 이전하는 경우
④ 입주자로 선정된 지위 또는 주택의 일부를 그 배우자에게 증여하는 경우
⑤ 상속으로 인하여 취득한 주택으로 세대원 전원이 이전하는 경우

해설 전매제한의 예외

해외체류기간이 2년 이상이어야 전매제한의 예외를 적용받을 수 있다.

81
세대주인 甲이 취득한 주택은 주택법령에 의한 전매 제한 기간 중에 있다. 다음 중 甲이 이 주택을 전매할 수 있는 경우는? (단, 다른 요건은 충족됨) **22회 출제**

① 세대원인 甲의 아들의 결혼으로 甲의 세대원 전원이 서울특별시로 이전하는 경우
② 甲은 상속에 의하여 취득한 주택으로 이전하면서, 甲을 제외한 나머지 세대원은 다른 새로운 주택으로 이전하는 경우
③ 甲의 세대원 전원이 1년 6개월 간 해외에 체류하고자 하는 경우
④ 세대원인 甲의 가족은 국내에 체류하고, 甲은 해외로 이주하고자 하는 경우
⑤ 甲이 이 주택의 일부를 배우자에게 증여하는 경우

해설 주택의 전매

① 수도권으로 이전하는 경우는 제외한다.
② 상속에 의하여 취득한 주택으로 세대원 전원이 이전하는 경우
③ 2년 이상의 기간 동안 해외에 체류하고자 하는 경우
④ 세대원 전원이 해외로 이주하고자 하는 경우

정답 80. ② 81. ⑤

제5장 주택법(기본)

82 주택법령상 주택의 전매행위 제한에 관한 설명으로 틀린 것은? (단, 수도권은 「수도권정비계획법」에 의한 것임) **27회 출제**

① 전매제한기간은 주택의 수급 상황 및 투기 우려 등을 고려하여 지역별로 달리 정할 수 있다.
② 사업주체가 수도권의 지역으로서 공공택지 외의 택지에서 건설·공급하는 주택을 공급하는 경우에는 그 주택의 소유권을 제3자에게 이전할 수 없음을 소유권에 관한 등기에 부기등기하여야 한다.
③ 세대원 전원이 2년 이상의 기간 해외에 체류하고자 하는 경우로서 사업주체의 동의를 받은 경우에는 전매제한 주택을 전매할 수 있다.
④ 상속에 의하여 취득한 주택으로 세대원 전원이 이전하는 경우로서 사업주체의 동의를 받은 경우에는 전매제한 주택을 전매할 수 있다.
⑤ 수도권의 지역으로서 공공택지 외의 택지에서 건설·공급되는 주택의 소유자가 국가에 대한 채무를 이행하지 못하여 공매가 시행되는 경우에는 사업주체의 동의 없이도 전매를 할 수 있다.

해설 주택의 전매행위 제한

공공택지 외의 택지에서 건설·공급되는 주택 및 그 주택의 입주자로 선정된 지위의 소유자가 국가·지방자치단체 및 금융기관에 대한 채무를 이행하지 못하여 경매 또는 공매가 시행되는 경우 사업주체의 동의를 받은 경우에 전매를 할 수 있다.

83 주택법령상 주택의 전매행위 제한을 받는 주택임에도 불구하고 전매가 허용되는 경우에 해당하는 것은? (단, 전매를 위해 필요한 다른 요건은 충족한 것으로 함) **24회 출제**

① 세대주의 근무상 사정으로 인하여 세대원 일부가 수도권으로 이전하는 경우
② 세대원 전원이 1년간 해외에 체류하고자 하는 경우
③ 이혼으로 인하여 주택을 그 배우자에게 이전하는 경우
④ 세대원 일부가 해외로 이주하는 경우
⑤ 상속에 의하여 취득한 주택으로 세대원 일부가 이전하는 경우

해설 주택의 전매행위 제한

① 세대원이 근무 또는 생업상의 사정이나 질병치료·취학·결혼으로 인하여 세대원 전원이 다른 광역시, 특별자치시, 특별자치도, 시 또는 군(광역시의 관할구역에 있는 군을 제외함)으로 이전하는 경우. 다만, 수도권으로 이전하는 경우를 제외한다.
② 세대원 전원이 2년 이상의 기간 해외에 체류하고자 하는 경우
④ 세대원 전원이 해외로 이주하는 경우
⑤ 상속에 의하여 취득한 주택으로 세대원 전원이 이전하는 경우

정답 82. ⑤ 83. ③

84
다음은 「주택법」에 따라 건설·공급되는 공동주택의 전매행위 제한에 관한 설명이다. 틀린 것은?

① 전매제한기간은 해당 주택의 입주자로 선정된 날부터 기산한다.
② 사업주체가 전매제한대상이 되는 주택을 공급하는 경우에는 소유권보존등기를 할 때에 전매제한의 대상이라는 취지를 부기등기해야 한다.
③ 주택에 대한 전매제한기간이 2 이상일 경우에는 그 중 가장 긴 전매제한기간을 적용한다. 다만, 조정대상지역 중 위축지역에서 건설·공급되는 주택의 경우에는 가장 짧은 전매제한기간을 적용한다.
④ 전매제한을 위반해서 입주자로 선정된 지위의 전매가 이루어진 경우에는 사업주체가 매입비용을 그 매수인에게 지급한 때에는 그 지급한 다음날에 사업주체가 그 입주자로 선정된 지위를 취득한 것으로 본다.
⑤ 시·도지사는 분양권 등을 전매하거나 알선한 자를 주무관청에 신고한 자에게 포상금을 지급할 수 있다.

해설 주택의 전매제한
지급한 다음날이 아니라 지급한 날에 사업주체가 해당 입주자로 선정된 지위를 취득한 것으로 본다.

85
주택법령상 리모델링에 관한 설명으로 옳은 것은? (단, 조례는 고려하지 않음) **25회 개작**

① 기존 14층 건축물에 수직증축형 리모델링이 허용되는 경우 2개층까지 증축할 수 있다.
② 리모델링 주택조합의 설립인가를 받으려는 자는 인가신청서에 해당 주택건설대지의 80퍼센트 이상에 해당하는 토지의 사용권원을 확보하였음을 증명하는 서류를 첨부하여 관할 시장·군수·구청장에게 제출하여야 한다.
③ 소유자 전원의 동의를 받은 입주자대표회의는 시장·군수·구청장에게 신고하고 리모델링을 할 수 있다.
④ 수직증축형 리모델링의 경우 리모델링 주택조합의 설립인가신청서에 당해 주택이 사용검사를 받은 후 10년 이상의 기간이 경과하였음을 증명하는 서류를 첨부하여야 한다.
⑤ 리모델링 주택조합이 시공자를 선정하는 경우 수의계약의 방법으로 하여야 한다.

해설 주택법령상 리모델링
② 지역주택조합 또는 직장주택조합의 경우 '해당 주택건설대지의 80퍼센트 이상에 해당하는 토지의 사용권원을 확보하였음을 증명하는 서류'를 제출해야 하지만 리모델링 주택조합의 경우에는 이를 제출하지 않아도 된다(영 제20조 제1항 제1호 참조).
③ 소유자 전원의 동의를 받은 입주자대표회의는 시장·군수·구청장의 허가를 받아 리모델링을 할 수 있다(법 제66조 제2항).
④ 수직증축형 리모델링의 경우 리모델링 주택조합의 설립인가신청서에 당해 주택이 사용검사를 받은 후 15년 이상의 기간이 경과하였음을 증명하는 서류를 첨부하여야 한다(영 제20조 제1항).
⑤ 리모델링 주택조합이 시공자를 선정하는 경우 경쟁입찰의 방법으로 하여야 한다(법 제66조 제4항).

정답   84. ④   85. ①

86 주택법령상 리모델링에 관한 설명으로 옳지 <u>않은</u> 것은?

① "세대수 증가형 리모델링"이란 각 세대의 증축 가능 면적을 합산한 면적의 범위에서 기존 세대수의 100분의 15 이내에서 세대수를 증가하는 증축 행위를 말한다.
② "수직증축형 리모델링"이란 건축물의 노후화 억제 또는 기능 향상 등을 위해 수직으로 증축하는 행위를 말한다.
③ 증축형 리모델링을 하려는 자는 시장·군수·구청장에게 안전진단을 요청하여야 하며, 안전진단을 요청받은 시장·군수·구청장은 해당 건축물의 증축 가능 여부의 확인 등을 위하여 안전진단을 실시하여야 한다.
④ 시장·군수·구청장이 세대수 증가형 리모델링(50세대 이상으로 세대수가 증가하는 경우)을 허가하려는 경우에는 기반시설에의 영향이나 도시·군관리계획과의 부합 여부 등에 대하여 시·군·구도시계획위원회의 심의를 거쳐야 한다.
⑤ 수직증축형이 아닌 세대수 증가형 리모델링의 경우 리모델링의 대상이 되는 건축물의 신축 당시 구조도를 보유하고 있어야 한다.

해설 리모델링
수직증축형 리모델링의 대상이 되는 기존 건축물의 신축 당시 구조도를 보유하고 있어야 한다.

87 주택법령상 공동주택의 리모델링에 관한 설명으로 옳은 것은?

① 공동주택의 관리주체가 리모델링을 하려는 경우 공사기간, 공사방법 등이 적혀 있는 동의서에 입주자 전체의 동의를 받아야 한다.
② 주택의 소유자 3분의 2 이상의 동의를 받은 경우 「공동주택관리법」에 따른 입주자대표회의는 리모델링을 할 수 있다.
③ 30세대 이상으로 세대수가 증가하는 리모델링을 허가하려는 경우에는 「국토의 계획 및 이용에 관한 법률」에 따라 설치된 시·군·구도시계획위원회의 심의를 거쳐야 한다.
④ 증축형 리모델링이 아닌 경우에는 허가받은 리모델링 공사를 완료하였을 때 따로 사용검사를 받지 않아도 된다.
⑤ 동(棟)을 리모델링하기 위하여 리모델링주택조합을 설립하려는 경우에는 그 동의 구분소유자 및 의결권의 각 과반수의 결의를 얻어야 한다.

해설 리모델링
② 주택의 소유자 전원의 동의를 받은 경우 「공동주택관리법」에 따른 입주자대표회의는 리모델링을 할 수 있다.
③ 50세대 이상으로 세대수가 증가하는 리모델링을 허가하려는 경우에는 「국토의 계획 및 이용에 관한 법률」에 따라 설치된 시·군·구도시계획위원회 심의를 거쳐야 한다.
④ 증축형 리모델링이 아닌 경우에도 허가받은 리모델링 공사를 완료하였을 때에는 시장·군수·구청장의 사용검사를 받아야 한다.
⑤ 동(棟)을 리모델링하기 위하여 리모델링주택조합을 설립하려는 경우에는 그 동의 구분소유자 및 의결권의 3분의2 이상의 결의를 얻어야 한다.

정답 86. ⑤ 87. ①

부동산공법

88 주택법령상 리모델링에 관한 설명으로 옳은 것은? (단, 조례는 고려하지 않음) **33회 출제**

① 대수선은 리모델링에 포함되지 않는다.
② 공동주택의 리모델링은 동별로 할 수 있다.
③ 주택단지 전체를 리모델링하고자 주택조합을 설립하기 위해서는 주택단지 전체의 구분소유자와 의결권의 각 과반수의 결의가 필요하다.
④ 공동주택 리모델링의 허가는 시·도지사가 한다.
⑤ 리모델링주택조합 설립에 동의한 자로부터 건축물을 취득하였더라도 리모델링주택조합 설립에 동의한 것으로 보지 않는다.

해설 리모델링
① 대수선은 리모델링에 포함된다.
③ 주택단지 전체를 리모델링하고자 하는 경우에는 주택단지 전체의 구분소유자와 의결권의 각 3분의 2 이상의 결의 및 각 동의 구분소유자와 의결권의 각 과반수의 결의가 필요하다.
④ 공동주택 리모델링의 허가는 시장·군수·구청장이 한다.
⑤ 리모델링주택조합 설립에 동의한 자로부터 건축물을 취득하였더라도 리모델링주택조합 설립에 동의한 것으로 본다.

89 주택법령상 리모델링에 관한 설명으로 틀린 것은? (단, 조례는 고려하지 않음) **34회 출제**

① 세대수 증가형 리모델링으로 인한 도시과밀, 이주수요집중 등을 체계적으로 관리하기 위하여 수립하는 계획을 리모델링 기본계획이라 한다.
② 리모델링에 동의한 소유자는 리모델링 결의를 한 리모델링주택조합이나 소유자 전원의 동의를 받은 입주자대표회의가 시장·군수·구청장에게 리모델링 허가신청서를 제출하기 전까지 서면으로 동의를 철회할 수 있다.
③ 특별시장·광역시장 및 대도시의 시장은 리모델링 기본계획을 수립하거나 변경한 때에는 이를 지체 없이 해당 지방자치단체의 공보에 고시하여야 한다.
④ 수직증축형 리모델링의 설계자는 국토교통부장관이 정하여 고시하는 구조기준에 맞게 구조설계도서를 작성하여야 한다.
⑤ 대수선인 리모델링을 하려는 자는 시장·군수·구청장에게 안전진단을 요청하여야 한다.

해설 리모델링
증축형 리모델링을 하려는 자가 시장·군수·구청장에게 안전진단을 요청하여야 한다.

정답 88. ② 89. ⑤

제5장 주택법(기본)

90 주택법령상 리모델링 기본계획의 수립권자 및 대상 지역 등에 관한 설명으로 옳지 않은 것은?

① 특별시장·광역시장 및 대도시의 시장은 관할구역에 대하여 리모델링 기본계획을 수립하여야 한다.
② 리모델링 기본계획에는 도시과밀 방지 등을 위한 계획적 관리와 리모델링의 원활한 추진을 지원하기 위한 사항으로서 특별시·광역시 또는 도의 조례로 정하는 사항이 포함되어야 한다.
③ 리모델링 기본계획은 5년 단위로 수립하여야 한다.
④ 리모델링 기본계획의 작성기준 및 작성방법 등은 국토교통부장관이 정한다.
⑤ 세대수 증가형 리모델링에 따른 도시과밀의 우려가 적은 경우 등 대통령령으로 정하는 경우에는 리모델링 기본계획을 수립하지 아니할 수 있다.

해설 리모델링 기본계획
리모델링 기본계획은 10년 단위로 수립하여야 한다.

91 주택법령상 리모델링 기본계획 수립절차에 관한 조문의 일부이다. ( )에 들어갈 숫자를 옳게 연결한 것은? **27회 출제**

> 리모델링 기본계획을 수립하거나 변경하려면 (㉠)일 이상 주민에게 공람하고, 지방의회의 의견을 들어야 한다. 이 경우 지방의회는 의견제시를 요청받은 날부터 (㉡)일 이내에 의견을 제시하여야 한다.

① ㉠ : 7 ㉡ : 14
② ㉠ : 10 ㉡ : 15
③ ㉠ : 14 ㉡ : 15
④ ㉠ : 14 ㉡ : 30
⑤ ㉠ : 15 ㉡ : 30

해설 리모델링 기본계획 수립절차
리모델링 기본계획을 수립하거나 변경하려면 14일 이상 주민에게 공람하고, 지방의회의 의견을 들어야 한다. 이 경우 지방의회는 의견제시를 요청받은 날부터 30일 이내에 의견을 제시하여야 한다.

92 다음은 공동주택의 리모델링에 관한 설명이다. 틀린 것은?

① 동별 또는 주택단지별로 설립된 리모델링 주택조합은 공동주택 리모델링사업을 할 수 있다.
② 증축형 리모델링을 하려는 자는 시장·군수·구청장에게 안전진단을 요청해야 한다.
③ 리모델링 주택조합이 공동주택 리모델링사업을 하고자 할 때에는 시장·군수·구청장의 허가를 받아야 한다.
④ 리모델링 주택조합이 주택단지의 전체 구분소유자 및 의결권의 각 2/3 이상의 동의가 있으면 주택단지 전체를 리모델링할 수 있다.
⑤ 리모델링 주택조합이 동의 구분소유자 및 의결권의 각 75% 이상의 동의가 있으면 동을 리모델링할 수 있다.

정답 90. ③ 91. ④ 92. ④

해설 **공동주택의 리모델링**
주택단지 전체를 리모델링하는 경우에는 주택단지의 전체 구분소유자 및 의결권의 각 75% 이상의 동의 외에 각 동별 구분소유자 및 의결권의 각 50% 이상의 동의가 있어야 한다.

93 주택법령상 토지임대부 분양주택에 관한 설명으로 틀린 것은?

① 토지임대부 분양주택의 소유자가 임대차기간이 만료되기 전에 「도시 및 주거환경정비법」 등 도시개발 관련 법률에 따라 해당 주택을 철거하고 재건축을 하고자 하는 경우 「집합건물의 소유 및 관리에 관한 법률」에 따라 토지소유자의 동의를 받아 재건축할 수 있다.
② 토지임대부 분양주택을 양수한 자 또는 상속받은 자는 임대차계약을 승계한다.
③ 토지임대료는 월별 임대료를 원칙으로 하되, 토지소유자와 주택을 공급받은 자가 합의한 경우 임대료를 보증금으로 전환하여 납부할 수 있다
④ 토지임대부 분양주택을 공급받은 자가 토지임대부 분양주택을 양도하려는 경우에는 국토교통부장관에 해당 주택의 매입을 신청하여야 한다.
⑤ 토지임대부 분양주택의 토지에 대한 임대차기간은 40년 이내로 한다. 이 경우 토지임대부 분양주택 소유자의 75% 이상이 계약갱신을 청구하는 경우 40년의 범위에서 이를 갱신할 수 있다.

해설 **토지임대부 분양주택**
토지임대부 분양주택을 공급받은 자가 토지임대부 분양주택을 양도하려는 경우에는 한국토지주택공사에 해당 주택의 매입을 신청하여야 한다.

94 다음은 주택상환사채에 관한 설명이다. 틀린 것은?
★★
① 세대원 전원이 해외로 이주하거나 1년 이상 해외에 체류하고자 하는 경우 주택상환사채를 중도에 해약할 수 있다.
② 사채권자의 명의변경은 취득자의 성명과 주소를 사채원부에 기록하는 방법으로 한다.
③ 발행계획은 국토교통부장관의 승인을 받아야 한다.
④ 주택상환사채의 상환기간은 3년을 초과할 수 없다.
⑤ 기명증권이다.

해설 **주택상환사채**
세대원 전원이 해외로 이주하거나 2년 이상 해외에 체류하고자 하는 경우에 주택상환사채를 양도하거나 중도에 해약할 수 있다.

정답　93. ④　94. ①

제5장 주택법(기본)

95 다음은 주택상환사채에 관한 설명이다. 옳지 않은 것은?
① 주택상환사채는 지방공사가 발행할 수 있다.
② 사채권자의 명의변경은 취득자의 성명과 주소를 사채원부에 기재하는 방법으로 하며, 취득자의 성명을 채권에 기재하지 아니하면 사채발행자 및 제3자에게 대항할 수 없다.
③ 주택상환사채발행계획을 작성하여 국토교통부장관의 승인을 얻어야 한다.
④ 주택상환사채의 발행에 관하여는 주택법의 규정을 제외하고는 상법 중 사채발행에 관한 규정을 적용한다.
⑤ 등록사업자의 등록이 말소된 경우에도 그가 발행한 주택상환사채의 효력에는 영향을 미치지 아니한다.

해설 주택상환사채
주택상환사채는 한국토지주택공사 또는 등록사업자가 발행할 수 있다.

96 주택법령상 주택상환사채에 관한 설명으로 틀린 것은? **31회 출제**
① 한국토지주택공사는 주택상환사채를 발행할 수 있다.
② 주택상환사채는 기명증권으로 한다.
③ 사채권자의 명의 변경은 취득자의 성명과 주소를 사채원부에 기록하는 방법으로 한다.
④ 주택상환사채를 발행한 자는 발행조건에 따라 주택을 건설하여 사채권자에게 상환하여야 한다.
⑤ 등록사업자의 등록이 말소된 경우에는 등록사업자가 발행한 주택상환사채도 효력을 상실한다.

해설 주택상환사채
등록사업자의 등록이 말소된 경우에도 등록사업자가 발행한 주택상환사채의 효력에는 영향을 미치지 아니한다.

97 주택법령상 주택상환사채에 관한 설명으로 틀린 것은? **27회 출제**
① 등록사업자가 주택상환사채를 발행하려면 금융기관 또는 주택도시보증공사의 보증을 받아야 한다.
② 주택상환사채는 취득자의 성명을 채권에 기록하지 아니하면 사채발행자 및 제3자에게 대항할 수 없다.
③ 등록사업자의 등록이 말소된 경우에는 등록사업자가 발행한 주택상환사채의 효력은 상실된다.
④ 주택상환사채의 발행자는 주택상환사채대장을 비치하고, 주택상환사채권의 발행 및 상환에 관한 사항을 기재하여야 한다.
⑤ 주택상환사채를 발행하려는 자는 주택상환사채발행계획을 수립하여 국토교통부장관의 승인을 받아야 한다.

정답 95. ① 96. ⑤ 97. ③

부동산공법

> **해설** 주택상환사채
> 등록사업자의 등록이 말소된 경우에는 등록사업자가 발행한 주택상환사채의 효력에는 영향을 미치지 않는다.

30회 출제

98 「주택법」상 청문을 하여야 하는 처분이 아닌 것은? (단, 다른 법령에 따른 청문은 고려하지 않음)

① 공업화 주택의 인정취소
② 주택조합의 설립인가취소
③ 주택건설 사업계획승인의 취소
④ 공동주택 리모델링 허가의 취소
⑤ 주택건설사업의 등록말소

> **해설** 청 문
> ■ 국토교통부장관 또는 지방자치단체의 장은 다음의 어느 하나에 해당하는 처분을 하려면 청문을 하여야 한다.
> 1) 주택건설사업 등의 등록말소
> 2) 주택조합의 설립인가취소
> 3) 사업계획승인의 취소
> 4) 리모델링 허가의 취소

99 다음 중 처벌이 가장 무거운 경우는?

① 주택의 전매제한을 위반한 경우
② 등록사업자가 영업정지기간 중에 주택건설사업을 한 경우
③ 과실로 감리업무를 게을리하여 위법한 주택건설공사를 시공함으로써 사업주체 또는 입주자에게 손해를 발생하게 한 경우
④ 주택조합에 대한 회계감사를 받지 않은 경우
⑤ 분양가상한제를 위반하거나 분양가를 공개하지 않은 경우

> **해설** 벌 칙
> ① 3년 이하의 징역 또는 3,000만원 이하의 벌금
> ②, ③, ④ 1년 이하의 징역 또는 1,000만원 이하의 벌금
> ⑤ 2년 이하의 징역 또는 2,000만원 이하의 벌금

정답 98. ① 99. ①

제5장 주택법(응용)

응용 출제예상문제

01 다음은 「주택법」에 관한 설명이다. 올바른 것은?

① 「주택법」의 제정목적은 쾌적하고 살기 좋은 주거환경 조성에 필요한 주택의 건설·공급 및 주택시장의 관리 등에 관한 사항을 정함으로써 국민의 주거안정과 주거수준의 향상에 이바지함을 목적으로 한다.
② 「주택법」상 주택을 단독주택과 임대주택으로 구분한다.
③ 사업계획의 승인을 받아 건설하는 경우에는 세대구분형 공동주택의 세대수가 해당 주택단지 안의 공동주택 전체 세대수의 1/2을 넘지 아니하여야 한다.
④ 폭 12m의 일반도로로 분리된 주택단지는 이를 각각 별개의 주택단지로 본다.
⑤ 주택건설사업의 등록을 하려는 자가 개인인 경우에는 자산평가액 3억원 이상이 되어야 한다.

해설 「주택법」일반
② 주택을 단독주택과 공동주택으로 구분한다.
③ 공동주택 전체 세대수의 1/3을 넘지 아니하여야 한다.
④ 폭 20m 이상의 일반도로로 분리된 주택단지를 각각 별개의 주택단지로 본다.
⑤ 주택건설사업 또는 대지조성사업의 등록을 하려는 자는 자본금 3억원 이상(개인인 경우에는 자산평가액 6억원 이상)이 되어야 한다.

02 ★★ 다음은 주택의 정의에 관한 설명이다. 틀린 것은?

① 「주택법」에 의한 주택에는 주거용 건축물 외에 그 부속토지도 포함된다.
② 연립주택과 아파트는 층수에 의해 구분한다.
③ 연립주택과 다세대주택은 주택으로 사용하는 1개 동의 바닥면적합계에 의해 구분된다.
④ 지방공사가 건설하는 주택 중 주거전용면적이 85m² 이하 주택은 국민주택에서 제외된다.
⑤ 수도권을 제외한 도시지역 아닌 읍 또는 면에서의 국민주택규모는 1세대당 100m² 이하이다.

해설 주택의 정의
■ 국민주택이란 다음의 어느 하나에 해당하는 주택으로서 국민주택규모 이하인 주택을 말한다.
1) 국가·지방자치단체, 한국토지주택공사 또는 지방공사가 건설하는 주택
2) 국가·지방자치단체의 재정 또는 주택도시기금으로부터 자금을 지원받아 건설되거나 개량되는 주택

정답 01. ① 02. ④

03. 주택법령상 사업계획의 승인을 받아 건설하는 세대구분형 공동주택의 건설기준, 면적기준 및 건설 등에 관한 설명으로 옳지 않은 것은?

① 세대구분형 공동주택의 세대별로 구분된 각각의 공간마다 별도의 욕실, 부엌과 현관을 설치할 것
② 세대구분형 공동주택은 주택단지 공동주택 전체 호수의 3분의 1을 넘지 아니할 것
③ 하나의 세대가 통합하여 사용할 수 있도록 세대 간에 연결문 또는 경량구조의 경계벽 등을 설치할 것
④ 구분된 공간의 세대수는 기존 세대를 포함하여 3세대 이하일 것
⑤ 세대구분형 공동주택의 건설 또는 설치되는 주택과 관련하여 주택건설기준 등을 적용하는 경우 세대구분형 공동주택의 세대수는 그 구분된 공간의 세대에 관계없이 하나의 세대로 산정한다.

해설 세대구분형 공동주택의 정의
「공동주택관리법」에 따른 행위의 허가를 받거나 신고를 하고 설치하는 경우에 구분된 공간의 세대수는 기존 세대를 포함하여 2세대 이하일 것

04. 주택법령상 도시형 생활주택에 관한 설명으로 옳은 것은?

① 500세대 미만의 국민주택규모에 해당되는 주택이어야 한다.
② 아파트형 주택은 지하층 세대를 설치할 수 있다.
③ 아파트형 주택은 세대별로 독립된 주거가 가능하도록 욕실, 부엌 및 주차장을 설치하여야 한다.
④ 단지형 다세대주택은 「건축법」에 따른 건축위원회의 심의를 받은 경우에는 주택으로 쓰는 층수를 5개층까지 건축할 수 있다.
⑤ 하나의 건축물에 아파트형 주택과 단지형 다세대주택을 함께 건축할 수 있다.

해설 도시형 생활주택
① 300세대 미만의 국민주택규모에 해당하는 주택이어야 한다.
② 아파트형 주택은 지하층 세대를 설치할 수 없다.
③ 아파트형 주택은 세대별로 독립된 주거가 가능하도록 욕실 및 부엌을 설치하여야 한다.
⑤ 하나의 건축물에는 단지형 연립주택 또는 단지형 다세대주택과 아파트형 주택을 함께 건축할 수 없다.

정답 03. ④ 04. ④

05 주택법령상 용어에 관한 설명으로 틀린 것은? [34회 출제]

① 「건축법 시행령」에 따른 다세대주택은 공동주택에 해당한다.
② 「건축법 시행령」에 따른 오피스텔은 준주택에 해당한다.
③ 주택단지에 해당하는 토지가 폭 8미터 이상인 도시계획예정도로로 분리된 경우, 분리된 토지를 각각 별개의 주택단지로 본다.
④ 주택에 딸린 자전거보관소는 복리시설에 해당한다.
⑤ 도로·상하수도·전기시설·가스시설·통신시설·지역난방시설은 기간시설(基幹施設)에 해당한다.

해설 용어의 정의
주택에 딸린 자전거보관소는 부대시설에 해당한다.

06 주택법령상 도시형 생활주택에 관한 설명으로 옳지 않은 것은?

① 도시형 생활주택의 종류에는 단지형 연립주택, 단지형 다세대주택, 아파트형 주택이 있다.
② 단지형 연립주택은 해당 건축위원회의 심의를 받은 경우에는 주택으로 쓰는 층수를 5층까지 건축할 수 있다.
③ 준주거지역에서 하나의 건축물에는 아파트형 주택과 도시형 생활주택 외의 주택을 함께 건축할 수 있다.
④ 상업지역에서 하나의 건축물에는 아파트형 주택과 단지형 다세대주택을 함께 건축할 수 없다.
⑤ 아파트형 주택은 세대별로 독립된 주거가 가능하도록 욕실 및 보일러실을 설치하여야 한다.

해설 도시형 생활주택
아파트형 주택은 세대별로 독립된 주거가 가능하도록 욕실 및 부엌을 설치하여야 한다.

07 주택법령상 도시형 생활주택에 관한 설명으로 틀린 것은?

① 도시형 생활주택은 세대수가 300세대 미만이어야 한다.
② 아파트형 주택은 세대별 주거전용면적이 50m² 이하이어야 한다.
③ 하나의 건축물에는 단지형 연립주택 또는 단지형 다세대주택과 아파트형 주택을 함께 건축할 수 없다.
④ 도시형 생활주택에는 분양가상한제가 적용되지 아니한다.
⑤ 준주거지역에서 도시형 생활주택인 아파트형 주택과 도시형 생활주택이 아닌 주택 1세대는 하나의 건축물에 함께 건축할 수 없다.

정답 05. ④ 06. ⑤ 07. ⑤

> **해설** 도시형 생활주택
>
> 도시형 생활주택과 주거전용면적이 85m²를 초과하는 주택 1세대를 함께 건축하는 경우와 준주거지역 또는 상업지역에서 아파트형 주택과 도시형 생활주택 외의 주택을 함께 건축할 수 있다.

08 「주택법」에 규정된 용어의 설명으로 옳은 것은? [15회 추가]

★★★
① "주택"은 세대의 구성원이 장기간 독립된 주거생활을 영위할 수 있는 구조로 된 건축물의 전부 또는 일부를 말하며, 그 부속토지는 제외된다.
② 주택의 종류로는 단독주택, 공동주택, 복합주택이 있다.
③ "복리시설"은 어린이 놀이터, 유치원, 경로당과 같은 주택단지 안의 입주자 등의 생활복리를 위한 공동시설을 의미하며 근린생활시설도 이에 포함된다.
④ 다수의 구성원이 사업계획의 승인을 받아 주택을 마련하거나 리모델링하기 위해 결성하는 주택법상 주택조합의 종류로는 지역주택조합, 직장주택조합, 재건축주택조합, 리모델링 주택조합이 있다.
⑤ "리모델링 주택조합"은 사용승인을 받은 후 15년 이상 지난 단독주택 또는 공동주택을 리모델링하기 위해 설립한 조합을 말한다.

> **해설** 용어의 설명
>
> ① 「주택법」상의 주택에는 그 부속토지가 포함된다.
> ② 「주택법」상의 주택은 단독주택과 공동주택으로 구분된다.
> ④ 재건축에 관한 사항은 「도시 및 주거환경정비법」에 규정되어 있다.
> ⑤ 리모델링 주택조합은 공동주택의 소유자가 그 주택을 리모델링하기 위해 설립한 조합을 말한다.

09 주택법령상 용어에 관한 설명으로 틀린 것은? [22회 출제]

① 주택단지의 입주자 등의 생활복리를 위한 유치원은 복리시설에 해당한다.
② 주택에 딸린 관리사무소는 부대시설에 해당한다.
③ 「건축법시행령」에 따른 숙박시설로서 제2종 근린생활 시설에 해당하지 않는 다중생활시설은 준주택에 해당한다.
④ 도시형 생활주택이란 300세대 미만의 국민주택규모에 해당하는 주택으로서 대통령령으로 정하는 주택을 말한다.
⑤ 수도권에 소재한 읍 또는 면 지역의 경우 국민주택규모의 주택이란 1호(戶) 또는 1세대당 주거전용면적이 100m² 이하인 주택을 말한다.

> **해설** 주택법령 일반
>
> 수도권을 제외한 도시지역이 아닌 읍 또는 면 지역의 경우 국민주택규모의 주택이란 1호(戶) 또는 1세대당 주거전용면적이 100m² 이하인 주택을 말한다. 원칙적으로 국민주택규모의 주택이란 1호 또는 1세대당 주거전용면적이 85m² 이하인 주택을 말한다.

정답 08. ③ 09. ⑤

제5장 주택법(응용)

10 리모델링에 해당하는 행위에 관한 설명이다. ( )에 들어갈 내용을 순서대로 나열한 것은? (단, 임시사용승인을 받은 경우 및 조례는 고려하지 않음)

> 건축물의 노후화 억제 또는 기능 향상 등을 위한 행위로서, 「주택법」에 따른 사용검사일 또는 「건축법」에 따른 사용승인일부터 ( )년이 지난 공동주택을 각 세대의 주거전용면적의 ( )% 이내[세대의 주거전용면적이 85m² 미만인 경우에는 40% 이내]에서 증축하는 행위

① 20 – 10 ② 20 – 20 ③ 20 – 30
④ 15 – 20 ⑤ 15 – 30

해설 리모델링의 정의
사용승인일부터 15년이 지난 공동주택을 각 세대의 주거전용면적의 30% 이내에서 증축하는 행위

11 다음은 주거전용면적의 산정에 관한 설명이다. 틀린 것은?
★★
① 공동주택의 바닥면적에서 주거전용면적을 제외하고 남는 외벽면적은 공용면적에 가산한다.
② 단독주택의 주거전용면적에는 거실로 쓰이지 않는 지하실의 면적이 포함되지 않는다.
③ 다가구주택에 해당하는 경우 바닥면적에서 본 건축물의 지상층에 있는 부분으로서 복도, 계단, 현관 등 2세대 이상이 공동으로 사용하는 부분의 면적은 제외한다.
④ 공동주택의 주거전용면적은 외벽의 중심선을 기준으로 산정한다.
⑤ 공동주택의 주거전용면적에는 2세대 이상이 공동으로 사용하는 부분과 주거용으로 사용되지 않는 부분이 포함되지 않는다.

해설 주거전용면적의 산정
공동주택의 주거전용면적은 외벽의 내부선을 기준으로 해서 산정하는데, 실무상으로는 이를 "안목치수"라고 한다.

12 주택법령상 주택단지가 일정한 시설로 분리된 토지는 각각 별개의 주택단지로 본다. 그 시설에 해당하지 않는 것은? `27회 출제`

① 고속도로
② 폭 20m의 도시계획예정도로
③ 폭 15m의 일반도로
④ 자동차전용도로
⑤ 보행자 및 자동차의 통행이 가능한 도로로서 「도로법」에 의한 일반국도

해설 주택단지
폭 20m 이상의 일반도로로 분리된 토지는 각각 별개의 주택단지로 본다.

정답 10. ⑤   11. ④   12. ③

부동산공법

13. 주택법령상 복리시설로 옳은 것을 모두 고른 것은?

| ㉠ 주민운동시설 | ㉡ 주택단지 안의 도로 | ㉢ 어린이놀이터 |
| ㉣ 경로당 | ㉤ 유치원 | |

① ㉠, ㉡　　② ㉠, ㉣　　③ ㉡, ㉢, ㉤
④ ㉠, ㉢, ㉣, ㉤　　⑤ ㉡, ㉢, ㉣, ㉤

> **해설** 복리시설의 정의
> 주택단지 안의 도로는 부대시설이다.

14. 「주택법」 제2조(정의) 규정에 의할 때, 주택단지의 입주자 등의 생활복리를 위한 공동시설에 해당하는 것은?

① 관리사무소　　② 공중화장실　　③ 자전거보관소
④ 방범설비　　⑤ 주민운동시설

> **해설** 복리시설의 정의
> ■ 복리시설이란 주택단지의 입주자 등의 생활복리를 위한 다음의 공동시설을 말한다.
> 1) 어린이놀이터, 근린생활시설, 유치원, 주민운동시설 및 경로당
> 2) 「건축법 시행령」에 따른 제1종 근린생활시설
> 3) 「건축법 시행령」에 따른 제2종 근린생활시설(총포판매소, 장의사, 다중생활시설, 단란주점 및 안마시술소는 제외한다)
> 4) 「건축법 시행령」에 따른 종교시설 등

15. 주택법령상 주택건설사업의 등록사업자에 관한 설명으로 옳은 것은? [19회 개작]

① 사업주체가 한국토지주택공사인 경우에는 등록할 필요가 없다.
② 등록사업자는 등록사항에 변경이 있으면 변경 사유가 발생한 날부터 30일 이내에 시장·군수·구청장에게 신고하여야 한다.
③ 토지소유자가 등록사업자와 공동으로 주택건설사업을 시행하는 경우 토지소유자와 등록사업자는 공동사업주체로 추정된다.
④ 리모델링 주택조합이 그 구성원의 주택을 건설하는 경우 등록사업자와 공동으로 사업을 시행해야 한다.
⑤ 판례에 의하면 '주택건설공사를 도급받아 시공하고자 하는 자'는 주택건설사업을 시행하고자 하는 자에 해당하므로 등록의무가 있다.

정답 13. ④　14. ⑤　15. ①

해설 등록사업자

② 등록사업자는 등록사항에 변경이 있으면 국토교통부령으로 정하는 바에 따라 변경 사유가 발생한 날부터 30일 이내에 국토교통부장관에게 신고하여야 한다.
③ 토지소유자가 등록사업자와 공동으로 주택건설사업을 시행하는 경우 토지소유자와 등록사업자는 공동사업주체로 본다. "추정(推定)"이 아닌 "간주(看做)"에 해당한다.
④ 주택조합(세대수를 증가하지 아니하는 리모델링 주택조합은 제외)은 그 구성원의 주택을 건설하는 경우에는 등록사업자(지방자치단체·한국토지주택공사 및 지방공사를 포함함)와 공동으로 사업을 시행할 수 있다. 이 경우 주택조합과 등록사업자를 공동사업주체로 본다.
⑤ 단순히 주택건설공사를 시공하는 자는 「건설산업기본법」에 의한 건설업면허가 있으면 충분하고, 「주택법」에 의한 주택건설사업의 등록은 하지 않아도 된다.

16 다음은 주택법령상의 등록사업자에 관한 설명이다. 틀린 것은?

① 연간 일정규모 이상의 주택건설사업 또는 대지조성사업을 하고자 하는 자는 국토교통부장관에게 등록하여야 한다.
② ①에 의하여 등록한 등록사업자의 기술능력, 주택건설 실적, 주택규모 등이 일정기준에 해당하는 경우에는 그 등록사업자를 「건설산업기본법」에 의한 건설사업자로 본다.
③ ②에 해당하는 등록사업자는 직접 주택건설공사를 시공할 수 있다.
④ ②에 해당하는 등록사업자가 직접시공할 수 있는 주택에 대하여는 규모와 건설공사비에 의한 제한이 있다.
⑤ ②에 해당하는 등록사업자가 시공하는 경우에는 「건설산업기본법」의 적용이 배제된다.

해설 등록사업자

등록사업자가 직접 시공하는 경우에도 「건설산업기본법」에 따라야 한다.

17 주택법령상 주택건설사업의 등록에 관한 설명으로 틀린 것은?

① 국토교통부장관은 주택건설사업의 등록을 한 자에 대하여는 이를 주택건설사업자등록부에 등재하고, 등록증을 교부하여야 한다.
② 주택건설사업의 등록을 하려는 자가 개인인 경우에는 자산평가액이 3억원 이상이 되어야 한다.
③ 법인의 임원 중 파산선고를 받은 자로서 복권되지 아니한 자가 있는 경우에 해당 법인은 주택건설사업의 등록을 할 수 없다.
④ 주택건설사업자가 거짓 그 밖의 부정한 방법으로 등록을 해서 그 등록을 말소하는 때에는 청문을 실시하여야 한다.
⑤ 등록해야 할 자가 등록하지 아니하고 주택건설사업을 영위한 경우 2년 이하의 징역 또는 2,000만원 이하의 벌금에 처한다.

정답 16. ⑤ 17. ②

해설 주택건설사업의 등록

주택건설사업 또는 대지조성사업의 등록을 하려는 자는 자본금 3억원 이상(개인인 경우에는 자산평가액 6억원 이상)을 갖추어야 한다.

18 다음은 주택조합이 등록사업자와 공동으로 주택을 건설하기 위하여 갖추어야 하는 요건이다. 틀린 것은?

① 등록사업자가 「주택법」에 따라 건설사업자로 간주되는 자이거나 건축공사업 또는 토목건축공사업의 등록을 한 자일 것
② 주택조합이 주택건설대지의 소유권을 확보하고 있을 것
③ 주택조합이 주택건설대지의 소유권을 확보하지 못한 경우에는 토지소유자로부터 사업의 시행에 대한 동의를 받을 것
④ 주택건설대지에 저당권이 설정되어 있는 경우에는 저당권을 말소하거나 저당권자로부터 그 사업의 시행에 대한 동의를 받을 것
⑤ 주택조합과 등록사업자 간에 대지 및 주택의 사용·처분, 사업비의 부담, 공사기간 그 밖에 사업추진상의 각종 책임 등에 관하여 협약이 체결되어 있을 것

해설 주택건설사업의 시행

주택조합은 대지의 소유권을 확보해야 하며 ③과 같은 예외가 인정되지 않는다.

19 다음은 「주택법」에 의한 주택조합에 관한 설명이다. 틀린 것은?

① 지역주택조합의 조합원은 20명 이상이어야 한다.
② 지역주택조합의 조합원에 대해서는 6개월의 거주요건이 적용된다.
③ 주택조합의 조합원은 무주택자여야 한다.
④ 주택을 건설하기 위한 주택조합을 해산하고자 할 때에도 인가를 받아야 한다.
⑤ 지역주택조합의 조합원이 근무·질병치료·유학·결혼 등 부득이한 사유로 인하여 세대주자격을 일시적으로 상실한 경우로서 시장·군수·구청장이 인정하는 경우에는 조합원 자격이 있는 것으로 본다.

해설 주택조합

주거전용면적 85m² 이하의 주택을 1채 소유한 자도 주택조합의 조합원이 될 수 있다.

정답 18. ③ 19. ③

20
주택을 마련하기 위한 목적으로 설립된 A지역주택조합은 공개모집의 방법으로 조합원 甲 등을 모집하여 관할 시장에게 설립인가를 신청하였다. 주택법령상 이에 관한 설명으로 옳은 것은?

① 10억원 이상의 자산평가액을 보유한 「공인중개사법」에 따른 개인 중개업자는 A지역주택조합의 조합설립인가 신청을 대행할 수 없다.
② 관할 시장의 설립인가가 있은 이후에는 甲은 조합을 탈퇴할 수 없다.
③ 공개모집 이후 甲이 조합원의 자격을 상실하여 충원하는 경우 A지역주택조합은 관할시장에게 신고하지 아니하고 선착순의 방법으로 조합원을 모집할 수 있다.
④ A지역주택조합은 조합원 모집에 관하여 설명한 내용을 조합 가입 신청자가 이해하였음을 서면으로 확인받아 가입 신청자에게 교부하고, 그 사본을 3년간 보관하여야 한다.
⑤ 갑의 사망으로 A지역주택조합이 조합원을 충원하는 경우, 충원되는 자가 조합원 자역요건을 갖추었는지는 A지역주택조합의 설립인가일을 기준으로 판단한다.

해설 주택조합
① 주택조합의 조합설립인가 신청을 대행할 수 있다.
② 관할 시장의 설립인가가 있은 이후에도 甲은 조합을 탈퇴할 수 있다.
④ 사본을 5년간 보관하여야 한다.
⑤ 충원되는 자가 조합원 자격요건을 갖추었는지는 A지역주택조합의 설립인가신청일을 기준으로 판단한다.

21
주택법령상 주택조합에 관한 설명으로 옳은 것은?

① 국민주택을 공급받기 위하여 직장주택조합을 설립하려는 자는 관할 특별자치시장, 특별자치도지사, 시장·군수·구청자의 인가를 받아야 한다.
② 지역주택조합을 해산하려는 경우에는 관할 특별자치시장, 특별자치도지사, 시장·군수·구청장의 인가를 받을 필요가 없다.
③ 주택조합의 임원이 결격사유에 해당되어 당연퇴직된 경우 퇴직된 임원이 퇴직 전에 관여한 행위는 그 효력을 상실한다.
④ 공개모집 이후 조합원의 사망·자격상실·탈퇴 등으로 인한 결원을 충원하거나 미달된 조합원을 재모집하는 경우 선착순의 방법으로 조합원을 모집할 수 없다.
⑤ 지역주택조합의 조합원이 무자격자로 판명되어 자격을 상실함에 따라 결원의 범위에서 조합원을 충원하는 경우 충원되는 자의 조합원 자격요건 충족여부의 판단은 해당 조합설립인가 신청일을 기준으로 한다.

정답 20. ③ 21. ⑤

부동산공법

> **해설** 주택조합
> ① 국민주택을 공급받기 위하여 직장주택조합을 설립하려는 자는 관할 특별자치시장, 특별자치도지사, 시장·군수·구청자에게 신고하여야 한다.
> ② 지역주택조합을 해산하려는 경우에는 관할 특별자치시장, 특별자치도지사, 시장·군수·구청장의 인가를 받아야 한다.
> ③ 주택조합의 임원이 결격사유에 해당되어 당연퇴직된 경우 퇴직된 임원이 퇴직 전에 관여한 행위는 그 효력을 상실하지 아니한다.
> ④ 공개모집 이후 조합원의 사망·자격상실·탈퇴 등으로 인한 결원을 충원하거나 미달된 조합원을 재모집하는 경우에는 신고하지 아니하고 선착순의 방법으로 조합원을 모집할 수 있다.

22 ★ 주택법령상 주택조합에 관한 설명으로 옳은 것은? **19회 개작**

① 국민주택을 공급받기 위하여 직장주택조합을 설립하는 경우 관할 시장·군수·구청장의 인가를 받아야 한다.
② 주택조합과 등록사업자가 공동으로 사업을 시행·시공할 경우 등록사업자는 자신의 귀책사유로 사업추진이 지연됨으로 인해 조합원에게 발생한 손해를 배상해야 한다.
③ 리모델링 주택조합은 그 구성원을 위하여 건설하는 주택을 조합원에게 우선 공급해야 하고, 직장주택조합에 대하여는 사업주체가 국민주택을 조합원에게 우선 공급해야 한다.
④ 주택조합은 등록사업자가 소유하는 공공택지를 주택건설대지로 사용할 수 있다.
⑤ 시장·군수·구청장은 주택조합이 「주택법」에 의한 명령이나 처분에 위반한 때에는 그 설립인가를 취소해야 한다.

> **해설** 주택조합
> ① 국민주택을 공급받기 위하여 직장주택조합을 설립하는 경우에는 관할 시장·군수·구청장에게 신고하여야 한다.
> ③ 주택조합(리모델링 주택조합은 제외함)은 그 구성원을 위하여 건설하는 주택을 그 조합원에게 우선 공급할 수 있으며, 직장주택조합에 대하여는 사업주체가 국민주택을 그 직장주택조합원에게 우선 공급할 수 있다.
> ④ 주택조합은 등록사업자가 소유하는 공공택지를 주택건설대지로 사용해서는 아니 된다. 다만, 경매 또는 공매를 통하여 취득한 공공택지는 예외로 한다.
> ⑤ 시장·군수·구청장은 주택조합 또는 그 조합의 구성원이 주택법에 따른 처분에 위반한 때에는 주택조합의 설립인가를 취소할 수 있다. 반드시 취소해야 하는 것은 아니다.

정답 22. ②

제5장 주택법(응용)

23 주택법령상 주택조합에 관한 설명으로 틀린 것은? (단, 리모델링 주택조합은 제외함) `28회 출제`

① 지역주택조합설립인가를 받으려는 자는 해당 주택건설대지의 80% 이상에 해당하는 토지의 사용권원을 확보하고 15% 이상에 해당하는 토지소유권을 확보하여야 한다.
② 탈퇴한 조합원은 조합규약으로 정하는 바에 따라 부담한 비용의 환급을 청구할 수 있다.
③ 주택조합은 주택건설 예정 세대수의 50% 이상의 조합원으로 구성하되, 조합원은 10명 이상이어야 한다.
④ 지역주택조합은 그 구성원을 위하여 건설하는 주택을 그 조합원에게 우선 공급할 수 있다.
⑤ 조합원의 공개모집 이후 조합원의 사망·자격상실·탈퇴 등으로 인한 결원을 충원하거나 미달된 조합원을 재모집하는 경우에는 신고하지 아니하고 선착순의 방법으로 조합원을 모집할 수 있다.

해설 주택조합
주택조합은 주택건설 예정 세대수의 50% 이상의 조합원으로 구성하되, 조합원은 20명 이상이어야 한다.

24 주택법령상 주택조합에 관한 설명으로 옳은 것은?

① 「주택법」에서는 주택조합의 종류로 지역주택조합과 리모델링 주택조합만 인정하고 있다.
② 리모델링 주택조합이 동(棟)을 리모델링하고자 하는 경우에 그 동(棟)의 구분소유자 및 의결권의 각 2/3 이상의 동의를 받아야 한다.
③ 리모델링의 허가를 신청하기 위한 동의율을 확보한 경우 리모델링 결의를 한 리모델링 주택조합은 그 리모델링 결의에 찬성하지 아니하는 자의 주택 및 토지에 대하여 매도청구를 할 수 없다.
④ 주택조합은 조합원 가입 알선업무를 등록사업자에게 대행하도록 할 수 없다.
⑤ 국민주택을 공급받기 위하여 설립된 직장주택조합을 해산하려는 경우에는 관할 시장·군수·구청장에게 신고하여야 한다.

해설 주택조합
① 주택조합의 종류는 지역주택조합·직장주택조합과 리모델링 주택조합이 있다.
② 리모델링 주택조합이 동(棟)을 리모델링하고자 하는 경우에는 그 동(棟)의 구분소유자 및 의결권의 각 75% 이상의 동의를 받아야 한다.
③ 리모델링 주택조합은 그 리모델링 결의에 찬성하지 아니하는 자의 주택 및 토지에 대하여 매도청구를 할 수 있다.
④ 주택조합(리모델링 주택조합은 제외한다) 및 그 조합의 구성원(주택조합의 발기인을 포함한다)은 조합원 가입 알선 등 주택조합의 업무를 공동사업주체인 등록사업자 등에게만 대행하도록 하여야 한다.

정답 23. ③ 24. ⑤

부동산공법

25 주택법령상 인가대상행위가 아닌 것은? 『25회 출제』

① 지역주택조합의 해산
② 리모델링 주택조합의 설립
③ 국민주택을 공급받기 위하여 설립한 직장주택조합의 해산
④ 승인받은 조합원 추가모집에 따른 지역주택조합의 변경
⑤ 지역주택조합의 설립

해설 주택법령상 인가대상행위
국민주택을 공급받기 위하여 직장주택조합을 설립, 변경, 해산하려는 자는 관할 시장·군수·구청장에게 신고하여야 한다.

26 다음은 주택법령상의 주택조합 및 조합원에 관한 설명이다. 올바른 것은?

① 주택조합은 「민법」상의 비영리 사단법인에 해당된다.
② 탈퇴한 조합원(제명된 조합원을 포함한다)은 조합규약으로 정하는 바에 따라 부담한 비용의 환급을 청구할 수 있다.
③ 리모델링 주택조합의 경우 공동주택의 소유권이 수인의 공유에 속하게 되는 때에는 그 수인을 각각 조합원으로 본다.
④ 조합원의 사망으로 조합원의 지위를 상속받는 자는 조합설립인가일 현재 조합원자격을 갖추어야 한다.
⑤ 지역주택조합의 설립인가를 받기 위하여 조합원을 모집하려는 자는 해당 주택건설대지의 80% 이상에 해당하는 토지의 사용권원을 확보하여 관할 시장·군수·구청장에게 인가를 받아야 한다.

해설 주택조합
① 주택조합은 법인이 아닌 사단에 해당된다.
③ 리모델링 주택조합의 경우 공동주택의 소유권이 수인의 공유에 속하게 되는 때에는 그 수인을 대표하는 1인을 조합원으로 본다.
④ 교체되거나 신규로 가입하는 자는 조합설립인가일 현재 조합원자격을 갖추어야 한다. 다만, 조합원지위를 상속받은 자는 예외로 한다.
⑤ 지역주택조합 또는 직장주택조합의 설립인가를 받기 위하여 조합원을 모집하려는 자는 해당 주택건설대지의 50% 이상에 해당하는 토지의 사용권원을 확보하여 관할 시장·군수·구청장에게 신고하고, 공개모집의 방법으로 조합원을 모집하여야 한다.

정답 25. ③ 26. ②

제5장 주택법(응용)

27 주택법령상 주택단지 전체를 대상으로 증축형 리모델링을 하기 위하여 리모델링 주택조합을 설립하려는 경우 조합설립인가 신청 시 제출해야 할 첨부서류가 <u>아닌</u> 것은? (단, 조례는 고려하지 않음)

26회 개작

① 창립총회 회의록
② 조합원 전원이 자필로 연명한 조합규약
③ 해당 주택건설대지의 80% 이상에 해당하는 토지의 사용권원을 확보하였음을 증명하는 서류
④ 해당 주택이 사용검사를 받은 후 15년 이상 경과하였음을 증명하는 서류
⑤ 조합원 명부

> **해설** 조합설립인가
> 지역주택조합 또는 직장주택조합의 경우 '해당 주택건설대지의 80퍼센트 이상에 해당하는 토지의 사용권원을 확보하였음을 증명하는 서류, 해당 주택건설대지의 15% 이상에 해당하는 토지의 소유권을 확보하였음을 증명하는 서류'를 제출해야 하지만 리모델링 주택조합의 경우에는 이를 제출하지 않아도 된다.

28 주택법령상 지역주택조합에 관한 설명으로 옳은 것은?

29회 출제

① 조합설립에 동의한 조합원은 조합설립인가가 있은 이후에는 자신의 의사에 의해 조합을 탈퇴할 수 없다.
② 총회의 의결로 제명된 조합원은 조합에 자신이 부담한 비용의 환급을 청구할 수 없다.
③ 조합임원의 선임을 의결하는 총회의 경우에는 조합원의 100분의 20 이상이 직접 출석하여야 한다.
④ 조합원을 공개모집한 이후 조합원의 자격상실로 인한 결원을 충원하려면 시장·군수·구청장에게 신고하고 공개모집의 방법으로 조합원을 충원하여야 한다.
⑤ 조합의 임원이 금고 이상의 실형을 받아 당연퇴직을 하면 그가 퇴직 전에 관여한 행위는 그 효력을 상실한다.

> **해설** 지역주택조합
> ① 조합설립에 동의한 조합원은 조합설립인가가 있은 이후에는 자신의 의사에 의해 조합을 탈퇴할 수 있다.
> ② 총회의 의결로 제명된 조합원은 조합에 자신이 부담한 비용의 환급을 청구할 수 있다.
> ④ 공개모집 이후 조합원의 사망·자격상실·탈퇴 등으로 인한 결원을 충원하거나 미달된 조합원을 재모집하는 경우에는 신고하지 아니하고 선착순의 방법으로 조합원을 모집할 수 있다.
> ⑤ 조합의 임원이 금고 이상의 실형을 받아 당연퇴직을 하면 그가 퇴직 전에 관여한 행위는 그 효력을 상실하지 아니한다.

정답 27. ③ 28. ③

29 주택법령상 주택조합에 관한 설명으로 옳은 것은? `22회 출제`

① 세대수를 증가하지 아니하는 리모델링 주택조합은 등록사업자와 공동으로 주택건설사업을 시행할 수 있다.
② 등록사업자와 공동으로 주택건설사업을 하려는 주택조합은 국토교통부장관에게 등록하여야 한다.
③ 모델링의 허가를 신청하기 위한 동의율을 확보한 경우 리모델링 결의를 한 리모델링 주택조합은 그 리모델링 결의에 찬성하지 아니하는 자의 주택 및 토지에 대하여 매도청구를 할 수 있다.
④ 국민주택을 공급받기 위하여 직장주택조합을 설립하려는 자는 관할 시장·군수·구청장의 인가를 받아야 한다.
⑤ 리모델링 주택조합은 주택건설예정세대주의 50% 이상의 조합원으로 구성하되, 조합원은 20명 이상이어야 한다.

해설 주택조합
① 세대수를 증가하지 아니하는 리모델링 주택조합을 제외한 주택조합이 등록사업자와 공동으로 주택건설사업을 시행할 수 있다.
② 등록사업자와 공동으로 주택건설사업을 하려는 주택조합은 등록을 하지 않고 주택건설사업을 시행할 수 있다.
④ 국민주택을 공급받기 위하여 직장주택조합을 설립하려는 자는 관할 시장·군수·구청장에게 신고하여야 한다.
⑤ 리모델링 주택조합을 제외한 주택조합이 주택건설예정세대주의 50% 이상의 조합원으로 구성하되, 조합원은 20명 이상이어야 한다.

30 주택법령상 주택조합에 관한 설명으로 옳은 것은? `27회 출제`

① 국민주택을 공급받기 위하여 설립한 직장주택조합을 해산하려면 관할 시장·군수·구청장의 인가를 받아야 한다.
② 지역주택조합은 임대주택으로 건설·공급하여야 하는 세대수를 포함하여 주택건설예정세대수의 3분의 1 이상의 조합원으로 구성하여야 한다.
③ 리모델링 주택조합의 경우 공동주택의 소유권이 수인의 공유에 속하는 경우에는 그 수인 모두를 조합원으로 본다.
④ 지역주택조합의 설립 인가 후 조합원이 사망하였더라도 조합원수가 주택건설예정세대수의 2분의 1 이상을 유지하고 있다면 조합원을 충원할 수 없다.
⑤ 지역주택조합이 설립인가를 받은 후에 조합원을 추가모집한 경우에는 주택조합의 변경인가를 받아야 한다.

정답 29. ③ 30. ⑤

제5장 주택법(응용)

해설 주택조합

① 국민주택을 공급받기 위하여 설립한 직장주택조합을 해산하려면 관할 시장·군수·구청장에게 신고하여야 한다.
② 주택조합(리모델링 주택조합은 제외한다)은 주택조합 설립인가를 받는 날부터 사용검사를 받는 날까지 계속하여 다음의 요건을 모두 충족해야 한다.
　1) 주택건설 예정 세대수의 50% 이상의 조합원으로 구성할 것. 다만, 사업계획승인 등의 과정에서 세대수가 변경된 경우에는 변경된 세대수를 기준으로 한다.
　2) 조합원은 20명 이상일 것
③ 리모델링 주택조합의 경우 공동주택의 소유권이 수인의 공유에 속하는 경우에는 그 수인을 대표하는 1명을 조합원으로 본다.
④ 지역주택조합의 설립 인가 후 조합원이 사망하는 경우 결원이 발생한 범위에서 충원할 수 있다.

31 甲은 50세대로 구성된 세대당 주거전용면적 100㎡인 아파트 1채를 분양받아 소유하고 있는 세대주이다. 주택법령상 甲에 관한 설명으로 옳은 것은? (다만, 甲의 주택은 「수도권정비계획법」상 수도권 지역에 있고, 분양가상한제 적용 대상임) **21회 개작**

① 甲의 주택은 도시형 생활주택 중 단지형 연립주택에 해당한다.
② 甲은 지역주택조합의 조합원 자격이 있다.
③ 국민주택을 공급받기 위한 직장주택조합이 아닌 경우에도 甲은 직장주택조합의 조합원 자격이 없다.
④ 甲이 자신의 주택에 대한 소유권이전등기를 완료한 날부터 3년간 전매행위가 제한된다.
⑤ 甲의 아파트는 국민주택에 해당한다.

해설 주택조합 등

① 주거전용면적 100㎡인 아파트이므로 도시형 생활주택 중 단지형 연립주택이 될 수 없다.
② 지역주택조합의 조합원 자격은 무주택이거나 85㎡ 이하의 주택을 1채에 한하여 소유하는 세대주이어야 한다.
④ 전매행위 제한기간은 해당 주택의 입주자로 선정된 날부터 일정기간 전매행위가 제한된다.
⑤ 수도권 지역에 있는 아파트이므로 국민주택규모에 해당하지 않는다.

32 주택법령상 사업계획승인을 받아야 하는 경우가 아닌 것은?

① 「건축법 시행령」에 따른 한옥 50호 이상의 주택건설사업을 시행하는 경우
② 공동주택 중 아파트 리모델링의 경우 증가하는 세대수가 30세대 이상인 경우
③ 준주거지역에서 300세대 미만의 주택과 주택 외의 시설을 동일 건축물로 건축하는 경우로서 해당 건축물의 연면적에 대한 주택연면적 합계의 비율이 90퍼센트 미만인 경우
④ 세대별 주거전용면적이 30㎡ 이상이고 해당 주택단지 진입도로의 폭이 6m 이상인 도시형 생활주택 중 단지형 연립주택 50세대 이상의 주택건설사업을 시행하는 경우
⑤ 1만㎡ 이상의 대지조성사업을 시행하는 경우

정답　31. ③　32. ③

> **해설** 사업계획승인대상
>
> 준주거지역 또는 상업지역(유통상업지역은 제외한다)에서 300세대 미만의 주택과 주택 외의 시설을 동일 건축물로 건축하는 경우로서 해당 건축물의 연면적에서 주택의 연면적이 차지하는 비율이 90% 미만인 경우 사업계획승인대상에서 제외한다.

33 ★★★ 다음은 「주택법」에 의한 사업계획승인에 관한 설명이다. 틀린 것은?

① 일단의 주택단지를 수개의 공구로 분할해서 주택을 건설하는 경우 사업계획승인대상인지 여부는 전체 주택건설규모에 의해 정해진다.
② 등록사업자가 국민주택건설에 관한 사업계획승인을 받으면 「공익사업을 위한 토지 등의 취득 및 보상에 관한 법률」에 의한 사업인정을 받은 것으로 본다.
③ 토지소유자가 등록사업자와 공동으로 주택을 건설하는 경우에는 사업계획승인을 신청할 때에 주택건설대지의 소유권을 확보해야 한다.
④ 주택건설대지의 사용권을 확보한 경우에도 사업계획승인을 받을 수 있다.
⑤ 사업계획승인을 받아 건설한 주택에 대해서는 「주택공급에 관한 규칙」이 적용된다.

> **해설** 사업계획승인
>
> 사업계획승인을 받으면 「공익사업을 위한 토지 등의 취득 및 보상에 관한 법률」에 의한 사업인정을 받은 것으로 보는 것은 국가·지방자치단체·한국토지주택공사 또는 지방공사가 사업주체인 경우이다.

34 주택법령상 (   )에 들어갈 내용으로 옳게 연결된 것은? (단, 주택 외의 시설과 주택이 동일 건축물로 건축되지 않음을 전제로 함) **26회 출제**

- 한국토지주택공사가 서울특별시 A구에서 대지면적 10만m²에 50호의 한옥 건설사업을 시행하려는 경우 (㉠)으로부터 사업계획승인을 받아야 한다.
- B광역시 C구에서 지역균형개발이 필요하여 국토교통부장관이 지정·고시하는 지역 안에 50호의 한옥 건설사업을 시행하는 경우 (㉡)으로부터 사업계획승인을 받아야 한다.

	㉠	㉡		㉠	㉡
①	국토교통부장관	국토교통부장관	②	서울특별시장	C구청장
③	서울특별시장	국토교통부장관	④	A구청장	C구청장
⑤	국토교통부장관	B광역시장			

정답 33. ② 34. ①

제5장 주택법(응용)

> **해설** 사업계획 승인권자
>
> ■ 다음의 경우에는 국토교통부장관의 승인을 받아야 한다.
>   1) 국가 또는 한국토지주택공사가 시행하는 경우
>   2) 330만㎡ 이상의 규모로 택지개발사업 또는 도시개발사업을 추진하는 지역 중 국토교통부장관이 지정·고시하는 지역에서 주택건설사업을 시행하는 경우
>   3) 수도권 또는 광역시 지역의 긴급한 주택난 해소가 필요하거나 지역균형개발 또는 광역적 차원의 조정이 필요해서 국토교통부장관이 지정·고시하는 지역에서 주택건설사업을 시행하는 경우
>   4) 공공사업주체가 단독 또는 공동으로 총지분의 50%를 초과하여 출자한 부동산투자회사가 주택건설사업을 시행하는 경우

35 주택법령상 사업계획승인에 관한 설명으로 옳은 것은?

① 부득이한 사유가 있어 사업계획승인을 받은 경우에는 그 사유가 없어진 날부터 1년의 범위에서 공사의 착수기간을 연장할 수 있다.
② 공동주택의 경우에 10세대 이상의 주택건설사업을 시행하려는 자는 사업계획승인을 받아야 한다.
③ 사업계획에는 사업주체의 기부채납에 관한 계획이 포함되어야 한다.
④ 시·도지사는 사업계획승인의 신청을 받은 날부터 정당한 사유가 없으면 90일 이내에 승인여부를 통보하여야 한다.
⑤ 사업주체는 사업계획을 승인받은 날부터 2년(연장기간 제외) 이내에 공사를 시작하여야 한다.

> **해설** 사업계획승인
>
> ② 단독주택의 경우에는 30호, 공동주택의 경우에는 30세대 이상의 주택건설사업을 시행하려는 자 또는 1만㎡ 이상의 대지조성사업을 시행하려는 자는 사업계획승인을 받아야 한다.
> ③ 사업계획에 해당 주택건설사업 또는 대지조성사업과 직접적으로 관련이 없는 공공청사 등의 용지의 기부채납이나 간선시설 등의 설치에 관한 계획을 포함하도록 요구하여서는 아니 된다.
> ④ 사업계획승인권자는 사업계획승인의 신청을 받은 때에는 정당한 사유가 없으면 신청을 받은 날부터 60일 이내에 사업주체에게 승인여부를 통보하여야 한다.
> ⑤ 사업계획승인을 받은 사업주체는 승인받은 날부터 5년 이내에 공사를 시작하여야 한다.

정답 35. ①

36. 주택법령상 주택건설사업계획승인에 관한 설명으로 틀린 것은? [30회 출제]

① 사업계획에는 부대시설 및 복리시설의 설치에 관한 계획 등이 포함되어야 한다.
② 주택단지의 전체 세대수가 500세대인 주택건설사업을 시행하려는 자는 주택단지를 공구별로 분할하여 주택을 건설·공급할 수 있다.
③ 「한국토지주택공사법」에 따른 한국토지주택공사는 동일한 규모의 주택을 대량으로 건설하려는 경우에는 국토교통부장관에게 주택의 형별(型別)로 표본설계도서를 작성·제출하여 승인을 받을 수 있다.
④ 사업계획승인권자는 사업계획을 승인할 때 사업주체가 제출하는 사업계획에 해당 주택건설사업과 직접적으로 관련이 없거나 과도한 기반시설의 기부채납을 요구하여서는 아니 된다.
⑤ 사업계획승인권자는 사업계획승인의 신청을 받았을 때에는 정당한 사유가 없으면 신청받은 날부터 60일 이내에 사업주체에게 승인 여부를 통보하여야 한다.

해설 주택건설사업계획승인
주택단지의 전체 세대수가 600세대 이상인 주택건설사업을 시행하려는 자는 주택단지를 공구별로 분할하여 주택을 건설·공급할 수 있다.

37. 「주택법」상 주택건설사업계획의 승인에 관한 설명으로 틀린 것은? (다툼이 있으면 판례에 의함)

① 아파트의 경우 30세대 이상의 주택건설사업을 시행하려는 자는 사업계획승인을 얻어야 함이 원칙이다.
② 사업계획에는 부대시설 및 복리시설의 설치에 관한 계획 등이 포함되어야 한다.
③ 사업계획의 승인은 상대방에게 권리나 이익을 부여하는 효과를 수반하는 수익적 행정처분이다.
④ 사업계획의 승인은 법령에 행정처분의 요건에 관하여 일의적으로 규정되어 있지 않으므로 행정청의 재량행위이다.
⑤ 지방자치단체가 사업계획의 승인을 얻기 위해서는 해당 주택건설대지의 소유권을 확보하여야 한다.

해설 사업계획승인
주택건설사업계획의 승인을 얻고자 하는 자는 해당 주택건설대지의 소유권을 확보하여야 한다. 다만, 국가·지방자치단체·한국토지주택공사 또는 지방공사가 주택건설사업을 하는 경우에는 그러하지 아니하다.

정답 36. ② 37. ⑤

제5장 주택법(응용)

38 주택법령상 사업계획의 승인 등에 관한 설명으로 옳은 것을 모두 고른 것은?(단, 다른 법률에 따른 사업은 제외함) `31회 출제`

> ㉠ 대지조성사업계획승인을 받으려는 자는 사업계획승인신청서에 조성한 대지의 공급계획서를 첨부하여 사업계획승인권자에게 제출하여야 한다.
> ㉡ 등록사업자는 동일한 규모의 주택을 대량으로 건설하려는 경우에는 시·도지사에게 주택의 형별로 표본설계도서를 작성·제출하여 승인을 받을 수 있다.
> ㉢ 지방공사가 사업주체인 경우 건축물의 설계와 용도별 위치를 변경하지 아니하는 범위에서의 건축물의 배치 조정은 사업계획변경승인을 받지 않아도 된다.

① ㉠
② ㉠, ㉡
③ ㉠, ㉢
④ ㉡, ㉢
⑤ ㉠, ㉡, ㉢

해설 사업계획의 승인 등
㉡ 등록사업자는 동일한 규모의 주택을 대량으로 건설하려는 경우에는 국토교통부장관에게 주택의 형별로 표본설계도서를 작성·제출하여 승인을 받을 수 있다.

39 주택법령상 주택건설사업계획의 승인 등에 관한 설명으로 **틀린** 것은? (단, 다른 법률에 따른 사업은 제외함) `28회 출제`

① 주거전용 단독주택인 건축법령상의 한옥 50호 이상의 건설사업을 시행하려는 자는 사업계획승인을 받아야 한다.
② 주택건설사업을 시행하려는 자는 전체 세대수가 600세대 이상의 주택단지를 공구별로 분할하여 주택을 건설·공급할 수 있다.
③ 사업주체는 공사의 착수기간이 연장되지 않는 한 주택건설사업계획의 승인을 받은 날부터 5년 이내에 공사를 시작하여야 한다.
④ 사업계획승인권자는 사업계획승인의 신청을 받았을 때에는 정당한 사유가 없으면 신청받은 날부터 60일 이내에 사업주체에게 승인 여부를 통보하여야 한다.
⑤ 사업계획승인의 조건으로 부과된 사항을 이행함에 따라 공사착수가 지연되는 경우 사업계획승인권자는 그 사유가 없어진 날부터 3년의 범위에서 공사의 착수기간을 연장할 수 있다.

해설 주택건설사업계획의 승인 등
사업계획승인권자는 그 사유가 없어진 날부터 1년의 범위에서 공사의 착수기간을 연장할 수 있다.

정답 38. ③ 39. ⑤

40 사업주체 甲은 사업계획승인권자 乙로부터 주택건설사업을 분할하여 시행하는 것을 내용으로 사업계획승인을 받았다. 주택법령상 이에 관한 설명으로 틀린 것은? [26회 출제]

① 乙은 사업계획승인에 관한 사항을 고시하여야 한다.
② 甲은 최초로 공사를 진행하는 공구 외의 공구에서 해당 주택단지에 대한 최초 착공신고일부터 2년 이내에 공사를 시작하여야 한다.
③ 甲이 소송 진행으로 인하여 공사착수가 지연되어 연장신청을 한 경우 乙은 그 분쟁이 종료된 날부터 2년의 범위에서 공사착수기간을 연장할 수 있다.
④ 주택분양보증을 받지 않은 甲이 파산하여 공사 완료가 불가능한 경우 乙은 사업계획승인을 취소할 수 있다.
⑤ 甲이 최초로 공사를 진행하는 공구 외의 공구에서 해당 주택단지에 대한 최초 착공신고일부터 2년이 지났음에도 사업주체가 공사를 시작하지 아니한 경우 乙은 사업계획승인을 취소할 수 없다.

해설 사업계획승인
사업계획승인권자는 정당한 사유가 있는 경우에는 사업주체의 신청에 따라 그 사유가 없어진 날부터 1년의 범위에서 공사의 착수기간을 연장할 수 있다.

41 다음은 주택의 건설에 관한 설명이다. 틀린 것은?
★★
① 주택건설사업계획을 승인받고자 하는 자는 원칙적으로 주택건설대지의 소유권을 확보해야 한다.
② 지구단위계획결정이 필요한 주택건설사업의 경우에는 사업계획승인 후 사업주체가 대지의 매도청구를 할 수 있는 특례가 인정된다.
③ 사업주체가 매도청구권을 행사하기 위해서는 적어도 주택건설대지면적의 80% 이상에 해당하는 대지의 사용할 수 있는 권원을 확보해야 한다.
④ 지구단위계획구역결정 당시 10년 이상 보유하고 있는 토지에 대해서는 매도청구권을 행사할 수 없다.
⑤ 리모델링의 허가를 신청하기 위한 동의율을 확보한 경우 리모델링 결의를 한 리모델링주택조합은 리모델링결의에 찬성하지 않는 자의 토지 및 주택에 대해 매도청구를 할 수 있다.

해설 주택의 건설
사업주체가 대지면적의 80% 이상 95% 미만에 대한 사용권원을 확보한 경우에는 그 지구단위계획구역의 결정고시일 10년 이전에 대지를 취득해서 계속 보유하고 있는 자에 대해서는 매도청구를 할 수 없다. 그러나 사업주체가 대지면적의 95% 이상에 대한 사용권원을 확보한 경우에는 대지소유자의 보유기간에 관계없이 모든 대지소유자에게 매도청구를 할 수 있다.

정답 40. ③ 41. ④

42. 주택법령상 주택건설사업계획의 승인을 받은 사업주체에게 인정되는 매도청구권에 관한 설명으로 틀린 것은?

① 매도청구권은 국민주택규모를 초과하는 주택의 주택건설사업에 대해서도 인정된다.
② 주택건설대지 중 사용권원을 확보하지 못한 대지는 물론 건축물에 대해서도 매도청구권이 인정된다.
③ 주택건설대지면적 중 95% 이상에 대해 사용권원을 확보한 경우에는 사용권원을 확보하지 못한 대지의 모든 소유자에게 매도청구할 수 있다.
④ 사업주체는 매도청구대상 대지의 소유자에게 그 대지를 공시지가로 매도할 것을 청구할 수 있다.
⑤ 매도청구를 하기 위해서는 매도청구 대상 대지의 소유자와 3개월 이상 협의를 하여야 한다.

해설 매도청구
사업주체는 매도청구대상 대지의 소유자에게 그 대지를 시가로 매도할 것을 청구할 수 있다.

43. 다음은 「주택법」에 의한 주택건설에 관한 설명이다. 틀린 것은?

① 30호 또는 30세대 미만의 주택을 건설하고자 할 때에는 「건축법」에 의한 건축허가를 받아야 한다.
② 30호 또는 30세대 이상의 주택을 건설하고자 할 때에는 「주택법」에 의한 사업계획승인을 받아야 한다. 이 경우 「건축법」에 의한 건축허가는 따로 받지 않아도 된다.
③ 30호 또는 30세대 미만의 주택을 건설한 경우 건축물에 대해서는 「건축법」에 의한 사용승인을 받아야 한다.
④ 30호 또는 30세대 이상의 주택을 건설한 경우에는 건축물에 대해서는 「주택법」에 의한 사용검사 외에 「건축법」에 의한 사용승인을 따로 받아야 한다.
⑤ 30호 또는 30세대 이상의 주택을 건설한 경우 건축물이 아닌 부대시설 또는 복리시설에 대해서는 「주택법」에 의한 사용검사를 받아야 한다.

해설 주택건설
「주택법」에 의한 사업계획승인이 있은 때에는 「건축법」에 의한 건축허가가 있은 것으로 보며, 「주택법」에 의한 사용검사가 있은 때에는 「건축법」에 의한 사용승인이 있은 것으로 본다.

정답 42. ④ 43. ④

부동산공법

44 다음은 「주택법」에 의한 주택건설공사의 시행에 관한 설명이다. 틀린 것은?

① 주택건설사업을 분할시행하는 사업주체는 최초로 공사를 진행하는 공구가 아닌 공구에 대해서는 해당 주택단지의 최초 착공신고일부터 2년 이내에 공사에 착수해야 한다.
② 사업주체는 공동주택의 실내 공기의 원활한 환기를 위해 대통령령으로 정하는 바에 따라 환기시설을 설치해야 한다.
③ 사업계획승인권자는 대통령령으로 정하는 주택건설 지역이 도로와 인접한 경우에는 해당 도로의 관리청과 사업주체가 수립한 소음방지대책을 미리 협의하여야 한다.
④ 「주택법 시행령」에 따른 에너지절약형 친환경 주택을 건설하는 경우에는 저에너지 건물 조성기술, 에너지 고효율 설비기술 등을 이용해서 에너지절약형 친환경 주택으로 건설해야 한다.
⑤ 100세대가 거주하는 공동주택을 리모델링하여 110세대가 된 경우 해당 지방자치단체는 도로 및 상하수도시설을 설치해야 한다.

해설 간선시설 설치의무
리모델링의 경우에는 증가하는 세대수가 100세대 이상일 경우에 간선시설 설치의무가 발생한다.

45 주택법령상 간선시설에 관한 설명으로 옳은 것은?

① 간선시설이란 도로·상하수도·전기시설·가스시설·통신시설 등 주택단지 안의 기간시설을 그 주택단지 밖에 있는 같은 종류의 기간시설에 연결시키는 시설을 말한다. 다만, 도로·상하수도·전기시설의 경우에는 주택단지 안의 기간시설을 포함한다.
② 사업계획승인권자는 사업계획을 승인할 때 사업주체가 제출하는 사업계획에 해당 주택건설사업 또는 대지조성사업과 직접적으로 관련이 없는 공공청사 등의 용지의 기부채납이나 간선시설 등의 설치에 관한 계획을 포함하도록 요구하여서는 아니 된다.
③ 사업주체가 대통령령으로 정하는 호수 이상의 주택건설사업을 시행하는 경우에 간선시설로서 지역난방시설의 설치의무자는 지방자치단체이다.
④ 지방자치단체가 간선시설의 설치의무자인 경우에는 도로 및 상하수도시설의 설치비용의 전부를 국가가 보조할 수 있다.
⑤ 간선시설 설치의무자가 사용검사일까지 간선시설의 설치를 완료하지 못할 특별한 사유가 있는 경우에는 지방자치단체가 그 간선시설을 설치하고 사업주체에게 그 비용의 상환을 요구할 수 있다.

정답 44. ⑤ 45. ②

해설 **간선시설**
① 도로·상하수도·전기시설이 아닌 가스시설·통신시설 및 지역난방시설의 경우에는 주택단지 안의 기간시설을 포함한다.
③ 지역난방시설의 설치의무자는 난방을 공급하는 자이다.
④ 도로 및 상하수도시설의 설치비용의 50%의 범위에서 국가가 보조할 수 있다.
⑤ 간선시설 설치의무자가 사용검사일까지 간선시설의 설치를 완료하지 못할 특별한 사유가 있는 경우에는 사업주체가 그 간선시설을 자기부담으로 설치하고 간선시설 설치의무자에게 그 비용의 상환을 요구할 수 있다.

46 다음은 용적률을 완화·적용받아 건설한 임대주택의 공급에 관한 설명이다. 틀린 것은?
① 인수자에게 공급하는 임대주택은 사업계획승인을 할 때에 확정한다.
② 임대주택의 공급가격은 공공건설임대주택의 분양전환가격 산정기준에서 정하는 건축비로 한다.
③ 임대주택의 부속토지는 인수자에게 기부채납한 것으로 본다.
④ 사업주체는 임대주택의 준공인가 또는 사용승인을 받은 후 지체없이 인수자에게의 등기를 촉탁 또는 신청해야 한다.
⑤ 사업주체가 인수자에게의 등기를 거부 또는 지체하는 경우에는 인수자가 등기를 촉탁 또는 신청할 수 있다.

해설 **임대주택의 공급**
인수자에게 공급하는 임대주택은 공급되는 주택의 전부를 대상으로 공개추첨의 방법으로 선정한다.

47 주택법령상 주택건설용지의 확보 및 매도청구에 관한 설명으로 옳은 것은? **20회 출제**
★★★
① 국민주택규모의 주택 비율을 40%로 하는 주택의 건설을 위해 국·공유지의 매수를 원하는 자에게 국가 또는 지방자치단체는 해당 토지를 우선 매각할 수 있다.
② 조합주택의 건설을 위해 국·공유지의 임차를 원하는 자에게 국가 또는 지방자치단체는 해당 토지를 우선 임대할 수 있다.
③ 국·공유지를 임차한 자가 임차일부터 1년 이내에 국민주택규모의 주택을 건설하기 위한 대지조성사업을 시행하지 아니한 경우 국가 또는 지방자치단체는 임대계약을 취소하여야 한다.
④ 사업주체가 국민주택용지로 사용하기 위하여 도시개발사업시행자에게 체비지의 매각을 요구한 경우 그 양도가격은 조성원가로 하여야 한다.
⑤ 리모델링의 허가를 신청하기 위한 동의율을 확보한 경우 리모델링 결의를 한 리모델링주택조합은 그 리모델링 결의에 찬성하지 아니하는 자의 주택 및 토지에 대하여 매도를 청구할 수 없다.

정답 46. ① 47. ②

해설 주택건설용지의 확보 및 매도청구

① 국민주택규모의 주택을 50% 이상으로 건설하는 주택의 건설을 위해 국·공유지의 매수를 원하는 자에게 국가 또는 지방자치단체는 해당 토지를 우선 매각할 수 있다.
③ 국·공유지를 임차한 자가 임차일부터 2년 이내에 국민주택규모의 주택을 건설하기 위한 대지조성사업을 시행하지 아니한 경우 국가 또는 지방자치단체는 임대계약을 취소할 수 있다.
④ 체비지의 양도가격은 감정평가법인등 2명 이상의 감정평가가격을 산술평균한 가격을 기준으로 산정한다. 다만, 85m² 이하의 임대주택을 건설하거나 60m² 이하의 국민주택을 건설하는 경우에는 「택지개발촉진법 시행규칙」에 의하여 정하는 조성원가를 기준으로 할 수 있다.
⑤ 리모델링 주택조합은 그 리모델링 결의에 찬성하지 아니하는 자의 주택 및 토지에 대하여 매도를 청구할 수 있다.

48 다음은 「주택법」에 의한 사용검사에 관한 설명이다. 틀린 것은? [13회 출제]

① 주택건설사업의 경우에는 사업완료 전이라도 건축물의 동별로 공사가 완료된 때 임시사용승인을 받아 이를 사용할 수 있다.
② 사업주체가 파산 등으로 사용검사를 받을 수 없는 경우에는 입주예정자 등이 대통령령으로 정하는 바에 의해 사용검사를 받을 수 있다.
③ 임시사용승인의 경우 공동주택을 세대별로 임시사용을 승인받을 수는 없다.
④ 사업주체가 사용검사를 받으면 사업계획승인으로 의제되는 인·허가 등에 따른 준공검사 등을 받은 것으로 본다.
⑤ 사용검사를 받은 경우에는 「건축법」에 의한 사용승인을 받은 것으로 본다.

해설 사용검사
공동주택의 경우에는 세대별로 임시사용을 승인할 수 있다.

49 다음은 「주택법」에 의해 건설된 주택의 입주자를 모집할 수 있는 요건이다. 틀린 것은?

① 대지의 소유권을 확보해야 한다.
② 대지에 설정된 저당권·가등기담보권·전세권 등을 말소해야 한다.
③ 대지의 사용승낙을 받아 주택을 건설하는 경우에는 입주자모집 전에 그 소유권을 확보해야 한다.
④ 국가유공자·보훈보상대상자·장애인·철거주택의 소유자에게는 국토교통부령으로 정하는 바에 따라 입주자 모집조건을 달리 정하여 별도로 공급할 수 있다.
⑤ 입주자모집이 끝난 후에는 그 주택건설대지에 대한 처분제한을 부기등기해야 한다.

해설 입주자를 모집할 수 있는 요건
부기등기는 입주자 모집공고 승인 신청과 동시에 하여야 한다.

정답 48. ③ 49. ⑤

제5장 주택법(응용)

50 주택법령상 주택의 공급에 관한 설명으로 옳은 것은? [26회 출제]

① 한국토지주택공사가 사업주체로서 복리시설의 입주자를 모집하려는 경우 시장·군수·구청장에게 신고하여야 한다.
② 지방공사가 사업주체로서 견본주택을 건설하는 경우에는 견본주택에 사용되는 마감자재 목록표와 견본주택의 각 실의 내부를 촬영한 영상물 등을 제작하여 시장·군수·구청장에게 제출하여야 한다.
③ 「관광진흥법」에 따라 지정된 관광특구에서 건설·공급하는 50층 이상의 공동주택은 분양가상한제의 적용을 받는다.
④ 공공택지 외의 택지로서 분양가상한제가 적용되는 지역에서 공급하는 도시형 생활주택은 분양가상한제의 적용을 받는다.
⑤ 시·도지사는 사업계획승인 신청이 있는 날부터 30일 이내에 분양가심사위원회를 설치·운영하여야 한다.

해설 주택의 공급
① 사업주체(국가·지방자치단체·한국토지주택공사 및 지방공사와 이들에 해당하는 자가 단독 또는 공동으로 총지분의 50%를 초과하여 출자한 부동산투자회사는 제외)가 입주자를 모집하고자 하는 경우에는 시장·군수·구청장의 승인(복리시설의 경우에는 신고를 말함)을 받아야 한다.
③ 관광특구에서 건설·공급하는 공동주택으로서 해당 건축물의 층수가 50층 이상이거나 높이가 150m 이상인 경우 분양가상한제의 적용을 받지 아니한다.
④ 도시형 생활주택은 분양가상한제의 적용을 받지 아니한다.
⑤ 시장·군수·구청장은 사업계획승인 신청이 있는 날부터 20일 이내에 주택의 분양가격을 심의하기 위하여 분양가심사위원회를 설치·운영하여야 한다.

51 주택법령상 주택의 공급에 관한 설명으로 틀린 것은? [28회 출제]

① 군수는 입주자 모집승인시 사업주체에게서 받은 마감자재 목록표의 열람을 입주자가 요구하는 경우 이를 공개하여야 한다.
② 사업주체가 부득이한 사유로 인하여 사업계획승인의 마감자재와 다르게 시공·설치하려는 경우에는 당초의 마감자재와 같은 질 이하의 자재로 설치할 수 있다.
③ 사업주체가 마감자재 목록표의 자재와 다른 마감자재를 시공·설치하려는 경우에는 그 사실을 입주예정자에게 알려야 한다.
④ 사업주체가 일반인에게 공급하는 공동주택 중 공공택지에서 공급하는 주택의 경우에는 분양가상한제가 적용된다.
⑤ 도시형 생활주택을 공급하는 경우에는 분양가상한제가 적용되지 않는다.

정답 50. ② 51. ②

해설 **주택의 공급**
사업주체가 부득이한 사유로 인하여 사업계획승인의 마감자재와 다르게 시공·설치하려는 경우에는 당초의 마감자재와 같은 질 이상으로 설치하여야 한다.

52 주택법령상 주택의 분양가격제한 등에 관한 설명으로 옳지 않은 것은?

① 사업주체는 분양가상한제 적용주택으로서 공공택지에서 공급하는 주택에 대하여 입주자모집승인을 얻은 때에는 입주자모집공고에 분양가격을 공시하여야 한다.
② 분양가격 구성항목 중 건축비는 국토교통부장관이 고시하는 건축비에 물가상승률을 더한 금액으로 한다.
③ 국토교통부장관은 분양가상한제적용직전월부터 소급하여 12개월간의 아파트 분양가격상승률이 물가상승률의 2배를 초과한 지역에 대하여는 주거정책심의위원회 심의를 거쳐 분양가상한제 적용 지역으로 지정할 수 있다.
④ 수도권이라 해도 모든 공동주택이 분양가상한제 적용주택으로 되는 것은 아니다.
⑤ 분양가상한제 적용주택으로서 국토교통부령으로 정하는 택지비 및 건축비에 가산되는 비용의 공시에는 분양가심사위원회의 심사를 받은 내용과 산출근거를 포함하여야 한다.

해설 **주택의 분양가격제한**
분양가격의 구성항목 중 건축비는 국토교통부장관이 정하여 고시하는 건축비(기본형건축비)에 국토교통부령으로 정하는 금액을 더한 금액으로 한다.

53 주택법령상 분양가심사위원회에 관한 설명으로 옳은 것은?

① 국토교통부장관은 분양가상한제 적용주택의 분양가격에 관한 사항을 심의하기 위하여 분양가심사위원회를 설치·운영하여야 한다.
② 분양가심사위원회는 주택 관련 전문가 15명 이상 20명 이내로 구성한다.
③ 분양가심사위원회의 위원장은 시장·군수 또는 구청장이 관계 공무원 중에서 1명을 지명한다.
④ 시장·군수 또는 구청장은 입주자모집승인을 함에 있어서 분양가심사위원회의 심사결과에 따라 승인여부를 결정하여야 한다.
⑤ 국토교통부장관은 사업계획 승인을 할 때에는 분양가심사위원회의 심사결과에 따라 승인여부를 결정하여야 한다.

정답 52. ② 53. ④

제5장 주택법(응용)

해설 분양가심사위원회

① 시장·군수 또는 구청장은 사업계획승인 신청(「도시 및 주거환경정비법」에 따른 사업시행인가, 「건축법」에 따른 건축허가를 포함함)이 있는 날부터 20일 이내에 주택의 분양가격을 심의하기 위하여 분양가심사위원회를 설치·운영하여야 한다.
② 분양가심사위원회는 주택 관련 분야 교수, 주택건설 또는 주택관리 분야 전문직 종사자, 관계 공무원 또는 변호사·회계사·감정평가사 등 관련 전문가 10명 이내로 구성한다.
③ 분양가심사위원회의 위원장은 시장·군수 또는 구청장이 민간위원 중에서 1명을 지명한다.
⑤ 시장·군수·구청장은 입주자모집 승인을 할 때에는 분양가심사위원회의 심사결과에 따라 승인여부를 결정하여야 한다.

54 주택법령상 주택의 공급 및 분양가격 등에 관한 설명으로 옳은 것은?

① 분양가상한제 적용주택의 분양가격은 택지비와 건축비로 구성된다.
② 한국토지주택공사가 사업주체로서 입주자를 모집하려는 경우에는 시장·군수·구청장의 승인을 받아야 한다.
③ 주택조합이 사업주체로서 복리시설의 입주자를 모집하려는 경우 시장·군수·구청장의 승인을 받아야 한다.
④ 사업주체는 공공택지에서 공급하는 분양가상한제 적용주택에 대하여 입주자모집승인을 받았을 때에는 분양가격을 공시할 필요가 없다.
⑤ 「도시 및 주거환경정비법」에 따른 공공재개발사업에서 건설·공급하는 공동주택은 분양가상한제의 적용을 받는다.

해설 주택의 공급 및 분양가격

② 사업주체(국가·지방자치단체·한국토지주택공사 및 지방공사와 이들에 해당하는 자가 단독 또는 공동으로 총지분의 50%를 초과하여 출자한 부동산투자회사는 제외한다)가 입주자를 모집하려는 경우에는 시장·군수·구청장의 승인을 받아야 한다.
③ 사업주체가 복리시설의 입주자를 모집하려는 경우 시장·군수·구청장에게 신고하여야 한다.
④ 사업주체는 공공택지에서 공급하는 분양가상한제 적용주택에 대하여 입주자모집승인을 받았을 때에는 분양가격을 공시하여야 한다.
⑤ 「도시 및 주거환경정비법」에 따른 주거환경개선사업 및 공공재개발사업에서 건설·공급하는 공동주택은 분양가상한제의 적용을 받지 않는다.

정답 54. ①

55 주택법령상 주택의 공급에 관한 설명으로 옳은 것은? [27회 출제]

① 한국토지주택공사가 총지분의 100분의 70을 출자한 부동산투자회사가 사업주체로서 입주자를 모집하려는 경우에는 시장·군수·구청장의 승인을 받아야 한다.
② 「관광진흥법」에 따라 지정된 관광특구에서 건설·공급하는 층수가 51층이고 높이가 140m인 아파트는 분양가상한제의 적용대상이다.
③ 시·도지사는 주택가격상승률이 물가상승률보다 현저히 높은 지역으로서 주택가격의 급등이 우려되는 지역에 대해서 분양가상한제 적용 지역으로 지정할 수 있다.
④ 주택의 사용검사 후 주택단지 내 일부의 토지의 소유권을 회복한 자에게 주택소유자들이 매도청구를 하려면 해당 토지의 면적이 주택단지 전체 대지면적의 100분의 5 미만이어야 한다.
⑤ 사업주체가 투기과열지구에서 건설·공급하는 주택의 입주자로 선정된 지위는 매매하거나 상속할 수 없다.

해설 주택의 공급
① 한국토지주택공사가 총지분의 100분의 70을 출자한 부동산투자회사(공공주택사업자)가 사업주체로서 입주자를 모집하려는 경우에는 시장·군수·구청장의 승인을 받지 않는다.
② 「관광진흥법」에 따라 지정된 관광특구에서 건설·공급하는 공동주택으로서 해당 건축물의 층수가 50층 이상이거나 높이가 150m 이상인 경우 분양가상한제를 적용하지 아니한다.
③ 국토교통부장관은 주택가격상승률이 물가상승률보다 현저히 높은 지역으로서 주택가격의 급등이 우려되는 지역에 대해서 분양가상한제 적용 지역으로 지정할 수 있다.
⑤ 사업주체가 투기과열지구에서 건설·공급하는 주택의 입주자로 선정된 지위는 전매(매매·증여나 그 밖에 권리의 변동을 수반하는 모든 행위를 포함하되, 상속의 경우는 제외)하거나 이의 전매를 알선할 수 없다.

56 A가 사업주체로서 건설·공급한 주택에 대한 사용검사 이후에 주택단지 전체 대지에 속하는 일부의 토지에 대한 소유권이전등기 말소소송에 따라 甲이 해당 토지의 소유권을 회복하였다. 주택법령상 이에 관한 설명으로 옳지 않은 것은?

① 주택의 소유자들이 甲에게 해당 토지에 대한 매도청구를 하는 경우 공시지가를 기준으로 하여야 한다.
② 주택의 소유자들이 대표자를 선정하여 매도청구에 관한 소송을 한 경우, 그 소송에 대한 판결은 주택의 소유자 전체에 대하여 효력이 있다.
③ 주택의 소유자들이 매도청구를 하려면 甲이 소유권을 회복한 토지의 면적이 주택단지 전체 대지면적의 5퍼센트 미만이어야 한다.
④ 주택의 소유자들의 매도청구의 의사표시는 甲이 해당 토지 소유권을 회복한 날부터 2년 이내에 甲에게 송달되어야 한다.
⑤ 주택의 소유자들은 甲에 대한 매도청구로 인하여 발생한 비용의 전부를 A에게 구상할 수 있다.

정답 55. ④ 56. ①

해설 사용검사 후 매도청구
주택의 소유자들이 甲에게 해당 토지에 대한 매도청구를 하는 경우 시가를 기준으로 하여야 한다.

57 다음은 주택건설대지의 처분제한에 관한 설명이다. 틀린 것은?

① 사업주체는 입주자모집일부터 입주가능일까지의 기간동안 그 주택건설대지의 처분을 제한받는다.
② 주택건설대지에 대한 처분제한의 내용은 담보물권의 설정금지, 전세권·지상권 등의 설정금지, 매매·증여의 금지 등이다.
③ 사업주체는 주택건설대지에 대한 처분제한사실을 부기등기해야 한다.
④ 사업주체가 주택건설대지의 처분제한에 관한 부기등기에 불구하고 그 대지를 처분한 경우 그 처분행위는 무효이다.
⑤ 사업주체의 경영부실이 있는 경우에는 입주예정자들은 처분제한규정에 불구하고 주택건설대지를 양수할 수 있다.

해설 주택건설대지의 처분제한
주택건설대지의 처분제한기간은 입주자모집공고승인신청일부터 입주예정자가 소유권이전등기를 신청할 수 있는 날 이후 60일 이내이다.

58 다음은 주택건설사업에 의해 건설하는 주택 또는 대지의 처분제한에 관한 설명이다. 틀린 것은?

① 사업주체는 주택건설사업에 의하여 건설된 주택 및 대지에 대하여는 일정기간 동안 입주예정자의 동의 없이 저당권설정을 하면 안 된다.
② 해당 주택의 입주자에게 주택구입자금의 일부를 융자하여 줄 목적으로 주택도시기금으로부터 주택구입자금의 융자를 받는 경우에는 저당권설정 등의 제한을 적용받지 아니한다.
③ 사업주체가 택지를 공급받아 주택을 건설하는 경우에 그 대지의 지적정리가 되지 아니하여 소유권을 확보할 수 없는 경우에는 제한제한 부기등기를 하지 아니하여도 된다.
④ 처분제한 부기등기가 있은 후 사업주체가 그 주택건설대지에 저당권을 설정한 경우 사업계획승인권자는 이를 취소할 수 있다.
⑤ 사업주체는 입주예정자가 소유권이전등기를 신청할 수 있는 날부터 60일이 지난 때에는 처분제한 부기등기를 말소할 수 있다.

해설 주택 또는 주택건설대지의 처분제한
부기등기일 이후에 해당 대지 또는 주택을 양수하거나 제한물권을 설정받은 경우 또는 압류·가압류·가처분 등의 목적물로 한 경우에는 그 효력을 무효로 한다.

정답 57. ① 58. ④

부동산공법

59 ★★
「주택법」은 주택공급질서 교란방지를 위해 일정한 증서나 지위의 양도 또는 양수 및 알선을 금지하고 있다. 위반행위에 대한 제재수단이 <u>아닌</u> 것은? 〔15회 추가〕

① 주택공급신청 지위의 무효화
② 주택공급계약의 취소
③ 사업주체의 주택취득
④ 양도차익 전액몰수
⑤ 입주자에 대한 퇴거명령

해설 주택공급질서 교란행위에 대한 제재

주택공급질서 교란행위에 대한 제재는 ①, ②, ③, ⑤의 수단 외에 형사처벌(3년 이하의 징역 또는 3,000만원 이하의 벌금)이 있을 뿐, 따로 양도차익 전액을 몰수하는 제도는 없다.

60
다음은 「주택법」 제65조의 주택공급질서 교란행위이다. 틀린 것은?

① 입주자저축증서의 양도·양수나 이를 알선하는 행위
② 입주자저축증서의 양도·양수나 이의 알선을 위하여 광고를 하는 행위
③ 부정한 방법으로 입주자저축증서를 공급받거나 공급받게 하는 행위
④ 부정한 방법으로 주택을 공급받거나 공급받게 하는 행위
⑤ 입주자모집승인을 받지 아니하고 입주자를 모집하는 행위

해설 주택공급질서 교란행위

「주택법」 제65조의 주택공급질서 교란행위는 ①, ②, ③, ④이다.

61
주택법령상 투기과열지구 및 전매제한 등에 관한 설명 중 틀린 것은? 〔17회 개작〕

① 국토교통부장관이나 시·도지사는 주택가격의 안정을 위해 필요한 경우 일정 지역을 주거정책심의위원회의 심의를 거쳐 투기과열지구로 지정할 수 있다.
② 국토교통부장관은 5년마다 주거정책심의위원회의 회의를 소집하여 투기과열지구로 지정된 지역별로 투기과열지구 지정의 유지 여부를 재검토 하여야 한다.
③ 투기과열지구 안에서 건설·공급되는 주택의 입주자로 선정된 지위에 있는 자가 상속에 의해 취득한 주택으로 세대원 전원이 이전하는 경우 사업주체의 동의를 받으면 전매기간 제한의 적용을 받지 않는다.
④ 투기과열지구 안에서 건설·공급되는 주택의 입주자로 선정된 지위에 있는 자의 세대원 전원이 해외로 이주하거나 2년 이상 해외에 체류하고자 하는 경우 사업주체의 동의를 받으면 전매기간 제한의 적용을 받지 않는다.
⑤ 국토교통부장관이 투기과열지구를 지정하거나 이를 해제할 경우에는 미리 시·도지사의 의견을 듣고 그 의견에 대한 검토의견을 회신하여야 한다.

정답 59. ④ 60. ⑤ 61. ②

해설 **투기과열지구**

국토교통부장관은 반기마다 주거정책심의위원회의 회의를 소집하여 투기과열지구로 지정된 지역별로 해당 지역의 주택가격 안정 여건의 변화 등을 고려하여 투기과열지구지정의 유지 여부를 재검토 하여야 한다.

62 주택법령상 투기과열지구에 관한 설명으로 옳은 것은? **21회 출제**

① 국토교통부장관이 투기과열지구를 지정하거나 해제할 경우에는 관할 시장·군수·구청장과 협의하여야 한다.
② 투기과열지구 지정 후 해당 지역의 주택가격이 안정되어 지정 사유가 없어진 경우 해당 지역에 거주하는 법령이 정한 수 이상의 토지소유자는 시·도지사에게 투기과열지구 지정의 해제를 요청할 수 있다.
③ 국토교통부장관은 반기마다 주거정책심의위원회의 회의를 소집하여 투기과열지구로 지정된 지역별로 투기과열지구 지정의 유지 여부를 재검토하여야 한다.
④ 투기과열지구에서 제한되는 전매는 상속의 경우를 포함하여 권리의 변동을 수반하는 모든 행위를 말한다.
⑤ 투기과열지구에서 주택의 입주자로 선정된 지위는 이혼으로 인하여 배우자에게 이전이 불가피하고 사업주체의 동의를 받은 경우에도 배우자에게 전매할 수 없다.

해설 **투기과열지구**

① 국토교통부장관이 투기과열지구를 지정하거나 해제할 경우에는 미리 시·도지사의 의견을 듣고 그 의견에 대한 검토의견을 회신하여야 한다.
② 투기과열지구로 지정된 지역의 시·도지사 또는 시장·군수·구청장은 투기과열지구 지정 후 해당 지역의 주택가격이 안정되는 등 지정 사유가 없어졌다고 인정되는 경우에는 국토교통부장관 또는 시·도지사에게 투기과열지구 지정의 해제를 요청할 수 있다.
④ 투기과열지구에서 제한되는 전매에는 매매·증여나 그 밖에 권리의 변동을 수반하는 모든 행위를 포함하되, 상속의 경우는 제외한다.
⑤ 배우자에게 전매할 수 있다.

63 「주택법」상 주택의 전매가 불가피하다고 인정되는 경우가 아닌 것은?

① 세대원의 생업상 사정으로 인해 세대원 전원이 동일 광역시의 관할구역에 있는 군으로 이전하는 경우
② 입주자로 선정된 지위 또는 주택의 일부를 그 배우자에게 증여하는 경우
③ 세대원 전원이 2년 이상의 기간 해외에 체류하고자 하는 경우
④ 이혼으로 인하여 입주자로 선정된 지위 또는 주택을 그 배우자에게 이전하는 경우
⑤ 분양가상한제 적용주택의 소유자가 지방자치단체에 대한 채무를 이행하지 못하여 공매가 시행되는 경우

정답 62. ③ 63. ①

부동산공법

> **해설** 전매제한의 예외
> 전매제한의 예외는 세대원이 근무 또는 생업상의 사정이나 질병치료·취학·결혼으로 인하여 세대원 전원이 다른 광역시, 시 또는 군(광역시의 관할구역에 있는 군은 제외함)으로 이전하는 경우. 다만, 수도권으로 이전하는 경우를 제외한다.

64. 주택법령상 투기과열지구의 지정기준에 관한 조문의 일부이다. 다음 ( )에 들어갈 숫자를 옳게 연결한 것은?

28회 개작

> 1. 투기과열지구로 지정하는 날이 속하는 달의 바로 전달(투기과열지구지정직전월이라 한다)부터 소급하여 주택공급이 있었던 (㉠)개월 동안 해당 지역에서 공급되는 주택의 월별 평균 청약경쟁률이 모두 (㉡) 대 1을 초과하였거나 국민주택규모 주택의 월별 평균 청약경쟁률이 모두 10대 1을 초과한 곳
> 2. 다음 각 목의 어느 하나에 해당하여 주택공급이 위축될 우려가 있는 곳
>   가. 투기과열지구지정직전월의 주택분양실적이 전달보다 (㉢)% 이상 감소한 곳

① ㉠ : 2 ㉡ : 5 ㉢ : 30   ② ㉠ : 2 ㉡ : 10 ㉢ : 40
③ ㉠ : 6 ㉡ : 5 ㉢ : 30   ④ ㉠ : 6 ㉡ : 10 ㉢ : 30
⑤ ㉠ : 6 ㉡ : 10 ㉢ : 40

> **해설** 투기과열지구
> 1. 투기과열지구지정부터 소급하여 주택공급이 있었던 2개월 동안 해당 지역에서 공급되는 주택의 월별 평균 청약경쟁률이 모두 5대 1을 초과하였거나 국민주택규모 주택의 월별 평균 청약경쟁률이 모두 10대 1을 초과한 곳
> 2. 다음 각 목의 어느 하나에 해당하여 주택공급이 위축될 우려가 있는 곳
>   가. 투기과열지구지정직전월의 주택분양실적이 전달보다 30% 이상 감소한 곳

정답 64. ①

65. 다음은 투기과열지구에 관한 설명이다. 올바른 것은?

① 투기과열지구 지정의 해제를 요청받은 국토교통부장관 또는 시·도지사는 요청받은 날부터 60일 이내에 주거정책심의위원회의 심의를 거쳐 투기과열지구 지정의 해제 여부를 결정하여야 한다.
② 투기과열지구의 지정기간은 5년 이내로 해야 한다.
③ 국토교통부장관은 3년마다 주거정책심의위원회의 회의를 소집하여 투기과열지구로 지정된 지역별로 해당 지역의 주택가격 안정 여건의 변화 등을 고려하여 투기과열지구 지정의 유지 여부를 재검토하여야 한다.
④ 투기과열지구 안에서 주택전매제한을 위반해 주택을 전매한 경우 그 전매계약은 무효가 된다.
⑤ 투기과열지구는 그 지정 목적을 달성할 수 있는 최소한의 범위에서 시·군·구 또는 읍·면·동의 지역단위로 지정하되, 택지개발지구 등 해당 지역 여건을 고려하여 지정 단위를 조정할 수 있다.

해설 투기과열지구
① 40일 이내에 주거정책심의위원회의 심의를 거쳐 투기과열지구 지정의 해제 여부를 결정하여야 한다.
② 투기과열지구의 지정기간은 정해져 있지 않다.
③ 반기마다 주거정책심의위원회의 회의를 소집하여 투기과열지구로 지정된 지역별로 재검토하여야 한다.
④ 주택전매제한을 위반해서 주택을 전매한 경우 처벌은 받지만, 그 전매계약은 무효로 되지 않는다.

66. 「주택법」상 투기과열지구에 관한 설명으로 틀린 것은? 〔15회 추가〕

① 주택가격의 안정을 위해 마련된 제도이다.
② 국토교통부장관이 투기과열지구를 지정하거나 이를 해제할 경우에는 시·도지사와 협의를 해야 한다.
③ 투기과열지구 안에서 건설·공급되는 주택의 입주자로 선정된 지위의 전매 또는 전매알선은 대통령령이 정하는 기간 동안 제한된다.
④ 위 ③에 반하는 전매 또는 전매알선을 한 자는 3년 이하의 징역 또는 3,000만원 이하의 벌금에 처한다.
⑤ 입주자로 선정된 자의 생업상 사정 등으로 전매가 불가피하다고 인정되는 경우로서 대통령령이 정하는 경우에는 예외적으로 전매가 허용될 수 있다.

해설 투기과열지구
국토교통부장관이 투기과열지구를 지정 또는 해제할 때에는 미리 시·도지사의 의견을 듣고 그 의견에 대한 검토의견을 회신하여야 한다.

정답 65. ⑤ 66. ②

부동산공법

67 주택법령상 조정대상지역의 지정 및 해제에 관한 설명으로 옳은 것은?

① 국토교통부장관은 조정대상지역으로 유지할 필요가 없다고 판단되는 경우에는 주거정책심의위원회의 심의를 거쳐 조정대상지역의 지정을 해제하여야 한다.
② 시·도지사는 시·도 주거정책심의위원회의 심의를 거쳐 조정대상지역을 지정할 수 있다.
③ 국토교통부장관은 조정대상지역을 지정하였을 때에는 지체없이 이를 공고하고 그 조정대상지역을 관할하는 시·도지사에게 공고내용을 통보하여야 한다.
④ 조정대상지역으로 지정된 지역의 시장·군수·구청장은 조정대상지역 지정 후 조정대상지역으로 유지할 필요가 없다고 판단되는 경우에는 시·도지사에게 그 지정의 해제를 요청할 수 있다.
⑤ 국토교통부장관은 1년마다 주거정책심의위원회의 회의를 소집하여 조정대상지역으로 지정된 지역별로 해당 지역의 주택가격 안정 여건의 변화 등을 고려하여 조정대상지역 지정의 유지 여부를 재검토하여야 한다.

해설 조정대상지역

② 국토교통부장관이 주거정책심의위원회의 심의를 거쳐 조정대상지역을 지정할 수 있다.
③ 국토교통부장관은 조정대상지역을 지정하였을 때에는 지체없이 이를 공고하고, 그 조정대상지역을 관할하는 시장·군수·구청장에게 공고 내용을 통보하여야 한다.
④ 조정대상지역으로 지정된 지역의 시·도지사 또는 시장·군수·구청장은 조정대상지역 지정 후 해당 지역의 주택가격이 안정되는 등 조정대상지역으로 유지할 필요가 없다고 판단되는 경우에는 국토교통부장관에게 그 지정의 해제를 요청할 수 있다.
⑤ 국토교통부장관은 반기마다 주거정책심의위원회의 회의를 소집하여 조정대상지역으로 지정된 지역별로 해당 지역의 주택가격 안정 여건의 변화 등을 고려하여 조정대상지역 지정의 유지 여부를 재검토하여야 한다.

68 다음은 다른 사람의 청약예금통장을 양도받아 주택공급계약을 체결한 경우에 관한 설명이다. 올바른 것은?

① 「주택법」을 위반해 청약예금통장을 양도한 자와 양도받은 자는 과태료 처분을 받는다.
② 청약예금통장의 양도를 알선한 자는 형사처벌을 받지 않는다.
③ 청약예금통장을 양도한 자에 대해서는 주택을 공급받을 수 있는 지위를 무효로 할 수 있다.
④ 청약예금통장을 양도받은 자가 체결한 공급계약은 무효가 된다.
⑤ 이미 주택이 분양된 경우 사업주체는 소정의 금액을 지급하고 그 주택의 매수를 청구할 수 있다.

정답 67. ① 68. ③

해설 청약예금통장을 양도받아 주택공급계약을 체결한 경우
① 청약예금통장을 양도·양수받은 자는 형사처벌을 받는다.
② 청약예금통장의 양도를 알선한 자도 형사처벌을 받는다.
④ 청약예금통장을 양도받은 자가 체결한 공급계약은 취소할 수 있다.
⑤ 이미 주택이 분양된 경우 사업주체가 소정의 금액을 지급하면 사업주체가 그 주택을 취득한 것으로 본다.

69 다음은 주택의 전매제한에 관한 설명이다. 틀린 것은?

① 전매제한의 대상은 투기과열지구 안에서 건설·공급되는 주택이다.
② 전매제한은 국민주택은 물론 민영주택에 대해서도 적용된다.
③ 전매행위 제한기간은 해당 주택의 입주자로 선정된 날부터 기산한다.
④ 전매제한기간이 3년을 초과하는 경우로서 3년 이내에 해당 주택에 대한 소유권이전등기를 완료한 경우에는 소유권이전등기를 완료한 때에 3년이 지난 것으로 본다.
⑤ 전매제한을 위반하면 형사처벌을 받는다.

해설 주택의 전매제한
투기과열지구가 아닌 곳에서도 분양가상한제 적용주택 등에 대해 전매제한이 적용된다.

70 주택법령상 주택의 전매행위 제한 등에 관한 설명으로 옳은 것은? `25회 개작`

① 제한되는 전매에는 매매·증여·상속이나 그 밖에 권리의 변동을 수반하는 모든 행위가 포함된다.
② 분양가상한제 적용주택의 전매행위제한주택을 공급받은 자가 전매하는 경우에는 시장·군수·구청장이 그 주택을 우선 매입할 수 있다.
③ 상속에 의하여 취득한 주택으로 세대원 일부가 이전하는 경우 전매제한의 대상이 되는 주택이라도 전매할 수 있다.
④ 사업주체가 전매행위가 제한되는 분양가상한제 적용주택을 공급하는 경우 그 주택의 소유권을 제3자에게 이전할 수 없음을 소유권에 관한 등기에 부기등기하여야 한다.
⑤ 전매행위 제한을 위반하여 주택의 입주자로 선정된 지위의 전매가 이루어진 경우 사업주체가 전매대금을 지급하고 해당 입주자로 선정된 지위를 매입하여야 한다.

정답 69. ① 70. ④

해설 주택의 전매행위 제한

① 상속의 경우는 제외된다.
② 분양가상한제 적용주택의 전매행위제한주택을 공급받은 자가 전매하는 경우에는 한국토지주택공사(사업주체가 지방공사인 경우에는 지방공사를 말한다)가 그 주택을 우선 매입할 수 있다.
③ 상속에 의하여 취득한 주택으로 세대원 전부가 이전하는 경우에 전매제한의 대상이 되는 주택이라도 전매할 수 있다.
⑤ 전매행위 제한을 위반하여 주택의 입주자로 선정된 지위의 전매가 이루어진 경우 사업주체가 매입비용을 그 매수인에게 지급한 때에는 그 지급한 날에 사업주체가 당해 입주자로 선정된 지위를 취득한 것으로 본다.

71 다음은 주택의 전매제한에 관한 설명이다. 올바른 것은?
★★
① 생업상 이유로 세대원 전원이 서울에서 인천으로 이전하는 경우 전매제한의 예외가 인정된다.
② 전매제한에 관한 부기등기는 소유권이전등기와 동시에 해야 한다.
③ 사업주체는 매입비용을 지급하고 전매제한을 위반한 주택의 매수를 청구할 수 있다.
④ 국토교통부장관은 전매행위 제한규정을 위반한 자에 대하여 10년의 범위에서 주택의 입주자자격을 제한할 수 있다.
⑤ 전매제한을 위반한 경우 사업주체는 공급계약을 취소해야 한다.

해설 주택의 전매제한

① 수도권 안에서의 이전인 경우에는 전매제한이 적용된다.
② 전매제한에 관한 부기등기는 주택에 대한 소유권보존등기와 동시에 해야 한다.
③, ⑤ 전매제한을 위반해 입주자로 선정된 지위(주택이 아님)가 전매된 경우 사업주체가 매입비용을 지급하면 주택의 입주자로 선정된 지위를 취득하게 된다(이 경우 별도의 청구절차는 없음). 이와 별도로 공급계약의 취소는 인정하고 있지 않다.

72 주택법령상 토지임대부 분양주택에 관한 설명으로 옳은 것은? **33회 출제**
① 토지임대부 분양주택의 토지에 대한 임대차기간은 50년 이내로 한다.
② 토지임대부 분양주택의 토지에 대한 임대차기간을 갱신하기 위해서는 토지임대부 분양주택 소유자의 3분의 2 이상이 계약갱신을 청구하여야 한다.
③ 토지임대료를 보증금으로 전환하여 납부하는 경우, 그 보증금을 산정할 때 적용되는 이자율은 「은행법」에 따른 은행의 3년 만기 정기예금 평균이자율 이상이어야 한다.
④ 토지임대부 분양주택을 공급받은 자가 토지임대부 분양주택을 양도하려는 경우에는 시·도지사에게 해당 주택의 매입을 신청하여야 한다.
⑤ 토지임대료는 분기별 임대료를 원칙으로 한다.

정답 71. ④ 72. ③

해설 **토지임대부 분양주택**
① 토지임대부 분양주택의 토지에 대한 임대차기간은 40년 이내로 한다.
② 토지임대부 분양주택의 토지에 대한 임대차기간을 갱신하기 위해서는 토지임대부 분양주택 소유자의 75% 이상이 계약갱신을 청구하여야 한다.
④ 토지임대부 분양주택을 공급받은 자가 토지임대부 분양주택을 양도하려는 경우에는 한국토지주택공사에게 해당 주택의 매입을 신청하여야 한다.
⑤ 토지임대료는 월별 임대료를 원칙으로 한다.

73 주택법령상 '리모델링'에 관한 설명 중 옳은 것은?

① 리모델링 기본계획의 작성기준 및 작성방법 등은 시·도지사가 정한다.
② 리모델링을 통한 건축물의 증축은 사용검사일부터 15년이 지난 국민주택에 대해서만 허용된다.
③ 증축형 리모델링을 하려는 자는 시·도지사에게 안전진단을 요청하여야 한다.
④ 리모델링 주택조합이 공동주택단지 전체를 리모델링하기 위해서는 전체 구분소유자 및 의결권의 각 50% 이상의 동의만 받으면 된다.
⑤ 특별시장·광역시장 및 대도시의 시장은 관할구역에 대하여 리모델링 기본계획을 10년 단위로 수립하여야 한다.

해설 **리모델링**
① 리모델링 기본계획의 작성기준 및 작성방법 등은 국토교통부장관이 정한다.
② 리모델링에 의한 증축이 허용되는 것은 사용검사일부터 15년이 지난 공동주택이다.
③ 시장·군수·구청장에게 안전진단을 요청하여야 한다.
④ 주택단지 전체를 리모델링하는 경우에는 주택단지 전체 구분소유자 및 의결권의 각 75% 이상의 동의와 각 동의 구분소유자와 의결권의 각 50% 이상의 동의가 있어야 한다.

74 다음은 리모델링에 관한 설명이다. 틀린 것은?

① 내력벽의 철거에 의하여 세대를 합치는 것이 아니어야 한다.
② 1층을 필로티 구조로 전용하는 경우 수직증측 허용범위를 초과하여 증축하는 것이 아니어야 한다.
③ 별도의 동의 증축 등에 의하여 복리시설을 분양하기 위한 것은 허용되지 아니한다.
④ 소유자 전원의 동의를 받은 입주자대표회의에서 건설산업기본법에 따른 건설사업자 또는 주택법에 따라 건설사업자로 보는 등록사업자를 시공자로 선정하여야 한다.
⑤ 수직증축형 리모델링은 최대 4개층 이하에서 증축이 허용된다.

정답 73. ⑤ 74. ⑤

해설 리모델링

수직증축형 리모델링은 최대 3개층(기존 층수가 14층 이하인 경우에는 2개층) 이하에서 증축이 허용된다.

75 주택법령상 공동주택의 리모델링에 관한 설명으로 틀린 것은? (단, 조례는 고려하지 않음) [31회 출제]

① 입주자대표회의가 리모델링하려는 경우에는 리모델링 설계개요, 공사비, 소유자의 비용분담 명세가 적혀 있는 결의서에 주택단지 소유자 전원의 동의를 받아야 한다.
② 공동주택의 입주자가 공동주택을 리모델링하려고 하는 경우에는 시장·군수·구청장의 허가를 받아야 한다.
③ 사업비에 관한 사항은 세대수가 증가되는 리모델링을 하는 경우 수립하여야 하는 권리변동계획에 포함되지 않는다.
④ 증축형 리모델링을 하려는 자는 시장·군수·구청장에게 안전진단을 요청하여야 한다.
⑤ 수직증축형 리모델링의 대상이 되는 기존 건축물의 층수가 12층인 경우에는 2개층까지 증축할 수 있다.

해설 리모델링

사업비에 관한 사항은 세대수가 증가되는 리모델링을 하는 경우 수립하여야 하는 권리변동계획에 포함된다.

76 「주택법」상 리모델링에 관한 내용으로 옳지 않은 것은?

① 건축물의 노후화 억제 또는 기능향상 등을 위한 대수선은 리모델링에 해당한다.
② 세대수가 증가되는 리모델링을 하는 경우에는 권리변동계획을 수립하여 사업계획승인 또는 행위허가를 받아야 한다.
③ 시장·군수·구청장은 수직증축형 리모델링을 하려는 자가 「건축법」에 따른 건축위원회의 심의를 요청하는 경우 구조계획상 증축범위의 적정성 등에 대하여 대통령령으로 정하는 전문기관에 안전성 검토를 의뢰하여야 한다.
④ 시장·군수·구청장으로부터 리모델링 기본계획과 관련하여 협의를 요청받은 관계 행정기관의 장은 특별한 사유가 없으면 그 요청을 받은 날부터 20일 이내에 의견을 제시하여야 한다.
⑤ 리모델링에 동의한 소유자는 리모델링 주택조합 또는 입주자대표회의가 허가신청서를 제출하기 전까지 서면으로 동의를 철회할 수 있다.

해설 리모델링

특별시장·광역시장 및 대도시의 시장은 리모델링 기본계획을 수립하거나 변경하려면 관계 행정기관의 장과 협의한 후 시·도도시계획위원회 또는 시·군·구도시계획위원회의 심의를 거쳐야 한다. 협의를 요청받은 관계 행정기관의 장은 특별한 사유가 없으면 그 요청을 받은 날부터 30일 이내에 의견을 제시하여야 한다.

정답 75. ③ 76. ④

77. 주택법령상 다음은 공동주택의 리모델링에 관한 설명이다. 틀린 것은?

① 리모델링에 동의한 소유자는 입주자대표회의가 시장·군수·구청장에게 허가신청서를 제출한 이후에도 서면으로 동의를 철회할 수 있다.
② 수직증축형 리모델링의 대상이 되는 기존 건축물의 층수가 15층 이상인 경우에는 3개층까지 증축할 수 있다.
③ 국토교통부장관이 50세대 이상 세대수 증가형 리모델링을 허가하려는 경우에는 기반시설에의 영향이나 도시·군관리계획과의 부합 여부 등에 대하여 주거정책심의위원회의 심의를 거쳐야 한다.
④ 시공자 선정을 위하여 국토교통부장관이 정하는 경쟁입찰의 방법으로 2회 이상 경쟁입찰을 하였으나 입찰자의 수가 해당 경쟁입찰의 방법에서 정하는 최저 입찰자 수에 미달하여 경쟁입찰의 방법으로 시공자를 선정할 수 없게 된 경우에는 수의계약으로 시공자를 선정할 수 있다.
⑤ 시장·군수·구청장이 안전진단으로 건축물 구조의 안전에 위험이 있다고 평가하여 재건축사업 및 소규모재건축사업의 시행이 필요하다고 결정한 건축물은 증축형 리모델링을 하여서는 아니 된다.

해설 공동주택의 리모델링
시장·군수·구청장이 50세대 이상 세대수 증가형 리모델링을 허가하려는 경우에는 기반시설에의 영향이나 도시·군관리계획과의 부합 여부 등에 대하여 시·군·구도시계획위원회의 심의를 거쳐야 한다.

78. 주택법령상 다음은 공동주택의 리모델링에 관한 설명이다. 틀린 것은?

① 공동주택의 소유자가 리모델링에 의하여 전유부분의 면적이 늘거나 줄어드는 경우에는 그에 상응하는 면적만큼 대지사용권이 늘거나 줄어드는 것으로 본다.
② 공동주택의 소유자가 리모델링에 의하여 일부 공용부분의 면적을 전유부분의 면적으로 변경한 경우에는 그 소유자의 나머지 공용부분의 면적은 변하지 아니하는 것으로 본다.
③ ①의 대지사용권 및 ②의 공용부분의 면적에 관하여는 소유자가 「집합건물의 소유 및 관리에 관한 법률」 제28조에 따른 규약으로 달리 정한 경우에는 그 규약에 따른다.
④ 리모델링의 허가를 신청하기 위한 동의율을 확보한 경우 리모델링 결의를 한 리모델링주택조합은 그 리모델링 결의에 찬성하지 아니하는 자의 주택 및 토지에 대하여 매도청구를 할 수 있다.
⑤ ④의 매도청구에 관하여는 「집합건물의 소유 및 관리에 관한 법률」 제48조를 준용한다.

정답　77. ③　78. ①

해설 공동주택의 리모델링
공동주택의 소유자가 리모델링에 의하여 전유부분(專有部分)의 면적이 늘거나 줄어드는 경우에는 「집합건물의 소유 및 관리에 관한 법률」 제12조 및 제20조 제1항에 불구하고 대지사용권은 변하지 아니하는 것으로 본다.

79 주택법령상 주택상환사채에 관한 설명으로 옳은 것은? 〈19회 출제〉

① 등록사업자는 자본금 등이 대통령령이 정하는 기준에 부합하고 금융기관 또는 주택도시보증공사의 보증을 받은 때에 한하여 이를 발행할 수 있다.
② 주택상환사채를 발행하려는 자는 주택상환사채발행계획을 작성하여 기획재정부장관의 승인을 얻어야 한다.
③ 주택상환사채는 기명증권으로 하고, 사채권자의 명의변경은 취득자의 성명을 채권에 기재하는 방법으로 한다.
④ 등록사업자의 등록이 말소된 경우 그가 발행한 주택상환사채는 효력을 상실한다.
⑤ 주택상환사채의 발행에 관하여는 「주택법」보다 「상법」 중 사채발행에 관한 규정을 우선 적용한다.

해설 주택상환사채
② 주택상환사채발행계획에 대한 승인은 국토교통부장관의 권한이다.
③ 사채권자의 명의변경은 취득자의 성명을 사채원부에 기재하는 방법으로 한다.
④ 등록사업자의 등록이 말소된 경우에도 그가 발행한 주택상환사채의 효력에는 영향을 미치지 아니한다.
⑤ 주택상환사채의 발행에 관하여는 먼저 「주택법」이 적용되고, 그 다음에 「상법」이 적용된다.

80 주택법령상 주택상환사채에 관한 설명으로 옳은 것은? 〈33회 출제〉

① 법인으로서 자본금이 3억원인 등록사업자는 주택상환사채를 발행할 수 있다.
② 발행 조건은 주택상환사채권에 적어야 하는 사항에 포함된다.
③ 주택상환사채를 발행하려는 자는 주택상환사채발행계획을 수립하여 시·도지사의 승인을 받아야 한다.
④ 주택상환사채는 액면으로 발행하고, 할인의 방법으로는 발행할 수 없다.
⑤ 주택상환사채는 무기명증권(無記名證券)으로 발행한다.

해설 주택상환사채
① 법인으로서 자본금이 5억원 이상인 등록사업자는 주택상환사채를 발행할 수 있다.
③ 주택상환사채를 발행하려는 자는 주택상환사채발행계획을 수립하여 국토교통부장관의 승인을 받아야 한다.
④ 주택상환사채는 액면 또는 할인의 방법으로 발행할 수 있다.
⑤ 주택상환사채는 기명증권으로 발행한다.

정답 79. ① 80. ②

제5장 주택법(응용)

81. 주택법령상 주택상환사채에 관한 설명으로 옳지 않은 것은?

① 등록사업자가 발행할 수 있는 주택상환사채의 규모는 최근 3년간의 연평균 주택건설호수 이내로 한다.
② 주택상환사채의 상환기간은 3년을 초과할 수 없다.
③ 주택상환사채의 납입금은 주택건설자재의 구입을 위해 사용할 수 있다.
④ 주택상환사채는 해외이주 등 부득이한 사유가 있는 경우로서 국토교통부령이 정하는 경우를 제외하고는 양도하거나 중도에 해약할 수 없다.
⑤ 주택상환사채의 납입금은 국토교통부장관이 지정하는 금융기관에서 관리한다.

해설 주택상환사채
주택상환사채의 납입금은 해당 보증기관과 주택상환사채발행자가 협의하여 정하는 금융기관에서 관리한다.

82. 주택법령상 주택상환사채를 양도하거나 중도에 해약할 수 있는 경우가 아닌 것은? (단, 세대원은 세대주가 포함된 세대의 구성원을 말함)

① 세대원의 취학으로 인하여 세대원 전원이 다른 행정구역으로 이전하는 경우
② 세대원의 질병치료로 인하여 세대원 전원이 다른 행정구역으로 이전하는 경우
③ 세대원의 근무로 인하여 세대원 일부가 다른 행정구역으로 이전하는 경우
④ 세대원 전원이 2년 이상 해외에 체류하고자 하는 경우
⑤ 세대원 전원이 상속에 의하여 취득한 주택으로 이전하는 경우

해설 주택상환사채의 양도 등
세대원의 근무로 인하여 세대원 전부가 다른 행정구역으로 이전하는 경우이다.

83. 주택법령상 입주자저축에 관한 설명으로 옳은 것만을 모두 고른 것은? [22회 출제]

㉠ 국토교통부장관은 입주자저축에 관한 국토교통부령을 제정 또는 개정함에 있어서는 행정안전부장관과 미리 협의하여야 한다.
㉡ 주택청약종합저축은 국민주택과 민영주택을 공급받기 위하여 가입하는 저축이다.
㉢ 입주자저축증서는 증여나 상속할 수 없다.
㉣ 주택청약종합저축으로 조성된 자금은 주택도시기금의 재원이 된다.
㉤ 입주자저축은 한 사람이 한 계좌만 가입할 수 있다.

① ㉠, ㉡ ② ㉣, ㉢ ③ ㉡, ㉢
④ ㉡, ㉣, ㉤ ⑤ ㉢, ㉣

정답 81. ⑤ 82. ③ 83. ④

> **해설** 입주자저축
> ㉠ 기획재정부장관과 미리 협의하여야 한다.
> ㉢ 입주자저축증서는 상속할 수 있다.

84 다음 중 처벌이 가장 무거운 경우는?
★
① 주택공급질서교란행위를 한 경우
② 등록사업자가 영업정지기간 중에 주택건설사업을 한 경우
③ 고의 또는 과실로 설계도서에 부적합하게 시공해 입주자에게 손해를 발생하게 한 경우
④ 견본주택건축기준을 위반해서 견본주택을 건설하거나 유지·관리한 경우
⑤ 주택상환채권의 발행자에 대한 조치를 위반한 자

> **해설** 벌 칙
> ① 3년 이하의 징역 또는 3,000만원 이하의 벌금
> ② 1년 이하의 징역 또는 1,000만원 이하의 벌금
> ③ 고의인 경우 2년 이하의 징역 또는 2,000만원 이하의 벌금, 과실인 경우 1년 이하의 징역 또는 1,000만원 이하의 벌금
> ④, ⑤ 2년 이하의 징역 또는 2,000만원 이하의 벌금

85 「주택법」상 벌칙이 가장 무거운 것은? [15회 출제]
★
① 「주택법」의 주택건설기준을 위반해서 사업을 시행한 자
② 50호 이상의 단독주택을 건설하면서 사업계획승인을 받지 않은 자
③ 「건설산업기본법」에 의한 건설사업자가 아니거나 「주택법」에 의해 건설사업자로 간주하는 등록사업자가 아닌 자가 주택건설공사를 시행하거나 이들로 하여금 시행하게 한 자
④ 사업주체 또는 입주예정자가 사용검사나 임시사용승인을 받지 않고 주택 또는 대지를 사용하게 하거나 사용한 자
⑤ 투기과열지구 안에서 사업주체가 건설·공급하는 주택의 입주자로 선정된 지위를 전매하거나 이의 전매를 알선한 자

> **해설** 「주택법」상 벌칙
> ①, ③, ④ 2년 이하의 징역 또는 2,000만원 이하의 벌금
> ② 2년 이하의 징역이나 2,000만원(위반행위로 인한 이익의 50%가 2,000만원을 초과하는 경우에는 그 이익의 2배) 이하의 벌금
> ⑤ 3년 이하의 징역 또는 3,000만원 이하의 벌금

정답 84. ① 85. ⑤

CHAPTER 06 농지법

학습포인트

- 「농지법」에서는 매년 2문제 정도 출제되고 있다. 「농지법」이 제정되기 전에는 1문제는 농지의 전용제한에서 출제되고, 나머지는 대리경작제·절대농지 등의 순으로 출제되었는데, 「농지법」이 제정된 후에는 대체로 농지의 소유제한과 농지의 전용제한에서 1문제씩 출제되고 있다.

CHAPTER 학습 & 출제되는 키워드

- ☑ 농지
- ☑ 소유상한
- ☑ 소유제한을 위반한 농지의 처분
- ☑ 농지의 임대차
- ☑ 농업진흥구역
- ☑ 농지전용신고대상
- ☑ 농업인
- ☑ 농지취득자격증명
- ☑ 농지이용증진사업의 시행
- ☑ 농업진흥구역에서의 행위제한
- ☑ 농지의 전용제한
- ☑ 농지보전부담금
- ☑ 농지의 소유제한
- ☑ 농지의 위탁경영
- ☑ 대리경작자의 지정
- ☑ 농업보호구역에서의 행위제한
- ☑ 농지전용허가

CHAPTER 학습 & 출제되는 질문

- ☑ 농업진흥지역에 관한 설명으로 옳은 것은?
- ☑ 농지취득자격증명에 관한 설명으로 **틀린** 것은?
- ☑ 농지의 대리경작 및 임대차에 관한 설명으로 틀린 것은?
- ☑ 농지소유상한에 관한 다음 내용 중 괄호 안에 들어갈 내용은?

10. ③   11. ②   12. ②

기본 출제예상문제

01 다음은 「농지법」상의 농지이다. 틀린 것은?
① 지목이 전·답인 토지로서 실제로 농작물의 경작에 사용되고 있는 토지
② 지목이 과수원인 토지로서 실제로 과수의 재배에 사용되고 있는 토지
③ 지목이 잡종지인 토지로서 실제로 농작물의 경작에 계속해 2년간 사용되고 있는 토지
④ 지목이 목장용지인 토지로서 실제로 다년생식물의 재배에 계속해서 3년간 사용되고 있는 토지
⑤ 농작물의 경작에 이용되고 있는 토지에 설치한 고정식 온실 및 비닐하우스와 그 부속시설의 부지

> **해설** 농 지
> 지목이 전·답 또는 과수원이 아닌 토지는 계속해서 3년 이상 농작물의 경작 또는 다년생식물의 재배에 사용되어야 농지에 해당된다.

02 농지법령상 용어에 관한 설명으로 틀린 것은? [27회 출제]

① 실제로 농작물 경작지로 이용되는 토지이더라도 법적지목이 과수원인 경우는 '농지'에 해당하지 않는다.
② 소가축 80두를 사육하면서 1년 중 150일을 축산업에 종사하는 개인은 '농업인'에 해당한다.
③ 3,000m²의 농지에서 농작물을 경작하면서 1년 중 80일을 농업에 종사하는 개인은 '농업인'에 해당한다.
④ 인삼의 재배지로 계속하여 이용되는 기간이 4년인 지목이 전(田)인 토지는 '농지'에 해당한다.
⑤ 농지 소유자가 타인에게 일정한 보수를 지급하기로 약정하고 농작업의 일부만을 위탁하여 행하는 농업경영도 '위탁경영'에 해당한다.

> **해설** 용어의 정의
> 농지는 전·답·과수원 그 밖에 그 법적 지목을 불문하고 실제로 농작물 경작지나 다년생식물 재배지로 이용되는 토지를 말한다.

정답 01. ③   02. ①

제6장 농지법 (기본)

03 농지법령상 농지에 해당하는 것만을 모두 고른 것은? [30회 출제]

> ㉠ 대통령령으로 정하는 다년생식물 재배지로 실제로 이용되는 토지(「초지법」에 따라 조성된 초지 등 대통령령으로 정하는 토지는 제외)
> ㉡ 관상용 수목의 묘목을 조경목적으로 식재한 재배지로 실제로 이용되는 토지
> ㉢ 「공간정보의 구축 및 관리 등에 관한 법률」에 따른 지목이 답(畓)이고 농작물 경작지로 실제로 이용되는 토지의 개량시설에 해당하는 양·배수시설의 부지

① ㉠ ② ㉠, ㉡ ③ ㉠, ㉢
④ ㉡, ㉢ ⑤ ㉠, ㉡, ㉢

해설 농지의 정의
㉡ 관상용 수목의 묘목을 조경목적으로 식재한 재배지로 실제로 이용되는 토지. 다만, 조경목적으로 식재한 것은 농지에서 제외한다.

---

04 다음은 농업인과 농업법인에 관한 설명이다. 틀린 것은? ★★

① 농지에 330m² 이상의 고정식온실을 설치해서 다년생식물을 재배하는 자도 농업인에 해당된다.
② 1년에 120일 이상 축산업에 종사하는 자도 농업인에 해당된다.
③ 농업법인은 영농조합법인과 농업회사법인을 말한다.
④ 농업회사법인은 주식회사여야 한다.
⑤ 농업회사법인은 업무집행권을 가진 자 중 1/3 이상이 농업인이어야 한다.

해설 농업인과 농업법인
농업회사법인은 「상법」에 의한 회사의 형태(합명회사·합자회사·유한책임회사·유한회사·주식회사) 중 어느 회사이어도 상관없다.

---

05 농지법령상 농업에 종사하는 개인으로서 농업인에 해당하지 않는 자는? [20회 출제]

① 1년 중 150일을 축산업에 종사하는 자
② 1,200m²의 농지에서 다년생식물을 재배하면서 1년 중 100일을 농업에 종사하는 자
③ 대가축 3두를 사육하는 자
④ 가금 1,200수를 사육하는 자
⑤ 농업경영을 통한 농산물의 연간 판매액이 80만원인 자

정답 03. ③ 04. ④ 05. ⑤

부동산공법

> **해설** 농업인의 범위
> 1) 1천m² 이상의 농지에서 농작물 또는 다년생식물을 경작 또는 재배하거나 1년 중 90일 이상 농업에 종사하는 자
> 2) 농지에 330m² 이상의 고정식온실·버섯재배사·비닐하우스, 그 밖의 농림축산식품부령으로 정하는 농업생산에 필요한 시설을 설치하여 농작물 또는 다년생식물을 경작 또는 재배하는 자
> 3) 대가축 2두, 중가축 10두, 소가축 100두, 가금 1천수 또는 꿀벌 10군 이상을 사육하거나 1년 중 120일 이상 축산업에 종사하는 자
> 4) 농업경영을 통한 농산물의 연간 판매액이 120만원 이상인 자

06 ★★★ 다음은 농지의 소유에 관한 설명이다. 틀린 것은?

① 농지는 원칙적으로 자기의 농업경영에 이용할 자가 아니면 이를 소유하지 못한다.
② 적법하게 농지를 임대하거나 무상사용하게 하는 경우에는 임대하거나 무상사용하게 하는 기간 동안 농지를 계속 소유할 수 있다.
③ 농지의 소유에 관해서는 다른 법률에 특별한 규정이 있는 경우를 제외하고는 「농지법」에 의한다.
④ 8년 이상 농업경영을 하고 이농하는 사람은 이농 당시 소유농지 중 1만m² 이내에 한해 소유할 수 있다.
⑤ 주말·체험영농을 위해 소유할 수 있는 농지는 1,000m² 미만에 한한다.

> **해설** 농지의 소유
> 「농지법」 외의 다른 법률에서는 농지소유에 관한 특례를 정할 수 없다.

07 다음은 자기의 농업경영에 이용하지 않는 경우에도 농지를 소유할 수 있는 경우이다. 틀린 것은?

① 주말·체험영농을 하려고 농업진흥지역 외의 농지를 소유하는 경우
② 종자업자가 종묘생산용지로 취득하는 경우
③ 농업협동조합이 농지를 취득하는 경우
④ 8년 이상 농업경영을 하던 사람이 이농하는 경우 이농 당시 소유하고 있던 농지를 계속 보유하는 경우
⑤ 주무부장관이 농지전용협의를 완료한 농지를 소유하는 경우

> **해설** 농지의 소유
> ③은 "농지"가 아닌 "경매기일 2회 이상 유찰된 후의 담보농지"여야 한다.

정답 06. ③ 07. ③

08 농지법령상 농지의 소유제한에 관한 예외규정으로 틀린 것은? [17회 개작]

① 토지수용에 의해 농지를 취득해 소유하는 경우
② 「공유수면 관리 및 매립에 관한 법률」에 의해 매립농지를 취득하여 소유하는 경우
③ 「지방공기업법」에 의한 지방공사의 사장이 농림축산식품부장관과 미리 농지전용협의를 완료한 농지를 소유하는 경우
④ 농지를 농업인주택과 마을회관 등 농업인 공동생활 편익시설 부지로 농지전용신고를 완료한 자가 그 농지를 소유하는 경우
⑤ 상속에 의해 농지를 취득해 소유하는 경우

해설 농지의 소유제한
「농지법」 제34조에 의한 농지전용협의를 거쳐 농지전용을 할 수 있는 자는 주무부장관 또는 지방자치단체의 장에 한정되므로 지방공사의 사장이 농지전용협의를 거친 농지를 소유할 수는 없다.

09 농지법령상 농지소유상한에 관한 내용 중 ( )에 들어갈 내용은?[다만, 농지 소유자가 농지법령에 따라 농지를 임대하거나 무상사용하는 경우는 제외함] [21회 출제]

- 상속으로 농지를 취득한 사람으로서 농업경영을 하지 아니하는 사람은 그 상속농지 중에서 총 (㉠)m² 까지만 소유할 수 있다.
- 8년 이상 농업경영을 한 후 이농한 사람은 이농 당시 소유 농지 중에서 총 (㉡) m² 까지만 소유할 수 있다.

① ㉠ : 5,000   ㉡ : 5,000
② ㉠ : 10,000   ㉡ : 5,000
③ ㉠ : 10,000   ㉡ : 10,000
④ ㉠ : 30,000   ㉡ : 10,000
⑤ ㉠ : 30,000   ㉡ : 30,000

해설 농지소유상한
1) 상속으로 농지를 취득한 사람으로서 농업경영을 하지 아니하는 사람은 그 상속농지 중에서 총 1만m²까지만 소유할 수 있다.
2) 8년 이상 농업경영을 한 후 이농한 사람은 이농 당시 소유농지 중에서 총 1만m²까지만 소유할 수 있다.
3) 주말·체험영농을 하려는 사람은 총 1천m² 미만의 농지를 소유할 수 있다.

정답 08. ③ 09. ③

10. 다음은 농지취득자격증명에 관한 설명이다. 틀린 것은?

① 농업경영계획서 외의 농지취득자격증명 신청서류의 보존기간은 10년으로 한다.
② 농업인이 농지를 자기의 농업경영에 이용하고자 하는 경우에도 농지취득자격증명을 발급받아야 농지를 취득할 수 있다.
③ 농지취득자격증명은 시장·군수 또는 구청장이 발급한다.
④ 농지 투기가 성행하거나 성행할 우려가 있는 지역의 농지를 취득하려는 자가 농지취득자격증명 발급을 신청한 경우 농지위원회의 심의를 거쳐야 한다.
⑤ 농지취득자격증명를 발급할 때에는 농지를 취득하고자 하는 자가 농지의 소유상한을 초과하게 되는지 여부를 검토해야 한다.

해설 농지취득자격증명
농지취득자격증명은 농지 소재지를 관할하는 시·구·읍·면장이 발급한다.

11. 다음 중 농지취득자격증명을 발급받고 농지를 취득해야 하는 경우는?

① 금융기관이 2회 이상 유찰된 후 담보농지를 취득해 소유하는 경우
② 농지전용허가를 받고 농지를 취득하는 경우
③ 공유수면매립농지를 취득해 소유하는 경우
④ 공유농지의 분할로 농지를 취득하는 경우
⑤ 한국농어촌공사가 농지를 취득하여 소유하는 경우

해설 농지취득자격증명의 발급
②의 경우에는 농지취득자격증명을 발급받아야 한다. 다만, 농지취득자격증명의 발급을 신청할 때에 농업경영계획서 또는 주말·체험영농계획서를 제출하지 않아도 된다.

12. 농지법령상 농지취득자격증명을 발급받지 아니하고 농지를 취득할 수 있는 경우에 해당하지 않는 것은?

26회 출제

① 농업법인의 합병으로 농지를 취득하는 경우
② 농지를 농업인 주택의 부지로 전용하려고 농지전용신고를 한 자가 그 농지를 취득하는 경우
③ 공유농지의 분할로 농지를 취득하는 경우
④ 상속으로 농지를 취득하는 경우
⑤ 시효의 완성으로 농지를 취득하는 경우

해설 농지취득자격증명
농지전용허가를 받거나 농지전용신고를 한 자가 그 농지를 취득하는 경우에는 농업경영계획서 또는 주말·체험영농계획서를 작성하지 않고 농지취득자격증명의 발급을 신청할 수 있다(법 제8조 제2항).

정답 10. ③ 11. ② 12. ②

제6장 농지법(기본)

13 농지법령상 농지취득자격증명을 받아야 하는 경우는? **15회 출제**

★★
① 상속에 의해 농지를 취득해 소유하는 경우
② 「은행법」에 의해 설립된 금융기관 등이 담보농지를 취득해 소유하는 경우
③ 주말·체험영농을 하려고 농업진흥지역 외의 농지를 소유하는 경우
④ 토지수용에 의해 농지를 취득해 소유하는 경우
⑤ 농업법인의 합병으로 농지를 취득하는 경우

> **해설** 농지취득자격증명
> 주말·체험영농을 하기 위해 농지를 취득하고자 하는 경우에는 농지취득자격증명을 받아야 한다.

14 농지법령상 공인중개업자가 농지거래를 중개하면서 매수의뢰인에게 설명한 내용이다. 가장 타당한 것은?

★★
① 농업인이 아닌 자가 주말체험영농을 하고자 농지를 취득할 때 농지취득자격증명을 발급받아야 한다.
② 농업인이 아닌 자가 주말체험영농을 하고자 농지를 취득할 때 주말·체험영농계획서가 필요 없다.
③ 농업인이 아닌 자가 주말체험영농을 하고자 농지를 취득할 때 농지의 소유상한이 적용되지 않는다.
④ 시·구·읍·면의 장은 농지취득자격증명의 발급 신청을 받은 때에는 그 신청을 받은 날부터 5일 이내에 신청인에게 농지취득자격증명을 발급하여야 한다.
⑤ 농업경영계획서에는 농지취득자격증명을 발급받으려는 자의 직업은 포함되지 않는다.

> **해설** 주말·체험영농 등
> ② 주말·체험영농을 하는 경우에는 주말·체험영농계획서를 작성해서 농지 소재지를 관할하는 시·구·읍·면장에게 농지취득자격증명의 발급을 신청해야 한다.
> ③ 주말·체험영농을 하려는 자는 총 1,000㎡ 미만의 농지를 소유할 수 있다.
> ④ 시·구·읍·면의 장은 농지취득자격증명의 발급 신청을 받은 때에는 그 신청을 받은 날부터 7일(농업경영계획서를 작성하지 아니하고 농지취득자격증명의 발급신청을 할 수 있는 경우에는 4일, 농지위원회의 심의 대상의 경우에는 14일) 이내에 신청인에게 농지취득자격증명을 발급하여야 한다.
> ⑤ 농업경영계획서에는 농지취득자격증명을 발급받으려는 자의 직업·영농경력·영농거리가 포함되어야 한다.

정답 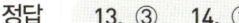 13. ③ 14. ①

부동산공법

15 다음은 농지를 위탁경영할 수 있는 경우이다. 틀린 것은?

① 3월 이상 장기출타중인 경우
② 농업법인이 청산중인 경우
③ 선거에 의한 공직에 취임하는 경우
④ 임신 중이거나 분만 후 6개월 미만인 경우
⑤ 농지이용증진사업시행계획에 의해 위탁경영하는 경우

> **해설** 농지의 위탁경영
> ① "장기출타"가 아닌 "국외여행"이어야 한다.

16 농지법령상 농지 소유자가 소유 농지를 위탁경영할 수 <u>없는</u> 경우는? `29회 출제`

① 「병역법」에 따라 현역으로 징집된 경우
② 6개월간 미국을 여행 중인 경우
③ 선거에 따른 지방의회의원 취임으로 자경할 수 없는 경우
④ 농업법인이 청산 중인 경우
⑤ 교통사고로 2개월간 치료가 필요한 경우

> **해설** 농지의 위탁경영
> 부상으로 인해 3개월 이상 치료를 받아야 하는 경우 소유농지를 위탁경영할 수 있다.

17 다음은 농지처분명령에 관한 설명이다. 올바른 것은? ★★

① 농지전용허가를 받아 농지를 취득한 후 2년 동안 목적사업에 착수하지 않은 경우에는 농지처분명령을 할 수 있다.
② 농지소유상한을 초과해서 농지를 취득한 경우에는 농지처분명령을 할 수 있다.
③ 시장·군수 또는 구청장은 처분의무기간 내에 처분대상농지를 처분하지 아니한 농지의 소유자가 해당 농지를 자기의 농업경영에 이용하면 처분의무기간이 지난 날부터 3년간 처분명령을 직권으로 유예할 수 있다.
④ 농지처분명령을 받고도 농지를 처분하지 않는 경우 그 농지는 한국농어촌공사가 매수한다.
⑤ 농지처분명령을 이행하지 않는 경우에는 3년 이하의 징역 또는 1,000만원 이하의 벌금에 처해진다.

> **해설** 농지처분명령
> ①, ② 농지소유자에게 농지처분의무가 발생하는 사유이다. 농지처분명령은 농지소유자가 이러한 농지처분의무가 발생한 날부터 1년 이내에 농지를 처분하지 않는 경우에 발한다.
> ④ 한국농어촌공사가 농지를 매수할 의무는 없다.
> ⑤ 농지처분명령을 이행하지 않는 경우에는 이행강제금을 부과한다.

정답 15. ① 16. ⑤ 17. ③

제6장 농지법(기본)

18 농지법령상 농업경영에 이용하지 아니하는 농지의 처분의무에 관한 설명으로 옳은 것은? 〔25회 출제〕

① 농지소유자가 선거에 따른 공직취임으로 휴경하는 경우에는 소유농지를 자기의 농업경영에 이용하지 아니하더라도 농지처분의무가 면제된다.
② 농지소유상한을 초과하여 농지를 소유한 것이 판명된 경우에는 소유농지 전부를 그 사유가 발생한 날 당시 세대를 같이하는 세대원이 아닌 자에게 처분하여야 한다.
③ 농지처분의무기간은 처분사유가 발생한 날부터 6개월이다.
④ 농지전용신고를 하고 그 농지를 취득한 자가 질병으로 인하여 취득한 날부터 2년이 초과하도록 그 목적사업에 착수하지 아니한 경우에는 농지처분의무가 면제된다.
⑤ 농지소유자가 시장·군수 또는 구청장으로부터 농지처분명령을 받은 경우 한국토지주택공사에 그 농지의 매수를 청구할 수 있다.

해설 농지의 처분의무
② 농지소유상한을 초과하여 농지를 소유한 것이 판명된 경우에는 소유농지 전부가 아닌 초과면적에 해당하는 농지를 그 사유가 발생한 날 당시 세대를 같이하는 세대원이 아닌 자에게 처분하면 된다.
③ 농지처분의무기간은 처분사유가 발생한 날부터 1년 이내이다.
④ 농지처분의무가 면제되지 않는다.
⑤ 농지소유자가 시장·군수 또는 구청장으로부터 농지처분명령을 받은 경우 한국농어촌공사에 그 농지의 매수를 청구할 수 있다.

19 다음은 「농지법」에 의한 이행강제금에 관한 설명이다. 틀린 것은?
★★
① 이행강제금은 농지처분명령·원상회복 명령 또는 시정명령을 이행하지 아니한 자에게 부과한다.
② 이행강제금은 「감정평가 및 감정평가사에 관한 법률」에 따른 감정평가법인등이 감정평가한 감정가격 또는 「부동산 가격공시에 관한 법률」에 따른 개별공시지가(해당 토지의 개별공시지가가 없는 경우에는 표준지공시지가를 기준으로 산정한 금액을 말한다) 중 더 높은 가액의 100분의 25에 해당하는 금액으로 한다.
③ 이행강제금은 매년 2회 부과한다.
④ 이행강제금 부과처분에 불복하는 자는 그 처분을 고지받은 날부터 30일 이내에 시장·군수 또는 구청장에게 이의를 제기할 수 있다.
⑤ 농지를 처분한 때에도 이미 부과한 이행강제금은 징수한다.

정답 18. ① 19. ③

부동산공법

> **해설** 이행강제금
> 이행강제금은 시장·군수 또는 구청장은 처분명령·원상복구 명령 또는 시정명령 이행기간이 만료한 다음 날을 기준으로 하여 그 처분명령·원상복구 명령 또는 시정명령이 이행될 때까지 이행강제금을 매년 1회 부과·징수할 수 있다.

20 ★ 다음은 「농지법」상의 농지의 이용에 관한 설명이다. 틀린 것은?

① 시장·군수 또는 구청장은 관할구역 안의 농지를 종합적으로 이용하기 위한 농지이용계획을 수립해야 한다.
② 농지이용계획에는 농지의 지대별·용도별 이용계획, 경영규모확대계획, 농업 외 용도로의 활용계획 등이 포함된다.
③ 농지이용계획을 수립할 때에는 공청회를 개최해 주민의 의견을 들어야 한다.
④ 농지이용계획은 특별시장·광역시장 또는 도지사가 시·도 농업·농촌 및 식품산업정책심의회의 심의를 거쳐 확정·고시한다.
⑤ 농지이용계획에는 축척 1/25,000 이상의 지형도가 사용된다.

> **해설** 농지이용계획
> 농지이용계획은 특별시장·광역시장 또는 도지사의 승인을 받아 시장·군수 또는 구청장이 확정·고시한다.

21 ★ 다음은 농지이용증진사업에 관한 설명이다. 틀린 것은?

① 농지이용증진사업시행계획에 따르더라도 농지는 위탁경영을 할 수 없다.
② 농지이용증진사업시행계획을 수립할 때에는 시·군·구 농업·농촌 및 식품산업정책심의회의 심의를 거쳐야 한다.
③ 농지이용증진사업시행계획에 의해 농지를 취득하는 경우에는 농지취득자격증명을 발급받지 않아도 된다.
④ 농지이용증진사업시행계획이 고시된 경우 그 농지에 대한 등기는 시행자가 촉탁한다.
⑤ 농지이용증진사업시행계획에 의해 등기할 때에는 검인을 받지 않아도 된다.

> **해설** 농지이용증진사업
> 농지이용증진사업시행계획에 따라 농지를 위탁경영을 할 수 있다.

정답 20. ④ 21. ①

제6장 농지법(기본)

22 농지법령상 조문의 일부이다. 다음 ( )에 들어갈 숫자를 옳게 연결한 것은? [28회 출제]

> 1. 유휴농지의 대리경작자는 수확량의 100분의 (㉠)을 농림축산식품부령으로 정하는 바에 따라 그 농지의 소유권자나 임차권자에게 토지사용료로 지급하여야 한다.
> 2. 농업진흥지역 밖의 농지를 농지전용허가를 받지 아니하고 전용한 자는 3년 이하의 징역 또는 해당 토지가액의 100분의 (㉡)에 해당하는 금액 이하의 벌금에 처한다.
> 3. 군수는 처분명령을 받은 후 정당한 사유 없이 지정기간까지 그 처분명령을 이행하지 아니한 자에게 해당 농지의 감정가격 또는 개별공시지가 중 더 높은 가액의 100분의 (㉢)에 해당하는 이행강제금을 부과한다.

① ㉠ : 10 ㉡ : 20 ㉢ : 50
② ㉠ : 10 ㉡ : 50 ㉢ : 25
③ ㉠ : 20 ㉡ : 10 ㉢ : 50
④ ㉠ : 20 ㉡ : 50 ㉢ : 10
⑤ ㉠ : 50 ㉡ : 10 ㉢ : 25

해설 대리경작 등
㉠ 유휴농지의 대리경작자는 수확량의 100분의 10을 농림축산식품부령으로 정하는 바에 따라 그 농지의 소유권자나 임차권자에게 토지사용료로 지급하여야 한다.
㉡ 농업진흥지역 밖의 농지를 농지전용허가를 받지 아니하고 전용한 자는 3년 이하의 징역 또는 해당 토지가액의 100분의 50에 해당하는 금액 이하의 벌금에 처한다.
㉢ 군수는 처분명령을 받은 후 정당한 사유 없이 지정기간까지 그 처분명령을 이행하지 아니한 자에게 해당 농지의 감정가격 또는 개별공시지가(해당 토지의 개별공시지가가 없는 경우에는 표준지공시지가를 기준으로 산정한 금액을 말한다) 중 더 높은 가액의 100분의 25에 해당하는 이행강제금을 부과한다.

23 다음은 대리경작자의 지정에 관한 설명이다. 틀린 것은?
★★
① 시장·군수 또는 구청장은 유휴농지에 대해 대리경작자를 지정할 수 있다.
② 유휴농지는 농작물의 경작 또는 다년생식물의 재배에 이용하지 않는 농지를 말한다.
③ 대리경작자는 농업법인 중에서 지정한다.
④ 시장·군수 또는 구청장은 대리경작자를 지정하는 때에는 미리 이를 예고해야 한다.
⑤ 대리경작기간은 따로 정하지 아니하면 3년으로 한다.

해설 대리경작자의 지정
농업인도 대리경작자가 될 수 있다.

정답 22. ② 23. ③

부동산공법

24 다음은 농지의 대리경작에 관한 설명이다. 틀린 것은?
① 부재지주의 농지는 대리경작자를 지정할 수 있는 유휴농지에 해당된다.
② 농지전용허가를 받은 농지는 유휴농지에 해당되지 않는다.
③ 농지 인근의 농업생산자단체·학교 등을 대리경작자로 지정할 수 있다.
④ 유휴농지의 소유자는 스스로 경작하고자 할 때에는 대리경작자지정의 중지를 요청할 수 있다.
⑤ 대리경작자가 토지사용료를 지급 또는 공탁하지 않으면 대리경작자지정을 해지할 수 있다.

해설 농지의 대리경작
부재지주의 농지라고 해서 당연히 유휴농지에 해당되는 것은 아니다.

25 농지법령상 농지의 임대차에 관한 설명으로 틀린 것은? (단, 농업경영을 하려는 자에게 임대하는 경우이며, 국유농지와 공유농지가 아님을 전제로 함) **24회 출제**
① 임대차기간을 정하지 아니하거나 2년보다 짧은 경우에는 2년으로 약정된 것으로 본다.
② 「농지법」에 위반된 약정으로서 임차인에게 불리한 것은 그 효력이 없다.
③ 임대차계약은 서면계약을 원칙으로 한다.
④ 임대 농지의 양수인은 「농지법」에 따른 임대인의 지위를 승계한 것으로 본다.
⑤ 임대차계약은 그 등기가 없는 경우에도 임차인이 농지소재지를 관할하는 시·구·읍·면의 장의 확인을 받고, 해당 농지를 인도받은 경우에는 그 다음날부터 제3자에 대하여 효력이 생긴다.

해설 농지의 임대차
임대차기간을 정하지 아니하거나 3년보다 짧은 경우에는 3년으로 약정된 것으로 본다. 다만, 농지의 임차인이 다년생 식물 재배지로 이용하는 농지, 농지의 임차인이 농작물의 재배시설로서 고정식온실 또는 비닐하우스를 설치한 농지의 임대차기간은 5년으로 약정된 것으로 본다.

26 다음은 농지의 임대차에 관한 설명이다. 틀린 것은?
① 농지는 원칙적으로 임대할 수 없다.
② 농작업을 할 수 있는 노동력이 부족하게 된 경우에는 예외적으로 농지를 임대할 수 있다.
③ 임대인이 임대차기간만료일 3월 전까지 갱신거부 또는 조건변경을 통지하지 않은 때에는 종전과 동일한 조건으로 임대차한 것으로 본다.
④ 임대차 기간을 정하지 아니하거나 3년보다 짧은 경우에는 3년으로 약정된 것으로 본다. 다만, 다년생식물 재배지 등은 5년으로 약정된 것으로 본다.
⑤ 농지의 임대차계약은 서면에 의해야 한다.

정답 24. ① 25. ① 26. ②

> **해설** 농지의 임대차
> 단순히 노동력이 부족하다는 것은 농지를 임대할 수 있는 사유에 해당되지 않는다.

27 다음은 농지의 임대차에 관한 설명이다. 틀린 것은?

① 임대차 등기가 없는 경우에도 임차인은 시·구·읍·면장의 확인을 받고 해당 농지를 인도받았다면 그 다음날부터 대항력을 갖는다.
② 임대차기간을 3년 미만으로 정한 경우 임차인은 3년 미만으로 정한 기간이 유효함을 주장할 수 있다. 다만, 다년생식물 재배지 등은 5년 미만으로 정한 경우 임차인은 5년 미만으로 정한 기간이 유효함을 주장할 수 있다.
③ 국유재산인 농지에 대해서는 임대차계약기간을 1년으로 해도 된다.
④ 임대차 당사자는 임대차기간, 임차료 등 임대차계약에 관하여 서로 협의가 이루어지지 않은 경우에는 농지소재지 관할 시·구·읍·면장에게 조정을 신청할 수 있다.
⑤ 「농지법」에 위반된 약정으로 임차인에게 불리한 것은 그 효력이 없다.

> **해설** 농지의 임대차
> 임대차 당사자는 임대차기간, 임차료 등 임대차계약에 관하여 서로 협의가 이루어지지 않은 경우에는 농지소재지 관할 시장·군수 또는 자치구청장에게 조정을 신청할 수 있다.

28 농지법령상 농업진흥지역의 지정 및 운용에 관한 설명 중 틀린 것은?

① 농림축산식품부장관은 농지를 효율적으로 이용하고 보전하기 위해 농업진흥지역을 지정한다.
② 농림축산식품부장관이 실태조사 결과 농업진흥지역 등의 변경 및 해제 사유가 발생했다고 인정하는 경우 시·도지사는 해당 농업진흥지역 또는 용도구역을 변경하거나 해제할 수 있다.
③ 농업보호구역은 농업진흥구역의 용수원 확보, 수질보전 등 농업환경을 보호하기 위해 필요한 지역에 대해 지정할 수 있다.
④ 농업진흥지역의 지정은 「국토의 계획 및 이용에 관한 법률」에 의한 녹지지역·관리지역·농림지역 및 자연환경보전지역을 대상으로 한다. 다만, 특별시의 녹지지역은 제외한다.
⑤ 시·도지사는 「국토의 계획 및 이용에 관한 법률」에 의해 용도지역을 변경하는 경우(농지의 전용을 수반하는 경우에 한함)에는 농업진흥지역을 해제할 수 있다.

> **해설** 농업진흥지역의 지정 및 운용
> 농업진흥지역은 시·도지사가 해당 시·도 농업·농촌 및 식품산업정책심의회'의 심의를 거쳐 농림축산식품부장관의 승인을 받아 지정한다.

정답 27. ④ 28. ①

부동산공법

29 농지법령상 농업진흥지역을 지정할 수 없는 지역은? [31회 출제]

① 특별시의 녹지지역
② 특별시의 관리지역
③ 광역시의 관리지역
④ 광역시의 농림지역
⑤ 군의 자연환경보전지역

해설 농업진흥지역
특별시의 녹지지역은 농업진흥지역을 지정할 수 없다.

30 다음은 농업진흥지역에 관한 설명이다. 틀린 것은? ★★★

① 농업진흥지역은 농업진흥구역과 농업보호구역으로 구분된다.
② 농업진흥구역은 농업용으로 이용할 토지가 집단화되어 있는 지역이다.
③ 농업진흥지역은 농림축산식품부장관이 농업·농촌 및 식품산업정책심의회의 심의를 거쳐 지정한다.
④ 도시지역 안에도 농업진흥지역을 지정할 수 있다.
⑤ 농림축산식품부장관은 효율적인 농업진흥지역 관리를 위하여 매년 농업진흥지역에 대한 실태조사를 하여야 한다.

해설 농업진흥지역
농업진흥지역은 시·도지사가 시·도 농업·농촌 및 식품산업정책심의회의 심의를 거쳐 농림축산식품부장관의 승인을 받아 지정한다.

31 다음은 농업진흥지역 안에서의 행위제한에 관한 설명이다. 올바른 것은? ★★

① 농업진흥구역 안에서는 농업생산 또는 농지개량과 직접 관련되는 토지이용행위가 아닌 행위는 절대적으로 금지된다.
② 농업보호구역 안에서 허용되는 행위는 농업진흥구역 안에서도 할 수 있다.
③ 1필지의 토지가 농업진흥구역과 농업보호구역에 걸치는 경우 그 토지에 대해는 농업진흥구역에 관한 규정을 적용한다.
④ 1필지의 토지가 농업진흥지역의 안팎에 걸치는 경우 그 토지에 대해서는 농업진흥지역에 관한 규정을 적용한다.
⑤ 농업진흥지역 안에서의 행위제한에 위반한 자는 5년 이하의 징역 또는 5,000만원 이하의 벌금형에 처해진다.

정답 29. ① 30. ③ 31. ⑤

제6장 농지법(기본)

> **해설** 농업진흥지역 안에서의 행위제한
> ① 농업진흥구역 안에서도 농업생산 또는 농지개량과 직접 관련되는 토지이용행위가 아닌 일부 행위가 예외적으로 허용된다.
> ② 농업진흥구역 안에서 허용되는 행위는 농업보호구역 안에서도 할 수 있다.
> ③ 한 필지의 토지가 농업진흥구역과 농업보호구역에 걸쳐 있으면서 농업진흥구역에 속하는 토지 부분이 330m² 이하이면 그 토지 부분에 대하여는 행위 제한을 적용할 때 농업보호구역에 관한 규정을 적용한다.
> ④ 한 필지의 토지 일부가 농업진흥지역에 걸쳐 있으면서 농업진흥지역에 속하는 토지 부분의 면적이 330m² 이하이면 그 토지 부분에 대하여는 농업진흥구역 및 농업보호구역에서의 행위제한 규정을 적용하지 아니한다.

32. 다음 중 농업진흥구역 안에서 제한받는 토지이용행위는?

① 고정식 온실·버섯재배사 및 비닐하우스와 그 부속시설의 설치
② 농막·농촌체류형 쉼터·간이저온저장고 및 간이액비 저장조의 설치
③ 농지개량사업의 시행
④ 스마트농업 육성지구 안에서 수직농장·식물공장의 설치
⑤ 제1종 근린생활시설 중 부동산중개사무소의 설치

> **해설** 농업진흥구역 안에서 제한받는 토지이용행위
> ①, ②, ③, ④항은 농업진흥구역 안에서는 허용되는 농업생산 또는 농지개량과 직접 관련되는 토지이용행위이고, ⑤항은 농업보호구역 안에서 예외적으로 허용되는 행위이다.

33. 다음은 농업진흥구역 안에서 원칙적으로 허용되는 행위이다. 틀린 것은?

① 다년생식물의 재배
② 고정식 온실의 설치
③ 간이액비저장조의 설치
④ 농업인주택 및 그 부속시설의 설치
⑤ 농촌산업지구 안에서 수직농장·식물공장의 설치

> **해설** 농업진흥구역 안에서 원칙적으로 허용되는 행위
> ①, ②, ③, ⑤항은 농업생산 또는 농지개량과 직접 관련되는 토지이용행위이므로 농업진흥구역 안에서 자유롭게 할 수 있다. 그러나 ④항은 농업생산 또는 농지개량과 직접 관련되는 토지이용행위가 아니므로 예외적으로 허용된다.

정답 32. ⑤ 33. ④

34. 다음은 농업생산 또는 농지개량과 직접 관련되는 토지이용행위는 아니지만 농업진흥구역 안에서 예외적으로 허용되는 행위이다. 틀린 것은?

① 경로당, 어린이집, 유치원의 설치
② 야생동물의 인공사육시설의 설치
③ 부지면적 500m² 미만의 일반음식점의 설치
④ 부지면적 1만5천m² 미만의 농수산물 가공·처리시설의 설치
⑤ 부지면적 3만m² 미만의 양어장

해설 농업진흥구역 안에서 예외적으로 허용되는 행위
③ 농업진흥구역 안에서 예외적으로 허용되는 행위가 아니다.

35. 농지법령상 농업진흥지역 밖에서 농지전용신고를 통해서 설치할 수 있는 시설이 아닌 것은?

① 어린이놀이터·마을회관
② 경로당·어린이집·유치원
③ 일반목욕장·구판장·운동시설
④ 1가구 1주택인 세대주가 설치하는 세대당 660m² 이하의 농업인 주택
⑤ 「농업·농촌 및 식품산업 기본법」에 따른 생산자단체가 그 구성원이 생산한 농수산물을 처리하기 위해 설치하는 농수산물 유통·가공시설로 단체당 7,000m² 이하인 시설

해설 농지전용신고를 통한 시설설치
무주택인 농업인세대에 한해 농지를 전용해서 주택을 짓는 것이 허용된다.

36. 농지법령상 농업보호구역 안에서의 농업인의 소득증대와 생활여건 개선을 위한 토지이용행위로서 설치할 수 있는 시설이 아닌 것은? **17회 출제**

① 부지가 1,000m² 미만인 단독주택
② 부지가 5,000m² 미만인 양수장·정수장
③ 부지가 2만m² 미만인 관광농원사업으로 설치하는 시설
④ 부지가 3,000m² 미만인 주말농원사업으로 설치하는 시설
⑤ 부지가 1,000m² 미만인 제1종 근린생활시설 중 일용품 등의 소매점

해설 농업보호구역 안에서의 시설설치
양수장·정수장·대피소·공중화장실 그 밖에 이와 유사한 것은 부지가 3,000m² 미만이어야 한다.

정답 34. ③ 35. ④ 36. ②

제6장 농지법(기본)

37 농지법령상 농지의 전용에 관한 설명으로 옳은 것은? `24회 개작`

① 농업진흥지역 밖의 농지를 마을회관 부지로 전용하려는 자는 농지전용허가를 받아야 한다.
② 농지전용허가를 받은 자가 조업의 정지명령을 위반한 경우에는 그 허가를 취소하여야 한다.
③ 농지의 타용도 일시사용허가를 받는 자는 농지보전부담금을 납입하여야 한다.
④ 지방자치단체의 장이 개발제한구역의 농지에 대하여 개발행위를 허가하는 경우에는 미리 농림축산식품부장관의 승인을 받아야 한다.
⑤ 해당 농지에서 허용되는 주목적사업을 위하여 현장사무소를 설치하는 용도로 농지를 일시 사용하려는 자는 시장·군수 또는 자치구구청장에게 신고하여야 한다.

> **해설** 농지의 전용
> ① 농업진흥지역 밖의 농지를 마을회관 부지로 전용하려는 자는 시장·군수 또는 구청장에게 신고하여야 한다.
> ③ 농지의 타용도 일시사용허가를 받는 자는 농지보전부담금 납입 대상이 아니다.
> ④ 지방자치단체의 장이 개발제한구역의 농지에 대하여 개발행위를 허가하는 경우에는 농림축산식품부장관과 미리 농지전용에 관한 협의를 하여야 한다.
> ⑤ 해당 농지에서 허용되는 주목적사업을 위하여 현장사무소를 설치하는 용도로 농지를 일시 사용하려는 자는 시장·군수 또는 자치구구청장에게 허가를 받아야 한다.

38 다음은 농지의 전용에 관한 설명이다. 틀린 것은?

① 농지의 전용은 원칙적으로 금지된다.
② 농가주택용지로 사용하기 위한 경우에는 농지전용제한을 받지 않는다.
③ 농지를 전용하려는 자는 농림축산식품부장관의 허가를 받아야 한다.
④ 주무부장관이 농지가 포함된 지역을 새로이 주거지역으로 지정하는 때에는 미리 농림축산식품부장관과 협의해야 한다.
⑤ 주무부장관이 개발제한구역 안의 농지에 대해 토지형질변경허가를 하는 때에는 미리 농림축산식품부장관과 협의해야 한다.

> **해설** 농지의 전용
> 농업인 주택용지로 사용하기 위한 경우에는 시장·군수 또는 구청장에게 신고하고 농지를 전용할 수 있다.

정답 37. ② 38. ②

부동산공법

39 다음은 농지의 전용에 관한 설명이다. 틀린 것은?

① 논에 밭작물을 경작하는 것은 전용에 해당하지 않는다.
② 농업진흥이나 농지보전을 저해할 우려가 있는 시설의 부지로의 전용은 원칙적으로 허용되지 않는다.
③ 경지정리·수리시설 등 농업생산기반시설이 정비되어 있는 농지는 전용이 제한된다.
④ 지방자치단체의 장은 계획관리지역에 지구단위계획구역을 지정할 때에 해당 구역 예정지에 농지가 포함되면 농림축산식품부장관과 미리 농지전용에 관한 협의를 하여야 한다.
⑤ 농지를 농수산관련연구시설·양어장·양식장 등 어업용 시설의 부지로 전용하려는 자는 시·도지사에게 신고하여야 한다.

> **해설** 농지의 전용
> 농지를 농수산관련연구시설·양어장·양식장 등 어업용 시설의 부지로 전용하려는 자는 시장·군수 또는 구청장에게 신고하여야 한다.

40 다음 중 농지전용허가를 받아야 하는 경우는?

① 지목이 전(田)인 관상수원의 형질을 변경하는 경우
② 다른 법률에 따라 농지전용허가가 의제되는 협의를 거쳐 농지를 전용하는 경우
③ 「산지관리법」상의 불법개간지를 산림으로 복구하는 경우
④ 하천관리청으로부터 허가를 받아 공작물을 설치하는 경우
⑤ 농업진흥지역 밖의 소규모 농지를 농지개량시설의 부지로 사용하는 경우

> **해설** 농지전용허가
> 지목이 전인 관상수원은 농지에 해당된다.

41 다음 중 농지전용허가의 대상인 것은?

① 산지전용허가를 받지 아니하고 불법으로 개간된 농지를 산림으로 복구하는 경우
② 계획관리지역에 있는 농지로서 농지전용협의를 거친 농지를 전용하는 경우
③ 공공시설을 설치하는 경우
④ 도시지역에 있는 농지로서 농지전용협의 대상에서 제외되는 농지를 전용하는 경우
⑤ 농지전용신고를 하고 농지를 전용하는 경우

> **해설** 농지전용허가
> 공공시설을 설치하는 경우에도 농지전용허가를 받아야 한다.

정답 39. ⑤ 40. ① 41. ③

제6장 농지법(기본)

42 다음은 신고하고 농지를 전용할 수 있는 규모이다. 틀린 것은?

① 농업인주택 : 660m² 이하
② 농업용 창고 : 1,500m² 이하
③ 마을회관 : 제한 없음
④ 축사(농업법인) : 7,000m² 이하
⑤ 양어장 : 1만m² 이하

해설 농지전용허가신청
농업진흥지역 바깥에 농업용 창고를 설치하는 경우에는 신고를 하고 농지를 전용할 수 있다. 이 경우 전용할 수 있는 농지의 규모에는 제한이 없다. 축사는 법인인 경우 7천m² 이하이다.

43 다음은 농업진흥지역 밖에 설치하는 경우에 한해 농지전용신고를 하고 설치할 수 있는 시설이다. 틀린 것은?

① 농업인주택
② 축산업용 시설
③ 농수산물유통·가공시설
④ 농업인의 공동생활편익시설
⑤ 농수산관련 연구시설

해설 농지전용신고를 하고 설치할 수 있는 시설
농지전용신고를 하고 설치할 수 있는 시설은 대부분 농업진흥지역 밖에 설치하는 시설이 대부분인데, 농수산관련 연구시설은 농업진흥지역 안에서 설치하는 경우에도 농지전용신고를 하고 설치할 수 있다.

44 다음은 농지보전부담금에 관한 설명이다. 틀린 것은?

① 농지의 전용에 따른 대체농지의 조성에 필요한 재원을 확보하기 위한 것이다.
② 농지전용허가를 받고자 하는 자는 이에 상당하는 농지보전부담금을 농지관리기금을 운용·관리하는 자에게 납입해야 한다.
③ 농지관리기금은 농림축산식품부장관이 운용·관리한다.
④ 농지전용신고를 해 농지를 전용하고자 하는 자도 농지보전부담금을 납부해야 한다.
⑤ 농림축산식품부장관은 국가 또는 지방자치단체가 공공용의 목적으로 농지를 전용하는 경우 농지보전부담금을 감면할 수 있다.

해설 농지보전부담금(법 제38조)
농지관리기금은 한국농어촌공사가 관리한다.

정답 42. ② 43. ⑤ 44. ③

45. 다음은 농지전용허가를 취소할 수 있는 경우이다. 틀린 것은?

① 부정한 방법으로 농지전용허가를 받은 경우
② 허가없이 사업계획을 변경하는 경우
③ 허가목적 또는 허가조건에 위배되는 경우
④ 허가일부터 1년 이상 대지의 조성, 시설물의 설치 등 전용목적사업에 착수하지 않은 경우
⑤ 농지보전부담금을 납부하지 않은 경우

해설 농지전용허가
"1년 이상"이 아닌 "2년 이상"이어야 한다.

46. 다음은 농지법령상의 농지전용허가에 관한 설명이다. 올바른 것은?

① 고정식 온실, 비닐하우스 등 농업생산에 필요한 시설을 농지에 설치하는 경우에도 전용허가를 받아야 한다.
② 농지의 논밭간 전환을 위한 형질변경시에는 농지전용허가를 받아야 한다.
③ 농업용 시설의 경우 농업인 세대당 1,500m² 이하의 규모, 농업법인은 법인당 7,500m² 이하의 범위 안에서 신고전용이 가능하다.
④ 농지전용허가를 받아야 하는 자가 한계농지 중 최상단부부터 최하단부까지의 평균경사율이 15% 이상인 농지로서 영농여건불리농지를 전용하려면 시·도지사에게 신고하고 농지를 전용할 수 있다.
⑤ 용도변경승인을 받으면 농지전용허가를 받아 전용한 농지를 전용목적과 다른 목적으로 사용할 수 있다.

해설 농지전용허가
①, ② 농지전용에 해당되지 않는다.
③ 농업법인은 법인당 7,000m²이여야 한다.
④ 영농여건불리농지를 전용하려면 시장·군수 또는 구청장에게 신고하고 농지를 전용할 수 있다.

정답 45. ④ 46. ⑤

47 농지법령상 농지대장에 관한 설명으로 틀린 것은?

① 농지 소재지를 관할하는 시·구·읍·면의 장은 농지 소유 실태와 농지 이용 실태를 파악하여 이를 효율적으로 이용하고 관리하기 위하여 모든 농지에 대해 필지별로 농지대장을 작성하여 갖추어 두어야 한다.
② 시·구·읍·면장은 관할구역 안에 있는 농지가 농지전용허가 등의 사유로 농지에 해당하지 않게 된 경우에는 그 농지대장을 따로 편철하여 10년간 보존해야 한다.
③ 농지소유자 또는 임차인은 농지의 임대차계약과 사용대차계약이 체결·변경 또는 해제되는 경우 그 변경사유가 발생한 날부터 30일 이내에 시·구·읍·면의 장에게 농지대장의 변경을 신청하여야 한다.
④ 농지대장에는 농지의 소재지·지번·지목·면적·소유자·임대차 정보·농업진흥지역 여부 등을 포함한다.
⑤ 농지대장의 열람은 해당 시·구·읍·면의 사무소 안에서 관계공무원의 참여 하에 해야 한다.

해설 농지대장
그 변경사유가 발생한 날부터 60일 이내에 시·구·읍·면의 장에게 농지대장의 변경을 신청하여야 한다.

정답 47. ③

응용 출제예상문제

01 「농지법」의 적용대상이 되는 농지의 범위로 옳지 않은 것은? `15회 출제`

① 농작물의 경작에 이용되고 있는 토지의 개량시설인 양수시설·수로·제방의 부지
② 농작물의 경작에 이용되고 있는 토지에 설치한 고정식 온실 및 비닐하우스와 그 부속시설의 부지
③ 농작물의 경작에 이용되고 있는 토지에 설치한 농막과 「초지법」에 의해 조성된 초지
④ 판매할 목적으로 조경 또는 관상용 수목과 그 묘목을 재배하고 있는 「공간정보의 구축 및 관리 등에 관한 법률」에 의한 지목이 답인 토지
⑤ 1996년 이후 계속해서 벼를 경작해 온 「공간정보의 구축 및 관리 등에 관한 법률」에 의한 지목이 잡종지인 토지

해설 농지의 범위
③ 「초지법」에 의해 조성된 초지는 농지에 포함되지 않는다.
④ 다년생식물의 재배지에 해당된다.
⑤ 3년 이상 농작물의 경작지로 이용된 토지에 해당된다.

02 다음은 「농지법」상의 농지에 관한 설명이다. 틀린 것은?

① 2년간 계속해 조경용 수목을 재배하고 있는 잡종지는 농지에 해당하지 않는다.
② 농지개량시설의 부지도 농지에 해당한다.
③ 지목이 임야인 토지로서 「산지관리법」에 따른 산지전용허가를 거치지 아니하고 농작물의 경작 또는 다년생식물의 재배에 이용되는 토지는 농지에서 제외된다.
④ 농작물의 경작지에 설치된 비닐하우스의 부지는 농지에 해당한다.
⑤ 목초재배지는 농지에 해당하지 않는다.

해설 농 지
① 잡종지가 농지에 해당하기 위해서는 계속해 다년생식물을 재배한 기간이 3년 이상이어야 한다.
⑤ 목초는 다년생식물에 해당되므로 목초재배지는 농지에 해당한다. 다만, 「초지법」에 의해 조성된 초지는 농지에 해당하지 아니하므로 목초재배지가 「초지법」에 의해 조성된 초지인 경우에는 농지에 해당되지 않을 것이다.

정답 01. ③   02. ⑤

제6장 농지법(응용)

03 농지법령상 농업에 종사하는 개인으로서 농업인에 해당하는 자는? [28회 출제]

① 꿀벌 10군을 사육하는 자
② 가금 500수를 사육하는 자
③ 1년 중 100일을 축산업에 종사하는 자
④ 농산물의 연간 판매액이 100만원인 자
⑤ 농지에 300m²의 비닐하우스를 설치하여 다년생식물을 재배하는 자

> **해설** 농업인의 정의
> - 농업인은 농업에 종사하는 다음의 개인을 말한다.
>   1) 1,000m² 이상의 농지에서 농작물 또는 다년생식물을 경작 또는 재배하거나 1년 중 90일 이상 농업에 종사하는 자
>   2) 농지에 330m² 이상의 고정식 온실·버섯재배사 또는 비닐하우스를 설치해서 농작물을 경작하거나 다년생 식물을 재배하는 자
>   3) 대가축 2두, 중가축 10두, 소가축 100두, 가금 1,000수 또는 꿀벌 10군 이상을 사육하거나 1년 중 120일 이상을 축산업에 종사하는 자
>   4) 농업경영을 통한 농산물의 연간 판매액이 120만원 이상인 자

04 농지의 소유제한에 대한 예외가 인정되는 경우이다. 틀린 것은?
★★★
① 농업진흥지역 밖의 농지 중 최상단부부터 최하단부까지의 평균경사율이 15% 이상인 농지로서 영농여건불리농지를 소유하는 경우
② 농지전용신고를 한 자가 그 농지를 소유하는 경우
③ 계획관리지역과 자연녹지지역 안의 농지를 한국토지주택공사가 취득하여 소유하는 경우
④ 주말·체험영농을 하려고 농업진흥지역의 농지를 소유하는 경우
⑤ 8년 이상 농업을 경영한 후 이농하는 사람이 이농 당시의 소유농지를 소유하는 경우

> **해설** 농지의 소유제한에 대한 예외가 인정되는 경우
> 주말·체험영농을 하려고 농업진흥지역 외의 농지를 소유하는 경우이다.

정답 03. ① 04. ④

05
농지법령상 농지는 자기의 농업경영에 이용하거나 이용할 자가 아니면 소유하지 못함이 원칙이다. 그 예외에 해당하지 않는 것은? **33회 출제**

① 8년 이상 농업경영을 하던 사람이 이농한 후에도 이농 당시 소유 농지 중 1만제곱미터를 계속 소유하면서 농업경영에 이용되도록 하는 경우
② 농림축산식품부장관과 협의를 마치고 「공익사업을 위한 토지 등의 취득 및 보상에 관한 법률」에 따라 농지를 취득하여 소유하면서 농업경영에 이용되도록 하는 경우
③ 「공유수면 관리 및 매립에 관한 법률」에 따라 매립농지를 취득하여 소유하면서 농업경영에 이용되도록 하는 경우
④ 주말·체험영농을 하려고 농업진흥지역 내의 농지를 소유하는 경우
⑤ 「초·중등교육법」 및 「고등교육법」에 따른 학교가 그 목적사업을 수행하기 위하여 필요한 연구지·실습지로 쓰기 위하여 농림축산식품부령으로 정하는 바에 따라 농지를 취득하여 소유하는 경우

해설 농지의 소유제한
주말·체험영농을 하려고 농업진흥지역 외의 농지를 소유할 수 있다.

06
「농지법」상 농지의 소유상한에 관한 설명 중 틀린 것은? **15회 출제**
★★★

① 농업인은 농업경영목적으로 농업진흥지역 안의 농지를 제한없이 소유할 수 있다.
② 농업인은 농업경영목적으로 농업진흥지역 밖의 농지를 세대당 50,000㎡까지 소유할 수 있다.
③ 8년 이상 농업경영을 한 후 이농한 사람은 이농 당시 소유농지 중에서 10,000㎡ 이내까지 소유할 수 있다.
④ 주말·체험영농을 하고자 하는 사람은 세대당 1,000㎡ 미만의 농지를 소유할 수 있다.
⑤ 상속에 의해 농지를 취득한 후 농업경영을 하지 않은 사람은 상속농지 중에서 10,000㎡ 이내까지 소유할 수 있다.

해설 농지의 소유상한
농민이 농업경영을 목적으로 농지를 소유하는 경우에는 농업진흥지역의 안팎에 관계없이 소유상한이 없다.

정답 05. ④ 06. ②

제6장 농지법(응용)

07 농지법령상 농지소유상한에 관한 설명으로 틀린 것은? 〔19회 출제〕
★★★
① 지방자치단체가 농지를 임대할 목적으로 소유하는 경우에는 총 1만m²까지 소유할 수 있다.
② 8년 이상 농업경영을 한 후 이농한 사람은 이농 당시 소유농지 중에서 총 1만m²까지만 소유할 수 있다.
③ 상속으로 농지를 취득한 자로서 농업경영을 하지 아니하는 사람은 그 상속농지 중에서 총 1만m²까지만 소유할 수 있다.
④ 농지소유에 관하여는 「농지법」에 정한 경우 외에는 특례를 정할 수 없다.
⑤ 농림축산식품부장관은 농지소유상한을 위반하여 농지를 소유할 목적으로 거짓으로 농지취득자격증명을 발급받은 자를 주무관청에 신고하는 자에게 포상금을 지급할 수 있다.

해설 농지소유상한
① 지방자치단체가 농지를 소유하는 경우에는 제한이 없다.

08 농지법령상 농지취득자격증명을 발급받지 않고 농지를 취득할 수 있는 경우로 틀린 것은? 〔16회 개작〕
★★★
① 한국농어촌공사가 농지를 취득해 소유하는 경우
② 농업법인의 합병으로 농지를 취득하는 경우
③ 농림축산식품부령이 정하는 농업연구기관이 그 목적사업을 수행하기 위해 필요로 하는 시험·연구·실습·종묘생산 또는 과수 인공수분용 꽃가루 생산지로 농지를 취득해 소유하는 경우
④ 상속에 의해 농지를 취득해 소유하는 경우
⑤ 시효의 완성에 의해 농지를 취득하는 경우

해설 농지취득자격증명
③의 경우에도 농지취득자격증명을 발급받아야 한다. 다만, 농지취득자격증명의 발급을 신청할 때에 농업경영계획서 또는 주말·체험영농계획서는 제출하지 않아도 된다.

정답 07. ① 08. ③

09 다음은 농지취득자격증명에 관한 설명이다. 틀린 것은?

★★

① 시·구·읍·면의 장은 농지취득자격증명의 발급 신청을 받은 때에는 그 신청을 받은 날부터 7일(농업경영계획서 또는 주말·체험영농계획서를 작성하지 아니하고 농지취득자격증명의 발급신청을 할 수 있는 경우에는 4일, 농지위원회의 심의 대상의 경우에는 14일) 이내에 신청인에게 농지취득자격증명을 발급하여야 한다.
② 농업진흥지역 밖의 농지 중 최상단부부터 최하단부까지의 평균경사율이 15% 이상인 농지로서 시장·군수가 고시한 영농여건불리농지를 취득하고자 하는 자는 농지취득자격증명을 발급받아야 한다.
③ 농지취득자격증명을 발급받아 농지를 취득한 자가 소유권이전등기를 신청할 때에는 농지취득자격증명을 첨부해야 한다.
④ 농지전용허가를 받고 농지를 취득하는 경우에는 농지취득자격증명을 발급받지 않아도 된다.
⑤ 새로이 취득하는 농지로 인해 소유상한을 넘게 되는 경우에는 농지취득자격증명을 발급받을 수 없다.

해설 농지취득자격증명

농지전용허가를 받고 농지를 취득하는 경우에도 농지취득자격증명을 발급받아야 한다. 다만, 농지취득자격증명의 발급을 신청할 때에 농업경영계획서 또는 주말·체험영농계획서는 제출하지 않는다.

10 농지법령상 농지취득자격증명에 관한 설명으로 틀린 것은?

19회 출제

★★★

① 국가나 지방자치단체가 농지를 소유하는 경우는 농지취득자격증명을 발급받지 않아도 된다.
② 농지소유상한제를 위반하여 농지를 소유할 목적으로 부정한 방법에 의해 농지취득자격증명을 발급받은 자는 5년 이하의 징역 또는 5천만원 이하의 벌금에 처한다.
③ 농업법인의 합병으로 농지를 취득하는 경우 농지취득자격증명을 발급받지 않아도 된다.
④ 상속으로 농지를 취득하여 소유하는 경우 농지취득자격증명을 발급받지 않아도 된다.
⑤ 농지소재지를 관할하는 시장·군수, 구청장은 농지취득자격증명을 발급할 수 있다.

해설 농지취득자격증명

농지소재지를 관할하는 시장·구청장, 읍장, 면장이 농지취득자격증명을 발급할 수 있다.

정답 09. ④ 10. ⑤

제6장 농지법(응용)

11 ★★
「농지법」상 농지취득자격증명을 발급받고자 하는 자는 농업경영계획서 또는 주말·체험영농계획서를 작성해서 신청해야 한다. 다음 중 농업경영계획서 또는 주말·체험영농계획서에 포함될 내용으로「농지법」에서 명시적으로 규정하고 있는 것만을 모두 고른 것은?

> ㉠ 취득대상농지의 면적
> ㉡ 취득대상농지에서 농업경영을 하는 데에 필요한 노동력 및 농업기계·장비·시설의 확보방안
> ㉢ 취득대상농지의 소유권이전 시기
> ㉣ 취득대상농지의 대리경작 또는 위탁경영에 관한 사항
> ㉤ 농지취득자격증명을 발급받으려는 자의 직업·영농경력·영농거리

① ㉠, ㉡, ㉤ ② ㉠, ㉢, ㉣ ③ ㉠, ㉢, ㉣, ㉤
④ ㉡, ㉢, ㉤ ⑤ ㉠, ㉡, ㉢, ㉣

해설 농지경영계획서 또는 주말·체험영농계획서
농지경영계획서 또는 주말·체험영농계획서에는 취득대상농지의 면적, 취득대상농지에서 농업경영을 하는 데에 필요한 노동력 및 농업기계·장비의 확보방안, 소유농지의 이용실태(농지소유자에게만 해당), 농지취득자격증명을 발급받으려는 자의 직업·영농경력·영농거리가 포함되어야 한다.

12 ★★
다음은 농지의 처분의무에 관한 설명이다. 틀린 것은?

① 소유농지를 정당한 이유없이 자기의 농업경영에 이용하지 않고 있는 농지소유자는 그 농지를 그 사유가 발생한 날 당시 세대를 같이하는 세대원이 아닌 자에게 처분할 의무가 있다.
② 농지소유자가 처분의무를 이행하지 않는 경우 시장·군수 또는 구청장은 그 농지를 한국농어촌공사에 처분하도록 명할 수 있다.
③ 농지소유자는 한국농어촌공사에 농지의 매수를 청구할 수 있다.
④ 한국농어촌공사는 공시지가를 기준으로 처분대상농지를 매수할 수 있다.
⑤ 농지처분명령을 이행하지 않는 경우에는 이행강제금이 부과된다.

해설 농지의 처분의무
농지소유자가 농지를 처분하지 않는 경우 시장·군수 또는 구청장은 농지소유자에게 그 농지를 처분할 것을 명할 수 있으며(처분상대방을 한국농어촌공사로 한정하는 것은 아님), 처분명령을 받은 농지소유자는 한국농어촌공사에 그 농지의 매수를 청구할 수 있다.

정답 11. ① 12. ②

부동산공법

13 농지법령상 주말·체험영농을 하려고 농업진흥지역 외의 농지를 소유하는 경우에 관한 설명으로 틀린 것은? **26회 출제**

① 농업인이 아닌 개인도 농지를 소유할 수 있다.
② 세대원 전부가 소유한 면적을 합하여 총 1천 m² 미만의 농지를 소유할 수 있다.
③ 농지를 취득하려면 농지취득자격증명을 발급받아야 한다.
④ 소유 농지를 농수산물 유통·가공시설의 부지로 전용하려면 농지전용신고를 하여야 한다.
⑤ 농지를 취득한 자가 징집으로 인하여 그 농지를 주말·체험영농에 이용하지 못하게 되면 1년 이내에 그 농지를 처분하여야 한다.

해설 농지처분의무
농지를 취득한 자가 징집으로 인하여 그 농지를 주말·체험영농에 이용하지 못하게 되면 정당한 사유에 해당하므로 농지 처분 의무가 없다.

14 ★★ 다음은 소유상한을 위반해서 농지를 소유한 경우의 농지처분의무에 관한 설명이다. 올바른 것은?

① 농지소유자는 소유상한을 초과하는 면적에 해당하는 농지만 처분하면 된다.
② 농지소유자는 시장·군수 또는 구청장으로부터 농지처분의무가 있다는 사실을 통지받은 날부터 1년 이내에 농지를 처분해야 한다.
③ 농지소유자가 농지처분의무를 이행하지 않는 경우 시장·군수 또는 구청장은 그 농지를 1년 이내에 처분하도록 명할 수 있다.
④ 농지처분명령을 이행하지 않는 경우에는 해당 농지의 토지가액의 10% 이하의 이행강제금이 부과된다.
⑤ 이행강제금 부과처분에 불복하는 자는 그 처분을 고지받은 날부터 10일 이내에 시장·군수 또는 구청장에게 이의를 제기할 수 있다.

해설 농지처분의무
② 농지소유자는 처분사유가 발생한 날부터 1년 이내에 해당 농지를 그 사유가 발생한 날 당시 세대를 같이하는 세대원이 아닌 자에게 처분하여야 한다.
③ 농지처분명령에 의한 처분기간은 6개월 이내이다.
④ 농지처분명령의 불이행에 관한 이행강제금은 해당 농지의 감정가격 또는 개별공시지가(해당 토지의 개별공시지가가 없는 경우에는 표준지공시지가를 기준으로 산정한 금액을 말한다) 중 더 높은 가액의 100분의 25에 해당하는 이행강제금을 부과한다.
⑤ 고지받은 날부터 30일 이내에 시장·군수 또는 구청장에게 이의를 제기할 수 있다.

정답 13. ⑤ 14. ①

제6장 농지법(응용)

15 농지법령상 농지소유자가 소유 농지를 위탁경영할 수 있는 경우는? 『25회 출제』

① 1년간 국내 여행 중인 경우
② 농업법인이 소송 중인 경우
③ 농작업 중의 부상으로 2개월간 치료가 필요한 경우
④ 구치소에서 수용 중이어서 자경할 수 없는 경우
⑤ 2개월간 국외 여행 중인 경우

> **해설** 농지의 위탁경영
> ■ 다음의 경우 농지소유자가 소유 농지를 위탁경영할 수 있다.
>   1) 「병역법」에 따라 징집 또는 소집된 경우
>   2) 3개월 이상 국외 여행 중인 경우
>   3) 농업법인이 청산 중인 경우
>   4) 질병, 취학, 선거에 따른 공직 취임으로 자경할 수 없는 경우
>   5) 부상으로 3월 이상의 치료가 필요한 경우
>   6) 교도소·구치소 또는 보호감호시설에 수용 중인 경우
>   7) 임신 중이거나 분만 후 6개월 미만인 경우
>   8) 농지이용증진사업시행계획에 따라 위탁경영하는 경우
>   9) 농업인이 자기 노동력이 부족하여 농작업의 일부를 위탁하는 경우

16 다음 중 「농지법」상의 이행강제금과 관련이 없는 사항은?

① 판결에 의한 농지처분제한
② 「지방행정제재·부과금의 징수 등에 관한 법률」에 의한 강제징수
③ 비송사건절차에 의한 재판
④ 한국농어촌공사와의 매수협의
⑤ 이행강제금납부시 농지의 공매

> **해설** 이행강제금
> ① 판결에 의해 처분이 제한되는 경우에는 이행강제금을 부과하지 않는다.
> ② 이행강제금을 납부하지 않는 때에는 「지방행정제재·부과금의 징수 등에 관한 법률」에 의해 강제징수한다.
> ③ 이행강제금부과처분에 대해 이의를 제기한 경우에는 법원이 비송사건절차에 의해 재판을 하게 된다.
> ④ 한국농어촌공사에 매수를 청구해 협의중인 경우에는 이행강제금을 부과하지 않는다.
> ⑤ 이행강제금제도는 행정청이 소유자를 대신해 농지를 처분할 수 없기 때문에 이행강제금을 부과해서 소유자로 하여금 농지를 처분하도록 간접적으로 강제하는 것이다.

정답 15. ④ 16. ⑤

17. 농업경영에 이용하지 아니하는 농지에 관하여 농지법령에 규정되어 있지 않은 것은? [20회 출제]

① 처분의무 발생의 통지
② 처분명령의 유예
③ 매수청구권의 행사
④ 대집행
⑤ 이행강제금의 부과

해설 처분명령과 매수청구
농업경영에 이용하지 아니하는 농지에 관하여 농지법령에 대집행 규정은 없다. 원상회복명령을 위반하여 원상회복을 하지 아니하면 대집행으로 원상회복을 할 수 있다.

18. 다음은 「농지법」상의 농지이용증진사업시행계획에 관한 설명이다. 틀린 것은?

① 농지이용증진사업시행계획은 농지이용증진사업을 시행하고자 하는 자가 수립한다.
② 시장·군수 또는 구청장이 수립한 농지이용증진사업시행계획은 시·군·구 농업·농촌 및 식품산업정책심의회의 심의를 거쳐 확정·고시한다.
③ 시장·군수 또는 구청장이 아닌 자는 농지이용증진사업시행계획을 작성해서 시장·군수 또는 구청장의 승인을 받아야 한다.
④ 농지이용증진사업시행계획에 의하는 경우에는 농지의 위탁경영이 허용된다.
⑤ 농지이용증진사업시행계획에 의해 농지를 취득하는 경우에는 농지취득자격증명을 발급받지 않아도 된다.

해설 농지이용증진사업시행계획
시장·군수 또는 구청장이 아닌 자는 농지이용증진사업시행계획을 시장·군수 또는 구청장에게 제출하고, 시장·군수 또는 구청장이 이를 고시한다.

19. 다음은 대리경작자를 지정할 수 있는 유휴농지에 관한 설명이다. 틀린 것은? ★★

① 농지전용에 관한 허가·협의 또는 신고절차를 거친 농지는 유휴농지에서 제외된다.
② 지력증진을 위해 일정기간 휴경중인 농지는 유휴농지에서 제외된다.
③ 농지의 소유권 또는 임차권을 가진 자가 주소불명인 때에는 대리경작자지정을 미리 공고한 후 대리경작자를 지정할 수 있다.
④ 농지의 소유권 또는 임차권을 가진 자가 불분명한 경우에는 대리경작자를 지정할 수 없다.
⑤ 도시지역에 있는 농지에 대해도 대리경작자를 지정할 수 있다.

정답 17. ④ 18. ③ 19. ④

제6장 농지법(응용)

> **해설** 대리경작자를 지정할 수 있는 유휴농지
> 농지의 소유권 또는 임차권을 가진 자가 불분명하거나 주소불명 등으로 지정예고를 할 수 없는 때에는 그 내용을 시청·군청 또는 구청의 게시판에 14일 이상 공고함으로써 지정예고에 갈음한다.

20 다음은 농지의 대리경작제도에 관한 설명이다. 틀린 것은?

① 대리경작자는 인근지역의 농업을 경영하는 농업인 또는 농업법인으로서 그 농지를 효율적으로 경작할 능력이 있는 자를 지정한다.
② 대리경작기간은 따로 정함이 없으면 3년으로 한다.
③ 대리경작자가 대리경작기간만료 1월 전까지 연장신청을 하지 않으면 대리경작기간만료일부터 지정의 효력이 상실된다.
④ 토지사용료는 수확량의 10%로 한다.
⑤ 대리경작자는 농작물의 수확일로부터 2개월 이내에 그 농지의 소유권자나 임차권자에게 토지사용료를 지급하여야 한다.

> **해설** 농지의 대리경작제도
> 대리경작자 본인의 연장신청은 인정되지 않는다.

21 다음은 대리경작자지정의 중지 및 해지에 관한 설명이다. 틀린 것은?

① 대리경작자는 대리경작기간만료 1개월 전까지 연장신청을 해야 하며, 이 기간 안에 연장신청이 없으면 대리경작기간만료일부터 지정의 효력이 상실된다.
② 대리경작농지의 소유자 또는 임차권자가 그 농지를 스스로 경작하고자 하는 때에는 대리경작기간이 끝나기 3개월 전까지 대리경작자지정의 중지를 시장·군수 또는 구청장에게 신청해야 한다.
③ 시장·군수 또는 구청장은 신청일부터 1개월 이내에 대리경작자의 지정중지를 대리경작자와 그 농지의 소유자 또는 임차권자에게 통지해야 한다.
④ 대리경작지의 소유권 또는 임차권을 가진 자의 신청에 의한 대리경작자지정의 해지는 대리경작기간만료 전에 통지해야 한다.
⑤ 시장·군수 또는 구청장은 대리경작자가 토지사용료를 지급 또는 공탁하지 않은 경우에는 대리경작자지정을 해지할 수 있다.

> **해설** 대리경작자지정의 중지 및 해지
> 대리경작지의 소유권 또는 임차권을 가진 자와 대리경작자가 대리경작자지정에 대한 해지신청을 하지 않으면 대리경작자지정이 갱신된 것으로 보아야 할 것이지만, 별도로 대리경작자 본인의 연장신청은 인정되지 않는다.

정답 20. ③   21. ①

부동산공법

22 다음은 농지의 임대차 또는 위탁경영이 허용되는 경우이다. 틀린 것은?

① 농지이용증진사업시행계획에 의하는 경우
② 농지소유자가 3월 이상 국외여행을 하게 된 경우
③ 자기의 농업경영에 이용하지 않는 자의 소유가 인정되는 농지인 경우
④ 농업법인이 청산중인 경우
⑤ 임신 중이거나 분만 후 1년 미만인 경우

해설 농지의 임대차 또는 위탁경영
임신 중이거나 분만 후 6개월 미만인 경우이다.

23 다음은 농지의 임대차에 관한 설명이다. 틀린 것은?

① 농지의 임대차는 원칙적으로 제한되며, 예외적으로 허용된다.
② 농지의 무상사용은 원칙적으로 허용되며, 예외적으로 제한된다.
③ 임대차기간은 당사자의 합의에 의해 계속 연장할 수 있다.
④ 임대인이 임대차기간이 만료되기 3개월 전까지 갱신거절 또는 조건변경의 뜻을 통지하지 않은 때에는 종전과 동일한 조건으로 다시 임대차한 것으로 본다.
⑤ 자경 농지를 농림축산식품부장관이 정하는 이모작을 위하여 8개월 이내로 임대하거나 무상사용하게 하는 경우를 제외한 임대차기간은 3년 이상으로 해야 한다. 다만, 농지의 임차인이 다년생식물 재배지로 이용하는 농지, 농지의 임차인이 농작물의 재배시설로서 고정식 온실 또는 비닐하우스를 설치한 농지의 임대차기간은 5년 이상으로 하여야 한다.

해설 농지의 임대차
농지의 무상사용도 임대차와 마찬가지로 원칙적으로 제한되며, 예외적으로 허용된다.

정답 22. ⑤ 23. ②

24. 농지법령상 농지의 임대차에 관한 설명으로 틀린 것은? (단, 농업경영을 하려는 자에게 임대하는 경우를 전제로 함) [31회 출제]

① 60세 이상 농업인은 자신이 거주하는 시·군에 있는 소유 농지 중에서 자기의 농업경영에 이용한 기간이 5년이 넘은 농지를 임대할 수 있다.
② 농지를 임차한 임차인이 그 농지를 정당한 사유 없이 농업경영에 사용하지 아니할 때에는 시장·군수·구청장은 임대차의 종료를 명할 수 있다.
③ 임대차계약은 그 등기가 없는 경우에도 임차인이 농지소재지를 관할하는 시·구·읍·면의 장의 확인을 받고, 해당 농지를 인도받은 경우에는 그 다음 날부터 제3자에 대하여 효력이 생긴다.
④ 농지의 임차인이 농작물의 재배시설로서 비닐하우스를 설치한 농지의 임대차기간은 10년 이상으로 하여야 한다.
⑤ 농지임대차 조정위원회에서 작성한 조정안을 임대차계약 당사자가 수락한 때에는 이를 당사자 간에 체결된 계약의 내용으로 본다.

[해설] 농지의 임대차
농지의 임차인이 다년생식물 재배지로 이용하는 농지, 농지의 임차인이 농작물의 재배시설로서 고정식온실 또는 비닐하우스를 설치한 농지의 임대차기간은 5년 이상으로 하여야 한다.

25. 농지법령상 국·공유재산이 아닌 A농지와 국유재산인 B농지를 농업경영을 하려는 자에게 임대차하는 경우에 관한 설명으로 옳은 것은? [27회 출제]

① A농지의 임대차계약은 등기가 있어야만 제3자에게 효력이 생긴다.
② 임대인이 취학을 이유로 A농지를 임대하는 경우 임대차기간은 3년 이상으로 하여야 한다.
③ 임대인이 질병을 이유로 A농지를 임대하였다가 같은 이유로 임대차계약을 갱신하는 경우 임대차기간은 3년 이상으로 하여야 한다.
④ A농지의 임차인이 그 농지를 정당한 사유 없이 농업경영에 사용하지 아니할 경우 농지소재지 읍·면장은 임대차의 종료를 명할 수 있다.
⑤ B농지의 임대차기간은 3년 미만으로 할 수 있다.

[해설] 농지의 임대차
① 임대차계약은 임대차등기가 없는 경우에도 임차인이 농지소재지를 관할하는 시·구·읍·면장의 확인을 받고, 해당 농지를 인도받은 경우에는 그 다음날부터 제3자에 대해 효력이 생긴다.
② 임대인이 취학을 이유로 A농지를 임대하는 경우 임대차기간을 3년 미만으로 정할 수 있다.
③ 임대인이 질병을 이유로 A농지를 임대하였다가 같은 이유로 임대차계약을 갱신하는 경우 임대차기간을 3년 미만으로 정할 수 있다.
④ A농지의 임차인이 그 농지를 정당한 사유 없이 농업경영에 사용하지 아니할 때에는 시장·군수·구청장이 임대차 또는 무상사용의 종료를 명할 수 있다.

정답 24. ④ 25. ⑤

부동산공법

26 농지법령상 농지의 대리경작 및 임대차에 관한 설명으로 틀린 것은? `21회 출제`

① 유휴농지의 대리경작 기간은 따로 정하지 아니하면 3년으로 한다.
② 농업경영을 하려는 자에게 농지를 임대하는 경우 서면계약을 원칙으로 한다.
③ 임대 농지의 양수인은 「농지법」에 따른 임대인의 지위를 승계한 것으로 본다.
④ 지력의 증진을 위하여 필요한 기간 동안 휴경하는 농지에 대하여는 대리경작자를 지정할 수 없다.
⑤ 자기의 농업경영을 위해 농지를 소유하는 자는 주말·체험영농을 하려는 자에게 임대하는 것을 업(業)으로 하는 자에게 자신의 농지를 임대할 수 없다.

해설 대리경작 및 임대차
주말·체험영농을 하려는 자에게 임대하는 것을 업으로 하는 자에게 자신의 농지를 임대·무상사용하게 할 수 있다.

27 다음은 농업진흥지역에 관한 설명이다. 틀린 것은?
★★
① 도시지역에 대해도 농업진흥지역을 지정할 수 있다.
② 농업진흥지역은 시·도지사가 농림축산식품부장관의 승인을 받아 지정한다.
③ 농업진흥지역 밖의 농지에 대해도 농지전용제한이 적용된다.
④ 농업보호구역 안에서는 농업진흥구역에 비해 행위제한의 정도가 약하다.
⑤ 농업보호구역 안에서도 소규모 숙박시설 및 위락시설의 설치가 허용된다.

해설 농업진흥지역
⑤ 농업보호구역 안에서는 숙박시설 및 위락시설의 설치가 금지된다.

28 농지법령상 농업진흥지역에 관한 설명으로 옳은 것은? `22회 출제`

① 농업보호구역의 용수원 확보, 수질보전 등 농업 환경을 보호하기 위하여 필요한 지역을 농업진흥구역으로 지정할 수 있다.
② 광역시의 녹지지역은 농업진흥지역의 지정 대상이 아니다.
③ 농업보호구역에서는 매장유산의 발굴행위를 할 수 없다.
④ 육종연구를 위한 농수산업에 관한 시험·연구시설로서 그 부지의 총면적이 3,000m² 미만인 시설은 농업진흥구역 내에 설치할 수 있다.
⑤ 녹지지역을 포함하는 농업진흥지역을 지정하는 경우 국토교통부장관의 승인을 요한다.

정답 26. ⑤ 27. ⑤ 28. ④

제6장 농지법(응용)

> **해설** 농업진흥지역
> ① 농업진흥구역의 용수원확보, 수질보전 등 농업환경을 보호하기 위하여 필요한 지역을 농업보호구역으로 지정할 수 있다.
> ② 광역시가 아닌 서울시의 녹지지역이 농업진흥지역의 지정 대상이 아니다.
> ③ 농업보호구역에서는 매장유산의 발굴행위를 할 수 있다.
> ⑤ 농림축산식품부장관은 녹지지역이나 계획관리지역이 농업진흥지역에 포함되면 농업진흥지역 지정을 승인하기 전에 국토교통부장관과 협의하여야 한다.

29 다음은 농업진흥구역 안에서 허용되는 행위이다. 틀린 것은?

① 농어촌소득원개발 등 농어촌발전을 위해 필요한 시설의 설치
② 공공시설의 설치
③ 문화유산관련시설의 설치
④ 농수산업과 관련된 시험·연구시설의 설치
⑤ 농업인의 일상생활에 필요한 제1종 근린생활시설의 설치

> **해설** 농업진흥구역
> ⑤ 농업보호구역에서 허용되는 행위이다.

30 다음은 농업진흥지역 안에서의 행위제한에 관한 설명이다. 틀린 것은?
★★★
① 농업진흥지역지정 당시 적법하게 시행중인 공사는 농업진흥지역의 지정에 관계없이 계속할 수 있다.
② 농업진흥지역으로 지정되기 전에 관계법령에 의한 절차를 거쳐 설치한 시설에 대해는 농업진흥지역 안에서의 행위제한에 관한 규정을 적용하지 않는다.
③ 농업진흥구역 안에서 허용되는 행위는 농업보호구역 안에서도 허용된다.
④ 1필지의 토지 일부가 농업진흥지역에 걸쳐 있으면서 농업진흥지역에 속하는 토지 부분의 면적이 330㎡ 이하이면 그 토지 부분에 대하여는 행위 제한 규정을 적용하지 않는다.
⑤ 1필지의 토지가 농업진흥구역과 농업보호구역에 걸쳐 있으면서 농업보호구역에 속하는 토지 부분이 330㎡ 이하이면 그 토지 부분에 대하여는 행위 제한을 적용할 때 농업진흥구역에 관한 규정을 적용한다.

> **해설** 농업진흥지역 안에서의 행위제한
> 1필지의 토지가 농업진흥구역과 농업보호구역에 걸쳐 있으면서 농업진흥구역에 속하는 토지 부분이 330㎡ 이하이면 그 토지 부분에 대하여는 행위 제한을 적용할 때 농업보호구역에 관한 규정을 적용한다.

정답 29. ⑤ 30. ⑤

부동산공법

31. 다음은 농지전용허가에 관한 설명이다. 틀린 것은?
① 농업전용허가에 관한 규정은 농업진흥지역의 지정 여부에 관계없이 적용된다.
② 농업진흥구역의 경우 농업보호구역에 비해 농지의 전용요건이 더 엄격하다.
③ 농업진흥지역의 농지를 불법으로 전용한 경우 농업진흥지역 밖의 농지를 불법으로 전용한 경우에 비해 더 엄한 처벌을 받게 된다.
④ 계획관리지역에 있는 농지로서 농지전용협의를 거친 농지나 협의 대상에서 제외되는 농지를 전용하는 경우에는 농지전용허가 없이 농지전용이 가능하다.
⑤ 허가를 받고 전용한 농지를 허가받은 목적 외의 다른 목적으로 사용하고자 하는 경우에는 변경허가를 받아야 한다.

> **해설** 농지전용허가
> 전용허가를 받고 전용한 농지를 허가받은 때부터 5년 이내에 다른 목적으로 사용하고자 하는 때에는 시장·군수 또는 구청장의 승인을 받아야 한다.

32. 농지법령상 농지전용신고를 통해 설치가 가능한 시설은? **15회 추가 개작**
① 농업진흥지역 밖에 설치하는 세대당 990m² 이하의 농업인 주택
② 농어진흥지역 밖에 설치하는 세대당 33,000m² 이하의 축사나 야생동물의 인공사육시설
③ 자기가 생산한 농수산물을 처리하기 위해 농업진흥지역 밖에 설치하는 세대당 6,600m² 이하의 농수산물유통·가공시설
④ 농업진흥지역 밖에 설치하는 마을회관·어린이놀이터·구판장
⑤ 농업진흥지역 밖에 설치하는 660m² 이하의 근린생활시설

> **해설** 농지전용신고를 통해 설치가 가능한 시설
> ① 세대당 660m² 이하
> ② 농업인 : 세대당 1,500m² 이하, 농업법인 : 7,000m² 이하
> ③ 세대당 3,300m² 이하
> ⑤ 근린생활시설은 신고대상시설이 아니다.

33. 다음은 농지전용협의를 해야 하는 경우이다. 틀린 것은?
① 농지가 포함되어 있는 지역이 도시지역에 편입됨에 따라 이를 주거지역으로 지정할 때
② 농지가 포함되어 있는 상업지역을 공업지역으로 변경할 때
③ 녹지지역 안의 농지를 형질변경할 때
④ 개발제한구역 안의 농지를 형질변경할 때
⑤ 농지가 포함되어 있는 지역을 도시·군계획시설로 지정할 때

> **해설** 농지전용협의
> ② 이미 지정된 주거지역·상업지역·공업지역을 다른 지역으로 변경하는 경우는 제외한다.

정답 31. ⑤ 32. ④ 33. ②

제6장 농지법(응용)

34 다음 중 농지전용신고를 해야 하는 경우는?

① 5,000m²의 농지를 어업용 시설의 부지로 사용하는 경우
② 농업진흥지역 안에 있는 1,000m²의 농지를 농업인이 사용하기 위한 퇴비사의 부지로 사용하는 경우
③ 농업진흥지역 안에 있는 1,500m²의 농지를 농업인주택의 부지로 사용하는 경우
④ 불법개간지를 산림으로 복구하는 경우
⑤ 하천관리청의 허가를 받아 농지의 형질을 변경하는 경우

해설 농지전용신고를 해야 하는 경우
① 신고를 하고 농지를 전용할 수 있는 경우이다.
②, ③ 허가를 받아 농지를 전용할 수 있는 경우이다.
④, ⑤ 허가 또는 신고 없이 농지를 전용할 수 있는 경우이다.

35 다음 중 「농지법」상 농지전용신고에 의해 시설부지로 전용하는 것이 <u>불가능한</u> 경우는?

① 농업인 주택, 농업용 시설의 설치를 위한 농지전용
② 농수산물유통·가공시설의 설치를 위한 농지전용
③ 농업생산기반시설이 정비되어 있는 지역에서의 농지전용
④ 양어장·양식장 등 어업용 시설의 설치를 위한 농지전용
⑤ 어린이놀이터·마을회관 등 농업인의 공동생활편익시설의 설치를 위한 농지전용

해설 농지전용신고
심사기준에 적합하지 않으면 농지전용허가를 할 수 없다. "농업기반시설이 정비되어 있어 농지로서의 보전가치가 있는지 여부"는 심사기준에 포함되어 있다.

36 다음은 농지전용에 관한 설명이다. 틀린 것은?

① 농지의 전용허가를 받은 후 그 목적사업과 관련된 사업계획의 변경 등 대통령령이 정하는 정당한 사유없이 2년 이상 농지전용목적사업에 착수하지 않은 경우에는 전용허가를 취소할 수 있다.
② 그 농지의 전용에 따르는 토사의 유출 등으로 인근 농지를 손괴할 우려가 있는 경우 농지의 전용을 제한할 수 있다.
③ 농지의 전용허가를 받아 농지전용목적사업에 사용되고 있는 토지를 10년 이내에 다른 목적으로 사용하고자 하는 경우에는 시장·군수 또는 구청장의 승인을 받아야 한다.
④ 「농지법」상 농지전용신고를 해야 하는 경우에 이를 신고하지 않고 농지를 전용한 경우 일정한 기간을 정해 원상회복을 명할 수 있다.
⑤ 농지전용허가를 받아 농지를 전용한 경우에는 농지를 전·답·과수원 외의 지목으로 변경할 수 있다.

정답 34. ① 35. ③ 36. ③

해설 농지전용

③의 경우 "10년"이 아닌 "5년"이어야 한다.

37. 농지법령상 농지전용에 관련된 설명 중 틀린 것은? [16회 출제]

① 「산지관리법」에 따른 산지전용허가를 받지 아니하거나 산지전용신고를 하지 아니하고 불법으로 개간된 농지를 산림으로 복구하는 경우에는 농지전용허가를 받지 않고도 농지를 전용할 수 있다.
② 농지를 전용하고자 하는 자는 원칙적으로 그 농지의 소재지를 관할하는 시장·군수 또는 구청장을 거쳐 농림축산식품부장관의 허가를 받아야 한다.
③ 농지를 농업인 주택부지로 전용하고자 하는 자는 그 농지의 소재지를 관할하는 시장·군수 또는 구청장에게 신고해야 한다.
④ 도시지역 안에 있는 농지로서 주무부장관 또는 지방자치단체의 장이 농림축산식품부장관과 미리 전용협의를 거친 농지나 협의대상에서 제외되는 농지는 전용허가 없이 전용할 수 있다.
⑤ 농지를 간이농업용 시설의 용도로 일시 사용하고자 하는 자는 시장·군수 또는 구청장의 허가를 받아야 하며, 농지보전부담금을 농지관리기금 운용·관리자에게 납부해야 한다.

해설 농지전용

농지를 다른 용도로 일시 사용하는 경우에는 농지보전부담금을 부담하지 않는다.

38. 다음은 농지의 전용에 관한 설명이다. 올바른 것은?

① 농지의 지목을 농지 외의 지목으로 변경하고자 할 때에는 미리 시장·군수 또는 구청장의 허가를 받아야 한다.
② 농지전용허가를 받은 농지의 지목을 농지 외의 지목으로 변경하고자 할 때에는 신고를 하면 된다.
③ 농지전용허가를 받아 전용한 농지를 허가일부터 8년 이내에 허가받은 목적과 다른 목적으로 사용할 경우에는 미리 시장·군수 또는 구청장의 허가를 받아야 한다.
④ 농지전용허가를 받은 농지를 당초 허가받은 목적보다 농지보전부담금이 많이 부과되는 목적으로 사용하고자 할 때에는 농지보전부담금을 추가로 납입해야 한다.
⑤ 농지전용허가를 하는 때에는 원상복구를 조건으로 해야 한다.

해설 농지의 전용

①, ② 농지의 지목변경은 허가 또는 신고사항이 아니다.
③ 농지전용허가를 받아 전용한 농지를 허가일부터 5년 이내에 다른 목적으로 사용하는 경우에는 시장·군수 또는 구청장의 승인을 받아야 한다.
⑤ 농지의 전용에는 원상회복의 필요가 없다. 원상회복의무가 주어지는 것은 농지의 타용도일시사용에 관한 사항이다.

정답 37. ⑤ 38. ④

제6장 농지법(응용)

39 농지법령상 농지의 전용에 관한 설명으로 옳은 것은? **29회 출제**

① 과수원인 토지를 재해로 인한 농작물의 피해를 방지하기 위한 방풍림 부지로 사용하는 것은 농지의 전용에 해당하지 않는다.
② 전용허가를 받은 농지의 위치를 동일 필지 안에서 변경하는 경우에는 농지전용신고를 하여야 한다.
③ 산지전용허가를 받지 아니하고 불법으로 개간한 농지라도 이를 다시 산림으로 복구하려면 농지전용허가를 받아야 한다.
④ 농지를 농업인 주택의 부지로 전용하려는 경우에는 농림축산식품부장관에게 농지전용신고를 하여야 한다.
⑤ 농지전용신고를 하고 농지를 전용하는 경우에는 농지를 전·답·과수원 외의 지목으로 변경하지 못한다.

해설 농지의 전용
② 전용허가를 받은 농지의 위치를 동일 필지 안에서 변경하는 경우에는 농지전용허가를 받아야 한다.
③ 산지전용허가를 받지 아니하고 불법으로 개간된 농지를 산림으로 복구하는 경우 농지전용허가를 받지 않고도 농지를 전용할 수 있다.
④ 농지를 농업인 주택의 부지로 전용하려는 경우에는 시장·군수 또는 자치구청장에게 농지전용신고를 하여야 한다.
⑤ 농지전용신고를 하고 농지를 전용하는 경우에는 농지를 전·답·과수원 외의 지목으로 변경할 수 있다.

40 다음은 농지의 전용에 관한 설명이다. 틀린 것은?

① 농지의 지목을 전·답 또는 과수원 외의 지목으로 변경하고자 하는 때에는 미리 시장·군수 또는 구청장의 허가를 받아야 한다.
② 농지전용허가를 받은 농지의 경우에는 그 지목을 전·답 또는 과수원 외의 지목으로 변경할 수 있다.
③ 농지전용허가를 받은 농지를 5년 이내에 다른 목적으로 사용하고자 하는 때에는 시장·군수 또는 구청장의 승인을 받아야 한다.
④ 농지전용허가를 받은 농지를 당초보다 농지보전부담금이 많이 부과되는 다른 목적으로 사용하고자 하는 때에는 농지보전부담금을 추가로 납입해야 한다.
⑤ 계획관리지역에 있는 농지로서 농지전용협의를 거친 농지를 전용하는 경우에는 농지전용허가를 받지 않고도 농지를 전용할 수 있다.

해설 농지의 전용
농지의 지목변경에 관한 허가는 없다.

정답 39. ① 40. ①

41 다음은 농지보전부담금에 관한 설명이다. 틀린 것은?

① 농림축산식품부장관은 농지보전부담금을 내야 하는 자가 독촉장을 받고 지정된 기한까지 부담금과 가산금 및 중가산금을 내지 아니하면 국세 또는 지방세 체납처분의 예에 따라 징수할 수 있다.
② 농지전용신고를 하고 농지를 전용하는 경우에는 농지보전부담금을 면제한다.
③ 농림축산식품부장관은 농지보전부담금을 일시에 납부하기 어려운 부득이한 사유가 있다고 인정할 때에는 부과기준일부터 4년의 범위에서 농지보전부담금을 분할해서 납부하게 할 수 있다.
④ 농지보전부담금의 m²당 금액은 부과기준일 현재 가장 최근에 공시된 해당 농지의 개별공시지가에 농업진흥지역의 농지는 100분의 30, 농업진흥지역 밖의 농지는 100분의 20을 곱한 금액으로 한다. 농지보전부담금의 m²당 금액이 5만원을 초과하는 경우에는 5만원을 농지보전부담금의 m²당 금액으로 한다.
⑤ 농지보전부담금의 수납은 농지관리기금의 운용·관리를 위탁받은 한국농어촌공사가 대행한다.

해설 농지보전부담금
농지전용신고를 하고 농지를 전용하고자 하는 자도 농지보전부담금을 납부해야 한다.

42 농지법령상 ( )에 알맞은 것을 순서대로 나열한 것은? **22회 출제**

- 농림축산식품부장관은 농지보전부담금을 내야 하는 자가 납부기한까지 부담금을 내지 아니하면 체납된 부담금의 최대 100분의 3에 해당하는 (㉠)을(를) 부과하여야 한다.
- 시장·군수 또는 구청장은 농지처분명령을 받은 후 농지법령상의 정당한 사유 없이 지정기간까지 그 처분명령을 이행하지 아니한 자에게 감정평가법인등이 감정평가한 감정가격 또는 개별공시지가(해당 토지의 개별공시지가가 없는 경우에는 표준지공시지가를 기준으로 산정한 금액을 말한다) 중 더 높은 가액의 100분의 25에 해당하는 (㉡)을(를) 부과한다.

	㉠	㉡		㉠	㉡
①	가산금	이행강제금	②	가산금	과태료
③	과태료	가산금	④	과태료	이행강제금
⑤	이행강제금	과태료			

정답 41. ② 42. ①

> **해설** 농지법상 벌칙
1) 농림축산식품부장관은 농지보전부담금을 내야 하는 자가 납부기한까지 내지 아니하면 납부기한이 지난 후 10일 이내에 10일 이내의 기간을 정한 독촉장을 발급하여야 한다. 농림축산식품부장관은 농지보전부담금을 내야 하는 자가 납부기한까지 부담금을 내지 아니하면 체납된 부담금의 최대 100분의 3에 해당하는 가산금을 부과하여야 한다.
2) 시장·군수 또는 구청장은 농지처분명령을 받은 후 농지법령상의 정당한 사유 없이 지정기간까지 그 처분명령을 이행하지 아니한 자에게 감정평가법인등이 감정평가한 감정가격 또는 개별공시지가(해당 토지의 개별공시지가가 없는 경우에는 표준지공시지가를 기준으로 산정한 금액을 말한다) 중 더 높은 가액의 100분의 25에 해당하는 이행강제금을 부과한다.

43. 농지법령상 농지 관리 기본방침 등에 관한 설명으로 틀린 것은?

① 농림축산식품부장관은 20년마다 농지의 관리에 관한 기본방침을 수립·시행하여야 하며, 필요한 경우 10년마다 그 내용을 재검토하여 정비할 수 있다.
② 시·도지사는 기본방침에 따라 관할구역의 농지의 관리에 관한 기본계획을 10년마다 수립하여 농림축산식품부장관의 승인을 받아 시행하고, 필요한 경우 5년마다 그 내용을 재검토하여 정비할 수 있다.
③ 시장·군수 또는 자치구구청장(그 관할구역에 농지가 없는 자치구구청장은 제외한다)은 기본계획에 따라 관할구역의 농지의 관리에 관한 세부 실천계획을 5년마다 수립하여 시·도지사의 승인을 받아 시행하여야 한다.
④ 시·도지사가 기본계획을 수립 또는 변경하려면 미리 관계 시장·군수 또는 자치구구청장과 전문가 등의 의견을 수렴하고 해당 지방의회의 의견을 들어야 한다.
⑤ 농림축산식품부장관은 기본방침을 수립하거나 변경하려면 미리 지방자치단체의 장의 의견을 수렴하고 관계 중앙행정기관의 장과 협의한 후 위원회의 심의를 거쳐야 한다.

> **해설** 농지 관리 기본방침
> 농림축산식품부장관은 10년마다 농지의 관리에 관한 기본방침을 수립·시행하여야 하며, 필요한 경우 5년마다 그 내용을 재검토하여 정비할 수 있다.

정답 43. ①

시험장에서
눈을 의심할 만큼,
진가를 합격으로 확인하세요

정가 33,000원

1회 시험부터 수많은 합격자를 배출한 독보적 교재
공인중개사 문제집
2차 ④ 부동산공법

27년연속99%
독보적 정답률
SINCE 1957

발 행	2025년 2월 28일	
인 쇄	2025년 2월 20일	
연 대	최초 부동산학 연구논문에서부터 현재까지 (1957년 원전 ~ 현재)	
편 저	경록 공인중개사 교재편찬위원회, 신한부동산연구소 편	
발 행 자	이 성 태 / 李 星 兌	
발 행 처	경록 / 景鹿	
주 소	서울시 강남구 영동대로 114길 7 (삼성동 91-24) 경록메인홀	
문 의	02)3453-3993 / 02)3453-3546	
홈페이지	www.kyungrok.com	
팩 스	02)556-7008	
등 록	제16-496호	
ISBN	979-11-94560-12-8 14320	

1위 대한민국 1등 교재
optimization test
시험최적화 대한민국 1등 교재
(100인의 부동산학 대학교수진, 2021)
최초로 부동산학을 정립한 부동산학의
모태(원조)로서 부동산전문교육
1위 인증(한국부동산학회)
대한민국 부동산교육 공헌대상(한국부동산학회)
4차산업혁명대상(대한민국 국회)
고객만족대상(교육부)
고객감동 1위(중앙일보)
고객만족 1위(조선일보)
고객감동경영 1위(한국경제)
한국소비자만족도 1위(동아일보) 등 석권

대표전화 1544-3589

이 책의 무단전재·복제를 금함

이 책은 저작권법에 의해 저작권이 보호됩니다. 무단전재 및 복제행위는 이 법 제136조에 의해 5년 이하의 징역 또는 5,000만원 이하의 벌금에 처하거나 병과(倂科)할 수 있습니다.

부동산전문교육 68년 전통과 노하우

개정법령 및 정오사항 등은 경록 홈페이지에서 서비스됩니다.